Weil, Gotshal & Manges LLP
Maximilianhöfe 4. OG
Maximilianstr. 13
80539 München
Tel. 089-24243-0 • Fax 089-24243-399

D1695983

Veröffentlichungen des Instituts für
Energierecht an der Universität zu Köln

herausgegeben von:

Professor Dr. Ulrich Ehricke, LL.M. (London), M.A.,
o. Professor an der Universität zu Köln
Direktor des Instituts für das Recht der
Europäischen Gemeinschaften und des
Instituts für Energierecht

Band 146

Guido Jansen

Die Ermittlung der Kosten für Elektrizitäts- und Gasversorgungsnetze

Eine Analyse der Regulierungsmaßstäbe des EnWG und der Netzentgeltverordnungen Strom und Gas

Nomos

Die vorliegende Arbeit wurde im Wintersemester 2008/09 von der Rechtswissenschaftlichen Fakultät der Universität zu Köln als Dissertation angenommen.

Die Deutsche Nationalbibliothek verzeichnet diese Publikation in
der Deutschen Nationalbibliografie; detaillierte bibliografische Daten
sind im Internet über http://www.d-nb.de abrufbar.

Zugl.: Köln, Univ., Diss., 2009

ISBN 978-3-8329-4691-3

1. Auflage 2009
© Nomos Verlagsgesellschaft, Baden-Baden 2009. Printed in Germany. Alle Rechte, auch die des Nachdrucks von Auszügen, der photomechanischen Wiedergabe und der Übersetzung, vorbehalten. Gedruckt auf alterungsbeständigem Papier.

Vorwort

Die vorliegende Arbeit wurde im Wintersemester 2008/09 von der Rechtswissenschaftlichen Fakultät der Universität zu Köln als Dissertation angenommen. Rechtsprechung und Literatur konnten bis April 2009 berücksichtigt werden. Die Arbeit wurde im Wesentlichen in der ersten Hälfte des Jahres 2007 abgefasst und ist aus meiner anwaltlichen Tätigkeit unter dem Eindruck der zahlreichen Rechtsfragen entstanden, die sich im Zusammenhang mit der Regulierung der Netzentgelte ergeben haben.

Die Ermittlung der Kosten für die Elektrizitäts- und Gasversorgungsnetze bildet den zentralen Ausgangspunkt für die Genehmigung der Netzentgelte, die Ermittlung der Effizienzwerte und die Festlegung der Erlösobergrenzen im Rahmen der Anreizregulierung. Ein besonderer Schwerpunkt der Arbeit liegt darin, die betriebswirtschaftlichen Grundlagen und die in der bisherigen Entscheidungspraxis häufig vernachlässigten Interdependenzen zwischen den einzelnen kalkulatorischen Kostenbestandteilen näher zu beleuchten.

Herrn Professor Ulrich Ehricke danke ich für die Betreuung der Arbeit, die zügige Erstellung des Erstgutachtens und die Aufnahme in die Schriftenreihe des Instituts für Energierecht. Mein Dank gilt ferner Herrn Professor Jürgen Baur für die Zweitbegutachtung.

Meinem ehemaligen Arbeitgeber, der Sozietät Freshfields Bruckhaus Deringer, insbesondere Herrn Rechtsanwalt Dr. Ulrich Scholz und Herrn Rechtsanwalt Andreas Röhling, danke ich für die großzügige Förderung des Vorhabens. Mein Dank gilt ferner meiner Sekretärin Frau Hanna Külpmann für wertvolle Unterstützung bei der Korrektur der Arbeit, meinem Kollegen Dr. Holger Stappert für wertvolle Diskussionen und in ganz besonderem Maße meinen Eltern, die mir das Studium finanziert und mich in jeder Hinsicht unterstützt haben.

Meiner Frau Maria del Carmen Chavez Olaechea, der die Arbeit gewidmet ist, sowie meinen Kindern Dominik, Alvaro und Nicolas danke ich für die jederzeitige Unterstützung und Ermutigung.

Düsseldorf, im Mai 2009   Guido Jansen

Gliederung

A.	Einleitung	19
I.	Gegenstand der Untersuchung	19
II.	Anlass und Ziel der Untersuchung	21
III.	Zum Aufbau der Arbeit	22
B.	Gesetzliche Vorgaben für die Bildung der Netzzugangsentgelte	24
I.	Allgemeine Anforderungen an Netzzugangsentgelte	24
	1. Diskriminierungsfreiheit	25
	2. Transparenz	29
	3. Angemessenheit	30
	4. Zusammenfassung	120
II.	Gesetzliche Vorgaben für die kostenorientierte Entgeltbildung	121
	1. Begriff der „Kosten einer Betriebsführung"	122
	2. Kapitalverzinsung	135
	3. Bedeutung der Anreizorientierung im Rahmen der kostenorientierten Entgeltbildung	146
	4. Begrenzung durch die Wettbewerbsanalogie	148
	5. Zusammenfassung	152
III.	Vergleichsverfahren	153
	1. Genese und Gesetzesbegründung	153
	2. Vorgaben für die Ausgestaltung des Vergleichsverfahrens	154
	3. Einordnung in das System der ex-ante Genehmigung	156
	4. Zusammenfassung	159
C.	Ausgestaltung durch die Entgeltverordnungen	160
I.	Grundlagen der Kostenermittlung	160
	1. System der periodenversetzten Kostenermittlung	160
	2. Basis der Kostenermittlung	188
	3. Begrenzung des Kostenansatzes durch Unternehmensvergleich	205
	4. Zusammenfassung	211

II.	Aufwandsgleiche Kosten	211
	1. Aufwandsgleiche Kosten nach § 5 Abs. 1 NEV	212
	2. Fremdkapitalzinsen nach § 5 Abs. 2 NEV	220
	3. Zahlungen an dezentrale Einspeiser nach § 5 Abs. 3 StromNEV	224
	4. Kosten für Verlustenergie nach § 10 Abs. 1 StromNEV	225
	5. Zusammenfassung	229
III.	Kalkulatorische Kosten	230
	1. Erhaltungskonzepte	230
	2. Kalkulatorische Abschreibungen	243
	3. Betriebsnotwendiges Eigenkapital und Eigenkapitalquote	285
	4. Eigenkapitalverzinsung	312
	5. Kalkulatorische Gewerbesteuer	318
	6. Zusammenfassung	326
D.	Zusammenfassung und Ausblick	327
I.	Zusammenfassung in Thesen	327
	1. Gesetzliche Vorgaben	327
	2. Ausgestaltung durch die Entgeltverordnungen	330
II.	Ausblick	333

Literaturverzeichnis 335

Inhaltsverzeichnis

A.	Einleitung	19
I.	Gegenstand der Untersuchung	19
II.	Anlass und Ziel der Untersuchung	21
III.	Zum Aufbau der Arbeit	22

B. Gesetzliche Vorgaben für die Bildung der Netzzugangsentgelte   24

I. Allgemeine Anforderungen an Netzzugangsentgelte   24
     1. Diskriminierungsfreiheit   25
         a) Allgemeines Gebot der Diskriminierungsfreiheit   26
         b) Gleichbehandlung interner und externer Netznutzer   27
     2. Transparenz   29
     3. Angemessenheit   30
         a) Grenzen der Angemessenheit   31
             aa) Obergrenze für die Entgelte   31
                 (1) Europarechtliche Vorgaben   32
                     (a) Vorgaben der Beschleunigungsrichtlinien   32
                     (b) Vorgaben der Verordnung über den grenzüberschreitenden Stromhandel   34
                     (c) Vorgaben der Verordnung über die Bedingungen für den Zugang zu Erdgasfernleitungsnetzen   36
                     (d) Vorgaben des Art. 82 EG   37
                     (e) Ergebnis zu den europarechtlichen Vorgaben   38
                 (2) Komplementäre normative Vorgaben   39
                     (a) Besonderes Diskriminierungsverbot   39
                     (b) Grenzen des Preismissbrauchs   40
                         (aa) Kosten-Preis-Schere und Subtraktionsmethode   40
                         (bb) Sonstige kartellrechtlichen Verfolgungskonzepte   43
                     (c) Preisgünstigkeit als Ziel des Energiewirtschaftsrechts   43
                 (3) Wirtschaftswissenschaftliche Ansätze   44
                     (a) Die Grenze der Prohibition   45
                     (b) Cournot-Preis   45
                 (4) Zwischenergebnis   46

bb) Untergrenze für die Entgelte	46
(1) Europarechtliche Vorgaben	47
(a) Vorgaben der Beschleunigungsrichtlinien	47
(b) Vorgaben der Stromhandels- und der Gasfernleitungsverordnung	50
(aa) Begriff der Ist-Kosten	50
(bb) Vergleichsmaßstab des effizienten und strukturell vergleichbaren Netzbetreibers	54
(cc) Angemessene Kapitalrenditen	56
(dd) Zwischenergebnis	56
(2) Verfassungsrechtliche Vorgaben	57
(3) Komplementäre normative Vorgaben	58
(a) Versorgungssicherheit und Umweltverträglichkeit als Ziele des Energiewirtschaftsrechts	58
(b) Parallelwertung zum Kartellrecht	60
(4) Wirtschaftswissenschaftliche Ansätze	62
(a) Durchschnittskosten (average cost – AC)	63
(aa) Durchschnittliche variable Kosten (short run avarage cost – SRAC) und Stückdeckungsbeitrag	63
(bb) Durchschnittliche totale Kosten (long run average cost – LRAC)	65
(cc) Kritik	66
(b) Grenzkosten (marginal cost)	66
(aa) Kurzfristige Grenzkosten (short run marginal cost – SRMC)	67
(bb) Langfristige Grenzkosten (long run marginal cost – LRMC)	67
(cc) Kurzfristige vs. langfristige Grenzkosten	68
(dd) Kritik	68
(i) Grenzkosten und natürliches Monopol	69
(ii) Wohlfahrtsökonomische Sicht	69
(ee) Ergebnis	72
(c) Erhaltungskonzepte	72
(aa) Substanzerhaltung	73
(i) Bruttosubstanzerhaltung	74
(ii) Nettosubstanzerhaltung	75
(iii) Bruttosubstanzerhaltung vs. Nettosubstanzerhaltung	75
(iv) Reproduktive/absolute Substanzerhaltung	80
(v) „Dynamische" Substanzerhaltungskonzepte	80
(vi) Statische vs. „dynamische" Substanzerhaltungskonzepte	81
(vii) Zwischenergebnis	82

	(bb) Kapitalerhaltung	82
	(i) Nominalkapitalerhaltung	82
	(ii) Realkapitalerhaltung	83
	(iii) Nominalkapitalerhaltung vs. Realkapitalerhaltung	84
	(cc) Nettosubstanzerhaltung vs. Realkapitalerhaltung	85
	(i) Ermittlung der Kapitalkosten im Rahmen der Realkapitalerhaltung	86
	(ii) Ermittlung der Kapitalkosten auf Basis der Nettosubstanzerhaltung	87
	(iii) Vergleich der Konzepte	88
	(iv) Kritische Bewertung des Verfahrens zur Ermittlung der Kapitalkosten im Rahmen der Nettosubstanzerhaltung	91
	(v) Anforderungen an die Kalkulation der Kapitalkosten im Rahmen der Nettosubstanzerhaltung	93
	(vi) Vorschlag für ein alternatives Kalkulationsverfahren	93
	(vii) Vergleich der Verfahren	97
	(viii) Zwischenergebnis	99
	(dd) Mindestverzinsung	99
	(i) Festverzinsliche Wertpapiere	99
	(ii) Wagniszuschlag	100
(5) Zwischenergebnis		101
b) Bestimmung des angemessenen Entgeltes		102
aa) Vergleichsbetrachtungen		103
(1) Kartellrechtliche Vergleichsmarktverfahren		103
(a) Sachliches Vergleichsmarktkonzept		104
(b) Zeitliches Vergleichsmarktkonzept		104
(c) Räumliches Vergleichsmarktverfahren		105
	(aa) Entgeltvergleich von Monopolunternehmen	105
	(bb) Vergleich kostenorientiert gebildeter Entgelte	107
	(cc) Zwischenergebnis	109
(d) Erlösvergleich		109
(e) Zwischenergebnis		111
(2) Abgrenzung zum Benchmarking		111
(3) Yardstick-Competition		112
bb) Kostenorientierte Ansätze		112
(1) Kartellrechtliche Kostenkontrolle und Gewinnspannenbegrenzung		112
(2) Regulatorische Ansätze		114
(a) Rate-of-Return-Regulation/Cost-plus		115
(b) Price-Cap/Revenue-Cap		116

		cc) Wohlfahrtsökonomische Ansätze	118
		(1) Preis-Grenzkosten-Regel	118
		(2) Ramsey-Preise	118
	c)	Zwischenergebnis	120
4.	Zusammenfassung		120

II. Gesetzliche Vorgaben für die kostenorientierte Entgeltbildung 121
   1. Begriff der „Kosten einer Betriebsführung" 122
      a) Genese der Vorschrift 122
      b) Kostenbasis 125
      c) Betriebsführungskosten 127
         aa) Wortlaut 127
         bb) Genese 129
         cc) Anlehnung an europarechtliche Vorgaben 129
         dd) Systematik und Telos 130
         ee) Zwischenergebnis 131
      d) Begrenzung durch den Vergleich mit einem effizienten und strukturell vergleichbaren Netzbetreiber 131
      e) Abgrenzung zum Maßstab der elektrizitätswirtschaftlich rationellen Betriebsführung 133
      f) Abgrenzung zum Maßstab der Kosten einer effizienten Leistungsbereitstellung 134
   2. Kapitalverzinsung 135
      a) Das Kriterium der Wettbewerbsfähigkeit 135
      b) Das Kriterium der Risikoangepasstheit 136
         aa) Auswirkungen der Risiken auf die Verzinsungserwartung 137
         bb) Kapitalmarktorientierte Betrachtung 138
            (1) Inhalt des Capital Asset Pricing Models 139
            (2) Geeignetheit zur Bestimmung der kalkulatorischen Eigenkapitalverzinsung? 140
      c) Das Kriterium der Angemessenheit 142
         aa) Vergleich mit ausländischen Märkten 142
         bb) Investitionsbereitschaft als Indikator für die Angemessenheit der Verzinsung 143
         cc) Die Bedeutung der langfristig erwarteten Entwicklung der Verzinsung 144
      d) Ausstrahlung auf die Kapitalkosten im Übrigen 146
   3. Bedeutung der Anreizorientierung im Rahmen der kostenorientierten Entgeltbildung 146
   4. Begrenzung durch die Wettbewerbsanalogie 148
      a) Wettbewerb als Maßstab für Kosten 148
      b) Der Begriff der Kostenbestandteile 150
   5. Zusammenfassung 152

III.	Vergleichsverfahren	153
	1. Genese und Gesetzesbegründung	153
	2. Vorgaben für die Ausgestaltung des Vergleichsverfahrens	154
	3. Einordnung in das System der ex-ante Genehmigung	156
	4. Zusammenfassung	159
C.	Ausgestaltung durch die Entgeltverordnungen	160
I.	Grundlagen der Kostenermittlung	160
	1. System der periodenversetzten Kostenermittlung	160
	a) Grundsatz: Vorjahreskosten	160
	b) Modifizierung durch den Ansatz von Plankosten?	162
	aa) Gründe für den Ansatz von Planwerten	163
	(1) Allgemeine Preis- / Kostensteigerung	163
	(2) Sondereinflüsse	165
	bb) Anwendungsbereich für den Ansatz von Plankosten	166
	(1) Wortlaut	166
	(2) Genese	167
	(3) Telos	169
	(4) Vereinbarkeit mit den gesetzlichen Vorgaben	171
	(5) Fazit	172
	cc) Begriff der gesicherten Erkenntnisse	172
	(1) Auffassung der Regulierungsbehörden	172
	(2) Kritik	173
	(3) Auslegung des Begriffs der gesicherten Erkenntnisse	174
	(4) Fazit	175
	c) Durchbrechung durch die Verteilung außergewöhnlicher Aufwendungen und Erträge?	175
	aa) Erforderlichkeit der Verteilung auf mehrere Kalkulationsperioden	176
	bb) Zeitspanne für die Verteilung	177
	cc) Festlegungsbefugnis der Regulierungsbehörde	178
	dd) Exkurs: Bedeutung im Rahmen der Anreizregulierung	179
	d) Durchbrechung durch den Zyklus der Entgeltgenehmigung?	179
	e) Durchbrechung durch die periodenübergreifende Saldierung?	181
	aa) Inhalt der periodenübergreifenden Saldierung	181
	bb) Exkurs: Übergang zur Anreizregulierung	182
	cc) Abweichung vom Jahresrhythmus	183
	dd) Beginn der zeitlichen Geltung	186
	f) Zusammenfassung	187

2.	Basis der Kostenermittlung	188
a)	Unbundling-Abschluss nach § 10 Abs. 3 EnWG	188
	aa) Die Schlüsselung von Konten	189
	bb) Konzerninterne Leistungsverrechnung	191
b)	Sonderfälle: Kostenermittlung ohne Unbundling-Abschluss	194
	aa) Regelungsinhalt des § 4 Abs. 4 NEV	195
	bb) Zuordnung der Bilanzpositionen	196
	(1) Beurteilung auf Basis der NEV in ihrer ursprünglichen Fassung	196
	(a) Position der Regulierungsbehörden	196
	(b) Kritik	197
	(c) Lösungsansatz	199
	(2) Änderung durch die Novellierung der NEV im Oktober 2007	201
c)	Sonderregelung in § 4 Abs. 5 StromNEV	201
	aa) Ermittlung der hypothetischen Kosten des Netzbetreibers	201
	(1) Kalkulatorische Kostenpositionen	202
	(2) Sonstige Kosten und Erlöse	204
	bb) Nachweis der Kosten	204
3.	Begrenzung des Kostenansatzes durch Unternehmensvergleich	205
a)	Einzel- oder Gesamtvergleich der Kosten	206
	aa) Auslegung des § 4 Abs. 1 NEV	206
	bb) Einschränkung des Vergleichs von Einzelkosten durch eine gesetzeskonforme Auslegung	208
b)	Einbeziehung der kalkulatorischen Kosten in den Vergleich	209
c)	Abgrenzung zum Strukturklassenvergleich	209
4.	Zusammenfassung	211
II. Aufwandsgleiche Kosten		211
1.	Aufwandsgleiche Kosten nach § 5 Abs. 1 NEV	212
a)	Materialaufwand, sonstige betriebliche Aufwendungen, außerordentliche Aufwendungen	212
	aa) Position der Bundesnetzagentur	212
	bb) Kritik	213
b)	Gemeinkosten	214
	aa) Position der Bundesnetzagentur	214
	bb) Kritik	215
c)	Personalzusatzkosten	217
	aa) Position der Bundesnetzagentur	217
	bb) Kritik	217
2.	Fremdkapitalzinsen nach § 5 Abs. 2 NEV	220
a)	Position der Bundesnetzagentur	220
b)	Kritik	221
3.	Zahlungen an dezentrale Einspeiser nach § 5 Abs. 3 StromNEV	224

	4.	Kosten für Verlustenergie nach § 10 Abs. 1 StromNEV	225
		a) Ausschluss des Vergleichs nach § 4 Abs. 1 StromNEV	226
		b) Vergleich der Kosten durch die Regulierungsbehörde	227
		aa) Mengen	227
		bb) Preise	228
		c) Ergebnis	229
	5.	Zusammenfassung	229
III.	Kalkulatorische Kosten		230
	1.	Erhaltungskonzepte	230
		a) Gewährleistung der steuerrechtlichen Neutralität	231
		aa) Vergleich mit einer Wertpapieranlage	232
		bb) Vergleich mit anderen Unternehmen	234
		cc) Neutralisierung der Gewerbesteuer	234
		dd) Neutralisierung der Steuern auf den Scheingewinn	235
		b) Nettosubstanzerhaltung	236
		aa) Berücksichtigung der Körperschaftssteuer auf den Scheingewinn?	236
		bb) Berücksichtigung der Gewerbesteuer auf den Scheingewinn?	239
		c) Realkapitalerhaltung	239
		aa) Berücksichtigung der Körperschaftssteuern auf den Scheingewinn?	239
		bb) Berücksichtigung der Gewerbesteuern auf den Scheingewinn?	240
		d) Kombination der Konzepte in den Entgeltverordnungen	240
		aa) Vorübergehende Erhöhung der Kapitalkosten	240
		bb) Exkurs: Folgen für die Anreizregulierung	243
	2.	Kalkulatorische Abschreibungen	243
		a) Ermittlung der Ausgangsbasis	244
		aa) Historische Anschaffungs- und Herstellungskosten	244
		(1) Bewertung im Fall des Netzverkaufs	245
		(a) Angemessenheit der Begrenzung auf die historischen Anschaffungs- und Herstellungskosten	245
		(aa) Position der Regulierungsbehörden	246
		(bb) Kritik	247
		(cc) Gesetzeskonforme Auslegung der Entgeltverordnung	250
		(i) § 6 Abs. 2 Nr. 2 NEV	250
		(ii) § 6 Abs. 6 S. 1 NEV	251
		(iii) § 6 Abs. 7 NEV	252
		(b) Unbekannte Höhe der aktivierten Kosten bei Errichtung der Anlage	254
		(2) Bewertung von Altanlagen in den neuen Bundesländern	254

15

	bb) Tagesneuwerte	255
	(1) Auswahl der zu verwendenden Preisindizes	255
	(a) Position der Regulierungsbehörden	256
	(b) Kritik	256
	(c) Festlegungsbefugnis der Regulierungsbehörden	258
	(2) Bewertung von Altanlagen in den neuen Bundesländern	258
b)	Abschreibungsdauer	258
	aa) Restwertermittlung im Elektrizitätssektor nach § 32 Abs. 3 StromNEV	259
	(1) Tatsächliche Nutzungsdauern nach § 32 Abs. 3 S. 2 StromNEV	259
	(2) Vermutung auf Basis der Tarifpreisgenehmigung nach § 32 Abs. 3 S. 3 StromNEV	261
	(a) Position der Regulierungsbehörden	262
	(b) Kritik	262
	(3) Vermutung auf Basis der minimalen betriebsgewöhnlichen Nutzungsdauer nach § 32 Abs. 3 S. 4 StromNEV	265
	(4) Zwischenergebnis	266
	(5) Vereinbarkeit mit höherrangigem Recht	266
	(a) Auswirkungen kurzer Nutzungsdauern im Rahmen der Nettosubstanzerhaltung	267
	(b) Auswirkungen kurzer Nutzungsdauern im Rahmen der Realkapitalerhaltung	270
	(c) Kalkulatorische Konsequenzen des Eingreifens der Vermutungswirkung	272
	(d) Schussfolgerung für die Anwendung der Übergangsregelung in § 32 Abs. 3 StromNEV	276
	(6) Ergebnis	277
	bb) Restwertermittlung im Gassektor nach § 32 Abs. 3 GasNEV	278
	cc) Abschreibungsdauer für Altanlagen in den neuen Bundesländern	278
	dd) Änderung der kalkulatorischen Nutzungsdauer	279
	ee) Behandlung von Grundstücken	281
c)	Ermittlung der Abschreibungsbeträge	282
	aa) Abschreibungen auf Altanlagen	282
	(1) Tagesneuwertbasierte Abschreibung	282
	(2) Abschreibung auf Basis der Anschaffungs- und Herstellungskosten	283
	(3) Berücksichtigung der Eigenkapitalquote	283
	bb) Abschreibungen auf Neuanlagen	284
d)	Zusammenfassung	284

3. Betriebsnotwendiges Eigenkapital und Eigenkapitalquote 285
   a) Rechtslage auf Basis der NEV 2005 285
      aa) Auflösung des Zirkelschlusses und Berechnung der
          Eigenkapitalquote 286
         (1) Wortlautgetreue mathematische Lösung 286
         (2) Beschränkung auf Anschaffungs- und Herstellungskosten 287
         (3) Bewertung der Auslegungsvarianten 287
         (4) Ergebnis 289
      bb) Berechnung des betriebsnotwendigen Eigenkapitals
          nach § 7 Abs. 1 S. 2 NEV 2005 289
         (1) Wertansatz für das Finanzanlage- und Umlaufvermögen 290
         (2) Wertansatz für Grundstücke 290
         (3) Berücksichtigung von Anhaltewerten? 291
         (4) Berücksichtigung von Anlagen im Bau 292
      cc) Ermittlung des die zugelassene Eigenkapitalquote
          übersteigenden Eigenkapitalanteils 292
         (1) Meinungsstand 293
            (a) Position der Regulierungsbehörden 293
            (b) Implizite Begrenzung der Eigenkapitalquote nach
               § 7 Abs. 1 NEV 2005 293
            (c) Mathematische Lösung 294
            (d) Erhaltungskonzeptkonforme Lösung 295
         (2) Entscheidung des Meinungsstreits 296
            (a) Keine Entscheidung des Meinungsstreits durch
               den Beschluss vom 21.07.2006 297
            (b) Weitere Entscheidungen der Oberlandesgerichte 299
            (c) Wortlaut 299
              (aa) Begriff des „betriebsnotwendigen Eigenkapitals"
                 als Basis für die Eigenkapitalverzinsung 299
              (bb) Der die zugelassene Eigenkapitalquote
                 übersteigende Anteil des Eigenkapitals 301
            (d) Sinn und Zweck unter Berücksichtigung der
               Erhaltungskonzeptionen 303
              (aa) Ermittlung der Eigenkapitalquote 303
              (bb) Konsistente Kalkulation im Rahmen der
                 Nettosubstanzerhaltung 304
              (cc) Übergang auf die Realkapitalerhaltung 307
            (e) Vereinbarkeit mit höherrangigem Recht 309
         (3) Ergebnis 309
   b) Rechtslage nach Änderung der NEV im Oktober 2007 310
      aa) Berechnung des betriebsnotwendigen Eigenkapitals 311
      bb) Ermittlung des die zugelassene Eigenkapitalquote
          übersteigenden Eigenkapitalanteils 312
   c) Zusammenfassung 312

	4.	Eigenkapitalverzinsung		312
		a)	Verzinsung des betriebsnotwendigen Eigenkapitals	313
			aa) Ermittlung des auf Alt- und Neuanlagen entfallenden Anteils	313
			bb) Inkonsistente Zuordnung des Umlaufvermögens und der Finanzanlagen	313
		b)	Verzinsung des die zugelassene Eigenkapitalquote übersteigenden Anteils des Eigenkapitals	314
			aa) Position der Regulierungsbehörden	314
			bb) Kritik	315
		c)	Festlegung des Eigenkapitalzinssatzes durch die Regulierungsbehörde	317
	5.	Kalkulatorische Gewerbesteuer		318
		a)	Beschränkung auf die tatsächlich gezahlte Gewerbesteuer?	318
		b)	Berechnung der kalkulatorischen Gewerbesteuer	319
			aa) Berücksichtigung der auf den Scheingewinn entfallenden Gewerbesteuern	320
			(1) Position der Regulierungsbehörden	320
			(2) Kritik	320
			(3) Beschlüsse des BGH vom 14.08.2008	321
			bb) Berücksichtigung der steuerlichen Hinzurechnungen und Kürzungen	322
			cc) Abzugsfähigkeit der Gewerbesteuer von sich selbst	323
		c)	Beschränkung auf die kalkulatorische Gewerbesteuer?	325
		d)	Ergebnis	325
	6.	Zusammenfassung		326

D.	Zusammenfassung und Ausblick	327
I.	Zusammenfassung in Thesen	327
	1. Gesetzliche Vorgaben	327
	2. Ausgestaltung durch die Entgeltverordnungen	330
II.	Ausblick	333

Literaturverzeichnis 335

A. Einleitung

I. Gegenstand der Untersuchung

Die Erreichung des mit der Liberalisierung der Energiemärkte verfolgten Zieles der Schaffung von mehr Wettbewerb setzt die Gewährleistung eines effizienten Netzzugangs zu fairen Konditionen voraus.
Während unmittelbar nach der EnWG-Novelle 1998[1] zunächst Fragen nach dem Ob und Wie des Netzzugangs im Mittelpunkt standen,[2] verlagerte die Diskussion sich – jedenfalls im Elektrizitätssektor – recht bald auf die Frage, nach welchen Maßstäben angemessene Netzzugangsentgelte zu bestimmen sind.[3] Der Gesetzgeber hatte den Unternehmen insoweit zunächst keine konkreten Vorgaben gemacht, sondern im Rahmen des verhandelten Netzzugangs vorgesehen, dass die Konditionen zwischen den Parteien bzw. deren Verbänden ausgehandelt werden.[4] Eine behördliche Kontrolle erfolgte nur im Rahmen der allgemeinen kartellrechtlichen Missbrauchsaufsicht.[5] Die Kartellbehörden des Bundes und der Länder haben diese Aufgabe durchaus ernst genommen und zahlreiche Missbrauchsverfahren gegen Netzbetreiber aufgrund vermeintlich überhöhter Netznutzungsentgelte eingeleitet,[6] von

---

1   Gesetz zur Neuregelung des Energiewirtschaftsgesetzes vom 24.4.1998, BGBl I, 730.
2   Siehe die ausführliche Rechtsprechungsübersicht bei *Holtorf/Horstmann*, RdE 2002, 261 ff.; siehe ferner *Pohlmann*, FS Baur, 535; *Böge*, FS Baur, 399, 401 ff.; *Böge/Lange*, WuW 2003, 870, 872; *Büdenbender*, ZIP 2000, 2225, 2225 f.; Bundeskartellamt, Marktöffnung und Gewährleistung von Wettbewerb in der leitungsgebundenen Energiewirtschaft - Diskussionspapier für die Sitzung des Arbeitskreises Kartellrecht vom 7.10.2002 (Diskussionspapier), S. 14 f.
3   *Böge*, FS Baur, 399, 402; *Stappert*, Netznutzungsentgeltkontrolle, VEnergR 128, S. 23 ff.; *Lutz*, FS Baur, 507 ff.; *Theobald*, IR 2004, 123.
4   BT-Drs. 13/7274, S. 36; BT-Drs. 13/9211, S. 24 f.; siehe dazu *Engel*, Verhandelter Netzzugang, S. 71 ff.; *Büdenbender*, RdE 2004, 284, 285; *Kühling*, Sektorspezifische Regulierung, S. 139 f.; *Büdenbender*, DVBl 2006, 197, 198; vgl. zum verhandelten Netzzugang im Gassektor auch *Frank/Ziller*, RdE 2002, 91 ff.
5   Nach der überwiegenden Auffassung in der Literatur war grundsätzlich auch ein Eingreifen der Energieaufsichtsbehörden auf Basis des § 6 EnWG 1998 möglich, diese haben auf ein Eingreifen indes zu Gunsten der Kartellbehörden verzichtet; vgl. *Stappert*, Netznutzungsentgeltkontrolle, VEnergR 128, S. 28; *Büdenbender*, EnWG 2003, § 5 Rn. 2, 88; *Theobald/Hummel*, N&R 2004, 2, 3; *Säcker/Boesche*, in: Säcker, Reform des Energierechts, S. 21; *dies.*, ZNER 2002, 183, 190.
6   *Böge*, FS Baur, 399, 405, verweist auf insgesamt mehr als 200 Missbrauchsverfahren auf Bundes- und Länderebene; *Pohlmann*, FS Baur, 535; Bundeskartellamt, Beschluss vom 14.2.2003 (TEAG), ZNER 2003, 145 = WuW DE-V 722 ff.; Beschluss vom 13.2.2003 (RWE Net), ZNER 2003, 156 = WuW DE-V 750 ff.; Beschluss vom 17.4.2003 (Stadtwerke Mainz), ZNER 2003, 263 ff.; Bericht der Arbeitsgruppe Netznutzung Strom der Kartellbehörden des Bundes und der Länder vom 19.4.2001 (Bericht der Arbeitsgruppe Netznutzung), S. 6 ff.; Bundeskartellamt, Marktöffnung und Gewährleistung von Wettbewerb in der leitungsgebun-

denen allerdings die ganz überwiegende Zahl – teilweise auch aufgrund entsprechenden Einlenkens der Unternehmen – wieder eingestellt bzw. nicht aktiv weiterbetrieben wurde.[7] Die Kartellbehörden haben im Rahmen dieser Verfahren unterschiedliche Verfolgungskonzepte angewandt, die jedoch häufig nicht zu kongruenten Ergebnissen führten und aus unterschiedlichen Gründen heftig umstritten waren.[8] Um der hierdurch entstandenen Rechtsunsicherheit zu begegnen, die auch zu zahlreichen zivilrechtlichen Auseinandersetzungen zwischen den Netzbetreibern und den Netznutzern um die Zahlung der Netznutzungsentgelte geführt hat,[9] wurde im Rahmen der EnWG-Novelle 2003[10] festgeschrieben, dass die Bedingungen des Netzzugangs der guten fachlichen Praxis entsprechen müssen, und zudem eine zeitlich befristete – und inhaltlich nur begrenzt wirksame – Vermutung zugunsten der Verbändevereinbarung II plus[11] in das Gesetz aufgenommen.[12]

Als Konsequenz der im Jahre 2003 verabschiedeten Binnenmarktbeschleunigungsrichtlinien[13] und des danach zwingend erforderlichen Übergangs vom verhandelten zum regulierten Netzzugang[14] wurde die Kalkulation der Netzentgelte im

---

denen Energiewirtschaft – Diskussionspapier für die Sitzung des Arbeitskreises Kartellrecht vom 7.10.2002, S. 20 ff.; vgl. auch BMWA, Monitoring-Bericht, BT-Drs. 15/1510, S. 17 ff.

7   Missbrauchsverfügungen des Bundeskartellamt sind nur in 3 Fällen ergangen: Bundeskartellamt, Beschluss vom 14.2.2003 (TEAG), ZNER 2003, 145 ff. = WuW DE-V 722 ff.; Beschluss vom 13.2.2003 (RWE Net), ZNER 2003, 156 ff. = WuW DE-V 750 ff.; Beschluss vom 17.4.2003 (Stadtwerke Mainz), ZNER 2003, 263 ff.

8   Vgl. zu den einzelnen Verfolgungskonzepten: Kartellbehörden, Bericht der Arbeitsgruppe Netznutzung, S. 8 ff.; zur Kostenkontrolle insbesondere: Bundeskartellamt, Beschluss vom 14.2.2003 (TEAG), ZNER 2003, 145; zum Vergleichsmarktkonzept insbesondere: Bundeskartellamt, Beschluss vom 17.4.2003 (Stadtwerke Mainz), ZNER 2003, 263 ff.; umfassend zu den Verfolgungskonzepten und diesbezüglichen Streitstand: *Stappert*, Netznutzungsentgeltkontrolle, VEnergR 128, S. 144 ff.

9   Eine erste Klagewelle wurde von 6 unabhängigen Lieferanten, Lichtblick – die Zukunft der Energie GmbH, Yello Strom GmbH, ares Energie-direkt GmbH, best energy GmbH, National Energy Services AG und Riva Energie AG gegen 13 Netzbetreiber angestrengt; vgl. *Stappert*, Netznutzungsentgeltkontrolle, VEnergR 128, S. 25; vgl. zur gerichtlichen Entgeltkontrolle auch *Kühne*, NJW 2006, 654 ff.; *Schebstadt*, MMR 2006, 157 ff.

10 BGBl. I vom 23.5.2003, 686 ff.; siehe dazu u.a. *Salje*, RdE 2003, 205 ff.; *ders.*, ET 2003, 413 ff.; vgl. auch *Schmidt-Preuß*, ZNER 2002, 262 ff.

11 Verbändevereinbarung über Kriterien zur Bestimmung von Netznutzungsentgelten für elektrische Energie und über Prinzipien der Netznutzung (VV Strom II plus) vom 13.12.2001, vollständig abgedruckt im BAnz. Nr. 85 b vom 8.5.2002.

12 Umfassend zur Vermutungswirkung und dem Verhältnis zur kartellrechtlichen Missbrauchskontrolle: *Stappert*, Netznutzungsentgeltkontrolle, VEnergR 128, S. 56 bis 101; vgl. auch *Salje*, ET 2004, 109 ff.; *Thomale*, IR 2004, 76, 77.

13 Richtlinie 2003/54/EG vom 26. Juni 2003 über gemeinsame Vorschriften für den Elektrizitätsbinnenmarkt und zur Aufhebung der Richtlinie 96/92/EG (Beschleunigungsrichtlinie Strom), ABl. EG 2003 Nr. L 176/37; Richtlinie 2003/55/EG vom 26. Juni 2003 über gemeinsame Vorschriften für den Erdgasbinnenmarkt und zur Aufhebung der Richtlinie 98/30/EG (Beschleunigungsrichtlinie Gas), ABl. EG 2003 Nr. L 176/57.

14 Vgl. *Baur*, ET 2003, 670 ff.; *Becker/Riedel*, ZNER 2003, 170, 171; *Becker*, ZNER 2005, 108, 113; *Breuer*, NVwZ 2004, 520, 527; *Büdenbender*, ET 2005, 642, 645; *Säcker*, RdE 2003, 300, 302; *Schneider/Prater*, IR 2004, 5, 6; siehe auch *Büdenbender/Rosin*, ET 2003, 746 ff.;

Rahmen der EnWG-Novelle 2005[15] und der in ihrem Zuge erlassenen Entgeltverordnungen (StromNEV[16] und GasNEV[17]) erstmals detailliert geregelt. Die Regelungen orientieren sich dabei zwar im Ausgangspunkt an den im Rahmen der Verbändevereinbarung II plus vereinbarten Kalkulationsstandards,[18] die jedoch in wesentlichen Punkten ergänzt bzw. verändert wurden.[19]

Im Gegensatz zu der in der Vergangenheit vorgesehenen kartellbehördlichen expost Kontrolle der Netznutzungsentgelte sind die Netzbetreiber nunmehr grundsätzlich verpflichtet, die von ihnen geforderten Entgelte zunächst von der zuständigen Regulierungsbehörde genehmigen zu lassen.[20]

II. Anlass und Ziel der Untersuchung

Anlass der Untersuchung sind die zahlreichen ungeklärten Fragen, die sich aus den Vorschriften zur Entgeltregulierung ergeben und die in der Praxis im Rahmen der Entgeltgenehmigungen zutage getreten sind und zu zahlreichen Rechtsstreitigkeiten geführt haben.[21] Wirtschaftlich hat die Auslegung der Vorschriften zur Kalkulation

---

Ehricke, Die Regulierungsbehörde, VEnergR 113, 13; *De Wyl/Neveling*, ZNER 2003, 182 ff., *Säcker*, ZNER 2003, 214 ff. mit Umsetzungsvorschlägen; zum Begriff der Regulierung: *Bullinger*, DVBl. 2003, 1355 ff.; *Spreer*, ZNER 2003, 190; *Staebe*, DVBl. 2004, 853; *Tettinger/Pielow*, RdE 2003, 289; *Theobald/Schiebold*, VerwArch 2003, 157 ff.; zu den Umsetzungsvermerken der Kommission: *Ehricke*, EuZW 2004, 359 ff.; zu Verhältnismäßigkeit: *Hohmann*, ET 2003, 337 ff.; *Lechler/Gundel*, EuZW 2003, 621, 625; *Ruhle/Heger*, WuW 2004, 484, 487; vgl. zum Inhalt der Richtlinien außerdem: *Schütz/Tüngler*, RdE 2003, 98 ff.; *Mombaur/Balke*, RdE 2003, 161 ff.; zum Entwurf der Richtlinien: *Baur/Lückenbach*, Fortschreitende Regulierung, VEnergR 105; zur Vereinbarkeit einer staatlich gesteuerten Selbstregulierung mit europäischem Recht: *Stefaniak*, Wettbewerb in der Energiewirtschaft, VEnergR 134, 71 ff.

15 Zweites Gesetz zur Neuregelung des Energiewirtschaftsgesetzes vom 7.7.2005, BGBl. I, 1970.
16 Verordnung über die Entgelte für den Zugang zu Elektrizitätsversorgungsnetzen (Stromnetzentgeltverordnung – StromNEV) vom 25.7.2005, BGBl. I., 2225.
17 Verordnung über die Entgelte für den Zugang zu Gasversorgungsnetzen (Gasnetzentgeltverordnung – GasNEV) vom 25.7.2005, BGBl. I., 2197.
18 Vgl. *Stumpf/Gabler*, NJW 2005, 3174, 3177; siehe auch *Vossiek/Ketzler*, ew 2004, 30 ff.
19 Dies betrifft unter anderem den Übergang zur Realkapitalerhaltung für Neuanlagen und die Nichtberücksichtigung der Körperschaftssteuern auf den Scheingewinn.
20 Vgl. § 23a EnWG.
21 Vgl. u. a. OLG Düsseldorf, Beschluss vom 21.07.2006 (Vattenfall) ZNER 2006, 258 ff.; OLG Düsseldorf, Beschluss vom 11.07.2007, ZNER 2007, 337 ff.; OLG Düsseldorf, Beschluss vom 24.10.2007 (VI 3 Kart 16/07), ZNER 2007, 416 ff.; OLG Düsseldorf, Beschluss vom 26.09.2007, ZNER 2007, 509 ff.; OLG Koblenz, Beschluss vom 04.05.2007, RdE 2007, 198 ff.; OLG Kobelenz, Beschluss vom 04.05.2007, ZNER 2007, 182 ff.; OLG München, Beschluss vom 22.02.2007, ZNER 2007, 62 ff.; OLG Naumburg, Beschluss vom 16.04.2007, ZNER 2007, 174ff.; OLG Naumburg, Beschluss vom 20.08.2007, ZNER 2007, 499, 500; OLG Naumburg, Beschluss vom 21.12.2006, RdE 2007, 232 ff.; OLG Naumburg, Beschluss vom 15.06.2007, ZNER 2007, 491 ff.; OLG Naumburg, Beschluss vom 31.07.2007, ZNER

der Netzzugangsentgelte für die Netzbetreiber und deren zukünftige Renditeerwartung erhebliche Bedeutung.[22] Auch wenn die kostenorientierte Entgeltbildung bereits im Jahre 2009 durch eine Bestimmung der Netzzugangsentgelte im Wege der Anreizregulierung abgelöst wird,[23] bleiben die Vorschriften der Entgeltverordnung zur Bestimmung des „Basisniveaus" im Rahmen der Anreizregulierung weiterhin von zentraler Bedeutung.[24]

Das Ziel der Untersuchung besteht in einer umfassenden Analyse der einschlägigen, durch die EnWG-Novelle 2005 geschaffenen, gesetzlichen Bestimmungen zur Ermittlung der Kosten für Strom- und Gasversorgungsnetze. Dabei sollen in besonderem Maße neben den rechtlichen die kalkulatorischen und betriebswirtschaftlichen Zusammenhänge sowie die Wechselwirkungen zwischen den einzelnen Vorschriften in die Analyse einbezogen werden, da nur auf diese Weise sichergestellt werden kann, dass sich bei Anwendung der Kalkulationsregeln im Ergebnis tatsächlich angemessene Entgelte ergeben.

III. Zum Aufbau der Arbeit

Im Mittelpunkt der Untersuchung stehen die materiellen Vorschriften zur Ermittlung der Netzkosten. Da sich die einschlägigen Normen der StromNEV und der GasNEV insoweit kaum unterscheiden, können die Bereiche Elektrizität und Gas gemeinsam behandelt werden. Ausgeklammert wird hingegen die eigentliche Bildung der Netzentgelte auf Basis der Netzkosten, zumal diese Regelungen im Stromsektor im Grundsatz den Regelungen der Verbändevereinbarung II plus entsprechen und in der Vergangenheit weit weniger Probleme verursacht haben, als die eigentliche Kostenermittlung.[25] Im Gassektor resultieren die Probleme im Zusammenhang mit der Entgeltbildung hingegen in erster Linie aus dem unklar geregelten Netzzugangsmo-

---

2007, 502; OLG Naumburg, Beschluss vom 20.08.2007, ZNER 2007, 499 f.; OLG Stuttgart, Beschluss vom 05.04.2007, ZNER 2007, 194 ff.; OLG Frankfurt, Beschluss vom 11.09.2007, ZNER 2007, 341 ff.; BGH, Beschlüsse vom 14.08.2008, KVR 27/07 (Stadtwerke Engen); KVR 34/07; KVR 35/07 (Stadtwerke Neustadt); KVR 36/07 (Stadtwerke Trier); KVR 39/07 (Vattenfall); KVR 42/07 (Rheinhessische Energie); vgl. zum Stand der Rechtsprechung auch *Laubenstein*, ET Special 11/2006, S. 24 ff.; *Becker/Boos*, ZNER 2006, 297 ff.; *Missling*, RdE 2008, 7 ff.

22 So wird die Summe der jährlich von den Netzbetreibern vereinnahmten Netzentgelten auf ca. 20 Mrd. Euro geschätzt, vgl. *Holzherr/Kofluk*, ET 2004, 718, 733 Fn. 1a.

23 Vgl. Anreizregulierungsverordnung (ARegV), BGBl. I S. 2529; *Scholz/Jansen*, ET (Special) 11/2006, S. 20; *Ehricke*, ET (Special) 11/2006, S. 13; siehe auch *Balzer/Schönefuß*, RdE 2006, 213 ff.; *dies.*, ET 6/2007, 20 ff.

24 Vgl. § 21a Abs. 4 EnWG; siehe auch *Ruge*, DVBl. 2008, 956; *Böck/Missling*, IR 2006, 98, die insoweit von einer Weichenstellung für die Anreizregulierung sprechen.

25 Vgl. zur Bildung der Netzentgelte unter der Verbändevereinbarung II plus: *Stappert*, Netznutzungsentgeltkontrolle, VEnergR 128, 269 ff.; zu den Änderungen durch die Verordnungen gegenüber der Verbändevereinbarung: *Papanikolau/Wagner/Höhn*, emw 2005, 72 ff.

dell.[26] Die kurz vor Abschluss des Gesetzgebungsverfahrens[27] auf Betreiben des Bundesrates vorgenommenen Änderungen[28] haben zur Folge, dass die Vorschriften zur Entgeltbildung in der GasNEV inhaltlich nicht vollständig zum Netzzugang nach dem Zweivertragsmodell passen.[29] Ebenfalls nicht behandelt werden verfahrensrechtliche Fragen[30] sowie Fragen der Beweislastverteilung.

Die Untersuchung gliedert sich in zwei Teile. Im ersten Teil unter lit. B. werden die gesetzlichen Vorgaben für die Ermittlung der Netzkosten näher untersucht. Zunächst sind dabei unter I. die allgemeinen Vorgaben, die sich in § 21 Abs. 1 EnWG finden und die insbesondere mit Blick auf das Tatbestandsmerkmal der Angemessenheit eine vertiefte Analyse verdienen[31] und in deren Rahmen auch die Vorgaben des europäischen Rechts zu würdigen sind,[32] zu behandeln. Anschließend sind unter II. die sich insbesondere aus § 21 Abs. 2 EnWG ergebenen Vorgaben für die kostenorientierte Entgeltbildung näher zu betrachten. Unter III. wird auf die Vorgaben zu den Vergleichsverfahren in § 21 Abs. 3 und 4 EnWG eingegangen.

Im zweiten Teil unter lit. C. sind dann die Regelungen zur Entgeltkalkulation in der StromNEV und das GasNEV in den Blick zu nehmen. Hierbei ist zwischen den Grundlagen der Kostenermittlung unter I., den aufwandsgleichen Kosten unter II. und den kalkulatorischen Kosten unter III. zu unterscheiden. Im Rahmen des zweiten Teils werden dabei insbesondere die zahlreichen Streitpunkte aufzugreifen sein, die sich in den Entgeltgenehmigungsverfahren ergeben haben.

---

26 Vgl. hierzu insbesondere Bundesnetzagentur, Beschluss vom 17.11.2006 (BK7-06-074), abzurufen im Internet unter www.bundesnetzagentur.de (zuletzt abgerufen am 11.05.2008).
27 Zum besonderen Zeitdruck kurz vor Abschluss des Gesetzgebungsverfahrens: *Büdenbender*, ET 2005, 642, 647.
28 BT-Drucks. 15/5736.
29 Insbesondere enthält die GasNEV in ihrer ursprünglichen Fassung keine Regelungen zur Kosten- oder Entgeltwälzung; im Rahmen der Novelle im Oktober 2007 wurde eine Festlegungsbefugnis zugunsten der Regulierungsbehörde für diese Fragen eingeführt.
30 Vgl. zu verschieden hier nicht behandelten Fragen etwa *Lecheler/Germelmann*, WuW 2007, 6 ff.; *Sauerland*, RdE 2007, 153 ff.; *Kleinlein/von Hammerstein*, N&R 2007, 7 ff.; *Dederer*, NVwZ 2008, 149 ff.; *Tschentscher*, VEnergR 142.
31 Vgl. unter B. I. 3.
32 Vgl. unter B. I. 3. a) aa) (1) und B. I. 3. a) bb) (1).

B. Gesetzliche Vorgaben für die Bildung der Netzzugangsentgelte

Das neue Energierecht unterscheidet drei verschiedene Verfahren zur Regulierung der Netzzugangsentgelte: die kostenorientierte Preisbildung, die Anreizregulierung und die Regulierung auf der Basis marktorientierter Verfahren.[33] Letztere kommen jedoch nur bei bestehendem oder potentiellem Leitungswettbewerb im Bereich der überregionalen Gasfernleitungsnetze zur Anwendung,[34] während die Anreizregulierung ab dem Jahr 2009 die kostenorientierte Entgeltkalkulation der übrigen Netze[35] ablösen bzw. ergänzen soll.[36] Daneben verbleibt mit den von den zentralen Regulierungsvorschriften ausgenommenen Objektnetzen[37] noch ein Bereich, der der kartellrechtlichen Netzentgeltkontrolle[38] unterliegt,[39] von der die übrigen Energieversorgungsnetze weitgehend ausgenommen sind.[40]

I. Allgemeine Anforderungen an Netzzugangsentgelte

Unabhängig von dem zur Anwendung kommenden Regulierungsverfahren, normiert § 21 Abs. 1 EnWG allgemeine Anforderungen an die Entgelte für den Netzzugang

---

33 *Büdenbender*, DVBl. 2006, 197, 199; vgl. zu den Regulierungsansätzen auch *Knieps*, N&R 2004, 7 ff.
34 Vgl. § 24 S. 2 Nr. 5 EnWG i.V.m. § 3 Abs. 2 GasNEV; vgl. hierzu auch *Büdenbender*, DVBl. 2006, 197, 205 ff.
35 Vgl. § 21a Abs. 1 EnWG i.V.m. § 1 ARegV.
36 Vgl. §§ 112a, 118 Abs. 5 EnWG – um eine echte Ablösung handelt es sich eigentlich nicht, da nach § 21a Abs. 4 EnWG die Ausgangswerte zu Beginn einer Regulierungsperiode auf der Basis der Vorschriften zur kostenorientierten Entgeltermittlung bestimmt werden und die Anreizregulierung in ihrer Ausgestaltung nach § 21a EnWG ein Unterfall der kostenorientierten Entgeltregulierung ist, eine Abkehr von der Kostenorientierung wäre im übrigen mit den europarechtlichen Vorgaben nicht vereinbar – siehe hierzu unten unter B.I.3.a)bb)(1).
37 Soweit die Objektnetzausnahme mit dem europäischen Recht vereinbar ist. Dies ist jedenfalls mit Blick auf § 110 Abs. 1 Nr. 1 EnWG nicht der Fall; vgl. EuGH, Urteil vom 22.05.2008 (citiworks), EuZW 2008, 406 ff.; auch mit Blick auf die anderen Tatbestände ist die Vereinbarkeit höchst fragwürdig; vgl. *Boesche/Wolf*, ZNER 2008, 123, 126.
38 Umfassend zur kartellrechtlichen Netzentgeltkontrolle: *Stappert*, Netznutzungsentgeltkontrolle, VEnergR 128.
39 Dies ergibt sich daraus, dass § 111 Abs. 1 EnWG die Anwendung der §§ 19, 20 GWB nur insoweit ausschließt, als im EnWG abschließende Regelungen getroffen werden. Für Objektnetze nach § 110 EnWG werden solche abschließenden Regeln im 3. Teil des EnWG jedoch gerade nicht getroffen, da die entsprechenden Vorschriften auf Objektnetze keine Anwendung finden.
40 Vgl. § 111 EnWG; siehe auch *Büdenbender*, DVBl. 2006, 197, 200; *Enaux/König*, N&R 2005, 2, 11 f.; anwendbar bleibt jedoch aufgrund des Vorrangs des Gemeinschaftsrechts Art. 82 EG.

und die sonstigen Zugangsbedingungen. Hierbei wurden im Wesentlichen Begrifflichkeiten aus dem EnWG a.F.[41] sowie aus den Beschleunigungsrichtlinien Strom[42] und Gas[43] übernommen,[44] die teilweise den entsprechenden Begrifflichkeiten im GWB[45] entsprechen. Auch wenn sich diese Maßstäbe in der Praxis häufig als schwer handhabbar bzw. justiziabel erwiesen haben,[46] war die Vorschrift im Rahmen des Gesetzgebungsverfahrens weitgehend unstrittig und entspricht in der verabschiedeten Fassung wörtlich der Regelung in § 20 Abs. 3 S. 1 des Referentenentwurfs,[47] während die sonstigen im Zusammenhang mit der Entgeltbildung stehenden Vorschriften im Laufe des Gesetzgebungsverfahrens teilweise erhebliche Veränderungen erfahren haben.[48] Dies ist letztlich darauf zurückzuführen, dass weniger die übernommenen Begrifflichkeiten an sich, sondern die mangelnde normative Konkretisierung Probleme bereitet haben[49] und sich das Hauptaugenmerk somit früh auf die konkretisierenden Normen richtete.[50]

1. Diskriminierungsfreiheit

§ 21 Abs. 1 EnWG vereint das allgemeine Gebot der Diskriminierungsfreiheit mit dem aus § 6 Abs. 1 EnWG 1998 übernommenen Verbot der Diskriminierung externer gegenüber internen Netznutzern. Dieser Dualismus spricht dafür, dass von dem allgemeinen Diskriminierungsverbot entsprechend dem kartellrechtlichen Verständ-

---

41 In der Regierungsbegründung (BR-Drucks. 613/04, Seite 110) heißt es insoweit verkürzt, dass § 21 Abs. 1 den §§ 6 Abs. 1 Satz 1 und 6a Abs. 2 Satz 1 EnWG a.F. entspreche.
42 Richtlinie 2003/54/EG vom 26.06.2003, Abl. EG Nr. L 176/37 vom 15.07.2003.
43 Richtlinie 2003/55/EG vom 26.06.2003, Abl. EG Nr. L 176/57 vom 15.07.2003.
44 Die Anforderung der Diskriminierungsfreiheit und der Angemessenheit ergibt sich aus Art. 23 Abs. 4 der Beschleunigungsrichtlinie Strom und aus Art. 25 Abs. 4 der Beschleunigungsrichtlinie Gas, das Gebot der Transparenz aus Erwägungsgrund 13 der Beschleunigungsrichtlinie Strom und Erwägungsgrund 22 der Beschleunigungsrichtlinie Gas.
45 Vgl. mit Blick auf die Angemessenheit bzw. die Diskriminierungsfreiheit § 19 Abs. 4 Nr. 4 bzw. §§ 19 Abs. 4 Nr. 3, 20 Abs. 1 GWB.
46 Vgl. Bericht der Arbeitsgruppe Netznutzung, Seite 71; siehe außerdem mit Blick auf das aus § 6 EnWG übernommene besondere Diskriminierungsverbot unten unter B.I.1.b) und mit Blick auf den Maßstab der Angemessenheit unten unter B.I.3.
47 Referentenentwurf zum EnWG vom 26.02.2004.
48 Vgl. unten unter B. II. 1. a).
49 Aus diesem Grund war im Rahmen der EnWG-Novelle 2003 in § 6 EnWG der Maßstab der „guten fachlichen Praxis" eingeführt und (befristet) die Einhaltung der guten fachlichen Praxis bei Anwendung der Verbändevereinbarung II plus vermutet wurde.
50 Siehe hierzu unten unter B.II.

nis[51] eine unterschiedliche Behandlung externer und interner Netznutzer nicht erfasst wird.[52]

a) Allgemeines Gebot der Diskriminierungsfreiheit

Die Verankerung des Gebots der Diskriminierungsfreiheit als Anforderung an die Bedingungen und Entgelte für den Netzzugang verwundert zunächst insoweit, als die Diskriminierungsfreiheit weniger eine Eigenschaft bestimmter Bedingungen oder Entgelte ist, sondern vor allem ihre einheitliche Anwendung gegenüber den unterschiedlichen Netzzugangspetenten betrifft.[53] Die Beschleunigungsrichtlinien Strom und Gas sprechen daher in den Art. 23 Abs. 4 bzw. Art 25 Abs. 4, die laut Regierungsbegründung durch die Vorschrift des § 21 EnWG umgesetzt werden sollen,[54] von der nichtdiskriminierenden Anwendung der Entgelte. Während die diskriminierungsfreie Anwendung der Entgelte im nationalen Recht insbesondere durch die entsprechenden Missbrauchsvorschriften gesichert wird,[55] beschränkt sich der Regelungsinhalt des § 21 Abs. 1 EnWG damit auf die Fälle, in denen sich die Diskriminierung unmittelbar aus der Ausgestaltung der Bedingungen bzw. der Entgeltstrukturen ergibt. Mit Blick auf die Höhe der Entgelte ist der Begriff der Diskriminierungsfreiheit indes unergiebig.

In der Praxis ist ohnehin eine eher beschränkte Bedeutung des allgemeinen Diskriminierungsverbots zu erwarten. Dies ergibt sich bereits aus rein ökonomischen Überlegungen. Eine Preisdiskriminierung bzw. eine einzelne Abnehmer diskriminierende Entgeltstruktur ist aus Sicht eines Monopolisten ökonomisch „sinnvoll" um unterschiedliche Preiselastizitäten der Abnehmer optimal ausnutzen zu können. Der so erzielbare Gewinn ist für den Monopolisten in der Folge höher, als er bei der Forderung eines einheitlichen Preises wäre.[56] Derartige Effekte treten mit Blick auf die Netznutzung jedoch allenfalls in geringem Umfang auf. Die Ursache hierfür ist zum einen die Struktur des Marktes, in dem in der Regel der Lieferant der Netznutzer ist, der Umfang der Netznutzung jedoch letztlich vom Endabnehmer abhängt und relativ unelastisch ist. Selbst wenn sich folglich die Zahlungsbereitschaft der

---

51 BGH, WuW/E BGH 1947, 1949 (Stuttgarter Wochenblatt); BGH WuW/E BGH 2360, 2365 (Freundschaftswerbung); *Markert,* in: Immenga/Mestmäcker, GWB, § 20 Rn. 126 m.w.N.
52 Ferner spricht hierfür, dass in § 30 Abs. 1 Nr. 3 und 4 EnWG ebenfalls zwischen der extern/extern und der intern/extern-Diskriminierung unterschieden wird; vgl. auch *Büdenbender,* Kostenorientierte Regulierung, S. 11.
53 Die Höhe gleichmäßig gegenüber allen Handelspartner angewandten Entgelten könnte höchstens mit Blick auf eine mögliche Quersubventionierung bzw. eine Kosten-Preis-Schere unter das Diskriminierungsverbot fallen; vgl. *Etten-Rüppel/Riechmann* in: Bartsch/Röhling/Salje/Scholz, Stromwirtschaft, Kapitel 5, Rn. 2; *Henk-Merten,* Kosten-Preis-Schere, S. 103. Dies betrifft dann indes den weiter unten behandelten Fall der intern/extern-Diskriminierung.
54 BR-Drucks. 613/04, Seite 110.
55 Vgl. § 30 Abs. 1 Nr. 3 und 4 EnWG.
56 *Fritsch/Wein/Ewers,* Marktversagen und Wirtschaftspolitik, S. 159.

Lieferanten – etwa auf Basis der von ihnen jeweils kalkulierten Margen – unterscheidet, macht es für den Netzbetreiber wenig Sinn, einen externen Lieferanten besser zu behandeln als einen anderen, da sich die Inanspruchnahme des Netzes durch die geringere Zahlungsbereitschaft eines Lieferanten letztlich nicht reduzieren, sondern nur anders zwischen den Lieferanten verteilen würde.

Etwas anderes ergibt sich allenfalls in den Fällen, in denen Großabnehmer ihre Standortwahl oder die Fortsetzung ihrer Geschäftstätigkeit von der Höhe der Energiepreise und damit indirekt auch der Netznutzungsentgelte abhängig machen. Auch in diesen Situationen entfällt jedoch mit der Einführung eines letztlich erlösbegrenzenden Kalkulations- oder Regulierungsverfahrens das Interesse des Netzbetreibers an einer „Renditeoptimierung" durch eine unterschiedliche Preissetzung.

Daher haben Diskriminierungsvorwürfe, die sich auf eine unterschiedliche Behandlung externer Lieferanten stützten, bereits zu Zeiten des verhandelten Netzzugangs keine bedeutende Rolle gespielt.[57] Im Gegenteil hat teilweise – insbesondere mit Blick auf die Großabnehmer – die formale Gleichbehandlung als die Ungleichbehandlung der (externen) Netznutzer zu Kritik geführt.[58] Die bereits in der Verbändevereinbarung[59] vorgesehenen Möglichkeiten zur Kalkulation individueller Netznutzungsentgelte wurden daher im Rahmen der entsprechenden Regelung in § 19 StromNEV – wohl nicht zuletzt aus industriepolitischen Erwägungen[60] – erweitert.[61]

b) Gleichbehandlung interner und externer Netznutzer

Das Gleichbehandlungsgebot interner und externer Netznutzer zielt demgegenüber bereits nach dem Wortlaut nicht allein auf die Entgeltstrukturen, sondern vielmehr auch unmittelbar auf die Entgelte selbst. Hintergrund der Regelung, die im Rahmen des verhandelten Netzzugangs die zentrale energierechtliche Anforderung an die ausgehandelten Netzzugangsbedingungen darstellte,[62] ist die Überlegung, dass der durch die Liberalisierung angestrebte Wettbewerb auf den dem Netz vor- bzw. nachgelagerten Märkten nicht unmittelbar durch die absolute Höhe der Netzzugangsentgelte sondern vielmehr durch eine unterschiedliche Behandlung interner

---

57 Vgl. Bericht der Arbeitsgruppe Netznutzung in dem diskriminierende Verhaltensweisen nur mit Blick auf das Verhältnis intern/extern thematisiert werden.
58 So wurde vorgeschlagen, die Netzentgelte für energieintensive Unternehmen zu Lasten der übrigen Netznutzer um 50% zu reduzieren; vgl. Verivox, Artikel „RWE, E.ON, Vattenfall und EnBW: Großkunden auf Kosten von Privathaushalten entlasten", vom 25.01.2005 (abrufbar unter www.verivox.de; zuletzt abgerufen am 13.08.2008).
59 Vgl. Verbändevereinbarung II plus, Ziffern 1.8 bis 1.10.
60 Vgl. etwa Bundeswirtschaftsminister Clement in der F.A.Z. vom 27.01.2005, Seite 11: *„Energieintensive Betriebe wie die Aluminiumbranche befinden sich am Anschlag, sie haben keine Gewinnmarge mehr. Ich kann nicht verantworten, dass diese Industrien Deutschland verlassen";* siehe auch *Britz/Herzmann*, IR 2005, 98, 99.
61 Vgl. *Britz/Herzmann*, IR 2005, 98 f.
62 Vgl. § 6 Abs. 1 EnWG 1998 – der Maßstab der *„guten fachlichen Praxis"* wurde erst im Rahmen der EnWG-Novelle 2003 ergänzt.

und externer Netznutzer bzw. durch eine Quersubventionierung zugunsten der im Wettbewerb stehen Bereiche beeinträchtigt wird. Beides kann ausgeschlossen werden, wenn die gegenüber externen Netznutzern erhobenen Entgelte den „gerechten" internen Verrechnungspreis nicht übersteigen. Voraussetzung für die Wirksamkeit der gesetzlichen Regel ist damit jedoch, dass die tatsächlich oder kalkulatorisch intern in Rechnung gestellten Entgelte auch dem „gerechten" Verrechnungspreis entsprechen.[63]

Büdenbender hat insoweit zwar darauf hingewiesen, dass der Festsetzung interner Verrechnungspreise häufig intensive Verhandlungen vorausgehen, da von ihrer Höhe regelmäßig auch die interne Erfolgsmessung einzelner Abteilungen oder Führungskräfte abhängig ist.[64] Da das EnWG a.F. jedoch weder eine organisatorische noch eine buchhalterische Trennung von Netz und Vertrieb vorsah,[65] war die interne Verrechnung der Netzzugangsentgelte funktional nicht erforderlich und für Außenstehende kaum nachvollziehbar.

In der Praxis wurden die externen Entgelte ohnehin nicht anhand der intern ausgehandelten Verrechnungspreise festgelegt, sondern vielmehr wurden umgekehrt die internen Verrechnungspreise an den für die externe Netznutzung auf der Basis der Verbändevereinbarung ermittelten Entgelten ausgerichtet.[66] Dies war letztlich zwingende Folge der Einführung des Punktmodells[67] mit der Verbändevereinbarung II,[68] da der mit den Netzzugangsentgelten abgerechnete Zugang zu allen Spannungsebenen zwar dem Interesse externer Netznutzer entsprach, aber nicht die internen Verrechnungsbeziehungen – so solche überhaupt bestanden – widerspiegelte.[69]

Das Kriterium der intern/extern Diskriminierung wurde von den Kartellbehörden zwar als ein im Rahmen der Angemessenheitsprüfung nach § 19 Abs. 4 Nr. 4 GWB zu berücksichtigender Maßstab aufgefasst,[70] fand jedoch weniger mit Blick auf die

---

63 Die Kartellbehörden sind daher davon ausgegangen, dass eine solche Regelung überhöhte Netzentgelte begünstigt, zumal auf Basis des EnWG 1998 keine Vorgabe dahingehend bestand, dass Netzentgelte nur kostenorientiert gebildet werden dürfen; vgl. Bericht der Arbeitsgruppe Netznutzung, Seite 25.
64 *Bündenbender*, EnWG 2003, § 6 EnWG, Rn. 77.
65 Der Begriff der Verteilung in § 9 Abs. 2 EnWG a.F. umfasste nach h.M. Netz und Vertrieb. Eine organisatorische und buchhalterische Trennung war allein mit Blick auf die Übertragungsnetze gemäß §§ 4 Abs. 4, 9 Abs. 2 EnWG a.F. erforderlich. Im Bereich der Gasversorgung ordnete später § 9a Abs. 2 EnWG 2003 eine Trennung von Netz und Vertrieb an.
66 Zur Ermittlung der Netznutzungsentgelte im vor dem Inkrafttreten des EnWG 2005: *Meyer* in: Bartsch/Röhling/Salje/Scholz, Stromwirtschaft, Kapitel 48 Rn. 5 ff.
67 Das Preismodell der Verbändevereinbarung I war freilich – jedenfalls soweit es entfernungsabhängige Entgelte vorsah – für die interne Verrechnung allein aufgrund des Aufwandes für die Preisermittlung ebenfalls weitgehend ungeeignet.
68 Verbändevereinbarung II vom 13.12.1999.
69 Die Netznutzung der vorgelagerten Spannungsebenen wurde regelmäßig im Rahmen der Lieferverträge abgegolten, so dass sich in den internen Verrechnungsbeziehungen zwischen Netz und Vertrieb nicht widerspiegelten.
70 Vgl. Bericht der Arbeitsgruppe Netznutzung, Seite 23 f.

Netznutzungsentgelte im engeren Sinne Anwendung,[71] als vielmehr mit Blick auf Nebenleistungen bzw. die Netzzugangsbedingungen im weiteren Sinne.[72]

Auch für die Zukunft ist davon auszugehen, dass die intern vereinbarten Verrechnungspreise für die Bestimmung der Höhe der Netznutzungsentgelte keine Rolle spielen werden, sondern sich ihrerseits an den aufgrund der nunmehr umfangreichen regulatorischen Vorgaben ermittelten Netzzugangsentgelten für externe Netznutzer ausrichten werden.[73]

2. Transparenz

Das in § 21 Abs. 1 EnWG verankerte allgemeine Transparenzgebot setzt zum einen voraus, dass die erforderlichen Informationen über die Höhe und Struktur der Netzzugangsentgelte ohne Weiteres zugänglich sind,[74] und zum anderen, dass die Tarifgestaltung klar und in ihren wirtschaftlichen Folgen vorhersehbar ist.[75] Die praktische Relevanz dürfte insoweit eher gering sein,[76] da bereits § 20 Abs. 1 EnWG die Veröffentlichung der Bedingungen und Entgelte im Internet anordnet[77] und die Netzentgeltverordnungen zudem konkrete Regelungen zur Art und Struktur der Netzentgelte enthalten.[78] Problematisch mit Blick auf die Vorhersehbarkeit der wirtschaftlichen Folgen erscheint allerdings die Regelung in § 19 Abs. 2 StromNEV, nach der individuelle Entgelte unter dem Vorbehalt der nachträglichen Überprüfung ihrer Voraussetzungen gebildet werden. Aufgrund der insoweit erforderlichen besonderen vertraglichen Vereinbarung spricht jedoch einiges dafür, dass die Entgeltregelung gegenüber dem betroffenen Netznutzer hinreichend transparent ist.[79]

---

71   Die sog. Subtraktionsmethode weist zwar einen gewissen Bezug zur intern/extern Diskriminierung auf, dient im Ergebnis aber eher dem Nachweis einer kartellrechtswidrigen Kosten-/Preis-Schere – siehe zur Subtraktionsmethode unten unter B.I.3.a)aa)(2)(b)(aa).
72   Vgl. Bericht der Arbeitsgruppe Netznutzung, Seite 63 f. und 64 ff., mit Blick auf die Netznutzungsentgelte für die Lieferung von Wärmestrom und die Probleme bei der Verrechnung der Konzessionsabgaben.
73   Das sich die internen Verrechnungspreise an den externen orientieren dürfte überdies rechtlich geboten sein; vgl. unten unter C.I.2.a)bb).
74   Vgl. zur Veröffentlichungspflicht Art. 20 (1) Beschleunigungsrichtlinie Strom.
75   *Theobald/Hummel*, ZNER 2003, 176, 178.
76   So auch *Büdenbender*, Kostenorientierte Regulierung, S. 26.
77   Der Regierungsbegründung (BR-Drucks 613/04, Seite 110) zu § 21 Abs. 2 EnWG enthaltene Verweis, dass die Entgelte nach Absatz 1 im Internet zu veröffentlichen sind, soll höchstwahrscheinlich nicht das Transparenzgebot konkretisieren, sondern bezieht sich eigentlich auf § 20 Abs. 1 EnWG. Dieses Redaktionsversehen ist wohl der Tatsache geschuldet, das die Vorschrift des § 21 Abs. 2 EnWG aus der Regelung in § 20 Abs. 3 des Referentenentwurfs zum EnWG hervorgegangen ist.
78   Vgl. § 17 StromNEV und §§ 15, 18 GasNEV.
79   Da § 19 Abs. 2 StromNEV die im Rahmen der vorliegenden Arbeit ausgeklammerte Frage der eigentlichen Bildung der Netzentgelte auf Basis der Netzkosten betrifft, ist auf diese Vorschrift hier nicht näher einzugehen.

3. Angemessenheit

Die Bestimmung angemessener Entgelte stellt die zentrale Herausforderung zur Gewährleistung eines effektiven Zugangs zu den von einem vertikal integrierten Unternehmen betriebenen Infrastruktureinrichtungen dar.[80] Das aus den Binnenmarkt-Richtlinien[81] übernommene Tatbestandsmerkmal der Angemessenheit wird im deutschen Recht spätestens seit der Einführung des § 19 Abs. 4 Nr. 4 GWB im Rahmen der 6. GWB-Novelle 1999 diskutiert.[82] Diese Diskussion hat indes ebenso wenig wie die bisherige Fallpraxis zu verlässlichen Maßstäben zur Bestimmung eines angemessenen Entgeltes geführt.[83] Dies gilt sowohl für die materiellen Maßstäbe wie für die verfahrenstechnische Ausgestaltung der Entgeltkontrolle. In der Folge war im Rahmen in der EnWG-Novelle zwar nicht der Maßstab der Angemessenheit selbst wohl aber seine normative Konkretisierung in höchstem Maße umstritten.[84]

Der Frage, was ein angemessenes oder „gerechtes" Entgelt ist, kann man sich auf indirektem Weg nähern, indem man zunächst untersucht, wann sich ein Entgelt jedenfalls als unangemessen darstellt. Hierdurch wird zugleich der Rahmen abgesteckt, in dem sich der Gesetzgeber bei der näheren Konkretisierung des Maßstabs der Angemessenheit bewegen kann, ohne gegen höherrangiges Recht zu verstoßen. Anschließend sind die in diesem Rahmen zur konkreten Bestimmung der angemessenen Entgelte dienenden wettbewerbsrechtlichen bzw. regulatorischen Verfahren näher zu untersuchen.[85]

---

80 Vgl. auch *Kühling*, Sektorspezifische Regulierung, S. 286; *ders*, N&R 2004, 12; *Kühling/el-Baduri*, DVBl. 2005, 1470, 1476; *Büdenbender*, DVBl. 2006, 197, 198. Das Problem bleibt im Übrigen auch bei einer zurzeit diskutierten eigentumsrechtlichen Entflechtung der Netze bestehen, da sich durch eine Entflechtung der Charakter der Netze als natürliche Monopole nicht verändert.
81 Beschleunigungsrichtlinie Strom, Artikel 23 Abs. 4 sowie Erwägungsgrund (6); Beschleunigungsrichtlinie Gas, Artikel 25 Abs. 4 sowie Erwägungsgrund (7).
82 Bereits zuvor wurde etwa mit Blick auf die Regelung in § 13 Abs. 2 EnWG 1935 über die Höhe einer „*wirtschaftlich angemessenen Vergütung*" für die Übertragung von Energieversorgungsnetzen gestritten – hierzu: BGH, WuW DE-R 409 (Endschaftsbestimmung); inhaltlich wurde die Frage zudem bereits im Rahmen der TKG-Novelle und der EnWG-Novelle 1998 diskutiert – dort allerdings nicht unmittelbar unter dem Tatbestandsmerkmal der Angemessenheit; vgl. zum Begriff der Angemessenheit im § 19 Abs. 4 Nr. 4 GWB auch *Lutz*, FS Baur, 507, 508 ff.; *Klaue*, ZNER 2000, 271, 273; *ders.*, BB 2002, 162, 164.
83 Besonders deutlich zeigt sich dies an den Widersprüchlichkeiten zwischen den verschiedenen von den Kartellbehörden praktizierten Verfolgungskonzepten – siehe hierzu OLG Düsseldorf, Beschluss vom 17.03.2004 (Stadtwerke Mainz), WuW DE-R 1439 ff.; OLG Düsseldorf (HEAG), WuW/E DE-R 1067ff.; *Haus/Jansen*, ZWeR 2006, 77, 88 f.; zum Verhältnis der Kostenkontrolle zu Vergleichsmarktkonzept unten unter B.I.3.b)aa)(1).
84 Siehe zum Gesetzgebungsverfahren im Einzelnen unter unter B.II.1.a).
85 Vgl. unten unter B. I. 3. b).

a) Grenzen der Angemessenheit

Zu hohe Netzentgelte wirken prohibitiv[86] und behindern den Wettbewerb, während zu niedrige Netzzugangsentgelte dazu führen, dass die Investitionen in die Netze ausbleiben und damit langfristig die Versorgungssicherheit gefährdet wird.[87] Zu niedrige Netzzugangsentgelte können zudem – wenn sie staatlich angeordnet werden – in verfassungsrechtlich geschützte Rechtspositionen eingreifen.[88]

aa) Obergrenze für die Entgelte

Vorgaben für die Obergrenze bei deren Überschreitung die Entgelte in jedem Fall als unangemessen einzustufen wären, ergeben sich einerseits aus den die Angemessenheit konkretisierenden europarechtlichen Regelungen und andererseits aus den teilweise oben bereits angesprochenen – ebenfalls im europäischen Recht verankerten – komplementären normativen Vorgaben für die Bestimmung der Netzzugangsentgelte.[89] In diesem Zusammenhang kann auch auf die Maßstäbe zurückgegriffen werden, die im Rahmen der kartellrechtlichen Missbrauchskontrolle über die Netznutzungsentgelte entwickelt wurden. Zwar finden die kartellrechtlichen Vorschriften mit Ausnahme des Art. 82 EG[90] auf die Kontrolle der Netznutzungsentgelte grundsätzlich keine Anwendung,[91] zentrale Elemente der kartellrechtlichen Missbrauchsvorschriften wurden jedoch – in angepasster Form – in das EnWG übernommen.[92]

Unmittelbare verfassungsrechtliche Vorgaben existieren demgegenüber nicht, da es kein verfassungsrechtlich verbürgtes Recht auf Durchleitung oder Netznutzung gibt,[93] welches durch prohibitiv hohe Netzzugangsentgelte beeinträchtigt werden könnte. Erwägen könnte man allenfalls einen Eingriff in die Berufsfreiheit unabhängiger Stromhändler.[94] Die Erwerbschancen der Stromhändler werden jedoch weniger durch die absolute Höhe der Netznutzungsentgelte als vielmehr durch eine mögliche Diskriminierung (gegenüber anderen Stromhändlern oder dem Vertrieb des vertikal integrierten Energieversorgungsunternehmens) beeinträchtigt. Anhaltspunkte für die absolute Obergrenze angemessener Netznutzungsentgelte lassen sich

---

86 *Möschel,* in: Immenga/Mestmäcker, GWB, § 19 Rn. 205.
87 Vgl. *Stappert,* Netznutzungsentgeltkontrolle, VEnergR 128, S. 20 f.; *Engel,* Verhandelter Netzzugang, S. 90.
88 Vgl. *Schmidt-Preuß,* Substanzerhaltung und Eigentum, S. 23.
89 Siehe oben unter B.I.1.
90 Siehe zum Anwendungsbereich unten unter B.I.3.a)aa)(1)(d).
91 Siehe oben unter B.
92 Vgl. insbesondere § 30 EnWG.
93 *Schmidt-Preuß,* Substanzerhaltung und Eigentum, S. 49; *ders.* RdE 1996, 1, 6.
94 Vgl. *Heiko von Tschischwitz,* Vortrag auf dem Europäischen Kongress „Marktliberalisierung durch Marktregulierung" am 29.11.2002 in Saarbrücken (Folien abrufbar unter www.izes.de/cms/upload/pdf/vor_kongress_2002.pdf, zuletzt abgerufen am 13.08.2008), noch mit Blick auf die Kalkulationsregeln der Verbändevereinbarung.

daher aus dem Grundrecht des Art. 12 GG nicht ableiten. Hinzu kommt, dass es bereits an dem Eingriffscharakter durch eine staatliche Maßnahme fehlen dürfte, da das EnWG keine staatlich angeordneten Mindest- sondern nur genehmigte Höchstpreise vorsieht,[95] das Fordern eines Prohibitivpreises daher keine staatliche sondern eine private Maßnahme wäre.

Neben den rechtlichen Schranken sind schließlich auch die Grenzen zu untersuchen, die sich aus primär wirtschaftswissenschaftlichen Überlegungen ergeben und bei deren Überschreitung ein Entgelt bereits nach dem Wortsinn nicht mehr als angemessen bezeichnet werden kann.[96]

(1) Europarechtliche Vorgaben

(a) Vorgaben der Beschleunigungsrichtlinien

Die Beschleunigungsrichtlinien Strom und Gas enthalten lediglich insoweit konkretisierende Regelungen mit Blick auf die absolute Höhe der Netzzugangsentgelte, als sie fordern, dass die Tarife so zu gestalten sind, *„dass die notwendigen Investitionen in die Netze so vorgenommen werden können, dass die Lebensfähigkeit der Netze gewährleistet ist."*[97] Hieraus ergibt sich indes keine Obergrenze sondern im Gegenteil eine Untergrenze[98] angemessener Netzzugangsentgelte.[99]

An zahlreichen Stellen innerhalb der Richtlinien wird zudem das Erfordernis der Nichtdiskriminierung[100] betont.[101] Mit Blick auf die sich hieraus ergebenen Anforderungen kann auf die obigen Ausführungen[102] verwiesen werden.

95　Vgl. § 23a Abs. 2 S. 2 EnWG, sowie für die Anreizregulierung § 21a Abs. 2 EnWG.
96　Vgl. unten unter B. I. 3. a) aa) (3).
97　Art. 23 (2) a) der Beschleunigungsrichtlinie Strom und Art. 25 (2) a) der Beschleunigungsrichtlinie Gas.
98　Hierzu unten unter B.I.3.a)bb)(1)(a).
99　So auch *Theobald/Hummel*, ZNER 2003, 176, 177; *Badura*, DVBl. 2004, 1189, 1194; die Auffassung von *Rosin/Krause*, ET (Special) 9/2003, 17, 23, die in der Vorschrift auch ein investitionsbegrenzendes Element sehen, ist bereits nach dem Wortlaut abzulehnen, da notwendige Investitionen in die Netze auch dann so vorgenommen werden können, dass die Lebensfähigkeit der Netze gewährleistet wird, wenn die Netzzugangsentgelte die Finanzierung der sprichwörtlichen goldenen Netze ermöglichen würden.
100　Der Begriff der Diskriminierung umfasst nach der Diktion der Richtlinie auch die extern/intern-Diskriminierung. Dies ergibt sich eindeutig etwa aus der Formulierung in Art. 14 (2) und Art 9 e) der Beschleunigungsrichtlinie Strom wonach sich die Netzbetreiber jeglicher Diskriminierung, *„insbesondere zugunsten der mit ihm verbundenen Unternehmen"* zu enthalten hat.
101　Vgl. etwa Art. 9 e), Art. 14 (2), Art. 20 (1), Art. 23 (1) und (4), Art. 27, Art. 28 (1) b) und (3) der Beschleunigungsrichtlinie Strom; wie *Theobald/Hummel*, ZNER 2003, 176, 177, feststellen, wird der Begriff in den Richtlinien sehr ausufernd und teilweise auch an eher unpassenden Stellen verwendet.
102　Siehe oben unter B.I.1. sowie ergänzend unten unter B.I.3.a)aa)(2)(a).

Darüber hinaus heißt es in Erwägungsgrund 18 der Beschleunigungsrichtlinie Strom sowie in Erwägungsgrund 16 der Beschleunigungsrichtlinie Gas, dass die nationalen Regulierungsbehörden sicherstellen sollten, dass die Tarife für die Übertragung bzw. Fernleitung und Verteilung kostenorientiert sind und dass die langfristig durch dezentrale Elektrizitätserzeugung und Nachfragesteuerung vermiedenen Netzgrenzkosten[103] berücksichtigt werden. Die Erwägungsgründe erhalten zwar kein unmittelbar bindendes Recht, sind jedoch gerade mit Blick auf die Auslegung der unbestimmten Rechtsbegriffe im Hauptteil der Verordnung heranzuziehen.[104] Aus dem Erfordernis der Kostenorientierung lässt sich indes ebenfalls keine konkrete absolute Obergrenze zulässiger Entgelte ableiten, da allein der Maßstab der Kostenorientierung weder eine Aussage darüber zulässt, welche (kalkulatorischen) Kosten berücksichtigt werden dürfen noch wie die „Orientierung" zum Ausdruck kommt, d. h. in welcher Relation die Netzzugangsentgelte zu den Kosten stehen sollen bzw. inwieweit eine Korrektur durch andere Faktoren möglich und zulässig ist.[105] Insbesondere bleibt offen, in welchem Umfang den Unternehmen (innerhalb oder außerhalb der kalkulatorischen Kosten[106]) ein Gewinn zugebilligt wird. Allerdings wird man dann nicht mehr von einer Kostenorientierung sprechen können, wenn die Kosten im Verhältnis zu den erzielten Erlösen eine untergeordnete Rolle spielen. Ein praxisrelevanter Maßstab für die Obergrenze der Entgelte ergibt sich hieraus indes nicht. Eher mag man dem Erfordernis der Kostenorientierung entnehmen, dass jedenfalls die unvermeidbaren Kosten eine Untergrenze angemessener Entgelte darstellen.[107] Insoweit korrespondiert der Erwägungsgrund der Kostenorientierung mit dem in den Richtlinien verankerten Erfordernis die Lebensfähigkeit der Netze zu gewährleisten.[108]

Zudem wurde darauf hingewiesen, dass die Kostenorientierung auch auf einer zweiten Ebene Bedeutung erlangt, nämlich bei der Verteilung der Kosten auf die einzelnen Netznutzer.[109] Insoweit steht eine individualistische Betrachtung der Kostenverursachung allerdings in einem Spannungsverhältnis zur Transparenz der Entgelte[110] und behindert zudem die Ermöglichung eines funktionierenden Wettbewerbs auf den nachgelagerten Märkten.[111] Eine Korrektur des Kostenverursa-

---

103 Vgl. zu Frage, der Berücksichtigung vermiedener Netzkosten durch die dezentrale Erzeugung §§ 5 Abs. 3, 18 StromNEV sowie unten unter C.II.3.
104 So auch *Theobald/Hummel,* ZNER 2003, 176, 178.
105 *Theobald/Hummel,* ZNER 2003, 176, 178; vgl. auch *Kühling*, N&R 2004, 12, 13.
106 Die Eigenkapitalverzinsung kann entweder als kalkulatorische Kostenposition verstanden werden und so unmittelbar in die Ermittlung der Kosten einfließen oder neben den Kosten im engeren Sinne als zusätzliche Position verstanden werden, die bei der Bildung der Netzentgelte zu berücksichtigen ist.
107 Siehe hierzu unten unter B.I.3.a)bb)(1)(a).
108 Art. 23 (2) a) der Beschleunigungsrichtlinie Strom und Art. 25 (2) a) der Beschleunigungsrichtlinie Gas.
109 *Theobald/Hummel* ZNER 2003, 176, 178; *Rosin/Krause*, ET (Special) 9/2003, 17, 23.
110 Siehe hierzu oben unter B.I.2.
111 Daher sind insbesondere entfernungsabhängige Entgelte, wie sie teilweise in der VV I Strom sowie der VV II Gas vorgesehen waren, auf Kritik gestoßen – für Übertragungsnetze sind sie

33

chungsprinzips durch die Zusammenfassung von Gruppen und die Bildung von entfernungsunabhängigen Tarifen (Briefmarke) ist daher im Ergebnis unbestritten.[112]

Auch wenn sich aus dem Erfordernis der Kostenorientierung keine absolute Obergrenze für die Entgelte ableiten lässt, ergibt sich aus ihr insoweit eine relative Obergrenze für die Netzentgelte, als ein Zusammenhang zwischen den Kosten der Netze einerseits und den geforderten Entgelten andererseits in der Weise bestehen muss, dass sinkende Kosten regelmäßig zu sinkenden Entgelten führen, während Anhebung der Entgelte grundsätzlich nur dann erfolgen darf, wenn auch die Kosten entsprechend gestiegen sind.[113] Abzugrenzen ist die kostenorientierte Preisbildung insoweit insbesondere von der marktorientierten Preisbildung, bei der die Preise zunächst allein durch Angebot und Nachfrage bestimmt werden und bei der sich die Preisentwicklung in der Praxis durchaus von der Entwicklung der Kosten abkoppeln kann.[114]

(b) Vorgaben der Verordnung über den grenzüberschreitenden Stromhandel

Die Verordnung über den grenzüberschreitenden Stromhandel (Stromhandelsverordnung)[115] enthält in ihrem Anwendungsbereich unmittelbar anwendbares Recht. Soweit der nationale Gesetzgeber bzw. die nationalen Regulierungsbehörden für die Übertragungsnetze die gleichen Verfahren und Maßstäbe zur Entgeltermittlung vorsehen, erlangt sie jedoch mittelbar auch Bedeutung für den Bereich der Verteilungsnetze.[116] Inhaltlich erschiene es zudem wenig überzeugend grundsätzlich andere Ober- oder Untergrenzen angemessener Entgelte für den Bereich der Verteilungsnetze einerseits und den der Übertragungsnetze andererseits zu definieren. Abweichungen erscheinen allenfalls in Bereichen angezeigt, in denen sich unterschiedliche Maßstäbe aus der unterschiedlichen Funktion der Übertragungs- und Verteilungsnetze ableiten lassen.[117]

Die Stromhandelsverordnung enthält in Art. 4 Abs. 1 eine Regelung zur Höhe der Netzzugangsentgelte. Diese müssen „der Notwendigkeit der Netzsicherheit Rech-

---

nunmehr gemäß Art 4 (1) VO 1228/2003 ausdrücklich verboten. In die Richtung (teilweise) entfernungsabhängiger Entgelte gehen allerdings die Regelung in § 19 Abs. 3 StromNEV und § 20 GasNEV.

112 Vgl. *Theobald/Hummel*, ZNER 2003, 176, 178.
113 Dies gilt selbstverständlich nur bei unveränderten regulatorischen Rahmenbedingungen und unter der Bedingung, dass die Änderung der Entgelte nicht auf Mengeneffekte zurückzuführen ist.
114 Besonders deutlich wird dies etwa mit Blick auf die (durch Knappheit geprägten) Rohstoffmärkte.
115 VO Nr. 1228/2003, Abl. EG Nr. L 176/1 vom 15.7.2003.
116 In diesem Sinne wohl auch *Baur*, ZNER 2004, 318, 321.
117 Denkbar erscheint dies etwa mit Blick auf die besonderen Risiken bei der Anbindung von Offshore-EEG-Anlagen, die nach § 17 Abs. 2a EnWG die Übertragungsnetzbetreiber treffen.

nung tragen und die tatsächlichen Kosten insofern widerspiegeln, als sie denen eines effizienten und strukturell vergleichbaren Netzbetreibers entsprechen".

Die Vorschrift ähnelt zunächst den Regelungen in den Beschleunigungsrichtlinien. Insbesondere entspricht das Erfordernis bei der Tarifgestaltung *„der Notwendigkeit der Netzsicherheit Rechnung [zu] tragen"*, in weiten Teilen der soeben dargestellten Anforderung der Beschleunigungsrichtlinien nach der die Tarife so zu gestalten sind, *„dass die notwendigen Investitionen in die Netze so vorgenommen werden können, dass die Lebensfähigkeit der Netze gewährleistet ist"*,[118] geht jedoch insoweit darüber hinaus, als die Netzsicherheit nicht allein von den erforderlichen Investitionen sondern auch von einer professionellen Betriebsführung und Instandhaltung abhängig ist, die gefährdet sein kann, wenn die durch sie entstehenden Kosten bei der Entgeltbildung nicht hinreichend berücksichtigt werden. Eine Obergrenze für die Entgelte lässt sich hieraus indes nicht ableiten, da die Netzsicherheit allenfalls durch zu niedrige nicht jedoch durch zu hohe Entgelte gefährdet werden kann.

Soweit die Stromhandelsverordnung vorschreibt, dass die Entgelte *„die tatsächlichen Kosten [...] widerspiegeln"* müssen, entspricht dies dem in den Erwägungsgründen der Beschleunigungsrichtlinien genannten Erfordernis der Kostenorientierung. Wie oben bereits dargestellt, lässt sich dem Gebot der Kostenorientierung jedoch ebenfalls eher eine Untergrenze[119] als eine absolute Obergrenze angemessener Entgelte entnehmen. Daran ändert auch der in der Stromhandelsverordnung vorgesehene Vergleich der tatsächlichen Kosten mit denen eines effizienten und strukturell vergleichbaren Netzbetreibers im Grundsatz nichts, da die Frage, wie die Kosten bei dem Vergleichsunternehmen ermittelt werden, offen bleibt.[120] Zudem schließt die Formulierung in der Stromhandelsverordnung nicht aus, dass neben den tatsächlichen Kosten weitere Elemente – z. B. ein angemessener Gewinn – bei der Entgeltbildung berücksichtigt werden.

In Art. 3 Abs. 6 enthält die Stromhandelsverordnung darüber hinaus ein konkretisierendes Verfahren zur Berechnung für die infolge der Durchleitung grenzüberschreitenden Stromflüsse entstandenen Kosten. Diese sollen auf Basis *„der zu erwartenden langfristigen durchschnittlichen zusätzlichen Kosten ermittelt [werden], wobei Verluste, Investitionen in neue Infrastrukturen und ein angemessener Teil der Kosten der vorhandenen Infrastruktur zu berücksichtigen sind, soweit diese Infrastruktur zur Übertragung grenzüberschreitender Stromflüsse genutzt wird, wobei insbesondere zu berücksichtigen ist, dass die Versorgungssicherheit zu gewährleisten ist. Bei der Ermittlung der entstandenen Kosten werden anerkannte Standardkostenberechnungsverfahren verwendet. Nutzen, der in einem Netz infolge der*

---

118 Art. 23 (2) a) der Beschleunigungsrichtlinie Strom und Art. 25 (2) a) der Beschleunigungsrichtlinie Gas.
119 Siehe hierzu unter B.I.3.a)bb)(1)(b).
120 Der Vergleich wirkt vielmehr vor allem auf die Untergrenze angemessener Entgelte, bei der nur insoweit auf die tatsächlichen Kosten abzustellen ist, wie sie denen eines effizienten und strukturell vergleichbaren Unternehmens entsprechen – hierzu ausführlich unter B.I.3.a)bb)(1)(b)(bb).

Durchleitung grenzüberschreitender Stromflüsse entsteht, ist zu Verringerung des erhaltenen Ausgleichs zu berücksichtigen."

Die Regelung in Art. 3 der Stromhandelsverordnung bezieht sich indes nicht auf die regulierten Netzzugangsentgelte sondern allein auf die zwischen Übertragungsnetzbetreibern ggf. zu zahlenden Ausgleichsleistungen.[121] Über die Höhe der Ausgleichszahlungen entscheidet die Kommission zudem unmittelbar.[122] Europarechtliche Vorgaben für die Ausgestaltung der Entgeltregulierung nach nationalem Recht ergeben sich hieraus somit nicht.

(c) Vorgaben der Verordnung über die Bedingungen für den Zugang zu Erdgasfernleitungsnetzen

Ebenso wie die Stromhandelsverordnung enthält die Verordnung über die Bedingungen für den Zugang zu Erdgasfernleitungsnetzen (Gasfernleitungsverordnung)[123] in ihrem Anwendungsbereich unmittelbar anwendbares Recht, das mittelbar auch Bedeutung für den Bereich der Verteilungsnetze hat.

Mit Blick auf die Ermittlung der Netzzugangsentgelte heißt es in Art. 3 Abs. 1 der Gasfernleitungsverordnung, dass die Tarife „der Notwendigkeit der Netzintegrität und deren Verbesserung Rechnung tragen, die Ist-Kosten widerspiegeln, soweit diese Kosten denen eines effizienten und strukturell vergleichbaren Netzbetreibers entsprechen, transparent sind und gleichzeitig eine angemessene Kapitalrendite umfassen, sowie gegebenenfalls die Tarifvergleiche der Regulierungsbehörden berücksichtigen." In den Erwägungsgründen heißt es diesbezüglich, dass Tarifvergleiche als relevante Methode insbesondere bei einem tatsächlichen Leitungswettbewerb zu berücksichtigen sind.[124] Daneben gestattet die Verordnung die Bildung der Entgelte auf der Basis marktorientierter Verfahren.[125] Weiter heißt es in Art. 3 Abs. 1, dass die Tarife oder die Methoden zu ihrer Berechnung den effizienten Gashandel und Wettbewerb erleichtern und „gleichzeitig Quersubventionen zwischen den Netznutzern vermeiden und Anreize für Investitionen und zur Aufrechterhaltung oder Herstellung der Interoperabilität der Fernleitungsnetze bieten [müssen]".

Auch diese relativ vielschichtigen Vorgaben bieten letztlich kaum Ansatzpunkte für die Bemessung absoluter Obergrenzen für angemessene Netzentgelte. Soweit die Regelungen denen der Stromhandelsverordnung entsprechen, kann auf die dortigen Ausführungen verwiesen werden.[126] Der zusätzliche Verweis auf eine „*angemessene Kapitalrendite*" führt zunächst kaum weiter, da die Frage, wann eine Kapitalrendite nicht mehr als angemessen bezeichnet werden kann, offen bleibt. Die Berück-

---

121 Vgl. *Müller-Kirchenbauer/Struck/Siedentopp/Reukauf/Nailis*, ME 5/2002, 30, 31.
122 Art. 3 (4) der Stromhandelsverordnung.
123 VO Nr. 1775/2005, Abl. EG Nr. L 289/1 vom 3.11.2005.
124 Vgl. Erwägungsgrund 7 der VO Nr. 1775/2005.
125 Art. 3 Abs. 1 Satz 3 sowie Erwägungsgrund 8 der VO 1775/2005.
126 Vgl. oben unter B.I.3.a)aa)(1)(b).

sichtigung von Tarifvergleichen beinhaltet allenfalls eine relative Grenze in Relation zu den Entgelten anderer Netzbetreiber – ist jedoch auch insoweit wenig konkret als unklar bleibt, in welcher Art und Weise die Vergleiche zu „berücksichtigen" sind. Das Erfordernis „Quersubventionen zwischen den Netznutzern [zu] vermeiden" erfordert eine verursachungsgerechte Gestaltung der Tarife und ihre gleichmäßige Anwendung gegenüber allen Netznutzern. Die Höhe der Entgelte bzw. Erlöse als solche wird hierdurch indes nicht beschränkt. Abzugrenzen ist insoweit auch von der an anderer Stelle zu behandelnden Frage einer möglichen Quersubventionierung zwischen Netzbetreiber und Netznutzer in einem vertikal integrierten Energieversorgungsunternehmen.[127] Die weiter geforderten Investitionsanreize beschränken die den Netzbetreibern einzuräumende Kapitalverzinsung allenfalls nach unten.[128]

Auch aus der Erdgasfernleitungsverordnung ergeben sich daher im Ergebnis – ebenso wie aus der Stromhandelsverordnung – nur relative nicht jedoch absolute Obergrenzen für die Bemessung der Netzzugangsentgelte.

(d) Vorgaben des Art. 82 EG

Grundsätzlich ist Art. 82 EG auch auf regulierte Netzzugangsentgelte anwendbar,[129] soweit durch sie der zwischenstaatliche Handel[130] beeinträchtigt werden kann. Dies liegt für die Übertragungs- und (überregionalen) Fernleitungsnetze nahe, insbesondere soweit sie auch dem Transit dienen. Mit Blick auf die Verteilungsnetze sprechen indes die besseren Gründe dafür, davon auszugehen, dass der zwischenstaatliche Handel regelmäßig nicht beeinflusst wird[131] und eine Anwendung von Art. 82 EG daher ausscheidet. Letztlich kann die Frage hier jedoch offen bleiben, da im Ergebnis davon auszugehen ist, dass Art. 82 EG jedenfalls auf einen Teil der von den regulatorischen Vorgaben erfassten Netzbetreiber anwendbar ist und folglich die Schwelle zur Missbräuchlichkeit nach Art. 82 EG eine Grenze für die Ausgestaltung der Regelungen zur Bestimmung angemessener Netzzugangsentgelte darstellt.

Art. 82 lit. a) EG erfasst ausdrücklich die Erzwingung unangemessener Ein- oder Verkaufspreise. Preise sind unangemessen, wenn sie in einem Missverhältnis zu dem wirtschaftlichen Wert der Ware oder Dienstleistung stehen.[132] Ein solches Missverhältnis kann nach der Entscheidung des EuGH im Fall United Brands etwa

---

127 Vgl. unten unter B.I.3.a)aa)(2)(b)(aa).
128 Siehe hierzu unter B.I.3.a)bb)(1)(b).
129 *Baur,* RdE 2004, 277 ff.
130 Vgl. hierzu Bekanntmachung der Kommission „Leitlinien über den Begriff der Beeinträchtigung des zwischenstaatlichen Handels in den Artikeln 81 und 82 des Vertrages", ABl. EG 2004 Nr. C 101/81.
131 *Stappert,* Netznutzungsentgeltkontrolle, VEnergR 128, S. 34ff.; a.A.: *Theobald/Hummel,* ZNER 2003, 176, 180.
132 EuGH 13.11.1975, Slg. 1975, 1367, 1379 (General Motors Continental); EuGH 14.2.1978, Slg. 1978, 207, 305 (United Brands); EuGH 11.11.1986, Slg. 1986, 3263, 3304 (British Leyland); *Dirksen,* in: Langen/Bunte, Europäisches Kartellrecht, Art. 82 Rn. 92.

dann vorliegen, wenn zwischen den tatsächlichen Kosten und dem tatsächlich geforderten Preis ein übertriebenes Missverhältnis besteht.[133] Ab welcher Gewinnspanne diese Voraussetzung vorliegen kann, konnte der EuGH in der Entscheidung indes offen lassen,[134] da die Kommission es versäumt hatte, die tatsächlichen Kosten zu ermitteln und sich stattdessen im Wesentlichen darauf beschränkt hatte, in den erheblichen Preisdifferenzen zwischen den Mitgliedsstaaten, die zugleich unter dem Gesichtspunkt des Diskriminierungsverbotes aufgegriffen wurden, den Beleg für eine in einzelnen Ländern übersteigerte Gewinnspanne zu sehen.[135] In der Literatur ist das Konzept der Gewinnspannenbegrenzung teilweise auf Ablehnung gestoßen,[136] nicht zuletzt, weil es das Problem der Ermittlung angemessener Preise letztlich nur auf die Ebene der Ermittlung angemessener Kosten und Gewinne verlagert.

In der Praxis hat die Kommission Art. 82 EG bislang nur sehr zurückhaltend auf Fälle des reinen Preismissbrauchs im Sinne einer übersteigerten Gewinnspanne angewandt.[137] Meist beschränkte sich die Kommission etwa im Zusammenhang mit der Ausübung von Ausschließlichkeitsrechten oder einer gesetzlich vermittelten Monopolstellung darauf einen Ausbeutungsmissbrauch lediglich für möglich zu halten.[138] In jüngerer Zeit standen in der Praxis Fälle im Vordergrund, in denen sich die Unangemessenheit der Preise aus einer unzulässigen Kosten-Preis-Schere oder aus einer unzulässigen Quersubventionierung ergeben hat.[139]

Aus der Kommissionspraxis und der Rechtsprechung zu Art. 82 EG lassen sich daher mit Blick auf die absolute Höhe der Entgelte letztlich keine Maßstäbe entnehmen, die mit Blick auf eine die Angemessenheit konkretisierende Missbrauchsgrenze nutzbar gemacht werden könnten.

(e) Ergebnis zu den europarechtlichen Vorgaben

Aus dem europäischen Recht lassen sich keine Vorgaben ableiten, die den nationalen Gesetzgeber bei der Ausgestaltung der Vorschriften zur Ermittlung angemesse-

---

133 EuGH 14.2.1978, Slg. 1978, 207ff., Tz. 248-257 (United Brands).
134 Anhaltspunkte mag man der Entscheidung allenfalls insoweit entnehmen, als der EuGH festgestellt hat, dass der zu den Wettbewerbern bestehende Preisunterschied von 7% nicht als übertrieben oder unangemessen angesehen werden kann.
135 Entscheidung der Kommission vom 17. Dezember 1975 (IV/26.699 - Chiquita).
136 *Möschel*, in: Immenga/Mestmäcker, EG-Wettbewerbsrecht, Art. 82, Rn. 133 f.; *Möschel*, in: Immenga/Mestmäcker, GWB, § 19 Rn. 158; kritisch auch *Dirksen,* in: Langen/Bunte, Europäisches Kartellrecht, Art. 82, Rn. 96.
137 Vgl. auch Kommission, Zehnter Bericht über die Wettbewerbspolitik (1980), S. 101 ff., zu den Flugpreisen Kopenhagen – London.
138 Vgl. *Stappert*, Netznutzungsentgeltkontrolle, VEnergR 128, S. 40 f., mit umfangreichen Nachweisen zur Kommissionspraxis.
139 Diese Fälle werden von der Kommission unter Art. 82 lit a) EG subsumiert, wenngleich sie eigentlich wohl er als Fälle des Behinderungsmissbrauchs aufzufassen wären; vgl. hierzu *Stappert*, Netznutzungsentgeltkontrolle, VEnergR 128, S. 40; siehe auch *Henk-Merten*, Kosten-Preis-Schere, S. 74 ff.

ner Netznutzungsentgelte mit Blick auf die (absoluten) Obergrenzen zulässiger Netzugangsentgelte in praxisrelevanter Weise einschränken. Entscheidend stellt das Europarecht vielmehr auf relative Grenzen ab, die sich insbesondere in dem Verbot der Diskriminierung und den in der Stromhandelsverordnung und der Gasfernleitungsverordnung verankerten Vergleich der Kosten mit einem effizienten und strukturell vergleichbaren Netzbetreiber widerspiegeln. Dies entspricht letztlich auch dem Ansatz, den die Kommission regelmäßig bei der Anwendung des Art. 82 EG verfolgt.

Die Bestimmung der Obergrenzen angemessener Entgelte bleibt damit weitgehend den Mitgliedsstaaten überlassen. Dies ist vor dem Hintergrund konsequent, dass durch die absolute Höhe der Netzentgelte letztlich eher die Energiepreise als Standortfaktor[140] als der Wettbewerb auf den vor- oder nachgelagerten Märkten beeinträchtigt werden.

(2) Komplementäre normative Vorgaben

Neben den Vorgaben des höherrangigen europäischen Rechts sind zur inhaltlichen Ausfüllung des Begriffs der Angemessenheit auch die Wertungen anderer energie- und wettbewerbsrechtlicher Vorschriften zu berücksichtigen.

(a) Besonderes Diskriminierungsverbot

Das oben bereits behandelte, in § 21 Abs. 1 und § 30 Abs. 1 Nr. 4 EnWG verankerte, besondere Diskriminierungsverbot[141] stellt zwar normativ eine Obergrenze angemessener Netzzugangsentgelte dar, bildet aber für sich genommen – wie dargestellt – kein taugliches Verfahren zur Bestimmung angemessener Entgelte, da sich die internen Verrechnungspreise in der Praxis an den Entgelten ausrichten, die von externen Netznutzern verlangt werden.[142] Zwar wird man dem besonderen Diskriminierungsverbot über die rein formale Anknüpfung an den internen Verrechnungspreis auch das Verbot der Quersubventionierung entnehmen können,[143] ein eigenständiger Prüfungsmaßstab ergibt sich hieraus indes letztlich nicht. Mit Blick auf die absolute Höhe der Entgelte ist das Verbot der Quersubventionierung bereits in dem Gebot der Kostenorientierung enthalten, da in diesem Rahmen nur Kosten berücksichtigungsfähig sind, die dem Netz zugerechnet werden können. Mit Blick auf die

---

140 Absolut höhere Netzentgelte wirken insoweit ähnlich wie höhere staatlich veranlasste Mehrbelastungen (z.B. Steuern, Konzessionsabgaben, EEG-Umlage usw.).
141 Siehe oben unter B.I.1.
142 Vgl. oben unter B.I.1.b).
143 Kartellbehörden, Bericht der Arbeitsgruppe Netznutzung, S. 24, wo darauf hingewiesen wird, dass in den Netznutzungsentgelten keinesfalls vertriebsbezogene Kostenbestandteile enthalten sein dürfen.

relative Höhe der Entgelte im Vergleich etwa zu den Preisen auf dem nachgelagerten Markt stellt eine unzulässige Quersubventionierung eine der beiden möglichen Ursachen für eine unzulässige Kosten-Preis-Schere[144] dar.[145]

(b) Grenzen des Preismissbrauchs

Nicht mehr als angemessen bezeichnet werden können Netznutzungsentgelte, wenn ihre Höhe den Vorwurf eines Preismissbrauchs rechtfertigen würde. Vor diesem Hintergrund ist zu untersuchen, inwieweit aus den der kartellrechtlichen Missbrauchsaufsicht über die Netzentgelte entstammenden Wertungen Anhaltspunkte für die Obergrenze angemessener Entgelte entnommen werden können. Auch wenn die Vorschriften der §§ 19, 20 GWB auf die Netznutzungsentgelte keine unmittelbare Anwendung mehr finden,[146] haben sich die materiellen Maßstäbe insoweit nicht grundsätzlich verschoben, was sich unter anderem an dem in § 30 Abs. 1 S. 1 EnWG aufgenommenen generalklauselartigen Missbrauchsverbot manifestiert. Der Bezug auf kartellrechtliche Maßstäbe und Ermittlungsmethoden ist freilich nur insoweit sinnvoll, wie sie nicht ihrerseits die Beantwortung der hier zu untersuchenden Frage, welche Entgelte angemessen sind, voraussetzen.

(aa) Kosten-Preis-Schere und Subtraktionsmethode

Eine missbräuchliche Preis-Kosten-Schere liegt vor, wenn die Differenz zwischen den Endkundenentgelten eines Unternehmens und den von dem Unternehmen auf dem vorgelagerten, beherrschten Markt verlangten Entgelten, nicht ausreicht, um die leistungsspezifischen Kosten eines hinreichend effizienten Unternehmens[147] für die Erbringung der Leistung auf dem nachgelagerten Markt zu decken.[148]

Insoweit besteht eine inhaltliche Nähe zu der von den Kartellbehörden[149] im Rahmen der Kontrolle der Netzzugangsentgelte als Ermittlungskonzept für einen Preismissbrauch vorgeschlagenen Subtraktionsmethode.[150] Auch im Rahmen der Subtraktionsmethode wird entscheidend auf die Differenz zwischen dem Endkunden- und dem Vorleistungspreis angeknüpft, indem von dem den Endkunden ange-

---

144 Hierzu sogleich unter B.I.3.a)aa)(2)(b)(aa).
145 Die andere mögliche Ursache liegt in einer Niedrigpreis-/Verdrängungsstrategie auf dem nachgelagerten Markt.
146 Vgl. § 111 EnWG.
147 Erforderlich ist insoweit, dass das Unternehmen mindestens so effizient ist wie der etablierte (marktbeherrschende) Anbieter; vgl. Kommission, Entscheidung vom 21.5.2003, ABl. 2003 Nr. L 263/9, 24. Tz. 107ff. (Deutsche Telekom).
148 Vgl. *Henk-Merten*, Kosten-Preis-Schere, S. 21 ff.
149 Kartellbehörden, Bericht der Arbeitsgruppe Netznutzung, S. 25f.
150 Vgl. *Stappert*, Netznutzungsentgeltkontrolle, VEnergR 128, S. 277ff.

botenen Brutto-Stromverkaufspreis[151] das Netznutzungsentgelt[152] und die gesetzlichen Abgaben[153] abgezogen werden, um so den Netto-Strompreis zu ermitteln, aus dem die Kosten für Vertrieb und Strombeschaffung zu decken sind.[154] Ist der resultierende Netto-Strompreis negativ, so ist nach Ansicht der Kartellbehörden grundsätzlich von missbräuchlich überhöhten Netznutzungsentgelten auszugehen,[155] während bei einem Netto-Strompreis, durch den die Marktpreise für die Strombeschaffung bzw. die Strombeschaffungskosten anderer Energieversorger, sowie die Vertriebskosten vergleichbarer Stromversorger nicht gedeckt werden können, ein starkes Indiz für überhöhte Netznutzungsentgelte bestehen soll.[156]

Auf den ersten Blick könnte vor diesem Hintergrund eine Abwandlung der Subtraktionsmethode als geeignetes Instrument zur Bestimmung der Obergrenze möglicherweise noch angemessener Netznutzungsentgelte erscheinen, indem man von dem Brutto-Stromverkaufspreis die Vertriebs-, Beschaffungs- und Nebenkosten[157] abzieht. Der verbleibende Restbetrag würde dann die Obergrenze für angemessene Netznutzungsentgelte darstellen.

Ein solches Vorgehen führt indes nur unter relativ engen Voraussetzungen zu einem konsistenten Ergebnis. So ist zunächst darauf hinzuweisen, dass die Ursache für eine von den Kartellbehörden als nicht kostendeckend eingestufte Differenz zwischen Vorleistungs- und Endkundenpreisen auch Folge des Wettbewerbs auf dem Endkundenmarkt,[158] der früheren Tarifpreisaufsicht[159] oder einer missbräuchlichen Behinderungs- bzw. Verdrängungsstrategie sein kann.[160] Zum anderen bestehen

---

151 Arbeitspreis und auf kWh umgelegter Leistungs- bzw. Grundpreis.
152 Ebenfalls abzuziehen sind die im Rahmen der Netznutzung abgerechneten Mess- und Verrechnungsentgelte, der KWK-Zuschlag sowie die EEG-Umlage.
153 Stromsteuer, Umsatzsteuer, Konzessionsabgaben – letztere jedoch nur, wenn sie nicht bereits im ausgewiesenen Netznutzungsentgelt enthalten sind.
154 Kartellbehörden, Bericht der Arbeitsgruppe Netznutzung, S. 25.
155 Kartellbehörden, Bericht der Arbeitsgruppe Netznutzung, S. 26.
156 Kartellbehörden, Bericht der Arbeitsgruppe Netznutzung, S. 26.
157 Insb. Strom- und Umsatzsteuer, sowie KWKG-Zuschlag, EEG-Umlage, Konzessionsabgaben (sofern nicht in den Netznutzungsentgelten enthalten) und netzbezogene Mess- und Verrechnungsentgelte.
158 So etwa wenn ein vertikal integriertes Energieversorgungsunternehmen, dass eine relativ ungünstige Netzstruktur und damit relativ hohe Netznutzungsentgelte aufweist auf der Vertriebsebene mit bundesweit tätigen Wettbewerbern konkurriert, die ihrer Kalkulation (geringere) durchschnittliche Netznutzungsentgelte zugrunde legen oder bewusst Verluste in Kauf nehmen um neue Kunden zu gewinnen.
159 In der Tarifpreisaufsicht wurden teilweise Kalkulationsverfahren angewandt, die deutlich von zur Kalkulation der Netznutzungsentgelte abwichen. Selbst wenn langfristig Erlöse in gleicher Höhe erzielt wurden, führten die abweichenden Maßstäbe zu zeitlichen Verschiebungen mit Blick auf den Anfall kalkulatorischer Kosten. Im Ergebnis kann dies dazu führen, dass die Differenz zwischen Endkundentarifen und Netznutzungsentgelten entweder besonders hoch oder besonders niedrig ausfällt. Zudem spricht einiges dafür, dass die frühere Tarifpreisaufsicht letztlich als „wettbewerbsfeindlich" eingestuft werden muss, da sie den Unternehmen (nahezu) keine Vertriebsmarge zugebilligt hat.
160 So etwa in der Entscheidung der Kommission vom 21.5.2003, ABl. EG 2003 Nr. L 263/9 ff. (Deutsche Telekom).

auch erhebliche Schwierigkeiten bei der Bestimmung einer konkreten Missbrauchsgrenze, da dies die genaue Ermittlung der Kosten auf der Vertriebs- und Beschaffungsseite voraussetzt. Diese ist insbesondere dann mit besonderem Aufwand verbunden, wenn das Unternehmen über erhebliche Eigenerzeugungskapazitäten verfügt,[161] da sich in diesem Fall die korrekte Kostenermittlung ähnlich komplex darstellen dürfte wie die Ermittlung der Kosten des Leitungsnetzes, womit die Methode ihren zentralen Vorteil gegenüber der Kostenkontrolle der Netznutzungsentgelte einbüßt. Schließlich ist zu beachten, dass die Entgelt- bzw. Tarifbildung sowohl auf der Seite der Netznutzung als auch auf der Seite des Vertriebs notwendigerweise Pauschalierungen der Kosten beinhaltet, sodass die Subtraktionsmethode nicht mit Blick auf einen einzelnen Abnahmefall, sondern stets nur mit Blick auf einen gewichteten Durchschnitt der Abnahmefälle und ggf. auch der verschiedenen angebotenen Tarife erfolgen muss.[162] Letzteres Problem lässt sich allerdings dadurch umgehen, dass man nicht auf einzelne Tarife sondern auf die Gesamterlöse aus dem Endkundengeschäft abstellt. Die an die Gesamterlöse anknüpfende Form der Subtraktionsmethode hat indes kaum Verbreitung gefunden,[163] was jedenfalls insoweit nicht verwundert, als sie keine Rückschlüsse auf die konkreten Netznutzungsentgelte einer bestimmten Spannungsebene zulässt und sie zudem nicht auf der Basis von veröffentlichten Daten durchgeführt werden kann.

Aufgrund der geschilderten methodischen Schwächen ist die von den Kartellbehörden angenommene Indizwirkung der Subtraktionsmethode in Literatur[164] und Rechtsprechung[165] abgelehnt worden.

Im Rahmen des regulierten Netzzugangs dürfte sich die Indizwirkung zudem eher in das Gegenteil verkehren. Gemäß § 111 Abs. 3 EnWG sind die Netznutzungsentgelte in kartellbehördlichen Verfahren grundsätzlich als rechtmäßig zugrunde zu legen. Eine zu geringe Differenz zwischen Vorleistungspreis und Endkundenentgelt ist von den Kartellbehörden damit letztlich zwangsläufig unter dem Gesichtspunkt eines Behinderungsmissbrauchs bzw. eines Verkaufs unter Einstandspreis im Hinblick auf zu niedrige Endkundenpreise zu untersuchen.

Im Ergebnis lässt sich daher auch unter Anwendung der (modifizierten) Subtraktionsmethode keine hinreichend bestimmte Obergrenze zulässiger Netznutzungsentgelte bestimmen.

---

161 Kartellbehörden, Bericht der Arbeitsgruppe Netznutzung, S. 26; differenzierend: *Stappert*, Netznutzungsentgeltkontrolle, VEnergR 128, S. 279.
162 Vgl. zur typischen Entgeltstruktur auch: *Stappert*, Netznutzungsentgeltkontrolle, VEnergR 128, S. 160 ff.
163 Vgl. *Stappert*, Netznutzungsentgeltkontrolle, VEnergR 128, S. 278.
164 *Baur/Henk-Merten*, Preisaufsicht, VEnergR 104, 60 f.; *Böhnel*, RdE 2001, 176, 180; *Pohlmann* FS Baur, 535, 544 ff.
165 LG Mannheim, RdE 2004, 122, 124.

(bb) Sonstige kartellrechtlichen Verfolgungskonzepte

Im Rahmen der kartellrechtlichen Missbrauchsaufsicht über die Netzbetreiber haben insbesondere das räumliche Vergleichsmarktkonzept[166] und die Kostenkontrolle[167] besondere Bedeutung für die Feststellung missbräuchlich überhöhter Netzentgelte erlangt. Zwar zielt die kartellrechtliche Aufsicht auch bei Zugrundelegung dieser Verfahren auf die Ermittlung der Missbrauchsgrenze, d. h. die Obergrenze zulässiger Entgelte, inhaltlich richten sie sich in ihrer Herangehensweise jedoch zunächst auf die Ermittlung des wettbewerbsanalogen bzw. des angemessenen Entgeltes, aus dem sich erst durch die Berücksichtigung von Sicherheits- und Erheblichkeitszuschlägen die der Missbrauchsverfügung zugrunde liegende Obergrenze der Entgelte bzw. Erlöse ergibt.[168] Folgerichtig bilden die Verfahren in modifizierter Form zentrale Elemente der regulatorischen Aufsicht zur Bestimmung angemessener Entgelte und beschreiben insoweit keine vom Regulierungsverfahren unabhängige Obergrenze zulässiger Netzzugangsentgelte.

(c) Preisgünstigkeit als Ziel des Energiewirtschaftsrechts

Bereits im Rahmen der Auslegung des Begriffs des angemessenen Entgelts in § 19 Abs. 4 Nr. 4 GWB bzw. der Bestimmung der kartellrechtlichen Missbrauchsgrenze war allgemein anerkannt, dass hierbei auch auf die sektorspezifischen gesetzgeberischen Wertungen zurückzugreifen ist.[169] Verwiesen wurde in diesem Zusammenhang insbesondere auf die (damalige) energierechtliche Zieltrias, nach der „*eine möglichst sichere, preisgünstige und umweltverträgliche leitungsgebundene Versorgung mit Elektrizität und Gas im Interesse der Allgemeinheit*" den Zweck des EnWG bildete.[170] Im Zuge der EnWG-Novelle wurde diese Zieltrias um die Elemente der Verbraucherfreundlichkeit und Effizienz erweitert.[171] Außerdem wurde ein zusätzlicher Absatz aufgenommen, nach dem die Regulierung der Netze „*den Zielen der Sicherstellung eines wirksamen und unverfälschten Wettbewerbs bei der Versorgung mit Elektrizität und Gas und der Sicherung eines langfristig angelegten*

---

166 Vgl. Kartellbehörden, Bericht der Arbeitsgruppe Netznutzung, S. 27ff.; Bundeskartellamt, Beschluss vom 13.2.2003 (RWE Net), ZNER 2003, 156 = WuW DE-V 750 ff.; Beschluss vom 17.4.2003 (Stadtwerke Mainz), ZNER 2003, 263 ff.
167 Vgl. Kartellbehörden, Bericht der Arbeitsgruppe Netznutzung, S. 10ff.; Bundeskartellamt, Beschluss vom 14.2.2003 (TEAG), ZNER 2003, 145 = WuW DE-V 722 ff.
168 BGH, Beschluss vom 28.6.2005 (Stadtwerke Mainz), WuW DE-R 1513, 1519; *Stappert*, Netznutzungsentgeltkontrolle, VEnergR 128, S. 178 ff. m.w.N.
169 Bericht der Arbeitsgruppe Netznutzung, S. 31, 36 f.; Bundeskartellamt, Beschluss vom 14.2.2003, B 11-45/01, S. 29 – TEAG; *Engelsing*, in: BerlK-EnR, § 19 GWB Rn. 322; *Gerstner*, WuW 2002, 131, 136; *Stappert*, Netzentgeltkontrollkontrolle, VEnergR 128, S. 216.
170 Vgl. § 1 EnWG 1998.
171 Kritisch mit Blick auf diese Erweitung: *Kühne/Brodowski*, NVwZ 2005, 849, 850; vgl. auch *Scholtka*, NJW 2005, 2421, 2422.

leistungsfähigen und zuverlässigen Betriebs von Energieversorgungsnetzen" dient.[172]

Auch wenn die Zielsetzungen des EnWG bei der Auslegung des Begriffs der Angemessenheit zu berücksichtigen sind,[173] schränken sie den Gestaltungsspielraum des Verordnungsgebers nur in begrenztem Umfang ein, da die Zielvorgaben selbst auslegungs- und konkretisierungsbedürftig sind und zudem in einem Spannungsverhältnis zueinander stehen.[174] So wird etwa eine besonders umweltverträgliche Versorgung regelmäßig nicht die preisgünstigste Variante darstellen.[175] Die Preiswürdigkeit der Versorgung lässt sich letztlich nur vor dem Hintergrund des jeweils erreichten Maßes an Versorgungssicherheit beurteilen.[176] Über das erforderliche Maß an Versorgungssicherheit und damit auch darüber, wann eine Versorgung als preiswürdig zu bezeichnen ist, bestehen typischerweise zwischen den verschiedenen Gruppen von Abnehmern unterschiedliche Vorstellungen. Insoweit bleibt es der konkreten Ausgestaltung der Regulierungsvorgaben überlassen, die bestehenden Ziel- und Interessenkonflikte in einen sachgerechten Ausgleich zu bringen.

Dennoch lassen sich aus den Zielvorgaben des Gesetzes durchaus Anhaltspunkte dafür ableiten, ab wann ein Entgelt nicht mehr als angemessen im Sinne des Energierechts bezeichnet werden kann. So wird man insbesondere das Postulat der Preisgünstigkeit verletzt sehen müssen, wenn (in erheblichem Umfang) die Umlage solcher Aufwendungen auf die Entgelte erfolgt, die weder erforderlich sind noch vor dem Hintergrund der Zielvorgaben des Gesetzes – etwa zur Gewährleistung einer hohen Versorgungssicherheit – sinnvoll sind.[177] Gleiches gilt, wenn die den Netzbetreibern zugestandenen Gewinne dauerhaft und deutlich das Maß überschreiten, das erforderlich ist, um eine ausreichende Investitionsbereitschaft sicherzustellen.

(3) Wirtschaftswissenschaftliche Ansätze

Aus wirtschaftswissenschaftlichen Überlegungen lassen sich ebenfalls Obergrenzen für angemessene Entgelte ableiten. Dabei soll die Untersuchung an dieser Stelle zunächst bewusst auf solche Ansätze beschränkt bleiben, die unabhängig von der konkreten Regulierungsmethodik und von sonstigen gesetzlichen Wertungen sind. Ansätze, die methodisch zunächst auf die Bestimmung sachgerechter Entgelte selbst zielen und aus denen sich Obergrenzen für die Angemessenheit nur durch eine (deutliche) Überschreitung der so ermittelten Entgelte ableiten lassen, bleiben an

---

172 Vgl. § 1 Abs. 2 EnWG.
173 Vgl. *Salje*, EnWG, § 1 Rn. 65.
174 *Salje*, EnWG, § 1 Rn. 54; *Schäfer*, in: Bartsch/Röhling/Salje/Scholz, Stromwirtschaft (1. Aufl.), Kap. 63, Rn. 29; *Büdenbender*, EnWG 2003, §1 Rn. 36ff.
175 Vgl. *Stappert*, Netznutzungsentgeltkontrolle, VEnergR 128, S. 218; *Baur/Henk-Merten*, Preisaufsicht, VEnergR 104, 81; *Salje*, EnWG, § 1 Rn. 54.
176 *Büdenbender*, EnWG 2003, §1 Rn. 39; BMWA, Monitoring-Bericht, BT-Drs. 15/1510, S. 55f.
177 In diesem Sinne auch *Stappert*, Netznutzungsentgeltkontrolle, VEnergR 128, S. 219.

dieser Stelle ausgeklammert,[178] da sie letztlich ohne die hier erst zu untersuchenden Wertungen keine Aussage dazu zulassen, ab welchem Grad der Überschreitung der Bereich der Angemessenheit verlassen wird.

(a) Die Grenze der Prohibition

Prohibitiv ist ein Entgelt, wenn es sämtliche potentiellen Interessenten von der Inanspruchnahme der Leistung abhält.[179] Die Überschreitung der Grenze der Prohibition, bei der die Nachfrage nach Netznutzung insgesamt, d. h. einschließlich der Nachfrage durch den eigenen Vertrieb, auf null sinkt, ist nur schwer vorstellbar und ersichtlich kein taugliches Kriterium zur Bemessung einer sinnvollen Obergrenze angemessener Netznutzungsentgelte, zumal es jeder wirtschaftlichen Logik widersprechen würde, wenn ein Netzbetreiber einen derartigen Prohibitivpreis fordern würde.

Mit Blick auf den Netzzugang kann als Prohibitivpreis aber auch ein solcher Preis verstanden werden, bei dem die externe Nachfrage nach Netznutzung auf null sinkt. Davon ist dann auszugehen, wenn sich potentielle Wettbewerber aufgrund der Höhe des geforderten Entgeltes auch langfristig von dem Eintritt in den durch die Nutzung der Netze zugänglichen nachgelagerten Markt keine ausreichende Rendite versprechen und daher auf den Markteintritt verzichten. Prima facie spricht folglich die tatsächliche Nutzung des Netzes bzw. das Werben um (weitere) Kunden auf dem nachgelagerten Markt gegen die Prohibitivität des Entgeltes.

Umgekehrt spricht bei einer prohibitiven Wirkung des Entgeltes jedenfalls ein deutliches Indiz für eine Überhöhung der Netzzugangsentgelte und eine unzulässige Quersubventionierung zugunsten des Vertriebs, da angesichts der eher geringen Markteintrittshürden auf dem Stromhandelsmarkt grundsätzlich mit dem Markteintritt von Wettbewerbern zu rechnen wäre.[180]

(b) Cournot-Preis

Der cournotsche Punkt beschreibt die Preis-Mengen-Kombination, bei der sich für den Monopolisten der höchste Gewinn ergibt, solange für ihn nicht die Möglichkeit besteht, die Preise zwischen verschiedenen Abnehmern mit unterschiedlicher Zah-

---

178 Dies gilt insbesondere für die unten unter B.I.3.a)bb)(4) behandelten Grenzkosten und Erhaltungskonzepte.
179 Vgl. *Wöhe*, Allgemeine Betriebswirtschaftslehre, S. 448; *Schwinn*, Betriebswirtschaftslehre, S. 412.
180 Etwas anderes würde sich höchstens dann ergeben, wenn für potentielle Wettbewerber keine Aussicht besteht vergleichbar effizient zu arbeiten wie das vertikal integrierte Unternehmen. Hiervon ist jedenfalls mit Blick auf die kleineren vertikal integrierten Unternehmen allerdings nicht auszugehen.

lungsbereitschaft zu differenzieren.[181] Da eine Preisdifferenzierung zwischen verschiedenen Netznutzern grundsätzlich unzulässig ist,[182] würde ein unabhängiger Netzbetreiber, der keinen weiteren Restriktionen unterliegt, den Cournot-Preis wählen, um so die maximale Monopolrendite abschöpfen zu können. Ist ein vertikal integriertes Energieversorgungsunternehmen indes auch auf dem nachgelagerten Markt tätig, so könnte es bestrebt sein, den Preis auf dem Markt für den Netzzugang über den Cournot-Preis anzuheben, um auf diese Weise Wettbewerber aus dem nachgelagerten Markt zu verdrängen oder am Markteintritt zu hindern.

Liegt der Preis für den Netzzugang somit über dem Cournot-Preis, kann dies als sicheres Indiz für eine unangemessene Preisgestaltung gewertet werden. In der Praxis kommt dem Kriterium dennoch keine besondere Relevanz zu, da der Cournot-Preis häufig nur mit erheblichem Aufwand zu ermitteln sein dürfte und man Entgelte in Höhe des Cournot-Preises regelmäßig ihrerseits bereits für unangemessen halten wird, da sie sich gerade nur unter Ausnutzung der Monopolstellung realisieren lassen.[183]

(4) Zwischenergebnis

Zusammenfassend lässt sich festhalten, dass die absolute Höhe der Entgelte nach oben insbesondere durch die konkrete Ausgestaltung der regulatorischen Vorgaben in Form der Entgeltverordnungen oder auch die zukünftige Ausgestaltung der Anreizregulierung zu begrenzen ist. Höherrangige, insbesondere europarechtliche Vorgaben, durch den der Verordnungsgeber insoweit in relevanter Weise eingeschränkt wird, bestehen nicht. Vielmehr richten sich die Vorgaben vor allem auf eine diskriminierungsfreie Entgeltstruktur, die sicherstellt, dass auf den vor- und nachgelagerten Märkten effektiver Wettbewerb möglich ist. Allerdings müssen sich die Entgelte grundsätzlich an den Kosten orientieren und dürfen den Unternehmen keine übermäßigen Gewinne erlauben, die dem Ziel der Preisgünstigkeit entgegenstehen würden.

bb) Untergrenze für die Entgelte

Besondere praktische Bedeutung für die Netzbetreiber kommt der Bestimmung der Untergrenze angemessener Netzzugangsentgelte zu, da die sich insoweit ergebenen

---

181 Vgl. *Fritsch/Weins/Ewers*, Marktversagen und Wirtschaftspolitik, S. 155 ff.; *Wöhe*, Allgemeine Betriebswirtschaftslehre, S. 453; *Thommen/Achleitner*, Allgemeine Betriebswirtschaftslehre, S. 230 f.
182 Ausnahmsweise zulässige Preisdifferenzierungen etwa im Rahmen des § 19 StromNEV knüpfen an objektive Bedingungen und nicht unmittelbar an die Zahlungsbereitschaft der Kunden an und bedürften zudem der Genehmigung durch die Regulierungsbehörden.
183 Vgl. *Fritsch/Wein/Ewers*, Marktversagen und Wirtschaftspolitik, S. 158.

Grenzen unabhängig von der konkreten Ausgestaltung der Verfahren zur Netzentgeltermittlung zu beachten sind und somit auch im Rahmen der Anreizregulierung vollumfänglich wirksam bleiben, wenn die Befugnisse der Bundesnetzagentur zur Ermittlung angemessener Entgelte erweitert werden. Im Mittelpunkt stehen mit Blick auf die Untergrenzen angemessener Netzzugangsentgelte die europa- und verfassungsrechtlichen Vorgaben. Daneben sind jedoch auch einfachgesetzliche Regelungen – insbesondere die Ziele der Entgeltregulierung – zu berücksichtigen. In diesem Zusammenhang ist auch zu untersuchen, ob sich aus der kartellrechtlichen Rechtsprechung Kriterien zur Bestimmung der Untergrenze angemessener Netzzugangsentgelte ableiten lassen.[184] Schließlich sind die wirtschaftswissenschaftlichen Ansätze zu untersuchen, aus denen sich eine Entgeltgrenze abgeleitet lässt, bei deren Unterschreiten nicht mehr von der Angemessenheit der Entgelte gesprochen werden kann.[185]

(1) Europarechtliche Vorgaben

(a) Vorgaben der Beschleunigungsrichtlinien

Den Beschleunigungsrichtlinien lassen sich Untergrenzen für die Netzzugangsentgelte unmittelbar nur insoweit entnehmen, als Art. 23 Abs. 2 der Beschleunigungsrichtlinie Strom und Art. 25 Abs. 2 der Beschleunigungsrichtlinie Gas jeweils eine Tarifgestaltung vorschreiben, durch die sichergestellt ist, *„dass die notwendigen Investitionen in die Netze so vorgenommen werden können, dass die Lebensfähigkeit der Netze gewährleistet ist."* Vom Wortlaut her handelt es sich hierbei um einen primär zukunftsgerichteten Maßstab, der zunächst offen lässt, ob und in welcher Höhe das in der Vergangenheit investierte Kapital zu verzinsen ist und vielmehr darauf fokussiert, dass für die Zukunft die erforderlichen Investitionen zum Erhalt des Netzes erfolgen können. Eine solche Betrachtung erscheint auf europäischer Ebene angesichts der unterschiedlichen Eigentums- und Finanzierungsstrukturen der Netzbetreiber durchaus sinnvoll. Insbesondere soweit es sich bei den Netzbetreibern um Staatsunternehmen handelt[186] und die Investitionen jedenfalls teilweise aus Steuermitteln finanziert wurden, bedarf es unter Umständen keiner Verzinsung und Amortisation des in der Vergangenheit eingesetzten Kapitals.[187] Mit Blick auf einen privatwirtschaftlich organisierten Netzbetreiber ist allerdings zu bedenken, dass ihm

---

184 Vgl. unten unter B.I.3.b)(3)(b).
185 Vgl. unten unter B.I.3.b)(4).
186 So unterliegen reine Staatsunternehmen z.B. nicht dem Schutz des Art. 14 GG; vgl. *Wendt* in: Sachs, GG, Art. 14 Rn. 17.
187 Eine entsprechende Diskussion gab es teilweise auch mit Blick auf die Deutsche Telekom; nach einer Privatisierung kann es indes nicht mehr darauf ankommen, ob die Infrastrukturen zuvor aus Steuermitteln bezahlt wurden, da sich die insoweit noch vorhandenen Werte bereits im Privatisierungserlös widergespiegelt haben.

das zur Finanzierung der notwendigen Investitionen erforderliche Kapital regelmäßig nicht zur Verfügung stehen wird, wenn das vorhandene – überwiegend in Netzanlagen gebundene – Eigenkapital mangels ausreichender Verzinsung aufgezehrt wird.[188]

Fraglich ist vor dem Hintergrund des Wortlautes der Regelung weiter, ob die Tarife so gestaltet werden müssen, dass die erforderlichen Investitionen aus den laufenden Einnahmen – also insbesondere ohne externe Einbringung von zusätzlichem Eigenkapital – bestritten werden können, oder ob es ausreicht, wenn die Tarife eine so attraktive Verzinsung des eingesetzten Kapitals ermöglichen, dass sich Kapitalgeber finden, die die benötigten Mittel zur Verfügung stellen. Die Formulierung scheint zunächst für die erste Variante zu sprechen, da der Netzbetreiber selbst die Investitionen nur vornehmen kann, wenn ihm die nötigen Mittel unmittelbar zur Verfügung stehen. Weiter gedacht hätte eine solche Auslegung allerdings zur Folge, dass jederzeit sichergestellt sein müsste, dass die Netzbetreiber durch die Netzentgelte die Mittel ansparen können, die für Investitionen erforderlich sind. Dies widerspricht indes dem allgemeinen Verständnis, nach dem eine Investition erst im Nachhinein amortisiert wird. Vor diesem Hintergrund ist die Formulierung *„vorgenommen werden können"* nicht in der Weise zu verstehen, dass dem Netzbetreiber selbst die erforderlichen Mittel in jedem Fall bereits zur Verfügung stehen müssen. Vielmehr muss es als ausreichend angesehen werden, wenn die Entgeltregulierung so gestaltet ist, dass Kapitalgeber bereit sind, das für die Investitionen benötigte Eigenkapital zur Verfügung zu stellen, damit so die Investitionen *„vorgenommen werden können"*. Dies setzt voraus, dass die Kapitalgeber mit einer angemessenen Rendite auf ihr eingesetztes Kapital rechnen können. Die Untergrenze einer angemessenen Rendite lässt sich abstrakt nur schwer bestimmen, da sie vor allem von dem mit der Investition verbundenen Risiko abhängig ist, dass u. a. auch durch die konkrete Ausgestaltung der Entgeltregulierung beeinflusst wird. Als absolute Untergrenze – für den Fall, dass die Regulierung jedes Risiko ausschließt – kann allerdings die Verzinsung langfristiger risikofreier Wertpapiere angesehen werden.[189] Im Übrigen sei insoweit auf die weiter unten angestellten wirtschaftswissenschaftlichen Überlegungen verwiesen.[190]

Mit Blick auf den Umfang der Investitionen, die durch die Entgeltgestaltung (mindestens) ermöglicht werden müssen, ist es nach dem Wortlaut der Richtlinien erforderlich, dass die Investitionen *„so vorgenommen werden können, dass die Lebensfähigkeit der Netze gewährleistet ist."* Fraglich ist jedoch, wann die *„Lebensfähigkeit"* der Netze als gesichert gelten kann. Als Mindestkriterium wird man die (dauerhafte) Erfüllung der gesetzlichen Aufgaben und die Gewährleistung einer

---

188 Vgl. *Stappert*, Netznutzungsentgeltkontrolle, VEnergR 128, S. 183; *Wöhe*, Allg. Betriebswirtschaftslehre (22. Aufl.), S. 1090.
189 Die durch die alternative Anlage in festverzinsliche Wertpapiere erzielbaren Zinsen können als Opportunitätskosten der Investition in Netzanlagen verstanden werden. Bei einer geringeren Rendite wäre vor diesem Hintergrund die Investition in Netze ökonomisch irrational.
190 Siehe unten unter B.I.3.a)bb)(4)(c)(dd).

hinreichenden Versorgungssicherheit ansehen müssen.[191] Zudem knüpft der Begriff an die konkret vorhandenen Netze an, da nur solche „lebensfähig" sein oder bleiben können. Hieraus lässt sich zwar nicht ableiten, dass dauerhaft der unveränderte Fortbestand des Netzes in der vorhandenen Form sichergestellt werden muss,[192] wohl aber, dass bei der Ermittlung der Netzentgelte grundsätzlich an die vorhandene Netzstruktur anzuknüpfen ist. Würden die Tarife etwa auf Basis eines reinen Greenfield-Ansatzes berechnet, so wäre jedenfalls höchst zweifelhaft, ob hierdurch die notwendigen Investitionen zur Sicherstellung der Lebensfähigkeit eines konkret vorhandenen Netzes gewährleistet werden könnten.

Wie oben bereits dargestellt,[193] heißt es in Erwägungsgrund 18 der Beschleunigungsrichtlinie Strom sowie in Erwägungsgrund 16 der Beschleunigungsrichtlinie Gas ferner, dass die Regulierungsbehörden sicherstellen sollten, dass die Tarife kostenorientiert sind. Wie ebenfalls bereits dargestellt, lassen sich allein aus dem Begriff der Kostenorientierung indes kaum Anhaltspunkte für die angemessene Höhe der Entgelte entnehmen, da u. a. offen bleibt, welche (kalkulatorischen) Kosten im Einzelnen anzuerkennen sind.[194] Allerdings könnte sich aus der Kostenorientierung insoweit eine Untergrenze angemessener Entgelte ergeben, als jedenfalls die Aufwendungen, die unstreitig als Kostenpositionen einzuordnen sind, durch die Entgelte gedeckt werden müssen. Fraglich erscheint allerdings bereits, ob eine kostenorientierte Preisbildung stets an die Kosten des jeweils kalkulierenden Unternehmens anknüpfen muss, oder ob auch auf die Kosten anderer Unternehmen (etwa die eines Benchmark- oder Referenzunternehmens) oder gar auf die eines hypothetischen Unternehmens (Modellnetzbetreiber)[195] abgestellt werden kann. Gegen Letzteres spricht allerdings die oben bereits dargestellte Regelung, nach der die Lebensfähigkeit der (vorhandenen) Netze gesichert werden muss. Ferner mag man in den Regelungen zum buchhalterischen Unbundling[196] ein gewisses Indiz dafür sehen, dass sich die Tarife jedenfalls im Ausgangspunkt an den konkreten Kosten des jeweiligen Unternehmens orientieren sollen. Letztlich verbleibt allerdings angesichts der unpräzisen Vorgaben der Richtlinie ein erheblicher Ausgestaltungsspielraum für die Mitgliedsstaaten.[197]

---

191 Vgl. *Badura*, DVBl. 2004, 1189, 1194.
192 So muss das sprichwörtliche „goldene Netz" selbstverständlich nicht dauerhaft „vergoldet" bleiben, ebenso sind etwa Veränderungen durch die Optimierung der Netzkonfiguration möglich.
193 Vgl. oben unter B.I.3.a)(1)(a).
194 Vgl. oben unter B.I.3.a)(1)(a).
195 Vgl. zur Abschätzung der Kosten von Modellnetzbetreibern: *Breithecker/Jendrian*, ET 2003, 212 f.; *Fritz/Lüdorf/Haubrich*, ET 2002, 385 ff.
196 Vgl. Art. 19 Beschleunigungsrichtlinie Strom; Art. 17 Beschleunigungsrichtlinie Gas; § 10 EnWG; siehe auch *Bausch*, ZNER 2004, 332, 340.
197 Vgl. auch *Breuer*, NVwZ 2004, 520, 530, insbesondere zu den verfahrensrechtlichen Gestaltungsspielräumen.

(b) Vorgaben der Stromhandels- und der Gasfernleitungsverordnung

Wie bereits dargestellt,[198] erlangen die Stromhandelsverordnung und die Gasfernleitungsverordnung über ihren jeweiligen Anwendungsbereich hinaus mittelbar auch Bedeutung für den Bereich der Verteilungsnetze, soweit nach nationalem Recht weitgehend einheitliche Vorgaben für die Entgeltregulierung bestehen. Abweichungen ergeben sich nur für den vorliegend nicht näher zu behandelnden Fall des bestehenden oder potentiellen Leitungswettbewerbs bei überregionalen Fernleitungsnetzen, für den sowohl das nationale Recht wie auch die Gasfernleitungsverordnung ausdrücklich besondere Regelungen vorsieht bzw. zulässt.[199]

(aa) Begriff der Ist-Kosten

Gemäß Art. 4 Abs. 1 der Stromhandelsverordnung müssen die Netznutzungsentgelte „der Notwendigkeit der Netzsicherheit Rechnung tragen und die tatsächlichen Kosten insofern widerspiegeln, als sie denen eines effizienten und strukturell vergleichbaren Netzbetreibers entsprechen". In der entsprechenden Regelung in Art. 3 Abs. 1 der Gasfernleitungsverordnung wird statt von den „tatsächlichen Kosten" von den „Ist-Kosten" gesprochen. Festzustellen ist insoweit zunächst, dass ein unterschiedlicher Bedeutungsinhalt nicht beabsichtigt war, da etwa in der englischen Sprachfassung jeweils identische Begriffe verwendet wurden.[200] In der Betriebswirtschaftslehre werden „tatsächliche Kosten" oder „effektive Kosten" teilweise als Synonym für Ist-Kosten verwendet.[201] Der Begriff der „Ist-Kosten" ist insoweit allerdings der präzisere Begriff. Nach betriebswirtschaftlichem Verständnis sind Ist-Kosten bewertete sachzielbezogene Güterverbräuche einer abgelaufenen Periode.[202] Abzugrenzen sind sie insoweit von den ebenfalls vergangenheitsbezogenen Normalkosten,[203] den

---

198 Vgl. oben unter B.I.3.a)aa)(1)(b).
199 Vgl. § 3 Abs. 2 GasNEV und § 24 S. 2 Nr. 5 EnWG.
200 In den englischen Fassungen der Verordnungen wird jeweils von „actual costs incurred" gesprochen. Demgegenüber unterscheiden sich in der französischen und spanischen Sprachfassungen die Begriffe ebenfalls; in der Stromhandelsverordnung heißt es „coûts effectivment engagés" bzw. „costes reales", in der Gasfernleitungsverordnung dagegen „coûts réels supportés" bzw. „costes reales incurridos".
201 Vgl. *Franke*, Kosten und Leistungsrechnung, abrufbar im Internet unter http://wikihost.org/wikis/mertsch/var/gebo/data/file/Skript%20KLR%20WS%202005-06.pdf, Seite 49 (zuletzt abgerufen am 18.05.2008); siehe auch *Schneck*, Lexikon der Betriebswirtschaftslehre, S. 555.
202 *Keilus/Maltry*, Managementorientierte Kosten- und Leistungsrechnung, S. 55; *Schneck*, Lexikon der Betriebswirtschaftslehre, S. 555; *Thommen/Achleitner*, Allgemeine Betriebswirtschaftslehre, S. 479.
203 Normalkosten sind die durchschnittlich in vergangenen Perioden angefallenen Ist-Kosten, vgl. *Keilus/Maltry*, Managementorientierte Kosten- und Leistungsrechnung, S. 55; *Schneck*, Lexikon der Betriebswirtschaftslehre, S. 555; *Thommen/Achleitner*, Allgemeine Betriebswirtschaftslehre, S. 479.

zukunftsgerichteten Prognose- oder Plankosten[204] und den Sollkosten.[205] Der Begriff der tatsächlichen Kosten weist hingegen im allgemeinen Sprachgebrauch nicht zwingend einen Vergangenheitsbezug auf. So wird er bisweilen z. B. im Sinne von „wahren Kosten", d. h. Kosten unter Berücksichtigung der sozio-ökonomischen oder ökologischen Kosten verwendet.[206] Ferner kann der Begriff der tatsächlichen Kosten im Sinne von tatsächlich zahlungswirksam gewordenen Kosten verstanden werden. In der betriebswirtschaftlichen Terminologie entspricht dies den pagatorischen Kosten.[207] Abzugrenzen wären sie insoweit mit Blick auf das der Kostenermittlung zugrunde liegende Bewertungselement von den wertmäßigen Kosten.[208] Auf einer anderen Ebene lassen sich die pagatorischen Kosten jedoch auch von den kalkulatorischen – nicht unmittelbar zahlungswirksam werdenden – Kosten abgrenzen.[209]

Zieht man zur Auslegung die anderen Sprachfassungen der Verordnungen heran, so lässt sich zunächst eindeutig feststellen, dass die Kosten mit Vergangenheitsbezug zu betrachten sind. In der englischen Fassung wird dies etwa durch die (zusätzliche) Verwendung des Wortes „incurred" deutlich.[210]

Der weitere Begriffsinhalt lässt sich demgegenüber weniger leicht ermitteln. Der in der englischen Fassung verwendete Begriff der „actual cost" kann sowohl mit „Ist-Kosten", „tatsächlichen Kosten" oder „pagatorischen Kosten" übersetzt werden.[211] „Actual costs" werden beispielsweise definiert als „costs that have effectively occurred over a period [and] are recorded on the basis of vouchers in the accounts [...]."[212] Bei diesem Verständnis ist der Begriff weitgehend synonym zu dem Begriff der „outlay cost".[213] Abzugrenzen sind die „actual cost" bei diesem Ver-

---

204 Prognosekosten sind erwartete, bewertete sachzielbezogene Güterverbräuche eines Unternehmens in einer künftigen Periode, vgl. *Keilus/Maltry*, Managementorientierte Kosten- und Leistungsrechnung, S. 55; *Schneck*, Lexikon der Betriebswirtschaftslehre, S. 555.
205 Sollkosten beinhalten diejenigen Kosten einer künftigen Periode, die bei der Delegation getroffener Entscheidungen als Zielgröße vorgegeben sind, vgl. *Keilus/Maltry*, Managementorientierte Kosten- und Leistungsrechnung, S. 56.
206 So etwa die Generaldirektion Forschung der Europäischen Kommission zu den „tatsächlichen Kosten der Elektrizität in Europa"; Medienmitteilung vom 25.07.2001, abrufbar im Internet unter http://www.externe.info/externde.pdf (zuletzt abgerufen am 08.08.2008).
207 Pagatorische Kosten bezeichnen bewertete sachzielbezogene Güterverbräuche eines Unternehmens in einer Periode, wobei der Wertansatz auf Preisen des Beschaffungsmarktes beruht, vgl. *Keilus/Maltry*, Managementorientierte Kosten- und Leistungsrechnung, S. 38.
208 Wertmäßige Kosten bezeichnen bewertete sachzielbezogene Güterverbräuche eines Unternehmens in einer Periode, wobei der Wertansatz unter Opportunitätsgesichtspunkten hergeleitet wird, vgl. *Keilus/Maltry*, Managementorientierte Kosten- und Leistungsrechnung, S. 38.
209 *Schwinn*, Betriebswirtschaftslehre, S. 560.
210 Entsprechend ist auch in der spanischen Fassung der Gasfernleitungsverordnung von den „*costos reales incurridos*" die Rede.
211 Vgl. zur Übersetzung von „actual costs": Langenscheidt, Praxiswörterbuch Controlling, 2005; Routledge, German Dictionary of Business, Commerce and Finance, 1997.
212 Vgl. Artikel zu „actual costs" in: International Group of Controlling, Controller-Wörterbuch, 1999.
213 Vgl. Verweis bei der Übersetzung zu „actual costs": Langenscheidt, Praxiswörterbuch Controlling, 2005; Goede, Wirtschaftsenglisch-Lexikon, 2. Auflage 1997; *Schäfer*, Wirtschaftswörterbuch, 7. Auflage 2004. Der Begriff „outlay cost" enthält allerdings keinen umbeding-

ständnis insbesondere von den „implicit cost" (kalkulatorische Kosten[214]) und den „opportunity costs".[215] Andererseits findet der Begriff „actual cost" insbesondere auch im Bereich des Projektmanagements Verwendung[216] und bezeichnet dabei die bis zum gegenwärtigen Zeitpunkt effektiv angefallenen Kosten.[217]

Mit Blick auf das widersprüchlich erscheinende Begriffsverständnis ist insbesondere zu berücksichtigen, dass die in Deutschland übliche Unterscheidung zwischen Aufwand und Kosten in anderen Ländern keine Entsprechung hat.[218] Gleiches gilt für den Ansatz kalkulatorischer Kostenelemente (z. B. Wagniskosten). Diese Positionen werden international regelmäßig dem Bereich der Gewinne und nicht dem der Kosten zugeordnet. Mit Blick auf eine einheitliche Auslegung der Verordnung ist daher davon auszugehen, dass die „tatsächlichen Kosten" bzw. die „Ist-Kosten" die kalkulatorischen Kosten nicht umfassen.

Bestätigt wird dies im Ergebnis auch durch die Gasfernleitungsverordnung. Dort sind die Anforderungen an die Tarife auch mit Blick auf die Beschleunigungsrichtlinien näher ausgestaltet als in der Stromhandelsverordnung. Nach Art. 3 Abs. 1 der Gasfernleitungsverordnung müssen die gemäß Art. 25 Abs. 2 der Beschleunigungsrichtlinie Gas genehmigten Tarife oder Methoden zu ihrer Berechnung *„transparent sein, der Notwendigkeit der Netzintegrität und deren Verbesserung Rechnung tragen, die Ist-Kosten widerspiegeln, soweit diese Kosten denen eines effizienten und strukturell vergleichbaren Netzbetreibers entsprechen, transparent sind und gleichzeitig eine angemessene Kapitalrendite umfassen, sowie gegebenenfalls die Tarifvergleiche der Regulierungsbehörden berücksichtigen."* Da sich grammatisch die „angemessene Kapitalrendite" auf die „Ist-Kosten" bezieht, könnte zunächst der Eindruck entstehen, die Ist-Kosten umfassten auch die kalkulatorische Eigenkapitalverzinsung. Dieser Eindruck ist indes bei näherer Betrachtung einer Ungenauigkeit bei der Übersetzung geschuldet. In der englischen Fassung wird die auf die Ist-Kosten bezogene (eingeschobene) Aufzählung durch die Wörter *„and are transparent"* abgeschlossen, sodass sich die sich anschließende Formulierung *„whilst including an appropriate return on investment, and ..."* als Fortsetzung der übergeordneten Aufzählung auf die Tarife bezieht.[219] In der deutschen Sprachfassung wird

---

ten Vergangenheitsbezug, vgl. Definition bei *Weil* in: Kaliski, Encyclopedia of Business and Finance, S. 206.
214 Teilweise im englischen auch als „imputed costs" bezeichnet; vgl. *Schäfer*, Wirtschaftswörterbuch, 7. Auflage 2004.
215 Vgl. Verweis bei der Übersetzung zu „actual costs": Langenscheidt, Praxiswörterbuch Controlling, 2005; *Schäfer*, Wirtschaftswörterbuch, 2004. Siehe auch *Weil* in: Kaliski, Encyclopedia of Business and Finance, S. 207.
216 Genauer im Bereich des Earned-Value-Managements. Der Begriff der „Actual Cost" (AC) ist dabei die (modernere) Kurzform der „Actual Cost of Work Performed" (ACWP).
217 Vgl. Definition zu „actual cost of work performed" in: *Zahn*, Business Glossary, 4. Auflage 2002.
218 So werden z.B. im Englischen die Begriffe „cost" und „expense" weitgehend synonym verwendet; vgl. Goede, Wirtschaftsenglisch-Lexikon, 2. Auflage 1997.
219 Gleiches gilt auch für die spanische Sprachfassung in der es insoweit heißt: *„...y sean transparentes, incluyendo al mismo tiempo una rentabilidad adecuada de las inversiones y ...".*

der (grammatisch zum Abschluss der übergeordneten Aufzählung erforderliche) Rückbezug auf die Tarife erst durch das an der falschen Stelle einfügte „sowie" möglich.

Bestätigt wird dies auch durch die Erwägungsgründe der Verordnung, wo es unter Ziffer 7 heißt: „Bei der Berechnung der Tarife müssen die Ist-Kosten, soweit diese Kosten denen eines effizienten und strukturell vergleichbaren Netzbetreibers entsprechen und transparent sind, sowie die Notwendigkeit, angemessene Kapitalrenditen und Anreize für den Bau neuer Infrastrukturen zu bieten, berücksichtigt werden."

Im Ergebnis lässt sich also festhalten, dass die „Ist-Kosten" im Sinne der Gasfernleitungsverordnung bzw. die „tatsächlichen Kosten" im Sinne der Stromhandelsverordnung jeweils an die in der vergangenen Periode angefallenen pagatorischen Kosten anknüpfen und keine kalkulatorischen Kosten umfassen.

Eine angemessene Kapitalrendite ist daher neben der Berücksichtigung der Ist-Kosten zu gewährleisten. Dies ergibt sich aus der Gasfernleitungsverordnung unmittelbar, gilt aber letztlich ebenso mit Blick auf die Stromhandelsverordnung durch den Rückgriff auf die Regelung in Art. 23 Abs. 2 der Beschleunigungsrichtlinie Strom.

Unklar bleibt dabei allerdings zunächst die Einordnung der Kapitalkosten in Form der Abschreibungen. Nach deutschem Begriffsverständnis stellen kalkulatorische Abschreibungen Kosten, bilanzielle hingegen Aufwand dar.[220] Sofern die Abschreibungen auf den Anschaffungs- bzw. Herstellungskosten basieren, lassen sie sich grundsätzlich als pagatorische Kosten, bzw. als Verteilung angefallener pagatorischer Kosten auf mehrere Perioden, auffassen. Dies gilt insbesondere für die auf den Anschaffungs- bzw. Herstellungskosten basierenden bilanziellen Abschreibungen. In der Kostenrechnung werden die Abschreibungen jedoch häufig als kalkulatorische Anderskosten ermittelt.[221] So stellen etwa kalkulatorische Abschreibungen auf Tagesneuwertbasis eindeutig keine pagatorischen sondern kalkulatorische Kosten dar, die zudem – im Zusammenspiel mit anderen kalkulatorischen Kostenpositionen – den mit Blick auf die angemessene Kapitalrendite zu berücksichtigenden Inflationsausgleich gewährleisten, der sonst allein im Rahmen der Eigenkapitalverzinsung sicherzustellen wäre.[222] Prinzipiell lassen sich die auf das eingesetzte Eigenkapital entfallenden Abschreibungen jedoch auch dem Bereich der Kapitalrendite zuordnen, da diese negativ ausfallen würde, wenn das eingesetzte Kapital nicht als Folge (kalkulatorischer) Abschreibungen an den Eigenkapitalgeber zurückfließen würde. Abschreibungen und Eigenkapitalverzinsung stehen auch insoweit in einer engen Beziehung zueinander, als die (kalkulatorischen) Restwerte des Anlagevermögens sowohl die Grundlage für die Abschreibung als auch für die Eigenkapitalverzinsung bilden.

---

220 *Schneck*, Lexikon der Betriebswirtschaftslehre, S. 8, 11.
221 *Schneck*, Lexikon der Betriebswirtschaftslehre, S. 40.
222 Vgl. hierzu auch die Ausführungen zum Konzept der Nettosubstanzerhaltung unten unter B.I.3.a)bb)(4)(c).

Im Ergebnis ist daher davon auszugehen, dass die „Ist-Kosten" bzw. die „tatsächlichen Kosten" die aufwandsgleich in die Kalkulation der Netzentgelte einfließenden Kosten umfassen, während die kalkulatorischen Abschreibungen und die kalkulatorische Eigenkapitalverzinsung ausgeklammert bleiben.

(bb) Vergleichsmaßstab des effizienten und strukturell vergleichbaren Netzbetreibers

Die Kosten müssen sich nach der Vorgabe der Verordnung in den Tarifen widerspiegeln, *„soweit diese Kosten denen eines effizienten und strukturell vergleichbaren Netzbetreibers entsprechen [und]*[223] *transparent sind"*. Während das Erfordernis der Transparenz nicht unmittelbar auf die Höhe der Kosten wirkt und überdies insbesondere mit Blick auf die Ist-Kosten bereits durch deren Niederschlag in der Bilanz gewährleistet sein dürfte, werden die (mindestens) anzuerkennenden Kosten durch den impliziten Vergleich mit einem effizienten und strukturell vergleichbaren Netzbetreiber der Höhe nach beschränkt.

Wann die Kosten denen eines effizienten und strukturell vergleichbaren Netzbetreibers entsprechen, ist indes nicht ohne Weiteres festzustellen. Im Ausgangspunkt ist zunächst darauf hinzuweisen, dass sich die Stromhandelsverordnung bzw. die Gasfernleitungsverordnung nur auf Übertrags- bzw. Fernleitungsnetzbetreiber bezieht[224] und daher von vorneherein nur solche als „Netzbetreiber" im Sinne der Verordnung verstanden und zum Vergleich herangezogen werden können. Durch das Kriterium der strukturellen Vergleichbarkeit wird die Zahl der in Betracht kommenden Vergleichsunternehmen weiter eingeschränkt, da die strukturelle Vergleichbarkeit nach dem insoweit eindeutigen Wortlaut eine Eigenschaft des zum Vergleich herangezogenen Netzbetreibers darstellt. Es ist daher nicht ausreichend, dass durch die Berücksichtigung von strukturellen Unterschieden ein Vergleich strukturell verschiedener Netzbetreiber möglich wird.[225] Strukturell vergleichbar ist ein Netzbetreiber nach dem Wortsinn, wenn er eine vergleichbare Struktur aufweist. Die „Struktur" des Netzbetreibers kann sich indes einerseits auf seine Unternehmensstruktur (im Sinne von Rechtsform, vertikaler Integrationsgrad u. ä.) beziehen, andererseits aber auch auf die Struktur des Netzes (z. B. Zahl der Spannungsebenen, Netzkonfiguration), da durch sie letztlich auch die Struktur des Netzbetreibers im funktionalen Sinne geprägt wird. Ferner wäre zu erwägen an die strukturellen Unterschiede des Versorgungs- bzw. Netzgebietes (z. B. Abnahmedichte, geografische Gegebenheiten) anzuknüpfen. Dies würde jedenfalls am ehesten der wettbewerbs-

---

223 Wie bereits dargestellt, müsste bei korrekter Übersetzung an dieser Stelle ein *„und"* stehen, um die eingeschobene Aufzählung abzuschließen.
224 Vgl. Art. 1 i.V.m. Art. 2 Ziffer (2) b) Stromhandelsverordnung; Art. 1 i.V.m. Art. 2 Ziffer (1) 1. Fernleitungsverordnung.
225 In diesem Fall hätte die Formulierung etwa lauten müssen: *„soweit diese Kosten unter Berücksichtigung der strukturellen Unterschiede denen eines effizienten Netzbetreibers entsprechen"*.

rechtlichen Betrachtung entsprechen, bei der etwa im Rahmen des Vergleichsmarktkonzeptes die strukturellen Unterschiede zwischen den betrachteten Märkten zu ermitteln sind.[226] Betrachtet man den Telos der Regelung, so dient die Beschränkung des Vergleichs auf strukturell vergleichbare Netzbetreiber vor allem dem Zweck, einen hinreichend sicheren und aussagekräftigen Vergleich zu gewährleisten. Dies ist dann nicht gewährleistet, wenn in erheblichem Umfang Korrekturzu- bzw. – abschläge erforderlich sind, um einen sachgerechten Vergleich der „Ist-Kosten" der Unternehmen durchzuführen, da die Ermittlung und Berechnung entsprechender Korrekturfaktoren regelmäßig mit erheblichen Unsicherheiten behaftet ist.[227] Dies schließt freilich nicht aus, dass auch bei grundsätzlich bestehender struktureller Vergleichbarkeit Unterschiede auch struktureller Art verbleiben, die im Rahmen der Durchführung des Vergleichs entsprechend zu berücksichtigen sind. Sinn und Zweck des Vergleichs selbst ist es, die wirtschaftliche Leistungsfähigkeit und Effizienz der betrachteten Unternehmen beurteilen zu können und so zu ermitteln, ob die geltend gemachten Kosten erforderlich sind. Vor diesem Hintergrund müssen die betrachteten Unternehmen insbesondere hinsichtlich der von ihnen erbrachten Leistung vergleichbar sein, die vor allem in dem Anschluss und der Versorgung der Endkunden oder nachgelagerten Netzbetreibern in einem bestimmten Gebiet besteht. Die strukturelle Vergleichbarkeit kann man damit mit Rücksicht auf den Telos dann als gegeben ansehen, wenn die von den Unternehmen erbrachte Versorgungsleistung, die insbesondere von den unterhaltenen Spannungsebenen und der Struktur des versorgten Gebietes abhängt, sich nicht so stark unterscheidet, dass für einen sachgerechten Vergleich erhebliche Korrekturzuschläge erforderlich wären.

Ferner muss der Vergleich nach dem Wortlaut mit einem effizienten Netzbetreiber erfolgen. Hierdurch wird die Auswahl der in Betracht kommenden Unternehmen weiter eingeschränkt. Innerhalb der ggf. verbleibenden Gruppe effizienter und strukturell vergleichbarer Netzbetreiber genügt es indes grundsätzlich, wenn die Ist-Kosten den Kosten eines der Vergleichsunternehmen entsprechen. Hierbei muss es sich nach dem Wortlaut nicht zwangsläufig um den Netzbetreiber mit den niedrigsten Kosten handeln.

Entscheidend ist allerdings insoweit zunächst das Verständnis des Begriffes der „Effizienz". Als effizientes Handeln kann das Erreichen des gewünschten Ergebnisses mit möglichst geringem Aufwand verstanden werden.[228] Als ein effizientes Unternehmen kann folglich ein solches bezeichnet werden, das ein bestimmtes Produkt mit einem möglichst geringen Aufwand – der regelmäßig in Kosten ausgedrückt wird – produziert.[229] Im allgemeinen Sprachgebrauch stellt „effizient" dabei allerdings keine absolute nicht steigerungsfähige Grenze dar, sondern beschreibt eher

---

226 BGH, WuW/E BGH 2309, 2311 (Glockenheide); *Stappert*, Netznutzungsentgeltkontrolle, VEnergR 128, S. 160; *Pohlmann*, FS Baur, 535, 540 f.; *Haus/Jansen*, ZWeR 2006, 77, 82.
227 Vgl. BGH WuW/e BGH 1678, 1684 (Valium II); BGH, WuW/E DE-R 1513, 1518 (Stadtwerke Mainz); *Haus/Jansen*, ZWeR 2006, 77, 86.
228 Vgl. Artikel zu „Effizienz" in: Brockhaus, Enzyklopädie, 21. Auflage 2006.
229 Vgl. Artikel zu „Effizienz" und „effiziente Produktion" in: Gabler, Wirtschaftslexikon, 16. Auflage 2004; siehe auch *Schneck*, Lexikon der Betriebswirtschaftslehre, S. 253.

einen Zustand, bei dem kein überflüssiger Aufwand erkennbar ist. Würde man „Effizienz" im Sinne einer vollständigen, absoluten Effizienz verstehen, könnte ein Unternehmen oder etwa eine Arbeitskraft praktisch nie als „effizient" bezeichnet werden. Insoweit ist der Begriff der Effizienz im allgemeinen Sprachgebrauch auch steigerungsfähig – im Gegensatz etwa zum volkswirtschaftlichen Begriff der Pareto-Effizienz, die insoweit folgerichtig häufig auch als Pareto-Optimum bezeichnet wird.[230] Gegen ein absolutes Verständnis der Effizienz mit Blick auf die Verordnung spricht bereits, dass eine solche in vielen Fällen kaum feststellbar ist und in der Realität auch nicht auftreten wird. In der Folge wäre der gerade gewünschte Vergleich faktisch unmöglich, da kein geeignetes vollständig effizientes Vergleichsunternehmen zur Verfügung stehen würde. Gegen die zwingende Orientierung an dem – unabhängig von dem Erreichen einer absoluten Effizienzgrenze – jeweils effizientesten Unternehmen spricht bereits der Wortlaut, da in diesem Fall die Formulierung ohne Weiteres an den effizientesten strukturell vergleichbaren Netzbetreiber hätte anknüpfen können.[231] Im Übrigen würde durch ein solches Verständnis der Vergleich ebenfalls erschwert, da zunächst der Nachweis erbracht werden müsste, dass das effizienteste Unternehmen ausgewählt wurde.

(cc) Angemessene Kapitalrenditen

Nach der Gasfernleitungsverordnung müssen die Tarife eine angemessene Kapitalrendite gewährleisten.[232] Mit Blick auf die Höhe einer angemessenen Kapitalrendite enthält die Gasfernleitungsverordnung indes ebenfalls keine konkreten Vorgaben. Rekurrieren ließe sich insoweit allenfalls auf die in Erwägungsgrund 7 geforderten Anreize für den Bau neuer Infrastrukturen. Diese bestehen insbesondere bei einer für den Eigenkapitalgeber im Vergleich zu anderen Anlageformen – unter der Berücksichtigung der Langfristigkeit der Investitionen und den mit ihnen verbundenen Risiken – attraktiven Eigenkapitalverzinsung.[233]

(dd) Zwischenergebnis

Im Ergebnis lässt sich festhalten, dass auf Basis der Stromhandels- und der Gasfernleitungsverordnung die aufwandsgleichen Kosten denen eines solchen Netzbetreibers entsprechen müssen, bei dem aufgrund der strukturellen Gegebenheiten grundsätzlich mit aufwandsgleichen Kosten in ähnlicher Höhe zu rechnen wäre und bei dem kein überflüssiger Aufwand erkennbar ist.

230 Vgl. *Samuelson/Nordhaus*, Volkswirtschaftslehre, S. 232.
231 Gegen ein Abstellen auf das Frontier-Unternehmen auch *Meyer* in: Bartsch/Röhling/Salje/Scholz, Stromwirtschaft, Kapitel 48, Rn. 12 f.
232 Art. 3 Abs. 1 Gasfernleitungsverordnung.
233 Vgl. hierzu unten unter B.I.3.a)bb)(4)(c)(dd) und unter B.II.2.

(2) Verfassungsrechtliche Vorgaben

Der verfassungsrechtliche Rahmen für staatliche Maßnahmen, durch die Obergrenzen für die von den Energieversorgungsentgelten verlangten Entgelten festgesetzt werden, wurde zunächst mit Blick auf die Tarifpreisaufsicht und seit der Liberalisierung der Energiemärkte insbesondere mit Blick auf mögliche Untersagungsverfügungen im Rahmen der kartellrechtlichen Missbrauchsaufsicht diskutiert.[234] Im Mittelpunkt stand hierbei vor allem das eigentumsgrundrechtliche Gebot der Substanzerhaltung als unübersteigbare Opfergrenze.[235]

Die in diesem Rahmen gewonnenen Erkenntnisse zu den Anforderungen an angemessene Entgelte für die Netznutzung gelten ohne Einschränkungen auch für den regulierten Netzzugang. Auf eine detaillierte Darstellung der einzelnen Aspekte des verfassungsrechtlichen Eigentumsbegriffs[236] und der einschlägigen Rechtsprechung des Bundesverfassungsgerichts[237] kann daher an dieser Stelle verzichtet werden, zumal sie den Umfang der Arbeit sprengen würde und kein neuer Erkenntnisgewinn zu erwarten wäre.

In inhaltlicher Sicht bedarf die verfassungsrechtliche Vorgabe, nach der die Substanz des Eigentums zu wahren ist und die Existenz des Unternehmens nicht durch zu niedrig festgesetzte Entgelte gefährdet werden darf, der Konkretisierung durch entsprechende betriebswirtschaftliche Überlegungen,[238] die damit spätestens auf Ebene des Verfassungsrechts eine Grenze für die Ausgestaltung der Kalkulationsregeln durch den Gesetz- und Verordnungsgeber bilden. Durch die Entgelte müssen insoweit jedenfalls die Kosten gedeckt werden, die es dem Unternehmen ermöglichen, aus eigener Kraft zu bestehen und die gesetzlichen Pflichten zu erfüllen.[239] Dies umfasst auch eine Verzinsung des eingesetzten Kapitals in einer Höhe, die sicherstellt, dass dem Unternehmen die benötigten Finanzmittel zur Verfügung gestellt werden.[240]

Der Schutz der Unternehmenssubstanz steht allerdings unter dem Effizienzvorbehalt.[241] Da letztlich stets die Intensität des staatlichen Eingriffs in den Schutzbereich des Eigentums in umfassender Weise zu würdigen ist, wird man den anzuwenden-

---

234 *Schmidt-Preuß*, ET 2003, 758 ff.; *ders.*, Substanzerhaltung und Eigentum, VEnergR 109, 21 ff.; *ders.* RdE 1996, 1 ff.; *ders.* AG 1996, 1, 5 ff.; *Papier*, FS Baur, 209 ff.; vgl. zur europäischen Eigentumsordnung: *Schmidt-Preuß*, EuR 2006, 463 ff.
235 *Schmidt-Preuß*, Substanzerhaltung und Eigentum, VEnergR 109, 49 ff.
236 Vgl. hierzu *Schmidt-Preuß*, Substanzerhaltung und Eigentum, VEnergR 109, 24 ff.; *ders.* EuR 2006, 463, 476 ff.; siehe auch *Badura*, DVBl. 2004, 1189, 1193 f.
237 Vgl. vor allem: BVerfGE 42, 191 ff.; BVerfGE 58, 137 ff; BVerfGE 93, 121 ff.; BVerfGE 95, 267 ff.; BVerfGE 100, 226 ff.; BVerfG, NVwZ 2000, 789 ff.
238 So auch *Schmidt-Preuß*, Substanzerhaltung und Eigentum, VEnergR 109, 53 f.; *Badura*, DVBl. 2004, 1189, 1194.
239 *Schmidt-Preuß*, Substanzerhaltung und Eigentum, VEnergR 109, 60.
240 *Schmidt-Preuß*, Substanzerhaltung und Eigentum, VEnergR 109, 63 ff.; *ders.* EuR 2006. 463, 477.
241 *Schmidt-Preuß*, Substanzerhaltung und Eigentum, VEnergR 109, 58; *Lutz*, FS Baur, 507, 519 Fn 67.

den Effizienzmaßstab nicht allein auf die bestehende technisch-wirtschaftliche Effizienz verkürzen können. Vielmehr wird man zu berücksichtigen haben, dass nicht zuletzt durch die Anschluss- und Versorgungspflicht staatliche Vorgaben bestehen,[242] die das Entstehen technisch-wirtschaftlich optimaler Netzstrukturen verhindern, bzw. die Netzbetreiber verpflichten auch Investitionen zu tätigen, die bei rein wirtschaftlicher Betrachtung nicht getätigt worden oder aufgrund der Unsicherheit über die zukünftige Absatzentwicklung zu riskant erschienen wären. Die erforderlichen Netzstrukturen zur Versorgung sind jeweils dann zu schaffen, wenn die entsprechende Nachfrage besteht.[243] Hierdurch müssen sich nahezu zwangsläufig auch bei optimal rationeller Wirtschaftsweise Ineffizienzen gegenüber dem Zustand ergeben, der erreichbar wäre, wenn das Netz ohne Unsicherheiten über die Bedarfsentwicklung aus einer ex-post Perspektive geplant werden könnte. Derartige Ineffizienzen dürfen jedoch nicht zulasten der Unternehmen berücksichtigt werden, da sie auf den staatlichen Eingriff zurückgehen.[244] Die Substanzgarantie setzt insoweit voraus, dass der Netzbetreiber die notwendigen Anstrengungen unternimmt, um seine Leistungsfähigkeit unter Beweis zu stellen.[245] Mit anderen Worten muss der Fortbestand des Unternehmens möglich sein, wenn das Unternehmen seinerseits das Erforderliche tut, um vorhandene Rationalisierungspotentiale auszuschöpfen.

Im Ergebnis ist insoweit festzuhalten, dass sich aus dem Verfassungsrecht – unter Rückgriff auf entsprechende betriebswirtschaftliche Überlegungen – durchaus konkretisierbare Vorgaben für die Untergrenze angemessener Netzentgelte ableiten lassen, sofern man unterstellt, dass das jeweils betroffene Unternehmen (hinreichend) effizient arbeitet.

(3) Komplementäre normative Vorgaben

(a) Versorgungssicherheit und Umweltverträglichkeit als Ziele des Energiewirtschaftsrechts

Wie oben bereits mit Blick auf die Obergrenzen angemessener Entgelte dargestellt, besteht innerhalb der vom Gesetzgeber formulierten Zielvorgaben für das Energiewirtschaftsrecht ein Spannungsverhältnis insbesondere zwischen der Preisgünstigkeit auf der einen und der Versorgungssicherheit und Umweltverträglichkeit auf der

---

242 Vgl. §§ 17, 18 EnWG, sowie die entsprechenden Regelungen in § 10 EnWG 1998 und § 6 EnWG 1935.
243 Vgl. die in § 11 EnWG verankerte Verpflichtung zum bedarfsgerechten Netzausbau.
244 Zwar besteht selbstverständlich auch in wettbewerblich geprägten Märkten Unsicherheit über die zukünftige Bedarfsentwicklung, auf sie kann der Anbieter aber aufgrund der fehlenden Versorgungspflicht flexibler reagieren und ggf. einen sehr konservativen Ansatz wählen, wenn die erwartete Rendite das Eingehen eines höheren Risikos nicht rechtfertigt.
245 *Schmidt-Preuß*, ET 2003, 758, 760.

anderen Seite.²⁴⁶ Da die Zielvorgaben nicht in einem Rangverhältnis zueinander stehen,²⁴⁷ sondern gleichberechtigt nebeneinander, bleibt es im Wesentlichen der konkreten Ausgestaltung des Regulierungsverfahrens überlassen, das gewünschte Verhältnis der Preisgünstigkeit auf der einen Seite zur Versorgungssicherheit und Umweltverträglichkeit auf der anderen Seite zu bestimmen.²⁴⁸

Mit Blick auf die Zielvorgabe der Umweltverträglichkeit ist zunächst festzuhalten, dass dieser bezüglich der Verteilung eine deutliche geringere Bedeutung zukommt, als hinsichtlich der Erzeugung.²⁴⁹ Dennoch kann man etwa bei der Frage, ob Leitungen ober- oder unterirdisch verlegt werden sollen, durchaus auch Aspekte des Landschaftsschutzes bzw. Umweltverträglichkeit berücksichtigen mit der Folge, dass man die ggf. verursachten höheren Kosten einer unterirdischen Verlegung im Rahmen der Netzentgeltkalkulation anerkennt.²⁵⁰ Umgekehrt ist jedoch auch nicht ausgeschlossen, dass im Rahmen der Netzentgeltregulierung der Fokus auf die jeweils wirtschaftlichste Lösung gelegt wird, sofern sie sich im Einklang mit bestehenden umwelt- und planungsrechtlichen Vorgaben befindet.

Dem Aspekt der Versorgungssicherheit kommt hingegen im Zusammenhang mit der Regulierung der Leitungsnetze eine zentrale Bedeutung zu.²⁵¹ Dies zeigt sich nicht zuletzt an der speziell auf die Regulierung der Energienetze zugeschnittenen Zielbestimmung in § 1 Abs. 2 EnWG. Die Bedeutung der Sicherheit und Zuverlässigkeit des Netzbetriebes wird darüber hinaus auch in zahlreichen anderen Vorschriften des EnWG hervorgehoben. Zu nennen sind in diesem Zusammenhang insbesondere die Regelungen zu den Aufgaben und der Systemverantwortung der Netzbetreiber in den §§ 11 bis 16a EnWG.

Angemessene Netzentgelte müssen vor diesem Hintergrund so bemessen sein, dass sie einen ausreichend sicheren Betrieb eines leistungsfähigen Energieversorgungsnetzes ermöglichen.²⁵² Da es jedoch keine eindeutigen gesetzlichen Vorgaben für den Grad der zu gewährleistenden Versorgungssicherheit gibt, lässt sich diese

---

246 Siehe oben unter B.I.3.a)aa)(2)(c); vgl. auch *Salje*, EnWG, § 1 Rn. 54 f.; *Brattig/Kahle*, NVwZ 2005, 642, 648.
247 *Theobald* in: Danner/Theobald, Energierecht, I EnWG B 1 § 1, Rn. 5.
248 In diesem Sinne auch OLG Naumburg, Beschluss vom 20.08.2007, ZNER 2007, 499, 500; vgl. auch *Salje*, EnWG, § 1 Rn. 57.
249 Vgl. *Theobald* in: Danner/Theobald, Energierecht, I EnWG B 1 § 1, Rn. 21. Allerdings wirkt sich gerade das Ziel einer umweltverträglichen Energieerzeugung (z.B. durch EEG-Anlagen) an zahlreichen Stellen auf die Verteilung aus. Dies betrifft etwa die besondere Verpflichtung zum Anschluss von Offshore-EEG-Anlagen in § 17 Abs. 2a EnWG oder die Verpflichtung zur vorrangigen Durchleitung von Biogas in der GasNZV.
250 In diesem Sinne § 11 Abs. 2 Nr. 7 ARegV, wenn auch mit beschränktem Anwendungsbereich.
251 Die Bedeutung der Versorgungssicherheit ist insbesondere nach zahlreichen Stromausfällen im Sommer 2003 wieder verstärkt in das politische Bewusstsein gerückt, vgl. *Stappert*, Netznutzungsentgeltkontrolle, VEnergR 128, S. 20; *Ruhle/Heger*, WuW 2004, 484, 494; *Schöneich*, IR 2004, 122; vgl. auch *Böge*, ET 2003, 652 f., der darauf hinweist, dass die Stromausfälle eher Folge der Überregulierung in Großbritannien und den USA waren.
252 In diesem Sinne auch *Stappert*, Netznutzungsentgeltkontrolle, VEnergR 128, S. 181; *Pohlmann*, ET 1998, 536, 537; vgl. auch *Böwing/Nissen*, ET 2004, 712, 714.

Anforderung bei der konkreten Bemessung angemessener Netzentgelte nur eingeschränkt nutzbar machen. Die besondere Hervorhebung der Versorgungssicherheit lässt indes jedenfalls erkennen, dass mit der Regulierung des Netzbetriebs kein Verlust an Versorgungssicherheit einhergehen soll. Die Untergrenze angemessener Netzentgelte ist insoweit jedenfalls dann erreicht, wenn die Entgelte die Aufrechterhaltung des Netzbetriebes mit dem in der Vergangenheit erreichten Niveau an Versorgungssicherheit nicht ermöglichen. Dies bedeutet indes nicht, dass die Kosten für jede in der Vergangenheit vorgenommene Einzelmaßnahme zur Steigerung der Versorgungssicherheit im Rahmen der Netzentgeltkalkulation ansatzfähig sein müssen, wenn sich das gleiche Niveau an Versorgungssicherheit auch auf andere Weise mit geringerem Aufwand erreichen lässt. Das ebenfalls in § 1 EnWG verankerte Ziel der Effizienz steht diesbezüglich als Bindeglied zwischen den Zielen der Versorgungssicherheit einerseits und der Preisgünstigkeit andererseits. Wird ein entsprechend hohes Niveau an Versorgungssicherheit bei effizientem Mitteleinsatz gewahrt, ist diesbezüglich auch dem Ziel der Preisgünstigkeit genüge getan.

(b) Parallelwertung zum Kartellrecht

Wie oben bereits dargestellt, zielt das Kartellrecht im Rahmen der Missbrauchsaufsicht im Grundsatz stets auf die Bestimmung der Obergrenzen angemessener Entgelte.[253] In der Folge sind Aussagen, die sich auf die hier zu untersuchenden Untergrenzen beziehen, in kartellbehördlichen Entscheidungen grundsätzlich nicht zu erwarten. In der kartellrechtlichen Rechtsprechung finden sich hingegen im Zusammenhang mit der Aufhebung kartellbehördlicher Missbrauchsverfügungen vereinzelt Feststellungen, die mit Blick auf die Bestimmung der Untergrenzen angemessener Entgelte von Bedeutung sind. Insbesondere die viel beachtete Entscheidung des BGH in Sachen Flugpreisspaltung[254] verdient insoweit eine vertiefte Würdigung.

Grundlage dieser Entscheidung war eine Missbrauchsverfügung des Bundeskartellamtes, nach der es der Lufthansa als marktbeherrschender Anbieterin untersagt war, für die Strecke Frankfurt-Berlin merklich höhere Entgelte zu fordern als für die Strecke München-Berlin, auf der die Lufthansa stärkerem Wettbewerb ausgesetzt war.[255] Der BGH hat in seinem Beschluss die Entscheidung des Kammergerichts[256] im Grundsatz bestätigt, nach der eine missbräuchliche Preisspaltung dann vorliegt, wenn das marktbeherrschende Unternehmen auch mit den höheren Entgelten seine objektiven Kosten nicht deckt.

Zur Begründung knüpft der BGH zunächst maßgeblich daran an, dass das dem Missbrauchsvorwurf immanente Unwerturteil nicht gerechtfertigt sei, wenn das Unternehmen auch bei ordnungsgemäßer Zuordnung der Kosten und Ausschöpfung

---

253 Vgl. oben unter B.I.3.a)aa)(2)(b).
254 BGH, Beschluss vom 22.07.1999 (Flugpreisspaltung), GRUR 2000, 163 ff.
255 Bundeskartellamt, Beschluss vom 19.02.1997, WuW/E BKartA 2875 ff.
256 KG, Beschluss vom 26.11.1997, WuW/E DE-R 124; hierzu *Pohlmann*, ET 1998, 536 ff.

etwaiger Rationalisierungsreserven lediglich Einnahmen erzielt, die die Selbstkosten nicht decken.[257] Der Bezug auf das Unwerturteil lässt zunächst fraglich erscheinen, ob die Maßstäbe des BGH ohne Weiteres auf das Energierecht übertragen und als Untergrenze der Angemessenheit nutzbar gemacht werden können, da die Ermittlung angemessener Entgelte anders als der Missbrauchsvorwurf kein Unwerturteil beinhaltet.

Anders als noch vom KG angenommen entfällt nach Auffassung des BGH bei Bestehen einer Kostenunterdeckung jedoch nicht die Indizwirkung des Tatbestandes des § 19 Abs. 4 Nr. 3 GWB, nach dem ein marktbeherrschendes Unternehmen – vorbehaltlich einer sachlichen Rechtfertigung – missbräuchlich handelt, wenn es ungünstigere Entgelte verlangt, als sie das Unternehmen selbst auf vergleichbaren Märkten von vergleichbaren Abnehmern fordert. Vielmehr prüft der BGH eine möglicherweise bestehende Kostenunterdeckung ausschließlich im Rahmen der sachlichen Rechtfertigung.[258] Zur Rechtfertigung eignet sich indes nur ein Entgelt, das als angemessen bezeichnet werden kann. Dies nimmt der BGH zunächst für den Fall an, dass die Selbstkosten durch die Entgelte nicht gedeckt, bzw. nicht überschritten werden. Dass hiermit letztlich die untere Grenze der Angemessenheit markiert ist, zeigt sich daran, dass der BGH an anderer Stelle in der Entscheidung ausdrücklich darauf hinweist, dass zusätzlich ein Erheblichkeitszuschlag zu berücksichtigen sei, der auch den Zweck erfülle, dass das betroffene Unternehmen nicht nur seine Kosten decken sondern auch einen gewissen Gewinn erzielen kann, ohne dass ihm dies durch preismissbrauchsrechtliches Einschreiten verwehrt wird.[259]

Weiter argumentiert der BGH in der Entscheidung damit, dass auch ein marktbeherrschendes Unternehmen nicht dazu gezwungen werden kann, entweder seine Leistung zu nicht einmal kostendeckenden Preisen anzubieten oder sich gänzlich aus dem Wettbewerb zurückzuziehen.[260] Diese Erwägungen lassen sich auf die energierechtliche Fragestellung nach einer Untergrenze für angemessene Netzentgelte übertragen.[261] Die regulierungsbehördliche Festsetzung eines Entgeltes, durch das ein Netzbetreiber gezwungen würde seine Leistung zu einem nicht kostendeckenden Preis anzubieten oder sich aus dem Wettbewerb zurückzuziehen, wäre ebenso wenig angemessen wie eine entsprechende Untersagungsverfügung im Bereich des Kartellrechts.[262]

Neben der auch bereits durch europa- und verfassungsrechtliche Erwägungen getragenen Feststellung, dass angemessene Netzentgelte mindestens die Deckung der Selbstkosten eines effizienten Netzbetreibers ermöglichen müssen, sind vor allem die weiteren Ausführungen des BGH, in denen er sich letztlich mit den Anforderun-

---

257 BGH, Beschluss vom 22.07.1999 (Flugpreisspaltung), GRUR 2000, 163, 165.
258 BGH, Beschluss vom 22.07.1999 (Flugpreisspaltung), GRUR 2000, 163, 165 f.
259 BGH, Beschluss vom 22.07.1999 (Flugpreisspaltung), GRUR 2000, 163, 166.
260 BGH, Beschluss vom 22.07.1999 (Flugpreisspaltung), GRUR 2000, 163, 165.
261 Vgl. *Büdenbender*, DVBl. 2006, 197, 202; *Baur/Henk-Merten*, RdE 2002, 193, 199.
262 Vgl. auch *Büdenbender*, DVBl. 2006, 197, 202; zum Kartellrecht: *Pohlmann*, FS Baur 535, 543 f.; Stapppert, Netznutzungsentgeltkontrolle, 180 f.; *Baur/Henk-Merten*, Preisaufsicht, VEnergR 104, 73 ff.

gen an die Effizienz der Unternehmen auseinandersetzt, für die energierechtliche Problematik von besonderer Bedeutung. Der BGH stellt diesbezüglich fest, dass es an der Ausbeutung der Abnehmer fehle, soweit Rationalisierungsreserven ausgeschöpft sind und eine Verbesserung des Angebotes nicht durchführbar sei, und lehnt daher die vom Bundeskartellamt vertretene Auffassung ab, nach der das Unternehmen ohne Rücksicht auf seine Kostensituation zu einer Effizienzsteigerung und Angebotsverbesserung gezwungen würde.[263]

Überträgt man diese Wertung auf die Frage der Angemessenheit der Netzentgelte, so lässt sich aus ihr ableiten, dass die Untergrenze angemessener Entgelte dann unterschritten ist, wenn sie auch bei Ausschöpfung der vorhandenen Rationalisierungspotentiale nicht zur Deckung der Selbstkosten ausreichen. Möglicherweise bestehende abstrakte Möglichkeiten zur Effizienzsteigerung oder Angebotsverbesserung sind unerheblich, wenn die Effizienzsteigerung bzw. die Verbesserung des Angebotes konkret nicht durchführbar ist.[264]

In diesem Zusammenhang weist der BGH allerdings auch ausdrücklich darauf hin, dass bei der Beurteilung einer möglichen Verlustsituation unternehmensindividuelle Umstände nach ständiger Rechtsprechung[265] grundsätzlich nicht zu berücksichtigen sind, wohl aber marktindividuelle objektive Gegebenheiten, die jeden möglichen Anbieter auf dem Markt treffen.[266] Den soeben dargestellten Maßstab beeinflusst dies indes nur graduell, da unternehmensindividuelle Umstände, die zu höheren Kosten führen, häufig mit einem entsprechenden – objektiv zu beurteilenden – Rationalisierungspotential korrespondieren.

Im Ergebnis bilden daher bei Übernahme der kartellrechtlichen Wertungen[267] die in einem bestimmten Netzgebiet mit Rücksicht auf die objektiven Gegebenheiten für einen Netzbetreiber unter Ausschöpfung bestehender Rationalisierungspotentiale anfallenden Selbstkosten eine Untergrenze angemessener Netzentgelte.

(4) Wirtschaftswissenschaftliche Ansätze

Wirtschaftswissenschaftlichen Überlegungen kommen bei der Bestimmung einer Untergrenze angemessener Entgelte in zweierlei Beziehung Bedeutung zu. Zum einen lassen sich aus ihnen unmittelbar Grenzen ableiten, bei deren Unterschreitung

---

263 BGH, Beschluss vom 22.07.1999 (Flugpreisspaltung), GRUR 2000, 163, 165.
264 Im Gesetz wird diese Vorgabe etwa in § 21a Abs. 5 EnWG deutlich, soweit auf die konkrete Erreichbarkeit und Übertreffbarkeit der Effizienzvorgaben im Rahmen der Anreizregulierung abgestellt wird.
265 BGH, Beschluss vom 22.07.1999 (Flugpreisspaltung), GRUR 2000, 163, 165; BGHZ 49, 42, 46 (Stromtarif); BGHZ 68, 23, 33 (Valium I); BGH, WuW/E BGH 2309, 2311 (Glockenheide); BGHZ 129, 37, 29 (Weiterverteiler); BGH, WuW/E DE-R 1513 (Stadtwerke Mainz).
266 Vgl. zur Abgrenzung unternehmensindividueller Kosten auch *Baur/Henk-Merten*, RdE 2002, 193, 199 f.
267 Ausführlich zum Einwand der Kostenunterdeckung im deutschen und europäischen Kartellrecht: *Stappert*, Netznutzungsentgeltkontrolle, VEnergR 128, S. 180 ff.

das Entgelt nicht mehr als angemessen bezeichnet werden kann, zum anderen erfordert die konkrete Ermittlung der Untergrenze angemessener Netznutzungsentgelte auf Basis der rechtlichen Vorgaben den Rückgriff auf betriebswirtschaftliche Verfahren. Dies gilt insbesondere hinsichtlich der sachgerechten Ermittlung der (Selbst-) Kosten, bzw. der Erträge, die erforderlich sind, um den Substanzerhalt sicherzustellen.

(a) Durchschnittskosten (average cost – AC)

Die Durchschnittskosten[268] bezeichnen die (durchschnittlichen) Kosten pro Ausbringungseinheit. Mathematisch entspricht dies dem Quotienten aus Kosten und Ausbringungsmenge.[269] Der „Durchschnitt" bezieht sich folglich nicht etwa auf den Durchschnitt verschiedener Unternehmen, sondern allein auf die durchschnittlichen Kosten pro Ausbringungseinheit eines konkreten Unternehmens bei einer konkreten Ausbringungsmenge. Vergleicht man die Durchschnittskosten mit dem Preis, so lässt sich ablesen, ob ein Unternchmen mit Gewinn produziert oder nicht.

Mit Blick auf die von Netzbetreibern erbrachten „Leistungen" sind zunächst die einzelnen Spannungsebenen zu unterscheiden. Die auf der Basis der Kosten einer Spannungsebene ermittelten Durchschnittskosten können zudem nicht unmittelbar mit den von den Netznutzern geforderten Entgelten verglichen werden. Vielmehr repräsentieren sie den für jede Spannungsebene zu ermittelnden reinen Leistungspreis, aus dem im Rahmen der Entgeltkalkulation erst unter Berücksichtigung der Gleichzeitigkeitsgeraden und in Abhängigkeit von der Benutzungsstundenzahl die konkreten Arbeits- und Leistungspreise ermittelt werden.[270] Da insoweit jedoch weitgehende normative Vorgaben bestehen,[271] ist eine Ausrichtung der Entgelte an den Durchschnittskosten grundsätzlich ohne Weiteres möglich und die „Umrechnung" in konkrete Preisblätter mit verhältnismäßig geringem Aufwand nachprüfbar.

(aa) Durchschnittliche variable Kosten (short run avarage cost – SRAC) und Stückdeckungsbeitrag

Eine Untergrenze angemessener Entgelte könnten zunächst die durchschnittlichen (kurzfristig) variablen Kosten bilden. In der Mikroökonomie bezeichnet man den Tiefpunkt der Funktion der durchschnittlich variablen Kosten als Betriebsmini-

---

268 Teilweise auch als Stückkosten bezeichnet.
269 *Wöhe*, Allgemeine Betriebswirtschaftslehre, S. 312.
270 Vgl. *Stappert*, Netznutzungsentgeltkontrolle, VEnergR 128, S. 267 ff.
271 Vgl. §§ 16 und 17 StromNEV sowie Anlage 4 der StromNEV.

mum.[272] Wird das Betriebsminimum nicht erreicht, ist es für das Unternehmen günstiger, die Produktion unmittelbar einzustellen, da hierdurch der Verlust minimiert wird.[273] Das Betriebsminimum stellt daher eine kurzfristige Preisuntergrenze dar.[274]

Will man diese allgemeine gerade auch für im Wettbewerb stehende Unternehmen geltende Überlegung auf die Situation der Netzbetreiber übertragen, so sind zunächst zwei Besonderheiten zu beachten. Zum einen kann sich ein Netzbetreiber nicht wie ein „normales" Unternehmen als Mengenanpasser verhalten, d. h. er kann seine Leistung nicht ohne Weiteres ausdehnen oder einschränken, um das Betriebsminimum zu erreichen. Dies ergibt sich aus der (natürlichen) Monopolstellung des Netzbetreibers, der vom Netzbetreiber kaum unmittelbar zu beeinflussenden Nachfrage und der bestehenden Versorgungspflicht.[275] Zum anderen liegt die Annahme nahe, dass bei den Netzbetreibern regelmäßig mit einem streng monoton fallenden Verlauf der variablen Durchschnittskostenfunktion zu rechnen ist, die variablen Durchschnittskosten somit bei steigender Absatzmenge stetig sinken. Ein derartiger Verlauf der Durchschnittskostenkurve ist typisch für Unternehmen, die über ein natürliches Monopol verfügen.[276] Ein Tiefpunkt der variablen Durchschnittskostenfunktion lässt sich in diesem Fall nur als Randlösung bei einer unendlich großen Ausbringungsmenge bestimmen.[277] Mit Blick auf die Netzbetreiber ist es vor diesem Hintergrund sachgerecht, als Betriebsminimum den Schnittpunkt der variablen Durchschnittskostenfunktion mit der Nachfragefunktion zu bezeichnen.

In der betriebswirtschaftlichen Terminologie entspricht das Betriebsminimum einem Stückdeckungsbeitrag von null.[278] Wird es unterschritten, ergibt sich also ein negativer Stückdeckungsbeitrag, lohnt sich die Produktion grundsätzlich nicht und wird (kurzfristig) eingestellt.[279]

---

272 Dieser Tiefpunkt wird berechnet, indem man die Ableitung der variablen Durchschnittskostenfunktion = 0 und anschließend den erhaltenen Wert in die variable Durchschnittskostenfunktion einsetzt; vgl. auch *Hardes/Uhly*, Grundzüge der Volkswirtschaftslehre, S. 99.
273 *Pindyck/Rubinfeld*, Mikroökonomie, S. 370; *Varian*, Grundzüge der Mikroökonomik, S. 460 f.
274 Vgl. *Corsten*, Lexikon der Betriebswirtschaft, S. 125.
275 Vgl. zur Versorgungspflicht: §§ 11 ff. EnWG.
276 Vgl. *Samuelson/Nordhaus*, Volkswirtschaftslehre, S. 253; *Bobzin*, Dynamische Modelle zur Theorie der Regulierung, S. 13 f.
277 Gleiches ergibt sich für den Schnittpunkt der Grenzkostenfunktion und der Durchschnittskostenfunktion, der normalerweise ebenfalls zur Bestimmung des Betriebsminimums herangezogen werden kann.
278 Vgl. *Wöhe*, Allgemeine Betriebswirtschaftslehre, S. 329.
279 Es gibt zwar auch Fälle, in denen ein (formal) negativer Stückdeckungsbeitrag für ein Produkt hingenommen wird, da hierdurch der Verkauf anderer Produkte mit positivem Deckungsbeitrag gefördert wird (z.B. Tintenstrahldrucker – Tintenpatronen; Spielkonsolen – Videospiele) – eine vergleichbare Situation liegt indes mit Blick auf die Netznutzung ersichtlich nicht vor.

(bb) Durchschnittliche totale Kosten (long run average cost – LRAC)

Preise in Höhe der durchschnittlichen variablen Kosten erlauben – jedenfalls bei einem Ein-Produkt-Unternehmen – keine langfristige Aufrechterhaltung des Betriebs, da kein Beitrag zur Deckung der Fixkosten erwirtschaftet wird.[280] Erforderlich zur langfristigen Aufrechterhaltung des Betriebs ist vielmehr, dass durch den Preis die durchschnittlichen totalen Kosten gedeckt werden.[281]

In der Mikroökonomie wird insoweit das Minimum der totalen Durchschnittskostenfunktion als Betriebsoptimum bezeichnet.[282] Dieser Begriff ist insoweit etwas unglücklich, als er nicht den „optimalen" Preis für das Unternehmen im Sinne einer Gewinnmaximierung kennzeichnet, sondern vielmehr die Untergrenze für den Preis markiert, der langfristig die Vollkosten deckt und so den Weiterbetrieb des Unternehmens ermöglicht, ohne dabei jedoch Gewinn zu erwirtschaften.[283] Das Betriebsoptimum wird daher auch als langfristige Preisuntergrenze bezeichnet.[284]

Wie oben bereits mit Blick auf die variablen Durchschnittskosten dargestellt, kann die Absatzmenge von dem Netzbetreiber aus rechtlichen und tatsächlichen Gründen nicht bzw. allenfalls in sehr geringem Umfang beeinflusst werden. Die für natürliche Monopole kennzeichnende Subadditivität[285] der Kosten geht regelmäßig mit fallenden Durchschnittskosten einher,[286] sodass auch hier ein Minimum allenfalls als außerhalb des letztlich durch die Nachfrage bestimmten relevanten Bereichs liegende Randlösung bestimmt werden kann. Vor diesem Hintergrund entspricht das Betriebsoptimum der Netzbetreiber dem Schnittpunkt der totalen Durchschnittskostenfunktion mit der Nachfragefunktion.

---

280 Vgl. *Samuelson/Nordhaus*, Volkswirtschaftslehre, S. 227.
281 Vgl. *Samuelson/Nordhaus*, Volkswirtschaftslehre, S. 227.; siehe auch *Pindyck/Rubinfeld*, Mikroökonomie, S. 381; *Hardes/Uhly*, Grundzüge der Volkswirtschaftslehre, S. 113.
282 *Lorenz*, <mirko>online, http://www.mikrooekonomie.de/gl/betriebsoptimum.htm (zuletzt abgerufen am 11.05.2008); *Hardes/Uhly*, Grundzüge der Volkswirtschaftslehre, S. 99.
283 Vgl. *Samuelson/Nordhaus*, Volkswirtschaftslehre, S. 223; *Lorenz*, <mirko>online, http://www.mikrooekonomie.de, Kapitel 3.4 – Kostenfunktion (zuletzt abgerufen am 11.05.2008); *Hardes/Uhly*, Grundzüge der VWL, S. 98 f.
284 Vgl. *Corsten*, Lexikon der Betriebswirtschaft, S. 125.
285 Subadditivität der Kosten bedeutet, dass die Kosten eines Anbieters zur Produktion einer bestimmten Menge geringer sind als die Kosten von zwei Anbietern, die gemeinsam die gleiche Menge herstellen; vgl. *Fritsch/Wein/Ewers*, Marktversagen und Wirtschaftspolitik, S. 147 f.
286 Vgl. *Samuelson/Nordhaus*, Volkswirtschaftslehre, S. 253; aus sinkenden Durchschnittskosten resultiert stets die Subadditivität der Kosten. Die Subadditivität der Kosten kann indes (theoretisch) auch im Bereich steigender Durchschnittskosten auftreten; siehe hierzu: *Fritsch/Wein/Ewers*, Marktversagen und Wirtschaftspolitik, S. 150 f.

(cc) Kritik

Gegen die Berücksichtigung der Durchschnittskosten als Untergrenze für die Angemessenheit der Netzzugangsentgelte lässt sich vor allem vorbringen, dass den Durchschnittskosten zunächst ein statischer Ansatz zugrunde liegt und nicht hinreichend berücksichtigt wird, ob das Unternehmen effizient arbeitet oder nicht.

In formaler Hinsicht kann man dem begegnen, indem man statt der bei dem konkreten Unternehmen angefallenen durchschnittlichen variablen bzw. totalen Kosten die „effizienten" Durchschnittskosten zugrunde legt.

Mit Blick auf die (kurzfristigen) variablen Kosten erscheint eine Begrenzung auf die „effizienten" Kosten indes nicht angebracht, da ein Unternehmen im freien Wettbewerb stets die Möglichkeit hätte, zur Verlustreduzierung die Produktion kurzfristig einzustellen, während diese Möglichkeit für den Netzbetreiber nicht besteht. Damit bilden die tatsächlichen[287] durchschnittlichen variablen Kosten eine Untergrenze für die Bemessung angemessener Netznutzungsentgelte. In der Praxis dürfte dieser Untergrenze indes keine besondere Bedeutung zukommen, da die durchschnittlichen (kurzfristig) variablen Kosten angesichts des erheblichen Fixkostenanteils von Energienetzen regelmäßig nur einen recht geringen Teil der insgesamt zu berücksichtigenden Kosten ausmachen.

Mit Blick auf die durchschnittlichen totalen Kosten erscheint eine Begrenzung auf „effiziente" Kosten demgegenüber grundsätzlich gerechtfertigt, da bei wirksamem Wettbewerb ein nicht hinreichend effizientes Unternehmen in Gefahr laufen würde, seine Kosten nicht decken zu können und so mittel- oder langfristig aus dem Markt auszuscheiden. Ein solcher langfristiger Marktaustritt – der dann letztlich auch der Verlustreduzierung bzw. Vermeidung dient – kommt für einen Netzbetreiber grundsätzlich ebenfalls in Betracht, etwa indem ein bestehender Konzessionsvertrag nicht verlängert wird.

(b) Grenzkosten (marginal cost)

Die Grenzkosten bezeichnen die Kosten, die durch die Produktion einer zusätzlichen Einheit eines Produktes zusätzlich anfallen.[288] Mathematisch entspricht daher die Grenzkostenfunktion der ersten Ableitung der Kostenfunktion.[289] Liegt der erzielbare Preis unterhalb der Grenzkosten, wird das Unternehmen regelmäßig auf die Produktion der zusätzlichen Einheit verzichten, um Verluste zu vermeiden.[290] Die Grenzkosten könnten daher eine Untergrenze angemessener Entgelte darstellen. Für

---

287 Soweit die dem Netzbetrieb sachgerecht zugeordnet wurden.
288 Vgl. *Samuelson/Nordhaus*, Volkswirtschaftslehre, S. 187; *Pindyck/Rubinfeld*, Mikroökonomie, S. 301.
289 Vgl. *Lorenz*, <mirko>online, http://www.mikrooekonomie.de/gl/grenzkosten.htm (zuletzt abgerufen am 11.05.2008); *Varian*, Grundzüge der Mikroökonomik, S. 437.
290 Vgl. *Samuelson/Nordhaus*, Volkswirtschaftslehre, S. 221 f.

die weitere Betrachtung ist diesbezüglich zunächst zwischen den kurzfristigen und den langfristigen Grenzkosten zu unterscheiden.

(aa) Kurzfristige Grenzkosten (short run marginal cost – SRMC)

Die (kurzfristigen) Grenzkosten beschreiben die mit der Produktionsausdehnung zusätzlich anfallenden variablen Kosten.[291] Die Fixkosten bleiben demgegenüber ausgeklammert, da diese sich (definitionsgemäß) auch bei einer Erhöhung der Ausbringungsmenge kurzfristig nicht verändern. Liegt der Preis unterhalb der kurzfristigen Grenzkosten, ist die Produktion einer zusätzlichen Einheit für das Unternehmen unrentabel, da nicht einmal die unmittelbar zusätzlich anfallenden variablen Kosten gedeckt werden. Ein im Wettbewerb stehendes Unternehmen wird daher seine kurzfristige Angebotsmenge regelmäßig an den kurzfristigen Grenzkosten ausrichten und seine Produktion entsprechend reduzieren, wenn der Preis unterhalb der kurzfristigen Grenzkosten liegt.[292]

(bb) Langfristige Grenzkosten (long run marginal cost – LRMC)

Der Berechnung der langfristigen Grenzkosten liegt die Annahme zugrunde, dass langfristig alle Kosten veränderbar, d. h. variabel sind. Die langfristigen Grenzkosten beschreiben daher die (Gesamt-)Kosten, die durch die Produktion einer zusätzlichen Einheit anfallen, wenn man zugrunde legt, dass die Produktionskapazitäten in optimaler Weise an die jeweils zu produzierende Menge angepasst wurden.[293] Ein Unternehmen im Wettbewerb wird daher seine langfristige Angebotsmenge regelmäßig an den langfristigen Grenzkosten ausrichten. Nur wenn der Preis oberhalb der langfristigen Grenzkosten liegt, wird das Unternehmen bestrebt sein, seine Produktion auszudehnen, anderenfalls wird es seine Produktion langfristig reduzieren.[294]

Liegt das zu erzielende Entgelt unterhalb der langfristigen Grenzkosten, so ist die Produktion der zusätzlichen Einheit langfristig trotz der Möglichkeit einer entsprechenden Anpassung bzw. Optimierung der Kapazitäten nicht erstrebenswert bzw. unwirtschaftlich. Die langfristigen Grenzkosten könnten vor diesem Hintergrund ebenfalls eine Untergrenze angemessener Entgelte darstellen.

---

291 Vgl. *Lorenz*, <mirko>online, http://www.mikrooekonomie.de/an/an/ananau.htm (zuletzt abgerufen am 11.05.2008); *Pindyck/Rubinfeld*, Mikroökonomie, S. 303.
292 Vgl. *Pindyck/Rubinfeld*, Mikroökonomie, S. 370. In Ausnahmefällen etwa bei vorstoßendem Wettbewerb verbunden mit der Erwartung geringerer langfristiger Grenzkosten kann allerdings auch eine Inkaufnahme von vorübergehenden Verlusten sinnvoll sein.
293 Vgl. *Lorenz*, <mirko>online, http://www.mikrooekonomie.de/an/an/ananau.htm (zuletzt abgerufen am 11.05.2008); vgl. auch *Samuelson/Nordhaus*, Volkswirtschaftslehre, S. 194; *Pindyck/Rubinfeld*, Mikroökonomie, S. 323; *Varian*, Grundzüge der Mikroökonomik, S. 467.
294 *Pindyck/Rubinfeld*, Mikroökonomie, S. 381.

(cc) Kurzfristige vs. langfristige Grenzkosten

Die kurzfristigen Grenzkosten liegen – bei steigender Nachfrage - regelmäßig über den langfristigen Grenzkosten, da das Verhältnis des Einsatzes der unterschiedlichen Produktionsfaktoren nicht optimal auf die jeweilige Ausbringungsmenge ausgerichtet werden kann, wenn (mindestens) ein Produktionsfaktor als kurzfristig unveränderbar angesehen wird.[295] Die Höhe der kurzfristigen Grenzkosten hängt damit unter anderem davon ab, inwieweit sich das Unternehmen langfristig auf eine bestimmte Ausbringungsmenge eingerichtet hat. Mit der die Netzbetreiber treffenden Anschluss- und Versorgungspflicht geht aufgrund der bestehenden (natürlichen) Monopolstellung die Verpflichtung einher, die Netzstrukturen auf die Gesamtnachfrage im Netzgebiet auszurichten. Ist dies indes in optimaler Weise geschehen, entsprechen die kurzfristigen den langfristigen Grenzkosten.

Mit Blick auf den Betrieb eines Leitungsnetzes kommt hinzu, dass die Substitutionsmöglichkeiten der einzelnen Produktionsfaktoren relativ beschränkt sind. Insbesondere lassen sich die bestehenden technischen Leistungsgrenzen des Netzes meist nur durch entsprechende Erweiterungsinvestitionen erhöhen. Innerhalb der bestehenden Leistungsgrenzen des Netzes ist durch die Erhöhung der Absatzmengen indes nur mit verhältnismäßig geringfügigen Zusatzkosten zu rechnen. Die insoweit in engen Grenzen ermittelbaren kurzfristigen Grenzkosten sind daher mit Rücksicht auf die Gesamtkostenentwicklung des Netzbetreibers wenig aussagekräftig.

Die langfristigen Grenzkosten sind demgegenüber im Ansatz geeignet eine Untergrenze angemessener Entgelte zu beschreiben.

(dd) Kritik

Im Zusammenhang mit dem Heranziehen der langfristigen Grenzkosten als Entgeltuntergrenze ergeben sich zwei Problemfelder. Das Erste ist rein praktischer Natur und besteht darin, dass sich die langfristigen Grenzkosten in der Praxis kaum exakt bestimmen lassen, da hierfür eine Kenntnis der Kostenfunktion des jeweiligen Unternehmens erforderlich wäre. Diese wird indes regelmäßig nicht einmal dem Unternehmen selbst exakt bekannt sein. Hinzu kommt, dass bei genauerer Betrachtung die Kostenentwicklung für ein Energieversorgungsnetz nicht ohne Weiteres als Funktion der „Ausbringungsmenge" dargestellt werden kann, sondern die zusätzlich entstehenden Kosten nicht zuletzt auch davon abhängig sind, an welcher Abnahmestelle im Netz der erhöhte Leistungsbedarf entsteht. Hieraus ergibt sich letztlich, dass die langfristigen Grenzkosten nur näherungsweise unter Berücksichtigung modellhafter Annahmen und Abschätzungen ermittelt werden können.

---

295 Vgl. *Lorenz*, <mirko>online, http://www.mikrooekonomie.de/an/an/ananau.htm (zuletzt abgerufen am 11.05.2008); *Varian*, Grundzüge der Mikroökonomik, S. 448 f.

Das zweite Problemfeld ist hingegen theoretischer Natur und betrifft die Frage, ob die Grenzkosten mit Blick auf die den Netzbetrieb kennzeichnenden Marktverhältnisse überhaupt als Untergrenze für angemessene Entgelte bezeichnet werden können.

(i) Grenzkosten und natürliches Monopol

Die Kostenfunktion der Energieverteilungsnetze ist infolge des hohen Fixkostenanteils und der bestehenden economies of scale und economies of scope durch einen konkaven Verlauf gekennzeichnet, d. h. die Kosten für eine zusätzliche Einheit sinken mit der Zahl der produzierten Einheiten.[296] Dies hat zur Folge, dass die Produktion der gesamten nachgefragten Menge durch einen Anbieter günstiger erfolgen kann, als wenn die Produktion auf mehrere Anbieter aufgeteilt würde.[297] Man spricht insoweit auch von der Subadditivität der Kosten, die für ein natürliches Monopol kennzeichnend ist.[298] Der Verlauf der Grenzkostenfunktion ist folglich konvex und streng monoton fallend. Die Grenzkosten liegen bei einem solchen Kostenverlauf stets unter den durchschnittlichen Kosten.[299] Bei einem Preis in Höhe der Grenzkosten würde ein Unternehmen folglich zwangsläufig Verluste erleiden und auf Dauer aus dem Markt ausscheiden. Aus diesem Grund eignen sich die Grenzkosten auf einem Markt, der durch die Subadditivität der Kosten geprägt ist, nicht zur Bestimmung einer aus Sicht des betroffenen Unternehmens sachgerechten Untergrenze angemessener Entgelte.[300]

(ii) Wohlfahrtsökonomische Sicht

Aus wohlfahrtsökonomischer Sicht könnte indes eine andere Beurteilung geboten sein, nach der die Grenzkosten den angemessenen Preis bestimmen und damit letztlich nicht nur eine Untergrenze sondern zugleich auch eine Obergrenze angemessener Entgelte bilden. Ein Maßstab der Wohlfahrtsökonomie ist die Pareto-Effizienz.[301] Als Pareto-Effizient bezeichnet man eine Allokation, bei der es nicht mehr möglich ist, ein Wirtschaftssubjekt besser zu stellen ohne gleichzeitig (mindestens) ein anderes schlechter zu stellen.[302]

---

296 Vgl. auch *Samuelson/Nordhaus*, Volkswirtschaftslehre, S. 493 f.
297 Vgl. auch *Bausch*, ZNER 2004, 332, 334; *Fritsch/Wein/Ewers*, Marktversagen und Wirtschaftspolitik, S. 147.
298 *Fritsch/Wein/Ewers*, Marktversagen und Wirtschaftspolitik, S. 152.
299 Vgl. *Fritsch/Wein/Ewers*, Marktversagen und Wirtschaftspolitik, S. 153; *Pindyck/Rubinfeld*, Mikroökonomie, S. 152.
300 Vgl. *Fritsch/Wein/Ewers*, Marktversagen und Wirtschaftspolitik, S. 153 f.
301 Häufig auch Pareto-Optimum bezeichnet.
302 Vgl. *Samuelson/Nordhaus*, Volkswirtschaftslehre, S. 232; *Pindyck/Rubinfeld*, Mikroökonomie, S. 763; *Varian*, Grundzüge der Mikroökonomik, S. 77.

Auf dieser Basis könnten folgende Überlegungen dazu führen, die Grenzkosten als Maßstab für die Entgelte zu betrachten: Die Angebotsfunktion ergibt sich bei vollkommenem Wettbewerb aus den Grenzkosten der Anbieter in Relation zu der angebotenen Menge.[303] Dies resultiert daraus, dass sich die Anbieter bei vollkommenem Wettbewerb als reine Mengenanpasser nach der Preis-Grenzkosten-Regel verhalten, d. h. hier Produktionsmenge so wählen, dass ihre Grenzkosten dem Marktpreis entsprechen, da sie bei dieser Produktionsmenge ihr Gewinnmaximum erzielen. Die Nachfragefunktion ergibt sich umgekehrt aus dem Grenznutzen der Nachfrager.[304] Bei bestehendem (vollkommenem) Wettbewerb wird der Preis allein durch Angebot und Nachfrage bestimmt. Pareto-Effizienz liegt vor, wenn der Markt im Gleichgewicht ist,[305] d. h. die angebotene der nachgefragten Menge entspricht, was genau bei der Menge der Fall ist, bei der der resultierende Preis den Grenzkosten der Produzenten und dem Grenznutzen der Nachfrager entspricht.[306]

Würde der Preis (künstlich) höher festgesetzt, würde dies einerseits aufseiten der Nachfrager zu einer Reduzierung der Nachfrage führen. Anderseits müsste auf Seite der Produzenten die Produktion auf ein nicht gewinnoptimales Niveau gesenkt werden. Der Zustand wäre für beide Seiten nachteilhaft und somit Pareto-inferior. Eine in dieser Situation erfolgende Senkung des Preises mit der Folge, dass eine zusätzliche Einheit produziert werden könnte, wäre hingegen sowohl für die Produzenten wie auch für die Nachfrager vorteilhaft, somit Pareto-superior.

Würde der Preis (künstlich) niedriger festgesetzt, würde dies einerseits aufseiten der Nachfrager zu einer Erhöhung der Nachfrage führen. Anderseits würden die Produzenten jedoch ihre Produktion einstellen, um Verluste zu vermeiden, mit der Folge, dass die Nachfrage nicht befriedigt werden könnte. Der Zustand wäre für beide Seiten nachteilhaft und somit Pareto-inferior. Eine in dieser Situation erfolgende Erhöhung des Preises mit der Folge, dass die Produktion wieder aufgenommen würde, wäre hingegen sowohl für die Produzenten wie auch für die Nachfrager vorteilhaft, somit Pareto-superior.

Betrachtet man statt wettbewerblich geprägter monopolistische Märkte, ist eine wohlfahrtsökonomische Bewertung mit Blick auf die Pareto-Effizienz nicht mehr möglich. Aus Sicht der Nachfrager ist zwar nach wie vor ein Preis in Höhe der Grenzkosten optimal, aus Sicht des Monopolisten ist hingegen ein Preis in Höhe des Cournot-Preises optimal.[307] Es gibt somit keine für beide Seiten „optimale" Lösung für den Preis.

---

303 Vgl. *Samuelson/Nordhaus*, Volkswirtschaftslehre, S. 219 ff.
304 Vgl. *Samuelson/Nordhaus*, Volkswirtschaftslehre, S. 234.
305 Vgl. *Pindyck/Rubinfeld*, Mikroökonomie, S. 769 ff.
306 Vgl. *Lorenz*, <mirko>online, www.mikrooekonomie.de, Kapitel 4.1 (zuletzt abgerufen am 11.05.2008); siehe auch *Samuelson/Nordhaus*, Volkswirtschaftslehre, S. 235.
307 Vgl. Artikel zu „Monopolpreis" und „monopolistische Preisbildung" in: Gabler, Wirtschaftslexikon, 16. Auflage 2004; siehe auch *Samuelson/Nordhaus*, Volkswirtschaftslehre, S. 259 ff.; *Böwing/Nissen*, ET 2004, 712, 713; *Fritsch/Wein/Ewers*, Marktversagen und Wirtschaftspolitik, S. 156.

Dennoch wird im Sinne einer „first best Lösung" zur Regulierung natürlicher Monopole teilweise vorgeschlagen, im Rahmen der Regulierung natürlicher Monopole Entgelte in Höhe der Grenzkosten festzulegen.[308] Hierdurch soll die Preisbildung bei vollkommenem Wettbewerb nachvollzogen und damit die Konsumenten vor den negativen Effekten eines Monopols geschützt werden. Allerdings werden hierbei zunächst allein die Entgelte betrachtet, die die Konsumenten zu entrichten haben. Mit Blick auf die Vergütung, die der Monopolist erhält, stellen diese Ansätze in der Regel auf die durchschnittlichen Kosten ab und schlagen vor, dass der Staat die Differenz zwischen den von den Konsumenten zu entrichtenden Preisen in Höhe der Grenzkosten und der dem Monopolisten zustehenden „angemessenen" Vergütung übernimmt.[309]

Ob hierdurch tatsächlich ein im Sinne der Wohlfahrtsökonomie optimales Ergebnis zu erreichen ist, muss indes bereits deshalb bezweifelt werden, da der Staat die zur Subventionierung benötigten finanziellen Mittel durch Steuern einnehmen muss und hiermit letztlich auch Konsumenten belastet, die die betroffene Leistung des (natürlichen) Monopolisten nicht in Anspruch nehmen. Im Übrigen ist auch nicht einsichtig, weshalb sich selbst bei gedachtem vollkommenem Wettbewerb ein Preis in Höhe der Grenzkosten einstellen sollte, da dies voraussetzt, dass alle Unternehmen mit Verlust produzieren. Dies ist indes in dem zum Vergleich herangezogenen Modellfall des vollkommenen Wettbewerbs nicht der Fall. Unterstellt man jedoch, dass auch bei vollkommenem Wettbewerb von den Konsumenten kostendeckende Preise zu entrichten sind, so ist das bestehende Monopol für die Konsumenten unter Wohlfahrtsaspekten auch dann vorteilhaft, wenn sie Entgelte in Höhe der Durchschnittkosten entrichten müssen, da die entstehenden Gesamtkosten aufgrund der Subadditivität der Kosten geringer sind, wenn die Versorgung durch nur einen Anbieter erfolgt.[310]

Letztlich kann diese Frage indes offen bleiben, da mit Blick auf die Energiemärkte eine derartige Lösung ohnehin ausscheidet, da das Interesse des Staates nicht auf eine Ausdehnung des Energieverbrauchs sondern auf seine Begrenzung gerichtet ist. Eine „Subventionierung" solcher Abnehmer, deren Zahlungsbereitschaft nicht ausreicht um kostendeckende Entgelte zu entrichten, wäre geradezu widersinnig, solange gleichzeitig durch die Erhebung von Steuern auf den Energieverbrauch die Nachfrage gedämpft wird.[311]

---

308 Vgl. *Morasch*, Wettbewerbspolitik und Regulierung, S. 103, www.unibw.de/wow6_3/-lehre_und_service/fruhjahrstrimester/mikro2/WbwRegSkriptWS01-Kap.3.pdf (zuletzt abgerufen am 11.05.2008); *Samuelson/Nordhaus*, Volkswirtschaftslehre, S. 495; *Bobzin*, Dynamische Modelle zur Theorie der Regulierung, S. 13.
309 Vgl. *Morasch*, Wettbewerbspolitik und Regulierung, S. 103 f., a.a.O.; vgl. auch *Samuelson/Nordhaus*, Volkswirtschaftslehre, S. 495.
310 Vgl. auch *Büdenbender*, ET 2005, 642.
311 So etwa die Zielrichtung der Regelungen im Stromsteuergesetz und im Energiesteuergesetz.

(ee) Ergebnis

Die Grenzkosten eignen sich nicht zur Bestimmung einer Untergrenze angemessener Netzentgelte. Die langfristigen Grenzkosten bilden zwar im Ansatz eine wirtschaftswissenschaftlich relevante Entgeltgrenze, aufgrund des besonderen für natürliche Monopole kennzeichnenden Kostenverlaufs kann jedoch allein durch Entgelte in Höhe der Grenzkosten der Betrieb der Energieversorgungsnetze nicht aufrecht erhalten werden. Ein Festhalten an Grenzkostenpreisen bei gleichzeitigem Ausgleich der entstehenden Verluste durch den Staat scheidet ebenfalls aus. Ein angemessenes Netzentgelt muss daher stets oberhalb der langfristigen Grenzkosten liegen.

(c) Erhaltungskonzepte

Anders als die Durchschnitts- und Grenzkostenansätze zielen die Erhaltungskonzepte nicht unmittelbar auf die Bestimmung eines bestimmten Entgeltes, sondern thematisieren die vorgelagerte Frage nach der Ermittlung der Gesamtkosten, die gedeckt werden müssen, um die langfristige Aufrechterhaltung des Betriebs zu gewährleisten. Ausgangspunkt ist hierbei die Frage, wie hoch die Erlöse sein müssen, um sicherzustellen, dass die Unternehmenssubstanz (so die Substanzerhaltungskonzepte)[312] oder das eingesetzte Kapital (so die Kapitalerhaltungskonzepte)[313] erhalten bleibt und nicht – etwa durch inflationäre Einflüsse – aufgezehrt wird. Technisch erfolgt dies dadurch, dass für die Kostenrechnung kalkulatorische Kostenpositionen ermittelt werden, die den realen Werteverzehr widerspiegeln sollen und dabei entsprechende bilanzielle Positionen ersetzen oder ergänzen.[314]

Ein anderes Konzept zur Unternehmenserhaltung besteht darin an den ökonomischen Gewinn anzuknüpfen, der auf Basis der Investitionsrechnung ermittelt wird.[315] Danach gilt der Bestand des Unternehmens als gesichert, wenn sich die Ertragsfähigkeit des Unternehmens zwischen Beginn und Ende der Periode nicht verändert bzw. nicht verschlechtert. Hierzu ist der Ertragswert zu Beginn und am Ende einer Periode zu errechnen bzw. zu prognostizieren. Dieser Ansatz ist indes nicht geeignet, eine Grenze für angemessene Netzentgelte zu ermitteln, da die Bestimmung des Ertragswertes die Kenntnis des erst zu ermittelnden bzw. im Wege der Regulierung festzulegenden angemessenen Entgeltes voraussetzt. Das auf dem ökonomischen

---

312 Vgl. *Bönner*, ZfE 1992, 229, 233; *Wöhe*, Allgemeine Betriebswirtschaftslehre (22. Aufl.), S. 1073.
313 Vgl. *Bönner*, ZfE 1992, 229, 232; *Schneck*, Lexikon der Betriebswirtschaftslehre, S. 491; *Wöhe*, Allgemeine Betriebswirtschaftslehre (22. Aufl.), S. 1073.
314 Insoweit wird zwischen Anderskosten (Kosten denen Aufwendungen in anderer Höhe gegenüberstehen) und Zusatzkosten (Kosten denen kein Aufwand gegenübersteht) unterschieden; vgl. *Ehrmann*, Kostenrechnung, S. 49.
315 Vgl. *Wöhe*, Allgemeine Betriebswirtschaftslehre (22. Aufl.), S. 1074.

Gewinn basierende Erhaltungskonzept wird daher im Folgenden nicht weiter betrachtet.

Auf Basis der Kapital- und Substanzerhaltungskonzepte lässt sich hingegen insoweit eine Untergrenze für angemessene Netzentgelte definieren, als die auf Basis der Entgelte erzielten Erlöse ausreichen müssen, um die (kalkulatorisch) ermittelten Kosten zu decken und so den eingetretenen Werteverzehr auszugleichen.

Auch wenn die Erhaltungskonzepte häufig im Zusammenhang mit der Ermittlung von Entgelten in Monopolindustrien diskutiert werden, liegt ihr Ursprung in der grundlegenden Frage, wann von einem „echtem" von dem Unternehmen erwirtschafteten Gewinn gesprochen werden kann und zielen damit zunächst auf die Bilanzierungs- und Ausschüttungspolitik.[316] Vor diesem Hintergrund knüpfen die Erhaltungskonzepte an die aktuelle Kostensituation des jeweiligen Unternehmens an. Ob das Unternehmen rationell bzw. effizient arbeitet oder nicht, ist hierbei zunächst nicht von Bedeutung. Ähnlich wie oben bereits für das Durchschnittskostenkonzept dargestellt,[317] berührt diese Frage indes nicht die grundsätzliche Eignung der Erhaltungskonzepte als abstrakte Rechen- bzw. Bilanzierungsverfahren zur Ermittlung der Untergrenze angemessener Entgelte. Vielmehr ist die Frage eventuell zu berücksichtigender Effizienzmaßstäbe als Vorfrage mit Blick auf die Eingangsgrößen für kalkulatorische Kostenrechnung zu beantworten und ist an dieser Stelle daher nicht näher zu untersuchen.

Inhaltlich eng mit den Erhaltungskonzepten verknüpft ist die Frage nach der Berechnung einer angemessenen Eigenkapitalverzinsung. Versteht man die Erhaltungskonzepte in ihrer Reinform als Instrumente der Bilanz- bzw. Ausschüttungspolitik spielt die Ermittlung eines angemessenen Gewinns zunächst keine Rolle. Vielmehr richten sich die Verfahren darauf von den erzielten Einnahmen nur den „echten" Gewinn als solchen auszuweisen und ggf. auszuschütten. Sollen auf Grundlage der Erhaltungskonzepte hingegen angemessene Entgelte ermittelt werden, so ist zusätzlich eine angemessene Eigenkapitalverzinsung zu berücksichtigen.[318] Ansonsten wären die Eigenkapitalgeber nicht bereit, das zur Fortführung des Unternehmens erforderliche Kapital (weiterhin) zur Verfügung zu stellen.

(aa) Substanzerhaltung

Die Substanzerhaltungskonzepte zielen darauf, den Werteverzehr einer definierten Gütergruppe – in der Regel des in dem konkret betrachteten Unternehmen gebundenen Aktivvermögens – auszugleichen, um sicherzustellen, dass das Unternehmen langfristig weiterexistieren kann, ohne dass es der Zuführung zusätzlichen Eigenka-

---

316 *Wöhe*, Allgemeine Betriebswirtschaftslehre (22. Aufl.), S. 1072 f.
317 Vgl. oben unter B.I.3.a)bb)(4)(a).
318 Vgl. *Bönner*, ZfE 1992, 229, 233; *Stappert*, Netznutzungsentgeltkontrolle, VEnergR 128, S. 246; *Vaal*, Substanzerhaltung, S. 19.

pitals von außen bedarf.[319] Die Substanzerhaltungskonzeptionen haben folglich zum Ziel, die langfristige Eigenfinanzierung des Unternehmens sicherzustellen und so insbesondere zu gewährleisten, dass dem Unternehmen die notwendigen Mittel zur Wiederbeschaffung des eingesetzten Anlagevermögens zur Verfügung stehen. In Abhängigkeit davon, welche Bedeutung dem Fremdkapitaleinsatz für die zukünftige Finanzierung des Unternehmens beigemessen wird, wird zwischen der Bruttosubstanzerhaltung und der Nettosubstanzerhaltung unterschieden. Ferner wird in Abhängigkeit davon, ob bei der Wiederbeschaffung der Anlagegüter der technische Fortschritt berücksichtigt wird oder nicht zwischen der reproduktiven und der qualitativen Substanzerhaltung differenziert.

(i) Bruttosubstanzerhaltung

Dem Bruttosubstanzerhaltungskonzept liegt die Annahme eines nominal konstanten Fremdkapitaleinsatzes zugrunde.[320] Zur Finanzierung der Wiederbeschaffung von Gütern muss aus diesem Grunde nicht auf den Einsatz (zusätzlichen) Fremdkapitals zurückgegriffen werden. Vielmehr kann bei Entgelten, die die Bruttosubstanzerhaltung gewährleisten, die Finanzierung aus den Umsatzerlösen erfolgen und dabei insbesondere die eingetretene inflationsbedingte Teuerung ausgeglichen werden. Folge des Systems der Bruttosubstanzerhaltung ist, dass die Eigenkapitalquote stetig ansteigt und langfristig gegen 100 % konvergiert.[321]

Tabelle 1:

Jahr	Anlagekosten (TNW)	Fremdkapital (konstant)	Eigenkapital (TNW – FK)	Eigenkapitalquote
1	10.000	5.000	5.000	50 %
2	10.300	5.000	5.300	51,5 %
3	10.609	5.000	5.609	52,9 %
...	...	...	...	...
41	32.620	5.000	27.620	84,7 %

Unterstellt man anfängliche Anlagekosten von 10.000 Euro und eine anlagenspezifische Inflationsrate von 3 %, so betragen die Wiederbeschaffungskosten der Anlage nach Ablauf von 40 Jahren (d. h. zu Beginn des 41. Jahres) 32.620 Euro ($10.000 * 1,03^{40}$). Geht man weiter davon aus, dass die Anlage ursprünglich zu 50 % (entspricht 5.000 Euro) mit Fremdkapital finanziert wurde und der nominale Fremd-

---

319 Vgl. *Wöhe*, Allgemeine Betriebswirtschaftslehre (22. Aufl.), S. 1073 f.
320 *Bönner*, ZfE 1992, 229, 233; *Reiners*, Bemessung kalkulatorischer Kosten, S. 56.
321 Vgl. *Reiners*, Bemessung kalkulatorischer Kosten, S. 57; dies gilt selbstverständlich nur, wenn man von steigenden Wiederbeschaffungspreisen ausgeht und der Fremdkapitaleinsatz auch tatsächlich nominell konstant bleibt; siehe auch *Sieben/Maltry*, Bestimmung von Netznutzungsentgelte, S. 35 f.; *Zimmermann*, ZögU 1989, 498, 510.

kapitaleinsatz bei der Wiederbeschaffung der Anlage nicht erhöht werden soll, so erfordert der Substanzerhalt nach Ablauf von 40 Jahren ein Eigenkapital von 27.620 Euro (Wiederbeschaffungskosten – Fremdkapital). Gegenüber dem ursprünglich vorhandenen Eigenkapital von 5.000 Euro ist damit im Verlauf der 40 Jahre zur Gewährleistung des Bruttosubstanzerhalts eine zusätzliche Zuführung zum Eigenkapital von 22.620 Euro (27.620 – 5.000) erforderlich. Die Eigenkapitalquote steigt hierdurch im Beispielsfall von 50 % auf 84,7 %.

(ii) Nettosubstanzerhaltung

Das Konzept der Nettosubstanzerhaltung ist demgegenüber darauf ausgerichtet, die Eigen- bzw. Fremdkapitalquote langfristig konstant zu halten.[322] Wurde ein Anlagegut folglich zum Zeitpunkt der Beschaffung zu 50 % aus Fremdkapital finanziert, so wird im Rahmen des Nettosubstanzerhaltungskonzeptes davon ausgegangen, dass zum Zeitpunkt der Wiederbeschaffung die Finanzierung erneut zu 50 % mit Fremdmitteln erfolgt, auch wenn hierdurch das benötigte Fremdkapital nominell steigt.

Tabelle 2:

Jahr	Anlagekosten (TNW)	Eigenkapitalquote (konstant)	Fremdkapital	Eigenkapital (TWN – FK)
1	10.000	50 %	5.000	5.000
2	10.300	50 %	5.150	5.150
3	10.609	50 %	5.305	5.305
...	...	...	...	...
41	32.620	50 %	16.310	16.310

Der tabellarischen Darstellung liegen zunächst die gleichen Annahmen zu Grund wie dem im Rahmen der Bruttosubstanzerhaltung dargestellten Beispiel. Geht man davon aus, dass der relative Fremdkapitalanteil und damit die Eigenquote konstant bleibt, so bedarf es nach Ablauf von 40 Jahren für die Wiederbeschaffung des Anlagegutes eines Eigenkapitaleinsatzes von 16.310 Euro. Im Laufe der Jahre ist daher zur Gewährleistung des Nettosubstanzerhaltes dem Unternehmen zusätzliches Eigenkapital in Höhe von 11.310 Euro zuzuführen (16.310 – 5.000).

(iii) Bruttosubstanzerhaltung vs. Nettosubstanzerhaltung

Unter dem hier zunächst im Mittelpunkt stehenden Aspekt, eine Untergrenze für angemessene Netznutzungsentgelte zu definieren, sind für einen Vergleich der bei-

---

322 *Sieben/Maltry*, DB 2003, 729, 731; *Bönner*, ZfE 1992, 229, 233 f.; *Reiners*, Bemessung kalkulatorischer Kosten, S. 60; *Busse von Colbe*, FS Laßmann, 299, 302.

den Substanzerhaltungskonzepte zunächst ihre Auswirkungen auf die Netzentgelte zu untersuchen. Hierbei ist zwischen einer kurz- und einer langfristigen Betrachtung zu unterscheiden.

Kurzfristig führt die Anwendung des Systems der Bruttosubstanzerhaltung grundsätzlich zu höheren Entgelten. Dies wird deutlich, wenn man auf Basis der obigen Beispiele, die entstehenden kalkulatorischen Kosten ermittelt, die durch die Entgelte zu decken sind.

Dabei wird erneut von einer Investition von 10.000 Euro ausgegangen, die zur Hälfte durch Fremdkapital finanziert wird. Ferner wird eine anlagenspezifische Preissteigerung von 3 % und eine 40 jährige Nutzungsdauer unterstellt. Die kalkulatorischen Kosten ergeben sich hierbei aus der Summe der Abschreibungen, der Fremdkapitalzinsen, der Zuführung zur Substanzerhaltungsrücklage und den Eigenkapitalzinsen. Kostenmindernd sind die Erträge zu berücksichtigen, die sich aus dem freien, d. h. nicht in den Netzanlagen gebundenen, Kapital ergeben. Im Beispielsfall ergibt sich ein jährlicher Abschreibungsbetrag von 250 Euro (10.000 / 40), der entsprechend dem Finanzierungsanteil zur Hälfte zur Tilgung des aufgenommen Darlehns verwendet wird, sodass sich die Darlehnshöhe von ursprünglich 5000 Euro zu Beginn des ersten Jahres um jährlich 125 Euro reduziert. Durch die jährlichen Zuführungen zur Substanzerhaltungsrücklage erhöht sich entsprechend das Eigenkapital zu Beginn der nächsten Periode. Das freie Kapital wiederum erhöht sich jeweils um den Betrag, der sich für das Vorjahr aus der Summe der auf die Eigenfinanzierung entfallenden Abschreibung (125 Euro) und die Zuführungen zur Substanzerhaltungsrücklage ergibt. Für Fremd- und Eigenkapitalzinsen, sowie für den Zinsertrag aus der Verwendung bzw. Anlage des freien Kapitals, wird aus Gründen der Vereinfachung ein einheitlicher Kalkulationszins von 6 % zugrunde gelegt. Formal handelt es sich hierbei mit Blick auf die Eigenkapitalverzinsung um einen Realzins zuzüglich eines Wagniszuschlages, während hinsichtlich des Fremdkapitalzinssatzes und der Verzinsung des freien Kapitals von einem Nominalzins auszugehen ist. Zudem werden die Zinsen vereinfachend jeweils auf Basis des am Anfang der Periode verbuchten Kapitals und nicht auf der Basis des in einer Periode durchschnittlich gebundenen Kapitals errechnet.

Betrachtet man zunächst die Bruttosubstanzerhaltung, so ergeben sich die jährlichen Zuführungen zur Substanzerhaltungsrücklage aus der Differenz zwischen den Wiederbeschaffungskosten zu Beginn einer Periode und zu Beginn der Folgeperiode. Die Gesamtkosten betragen im Beispielsfall im ersten Jahr 1.150 Euro und im letzten Nutzungsjahr der Anlage 1.215 Euro. Die Berechnung ist in der folgenden Tabelle zusammengefasst dargestellt.

Tabelle 3:

Jahr	TNW	AS	FK	FK-zinsen	Zuf. Rückl.	EK	EK-zinsen	Freies Kap.	Zins-ertrag	GK
1	10.000	250	5.000	300	300	5.000	300	0	0	1.150
2	10.300	250	4.875	293	309	5.300	318	425	26	1.144
3	10.609	250	4.750	285	318	5.609	337	859	52	1.138
...	...	...	...	...	...	...	...	...	...	...
40	31.670	250	125	8	950	26.670	1.600	26.545	1.593	1.215

Betrachtet man zum Vergleich die Nettosubstanzerhaltung, so sind wesentlich geringere Substanzerhaltungsrücklagen erforderlich, da nur der auf die Eigenfinanzierung entfallende Anteil der Erhöhung des Wiederbeschaffungspreises aufgefangen werden muss. In der Folge ergeben sich aus dem geringeren Eigenkapital auch geringere kalkulatorische Eigenkapitalzinsen. Umgekehrt fallen naturgemäß auch die Erträge aus dem freien Kapital entsprechend geringer aus. In der Summe ergeben sich im Beispielsfall im ersten Jahr Kosten in Höhe von 1.000 Euro und im letzten Jahr von 740 Euro.

Tabelle 4:

Jahr	TNW	AS	FK	FK-zinsen	Zuf. Rückl.	EK	EK-zinsen	Freies Kap.	Zins-ertrag	GK
1	10.000	250	5.000	300	150	5.000	300	0	0	1.000
2	10.300	250	4.875	293	155	5.150	309	275	17	990
3	10.609	250	4.750	285	159	5.305	318	555	33	979
...	...	...	...	...	...	...	...	...	...	...
40	31.670	250	125	8	475	15.835	950	15.710	943	740

Grundsätzlich ergeben sich daher auf Basis der Bruttosubstanzerhaltung zunächst höhere Entgelte als auf Basis der Nettosubstanzerhaltung.[323]

Mit Blick auf eine langfristige Betrachtung sind jedoch zusätzlich die Effekte zu beachten, die sich daraus ergeben, dass im Zuge einer Ersatzinvestition bei Anwendung des Bruttosubstanzerhaltungskonzepts ein geringerer Fremdkapitalbedarf besteht und in der Folge auch geringere Kosten für Fremdkapitalzinsen anfallen. Da sich die Eigenkapitalquote im Rahmen der Bruttosubstanzerhaltung langfristig 100 % annähert, bietet es sich an, als Modellfall die Situation zu betrachten, in der die Finanzierung zu 100 % aus Eigenmitteln erfolgt. Dies gilt umso mehr als sich in diesem Fall die Bruttosubstanzerhaltung nicht von der Nettosubstanzerhaltung unterscheidet.

---

323 Rechnerisch würde man im Beispielsfall nur dann zu einem anderen Ergebnis kommen, wenn die Erträge aus dem freien Kapital den Eigenkapitalzinssatz deutlich übersteigen würden. Ein solches Szenario ist jedoch kaum realistisch, zumal in diesem Fall der Eigenkapitalgeber nicht in Netzbetreiber sondern unmittelbar in die eine höhere Rendite versprechende alternative Anlageform investieren würde.

Tabelle 5:

Jahr	TNW	AS	FK	FK-zinsen	Zuf. Rückl.	EK	EK-zinsen	Freies Kap.	Zinsertrag	GK
1	10.000	250	0	0	300	10.000	600	0	0	1.150
2	10.300	250	0	0	309	10.300	618	550	33	1.144
3	10.609	250	0	0	318	10.609	637	1.109	67	1.138
...	...	...	...	...	...	...	...	...	...	...
40	31.670	250	0	0	950	31.670	1.900	31.420	1.885	1.215

Unter der im Beispielsfall angenommenen Prämisse eines einheitlichen Kalkulationszinses entsprechen die Kosten bei einer 100%-Eigenkapitalfinanzierung denen, die sich im Rahmen der Bruttosubstanzerhaltung auch bei einer niedrigeren Eigenkapitalquote ergeben.

Für eine abschließende Bewertung ist indes weiter zu untersuchen, wie sich die Gesamtkosten bei einer 100%-Eigenkapitalfinanzierung, die im Rahmen der Bruttosubstanzerhaltung im Prinzip angestrebt wird, zu den Kosten verhalten, die im Rahmen der Nettosubstanzerhaltung bei einer niedrigeren Eigenkapitalquote anfallen. Während sich das Ergebnis hinsichtlich eines einheitlichen Kalkulationszinses bereits aus den dargestellten Beispielsfällen ergibt, sind die Fälle näher zu untersuchen, in denen sich die Zinssätze unterscheiden.

Legt man etwa bei einem 50%igen Fremdkapitalanteil bei ansonsten unveränderten Annahmen einen Fremdkapitalzinssatz von 10 % zugrunde, so ergeben sich auf Basis der Nettosubstanzerhaltung im ersten Jahr Kosten in Höhe von 1.200 Euro und auf Basis der Bruttosubstanzerhaltung Kosten von 1.350 Euro, während die Kosten bei Eigenkapitalquote von 100 % nur 1.150 Euro betragen würden. Stärker kommt dieser Effekt noch zum Tragen, wenn man von einer niedrigeren anlagenspezifischen Preissteigerung ausgeht. Beträgt diese bei im Übrigen unveränderten Annahmen nur 1 %, so würden die Kosten im ersten Jahr bei einem 50%igen Fremdkapitalanteil auf Basis der Nettosubstanzerhaltung 1.100 Euro und auf Basis der Bruttosubstanzerhaltung 1.150 Euro betragen, gegenüber 950 Euro bei einer Eigenkapitalquote von 100 %. Schließlich ist zu berücksichtigen, dass die Höhe des Fremdkapitalzinssatzes unter anderem von dem Risiko für den Kreditgeber bzw. den vorhandenen Sicherheiten abhängig ist. Eine niedrige Eigenkapitalquote führt daher tendenziell zu einem höheren Fremdkapitalzinssatz. Betrachtet man das Ausgangsbeispiel[324] für die Nettosubstanzerhaltung und legt dort eine Eigenkapitalquote von 20 % zugrunde, und einen dadurch auf 8 % erhöhten Fremdkapitalzins, so ergeben sich im ersten Jahr kalkulatorische Kosten in Höhe von 1.070 Euro[325] gegenüber

---

324 Vergleiche Tabelle 4.
325 Der Betrag von 1.070 Euro errechnet aus den Abschreibungen (250 Euro) zuzüglich der Fremdkapitalzinsen (640 Euro = 8% von 8.000 Euro Fremdkapital), der Zuführung zur Substanzerhaltungsrücklage (60 Euro = 20% von 300 Euro) und den Eigenkapitalzinsen (120 Euro = 6% von 2.000 Euro Eigenkapital).

1.000 Euro bei einer Eigenkapitalquote von 50 % und einem Fremdkapitalzinssatz von 6 %.

Zusammenfassend lässt sich festhalten, dass die Bruttosubstanzerhaltung zunächst grundsätzlich zu höheren kalkulatorischen Kosten führt als die Nettosubstanzerhaltung. Berücksichtigt man jedoch, dass die Bruttosubstanzerhaltung langfristig eine Erhöhung der Eigenkapitalquote ermöglicht, so ergibt sich ein differenzierteres Bild. Eine Erhöhung der Eigenkapitalquote kann in Abhängigkeit von dem Verhältnis von Fremd- und Eigenkapitalzinsen sowie der anlagenspezifischen Inflationsrate – jedenfalls theoretisch - zu höheren oder zu niedrigeren kalkulatorischen Kosten führen.

Bewertet man die Eignung der Verfahren für die Bestimmung einer Untergrenze angemessener Entgelte, so erscheint mit Blick auf die Preisgünstigkeit der Energieversorgung das Konzept der Nettosubstanzerhaltung dennoch eindeutig vorzugswürdig.[326] In einigen Fällen kann, wie gezeigt, eine höhere Eigenkapitalquote durchaus günstigere Entgelte zur Folge haben. Dies gilt insbesondere, wenn man zusätzlich die Auswirkungen der Höhe der Eigenkapitalquote auf den Fremdkapitalzinssatz berücksichtigt. Zu bedenken ist jedoch, dass durch die Anwendung der Bruttosubstanzerhaltungsmethode im Rahmen der Berechnung der kalkulatorischen Kosten – anders als bei ihrer Anwendung im Rahmen der Ausschüttungspolitik – keineswegs sichergestellt ist, dass die zusätzlichen Einnahmen tatsächlich dazu genutzt werden, eine entsprechende Substanzerhaltungsrücklage zu bilden und die Eigenkapitalquote zu erhöhen. Ebenso gut möglich ist, dass die Beträge ausgeschüttet werden und daher im Ergebnis die Eigenkapitalquote langfristig unverändert bleibt. Vor diesem Hintergrund ist es indes mit Blick auf das Gebot der Preisgünstigkeit der Energieversorgung nicht einsichtig, weshalb der Eigenkapitalgeber einen Inflationsausgleich für das von ihm nicht aufgebrachte Kapital erhalten sollte.[327]

Zwar wird bisweilen vorgebracht, das Bruttosubstanzerhaltungskonzept gewähre eine höhere Versorgungssicherheit, da es den Unternehmen ermöglicht ihre Eigenkapitalbasis auszubauen,[328] dies trifft aber letztlich nur dann zu, wenn die Eigenkapitalquote so niedrig ist, dass tatsächlich die Gefahr bestünde, dass ein Netzbetreiber die für Erneuerungsinvestitionen erforderliche anteilige Fremdfinanzierung nicht sicherstellen könnte. In der Praxis verfügt indes die ganz überwiegende Zahl der Netzbetreiber über eine Eigenkapitalausstattung in einer Höhe, bei der derartige Probleme bei der Fremdfinanzierung nicht zu erwarten sind.[329] Zudem hätte allein die Anwendung der Bruttosubstanzerhaltung ohnehin wie soeben dargestellt keine unmittelbare Auswirkung auf die Eigenkapitalquote, solange keine Verpflichtung zur Bildung entsprechender Substanzerhaltungsrücklagen besteht.

---

326 So auch *Sieben/Maltry*, Bestimmung von Netznutzungsentgelten, S. 38; *Beckers/Sieben*, ET 2003, 208, 210; *Stappert*, Netznutzungsentgeltkontrolle, VEnergR 128, S. 229.
327 *Bönner*, ZfE 1992, 229, 234; *Sieben/Maltry*, Bestimmung von Netznutzungsentgelten, S. 37; *Stappert*, Netznutzungsentgeltkontrolle, VEnergR 128, S. 229.
328 *Sieben/Maltry*, Bestimmung von Netznutzungsentgelten, S. 37.
329 Vgl. zur durchschnittlichen Eigenkapitalquote der Energieversorger: *Kaldewei/Albers/-Hübner*, ET 4/2008, 50, 52.

Im Ergebnis ist daher das Konzept der Bruttosubstanzerhaltung zur Bestimmung einer Untergrenze angemessener Entgelte abzulehnen. Der Substanzerhalt kann vielmehr auch auf Basis der Nettosubstanzerhaltung und damit regelmäßig bei geringeren Entgelten sichergestellt werden.

(iv) Reproduktive/absolute Substanzerhaltung

Die reproduktive bzw. absolute Substanzerhaltung ist gewährleistet, wenn alle verbrauchten Güter in gleicher Menge und identischer oder jedenfalls ähnlicher Form und Qualität wiederbeschafft werden können, d. h. die vollständige Reproduktion der verbrauchten Produktionsfaktoren erfolgen kann.[330]

(v) „Dynamische" Substanzerhaltungskonzepte

In Abgrenzung zur reproduktiven bzw. absoluten Substanzerhaltung, die mit Blick auf Art und Menge der eingesetzten Produktionsfaktoren von einem statischen Ansatz ausgeht, berücksichtigen „dynamische" Substanzerhaltungskonzepte Veränderung mit Blick auf die für die Fortführung des Betriebes erforderlichen Produktionsfaktoren.[331] Zum Bereich der „dynamischen" Substanzerhaltungskonzepte zählt das Konzept der relativen Substanzerhaltung, die dann gewahrt ist, wenn das Unternehmen seine relative Stellung in der Volkswirtschaft behauptet, also mit der Produktivität der Wettbewerber Schritt halten kann.[332] Eine Erweiterung der relativen Substanzerhaltung stellt die leistungsadäquate Substanzerhaltung dar, bei der neben der Produktivitätssteigerung der Wettbewerber auch der technische Fortschritt sowie Bedarfsverschiebungen der Nachfrager in die Betrachtung einbezogen werden.[333] Daneben finden noch die mit der leistungsadäquaten Substanzerhaltung weitgehend synonymen Begriffe der qualifizierten oder qualitativen Substanzerhaltung Verwendung, die dann gesichert ist, wenn neben dem technischen Fortschritt und fortschrittsbedingten Nachfrageverschiebungen auch die Wachstumsprozesse der Volkswirtschaft berücksichtigt werden.[334]

Kennzeichnend für die „dynamischen" Substanzerhaltungsansätze ist, dass durch die Umsatzerlöse sichergestellt sein muss, dass verbrauchte Produktionsfaktoren durch die für die Zukunft benötigten ersetzt werden können, die sich unter Umstän-

---

330 Vgl. *Reif*, Preiskalkulation, S. 135 m.w.N.; *Wöhe*, Bilanzierung und Bilanzpolitik, S. 360; *Reiners*, Bemessung kalkulatorischer Kosten, S. 9 f.; teilweise wird auch die reproduktive Substanzerhaltung anders als hier auch als Synonym zur Brutto-Substanzerhaltung verstanden, vgl. *Bönner*, ZfE 1992, 229, 233.
331 Vgl. *Reif*, Preiskalkulation, S. 135 m.w.N.
332 Vgl. *Reiners*, Bemessung kalkulatorischer Kosten, S. 54 m.w.N.
333 Vgl. *Reiners*, Bemessung kalkulatorischer Kosten, S. 50.
334 Vgl. *Wöhe*, Bilanzierung und Bilanzpolitik, S. 360.

den in Art bzw. Qualität und/oder in der Menge von den bisher eingesetzten unterscheiden.[335]

(vi) Statische vs. „dynamische" Substanzerhaltungskonzepte

Bewertet man die statischen und dynamischen Substanzerhaltungskonzepte unter dem Blickwickel ihrer Eignung zur Bestimmung einer Untergrenze für angemessene Entgelte, so ist zunächst zu konstatieren, dass keine eindeutige Aussage darüber getroffen werden kann, welcher Ansatz zu niedrigeren bzw. höheren Entgelten führt. So kann etwa die Berücksichtigung des technischen Fortschritts zur Folge haben, dass die Netzstrukturen vereinfacht werden können und bestimmte Anlagenteile nicht mehr erforderlich sind. Ebenso gut ist es jedoch denkbar, dass neue Produkte entwickelt werden, die eine Verbesserung der Versorgungssicherheit ermöglichen aber mit deutlich höheren Kosten verbunden sind als konventionelle Anlagen. Im Rahmen der bei den dynamischen Ansätzen regelmäßig zu berücksichtigenden Wachstumsprozessen ist indes – jedenfalls solange man von einem steigenden Energieverbrauch ausgeht – mit höheren Kosten als bei dem statischen Ansatz zu rechnen.

Berücksichtigt man die rechtlichen Wertungen, so ist zunächst festzustellen, dass mit Blick auf die verfassungsrechtlich verankerte Substanzgarantie Entgelte, die nach Maßgabe des statischen Substanzerhaltungskonzeptes ermittelt werden, als ausreichend zu betrachten sind, da dem Verfassungsrecht kein Anspruch entnommen werden kann am technischen Fortschritt und am Wachstum zu partizipieren und hierdurch sein Eigentum gleichermaßen aufzuwerten. Der europarechtliche Maßstab, nach dem die Lebensfähigkeit der Netze zu sichern ist, erlaubt es ebenfalls an den statischen Ansatz anzuknüpfen. Aspekte der Versorgungssicherheit sprechen indes für den dynamischen Ansatz, da hierdurch sichergestellt ist, dass das erforderliche Kapital zur Aufrechterhaltung der Versorgung bei Nachfragesteigerungen und zur Erhöhung der Versorgungssicherheit im Zuge des technischen Fortschritts vorhanden ist. Der Aspekt der Preisgünstigkeit spricht indes gegen den dynamischen Ansatz, der im Rahmen der Entgeltbemessung dazu führen würde, dass die Erhöhung der Unternehmenssubstanz durch die Abnehmer (vor)finanziert würde, anschließend jedoch dem Eigenkapitalgeber, die aus dem höheren Unternehmenswert resultierenden Renditen zufließen würden, die wiederum von den Abnehmern zu tragen wären.

Letztlich spricht auch ein praktischer Aspekt gegen die Berücksichtigung dynamischer Elemente. Während der statische Ansatz aufgrund des bekannten Mengengerüstes eine verhältnismäßig einfache Ermittlung der zur Substanzerhaltung erforderlichen Erlöse ermöglicht und die Ermittlung der Wiederbeschaffungswerte über Preisindizes erfolgen kann und daher leicht zu überprüfen ist, lassen sich die durch

---

335 Vgl. zu den einzelnen Begriffen auch *Seicht*, BFuP 1996, 345, 354.

den technischen Fortschritt und das Wachstum konkret entstehenden Kosten nur verhältnismäßig schwer ermitteln bzw. ihre Ermittlung kontrollieren.[336]

Im Ergebnis ist daher in dem statischen reproduktiven bzw. absoluten Substanzerhaltungskonzept eine Untergrenze für angemessen Entgelte zu sehen.

(vii) Zwischenergebnis

Im Bereich der Substanzerhaltungskonzepte ist die reproduktive bzw. absolute Nettosubstanzerhaltung geeignet, eine Untergrenze angemessener Netzentgelte zu definieren.

(bb) Kapitalerhaltung

Im Gegensatz zu den Substanzerhaltungskonzepten steht bei der Kapitalerhaltung nicht die Weiterexistenz des Unternehmens im Mittelpunkt. Vielmehr wird der Fokus auf den Eigenkapitalgeber gerichtet. Dieser soll – am Ende eines gedachten Investitionszykluses – das von ihm eingesetzte Kapital zurückerhalten.[337] Hierbei wird danach unterschieden, ob das Kapital nur nominal (so die Nominalkapitalerhaltung)[338] oder real, d. h. unter Ausgleich des durch die allgemeine Geldentwertung eingetretenen Wertverlustes (so die Realkapitalerhaltung),[339] erhalten bleiben soll.

(i) Nominalkapitalerhaltung

Das den inflationsbedingten Werteverzehr nicht berücksichtigende Prinzip der Nominalkapitalerhaltung gilt vor allem im Handels- und Steuerrecht.[340] Erlöse, die das nominal eingesetzte Kapital überschreiten, werden demnach grundsätzlich als Gewinne verbucht und unterliegen damit der Ertragsbesteuerung, während das nominal eingesetzte Kapital insoweit unangetastet bleibt. Im Rahmen des Nominalkapitalerhaltungskonzeptes gilt die Erhaltung des im Unternehmen investierten Kapitals als

---

336 Vgl. auch *Reif*, Preiskalkulation, S. 136. Die Reproduktive Substanzerhaltung schließt nach dem hier vertretenen Verständnis jedoch nicht aus, dass in die Ermittlung der Tagesneuwerte in gewissem Maße auch technische Weiterentwicklungen einfließen. Dies lässt sich bereits aus praktischen Erwägungen nicht vermeiden, da Produkte nur in wenigen Fällen technisch völlig unverändert über einen längeren Zeitraum hinweg erhältlich sind.
337 Vgl. *Schwinn*, Betriebswirtschaftslehre, S. 40.
338 *Wöhe*, Allgemeine Betriebswirtschaftslehre (22. Aufl.), S. 1072.; *Vaal*, Substanzerhaltung, S. 16; *Sieben/Maltry*, Bestimmung von Netznutzungsentgelten, S. 32.
339 *Wöhe*, Allgemeine Betriebswirtschaftslehre (22. Aufl.), S. 1073; *Sieben/Maltry*, Bestimmung von Netznutzungsentgelten, S. 33 f.
340 *Wöhe*, Allgemeine Betriebswirtschaftslehre (22. Aufl.), S. 1073; *ders.*, Bilanzierung und Bilanzpolitik, S. 353; *Reiners*, Bemessung kalkulatorischer Kosten, S. 36.

gesichert, wenn am Ende einer Periode durch die Entgelte Erlöse erwirtschaftet werden, die gewährleisten, dass das nominal vorhandene Eigenkapital unverändert bleibt.[341]

(ii) Realkapitalerhaltung

Die Realkapitalerhaltung gilt demgegenüber erst dann als gewährleistet, wenn das eingesetzte Kapital am Ende einer Periode denselben realen Gegenwert verkörpert wie am Anfang der Periode.[342] Dies erfordert regelmäßig einen nominalen Kapitalzuwachs, um die eingetretene Preissteigerung auszugleichen. Da der Blick im Rahmen der Kapitalerhaltungskonzepte auf den Kapitalgeber und nicht – wie im Rahmen der Substanzerhaltungskonzeptionen – auf das Unternehmen gerichtet ist, wird im Rahmen der Realkapitalerhaltung an die allgemeine Inflationsrate angeknüpft und nicht an die spezifische Preissteigerung, die mit Blick auf die Güter des Anlagevermögens eingetreten ist.

Tabelle 6:

Jahr	Anlagekosten (Preissteigerung 3 %)	Substanz-erhaltung	Nominal-kapital-erhaltung	Realkapitalerhaltung		
				Inflation 4 %	Inflation 3 %	Inflation 2 %
1	10.000	10.000	10.000	10.000	10.000	10.000
2	10.300	10.300	10.000	10.400	10.300	10.200
3	10.609	10.609	10.000	10.816	10.609	10.404
...	...	...	...			...
41	32.620	32.620	10.000	48.010	32.620	22.080

In der Tabelle sind beispielhaft die Anforderungen der Nominal- und der Realkapitalerhaltung im Vergleich zur Substanzerhaltung dargestellt. Dabei wurde jeweils eine Eigenkapitalquote von 100 % zugrunde gelegt. Wie sich leicht ablesen lässt, entspricht die zur Gewährleistung der Realkapitalerhaltung benötigte Summe dem zur Substanzerhaltung benötigten Betrag, wenn die anlagenspezifische Preissteigerung mit der allgemeinen Inflationsrate übereinstimmt.[343]

---

341 *Sieben/Maltry*, Bestimmung von Netznutzungsentgelten, S. 32.
342 *Wöhe*, Allgemeine Betriebswirtschaftslehre (22. Aufl.), S. 1073; *Sieben/Maltry*, Bestimmung von Netznutzungsentgelten, S. 33f.; *Reiners*, Bemessung kalkulatorischer Kosten, S. 41 f.
343 *Gabriel/Haupt/Pfaffenberger*, Vergleich der Arbeitsanleitungen nach § 12 BTOElt mit dem Kalkultionsleitfaden nach Anlage 3 der Verbändevereinbarung II+, Seite 16.

(iii) Nominalkapitalerhaltung vs. Realkapitalerhaltung

Vergleich man die Nominal- und die Realkapitalerhaltung vor dem Hintergrund ihres Ursprungs als Instrumente der Ausschüttungspolitik, so ergibt sich zunächst eindeutig, dass die Nominalkapitalerhaltung, bei der alle nominell anfallenden Gewinne ausgeschüttet werden, nicht ausreicht, um dauerhaft den Erhalt des Unternehmens zu sichern.[344] Vielmehr erfordert die Wiederbeschaffung der abgenutzten Anlagegüter die Zuführung von neuem Kapital. Gleiches kann indes – wenn auch in geringerer Schärfe – auch im Rahmen der Realkapitalerhaltung erforderlich werden, wenn die anlagenspezifische Preissteigerung die allgemeine Inflationsrate übersteigt.

Aus diesem Blickwickel kommt es entscheidend darauf an, ob sich Kapitalgeber finden, die zusätzliches Kapital zur Verfügung stellen. Wendet ein Unternehmen bei seiner Ausschüttungspolitik das Prinzip der Nominalkapitalerhaltung an, so wird ein möglicher Kapitalgeber eine Verzinsung in Höhe des Nominalzinses einer ebenso riskanten Alternativanlage erwarten. Folgt das Unternehmen bei der Ausschüttungspolitik hingegen dem Prinzip der Realkapitalerhaltung, so wird einem Kapitalgeber eine Verzinsung in Höhe des Realzinses einer ebenso riskanten Vergleichsanlage genügen, da der Inflationsausgleich bereits durch eine entsprechende Erhöhung des Eigenkapitals gewährleistet wird. Berücksichtigt man folglich eine angemessene Verzinsung, so ergeben sich in beiden Fällen grundsätzlich kalkulatorische Kosten in gleicher Höhe, da die Inflationsrate der Differenz zwischen Nominal- und Realzins entspricht.

Im Zusammenhang mit der Berechnung von kalkulatorischen Selbstkosten werden die Begriffe der Nominal- und Realkapitalerhaltung allerdings regelmäßig aus einem anderen Blickwinkel betrachtet. Da im Rahmen der Nominalkapitalerhaltung definitionsgemäß der „Wert" als erhalten gilt, wenn das nominale Kapital unverändert bleibt, erfolgt kein Inflationsausgleich, sodass für die kalkulatorische Eigenkapitalverzinsung lediglich der reale Vergleichszins zugrunde gelegt wird.[345] Demgegenüber erfordert der Realkapitalerhalt für den Werterhalt einen Inflationsausgleich, sodass das Eigenkapital mit dem nominalen Vergleichszins zu verzinsen ist.[346] Dieser beinhaltet einerseits den Inflationsausgleich und andererseits die reale Verzinsung des eingesetzten Kapitals. Damit ermöglicht er auch eine Ausschüttungspolitik in dem oben beschriebenen Sinne.

Bereits aus den vorstehenden Ausführungen ergibt sich, dass das Konzept der Nominalkapitalerhaltung nicht geeignet ist, um eine Untergrenze angemessener Entgelte zu bilden. Weder ermöglicht es den Unternehmen dauerhaft aus Eigenmitteln den Betrieb des Netzes aufrecht zu erhalten, noch wird ein Kapitalgeber in An-

---

344 Vgl. *Wöhe*, Allgemeine Betriebswirtschaftslehre (22. Aufl.), S. 1073; ders. Bilanzierung und Bilanzpolitik, S. 353.
345 *Gabriel/Haupt/Pfaffenberger*, Vergleich der Arbeitsanleitungen nach § 12 BTOElt mit dem Kalkultionsleitfaden nach Anlage 3 der Verbändevereinbarung II+, Seite 17.
346 *Gabriel/Haupt/Pfaffenberger*, Vergleich der Arbeitsanleitungen nach § 12 BTOElt mit dem Kalkultionsleitfaden nach Anlage 3 der Verbändevereinbarung II+, Seite 17.

betracht der zu erwartenden Verzinsung bereit sein, in den Netzbetrieb zu investieren. Das Nominalkapitalerhaltungskonzept wird daher mit Blick auf die Kalkulation von Netzentgelten auch nahezu einhellig abgelehnt.[347] Das Konzept der Realkapitalerhaltung ist demgegenüber grundsätzlich geeignet, um auf seiner Basis eine Untergrenze angemessener Netzentgelte zu ermitteln.[348]

(cc) Nettosubstanzerhaltung vs. Realkapitalerhaltung

Die Debatte um das der Netzentgeltkalkulation zugrunde zu legende Erhaltungskonzept konzentrierte sich bereits im Rahmen der Verbändevereinbarungen und den durchgeführten kartellrechtlichen Missbrauchsverfahren auf die Wahl zwischen dem Konzept der Nettosubstanzerhaltung einerseits und der Realkapitalerhaltung andererseits.[349] Ihren vorläufigen Höhepunkt erreichte diese Auseinandersetzung im Rahmen des Gesetzgebungsverfahrens zur EnWG-Novelle und den parallel dazu entworfenen Netzentgeltverordnungen. Während sich die etablierten Energieversorgungsunternehmen bzw. die Netzbetreiber ganz überwiegend für die Beibehaltung des bereits in der Verbändevereinbarung II plus verankerten Konzepts der Nettosubstanzerhaltung ausgesprochen haben,[350] wurde von den Verbänden der Netznutzer überwiegend eine Umstellung auf das System der Realkapitalerhaltung gefordert.[351]

Vergleicht man beide Verfahren, so lässt sich – wie bereits oben dargestellt[352] – zunächst zeigen, dass sich die über einen Investitionszyklus ermittelten Selbstkosten in der Summe nicht unterscheiden, wenn die mit Blick auf die Anlagegüter des Netzbetriebs eingetretene Preissteigerung der allgemeinen Inflationsrate entspricht. Liegt die spezifische Preissteigerung über der allgemeinen Inflationsrate, ergeben

---

347 *Gabriel/Haupt/Pfaffenberger*, Vergleich der Arbeitsanleitungen nach §12 BTOElt mit dem Kalkultionsleitfaden nach Anlage 3 der Verbändevereinbarung II+, Seite 17; *Sieben/Maltry*, Bestimmung von Netznutzungsentgelten, S. 32; *Vaal*, Substanzerhaltung, S. 16; *Stappert*, Netznutzungsentgeltkontrolle, VEnergR 128, S. 227.
348 Ähnlich auch *Stappert*, Netznutzungsentgeltkontrolle, VEnergR 128, S. 228.
349 Vgl. zu dem Streitstand im Rahmen der kartellrechtlichen Missbrauchsaufsicht: *Stappert*, Netznutzungsentgeltkontrolle, VEnergR 128, S. 226 ff.
350 VKU, Schriftliche Stellungnahme zur öffentlichen Anhörung am 29.11.2004, Ausschussdrucksache 15(9)1511, S. 13, 26; VDEW, Schriftliche Stellungnahme zur öffentlichen Anhörung am 29.11.2004, Ausschussdrucksache 15(9)1511, S. 33.
351 Vgl. bne, Schriftliche Stellungnahme zur öffentlichen Anhörung am 29.11.2004, Ausschussdrucksache 15(9)1511, S. 64; VIK, Schriftliche Stellungnahme zur öffentlichen Anhörung am 29.11.2004, Ausschussdrucksache 15(9)1511, S. 73, 78 f.; VCI, Schriftliche Stellungnahme zur öffentlichen Anhörung am 29.11.2004, Ausschussdrucksache 15(9)1511, S. 90; vgl. bereits AFM_E, bne, VEA, ZDH, VIK, gemeinsame Stellungnahme zu den Entwürfen für eine Netzentgeltverordnung Strom und eine Netzzugangsverordnung Strom – Kurzfassung, 30.9.2004, Seite 1.
352 Vgl. Tabelle 6; vgl. auch *Gabriel/Haupt/Pfaffenberger*, Vergleich der Arbeitsanleitungen nach §12 BTOElt mit dem Kalkultionsleitfaden nach Anlage 3 der Verbändevereinbarung II+, Seite 16; *Stappert*, Netznutzungsentgeltkontrolle, VEnergR 128, S. 228; *Koenig/Rasbach/Schreiber*, N&R 2005, 56, 57.

sich im Rahmen der Nettosubstanzerhaltung höhere Kosten, liegt sie unter der allgemeinen Inflationsrate, so ergeben sich geringere Kosten als im Rahmen des Realkapitalerhaltungskonzeptes.[353] Da bislang keine Indizien dafür vorgetragen wurden, dass die spezifische Preissteigerung mit Blick auf die für ein Energieversorgungsnetz benötigten Anlagegüter systematisch über oder unter der allgemeinen Inflationsrate liegt, sind beide Verfahren insoweit insbesondere mit Blick auf die Preiswürdigkeit der Energieversorgung als gleichwertig anzusehen.[354]

Für einen näheren Vergleich sind zunächst die Kalkulationsverfahren genauer zu betrachten, die im Rahmen der Realkapitalerhaltung einerseits und der Nettosubstanzerhaltung andererseits zur Anwendung kommen.

(i) Ermittlung der Kapitalkosten im Rahmen der Realkapitalerhaltung

Im Rahmen der Realkapitalerhaltung erfolgt die Ermittlung der Kapitalkosten, indem die kalkulatorische Abschreibung linear auf Basis der Anschaffungs- bzw. Herstellungskosten berechnet wird und die Eigenkapitalverzinsung auf Grundlage des Restwertes und dem nominalen Vergleichszins.[355] Beispielhaft ist die Ermittlung der Kapitalkosten in der nachfolgenden Tabelle für ein Anlagegut mit Anschaffungskosten von 10.000 Euro und einer Nutzungsdauer von 40 Jahren dargestellt. Als Eigenkapitalquote wurden dabei 100 % und als Nominalzinssatz 7,12 % zugrunde gelegt.

Tabelle 7:

Jahr	Restwert	Abschreibung (AK/HK)	Nominalzins	Kapitalkosten	Aufgezinste Kapitalkosten
0	10.000				
1	9.750	250	712	962	14.065
2	9.500	250	694	944	12.887
3	9.250	250	676	926	11.803
...	...	...	...	...	...
40	0	250	18	268	268
	Summe:	10.000			156.611

---

353 Vgl. die Darstellung in Tabelle 6.
354 Systematische Unterschiede machen auch die Gegner der Nettosubstanzerhaltung nicht geltend, vgl. bne, Schriftliche Stellungnahme zur öffentlichen Anhörung am 29.11.2004, Ausschussdrucksache 15(9)1511, S. 65.
355 *Sieben/Maltry*, BFuP 2002, 402, 404.

(ii) Ermittlung der Kapitalkosten auf Basis der Nettosubstanzerhaltung

Zur Ermittlung der Kapitalkosten im Rahmen der Nettosubstanzerhaltung findet regelmäßig ein Verfahren Anwendung, bei dem die kalkulatorischen Abschreibungen auf Basis des Tagesneuwertes berechnet werden und für die Kalkulation der kalkulatorischen Eigenkapitalverzinsung das auf Basis des Tagesneuwertes berechnete gebundene Kapital[356] mit dem realen Vergleichszins multipliziert wird.[357] In der folgenden Tabelle ist die Ermittlung beispielhaft dargestellt. Es wurde erneut ein Investitionsbetrag von 10.000 Euro, eine Nutzungsdauer von 40 Jahren und eine Eigenkapitalquote von 100 % zugrunde gelegt. Als jährliche Inflationsrate wurden 3 % angesetzt, sodass sich auf Basis eines Nominalzinses von 7,12 % ein Realzins von 4 % ergibt.[358]

Tabelle 8:

Jahr	TNW	Abschreibung (TNW)	Gebundenes Kapital	Realzins	Kapitalkosten	Aufgezinste Kapitalkosten
0	10.000					
1	10.300	258	10.300	412	669	9.788
2	10.609	265	10.344	414	679	9.267
3	10.927	273	10.381	415	688	8.771
...	...	...	...	...	...	...
40	32.620	816	816	33	848	848
Summe:		19.416				156.611

Der Substanzerhalt bzw. der Inflationsausgleich wird im Rahmen dieses Berechnungsverfahrens durch die Kombination der Abschreibung auf Tagesneuwertbasis und die Verzinsung des ebenfalls auf Basis der Tagesneuwerte berechneten Eigenkapitals erreicht.[359] Die ursprünglich vom Bundeskartellamt vertretene Ansicht, dass die Nettosubstanzerhaltung durch die Abschreibung auf Tagesneuwertbasis und die Verzinsung des auf Basis der Anschaffungskosten berechneten Restwertes zum Realzinssatz gewährleistet werden kann,[360] ist demgegenüber unzutreffend[361] und wird soweit ersichtlich auch nicht mehr vertreten.

---

356 Das gebundene Kapital wird nach folgender Formel ermittelt: gebundenes Kapital = Tagesneuwert / Gesamtnutzungsdauer * Restnutzungsdauer.
357 *Sieben/Maltry*, BFuP 2002, 402, 404; *Stappert*, Netznutzungsentgeltkontrolle, VEnergR 128, S. 250.
358 Der Realzins berechnet sich nach folgender Formel: Realzins = ((1+Nominalzins)/(1+Inflationsrate))-1.
359 Vgl. *Vaal*, Substanzerhaltung, S. 47, 63; *Stappert*, Netznutzungsentgeltkontrolle, VEnergR 128, S. 251 m.w.N.
360 Vgl. Bundeskartellamt, Beschluss vom 14.02.2003 (TEAG), Umdruck, S. 22 f.; Kartellbehörden, Bericht der Arbeitsgruppe Netznutzung, S. 33.
361 Vgl. *Stappert*, Netznutzungsentgeltkontrolle, VEnergR 128, S. 251 m.w.N.

(iii) Vergleich der Konzepte

Vergleicht man die dargestellten Konzepte zur Berechnung der Selbstkosten auf Basis der Realkapitalerhaltung und der Nettosubstanzerhaltung so ergeben sich zunächst Unterschiede mit Blick auf die Verteilung der insgesamt im Rahmen eines Investitionszyklus anfallenden Selbstkosten auf die einzelnen Perioden. Betrachtet man zunächst modellhaft den Eingut-Fall, so lässt sich zeigen, dass die Kosten im Rahmen des Nettosubstanzerhaltungsverfahrens wesentlich gleichmäßiger auf die einzelnen Jahre verteilt werden, während auf Basis der Realkapitalerhaltung eine deutlich ungleichmäßigere Kostenverteilung mit dem Kostenschwerpunkt zu Beginn des Investitionszyklus zu konstatieren ist.[362]

Abbildung 1:

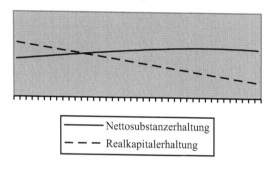

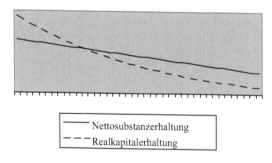

---

362 Vgl. auch *Kaldewei/Kutschke/Simons*, ET (Special) 4/2005, 17, 20; *Wagner/Papanikolau*, emw 6/2004, 64, 65; höhere Kapitalkosten zu Beginn der Nutzung konstatieren auch *Bauer/Bier/Weber*, ET (Special) 4/2005, 12, 13.

Auch im Rahmen der Nettosubstanzerhaltung ergibt sich allerdings ebenfalls keine völlig gleichmäßige Kostenverteilung. Vielmehr werden ähnlich wie im Rahmen der Realkapitalerhaltung auch im Rahmen der Nettosubstanzerhaltung inflationsbereinigt für neuere Anlagen höhere Selbstkosten ausgewiesen.

Betrachtet man hingegen einen Mehrgut-Fall im perfekt eingeschwungenen Zustand, entfallen derartige Unterschiede in der Kostenverteilung weitgehend. Abstrahiert man zunächst von der über den Inflationsausgleich hinausgehenden Eigenkapitalverzinsung, lässt sich zeigen, dass die jährlich zu verbuchenden Kapitalkosten im perfekt eingeschwungenen Zustand für den Fall, dass die anlagenspezifische Preissteigerung der allgemeinen Inflationsrate entspricht, auf Basis der Nettosubstanzerhaltung exakt gleich hoch sind wie auf Basis der Realkapitalerhaltung.[363]

Ein reales Netz entspricht indes keinem der beiden geschilderten Modellfälle vollständig. Dennoch lässt sich festhalten, dass das Prinzip der Nettosubstanzerhaltung auch für reale Netze eine gleichmäßigere Kostenverteilung gewährleistet,[364] der insoweit zum Konzept der Realkaptialerhaltung bestehende Unterschied jedoch gering ausfallen kann.

Die zentralen gegen das System der Nettosubstanzerhaltung vorgebrachten Einwände beziehen sich auf die Methodik der Selbstkostenermittlung. Insbesondere wird kritisiert, dass die Nettosubstanzerhaltung ein Abstellen auf die Tagesneuwerte erfordert, die jedoch häufig nur schwierig zu ermitteln seien, bzw. bei deren Ermittlung die Gefahr der Manipulation bestünde.[365] Demgegenüber genügt mit Blick auf die Realkapitalerhaltung die Anknüpfung an die auch steuer- und handelsrechtlich relevanten Anschaffungs- und Herstellungskosten. Letztlich überzeugend ist dieses Argument indes nicht, da die der kalkulatorischen Rechnung im Rahmen der Realkapitalerhaltung zugrunde zu legenden Anschaffungs- und Herstellungskosten vielfach ebenfalls nicht ohne Weiteres den Handels- oder Steuerbilanzen entnommen werden können.[366] Besonders evident ist dieses Problem mit Blick auf die neuen Länder und die bereits vor 1990 in Betrieb genommenen Anlagen. Die Netzentgeltverordnungen sehen insoweit gerade vor, dass in diesem Fall die (hypothetischen) Anschaffungs- und Herstellungskosten auf Basis der Tagesneuwerte errechnet werden.[367] Vergleichbare Probleme ergeben sich in der Praxis darüber hinaus auch

---

363 Vgl. *Kaldewei/Kutschke/Simons*, ET (Special) 4/2005, 17, 18; *Bauer/Bier/Weber*, ET (Special) 4/2005, 12, 13, die allerdings an den Eingut-Fall anknüpfen. Auf die Darstellung einer entsprechenden Modellrechnung für den Mehrgut-Fall wurde aus Platzgründen verzichtet.
364 Vgl. auch *Kaldewei/Kutschke/Simons*, ET (Special) 4/2005, 17 f.
365 *Zimmermann*, ZögU 1989, 498, 510; *ders.*, Die kalkulatorischen Kosten bei der Kalkulation von Netznutzungsentgelten, S. 47; Bundeskartellamt, Schriftliche Stellungnahme zur öffentlichen Anhörung am 29.11.2004, Ausschussdrucksache 15(9)1511, S. 138; VIK, Schriftliche Stellungnahme zur öffentlichen Anhörung am 29.11.2004, Ausschussdrucksache 15(9)1511, S. 73; BNE, Schriftliche Stellungnahme zur öffentlichen Anhörung am 29.11.2004, Ausschussdrucksache 15(9)1511, S. 64; vgl. zu dem Streitstand bei der Verabschiedung des EnWG auch *Büdenbender*, DVBl. 2006, 197, 203; siehe auch *Bauer/Bier/Weber*, ET (Special) 4/2005, 12, 14.
366 Vgl. auch *Reif*, Preiskalkulation, S. 155.
367 Vgl. hierzu auch unten unter C.III.2.a)aa)(2).

dann, wenn Netzanlagen in der Vergangenheit den Eigentümer gewechselt haben, da in diesem Fall der handelsrechtlichen Abschreibungsrechnung des neuen Eigentümers regelmäßig nicht die ursprünglichen Anschaffungs- und Herstellungskosten entnommen werden können, die bei der erstmaligen Inbetriebnahme des Anlagegutes entstanden sind.[368] Der Gefahr der „Manipulation" der Tagesneuwerte kann überdies wirksam dadurch begegnet werden, dass die Tagesneuwerte – sofern die ursprünglichen Anschaffungs- und Herstellungskosten bekannt sind – auf der Basis von anlagengruppenspezifischen Preisindizes errechnet werden, die von der Regulierungsbehörde ohne Weiteres überprüft werden können.[369]

Für das Konzept der Nettosubstanzerhaltung wird demgegenüber vor allem angeführt, dass sie ein höheres Maß an Versorgungssicherheit gewährleistet, da bei der Anwendung des Systems der Realkapitalerhaltung der Einsatz von zusätzlichem Eigenkapital zur Aufrechterhaltung der sicheren Versorgung erforderlich wird, wenn die anlagenspezifische Preissteigerung die allgemeine Inflationsrate (längerfristig) übersteigt.[370] Diesem Argument kann man indes entgegenhalten, dass die Bereitstellung des ggf. erforderlichen zusätzlichen Eigenkapitals in der Praxis regelmäßig kein Problem darstellen sollte, solange die Investition in einen Netzbetreiber insgesamt eine ausreichend attraktive Rendite erwarten lässt. Andererseits muss man in Betracht ziehen, dass aufgrund der sehr unterschiedlichen Größen und Strukturen die Netzbetreiber nicht alle in gleicher Weise die Möglichkeit haben, ihre Eigenkapitalbasis zu verbreitern. Zudem könnte bereits die Erwartung, den Netzbetrieb dauerhaft nur durch Zuschießen weiterer Eigenkapitals in gesetzeskonformer Weise aufrecht erhalten zu können, abschreckend auf Investoren wirken. Insoweit ergibt sich mit Blick auf die Versorgungssicherheit ein leichter Vorteil zugunsten des Konzepts der Nettosubstanzerhaltung.[371]

Ferner könnten verfassungsrechtliche Aspekte dafür sprechen, die Untergrenze angemessener Entgelte auf Basis der Nettosubstanzerhaltung zu bestimmen, da durch dieses Konzept gesichert wird, dass der Netzbetreiber das Recht hat, mindestens in der Höhe einen Nutzen aus einem Eigentum zu ziehen, der erforderlich ist, um die Substanz des Eigentums langfristig zu erhalten.[372] Zwingend erscheint diese Argumentation allerdings nicht, da zur Beantwortung der Frage, ob die Voraussetzungen für einen verfassungsrechtlich relevanten Eingriff in die eigentumsgrundrechtliche Substanzgarantie vorliegen, die Höhe des insgesamt - d. h. einschließlich der kalkulatorischen Eigenkapitalverzinsung - erfolgenden Kapitalrückflusses zu bewerten ist. Da der im Rahmen der Realkapitalerhaltung gewährte Eigenkapital-

---

368 Vgl. hierzu auch unten unter C.III.2.a)aa)(1).
369 Vgl. *Koenig/Schellberg*, RdE 2005, 1, 3.
370 Vgl. *Stappert*, Netznutzungsentgeltkontrolle, VEnergR 128, S. 228; *Sieben/Maltry*, Bestimmung von Netznutzungsentgelten, S. 34.
371 So im Ergebnis auch *Sieben/Maltry*, Bestimmung von Netznutzungsentgelten, S. 35; *Bönner*, ZfE 1992, 229, 234; *Beckers/Sieben*, ET 2003, 208, 209 f.; *Stappert*, Netznutzungsentgeltekontrolle, VEnergR 128, S. 229 m.w.N.
372 Vgl. *Schmidt-Preuß*, Substanzerhaltung und Eigentum VEnergR 109, 88f.; *ders.*, IR 2004, 146, 147.

zinssatz typischerweise Abweichungen zwischen der anlagenspezifischen und der allgemeinen Inflationsrate übertreffen wird, erscheint es aus verfassungsrechtlicher Sicht nicht zwingend geboten das Konzept der Nettosubstanzerhaltung anzuwenden.[373]

Zusammenfassend lässt sich feststellen, dass das Konzept der Nettosubstanzerhaltung aufgrund der gleichmäßigeren Verteilung der Kosten, der exakteren Abbildung der verfassungsrechtlichen Anforderungen und dem tendenziell höheren Grad an Versorgungssicherheit vorzugswürdig ist.[374]

(iv) Kritische Bewertung des Verfahrens zur Ermittlung der Kapitalkosten im Rahmen der Nettosubstanzerhaltung

Im nächsten Schritt ist zu untersuchen, ob das bislang vorgeschlagene Verfahren zur Ermittlung der Kapitalkosten den Anforderungen des Nettosubstanzerhaltungskonzepts genügt. Wie oben bereits dargestellt, entsprechen die auf Basis der Nettosubstanzerhaltung ermittelten Kapitalkosten, denen auf Grundlage der Realkapitalerhaltung errechneten, wenn die anlagenspezifische Preissteigerung der allgemeinen Inflationsrate entspricht. Näher zu betrachten ist allerdings, ob das zur Nettosubstanzerhaltung vorgeschlagene Rechenverfahren die Kosten für den Substanzerhalt auch dann exakt abbildet, wenn die anlagenspezifische Preissteigerung von der allgemeinen Inflationsrate abweicht.

Beispielhaft ist hierzu in der folgenden Tabelle ein Fall dargestellt, bei dem die allgemeine Inflationsrate bei 3 % liegt und die anlagenspezifische Preissteigerung bei 4 %. Im Übrigen entsprechen die Annahmen dem oben unter (ii) dargestellten Beispielsfall.

Tabelle 9:

Jahr	TNW	Abschreibung (TNW)	Gebundenes Kapital	Realzins	Kapitalkosten	Aufgezinste Kapitalkosten
0	10.000					
1	10.400	260	10.400	416	676	9.883
2	10.816	270	10.546	422	692	9.448
3	11.249	281	10.686	427	709	9.029
...	...	...	...	...	...	...
40	48.010	1.200	1.200	48	1.248	1.248
Summe:		24.707				178.648

---

373 Vgl. auch *Koenig/Rasbach/Schreiber*, N&R 2005, 56, 58.
374 *Kaldewei/Kutschke/Simons*, ET (Special) 4/2005, 17, 20; *Sieben/Maltry*, Bestimmung von Netznutzungsentgelten, S. 35; *Bönner*, ZfE 1992, 229, 234; *Beckers/Sieben*, ET 2003, 208, 209 f.; *Stappert*, Netznutzungsentgeltekontrolle, VEnergR 128, S. 229; a.A.: *Bauer/Bier/Weber*, ET (Special) 4/2005, 12, 15.

Zieht man von den aufgezinsten Kapitalkosten in Höhe vom 178.648 € die Wiederbeschaffungskosten nach Ablauf der Nutzungsdauer in Höhe von 48.010 € ab, so ergibt sich ein Betrag von 130.638 €. Dieser repräsentiert die reale über den Inflationsausgleich hinausgehende Rendite. Will man auf dieser Basis den Realzinssatz errechnen, so stellt sich die Frage, ob als Bezugsgröße auf die allgemeine Inflationsrate oder die anlagenspezifische Preisentwicklung abgestellt werden soll. Knüpft man an die allgemeine Inflationsrate an, so ergibt sich im Beispielsfall ein Realzins in Höhe von 4,11 %. Stellt man hingegen auf die anlagenspezifische Preisentwicklung ab, so ergibt sich ein Realzinssatz in Höhe von 3,34 %.[375]

Betrachtet man umgekehrt einen Beispielfall, in dem die anlagenspezifische Preisentwicklung unter der allgemeinen Inflationsrate liegt, ergibt sich ein spiegelbildliches Ergebnis. In der folgenden Tabelle ist die Situation bei ansonsten unveränderten Annahmen für eine anlagenspezifische Inflationsrate von 2 % dargestellt.

Tabelle 10:

Jahr	TNW	Abschreibung (TNW)	Gebundenes Kapital	Realzins	Kapitalkosten	Aufgezinste Kapitalkosten
0	10.000					
1	10.200	255	10.200	408	663	9.693
2	10.404	260	10.144	406	666	9.088
3	10.612	265	10.081	403	669	8.518
...	...	...	...	...	...	...
40	22.080	552	552	22	574	574
Summe:		15.403				138.409

Nach Abzug der Wiederbeschaffungskosten ergibt sich ein verbleibender Betrag von 116.329 €. Hieraus errechnet sich auf Basis der allgemeinen Inflationsrate ein Realzins von 3,87 % und auf Basis der anlagenspezifischen Inflationsrate ein Realzins von 4,70 %.

Festzuhalten ist damit, dass durch das übliche Kalkulationsverfahren im Rahmen der Nettosubstanzerhaltung bei Abweichungen der anlagenspezifischen von der allgemeinen Inflationsrate nicht exakt die eigentlich vorgesehene Realverzinsung erreicht wird. Die Ursache hierfür liegt insbesondere darin, dass die Basis der Kapitalverzinsung durch die Höhe der anlagenspezifischen Inflationsrate beeinflusst wird.

Teilweise wird vorgeschlagen, im Rahmen der Nettosubstanzerhaltung den Realzinssatz, der die Basis der Eigenkapitalverzinsung bildet, nicht unter Berücksichti-

---

375 Der Wert errechnet sich nach folgender Formel: $r = [1 + (X / Y)]^{(1/n)} - 1$. Dabei repräsentiert „X" den Differenzbetrag nach Abzug der Wiederbeschaffungskosten, im konkreten Fall 130.638 €. „Y" entspricht dem Betrag, der den inflationsbedingten Werteverzehr repräsentiert. Auf Basis der allgemeinen Inflationsrate beträgt er im konkreten Fall 32.620 (= 10.000 * 1,0340). Auf Basis der anlagenspezifischen Inflationsrate entspricht er 48.010 (= 10000 * 1,0440). „n" repräsentiert die Nutzungsdauer, die im Beispielsfall 40 Jahre beträgt.

gung der allgemeinen Inflationsrate, sondern unter Berücksichtigung der anlagenspezifischen Preissteigerung zu berechnen.[376] Dieser Vorschlag ist indes untauglich, da er dazu führt, dass im Ergebnis die Kapitalkosten von der anlagenspezifischen Preisentwicklung abgekoppelt werden. Vielmehr würden in diesem Fall die Kapitalkosten stets denen entsprechen, die sich auf Basis der Realkapitalerhaltung ergeben, da eine höhere anlagenspezifische Preisentwicklung und damit höhere Abschreibungsbeträge durch eine entsprechend niedrigere Realverzinsung des Eigenkapitals ausgeglichen würde. Die Ziele der Nettosubstanzerhaltung würden in diesem Fall ebenfalls verfehlt.

(v) Anforderungen an die Kalkulation der Kapitalkosten im Rahmen der Nettosubstanzerhaltung

Für die weitere Betrachtung soll zunächst von den konkret zur Umsetzung der Nettosubstanzerhaltung angewandten Kalkulationsverfahren abstrahiert und untersucht werden, welche Anforderungen ein solches Verfahren im Idealfall erfüllen sollte.

Das erste Erfordernis ergibt sich dabei unmittelbar aus der soeben dargestellten Schwäche des bislang praktizierten Kalkulationsverfahrens. Auch bei Abweichungen der anlagenspezifischen Preissteigerung von der allgemeinen Inflationsrate sollte sichergestellt sein, dass der Substanzerhalt gewährleistet und darüber hinaus die zuvor angesetzte Realverzinsung tatsächlich erreicht wird. Bezugsgröße für den Realzins sollte dabei die allgemeine Inflationsrate sein, da der Eigenkapitalgeber das Kapital, das ihm über den Substanzerhalt hinaus als Eigenkapitalzinssatz zufließt, beliebig verwenden kann und insofern keine Veranlassung besteht die anlagenspezifische Preissteigerung als Bezugsgröße zu wählen.

Als weitere Anforderung sollte die Verteilung der Kapitalkosten über den Nutzungszeitraum möglichst gleichmäßig sein, um Schwankungen der Netznutzungsentgelte zu vermeiden und zugleich die Vergleichbarkeit von Netzbetreibern, deren Netze eine unterschiedliche Altersstruktur aufweisen, zu gewährleisten.

(vi) Vorschlag für ein alternatives Kalkulationsverfahren

Um den soeben dargestellten Anforderungen an das Kalkulationsverfahren gerecht zu werden, bietet es sich an zunächst den Betrag zu ermitteln, der über die gesamte Nutzungsdauer einer Anlage zur Sicherung des Nettosubstanzerhaltes erwirtschaftet werden sollte. Hierzu geht man zunächst analog zum Realkapitalerhaltungsverfahren von einer Nominalverzinsung des eingesetzten Kapitals über die Gesamtnutzungsdauer aus und zieht hiervon den Betrag ab, der sich für das eingesetzte Kapital auf Basis der allgemeinen Inflationsrate an inflationsbedingtem Wertverlust ergibt.

---

376 Dies klingt etwa bei *Sieben/Maltry*, BFuP 2002, 402, 410, an.

Anschließend addiert man den Betrag, der für den Substanzerhalt bzw. die Wiederbeschaffung nach Ablauf der Nutzungsdauer erforderlich ist. Zusammenfassen lässt sich dies in folgender Formel:

$$EW = I*(1+z)^n - I*(1+i)^n + I*(1+p)^n = I\left[(1+z)^n - (1+i)^n + (1+p)^n\right]$$

I: Investitionsbetrag
z: Nominalzinssatz
i: allgemeine Inflationsrate
p: anlagenspezifische Preisentwicklung
n: Gesamtnutzungsdauer der Anlage

Der Barwert dieses Betrages lässt sich durch folgende Formel ermitteln:

$$BW = EW*(1+z)^{-n}$$

Um zu erreichen, dass die reale Belastung der Kostenbelastung der Netznutzer möglichst gleichmäßig verläuft, sollte die nominale Belastung jährlich in Höhe der durchschnittlichen langfristigen Inflationsrate ansteigen. Es wird daher gesetzt:

$$a_k = a_0 *(1+j)^k$$

j: jährliche Steigerung der Kapitalkosten = langfristige durchschnittliche Inflationsrate

Der Barwert der Kapitalkosten in einem bestimmten Jahr lässt sich unter dieser Annahme wie folgt ausdrücken:

$$BW_k = a_0 *(1+j)^k *(1+z)^{-k} = a_0 \left(\frac{1+j}{1+z}\right)^k$$

Mit Blick auf die Summe der Barwerte über den Gesamtnutzungszeitraum der Anlage lässt sich schreiben:

$$BW = \sum_{k=1}^{n} a_0 *(1+j)^k *(1+z)^{-k} = \sum_{k=1}^{n} a_0 \left(\frac{1+j}{1+z}\right)^k$$

Dieser Term lässt sich so umformen, dass die Summe von k=0 bis n gebildet wird:

$$\Leftrightarrow BW = -a_0 + \sum_{k=0}^{n} a_0 \left(\frac{1+j}{1+z}\right)^k \Leftrightarrow BW + a_0 = \sum_{k=0}^{n} a_0 \left(\frac{1+j}{1+z}\right)^k$$

Der Verlauf der Kapitalkosten über die Gesamtnutzungsdauer eines Anlagegutes lässt sich dabei als geometrische Folge darstellen, bei der gilt:

$$a_k = a_0 * q^k$$

Die Summe einer geometrischen Folge berechnet sich nach der Formel:

$$S_n = \sum_{k=0}^{n} a_0 * q^k = a_0 \frac{q^{n+1}-1}{q-1}$$

Setzt man zunächst
$$S_n = BW + a_0$$
so folgt:

$$BW + a_0 = a_0 \frac{q^{n+1}-1}{q-1} \Leftrightarrow BW = a_0\left(\frac{q^{n+1}-1}{q-1}-1\right) = a_0\left(\frac{q^{n+1}-1-q+1}{q-1}\right)$$
$$= a_0\left(\frac{q^{n+1}-q}{q-1}\right)$$

Aufgelöst nach a_0 ergibt sich:
$$\Leftrightarrow a_0 = BW \frac{q-1}{q^{n+1}-q}$$

Setzt man anschließend
$$q = \left(\frac{1+j}{1+z}\right)$$
so gilt:
$$a_0 = BW \frac{\left(\frac{1+j}{1+z}\right)-1}{\left(\frac{1+j}{1+z}\right)^{n+1}-\left(\frac{1+j}{1+z}\right)}$$

Die für eine Anlage in einem bestimmten Jahr anzusetzenden Kapitalkosten lassen sich somit nach folgender Formel berechnen:

$$a_k = I\left[(1+z)^n - (1+i)^n + (1+p)^n\right](1+z)^{-n}\left[\frac{\left(\frac{1+j}{1+z}\right)-1}{\left(\frac{1+j}{1+z}\right)^{n+1}-\left(\frac{1+j}{1+z}\right)}\right](1+j)^k$$

Betrachtet man erneut den oben bereits mehrfach zugrunde gelegten Beispielsfall einer Investition von 10.000 € mit einer Gesamtnutzungsdauer von 40 Jahren, einer Preissteigerungsrate von 3 % und einem Nominalzinssatz von 7,12 %, so gilt:

I = 10.000; € z = 7,12 %; i = 3 %; p = 3 %; j = 3 %; n = 40

$$a_k = 10.000\left[1{,}0712^{40} - 1{,}03^{40} + 1{,}03^{40}\right]1{,}0712^{-40}\left[\frac{\left(\frac{1{,}03}{1{,}0712}\right)-1}{\left(\frac{1{,}03}{1{,}0712}\right)^{41}-\left(\frac{1{,}03}{1{,}0712}\right)}\right]1{,}03^k$$

$$\Rightarrow a_k = 505{,}234893 * 1{,}03^k$$

In der folgenden Tabelle ist der Verlauf der Kapitalkosten dargestellt. Der Tagesneuwert wurde dabei nur als Referenzgröße aufgenommen und spielt für die Berechnung der Kapitalkosten selbst keine unmittelbare Rolle. Er findet allerdings indirekt durch die anlagenspezifische Preissteigerungsrate Berücksichtigung, die der Veränderung des Tagesneuwertes innerhalb eines Jahres entspricht.

Tabelle 11:

Jahr	TNW	Inflationsbereingte Kapitalkosten	Kapitalkosten	Aufgezinste Kapitalkosten
0	10.000			
1	10.300	505	520	7.608
2	10.609	505	536	7.316
3	10.927	505	552	7.034
...	...	505	...	...
40	32.620	505	1.648	1.648
Summe:				156.611

Der Verlauf der Kapitalkosten, der in der nachfolgenden Abbildung für den Beispielsfall grafisch dargestellt ist, unterscheidet sich deutlich von dem im Rahmen der sonst praktizierten Verfahren im Rahmen der Nettosubstanz- oder der Realkapitalerhaltung. Der wesentliche Vorteil von über den Nutzungszeitraum nominal ansteigenden Kapitalkosten besteht einerseits darin, dass es zum Zeitpunkt einer Ersatzbeschaffung nicht zu einem Kostensprung kommt und zum anderen darin, dass auf diese Weise der Anlagenbestand verschiedener Netzbetreiber mit unterschiedlicher Altersstruktur vergleichbar wird, bzw. die Altersstruktur geringere Auswirkungen auf die Höhe der Kapitalkosten hat.[377]

Abbildung 2:

Verlauf der Kapitalkosten

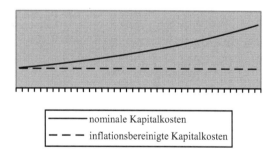

Weiter lässt sich zeigen, dass durch das hier vorgeschlagene Kalkulationsverfahren auch dann exakt die gewünschten Ergebnisse erzielt werden, wenn die allgemeine Inflationsrate von der anlagenspezifischen Preisentwicklung abweicht. Hierzu kann man das obige Beispiel aufgreifen, in dem bei ansonsten unveränderten An-

---

[377] Diese Problematik ist insbesondere im Rahmen der Effizienzmessung und der Festlegung von Erlösobergrenzen in Rahmen der Anreizregulierung relevant; vgl. *Scholz/Jansen*, ET (Special) 11/2006, 20 f.

nahmen von einer anlagenspezifischen Preissteigerung von 4 % und einer allgemeinen Inflationsrate von 3 % ausgegangen wird. Es gilt somit:
I = 10.000 €; z = 7,12 %; i = 3 %; p = 4 %; j = 3 %; n = 40

$$a_k = 10.000\left[1,0712^{40} - 1,03^{40} + 1,04^{40}\right]1,0712^{-40} \left[\frac{\left(\frac{1,03}{1,0712}\right) - 1}{\left(\frac{1,03}{1,0712}\right)^{41} - \left(\frac{1,03}{1,0712}\right)}\right]1,03^k$$

$\Rightarrow a_k = 554,883213 * 1,03^k$

Hieraus ergeben sich die in folgender Tabelle dargestellten Kapitalkosten.

Tabelle 12:

Jahr	TNW	Inflationsbereinigte Kapitalkosten	Kapital-kosten	Aufgezinste Kapitalkosten
0	10.000			
1	10.400	554	572	8.356
2	10.816	554	589	8.034
3	11.249	554	606	7.725
...	...	554	...	...
40	48.010	554	1.810	1.810
Summe:				172.001

Zieht man von der Summe der aufgezinsten Kapitalkosten (172.001 €) die Wiederbeschaffungskosten nach Ablauf der Gesamtnutzungsdauer (48.010 €) ab, so verbleibt ein Betrag von 123.991 €. Dies entspricht mit Bezug auf die allgemeine Inflationsrate einem Realzins von exakt 4 %.

(vii) Vergleich der Verfahren

Abschließend sollen die Ergebnisse der verschiedenen hier diskutierten Verfahren beispielhaft für verschiedene Eingangsparameter miteinander verglichen werden. Hierbei wird auch der in der bisherigen Darstellung vernachlässigte in der Praxis jedoch äußerst relevante Aspekt berücksichtigt, dass sich die Werte der relevanten Parameter im Verlaufe der Jahre verändern. Zur vereinfachten Darstellung werden insoweit nur zwei Zeitabschnitte (Jahre 1 bis 20 und Jahre 21 bis 40) betrachtet. Für den Vergleich wurden jeweils eine Investition von 10.000 € und eine Nutzungsdauer von 40 Jahren zugrunde gelegt. Zudem wurde für das oben dargestellte alternative Verfahren zur Berechnung der Kapitalkosten im Rahmen der Nettosubstanzerhaltung eine jährliche Steigerungsrate der Kapitalkosten von 3 % angenommen.

Tabelle 13:

Jahre 1 bis 20				Jahre 21 bis 40				Reale Rendite		
i	p	z	r	i	p	z	R	RKE	NSE1	NSE2
3 %	3 %	7,12 %	4 %	3 %	3 %	7,12 %	4 %	4 %	4 %	4 %
3 %	4 %	7,12 %	4 %	3 %	4 %	7,12 %	4 %	3,73 %	4,11 %	4 %
3 %	2 %	7,12 %	4 %	3 %	2 %	7,12 %	4 %	4,17 %	3,87 %	4 %
3 %	3 %	7,12 %	4 %	2 %	2 %	6,08 %	4 %	4 %	4 %	3,95 %
3 %	1 %	7,12 %	4 %	3 %	6 %	7,12 %	4 %	3,89 %	3,46 %	4,05 %
4 %	2 %	8,16 %	4 %	2 %	2 %	6,08 %	4 %	4,17 %	3,66 %	3,88 %
1 %	4 %	5,04 %	4 %	2 %	3 %	6,08 %	4 %	3,27 %	4,49 %	4,26 %

Legende:
i: allgemeine Inflationsrate
p: anlagenspezifische Preissteigerungsrate
z: Nominalzinssatz
r: Realzins
RKE: Realkapitalerhaltung
NSE1: Nettosubstanzerhaltung – „klassische" Ermittlung der Kapitalkosten
NSE2: Nettosubstanzerhaltung – alternative Ermittlung der Kapitalkosten

Wie sich der vorstehenden Tabelle entnehmen lässt, garantiert keines der diskutierten Verfahren, dass in jedem Fall exakt die angestrebte Realverzinsung des eingesetzten Kapitals erreicht wird. Rein rechnerisch stehen auch Verfahren zur Verfügung, die eine jederzeitige Einhaltung der vorgegebenen realen Rendite gewährleisten,[378] sie sind allerdings in der Praxis aus verschiedenen Gründen kaum einsetzbar, da sich etwa für einzelne Jahre negative Kapitalkosten ergeben können oder unrealistische Annahmen über die zu bildenden Rücklagen sowie die Verzinsungsaussichten für das in den Rücklagen gebundene Kapital gemacht werden.

Das hier vorgeschlagene alternative Verfahren zur Berechnung der Kapitalkosten im Rahmen der Nettosubstanzerhaltung weist gegenüber dem klassischen Verfahren den Vorteil auf, dass es in vielen Fällen der eigentlich angestrebten realen Verzinsung näher kommt. Zudem gewährleistet es wie bereits dargestellt eine deutlich gleichmäßigere Verteilung der Kapitalkosten über den Nutzungszeitraum.

---

378 Rechnerisch korrekte Werte erhält man, wenn man die Kapitalkosten wie folgt berechnet: lineare Abschreibung auf AK/HK-Basis + Zuführung zu einer Substanzerhaltungsrücklage, deren Höhe sich aus der Differenz des TWN zu Beginn und zum Ende des Jahres ergibt + Realverzinsung des gebundenen Kapitals, wobei das gebundene Kapital ausgehend von den AK/HK-Kosten auf Basis der allgemeinen Inflationsrate fortgeschrieben wird – Zinsertrag für das freie Kapital auf Basis des Nominalzinssatzes, wobei sich das freie Kapital jährlich um den Abschreibungsbetrag und die Substanzerhaltungsrücklage erhöht.

(viii) Zwischenergebnis

Das im Grundsatz vorzugswürdige Konzept der Nettosubstanzerhaltung erweist sich in der konkreten Umsetzung als durchaus problematisch. Durch das bislang praktizierte Kalkulationsverfahren wird nicht in jeder Konstellation gewährleistet, dass die vorgesehene reale Rendite tatsächlich erreicht wird. Diese Schwächen können jedoch zum erheblichen Teil durch die Anwendung eines alternativen Kalkulationsverfahrens ausgeglichen werden, durch das zugleich eine gleichmäßigere Verteilung der Kapitalkosten über die Gesamtnutzungsdauer erreicht werden kann und investitionszyklusbedingte Kostensprünge vermieden werden können.

Insgesamt erweist es sich daher als vorzugswürdig, die Untergrenze angemessener Netzentgelte auf Basis der Nettosubstanzerhaltung zu ermitteln. Nicht mehr als angemessen bezeichnet werden können die Entgelte jedenfalls dann, wenn weder mit Blick auf das Nettosubstanzerhaltungskonzept der Erhalt des Substanzwertes noch mit Blick auf die Realkapitalerhaltung der Vermögenserhalt gewährleistet ist.

(dd) Mindestverzinsung

Im Zusammenhang mit der Substanz- bzw. Kapitalerhaltung stellt sich zudem die Frage, ob und in welchem Umfang die Netzentgelte dem Kapitalgeber einen Gewinn bzw. eine Rendite ermöglichen müssen, um als angemessen gelten zu können.

(i) Festverzinsliche Wertpapiere

Unstreitig ist insoweit, dass sich ohne eine entsprechende Renditeerwartung kein Kapitalgeber bereitfinden wird, das zum Betrieb und Unterhalt eines Energieversorgungsnetzes erforderliche Kapital zur Verfügung zu stellen.[379] Als Anhaltspunkt für die Untergrenze der insoweit den Netzbetreibern einzuräumenden Eigenkapitalverzinsung kann zunächst die Rendite festverzinslicher risikoloser Wertpapiere etwa in Form von Staatsanleihen dienen.[380] Diese stellen eine jedem Kapitalgeber zugängliche alternative Anlageform dar und die insoweit zu erwartenden Renditen können damit hinsichtlich der Investitionen in ein Energieversorgungsnetz als Opportunitätskosten bezeichnet werden,[381] da der Investor auf die Anlage in festverzinslichen Wertpapieren insoweit verzichten muss, wie er sein Kapital in das Energieversorgungsnetz investiert.

---

379 Vgl. auch *Kühling*, Sektorspezifische Regulierung, S. 297; *Schmidt-Preuß*, N&R 2004, 90, 91.
380 So nun auch die Regelung in § 7 Abs. 4 StromNEV; vgl. auch Kartellbehörden, Bericht der Arbeitsgruppe Netznutzung, S. 34 ff.; *Diedrich*, N&R 2005, 16.
381 Vgl. *Schäffner*, ET 12/2006, 46.

Während grundsätzlich darüber Einigkeit herrscht, festverzinsliche Wertpapiere als Referenz zugrunde zu legen, werden zu der Frage, welche Wertpapiere konkret heranzuziehen sind und über welchen Zeitraum die Durchschnittsrendite dieser Wertpapiere zu ermitteln ist, verschiedene Ansichten vertreten. Während teilweise mit Blick auf die Langfristigkeit der Investitionen in die Netzanlagen gefordert wird, auf den 40-Jahres-Durchschnitt langfristiger festverzinslicher Staatsanleihen abzustellen,[382] möchten andere eher an den 5 oder 10-Jahres-Durchschnitt anknüpfen,[383] mit der Folge, dass auch kurz- und mittelfristige Schwankungen auf dem Kapitalmarkt Einfluss auf die Höhe der Eigenkapitalverzinsung haben.[384]

Geht man davon aus, dass die Wertpapieranlage als Alternative zu einer Investition in ein Energieversorgungsnetz betrachtet werden soll, so erscheint es naheliegend an die typische Laufzeit eines Konzessionsvertrages von 20 Jahren anzuknüpfen.[385] Nach Ablauf des Vertrages ist der Netzbetreiber nicht zum Weiterbetrieb des Netzes verpflichtet, sondern hat die Möglichkeit es an den dann zu bestimmenden neuen Konzessionsnehmer zu verkaufen und sein Kapital anderweitig zu investieren. Sachgerecht wäre es demnach auf den 20-Jahres-Durchschnitt der Zinsen für langfristige festverzinsliche Wertpapiere abzustellen.

Hieraus kann indes nicht abgeleitet werden, dass andere Festlegungen ausgeschlossen sind, bzw. zu unangemessen niedrigen Entgelten führen. Vielmehr ist bei einer Anknüpfung an eine kurzfristigere Zinsentwicklung mit stärker schwankenden Entgelten zu rechnen, ohne dass sich dies in der Summe letztlich in die eine oder andere Richtung auswirkt. Entscheidend ist allein, dass eine einmal getroffene Entscheidung für die Berechnung des Durchschnittszinses langfristig beibehalten wird.[386]

(ii) Wagniszuschlag

Eine Rendite in Höhe festverzinslicher Wertpapiere ist indes nicht ausreichend, damit ein Kapitalgeber bereit ist, in ein Energieversorgungsnetz zu investieren, da das Risiko bei der Investition in ein Unternehmen regelmäßig deutlich höher ist, als

---

382 *Gerke*, Risikoadjustierte Bestimmung des Kalkulationszinssatzes in der Stromnetzkalkulation, S. 25; *Vaal*, Substanzerhaltung, S. 47 f.
383 Die Kartellbehörden, Bericht der Arbeitsgruppe Netznutzung, S. 35, sind für einen 5-Jahres-Durchschnitt eingetreten; der Verordnungsgeber hat sich für einen 10-Jahres-Durchschnitt entschieden, vgl. § 7 Abs. 4 StromNEV.
384 Eine Übersicht der Durchschnittszinssätze bei verschiedenen Betrachtungszeiträumen findet sich bei *Diedrich*, N&R 2005, 16, 17.
385 Vgl. § 46 Abs. 2 S. 1 EnWG.
386 Von einem längerfristigen Ausgleich kann dann nicht ausgegangen werden, wenn für die Unternehmen oder der Regulierungsbehörde die Möglichkeit besteht, den Zeitraum der Durchschnittsbildung opportunistisch unter Berücksichtigung der aktuellen Zinsentwicklung festzulegen.

bei der Anlage von Kapital in festverzinslichen Staatsanleihen.[387] Das Netzentgelt kann daher erst dann als angemessen bezeichnet werden, wenn die mit der Investition verbundenen Risiken durch einen entsprechenden Wagniszuschlag ausgeglichen werden.[388]

Eine allgemeine Untergrenze für den Wagniszuschlag kann indes nicht abgeleitet werden. Die sachgerechte Bestimmung des Wagniszuschlages ist vor allem entscheidend von der Ausgestaltung des sonstigen regulatorischen Rechtsrahmens und der Vorschriften zur Kalkulation der Netzentgelte abhängig.[389] Ist dieser so ausgestaltet, dass die Netzbetreiber nur ein sehr geringes Risiko trifft und sie mit an Sicherheit grenzender Wahrscheinlichkeit davon ausgehen können, dass sie auf das von ihnen eingesetzte Kapital die in Aussicht gestellte Verzinsung auch tatsächlich erhalten, kann der Wagniszuschlag recht gering ausfallen. Besteht für die Kapitalgeber hingegen ein hohes Risiko, dass das eingesetzte Kapital etwa infolge von Effizienzkontrollen oder –vergleichen tatsächlich nicht in vollem Umfang in der in Aussicht gestellten Höhe verzinst wird, so wird tendenziell ein höherer Wagniszuschlag erforderlich sein, damit die Kapitalgeber sich bereitfinden, in den Netzbetrieb zu investieren. Entscheidend ist insoweit letztlich, welche Chancen und Risiken sich aus dem Entgeltregulierungssystem insgesamt ergeben.[390]

(5) Zwischenergebnis

Zusammenfassend lässt sich feststellen, dass die Untergrenze für angemessene Entgelte durch zwei zentrale Elemente bestimmt wird. Auf der einen Seite müssen es die Entgelte ermöglichen die aufwandsgleichen, tatsächlichen Kosten zu decken, soweit sie die eines strukturell vergleichbaren – tatsächlich existierenden – und effizienten Netzbetreibers nicht übersteigen. Zum anderen muss eine angemessene Verzinsung des eingesetzten Kapitals sichergestellt sein, was die Gewährleistung des Realkapitalerhaltes oder des Nettosubstanzerhaltes voraussetzt. Dies gilt allerdings nur soweit, wie das eingesetzte Kapital bzw. die vorhandenen Anlagen unter Ausschöpfung des bestehenden Rationalisierungspotentials für den Netzbetrieb benötigt werden. Die erzielbare Rendite muss über der für eine risikolose Anlageform liegen und einen angemessenen Ausgleich für das unternehmerische Wagnis umfassen.[391]

---

387 *Männel*, ET 2004, 256, 258; *Sieben/Maltry*, Bestimmung von Netznutzungsentgelten, S. 61.
388 Vgl. zur Berücksichtigung des Wagniszuschlages auch *Stappert*, Netznutzungsentgeltkontrolle, VEnergR 128, S. 256 f.
389 Vgl. auch *Kaldewei/Kutschke/Simons*, ET (Special) 4/2005, 17, 18.
390 Vgl. auch *Schäffner*, ET 12/2006, 46, 49, mit Blick auf die Veränderung des Risikos im Zuge der Einführung der Anreizregulierung; *Kaldewei/Kutschke/Simons*, ET (Special) 4/2005, 17, 20.
391 Vgl. auch *Männel*, ET 2004, 256, 258; *Stappert*, Netznutzungsentgeltkontrolle, VEnergR 128, S. 256 f.

b) Bestimmung des angemessenen Entgeltes

Innerhalb der dargestellten Grenzen ist es zunächst Aufgabe des Gesetzgebers, den Begriff der Angemessenheit näher zu präzisieren. Eine solche Präzisierung kann auf verschiedene Weise erfolgen. Zum einen kann der Gesetzgeber bestimmte Verfahren vorgeben, die aus seiner Sicht zur Ermittlung eines angemessenen Entgeltes führen, zum anderen kann er durch die Definition eines Zielkataloges die Auswahl der Verfahren zur Ermittlung des angemessenen Entgeltes steuern. Während sich der Gesetzgeber im Rahmen der Liberalisierung der Energiemärkte 1998 im Wesentlichen auf die letztere Lösung beschränkt hat,[392] kommen nunmehr beide Ansätze parallel zur Anwendung. Komplex wird das Problem zudem dadurch, dass nicht nur der Zielkatalog heterogen ist, sondern die Vorgaben des Gesetzgebers auch verschiedene ineinandergreifende Verfahrensweisen zur Bestimmung der Entgelte vorsehen.

Während die Bestimmung des angemessenen Entgeltes folglich zentraler Regelungsinhalt der entsprechenden gesetzlichen Normen und insbesondere der Netzentgeltverordnungen Strom und Gas darstellt, die im weiteren Untersuchungsprogramm genauer betrachtet werden,[393] sollen an dieser Stelle zunächst die grundsätzlichen wettbewerbsrechtlichen und regulatorischen Verfahren dargestellt werden, die zur Bestimmung angemessener Entgelte diskutiert werden.

Im Rahmen der kartellrechtlichen Kontrolle der Netznutzungsentgelte sind vor allem zwei Ansätze verfolgt worden, die letztlich darauf basieren, angemessene Entgelte für die Netznutzung zu ermitteln, um bei einer Überschreitung der so bestimmten Grenze, im Wege der Missbrauchsaufsicht gegen die Netzbetreiber einschreiten zu können. Hierbei handelt es sich zum einen um die klassische und in § 19 Abs. 2 Nr. 2 GWB ausdrücklich verankerte Vergleichsmarktbetrachtung,[394] die darauf basiert den wettbewerbsanalogen und damit angemessenen Preis durch den Vergleich mit anderen Märkten zu ermitteln, und zum anderen um das kartellrechtlich umstrittene Verfahren der Kostenkontrolle,[395] das darauf abzielt, den wettbewerbsanalogen bzw. angemessenen Preis kalkulatorisch auf Grundlage einer Selbstkostenrechnung zu ermitteln. Diese beiden Ansätze sind insoweit von den bereits oben behandelten kartellrechtlichen Ansätzen abzugrenzen, die originär auf die Bestimmung einer Missbrauchsgrenze abzielen.[396]

---

392 Vgl. § 6 EnWG 1998, der die Ausgestaltung der Bedingungen im Wesentlichen den Vertragsparteien bzw. den Verbänden überlassen hat.
393 Vgl. unten unter C.
394 BGH, Beschluss vom 28.6.2005 (Stadtwerke Mainz), WuW/E DE-R 1513 ff.; OLG Düsseldorf, Beschluss vom 17.3.2004 (Stadtwerke Mainz), WuW/E DE-R 1439 ff.; OLG Düsseldorf, Beschluss vom 17.12.2003 (RWE Net), WuW/E DE-R 1236 ff.; Bundeskartellamt, Beschluss vom 13.2.2003 (RWE Net), ZNER 2003, 156 ff.; Bundeskartellamt, Beschluss vom 17.4.2003 (Stadtwerke Mainz), ZNER 2003, 263 ff.
395 OLG Düsseldorf, Beschluss vom 11.2.2004 (TEAG), WuW/E DE-R 1239 ff.; Bundeskartellamt, Beschluss vom 14.2.2003 (TEAG), WuW/E DE-V 722 ff.
396 Vgl. zur Kosten-Preis-Schere und zur Subtraktionsmethode oben unter B.I.3.a)aa)(2)(b).

Die regulatorischen Verfahren zur administrativen Bestimmung angemessener Entgelte orientieren sich im Ausgangspunkt ebenfalls an den tatsächlichen oder hypothetischen Kosten des jeweiligen Netzbetreibers oder an einer vergleichenden Betrachtung verschiedener Unternehmen.[397]

Für die Bestimmung des angemessen Entgeltes können daher zunächst zwei unterschiedliche Ansatzpunkte unterschieden werden: Entweder wird versucht das angemessene Entgelt unter Rückgriff auf Vergleichsbetrachtungen oder über eine Untersuchung der im Zusammenhang mit der Leistungserbringung anfallenden Kosten zu bestimmen.

aa) Vergleichsbetrachtungen

(1) Kartellrechtliche Vergleichsmarktverfahren

Die Anwendung des Vergleichsmarktverfahrens hat in der Vergangenheit im Rahmen der kartellrechtlichen Preismissbrauchskontrolle jedenfalls im nationalen Recht eine dominierende Rolle gespielt.[398] Auch mit Blick auf die kartellrechtliche Kontrolle der Netzentgelte im engeren Sinne[399] und der Mess- und Verrechnungsentgelte[400] hat das Vergleichsmarktverfahren erhebliche Bedeutung erlangt. In Folge der EnWG-Novelle ist zwar eine Abkehr von der kartellrechtlichen Kontrolle der Netzentgelte erfolgt, das Vergleichsmarktverfahren wurde jedoch als Instrument der regulierungsbehördlichen Entgeltkontrolle ausdrücklich im EnWG verankert[401] und bleibt damit weiterhin von erheblicher Bedeutung.

Mit Blick auf die Auswahl des zum Vergleich herangezogenen Marktes kann zwischen dem sachlichen, dem zeitlichen und dem räumlichen Vergleichsmarktkonzept unterschieden werden. Mit Blick auf die Kontrolle der Netznutzungsentgelte hat indes vor allem letzteres Bedeutung erlangt.

---

397 Vgl. unten unter B.I.3.b)bb)(2).
398 *Schultz*, in: Langen/Bunte, GWB, § 19 Rn. 96; vgl. auch *Stappert*, Netznutzungsentgeltkontrolle, VEnergR 128, S. 146.
399 BGH, Beschluss vom 28.6.2005 (Stadtwerke Mainz), WuW/E DE-R 1513 ff.; OLG Düsseldorf, Beschluss vom 17.3.2004 (Stadtwerke Mainz), WuW/E DE-R 1439 ff.; ZNER 2003, 156 ff.; Bundeskartellamt, Beschluss vom 17.4.2003 (Stadtwerke Mainz), ZNER 2003, 263 ff.
400 OLG Düsseldorf, Beschluss vom 17.12.2003 (RWE Net), WuW/E DE-R 1236 ff.; Bundeskartellamt, Beschluss vom 13.2.2003 (RWE Net), ZNER 2003, 156 ff.
401 Vgl. § 30 Abs. 1 Nr. 5 EnWG, der auch auf die Regelungen zum Vergleichsverfahren in § 21 EnWG verweist.

(a) Sachliches Vergleichsmarktkonzept

Das sachliche Vergleichsmarktkonzept zieht zum Vergleich das Preisverhalten von Unternehmen auf einem anderen sachlichen Markt heran.[402] Ein solcher Vergleich wird indes nur dann belastbare Ergebnisse liefern können, wenn die betrachteten Märkte eine möglichst hohe Vergleichbarkeit aufweisen. Zudem sind verbleibende Unterschiede durch entsprechende Korrektur- und Sicherheitszuschläge auszugleichen. Das sachliche Vergleichsmarktkonzept wurde aus diesen Gründen in der Kartellrechtspraxis nie als eigenständiges und alleiniges Verfahren zur Feststellung eines Missbrauchs angewendet.[403]

Mit Blick auf die Entgelte für die Nutzung von Energieversorgungsnetzen hat das sachliche Vergleichsmarktverfahren bislang keine Bedeutung erlangt. Ein solcher Vergleich mit einem anderen sachlichen Markt würde nur dann einen Vorteil bieten, wenn auf dem Vergleichsmarkt wirksamer Wettbewerb bestehen würde. Die in Betracht kommenden Vergleichsmärkte anderer Netzindustrien sind jedoch ebenfalls durch (natürliche) Monopole und staatliche Regulierung statt durch wirksamen Wettbewerb geprägt. Der sich strukturell am ehesten anbietende Vergleich der Energie- mit den Wasserversorgungsnetzen scheidet zudem bereits deshalb aus, da die Wasserversorgung noch nicht liberalisiert ist und daher auch keine Entgelte für die Nutzung des Wasserversorgungsnetzes ausgewiesen werden. Ein Vergleich mit Telekommunikationsnetzen dürfte angesichts der erheblichen strukturellen Unterschiede ebenfalls kaum tragfähige Ergebnisse liefern, zumal auch diese Märkte durch starke regulatorische Vorgaben geprägt sind. Gerade die Tatsache, dass sich diese Vorgaben deutlich von den für die Energieversorgungsnetze geltenden unterscheiden,[404] macht deutlich, dass es nicht sinnvoll sein kann, die Ergebnisse der Entgeltregulierungsverfahren über den Umweg einer Vergleichsmarktbetrachtung auf die anderen Märkte zu übertragen.

(b) Zeitliches Vergleichsmarktkonzept

Im Rahmen des zeitlichen Vergleichsmarktkonzeptes werden die zu unterschiedlichen Zeitpunkten geforderten Entgelte auf ein und demselben sachlichen und räumlichen Markt verglichen.[405] Ein solcher Vergleich ist vor allem dann sinnvoll, wenn sich die Wettbewerbsverhältnisse auf dem betroffenen Markt verändert haben und

---

402 *Bechtold*, GWB, § 19 Rn. 77; *Engelsing*, ZNER 2003, 111, 114; *Möschel*, in: Immenga/Mestmäcker, GWB, § 19 Rn. 168.
403 *Stappert*, Netznutzungsentgeltkontrolle, VEnergR 128, S. 152 m.w.N.; *Möschel*, in: Immenga/Mestmäcker, GWB, § 19 Rn. 167.
404 Vgl. §§ 20 ff. TKG.
405 Vgl. *Bechtold*, GWB, § 19 Rn 77; *Möschel*, in: Immenga/Mestmäcker, GWB, § 19 Rn. 168; *Engelsing*, ZNER 2003, 111, 115.

bei dem Vergleich an einen Zeitpunkt in der Vergangenheit angeknüpft werden kann, zu dem wirksamer Wettbewerb auf dem Markt bestand.

Diese Voraussetzungen liegen indes mit Blick auf die Netznutzungsentgelte nicht vor.[406] Vor der Liberalisierung der Energiemärkte im Jahr 1998 bestand kein Markt für die Nutzung von Versorgungsnetzen und es wurden auch keine Netzentgelte kalkuliert. Zwar haben die Kartellbehörden in der Vergangenheit in einigen Fällen von den Unternehmen im Rahmen von Auskunftsersuchen auch Daten für die Zeit vor 1998, etwa in Form einer hypothetischen Netzentgeltkalkulation gefordert,[407] belastbar und geeignet für einen Vergleich im Sinne des zeitlichen Vergleichsmarktkonzeptes dürften solchen Zahlen indes kaum sein. Letztlich würden sie allenfalls hypothetische Entgelte auf einem hypothetischen Markt wiedergeben, auf dem zudem selbst gedacht kein wirksamer Wettbewerb besteht. Zu vermuten ist, dass derartige Informationen weniger mit Blick auf die Anwendung des zeitlichen Vergleichsmarktkonzeptes als vielmehr zur Verifizierung der im Rahmen der Kostenkontrolle ermittelten Daten erhoben wurden. Eine solche Vorgehensweise erscheint auch mit Blick auf die nach der Liberalisierung ermittelten Netzentgelte sinnvoller, da die Entgelte seit diesem Zeitpunkt kostenorientiert auf der Basis der Kalkulationsleitfäden der jeweils gültigen Verbändevereinbarung kalkuliert wurden. Veränderungen der Entgelte im zeitlichen Verlauf resultieren daher regelmäßig aus Veränderungen der Kosten oder der anzuwendenden Kalkulationsverfahren und nicht auf einer Veränderung der Wettbewerbsverhältnisse auf den betroffenen Märkten.

(c) Räumliches Vergleichsmarktverfahren

Anders als das sachliche und das zeitliche hat das räumliche Vergleichsmarktkonzept bei der kartellrechtlichen Kontrolle der Netznutzungsentgelte eine erhebliche Bedeutung erlangt.[408] Im Rahmen des räumlichen Vergleichsmarktkonzeptes werden die Entgelte auf einen Markt mit denen auf einem sachlich gleichen, räumlich jedoch getrennten anderen Markt verglichen.[409]

(aa) Entgeltvergleich von Monopolunternehmen

Da mit Blick auf die räumliche Marktabgrenzung bei den Energieversorgungsnetzen regelmäßig an die Ausdehnung des Netzgebietes eines Netzbetreibers angeknüpft wird,[410] umfassen die verschiedenen räumlichen Märkte jeweils nur ein Unterneh-

---

406 So auch *Stappert*, Netznutzungsentgeltkontrolle, VEnergR 128, S. 151.
407 Vgl. *Stappert*, Netznutzungsentgeltkontrolle, VEnergR 128, S. 148.
408 *Möschel*, in: Immenga/Mestmäcker, GWB, § 19 Rn. 163 m.w.N.; *Pohlmann*, FS Baur, 535, 537.
409 *Bechtold*, GWB, § 19 Rn. 77; *Schultz,* in: Langen/Bunte, GWB, § 19 Rn. 98.
410 Vgl. *Becker/Zapfe,* ZWeR 2007, 419, 435.

men, sodass bei einem Vergleich von zwei Märkten nur die Entgelte von zwei verschiedenen Unternehmen in den Vergleich einfließen. Die sich diesbezüglich aufdrängenden Fragen, ob ein Vergleich mit nur einem anderen Unternehmen eine ausreichend sichere Grundlage zur Feststellung eines missbräuchlichen Verhaltens bieten kann und ob der Vergleich mit einem anderen Monopolunternehmen im Rahmen des Vergleichsmarktkonzeptes überhaupt zulässig ist, haben die Rechtsprechung bereits mehrfach beschäftigt und wurden höchstrichterlich im Sinne der Zulässigkeit des Vergleichs entschieden.[411] Dem hat sich die herrschende Meinung im kartellrechtlichen Schrifttum angeschlossen.[412]

Auch wenn aus kartellrechtlicher Sicht der Vergleich mit einem Monopolunternehmen zulässig ist, stellt sich in dem hier zu untersuchenden Kontext die Frage, ob sich aus einem derartigen Vergleich Rückschlüsse auf die Höhe des angemessen Entgeltes ziehen lassen. Da es im Rahmen der kartellrechtlichen Missbrauchsaufsicht vor allem darauf ankommt, unzulässige Überhöhungen des Entgeltes festzustellen, leuchtet es im Ansatz ein, auch den Vergleich von zwei Monopolunternehmen zuzulassen. Jedenfalls solange diese Unternehmen bei der Ermittlung ihrer Entgelte keinen gesetzlichen bzw. regulatorischen Vorgaben unterworfen sind, ist davon auszugehen, dass sie ihre Entgelte auf einem eher hohen Niveau festlegen. Zeigt folglich ein Vergleich eines Monopolunternehmens mit einem anderen, dass die von dem einen Unternehmen geforderten Entgelte von dem anderen noch überschritten werden, so kann mit einiger Sicherheit davon ausgegangen werden, dass das Unternehmen mit den höheren Entgelten auch den fiktiv wettbewerbsanalogen Preis überschreitet und daher bei Fehlen einer sachlichen Rechtfertigung ein missbräuchliches Verhalten vorliegt.[413] Durch den Monopolpreisvergleich kann daher durchaus das Ziel erreicht werden eine kartellrechtliche „Mindestkontrolle" zu sichern – die eigentlich vom Gesetzgeber als Ziel des Vergleichs bezeichnete Bestimmung des wettbewerbsanalogen Preises vermag auf diese Weise hingegen nicht zu gelingen. Dieser Umstand ist im Übrigen weitgehend anerkannt und hat insbesondere zur Forderung der Ausdehnung des kartellrechtlichen Instrumentariums auf die Kostenkontrolle geführt, da sich allein auf Basis einer Vergleichsmarktbetrachtung nicht feststellen lässt, ob die von allen betrachteten Unternehmen geforderten Entgelte überhöht sind.[414]

---

411 BGH, Beschluss vom 28.6.2005 (Stadtwerke Mainz), WuW/E DE-R 1513, 1517; BGH, WuW/E BGH 2309, 2311 (Glockenheide); BGH, WuW/E BGH 3009 ff. (Stadtgaspreis Potsdam).
412 *Baur/Henk-Merten*, Preisaufsicht, VEnergR 104, 62; *Engelsing*, ZNER 2003, 111, 112; *Zenke/Thomale*, WuW 2005, 28, 34; a.A.: *Pohlmann*, FS Baur, 535, 538.
413 Dies setzt natürlich voraus, dass der Vergleich sachgerecht und unter Berücksichtigung der strukturellen Unterschiede durchgeführt wurde.
414 Vgl. *Möschel*, in: Immenga/Mestmäcker, GWB, § 19 Rn. 205.

(bb) Vergleich kostenorientiert gebildeter Entgelte

Der Vergleich der von verschiedenen Netzbetreibern geforderten Netzentgelte kann allerdings nicht ohne Weiteres mit dem soeben dargestellten Monopolpreisvergleich gleichgesetzt werden. Der Grund dafür liegt darin, dass die Unternehmen bei der Ermittlung der Entgelte jedenfalls faktisch an die Kalkulationsleitfäden der jeweiligen Verbändevereinbarung gebunden waren, auch wenn diese normativ erst im Rahmen der EnWG-Novelle 2003 und dort auch nur mit begrenzter Wirkung im Gesetz verankert wurde.[415] Unterstellt man, dass sich das Vergleichsunternehmen an diese Regeln gehalten hat, so erhält man im Rahmen des räumlichen Vergleichsmarktkonzeptes ein Entgelt, das allenfalls dann als wettbewerbsanalog bezeichnet werden kann, wenn man die der Kalkulation zugrunde liegenden Kalkulationsprinzipen für sachgerecht hält. Festzuhalten ist daher, dass man im Zuge des Unternehmensvergleiches keine Erkenntnisse über das wettbewerbsanaloge oder angemessene Entgelt als solches gewinnen kann, sondern allenfalls ein Indiz erhält, ob die vorgegebenen Kalkulationsregeln von allen Unternehmen beachtet werden. Selbst letzteres ist jedoch nur dann der Fall, wenn die Kalkulationsvorschriften in einer Weise formuliert sind, dass sämtliche Unterschiede, die sich mit Blick auf die Entgelte zwischen den Unternehmen ergeben, auf strukturelle Unterschiede zurückzuführen sind, die im Rahmen des Unternehmensvergleichs mit Korrektur- und ggf. Sicherheitszuschlägen ausgeglichen werden können.

Bei Bestehen von Divergenzen zwischen den Faktoren, die Einfluss auf die Kalkulation der Netzentgelte nach den regulatorischen Vorgaben haben und den Faktoren, die in Form von Korrekturzu- oder -abschlägen im Rahmen des Vergleichsmarktkonzeptes berücksichtigt werden, kann indes nicht mehr ohne Weiteres davon ausgegangen werden, dass der ermittelte Vergleichspreis wettbewerbsanalog oder angemessen ist. Gerade im Bereich der Netznutzungsentgelte wurde diese Problematik bereits mehrfach virulent, wurde insbesondere von der höchstrichterlichen Rechtsprechung jedoch bislang nicht ausreichend gewürdigt.[416] So werden von der Rechtsprechung im Rahmen des Vergleichsmarktkonzeptes Korrekturzu- bzw. -abschläge nur für objektive strukturelle Unterschiede zwischen den Versorgungsgebieten gefordert, nicht jedoch etwa mit Blick auf die unterschiedliche Altersstruktur der Netze.[417] Diese wird vielmehr als unternehmensindividueller Umstand eingeordnet. Dem mag man zwar grundsätzlich zustimmen, nicht jedoch dann, wenn die Regeln zur Kalkulation der Netzentgelte in Abhängigkeit von der Altersstruktur zu unterschiedlichen Entgelten führen.[418]

Die geschilderte Problematik lässt sich durch ein einfaches Beispiel verdeutlichen. Dabei wird unterstellt, das zu betrachtende Netz bestünde nur aus einer einzi-

---

415 Umfassend dazu: *Stappert*, Netznutzungsentgeltkontrolle, VEnergR 128, S. 56 ff..
416 BGH, Beschluss vom 28.6.2005 (Stadtwerke Mainz), WuW/E DE-R 1513 ff.; *Haus/Jansen*, ZWeR 2006, 77, 88 f.
417 BGH, Beschluss vom 28.6.2005 (Stadtwerke Mainz), WuW/E DE-R 1513, 1518.
418 *Haus/Jansen*, ZWeR 2006, 77, 82 ff.

gen Anlage, etwa einem Transformator mit einem Neupreis von 4 Mio. € und einer kalkulatorischen Nutzungsdauer von 40 Jahren. Weiter soll angenommen werden, dass das Unternehmen, dessen Entgelte uberprüft werden sollen, diese Anlage gerade erneuert hat, während das herangezogene Vergleichsunternehmen, das über eine identische Anlage verfügt und zu dem im Übrigen keine strukturellen Unterschiede bestehen, diese Anlage bereits im 41. Jahr betreibt. Unterstellt man weiter für beide Unternehmen Betriebsführungskosten in Höhe von 40.000 € ergeben sich bei überschlägiger Betrachtung und unabhängig von dem konkret gewählten Kalkulationsverfahren folgende Netzkosten: Bei dem betrachteten Netzbetreiber ergeben sich Kosten für die kalkulatorische Abschreibung in Höhe von 100.000 € (= 4 Mio. / 40), sowie eine kalkulatorische Eigenkapitalverzinsung von 260.000 € (= 4 Mio. * 6,5 %). Zusammen mit den Betriebsführungskosten ergeben sich somit Gesamtkosten in Höhe von 400.000 €. Bei dem Vergleichsunternehmen ergeben sich hingegen nur Kosten in Höhe von 40.000 €, da nach Ablauf des Abschreibungszeitraums weder Kosten für kalkulatorische Abschreibungen noch für die kalkulatorische Eigenkapitalverzinsung anfallen. Da sich die Kosten zwischen den beiden betrachteten Unternehmen um den Faktor 10 unterscheiden und Vorschriften zur Kalkulation der Netzentgelte eine kostenbasierte Entgeltbildung vorsehen, unterscheiden sich auch die von den Unternehmen ermittelten Entgelte um den Faktor 10. Wendet man nun das Vergleichsmarktkonzept an, würde man – ersichtlich zu Unrecht – zu dem Ergebnis gelangen, dass die Entgelte des betrachteten Unternehmens um das 10-fache überhöht und damit missbräuchlich sind.[419]

Diesem Problem könnte man zum einen dadurch begegnen, dass man entgegen der bisherigen Praxis die Altersstruktur und vergleichbare Umstände, die Einfluss auf die Kalkulation der Netzentgelte haben, durch entsprechende Korrekturzuschläge ausgleicht. Zu Ende gedacht führt dies allerdings dazu, dass nicht mehr die Entgelte des Vergleichsunternehmens sondern die auf Basis der Kalkulationsvorschriften für das eigene Unternehmen ermittelten Entgelte die Vergleichsbasis bilden. Materiell befindet man sich damit eher im Bereich der Kostenkontrolle.

Eine andere eher dem bisherigen Ansatz der Rechtsprechung folgende Möglichkeit bestünde darin, die Selbstkosten des betrachteten Unternehmens im Rahmen der sachlichen Rechtfertigung zu berücksichtigen. Folge wäre, dass die Entgelte jedenfalls dann nicht als missbräuchlich anzusehen wären, wenn sie die Selbstkosten nicht übersteigen.[420] Faktisch hätte dies indes eine sachlich nicht gerechtfertigte Umkehr der Beweislast zur Folge. Zudem würde hier das Vergleichsmarktkonzept letztlich nur als Einstieg in eine anschließend durchzuführende Kostenkontrolle dienen.

---

419 Vgl. hierzu auch *Haus/Jansen,* ZWeR 2006, 77, 88ff.
420 Vgl. BGH, Beschluss vom 22.07.1999 (Flugpreisspaltung), GRUR 2000, 163, 165.; vgl. auch oben unter B.I.3.a)bb)(3)(b).

(cc) Zwischenergebnis

Im Ergebnis bleibt damit festzuhalten, dass auch das räumliche Vergleichsmarktkonzept nicht geeignet ist, einen angemessen Preis zu ermitteln. Solange eine freie Entgeltbildung durch die Unternehmen erfolgt, ist das Vergleichsmarktkonzept zwar durchaus geeignet, Missbrauchsfälle aufzudecken, lässt aber keine Rückschlüsse darauf zu, ob das Entgeltniveau insgesamt angemessen ist oder nicht. Soweit für die Unternehmen kalkulatorische Vorgaben zur Ermittlung ihrer Entgelte bestehen, erweist sich das Vergleichsmarktverfahren indes als ungeeignet zur Feststellung eines Missbrauchs. Regelmäßig kann das mit Blick auf ein Vergleichsunternehmen ermittelte Entgelt nicht einmal als Indiz für die Unangemessenheit des Entgeltes des betrachteten Unternehmens herangezogen werden.

(d) Erlösvergleich

Neben dem klassischen auf den Vergleich von Entgelten zielenden Vergleichsmarktverfahren hat im Rahmen der Missbrauchsaufsicht über die Netzentgelte auch der kartellrechtlich umstrittene[421] von der höchstrichterlichen Rechtsprechung jedoch gebilligte[422] Erlösvergleich Bedeutung erlangt. Dieser bietet zunächst den Vorteil, dass keine getrennte Betrachtung der für einzelne Abnahmeverhältnisse anfallenden Entgelte vorgenommen werden muss, sondern ohne Weiteres auf die Gesamterlöse des Netzbetreibers – ggf. differenziert nach Spannungsebenen – abgestellt werden kann. Umgekehrt bietet der Gesamterlös eines Unternehmens unmittelbar keinen Anknüpfungspunkt für einen Missbrauchsvorwurf.[423] Selbst bei wirksamem Wettbewerb und identischen Preisen erzielen verschiedene Unternehmen allein aufgrund der unterschiedlichen Unternehmensgröße unterschiedlicher Erlöse. Um einen sinnvollen Vergleich zu ermöglichen, müssen die Erlöse in das Verhältnis zu einer bestimmten Bezugsgröße gesetzt werden. Hierbei kann es sich entweder um eine Größe handeln, die auch bei der Abrechnung gegenüber dem Kunden zum tragen kommt. Mit Blick auf die Netznutzungsentgelte wäre dies etwa der Fall, wenn man die Erlöse pro kWh oder die Erlöse pro Netzanschluss betrachtet. In diesem Fall weist der Erlösvergleich eine Nähe zum Entgeltvergleich auf und dient letztlich zur Bestimmung eines Durchschnittsentgeltes.[424]

---

421 Kritisch: *Stappert*, Netznutzungsentgeltkontrolle, VEnergR 128, S. 164 ff; *Haus/Jansen*, ZWeR 2006, 77, 87 f.; *Schebstadt*, WuW 2005, 1009, 1011; *Ehricke*, N&R 2006, 10, 13; zustimmend: *Engelsing*, ZNER 2003, 111, 113 f.
422 BGH, Beschluss vom 28.05.2005 (Stadtwerke Mainz), WuW/E DE-R 1513 ff. = N&R 2005, 156 ff.
423 Vgl. *Schebstadt*, WuW 2005, 1009, 1011 f.; *Ehricke*, N&R 2006, 10, 13.
424 Vgl. *Stappert*, Netznutzungsentgeltkontrolle, VEnergR 128, S. 164; *Haus/Jansen*, ZWeR 2006, 77, 87 f.

Hiervon zu unterscheiden ist der Ansatz, den das Bundeskartellamt insbesondere in der Entscheidung Stadtwerke Mainz[425] verfolgt hat. Hier wurden die Erlöse in Relation zu der Leitungslänge in km der jeweiligen Netzebene gesetzt. Die Begründung hierfür war, dass in der Leitungslänge der wesentliche Kostentreiber jedenfalls für die Mittel- und Niederspannungsnetze gesehen wurde. Problematisch ist hierbei zunächst, dass durch einen solchen Vergleich der in § 19 Abs. 4 Nr. 2 GWB verankerte Grundsatz der Wettbewerbsanalogie aufgegeben wird. Bei wirksamem Wettbewerb wird man unterstellen können, dass sich jedenfalls bei einem homogenen Gut ein im Wettbewerb durch Angebot und Nachfrage gebildeter Marktpreis feststellen lässt, dessen Überschreitung auf einen Missbrauch hindeutet. Ein entsprechender Zusammenhang zwischen wirksamem Wettbewerb und einer bestimmten Erlöshöhe in Relation zu einem ausgewählten Kostentreiber dürfte sich hingegen regelmäßig nicht feststellen lassen. Im Gegenteil führt der Vergleich der Erlöse in Relation zu einem wesentlichen Kostentreiber systematisch zu dem Wettbewerbsprinzip widersprechenden Fehlanreizen.[426]

Dies lässt sich an einem einfachen Beispiel verdeutlichen: Unterstellt man die Leitungslänge als wesentlichen Kostentreiber eines Netzes, so würde jedenfalls bei wirksamem Wettbewerb das Bestreben des Netzbetreibers darauf gerichtet sein, die Länge seines Leitungsnetzes durch optimale Netzplanung möglichst gering zu halten, um so die Kosten zu reduzieren und konkurrenzfähige Entgelte anbieten zu können. Bestünde etwa die Möglichkeit die Netzlänge durch eine verbesserte Netzstruktur um 20 % zu verringern und hierdurch gleichzeitig die Kosten um 10% senken zu können, würde ein rational und wirtschaftlich handelnder Netzbetreiber diese Möglichkeit nutzen. Mit Blick auf den hier diskutierten Vergleich der Erlöse pro km Leitungslänge würde sich die Situation des Netzbetreibers jedoch verschlechtern, da trotz einer Senkung der Entgelte und Erlöse um 10 % die Erlöse pro km Leitungslänge aufgrund der überproportionalen Verringerung der Leitungslänge steigen würden. Der BGH hat den Ansatz der Kartellbehörde im Grundsatz dennoch gebilligt, ohne sich allerdings in den Urteilsgründen mit den insoweit gegen das methodische Vorgehen dargestellten grundsätzlichen Bedenken ausreichend auseinanderzusetzen.[427]

Zudem sprechen neben den dargestellten besonderen Bedenken auch die allgemein gegen die Anwendung des Vergleichsmarktkonzepts bei gleichzeitiger Verwendung kostenorientierter Entgeltkalkulationsverfahren vorgebrachten Argumente gegen die Zulässigkeit des Erlösvergleichs.[428]

---

425 Bundeskartellamt, Beschluss vom 17.04.2003 (Stadtwerke Mainz), ZNER 2003, 263 ff.
426 Vgl. *Haus/Jansen*, ZWeR 2006, 77, 91.
427 Kritsch auch *Schebstadt*, WuW 2005, 1009, 1013; *Ehricke*, N&R 2006, 10, 13f.; *Haus/Jansen*, ZWeR 2006, 77, 88 f.; *Stappert*, Netznutzungsentgeltkontrolle, VEnergR 128, S. 171 ff.
428 Vgl. oben unter B.I.3.b)aa)(1)(c)(bb).

(e) Zwischenergebnis

Weder der klassische Entgeltvergleich noch der Vergleich der Erlöse ermöglichen die Bestimmung angemessener Netzentgelte. Soweit die Netzbetreiber bei der Entgeltbestimmung freie Hand haben, kann durch die Anwendung des Vergleichsverfahrens nicht ausgeschlossen werden, dass das Niveau der Netzentgelte insgesamt überhöht ist. Soweit kalkulatorische Regelungen zur Ermittlung der Entgelte bestehen, spiegelt das Ergebnis des Vergleichsverfahrens im besten Fall das Ergebnis der festgelegten Kalkulationsregeln wieder. Regelmäßig werden sich im Rahmen des Vergleichsverfahrens indes gegenüber den Kalkulationsvorschriften inkonsistente Werte ergeben, die nicht geeignet sind, einen Beleg oder auch nur ein Indiz für ein missbräuchliches Verhalten zu liefern.

(2) Abgrenzung zum Benchmarking

Anderes als die kartellrechtlichen Vergleichsverfahren zielen Benchmarking-Ansätze nicht unmittelbar auf die Ermittlung eines angemessenen Entgeltes. Im Rahmen eines Benchmarkings stehen daher nicht die Preise auf unterschiedlichen Märkten sondern die Leistungsfähigkeit des einzelnen Unternehmens im Mittelpunkt, die in Relation zu einem Vergleichsunternehmen ermittelt wird.[429]

Das Benchmarking stellt indes kein klar konturiertes Verfahren dar, sondern kann in zahlreichen Formen und Varianten durchgeführt werden. So kann der Vergleich etwa auf einzelne Aspekte oder Produkte beschränkt sein oder aber darauf abzielen, die Leistungsfähigkeit, Produktivität oder Effizienz eines Unternehmens insgesamt zu bewerten. Das Benchmarking kann sich zudem auf einzelne Unternehmen beschränken oder auch alle Unternehmen einer Branche umfassen. Im Zusammenhang mit der regulatorischen Aufsicht über die Netznutzungsentgelte wird unter Benchmarking meist ein mehr oder weniger detaillierter Vergleich der Leistungsfähigkeit oder Effizienz aller Netzbetreiber verstanden.[430] Die Ergebnisse eines solchen Vergleichsverfahrens werden insbesondere im Rahmen einer Price- oder Revenue-Cap sowie bei der Yardstick-Competition im Zusammenhang mit der Festlegung angemessener Entgelte für die einzelnen Netzbetreiber berücksichtigt.

---

429 Vgl. Artikel zum „Benchmarking" in: Kaliski, Encyclopedia of Business and Finance, S. 63 ff.; siehe auch *Stappert*, Netznutzungsentgeltkontrolle, VEnergR 128, S. 284; Kartellbehörden, Bericht der Arbeitsgruppe Netznutzung, S. 14; *Schönefuß*, Privatisierung, Regulierung und Wettbewerbselemente in einem natürlichen Infrastrukturmonopol, S. 201.

430 Vgl. *Kutschke/Mölder/Nissen/Weißenfels*, ET 2004, 139, 141; vgl. auch *Klaue*, BB 2002, 162, 164; in diese Richtung geht auch die Vergleichsbetrachtung bei *Pfaffenberger/Haupt/Kinnunen*, ET 2002, 374 ff. und *Wolffram/Haubrich*, ET 2002, 388 ff.

(3) Yardstick-Competition

Als Yardstick-Competition wird ein Verfahren zur Anreizregulierung bezeichnet, in dessen Rahmen ebenso wie bei dem Price- oder Revenue-Cap[431] Obergrenzen für die Entgelte oder Erlöse festgelegt werden, diese Festlegung jedoch nicht auf den individuellen Kosten und der individuellen Effizienz des einzelnen Unternehmens beruht, sondern auf den Kosten und der Produktivitätsentwicklung eines Benchmark-Unternehmens.[432] Dieser Benchmark kann entweder durch die durchschnittliche Effizienz der anderen Netzbetreiber, durch einen einzelnen besonders effizienten Netzbetreiber oder auch einen Modellnetzbetreiber bestimmt werden.

Je nach Wahl des Benchmarks tritt im Rahmen der Yardstick-Competition die konkrete Ermittlung der Kosten der einzelnen Unternehmen mehr oder weniger zurück. Denkbar ist auch eine völlige Abkehr von der Betrachtung der Kosten der Netzbetreiber.[433] Im Gegenzug steigt jedoch die Gefahr, dass durch unzutreffende Projektion der Benchmarking-Ergebnisse Vorgaben gemacht werden, die von einzelnen Netzbetreibern nicht erreicht werden können.[434] Dies gilt insbesondere mit Blick auf die erforderliche vollständige Berücksichtigung struktureller Unterschiede in den Versorgungsgebieten.

bb) Kostenorientierte Ansätze

(1) Kartellrechtliche Kostenkontrolle und Gewinnspannenbegrenzung

Neben dem Vergleichsmarktverfahren hat im Rahmen der kartellrechtlichen Überprüfung von Netzzugangsentgelten die zuvor in der nationalen Kartellrechtspraxis nur wenig diskutierte Kostenkontrolle erhebliche Bedeutung erlangt.[435] Der Ansatzpunkt der Kostenkontrolle besteht darin, den wettbewerbsanalogen Preis nicht durch einen Vergleich mit anderen Märkten sondern auf Basis der Selbstkosten des betrachteten Unternehmens zu ermitteln.[436] Implizit beinhaltet die Kostenkontrolle

---

431 Vgl. hierzu unten unter B.I.3.b)bb)(2).
432 Bundesnetzagentur, Bericht nach § 112a EnWG zur Einführung der Anreizregulierung vom 30.06.2006, S. 48; *Richmann*, ET 2004, 134, 137; *Lutz/Stadler*, ZNER 2004, 225, 229.
433 Etwa wenn der Benchmark im Rahmen von Referenznetzanalysen ermittelt wird.
434 Vgl. hierzu die Vorgaben in § 21a Abs. 5 EnWG.
435 Vgl. etwa die Gerichtsentscheidungen im Zusammenhang mit den Ermittlungsverfahren gegen zahlreiche Netzbetreiber auf Basis der Kostenkontrolle: OLG Düsseldorf, Beschluss vom 22.4.2002, WuW/E DE-R 914, 915 f.; OLG Düsseldorf, Beschluss vom 22.1.2003, WuW/E DE-R 1067, 1068; OLG Düsseldorf, Beschluss vom 24.6.2002, Kart. 5/02(V); vgl. auch Bundeskartellamt, Beschluss vom 14.2.2003 (TEAG), WuW/E DE-V 722 ff.; vgl. auch *Kriete/Werner*, WuW 2003, 1173, 1176.
436 Vgl. *Bechtold*, GWB, § 19 Rn. 81; Kartellbehörden, Bericht der Arbeitsgruppe Netznutzung, S. 29 ff.; *Stappert*, Netznutzungsentgeltkontrolle, VEnergR 128, S. 197 f.

stets eine Gewinnspannenbegrenzung.[437] Hintergrund ist die Überlegung, dass es den Unternehmen bei wirksamem Wettbewerb nicht möglich sein sollte übermäßige Gewinne zu erzielen.

Das Konzept der Kostenkontrolle bzw. Gewinnspannenbegrenzung ist vom Schrifttum überwiegend zurückhaltend bewertet worden.[438] Kritisiert wurde insoweit insbesondere, dass keine verlässlichen Maßstäbe dafür bestünden, welche Gewinne ein Unternehmen bei wirksamem Wettbewerb erzielen kann und ab wann folglich die Gewinnspanne auf ein missbräuchliches Verhalten hindeutet.[439] Unklar ist insoweit auch, ob man an die Eigenkapital- oder beispielsweise an die Umsatzrendite anknüpft[440] und wie das eingegangene unternehmerische Risiko bei der Bemessung einer zulässigen Gewinnspanne berücksichtigt wird.

In der Praxis ergeben sich weitere Probleme bei der Ermittlung der Selbstkosten des Unternehmens.[441] Im Rahmen der kartellrechtlichen Kontrolle der Netzentgelte war insoweit insbesondere umstritten, welcher Erhaltungskonzeption bei der Ermittlung der Selbstkosten zu folgen ist, wie im Rahmen des jeweiligen Erhaltungskonzeptes konkret die kalkulatorischen Kosten zu errechnen sind[442] und welche Positionen als Kosten anerkannt werden.[443]

Mit Blick auf die Kostenkontrolle lassen sich insoweit zwei Problemkreise unterscheiden. Zum einen bestehen „technische" Probleme bei der korrekten und vollständigen Ermittlung der Kosten eines Unternehmens, zum anderen muss zur Bestimmung der angemessenen Entgelte eine Festlegung erfolgen, welche Gewinnspanne als angemessen angesehen wird und wann die Kosten als angemessen bezeichnet werden können. Anders als im Rahmen des Vergleichsmarktkonzeptes, wo derartige Wertungsfragen letztlich durch den Vergleich mit anderen Unternehmen beantwortet werden, liefert das Konzept der Kostenkontrolle bzw. der Gewinnspannenbegrenzung keine Anhaltspunkte zur Beantwortung solcher Wertungs-

---

437 Umgekehrt gilt dies jedoch nicht – das Konzept der Gewinnspannenbegrenzung kann grundsätzlich auch unabhängig von einer Kostenkontrolle zur Anwendung kommen; vgl. EuGH, Slg. 1978, 207, 305 ff. (United Brands).
438 Vgl. *Möschel*, in: Immenga/Mestmäcker, GWB, § 19 Rn. 158, 169; *Stappert*, Netznutzungsentgeltkontrolle, VEnergR 128, S. 199 ff. m.w.N.
439 Vgl. Wiedemann/*de Bronett*, Hdb. KartellR, § 22 Rn. 52; *Stappert*, Netznutzungsentgeltkontrolle, VEnergR 128, S. 201 m.w.N.
440 Diese Frage stellt sich nunmehr insbesondere auch im Rahmen des § 29 GWB mit Blick auf die Kontrolle der Gastarife, da bei einem reinen Vertriebs- und Handelsgeschäft nur ein im Vergleich zum Umsatz sehr geringer Eigenkapitaleinsatz erforderlich ist.
441 Vgl. zu den unterschiedlichen Kostenkonzeptionen: *Stappert*, Netznutzungsentgeltkontrolle, VEnergR 128, S. 215 ff. Auch in der Betriebswirtschaft gibt es kein einheitliches Verfahren zur Bestimmung der Selbstkosten; vgl. *Schwinn*, Betriebswirtschaftslehre, S. 570 ff.
442 Vgl. hierzu oben unter B.I.3.a)bb)(4)(c); vgl. zum Streitstand auch *Stappert*, Netznutzungsentgeltkontrolle, VEnergR 128, S. 222 ff.
443 Vgl. Kartellbehörden, Bericht der Arbeitsgruppe Netznutzung, S. 32 ff.; OLG Düsseldorf, Beschluss vom 11.2.2004 (TEAG), RdE 2004, 118 ff.; umfassend zu den einzelnen umstrittenen Kostenpositionen: *Stappert*, Netznutzungsentgeltkontrolle, VEnergR 128, S. 233 ff.; vgl. auch *Ende/Kaiser*, ZNER 2003, 118, 122 ff.; *Pohlmann/Cambas*, ET 2003, 7 ff.

fragen, sondern setzt die Beantwortung dieser Fragen vielmehr voraus, um überhaupt angewandt werden zu können.[444]

Vor diesem Hintergrund erklärt sich auch, dass das Konzept der Kostenkontrolle vor allem im Bereich der Netzentgeltkontrolle an Bedeutung gewonnen hat, da hier zur Bestimmung einer angemessenen Verzinsung auf bestehende Regelung in Form der Verbändevereinbarung oder die entsprechenden Vorschriften in den Arbeitsanleitungen der Länder zur Genehmigung der Tarifpreise zurückgegriffen werden konnte.[445] Hinzu kommt, dass sich eine Beschränkung der Gewinnspanne vor dem Hintergrund des im Energierecht verankerten Preisgünstigkeitspostulates leichter rechtfertigen lässt, als in anderen Branchen ohne entsprechende gesetzliche Vorgaben. Schließlich wurde auch die „technische" Ermittlung und Überprüfung der Kosten durch die Vorgaben zum buchhalterischen Unbundling[446] erleichtert.

Für die hier zu untersuchende Frage, wie angemessene Netzentgelte bestimmt werden können, ergeben sich insoweit über die bereits an anderer Stelle diskutierten Aspekte keine zusätzlichen Erkenntnisse.

Im Ergebnis weist die Kostenkontrolle – jedenfalls bei flächendeckender Anwendung – eine erhebliche Ähnlichkeit zur Regulierung der Netzentgelte auf.[447] Sie hat jedoch den Nachteil, dass die erforderlichen Wertungsentscheidungen zu einzelnen Kalkulationsansätzen nur implizit getroffen werden und letztlich keine Verbindlichkeit aufweisen, da sich die Missbräuchlichkeit eines Entgeltes stets nur mit Blick auf die Gesamtkosten feststellen lässt.[448]

(2) Regulatorische Ansätze

Die regulatorischen Ansätze zur Bestimmung des angemessen Entgeltes sind zunächst dadurch gekennzeichnet, dass die erforderlichen Wertungsentscheidungen unmittelbar durch den Gesetz- oder Verordnungsgeber oder auch explizit durch die jeweilige Regulierungsbehörde getroffen werden, mithin der Begriff der Angemessenheit zunächst durch ergänzende Regelungen ausgefüllt wird.

Die regulatorischen Ansätze zeichnen sich weiter dadurch aus, dass sie zum überwiegenden Teil direkt oder indirekt auf einer Ermittlung der Kosten basieren. Insoweit behalten insbesondere die obigen Ausführungen zu den Erhaltungskonzepten und zu der zu berücksichtigenden Eigenkapitalverzinsung weiterhin ihre Bedeutung.

---

444 Vgl. *Möschel*, in: Immenga/Mestmäcker, GWB, § 19 Rn. 158.
445 Vgl. Kartellbehörden, Bericht der Arbeitsgruppe Netznutzung, S. 29 ff.
446 Vgl. zum buchhalterischen Unbundling auch *Kriete/Werner*, WuW 2004, 1272 ff.
447 Die Kartellbehörden haben sich insoweit im Rahmen der Kostenkontrolle auch explizit auf die Praxis und die Maßstäbe der Tarifpreisgenehmigung berufen, Bericht der Arbeitsgruppe Netznutzung, S. 29 ff.; die Nähe zur Regulierung sieht auch *Möschel*, in: Immenga/Mestmäcker, GWB, § 19 Rn. 158.
448 BGH, WuW/E BGH 2103, 2105 (Favorit); *Bechtold*, GWB, § 19 Rn. 80.

(a) Rate-of-Return-Regulation/Cost-plus

Die Rate-of-Return-Regulation wird häufig als „klassisches" Regulierungsverfahren für die Netzindustrien bezeichnet.[449] Seinen Ursprung hat es in den USA, die auf eine lange Tradition in der Regulierung insbesondere der Energieversorgungsnetze zurückblicken können.[450] Die Rate-of-Return-Regulation, die häufig synonym auch als „Cost-plus"-Regulierung bezeichnet wird, entspricht im Grundsatz dem Ansatz, der im Rahmen der kartellrechtlichen Kostenkontrolle verfolgt wird: Dem Netzbetreiber werden ein Erlös in Höhe der Selbstkosten und eine angemessene Verzinsung des eingesetzten Kapitals zugestanden.[451] Der Unterschied zur Kostenkontrolle liegt vor allem in der verfahrensrechtlichen Ausgestaltung und den durch gesetzliche Vorgaben oder abstrakte Festlegungen der Regulierungsbehörde klarer definierten Vorgaben für die Entgeltkalkulation.

Die beiden wesentlichen Probleme, die sich im Bereich der Kostenkontrolle gezeigt haben, bestehen in ähnlicher Weise auch im Rahmen der Rate-of-Return-Regulation. Dies gilt einerseits für das Erfordernis Ist-Kosten zu ermitteln und andererseits für die Festlegung einer angemessenen Gewinnspanne.

Als Vorteil der Rate-of-Return-Regulation wird gemeinhin angesehen, dass sie – sofern den Unternehmen ein ausreichend attraktiver Gewinn ermöglicht wird – zu einer hohen Versorgungssicherheit führt,[452] da die Unternehmen ein Interesse an Investitionen in die Netzinfrastruktur haben, während die Betriebsführungskosten für die Unternehmen einen weitgehend neutralen Faktor darstellen, sodass hier ebenfalls nicht mit Einsparungen zu rechnen ist, die die Versorgungssicherheit gefährden können. Als Nachteil dieser Regulierungsform wird gemeinhin angesehen, dass sie nur unzureichende Anreize zur Steigerung der Effizienz beinhalte und einen übermäßigen Einsatz von Kapital belohne.[453]

---

449 *Schneider*, Liberalisierung der Stromwirtschaft, S. 295; vgl. auch *Bobzin*, Dynamische Modelle zur Theorie der Regulierung, S. 23.
450 Vgl. *Samuelson/Nordhaus*, Volkswirtschaftslehre, S. 499 f.; *Säcker*, ZNER 2004, 98, 101 ff.; *von Danwitz*, DÖV 2004, 977, 978; *Schönefuß*, Privatisierung, Regulierung und Wettbewerbselemente in einem natürlichen Infrastrukturmonopol, S. 176.
451 Bundesnetzagentur, Bericht nach § 112a EnWG zur Einführung der Anreizregulierung vom 30.06.2006, S. 47; siehe auch *Schönefuß*, Privatisierung, Regulierung und Wettbewerbselemente in einem natürlichen Infrastrukturmonopol, S. 176 f.
452 Vgl. *Lohmann*, Anreizregulierung, VEnergR 129, 35.
453 Vgl. *Lohmann*, Anreizregulierung, VEnergR 129, 35 m.w.N.; *Schönefuß*, Privatisierung, Regulierung und Wettbewerbselemente in einem natürlichen Infrastrukturmonopol, S. 179; *Bobzin*, Dynamische Modelle zur Theorie der Regulicrung, S. 27.

(b) Price-Cap/Revenue-Cap

Die Verfahren der Price-Cap oder Revenue-Cap-Regulierung, die häufig als „modernere" Form der Entgeltregulierung bezeichnet werden,[454] haben vor allem in verschiedenen europäischen Ländern Verbreitung gefunden.[455] Sie unterscheiden sich von der Rate-of-Return-Regulation zunächst vor allem dadurch, dass längerfristige Entgelt- oder Erlösobergrenzen festgesetzt werden, die für den jeweiligen Zeitraum im Grundsatz von der Kostenentwicklung des Netzbetreibers selbst abgekoppelt werden. Hierdurch hat der Netzbetreiber die Möglichkeit, durch eine Senkung seiner Kosten unter das im Rahmen des Price- bzw. Revenue-Cap vorgesehene Niveau, höhere Renditen zu erzielen.[456] Es entsteht somit ein Anreiz die Effizienz des Netzbetriebes zu steigern und die Kosten zu senken. Dies wird zugleich auch als wesentlicher Vorteil des Price- bzw. Revenue-Cap angesehen.[457] Der Nachteil liegt darin, dass die Netzbetreiber bestrebt sein könnten, ihre Kosten auch zulasten der Versorgungssicherheit zu reduzieren und notwendige Investitionen in das Netz zu verzögern.[458]

Letztlich handelt es sich jedoch auch bei dem Price- und Revenue-Cap Verfahren um einen jedenfalls im Ausgangspunkt kostenorientierten Ansatz, der zu Beginn der einzelnen Regulierungsperioden eine Überprüfung der Kosten der Netzbetreiber erforderlich macht.[459] Ebenso wie etwa im Rahmen der Rate-of-Return-Regulation bedarf es ferner einer Festlegung der als angemessen angesehenen Rendite um die Obergrenze für Preise- bzw. Erlöse festlegen zu können.

In diesem Zusammenhang ist allerdings mit Recht darauf hingewiesen worden, dass die angemessene Verzinsung im Rahmen einer Price- bzw. Revenue-Cap Regulierung aufgrund der bei dieser Art der Regulierung für die Unternehmen entstehenden Risiken grundsätzlich höher ausfallen muss, als im Rahmen einer Rate-of-Return-Regulation.[460] Dem steht auch nicht entgegen, dass durch das Price- bzw. Revenue-Cap auch zusätzliche Chancen für die Unternehmen entstehen. Legt man in

---

454 Vgl. *Samuelson/Nordhaus*, Volkswirtschaftlehre, S. 495.
455 Als Beispiele können Großbritannien, die Niederlande, Norwegen und Österreich genannt werden; vgl. Bundesnetzagentur, Bericht nach § 112a EnWG zur Einführung der Anreizregulierung vom 30.06.2006, S. 108 ff.; vgl. zu den Regulierungsmodellen in anderen europäischen Ländern auch *Härle/Sürig*, ET 2004, 506, 507.
456 Die Möglichkeit, die Effizienzvorgaben zu übertreffen, ist ausdrücklich in § 21a Abs. 5 S. 4 EnWG vorgesehen; vgl. auch Lohmann, Anreizregulierung, VEnergR 129, 54.
457 Vgl. *Schönefuß*, Privatisierung, Regulierung und Wettbewerbselemente in einem natürlichen Infrastrukturmonopol, S. 186.
458 Vgl. *Schönefuß*, Privatisierung, Regulierung und Wettbewerbselemente in einem natürlichen Infrastrukturmonopol, S. 188 f. Ein Versuch derartigen Entwicklungen entgegenzuwirken liegt in der Vereinbarung von Investitionsbudgets und Investitionszuschlägen, vgl. §§ 23 und 25 ARegV.
459 Vgl. *Schönefuß*, Privatisierung, Regulierung und Wettbewerbselemente in einem natürlichen Infrastrukturmonopol, S. 187 f.
460 Vgl. *Männel*, Bedeutung kalkulationsrelevanter allgemeiner Unternehmerrisiken des Stromverteilungsgeschäft, S. 66 f.

beiden Regulierungsformen den gleichen Erwartungswert für die Kapitalverzinsung zugrunde, erfordert die mit Blick auf die Price- bzw. Revenue-Cap-Regulierung zu erwartende größere Varianz einen höheren Wagniszuschlag, da sich risikoaverse Kapitalanleger ansonsten für eine andere Anlageform entscheiden würden. Dieser Effekt führt dazu, dass sich im Ergebnis auch nicht eindeutig beurteilen lässt, welches der Regulierungsverfahren auf längere Sicht zu günstigeren Entgelten führt.

Der Unterschied zwischen dem Price- und dem Revenue-Cap Verfahren ergibt sich bereits unmittelbar aus dem Wortsinn. Materiell unterscheiden sich die Ansätze allein dadurch, welche unmittelbaren Auswirkungen durch Schwankungen der Absatzmengen entstehen. Im Rahmen eines Price-Cap ist es dem Unternehmen grundsätzlich gestattet, seine Erlöse durch eine Erhöhung der Menge zu steigern, während es im Rahmen des Revenue-Cap grundsätzlich gezwungen wäre, die Preise bei einer Steigerung der Absatzmenge zu reduzieren, um eine Überschreitung der Erlösgrenze zu verhindern. Umgekehrt ist es dem Unternehmen im Rahmen des Price-Cap grundsätzlich nicht möglich die Preise anzuheben, wenn infolge eines Absatzrückgangs die zur Deckung der Kosten eigentlich erforderlichen Erlöse nicht erzielt werden.

Welches der Verfahren sich als vorzugswürdig erweist, hängt in erheblichem Maße von den Charakteristika des jeweiligen Marktes ab. Wird etwa eine Absatzsteigerung als grundsätzlich erstrebenswertes Ziel angesehen, so kann ein Price-Cap einen Anreiz für den Netzbetreiber bieten, Anstrengungen zur Steigerung der Absatzmenge zu unternehmen. Typisch mag dies etwa für Telekommunikationsmärkte sein.[461] Ist eine Mengensteigerung wie etwa im Energiesektor angesichts der Bestrebungen zum Energiesparen eher unerwünscht, würden durch einen Price-Cap falsche Anreize gesetzt.[462] In derartigen Märkten ist daher das Verfahren des Revenue-Cap vorzuziehen.

Festzustellen ist allerdings, dass die beiden Verfahren häufig nicht in ihrer Reinform zur Anwendung kommen. So können etwa im Rahmen des Price-Cap ergänzende Regelungen getroffen werden, die zur Berücksichtigung von Mengenschwankungen führen.[463] Ebenso können im Rahmen des Revenue Cap Vorgaben zur konkreten Ermittlung der Preise gemacht werden oder ergänzende Regeln getroffen werden, die gewährleisten, dass bei Steigerung der Absatzmenge auch die Höhe der zulässigen Erlöse angepasst wird.[464] Durch derartige Ausgestaltungen nähern sich Price- und Revenue-Cap in ihren Wirkungen einander an. Damit werden zwar die spezifischen Nachteile der Verfahren, regelmäßig jedoch auch ihre besonderen Vorteile ausgeschaltet.

---

461 So hat sich zwischen 1998 und 2003 die Anzahl der Gesprächsminuten im Festnetz nahezu verdoppelt.
462 Vgl. *Schönefuß*, Privatisierung, Regulierung und Wettbewerbselemente in einem natürlichen Infrastrukturmonopol, S. 190.
463 Vgl. Bundesnetzagentur, Bericht nach § 112a EnWG zur Einführung der Anreizregulierung vom 30.06.2006, S. 48, 118.
464 Vgl. Bundesnetzagentur, Bericht nach § 112a EnWG zur Einführung der Anreizregulierung vom 30.06.2006, S. 16, 52; vgl. die Regelung zum Erweiterungsfaktor in § 10 ARegV.

Ein weiteres spezifisches Problem der Price- und Revenue-Cap-Verfahren stellt die Notwendigkeit dar, die Kostenentwicklung für die Zukunft zu prognostizieren, um die Preis- bzw. Erlösobergrenzen für die anstehende Regulierungsperiode vorab festlegen zu können. In diesem Rahmen ist regelmäßig insbesondere zu prüfen, welche Effizienzsteigerungen von den Unternehmen geleistet werden können, wobei anschließend zu entscheiden ist, inwieweit diese möglichen Effizienzsteigerungen bereits in die Festlegung der Obergrenzen einfließen und inwieweit die Gewinnchancen aus der Effizienzsteigerung den Netzbetreibern als Anreiz für ihre entsprechenden Anstrengungen verbleiben sollen.[465]

Die Effizienzmessung und der Effizienzvergleich werfen ebenfalls zahlreiche Fragen und Probleme auf, die im Rahmen der vorliegenden Untersuchung jedoch nicht abschließend bewertet werden können. Festzuhalten ist an dieser Stelle allerdings, dass Fehler bei der Feststellung der Effizienz regelmäßig zur Festlegung falscher Vorgaben zur Effizienzsteigerung führen und dadurch die Gefahr besteht, dass die oben definierten Untergrenzen für angemessene Netznutzungsentgelte unterschritten werden. Fehler des anderen Typs, d. h. die Festlegung von zu geringen Effizienzvorgaben drohen zwar ebenso, sind jedoch aus rechtlicher Sicht weniger problematisch, da eine Überschreitung der oben definierten Obergrenzen für angemessene Netzentgelte regelmäßig nicht drohen dürfte.

cc) Wohlfahrtsökonomische Ansätze

(1) Preis-Grenzkosten-Regel

Wie oben bereits im Zusammenhang mit den Grenzkostenansätzen diskutiert,[466] wird aus wohlfahrtsökonomischer Sicht teilweise gefordert, die Entgelte im Rahmen der Regulierung so festzulegen, dass sie den Grenzkosten entsprechen. Da die Grenzkosten bei einem natürlichen Monopol unter den Durchschnittskosten liegen, müssten die entstehenden Verluste durch den Staat ausgeglichen werden. Wie ebenfalls bereits erläutert, kommt ein solches Verfahren jedenfalls für die Energiemärkte nicht ernsthaft in Betracht, sodass auf eine weitere Darstellung verzichtet wird.

(2) Ramsey-Preise

Das Konzept der Ramsey-Preise ist von den übrigen hier beschriebenen Verfahren dadurch zu unterscheiden, dass es nicht auf die Ermittlung oder Festlegung von

---

465 Die ARegV sieht grundsätzlich den vollständigen Abbau aller (ermittelten) Ineffizienzen im Laufe einer Regulierungsperiode vor. Eine Ausnahme gilt nur für die erste Regulierungsperiode.
466 Vgl. oben unter B.I.3.a)bb)(4)(b).

Kosten bzw. Erlösen gerichtet ist, sondern allein darauf zielt bei gegebenen Erlösen eines Monopolunternehmens, das verschiedene „Produkte" anbietet, die Preise so festzulegen, dass die Wohlfahrt maximiert wird.[467]

Die konkrete Festlegung der Preise hängt hierbei von der Nachfragefunktion bzw. der Elastizität der Nachfrage für die einzelnen „Produkte" ab. Um das Ziel zu erreichen, unter der gegebenen Bedingung der Kostendeckung für das Unternehmen die Wohlfahrt zu maximieren, werden die Preise für das Produkt, das die niedrigere Nachfrageelastizität aufweist, höher festgelegt, als dies bei verursachungsgerechter Verteilung der Kosten der Fall wäre, während die Preise für die Produkte deren Nachfrageelastizität höher ist, da etwa eher die Möglichkeit zur Substitution besteht, die Preise entsprechend niedriger festgelegt werden.[468] Anders ausgedrückt handelt es sich hierbei um eine zum Zwecke der Wohlfahrtsoptimierung gewünschte Form der Quersubventionierung.

Fraglich ist allerdings, ob den Ramsey-Preisen im Bereich der Netznutzung überhaupt eine besondere Bedeutung zukommt. Dies wäre dann nicht der Fall, wenn der Netzbetreiber ein „Ein-Produkt-Unternehmen" darstellt. Hierfür könnte zunächst sprechen, dass der Netzbetreiber letztlich immer nur die Netznutzung anbietet. Allerdings wird bei der Bepreisung typischerweise zwischen den Spannungsebenen und innerhalb der Spannungsebenen nach der Benutzungsstundenzahl bzw. nach den Abnahme- oder Anschlussverhältnissen differenziert. Insoweit könnten Ramsey-Preise durchaus zur Anwendung kommen.

Eine Anwendung im Bereich der Netznutzung stößt dennoch in verschiedener Hinsicht auf Bedenken. Zum einen dürfte die Nachfrageelastizität insbesondere in der Stromversorgung vielfach insgesamt und damit für alle „Produkte" relativ gering sein, da sich der Einsatz von Elektrizität häufig kaum substituieren lässt. Zudem mag es auch umweltpolitischen Überlegungen zuwiderlaufen, wenn die Energiepreise letztlich zugunsten der Abnehmer quersubventioniert würden, die am einfachsten, etwa durch Energiesparen, ihrer Abnahme reduzieren könnten, während Abnehmergruppen, denen diese Möglichkeiten nicht im gleichen Umfang offen stehen, entsprechend höhere Entgelte zahlen müssen.[469] Andererseits mögen etwa besonders günstige Preise für Nachtstromspeicherkunden[470] durchaus in Richtung der Ramsey-Preise zu verstehen sein, da diese Kunden eine relativ elastische Nachfrage aufweisen dürften, da die Heizung mit Nachtstrom grundsätzlich auch durch andere Hei-

---

467 Vgl. *Fritsch/Wein/Ewers*, Marktversagen und Wirtschaftspolitik, S. 179.
468 Vgl. *Fritsch/Wein/Ewers*, Marktversagen und Wirtschaftspolitik, S. 179.
469 Faktisch ist eher ein gegenläufiger Trend festzustellen. Unternehmen, die auf Energie in besonderem Maße angewiesen sind, erhalten nach § 19 Abs. 2 StromNEV in vielen Fällen günstigere Netzentgelte. Umweltpolitisch soll die Energieeinsparung vor allem an den Stellen erfolgen, an denen sie am einfachsten zu bewerkstelligen ist. Dies zeigt sich insbesondere auch im Rahmen des Emissionshandels.
470 Entscheidend ist hier insoweit nur das ggf. reduzierte Netznutzungsentgelt, nicht der günstigere Niederlast-Strompreis. Der entscheidende Grund für die geringeren Entgelte dürfte indes darin liegen, dass der Nachtstrom nicht zur Höchstlast des Netzes beiträgt.

zungsformen substituiert werden kann, selbst wenn die Umrüstung mit erheblichem Aufwand verbunden ist.

c) Zwischenergebnis

Mit Blick auf die Angemessenheit der Entgelte lässt sich eine relativ klar konturierte Untergrenze bestimmen, bei deren Unterschreiten nicht mehr von der Angemessenheit der Entgelte gesprochen werden kann und bei deren Verletzung Verstöße gegen höherrangiges Verfassungs- oder Europarecht drohen. Eine Obergrenze für angemessene Entgelte kann zwar ebenfalls bestimmt werden. Sie dürfte indes geringe praktische Bedeutung haben, da sie regelmäßig über dem liegen dürfte, was der Gesetz- bzw. Verordnungsgeber etwa mit Rücksicht auf Verbraucher- oder Industrieinteressen als Entgelte für die Netznutzung wird zulassen wollen. Es verbleibt damit ein erheblicher Spielraum für den Gesetz- und Verordnungsgeber sowohl mit Blick auf die Konkretisierung der Höhe sachgerechter Entgelte als auch in methodischer Hinsicht bei der Ausgestaltung der Verfahren zu ihrer Bestimmung.

4. Zusammenfassung

Die allgemeinen gesetzlichen Anforderungen an die Ermittlung der Netzentgelte lassen sich überwiegend an dem Begriff der Angemessenheit in § 21 Abs. 1 EnWG festmachen. Konkretisiert wird dieser Begriff durch die Vorgaben des europäischen Rechts und des Verfassungsrechts sowie durch die Zielvorgaben des EnWG, die aus der kartellrechtlichen Aufsicht über die Netzentgelte gewonnenen Erkenntnisse und schließlich durch wirtschaftswissenschaftliche Überlegungen.

Absolute Obergrenzen für die Netzentgelte, durch die der Gesetzgeber mit Blick auf die Ausgestaltung des Regulierungsverfahrens in praxisrelevanter Weise eingeschränkt würde, ergeben sich insoweit nicht. Die Grenze der Angemessenheit wäre allerdings dann überschritten, wenn den Netzbetreibern dauerhaft Gewinne zugestanden würden, die deutlich über das Maß hinausgingen, dass man zur Gewährleistung eines sicheren Netzbetriebs und einer ausreichenden Investitionsbereitschaft für erforderlich halten kann.

Umgekehrt kann festgehalten werden, dass die Netzbetreiber einen Anspruch darauf haben, ihre aufwandsgleichen Kosten auf die Netzentgelte umlegen zu können, soweit sie denen eines vergleichbaren Netzbetreibers entsprechen, bei dem aufgrund der strukturellen Gegebenheiten grundsätzlich mit aufwandsgleichen Kosten in ähnlicher Höhe zu rechnen wäre, und bezogen auf den kein überflüssiger Aufwand erkennbar ist. Außerdem muss der Substanzerhalt gewährleistet sein und den Netzbetreibern eine Kapitalrendite zufließen, die unter Berücksichtigung der Langfristigkeit der Investitionen und dem übernommenen Risiko hinreichend attraktiv ist, um die notwendigen Investitionen in die Netze sicherzustellen und die Aufrechterhaltung des erreichten Niveaus an Versorgungssicherheit dauerhaft sicherzustellen. Von den wirtschaftswissenschaftlichen Erhaltungskonzeptionen sind die Nettosubstanzerhaltung und die Realkapitalerhaltung geeignet, um eine Untergrenze angemessener Netzentgelte zu bestimmen. Dabei ist das Konzept der Nettosubstanzerhaltung vor allem aufgrund der gleichmäßigeren Verteilung der Kosten vorzugswürdig, wenngleich die bislang praktizierten Kalkulationsverfahren bei einer Abweichung der anlagenspezifischen von der allgemeinen Inflationsrate nicht in jedem Fall sicherstellen, dass exakt die angestrebte Realverzinsung erreicht wird.

Als regulatorische Verfahren zur Bestimmung angemessener Netzentgelte kommen insbesondere die Rate-of-Return-Regulation und die Price- bzw. Revenue-Cap-Verfahren in Betracht. Letztere beinhalten allerdings das Risiko, dass durch fehlerhaft ermittelte Effizienzvorgaben die Untergrenze angemessener Netzentgelte durchbrochen wird.

II. Gesetzliche Vorgaben für die kostenorientierte Entgeltbildung

Die zentralen gesetzlichen Vorgaben für die kostenorientierte Bildung der Netzentgelte sind in § 21 Abs. 2 EnWG niedergelegt,[471] die mit Blick auf das Vergleichsverfahren durch die Regelungen in § 21 Abs. 3 und 4 EnWG ergänzt werden. Keine Anwendung findet diese Regelung folglich auf die für überregionale Fernleitungsnetze unter bestimmten Umständen vorgesehene marktorientierte Entgeltbildung.[472] Demgegenüber stellt die Anreizregulierung nach § 21a EnWG zwar im Grundsatz einen Unterfall der kostenorientieren Entgeltbildung dar, § 21a Abs. 1 EnWG erlaubt insoweit jedoch ausdrücklich eine Abweichung von den Regelungen in § 21 Abs. 2 bis 4 EnWG. Damit verlieren diese Vorschriften im Rahmen der Anreizregulierung jedoch keinesfalls ihre Bedeutung, da in § 21a Abs. 4 EnWG zur Ermittlung der Höhe der beeinflussbaren und der nicht beeinflussbaren Kosten ausdrücklich auf § 21 Abs. 2 EnWG bzw. § 21 Abs. 2 bis 4 EnWG verwiesen wird. Vielmehr bilden sie auch im Rahmen der Anreizregulierung den zentralen gesetzlichen Maßstab für die Kostenermittlung,[473] wenngleich neben den Kosten im Zuge der Anreizregulierung andere Elemente – etwa die relative Effizienz der einzelnen Netzbetreiber – eine stärkere Bedeutung gewinnen.

---

471 Vgl. *Scholtka*, NJW 2005, 2421, 2425, der die Inhalte des § 21 EnWG nicht ganz zu Unrecht als Sammelsurium unterschiedlicher Vorstellungen zu einer wettbewerbsfähigen Netzentgeltkalkulation bezeichnet.
472 Vgl. § 3 Abs. 3 S. 5 GasNEV; zur Entscheidungspraxis: Bundesnetzagentur, Beschluss vom 2.8.2006 (BK9-06-002); OLG Düsseldorf, Beschluss vom 28.11.2007 (VI-3 Kart 441/06 (V)); *Weyer*, N&R 2008, 13, 18.
473 Vgl. auch *Büdenbender*, Kostenorientierte Regulierung, S. 17.

1. Begriff der „Kosten einer Betriebsführung"

§ 21 Abs. 2 EnWG schreibt vor, dass die Entgelte „auf der Grundlage der Kosten einer Betriebsführung, die denen eines effizienten und strukturell vergleichbaren Netzbetreibers entsprechen müssen" gebildet werden. Die Vorschrift wirft insoweit zunächst zwei zentrale Fragen auf. Zum einen ist zu klären, was die Kosten einer Betriebsführung umfassen und auf welcher Basis sie ermittelt werden, zum anderen ist zu untersuchen, inwieweit die Berücksichtigung der Kosten bei der Entgeltbildung durch den impliziten Vergleich mit einem effizienten und strukturell vergleichbaren Netzbetreiber beschränkt wird.

Von Interesse ist darüber hinaus, ob der Maßstab – wie bisweilen behauptet – Parallelen zu dem aus der BTOElt bekannten Begriff der elektrizitätswirtschaftlich rationellen Betriebsführung[474] oder zu dem etwa in der Telekommunikationsregulierung verwandten Begriff der effizienten Leistungsbereitstellung aufweist,[475] da es sich insoweit anbieten würde, zur Auslegung auf die entsprechende Praxis und Rechtsprechung zurückzugreifen.

a) Genese der Vorschrift

Zur Beantwortung der aufgeworfenen Fragen ist zunächst ein Blick auf die Genese der Vorschrift erforderlich. Dies vor allem, da diese zentrale Vorschrift zu den Maßstäben der Entgeltregulierung wie kaum eine andere Vorschrift im Rahmen der Gesetzesnovelle umstritten war und sich die grundlegenden Meinungsverschiedenheiten dabei insbesondere auf die Frage fokussierten, ob die aus dem Bereich der Tarifpreisgenehmigung nach § 12 BTOElt und der Verbändevereinbarung II plus bekannten Maßstäbe gesetzlich festgeschrieben werden sollten, oder ob an ihre Stelle andere Maßstäbe, insbesondere der aus dem TKG bekannte Maßstab der effizienten Leistungsbereitstellung treten sollte.[476]

Betrachtet man die Entstehungsgeschichte der Vorschrift in § 21 Abs. 2 EnWG, so bildet die Regelung in § 20 Abs. 3 Satz 3 des Referentenentwurfs[477] den historischen Ausgangspunkt. Dort hieß es wörtlich:

„Die Entgelte müssen auf der Grundlage einer energiewirtschaftlich rationellen Betriebsführung kostenorientiert gebildet werden; […]"

---

474 Vgl. *Büdenbender*, DVBl. 2006, 197, 201.
475 Vgl. *Kühling/el-Barudi*, DVBl. 2005, 1470, 1477; vgl. auch *Wissmann*, ET Special 9/2003, 25, 26.
476 Für die „effiziente Leistungsbereitstellung": gemeinsame Stellungnahme der Verbände AFM+E, bne, DIHK, VEA und VIK vom 15.03.2004 (Kurzfassung), S. 33; Stellungnahme des bne vom 11.03.2004; für die „rationelle Betriebsführung": Stellungnahme der GEODE vom 17.03.2004, S. 14; vgl. auch *Koenig/Rasbach*, IR 2004, 26, 27 f.; vgl. zu den Positionen der einzelnen Ministerien: *Staebe*, DVBl. 2004, 853, 859.
477 BMWA, Referentenentwurf vom 26.02.2004.

Diese, an § 12 BTOElt orientierte Regelung ist auf vielfache Kritik gestoßen.[478] Bereits im Rahmen eines zweiten Entwurfs aus dem Bundeswirtschaftsministerium[479] wurde die Vorschrift daher grundlegend überarbeitet. In dem nunmehr eingefügten § 20a, der von seiner Struktur dem späteren § 21 EnWG entspricht, hieß es in Absatz 2 wörtlich:

> „(2) Die Entgelte werden auf der Grundlage einer energiewirtschaftlich rationellen Betriebsführung unter Beachtung der Nettosubstanzerhaltung und einer angemessenen Verzinsung des eingesetzten Kapitals kostenorientiert gebildet; […]"

Im Regierungsentwurf[480] enthielt § 21 Abs. 2 folgende Fassung:

> „(2) Die Entgelte werden auf der Grundlage der Kosten einer energiewirtschaftlich rationellen Betriebsführung, die denen eines effizienten und strukturell vergleichbaren Netzbetreibers entsprechen müssen, unter Beachtung der Nettosubstanzerhaltung unter Berücksichtigung von Anreizen für eine kosteneffiziente Leistungserbringung und einer angemessenen Verzinsung des eingesetzten Kapitals gebildet, […]"

Die Regierungsbegründung beschränkt sich im Wesentlichen auf die Wiedergabe des Norminhaltes.[481] Der Bundesrat forderte in seiner Stellungnahme,[482] dass die Regulierung die drei Elemente Kostenorientierung, Vergleichsmarktverfahren und Anreizregulierung enthalten und eindeutig ausweisen muss. Die in § 21 Abs. 2 des Regierungsentwurfs im Rahmen der Kostenorientierung enthaltene Aufzählung verschiedener, sich zum Teil widersprechender Kalkulationsansätze sei unklar und missverständlich. Insbesondere sei eine gesonderte Behandlung der Anreizregulierung geboten. Weiter hielt der Bundesrat den Maßstab der *„energiewirtschaftlich rationellen Betriebsführung"* für nicht ausreichend und forderte an seiner Stelle eine *„Berechnung der Netznutzungsentgelte unter Berücksichtigung der Kosten der effizienten Leistungsbereitschaft".*[483] Schließlich setzte sich der Bundesrat für eine Streichung des Verweises auf die Nettosubstanzerhaltung ein, da aus Gründen der Transparenz die Realkapitalerhaltung vorzuziehen sei und die konkrete Ausgestaltung des Kalkulationsverfahrens der Regelung in den entsprechenden Verordnungen überlassen bleiben sollte.[484]

Im Rahmen der Beratungen im Bundesrat wurde zudem deutlich, dass die Mehrheit der Bundesländer eine Übernahme der Kalkulationsverfahren aus der Verbändevereinbarung II plus ablehnte, da sie in ihnen die Ursache für überhöhte Entgelte sah[485] und zudem eine ex-ante Kontrolle der Entgelte forderte. Nach der Konzeption der Bundesregierung sollte demgegenüber vor allem die Vergleichsmarktbetrach-

---

478 Vgl. gemeinsame Stellungnahme der Verbände AFM+E, bne, DIHK, VEA und VIK vom 15.03.2004; Positionspapier des BDI vom 17.03.2004.
479 BMWA, Referentenentwurf in der Fassung vom 27.05.2004.
480 BR-Drucks. 613/04, S. 21; vgl. zum Regierungsentwurf auch *Koenig/Rasbach*, ET 2004, 702 ff.
481 BR-Drucks. 613/04, Seite 110 f.
482 BR-Drucks. 613/04 (Beschluss), Seite 15 ff.
483 BR-Drucks. 613/04 (Beschluss), Seite 17.
484 BR-Drucks. 613/04 (Beschluss), Seite 17 f.
485 BR Plenarprotokoll 803, Seite 438.

tung bzw. das Benchmarking das wesentliche Instrument zur effektiven ex-post Kontrolle der Netznutzungsentgelte darstellen.[486]

In ihrer Gegenäußerung hat die Bundesregierung daher den Vorschlägen des Bundesrates mit Blick auf eine Änderung des § 21 EnWG widersprochen.[487] Allerdings hat sie angekündigt die Regelungen zur Anreizregulierung weiter auszubauen und erstmals entsprechende Eckpunkte skizziert.[488] Zu der vom Bundesrat kritisierten Unklarheit der Regelung führt die Bundesregierung aus, dass die Vorschrift das bekannte Konzept der kostenorientierten Entgeltbildung auf Grundlage energiewirtschaftlich rationeller Betriebsführung mit dem durch die EU-Verordnung über den grenzüberschreitenden Stromhandel[489] vorgegebenen und in deren Anwendungsbereich seit dem 1. Juli 2004 geltenden Vergleich mit den Kosten eines effizienten und strukturell vergleichbaren Netzbetreibers verbinde.[490] Zudem bilde der Begriff der *„energiewirtschaftlich rationellen Betriebsführung"* entgegen der Auffassung des Bundesrates nicht den zentralen Prüfungsmaßstab, sondern sei in einen auf EU-rechtlichen Vorgaben beruhenden, Kostenorientierung und Vergleichsmarktprinzip verbindenden Prüfungsmaßstab eingebunden.[491]

Auch wenn im Rahmen der parlamentarischen Aussprache zunächst andere Fragestellungen im Mittelpunkt standen,[492] blieb der Prüfungsmaßstab für die Netzentgelte umstritten. So forderte etwa die CDU/CSU Fraktion eine Entgeltregulierung anhand des Maßstabes der *„effizienten Leistungsbereitstellung"*.[493] Die unterschiedlichen Positionen wurden insbesondere im Rahmen der öffentlichen Anhörung am 29.11.2005[494] und der zur Vorbereitung eingereichten schriftlichen Stellungnahmen[495] deutlich.

Die letzten Änderungen an dem Wortlaut, die zu der schließlich Gesetz gewordenen Fassung geführt haben, haben sich im Rahmen von Gesprächen zwischen den Koalitionspartnern ergeben und wurden durch einen entsprechenden Änderungsantrag der Koalitionsfraktionen in das Gesetzgebungsverfahren eingebracht.[496] Danach wurden in Absatz 2 die Worte *„energiewirtschaftlich rationellen"* gestrichen, sowie das Wort *„kosteneffiziente"* durch *„effiziente"* ersetzt. Zudem wurden die Begriffe der *„wettbewerbsfähigen und risikoadjustierten"* Verzinsung ergänzt.[497]

---

486 Stellungnahme des Bundeswirtschaftsministers vor dem Bundesrat, BR Plenarprotokoll 803, Seite 441.
487 BT-Drucks. 15/4068, Seite 4 f.
488 BT-Drucks. 15/4068, Seite 4 f.
489 VO 1228/2003 EU-Stromhandelsverordnung.
490 BT-Drucks. 15/4068, Seite 5.
491 BT-Drucks. 15/4068, Seite 5.
492 BT Plenarprotokoll 15/135, Seite 12400.
493 BT-Drucks. 15/3998, Seite 7.
494 Ausschuss für Wirtschaft und Arbeit, Wortprotokoll 77. Sitzung, BT Protokoll 15/77.
495 BT Ausschussdrucksache 15(9)1511.
496 BT Ausschussdrucksache 15(9)1811.
497 Der Begriff *„risikoadjustiert"* wurde kurz darauf durch *„risikoangepasst"* ersetzt – vgl. BT-Drucks. 15/5268.

Die Genese der Norm zeigt damit zum einen, dass der ursprünglich vorgesehene Maßstab der elektrizitätswirtschaftlich rationellen Betriebsführung zunächst um den aus dem europäischen Recht entstammenden Vergleich mit einem strukturell vergleichbaren und effizienten Netzbetreiber ergänzt und schließlich von diesem ganz verdrängt wurde. Die Streichung der Wörter *„energiewirtschaftlich rationellen"* erfolgte vor dem Hintergrund der zuvor geführten Debatte vor allem, um den Eindruck zu vermeiden die von einigen als zu großzügig empfundene Praxis im Rahmen der Tarifgenehmigungen solle zum Maßstab für die Netzentgeltregulierung werden. Sachlogisch ist die Streichung indes nicht nachzuvollziehen, da die Wörter *„energiewirtschaftlich rationellen"* den Umfang der ansatzfähigen Kosten gegenüber der nun Gesetz gewordenen Fassung allenfalls eingeschränkt, keinesfalls jedoch erweitert hätten.

Zum anderen ergibt sich aus der Entstehungsgeschichte aber auch, dass die vielfach erhobene Forderung auf die Kosten einer effizienten Leistungsbereitstellung zu rekurrieren inhaltlich letztlich nicht aufgegriffen wurde.

b) Kostenbasis

Die gesetzliche Regelung, nach der die Entgelte auf Grundlage der Kosten ermittelt werden, besagt zunächst noch nicht, auf welcher Basis die anzusetzenden Kosten ermittelt werden. Grundsätzlich kommen insoweit vielmehr drei verschiedene Ansätze in Betracht. Zum einen kann von den tatsächlichen Kosten des jeweils kalkulierenden Unternehmens ausgegangen werden, zum anderen können die tatsächlichen Kosten eines anderen (effizienten) Vergleichsunternehmens zugrunde gelegt werden. Schließlich ist denkbar statt der tatsächlichen Kosten eines konkreten Unternehmens analytisch ermittelte Kosten anzusetzen. Letzteres entspricht jedenfalls im Ansatzpunkt dem u. a. aus dem Telekommunikationsrecht bekannten Regulierungsmaßstab der „Kosten der effizienten Leistungsbereitstellung".[498]

Bereits eine genauere Untersuchung des Wortlautes zeigt, dass sich der Gesetzgeber im Sinn der ersten Alternative dafür entschieden hat, an die tatsächlichen Kosten des kalkulierenden Unternehmens anzuknüpfen. Dies ergibt sich zunächst als Umkehrschluss aus der Tatsache, dass die anderen beiden in Betracht kommenden Alternativen mit dem Wortlaut nicht vereinbar wären. Hätte der Gesetzgeber die Kosten eines (effizienten) Vergleichsunternehmens zum alleinigen Maßstab machen wollen, so wäre die Formulierung, nach der die Kosten denen eines strukturell vergleichbaren Netzbetreibers „entsprechen müssen" nicht verständlich. Die Beschränkung der Kosten durch den Vergleich mit einem anderen Unternehmen macht nur dann Sinn, wenn zunächst als Ausgangspunkt die Kosten des eigenen Unternehmens die Grundlage für die Entgeltbildung darstellen. Hiermit scheidet zugleich auch die dritte Alternative aus, nach der die analytisch ermittelten (effizienten) Kosten den

---

498 Vgl. auch *Koenig/Rasbach*, IR 2004, 26, 27.

Maßstab bilden, da in diesem Fall eine Beschränkung auf die – ebenfalls analytisch ermittelten – Kosten eines anderen Unternehmens keinen Sinn machen würde. Hinzu kommt, dass die in § 21 Abs. 2 EnWG enthaltene Formulierung, nach der Anreize „für eine effiziente Leistungserbringung" berücksichtigt werden sollen, kaum verständlich wäre, wenn bereits im Ausgangspunkt nur Kosten berücksichtigungsfähig wären, die einer effizienten Leistungserbringung entsprechen.

Die oben bereits dargestellte[499] Genese der Vorschrift stützt diese Ansicht. Für den im Regierungsentwurf enthaltenen und der BTOElt entlehnten Begriff der „*energiewirtschaftlich rationellen Betriebsführung*" ist unstreitig, dass er an die tatsächlichen Kosten des kalkulierenden Unternehmens anknüpft.[500] Auch wenn die Begriffe „*energiewirtschaftliche rationellen*" im Laufe des Gesetzgebungsverfahrens gestrichen wurden, spricht nichts dafür, dass hierdurch die Entscheidung für die tatsächlichen Kosten des Netzbetreibers als Kostenbasis aufgegeben werden sollte. Dies gilt insbesondere vor dem Hintergrund, dass sich die Bundesregierung bei der Formulierung der Norm an die europarechtlichen Vorgaben gebunden sah. Dort wird indes in der Stromhandelsverordnung und der Gasfernleistungsverordnung wie oben bereits dargestellt[501] ausdrücklich auf die „tatsächlichen Kosten" bzw. die „Ist-Kosten" abgestellt.

Bestätigt wird dies zudem durch die Gesetzessystematik und hier insbesondere durch den in § 21a Abs. 4 EnWG enthaltenen Verweis auf die Regelung in § 21 Abs. 2 bzw. § 21 Abs. 2 bis 4 EnWG zur Ermittlung der nicht beeinflussbaren bzw. beeinflussbaren Kostenanteile. Die Regelungen zur Anreizregulierung in § 21a EnWG sehen insoweit vor, dass die Obergrenzen für die Entgelte oder Erlöse ermittelt werden, indem Effizienzvorgaben, die auf Basis eines Effizienzvergleichs der Netzbetreiber festgelegt werden, auf die beeinflussbaren Kostenanteile bezogen werden. Wenn die Ermittlung der beeinflussbaren Kostenanteile nach § 21 Abs. 2 bis 4 EnWG indes bereits an die Kosten eines (vollständig) effizienten Unternehmens anknüpfen würde, wäre es sachwidrig auf die so ermittelten Kosten Effizienzvorgaben zu beziehen, die aus einem Effizienzvergleich abgeleitet wurden. Daneben sprechen auch die Vorschriften zum buchhalterischen Unbundling in § 10 EnWG dafür, dass an die tatsächlichen Kosten anzuknüpfen ist, da diese Vorschriften gerade den Sinn haben, die Höhe der tatsächlich bei einem konkreten Unternehmen für den Netzbetrieb anfallenden Kosten transparent und nachvollziehbar zu machen. Schließlich wäre es auch mit dem in § 23a EnWG normierten Verfahren zur ex-ante Genehmigung der Netzentgelte nicht vereinbar, wenn die Entgelte unmittelbar auf Basis der Kosten eines effizienten Vergleichsunternehmens ermittelt würden, da es dem Netzbetreiber in diesem Fall mangels Kenntnis der Kosten der anderen Netzbetreiber von vornherein nicht möglich wäre, einen genehmigungsfähigen Entgeltgenehmigungsantrag zu stellen.

---

499   Siehe oben unter B.II.1.a).
500   *Badura/Kern*, Maßstab und Grenzen der Preisaufsicht, S. 34 f.; *Franke*, in: Schneider/Theobald, Handbuch zum Recht der Energiewirtschaft (1. Auflage), § 16 Rn. 35.
501   Siehe oben unter B.I.3.a)bb)(1)(b)(aa).

Im Ergebnis ist daher festzuhalten, dass die tatsächlichen Kosten des kalkulierenden Unternehmens die Ausgangsbasis für die Ermittlung der Netzentgelte im Rahmen der kostenorientierten Entgeltkalkulation nach § 21 Abs. 2 EnWG bilden.

c) Betriebsführungskosten

Weiter ist zu untersuchen, welche Kostenarten von den „Kosten einer Betriebsführung" im Einzelnen erfasst sind. Im Mittelpunkt steht hierbei die Frage, ob neben den aufwandsgleichen Kosten auch die kalkulatorischen Kosten und damit insbesondere die Kapitalkosten zu den Kosten einer Betriebsführung zu zählen sind.

aa) Wortlaut

Vom Wortlaut der Vorschrift ist es zunächst naheliegend unter den „Kosten einer Betriebsführung" die „Betriebsführungskosten" zu verstehen. Diese werden im allgemeinen Sprachgebrauch regelmäßig von den Investitions- und Gestehungskosten abgegrenzt und umfassen damit die Kosten, die im Zusammenhang mit dem laufenden Betrieb und Unterhalt des Netzes anfallen.[502] Hierzu zählen insbesondere Personal- und Materialkosten. Zu den Investitionskosten zählen hingegen die Kosten, die im Zusammenhang mit der Errichtung und Erweiterung von Netzanlagen anfallen und ihren Niederschlag im Rahmen der Netzentgeltkalkulation insbesondere in kalkulatorischen Kostenpositionen wie den Abschreibungen und der kalkulatorischen Eigenkapitalverzinsung finden. Zu den Gestehungskosten kann man im Zusammenhang mit der Netznutzung nach dem Punktmodell insbesondere die Kosten für die Nutzung der vorgelagerten Netzebene zählen.

Mit Blick auf die externe Rechnungslegung spricht man hinsichtlich des Verzehrs von Gütern oder Dienstleistungen für den laufenden Betrieb von Betriebsaufwand oder betrieblichen Aufwendungen – häufig als Abkürzung des englischen Begriffes „operational expenditure" als OPEX bezeichnet.[503] Abgegrenzt wird dieser von dem Investitions- bzw. Kapitalaufwand, der meist als CAPEX (für „capital expenditure") bezeichnet wird.[504]

Ein Begriffsverständnis, nach dem die Betriebsführungskosten auch die Investitions- bzw. Kapitalkosten umfassen, lässt sich hingegen weder im allgemeinen Sprachgebrauch noch in der wirtschaftswissenschaftlichen Terminologie belegen.

---

502 Vgl. etwa im Tatbestand der Entscheidung des BGH vom 13.2.2008 (VIII ZR 280/05), abrufbar unter www.bundesgerichtshof.de (zuletzt abgerufen am 13.08.2008), im Zusammenhang mit einer vertraglichen Vergütungsregelung.
503 Bundesnetzagentur, Bericht nach § 112a EnWG zur Einführung der Anreizregulierung nach § 21a EnWG vom 30.6.2006, S. 41 f.
504 Bundesnetzagentur, Bericht nach § 112a EnWG zur Einführung der Anreizregulierung nach § 21a EnWG vom 30.6.2006, S. 42.

Damit verbleibt auch für den Begriff der „Kosten einer Betriebsführung" nur ein geringer Interpretationsspielraum. Zwar wird in der juristischen Literatur zu § 21 Abs. 2 EnWG bisweilen implizit angenommen, von den „Kosten einer Betriebsführung" seien auch die Investitions- oder Kapitalkosten umfasst,[505] ohne dass insoweit indes eine nähere Auseinandersetzung mit dem Begriff erfolgt.[506] Wollte man zu einem solchen Ergebnis gelangen, so müsste man zunächst den Begriff der „Betriebsführung" im Sinne von „Unternehmensführung" oder Management verstehen und unter den „Kosten einer Betriebsführung" die Kosten die im weiteren Sinne auf Entscheidungen der Unternehmensführung zurückgehen. Ein solches Verständnis wäre indes mit dem Wortlaut kaum vereinbar, da in diesem Fall nicht von den „Kosten einer Unternehmensführung" sondern von „von der Unternehmensführung verantworteten Kosten" gesprochen werden müsste.

Im Übrigen zeigt sich auch an anderen Stellen des Gesetzes, dass der Gesetzgeber unter dem Betrieb eines Netzes den laufenden Betrieb und nicht die Investitionen in das Netz bzw. den Netzausbau versteht. So heißt es etwa in § 11 Abs. 1 EnWG, dass Betreiber von Energieversorgungsnetzen verpflichtet sind, das Netz diskriminierungsfrei „zu betreiben, zu warten und bedarfsgerecht auszubauen".[507]

Die Abgrenzung der Kosten einer Betriebsführung von den Kapitalkosten verträgt sich auch mit dem weiteren Wortlaut der Regelung des § 21 Abs. 2 EnWG. Dort heißt es, dass die Entgelte *„auf Grundlage der Kosten einer Betriebsführung [...] und einer angemessenen, wettbewerbsfähigen und risikoangepassten Verzinsung des eingesetzten Kapitals gebildet"* werden. Die angemessene wettbewerbsfähige und risikoangepasste Verzinsung des eingesetzten Kapitals bezeichnet letztlich die Kapitalkosten, die für die Entgelte neben den Betriebsführungskosten zu berücksichtigen sind. Zwar wird im Rahmen der Ermittlung der Kapitalkosten teilweise zwischen verschiedenen kalkulatorischen Positionen differenziert, etwa den kalkulatorischen Abschreibungen einerseits und der kalkulatorischen Eigenkapitalverzinsung andererseits. Dies schließt indes nicht aus, diese Elemente unter dem Begriff der Verzinsung des eingesetzten Kapitals zusammenzufassen, da die einzelnen kalkulatorischen Kostenpositionen in einem unmittelbaren Zusammenhang stehen und letztlich erst in ihrer Gesamtheit eine angemessene, wettbewerbsfähige und risikoangepasste Verzinsung des eingesetzten Kapitals sichern. So ist etwa die Festlegung eines bestimmten Zinssatzes im Rahmen der kalkulatorischen Einzelkapitalverzinsung letztlich nicht ausschlaggebend, wenn nicht zugleich im Rahmen der kalkulatorischen Abschreibung die Rückführung des eingesetzten Kapitals gesichert ist.

---

505 *Salje*, EnWG, § 21 Rn. 28.
506 So knüpft *Salje*, EnWG, § 21 Rn. 28, ohne nähere Begründung an den Begriff der Kosten des Netzbetriebs aus §§ 4 ff. StromNEV/GasNEV an.
507 Ähnliche Regelungen finden sich auch in § 12 Abs. 2 und 4 EnWG.

bb) Genese

Wie oben bereits dargestellt, sollte ursprünglich in Anlehnung an § 12 BTOElt an die „Kosten einer energiewirtschaftlich rationellen Betriebsführung" angeknüpft werden.[508] Da sich die Tarifpreisaufsicht auf sämtliche Kosten bezieht,[509] könnte man zunächst annehmen, ein entsprechendes Verständnis sei auch in § 21 Abs. 2 EnWG angestrebt worden. Hierbei wird jedoch übersehen, dass sich die Formulierung in § 12 BTOElt deutlich von der ursprünglich für § 21 Abs. 2 EnWG vorgeschlagenen unterscheidet. In § 12 Abs. 2 S. 1 BTOElt heißt es insoweit wörtlich: *„Die Preisgenehmigung wird nur erteilt, soweit das Elektrizitätsversorgungsunternehmen nachweist, dass entsprechende Preise in Anbetracht der gesamten Kosten- und Erlöslage bei elektrizitätswirtschaftlich rationeller Betriebsführung erforderlich sind."* Im Rahmen der Tarifpreisgenehmigung wird folglich gerade nicht auf die „Kosten einer elektrizitätswirtschaftlich rationellen Betriebsführung" sondern auf die gesamte Kosten- und Erlöslage abgestellt. Die Formulierung „bei elektrizitätswirtschaftlich rationeller Betriebsführung" lässt dabei in § 12 Abs. 2 BTOElt – anderes als § 21 Abs. 2 EnWG – ein Verständnis der „Betriebsführung" im Sinne von „Unternehmensführung" zu. Selbst wenn man die im Regierungsentwurf enthaltene Formulierung „Kosten einer energiewirtschaftlich rationellen Betriebsführung" möglicherweise noch im Sinne von „Kosten bei energiewirtschaftlich rationeller Betriebsführung" hätte verstehen können, ist eine solche Interpretation jedenfalls durch die Streichung der Wörter „energiewirtschaftlich rationellen" bereits nach dem Wortlaut ausgeschlossen, zumal durch den in § 21 Abs. 2 EnWG folgenden Relativsatz nicht die Betriebsführung sondern die Kosten näher charakterisiert werden.

Aus der Entstehungsgeschichte der Norm kann damit keine abweichende Interpretation abgeleitet werden, selbst wenn man zur Auslegung einen Rückgriff auf § 12 BTOElt für zulässig hält, obwohl der Gesetzgeber sich im Laufe des Gesetzgebungsverfahrens ausdrücklich entschlossen hat, diese Bezugnahme zu streichen.

cc) Anlehnung an europarechtliche Vorgaben

Erklärte Absicht des Gesetzgebers war es, sich bei der Formulierung des § 21 Abs. 2 EnWG an den europarechtlichen Vorgaben aus der Stromhandelsverordnung und der Gasfernleitungsverordnung zu orientieren,[510] um zu vermeiden, dass sich im Anwendungsbereich dieser Verordnungen von den sonstigen nationalen Regelungen abweichende Maßstäbe für die Entgeltkalkulation ergeben.

---

508 Siehe oben unter B.II.1.a); vgl. auch *Franke*, ZNER 2003, 195, 200, der sich dafür ausgesprochen hat, die Erfahrungen aus der Tarifpreisgenehmigung aufzugreifen.
509 *Badura/Kern*, Maßstab und Grenzen der Preisaufsicht, S. 34 f.
510 Stellungnahme des Bundesrates, BT-Drs. 15/3917, S. 84.

Art. 4 Abs. 1 der Stromhandelsverordnung sowie Art. 3 Abs. 1 der Gasfernleitungsverordnung knüpfen hierbei daran an, dass die Netzentgelte die tatsächlichen Kosten bzw. die Ist-Kosten widerspiegeln müssen soweit sie denen eines effizienten und strukturell vergleichbaren Netzbetreibers entsprechen. Wie oben bereits ausführlich dargestellt,[511] sind die Begriffe der „tatsächlichen Kosten" bzw. der „Ist-Kosten" im europarechtlichen Kontext als aufwandsgleiche Kosten zu verstehen, die die kalkulatorischen (Kapital-)Kosten nicht umfassen. Der in § 21 Abs. 2 EnWG verwandte, ebenfalls die Kapitalkosten ausschließende Begriff der „Kosten einer Betriebsführung" entspricht damit – wie vom Gesetzgeber angestrebt – den europarechtlichen Vorgaben.

dd) Systematik und Telos

Das gefundene Auslegungsergebnis wird auch durch die Systematik der Entgeltregulierungsvorschriften und den Sinn und Zweck dieser Normen bestätigt. Da die Kosten der Betriebsführung die Kapitalkosten nicht umfassen, wirkt sich der in § 21 Abs. 2 EnWG verankerte, die Ansatzfähigkeit der Kosten beschränkende Vergleich mit einem effizienten und strukturell vergleichbaren Netzbetreiber nicht unmittelbar auf die Ansatzfähigkeit der Kapitalkosten aus. Dies erscheint im Rahmen der kostenorientierten Entgeltkalkulation konsequent, da bei einer Beschränkung aller Kosten auf die eines effizienten Netzbetreibers kaum Raum für die ebenfalls in § 21 Abs. 2 EnWG verankerten Anreize für eine effiziente Leistungserbringung sowie für die zukünftige Anreizregulierung nach § 21a EnWG bliebe. Zudem wäre es auch nicht einsichtig, weshalb im Rahmen der Anreizregulierung nach § 21a Abs. 5 S. 4 EnWG die Effizienzvorgaben ausdrücklich auf ein Maß beschränkt sein müssen, das von dem Netzbetreiber im vorgegebenen Zeitraum auch erreicht werden kann, wenn zugleich bereits im Zuge der kostenorientierten Entgeltkalkulation nur die Kosten eines effizienten Netzbetreibers maßgeblich wären, auch wenn das konkret kalkulierende Unternehmen dieses Maß an Effizienz kurzfristig nicht erreichen kann. Das Problem der mangelnden Erreichbarkeit stellt sich hierbei insbesondere hinsichtlich der Kapitalkosten, da sich diese aus dem Investitionsverhalten über einen Zeitraum von 40 Jahren resultieren.[512]

Auch die allgemeinen in § 1 EnWG verankerten gesetzgeberischen Ziele, die Preisgünstigkeit und Effizienz der Energieversorgung zu sichern, sprechen nicht gegen die Beschränkung des impliziten Vergleichs in § 21 Abs. 2 EnWG auf die Betriebsführungskosten. Vielmehr werden durch die Differenzierung zwischen den Betriebsführungs- und den Kapitalkosten die Ziele des § 1 EnWG – zu denen auch die Sicherheit der Versorgung zählt – in einen angemessenen Ausgleich gebracht. Würde der Ansatz der Kapitalkosten ohne nähere Prüfung beschränkt, obwohl eine entsprechende Reduktion der Kosten kurzfristig nicht möglich ist, könnte hierdurch

---

511 Vgl. oben unter B.I.3.a)bb)(1)(b).
512 *Scholz/Jansen*, ET (Special) 11/2006, S. 20, 21.

die finanzielle Leistungsfähigkeit des Netzbetreibers, die zur Aufrechterhaltung einer sicheren Versorgung erforderlich ist, beeinträchtigt werden. Zudem ist zu bedenken, dass eine vergleichsweise geringere Effizienz mit Blick auf die Kapitalkosten nicht zwingend auf Managementfehler zurückzuführen sein muss, sondern auch das Resultat externer Faktoren wie der Nachfrageentwicklung in einem bestimmten Gebiet sein kann. Zwar mag man derartige Unsicherheiten grundsätzlich zum unternehmerischen Risiko zählen und insoweit eine Schutzwürdigkeit der Netzbetreiber ablehnen, dies gilt indes jedenfalls dann nicht mehr unbeschränkt, wenn der Netzbetreiber infolge seiner Versorgungspflicht Investitionen tätigen muss, die er bei rein wirtschaftlicher Betrachtung unter Risikoaspekten abgelehnt hätte.[513] Folgerichtig wurden im Rahmen der Tarifpreisaufsicht, die Investitionen der Netzbetreiber stets vor dem Hintergrund der Situation zum Zeitpunkt der Investitionsentscheidung geprüft.[514] Der Gesetzgeber hat vor diesem Hintergrund durch die oben bereits erwähnte Regelung in § 21 Abs. 5 S. 4 EnWG eine Interessenabwägung dergestalt getroffen, dass bestehende – auch unverschuldete – Ineffizienzen zwar abgebaut werden sollen, dies jedoch im Rahmen der tatsächlichen Möglichkeiten der Netzbetreiber zur Effizienzsteigerung zu geschehen hat.

Schließlich ist zu bedenken, dass trotz der Unterteilung in Betriebsführungs- und Kapitalkosten auch letztere nicht unbegrenzt ansatzfähig sind. So dürfen nach der Vorschrift des § 21 Abs. 2 S. 2 EnWG Kosten und Kostenbestandteile nicht berücksichtigt werden, die sich im Wettbewerb nicht eingestellt hätten. Hierzu können Betriebsführungs- und Kapitalkosten gleichermaßen zählen.

ee) Zwischenergebnis

Die „Kosten einer Betriebsführung" in § 21 Abs. 2 EnWG umfassen die aufwandsgleichen Kosten des Netzbetriebs, nicht jedoch die (kalkulatorischen) Kapitalkosten. Dies ergibt sich bereits eindeutig aus dem Wortlaut, wird jedoch zudem auch durch die Genese, die Systematik und den Telos, sowie durch die europarechtlichen Vorgaben gestützt.

d) Begrenzung durch den Vergleich mit einem effizienten und strukturell vergleichbaren Netzbetreiber

Nach dem Wortlaut des § 21 Abs. 2 EnWG müssen die Kosten der Betriebsführung denen eines effizienten und strukturell vergleichbaren Netzbetreibers entsprechen. Dieser Vergleichsmaßstab wurde nahezu wörtlich dem europäischen Recht ent-

---

513 Vgl. auch *Koenig/Schellberg*, RdE 2005, 1, 2, mit Blick auf die Investitionen mit Blick auf die Verpflichtungen aus dem EEG und dem KWKG.
514 *Schäfer* in: Bartsch/Röhling/Salje/Scholz, Stromwirtschaft (1. Aufl.), Kap. 63, Rn. 17; *Stappert*, Netznutzungsentgeltkontrolle, VEnergR 128, S. 219 m.w.N.

nommen und findet sich dort in Art. 4 Abs. 1 der Stromhandelsverordnung sowie in Art. 3 Abs. 1 der Gasfernleitungsverordnung. Auf die Auslegung des Vergleichsmaßstabes im europäischen Recht wurde oben bereits eingegangen.[515] Auf diese Ausführungen kann hier Bezug genommen werden, da keine Gründe für eine abweichende Auslegung im nationalen Recht erkennbar sind, zumal der Gesetzgeber ausdrücklich den europäischen Maßstab in das nationale Recht übernehmen wollte.[516] Insoweit gilt auch für § 21 Abs. 2 EnWG, dass die Auswahl der Vergleichsunternehmen durch die Erfordernisse der strukturellen Vergleichbarkeit und der Effizienz eingeschränkt wird. Die teilweise vertretene gegenteilige Auffassung,[517] nach der für den Fall, dass ein strukturell vergleichbarer Netzbetreiber nicht existiert, die Vergleichbarkeit künstlich hergestellt werden kann, ist abzulehnen, da sie sich auf die Rechtsprechung zu § 19 Abs. 4 Nr. 2 GWB stützt,[518] dabei aber verkennt, dass dort gerade nach dem Wortlaut nicht das Erfordernis der „strukturellen" Vergleichbarkeit besteht.[519] Vielmehr ist die Berücksichtigung von Zu- und Abschlägen im Sinne der kartellrechtlichen Praxis regelmäßig auch dann für einen aussagefähigen Vergleich erforderlich, wenn eine strukturelle Vergleichbarkeit besteht.[520]

Wie ebenfalls im Rahmen der europarechtlichen Ausführung bereits dargestellt,[521] ist der Begriff des effizienten Vergleichsunternehmens nicht im Sinne absoluter Effizienz zu verstehen,[522] da eine solche bei realen Unternehmen regelmäßig nicht anzutreffen ist, würde sie doch bedeuten, dass keinerlei Potential für Einsparungen oder Optimierung der Betriebsabläufe besteht. Es muss daher als ausreichend erachtet werden, wenn das herangezogene Vergleichsunternehmen in Relation zu anderen Netzbetreibern effizient erscheint. Zu berücksichtigen ist indes, dass durchaus verschiedene Unternehmen mit unterschiedlich hohen Kosten gleichermaßen effizient sein können, da sich etwa die von ihnen erbrachte Leistung hinsichtlich der Versorgungsqualität oder anderer Faktoren unterscheidet.

So wurde darauf hingewiesen, dass ein Maßstab zur Entgeltbildung, der implizit einen Vergleich mit einem strukturell vergleichbaren effizienten Netzbetreiber vorsieht, die Entgeltbildung durch den einzelnen Netzbetreiber erschwert, da dieser die Kosten anderer Netzbetreiber regelmäßig nicht im Einzelnen kennt.[523] In der Praxis

---

515 Vgl. oben unter B.I.3.a)bb)(1)(b)(bb).
516 Stellungnahme des Bundesrates, BT-Drs. 15/3917, S. 84.
517 Vgl. *Salje*, EnWG, § 21, Rn. 29.
518 BGH, Beschluss vom 22.06.2005 (Stadtwerke Mainz), RdE 2005, 228; kritisch zu dieser Entscheidung: *Haus/Jansen*, ZWeR 2006, 77 ff.
519 Der Vergleich eines kleineren Stadtwerkes mit einem strukturell nicht vergleichbaren Regionalversorger verbietet sich insoweit im Rahmen von § 21 Abs. 2 EnWG.
520 Vgl. zum Kartellrecht: *Pohlmann*, FS Baur, 535, 540; *Möschel*, in: Immenga/Mestmäcker, GWB, § 19 Rn. 164; *Bechtold*, GWB, § 19 Rn. 78.
521 Vgl. oben unter B.I.3.a)bb)(1)(bb).
522 Vgl. auch *Büdenbender*, Kostenorientierte Regulierung, S. 67, der vor dem Hintergrund der Konkretisierung durch § 21 Abs. 3 und 4 den Durchschnitt als Effizienzmaßstab für normativ vorgegeben hält; *Meyer* in: Bartsch/Röhling/Salje/Scholz, Stromwirtschaft, Kapitel 48, Rn. 12 f.
523 Vgl. *Salje*, EnWG, §21, Rn. 30.

ist insoweit davon auszugehen, dass sich die Netzbetreiber regelmäßig selbst als effizient bezeichnen werden und daher im Rahmen der Entgeltkalkulation zunächst ihre tatsächlichen Kosten ansetzen.[524] Wenn in der Vergangenheit Ineffizienzen festgestellt wurden, werden sie bestrebt sein, diese im Rahmen der unternehmensinternen Kontrolle abzubauen. Da sich der Vergleich – wie oben dargestellt[525] – auf den Bereich der Betriebsführungskosten beschränkt, dürfte hierzu in vielen Fällen verhältnismäßig kurzfristig die tatsächliche Möglichkeit bestehen. Die unternehmensinterne Kostenkontrolle auf Basis des Maßstabes des § 21 Abs. 2 EnWG unterscheidet sich diesbezüglich nicht grundsätzlich von der im Tarifpreisrecht durch die Anforderung der elektrizitätswirtschaftlich rationellen Betriebsführung geforderten.[526] Der Regulierungsbehörde kommt hingegen im Rahmen der ex-ante Kontrolle der Netzentgelte die Aufgabe zu, die Selbsteinschätzung der Netzbetreiber extern in Form des Vergleichs verschiedener Netzbetreiber zu überprüfen.[527]

e) Abgrenzung zum Maßstab der elektrizitätswirtschaftlich rationellen Betriebsführung

Der Maßstab der Kostenermittlung in § 21 Abs. 2 EnWG unterscheidet sich in verschiedenerlei Weise grundlegend von dem tradierten Maßstab der Tarifpreisgenehmigung in § 12 Abs. 2 BTOElt. Im Tarifpreisrecht wird durch die „elektrizitätswirtschaftlich rationelle Betriebsführung" die Art der Unternehmenssteuerung charakterisiert, die letztlich die Verantwortung für die gesamte Kosten- und Erlöslage trägt. Die Frage, ob eine bestimmte Entscheidung einer rationellen Betriebsführung entspricht, kann jeweils nur mit Blick auf die Umstände zum Zeitpunkt der Entscheidung beurteilt werden.[528] Demgegenüber kommt es mit Blick auf den Maßstab des § 21 Abs. 2 EnWG darauf an, dass die aktuellen Kosten denen eines vergleichbaren effizienten Netzbetreibers entsprechen, und zwar grundsätzlich unabhängig davon, ob die in der Vergangenheit getroffenen Entscheidungen den Ansprüchen einer rationellen Betriebsführung entsprechen oder nicht. Zwar wird sich regelmäßig in Folge einer rationellen Betriebsführung auch ein effizient wirtschaftendes Unter-

---

524 Im Rahmen der ex-ante Entgeltgenehmigung besteht grundsätzlich kein Anreiz für die Netzbetreiber bestimmte Kosten nicht geltend zu machen. In einigen Fällen hat allerdings die befürchtete negative Öffentlichkeitswirkung einer starken Entgeltkürzung durch die Regulierungsbehörde dazu geführt, dass die Unternehmen ihren Genehmigungsantrag (nachträglich) an den Vorstellungen der Regulierungsbehörde ausgerichtet haben.
525 Vgl. oben unter B.II.1.c).
526 *Büdenbender*, DVBl. 2006, 197, 201.
527 *Büdenbender*, Kostenorientierte Regulierung, S. 46 ff., vertritt insoweit die Auffassung, dass der Vergleich aufgrund der abschließenden Konkretisierung des Unternehmensvergleichs durch § 21 Abs. 3 und 4 EnWG nur im Rahmen des in den Entgeltverordnungen näher ausgestalteten Strukturklassenvergleichs erfolgen kann.
528 *Schäfer* in: Bartsch/Röhling/Salje/Scholz, Stromwirtschaft (1. Aufl.), Kap. 63, Rn. 17; *Stappert*, Netznutzungsentgeltkontrolle, VEnergR 128, S. 219 m.w.N.

nehmen ergeben, zwingend ist dieser Schluss indes nicht. So ist es beispielsweise denkbar, dass ein Unternehmen trotz einer stets vollständig rationellen Betriebsführung aufgrund von externen, nicht voraussehbaren Umständen zu einem bestimmten Zeitpunkt ineffizient ist.[529] Umgekehrt kann ein Unternehmen auch effizient sein, obwohl den Anforderungen an die rationelle Betriebsführung nicht stets genüge getan wurde.[530]

Da mit Blick auf die vom Vergleichsmaßstab in § 21 Abs. 2 EnWG erfassten Betriebsführungskosten der Zeitpunkt der Entstehung der Kosten und der möglichen Einflussnahme häufig nicht allzu weit auseinander liegt, dürften sich dennoch nur selten divergierende Ergebnisse zwischen den Anforderungen an eine rationelle Betriebsführung und an effizienten Betriebsführungskosten ergeben. Auf Ebene der behördlichen Aufsicht erscheint der Maßstab des § 21 Abs. 2 EnWG indes strenger, da sich im Ergebnis leichter nachweisen lassen dürfte, dass die Kosten nicht denen eines vergleichbaren effizienten Netzbetreibers entsprechen, als dass bestimmte die Kosten verursachende Entscheidungen nicht den Anforderungen einer elektrizitätswirtschaftlich rationellen Betriebsführung entsprachen.

f) Abgrenzung zum Maßstab der Kosten einer effizienten Leistungsbereitstellung

Auch die Kosten einer effizienten Leistungsbereitstellung stellen einen sich erheblich von § 21 Abs. 2 EnWG unterscheidenden Ansatz der Entgeltregulierung dar.[531] Zum einen bezieht sich dieser Maßstab auf die Gesamtkosten einschließlich der (kalkulatorischen) Kapitalkosten und zum anderen ermöglicht der Begriff der effizienten Leistungsbereitstellung die Anknüpfung an – etwa auf der Basis von Modellrechnungen – hypothetisch ermittelte Kosten,[532] während nach § 21 Abs. 2 EnWG stets auf die realen Kosten des kalkulierenden Unternehmens bzw. des zum Vergleich herangezogenen Unternehmens abzustellen ist.[533]

Umgekehrt wird man die Anforderungen des § 21 Abs. 2 EnWG jedenfalls dann als erfüllt ansehen müssen, wenn die vom Netzbetreiber angesetzten Kosten, denen einer effizienten Leistungserbringung genügen. Dies ergibt sich zum einen daraus,

---

529 Dies kann etwa der Fall sein, wenn unvorhersehbar ein Großkunde das Netzgebiet verlässt und das Netz für die verbleibenden Kunden überdimensioniert ist.

530 So kann ein ineffizientes, überdimensioniertes Netz durch den unerwarteten Zuzug eines Großkunden effizient werden.

531 Weit gehenden Ähnlichkeiten sehen hingegen *Kühling/el-Barudi*, DVBl. 2005, 1470, 1477, allerdings von dem Hintergrund, dass im Telekommunikationssektor unter dem Maßstab der effizienten Leistungsbereitstellung ein pragmatischer Ansatz gewählt wurde, der zunächst von den vorhandenen Netzstrukturen ausging; Ähnlichkeiten sehen auch *Kühne/Brodowski*, NVwZ 2005, 849, 852; vgl. auch *Koenig/Schellberg*, RdE 2005, 1, 2; kritisch zur Regulierung im TK-Sektor: *Geppert/Ruhle*, N&R 2005, 13 ff.

532 Vgl. *Kühling/el-Barudi*, DVBl. 2005, 1470, 1477; vgl. auch *Becker*, K&R 1999, 112, 114; *Koenig/Rasbach*, IR 2004, 26, 27.

533 Anders *Kühling/el-Barudi*, DVBl. 2005, 1470, 1478, die analytische Kostenmodelle unabhängig vom gesetzlichen Maßstab als Methode für zulässig halten.

dass ein effizient wirtschaftendes Unternehmen den Anforderungen des Vergleichs der Kosten der Betriebsführung in § 21 Abs. 2 EnWG entsprechen wird, und wird zudem dadurch bestätigt, dass durch die in § 21 Abs. 2 EnWG vorgesehene Berücksichtigung von Anreizen für eine effiziente Leistungserbringung zum Ausdruck gebracht wird, dass die effiziente Leistungserbringung das langfristige Ziel der Entgeltregulierung darstellt.

2. Kapitalverzinsung

Nach der Regelung in § 21 Abs. 2 EnWG müssen die Netzentgelte u. a. auf Grundlage einer angemessenen, wettbewerbsfähigen und risikoangepassten Verzinsung des eingesetzten Kapitals gebildet werden. Die drei die Verzinsung konkretisierenden Begriffe, von denen die Wettbewerbsfähigkeit und die Risikoangepasstheit erst gegen Ende des Gesetzgebungsverfahrens ergänzt wurden,[534] weisen inhaltlich deutliche Überschneidungen auf. So wird etwa nur eine risikoangepasste Verzinsung wettbewerbsfähig sein und nur eine wettbewerbsfähige Verzinsung angemessen. Dennoch wird durch die Kriterien der Wettbewerbsfähigkeit und Risikoangepasstheit jeweils ein bestimmtes Merkmal hervorgehoben, das letztlich die Angemessenheit der Verzinsung konkretisiert.

a) Das Kriterium der Wettbewerbsfähigkeit

Wettbewerbsfähig ist die Kapitalverzinsung dann, wenn sich zu dem gebotenen Zinssatz ausreichend viele Kapitalgeber bereitfinden, in das Energieversorgungsnetz zu investieren. Die Wettbewerbsfähigkeit ist daher kaum abstrakt definierbar, sondern letztlich das Ergebnis eines Marktprozesses, der durch zahlreiche Faktoren beeinflusst werden kann. Nicht wettbewerbsfähig ist die Kapitalverzinsung jedenfalls dann, wenn potentielle Kapitalgeber durch andere Anlageformen bei gleichem oder geringerem Risiko eine höhere Rendite erzielen können. Vor diesem Hintergrund wird zur Bemessung der Höhe der Eigenkapitalverzinsung im Ausgangspunkt meist an die Umlaufrendite festverzinslicher Wertpapiere inländischer Emittenten angeknüpft, da diese grundsätzlich jedem Kapitalgeber als alternative – weitgehend risikolose – Anlageform zur Verfügung stehen. Wird die dort erzielbare Rendite nicht erreicht, wird sich kein Kapitalgeber bereitfinden, in ein Energieversorgungsnetz zu investieren.[535]

Der Vergleich mit einer Wertpapieranlage kann jedoch auch bei zusätzlicher Berücksichtigung eines Risikozuschlages[536] nur einen recht groben Anhaltspunkt für

---

534 Vgl. BT-Drs. 15/5268, S. 32.
535 Vgl. zur Mindestverzinsung oben unten B.I.3.a)bb)(4)(c)(dd); vgl. zu den Erwartungen der Shareholder auch *Beckers/Engelbertz/Spitzer/Edelmann*, ET 2002, 380 ff.
536 Hierzu sogleich unter B.II.2.b).

die tatsächliche Wettbewerbsfähigkeit der zu berücksichtigenden Eigenkapitalverzinsung bieten. Ein zentrales Problem liegt hierbei darin, dass die von Unternehmen erwirtschafteten Gewinne steuerlich nicht genauso behandelt werden, wie die Zins- oder Kursgewinne bei einer Kapitalanlage in festverzinslichen Wertpapieren. Augenscheinlichster Unterschied sind dabei die Gewerbesteuern, die bei einer Wertpapieranlage nicht anfallen. Hinzu kommt, dass die steuerliche Gewinnermittlung auf Basis des Jahresabschlusses regelmäßig nicht mit dem kalkulatorisch in Form der Eigenkapitalverzinsung angesetzten Gewinn übereinstimmt. Soll die wettbewerbsfähige Verzinsung folglich unter Rückgriff auf die Rendite festverzinslicher Wertpapiere ermittelt werden, müssen die steuerrechtlichen Unterschiede kostenrechnerisch neutralisiert werden, um sicherzustellen, dass die effektive Rendite für den Kapitalgeber tatsächlich mindestens das Niveau der zum Vergleich herangezogenen Wertpapierrendite erreicht.[537]

Neben den steuerrechtlichen Unterschieden und den bei einer Investition in einen Netzbetreiber bestehenden Risiken können mit Blick auf die Wettbewerbsfähigkeit der Verzinsung jedoch noch weitere Faktoren eine Rolle spielen. So können Wertpapiere problemlos jederzeit verkauft und so liquidiert werden, während der Verkauf von Unternehmensanteilen – in Abhängigkeit von der Gesellschaftsform – häufig mit deutlich höherem Aufwand verbunden ist. Diese Flexibilitätseinbuße führt im Zweifel ebenfalls zu höheren Renditeerwartungen potentieller Kapitalgeber.

b) Das Kriterium der Risikoangepasstheit

Entscheidend für die Wettbewerbsfähigkeit der Eigenkapitalverzinsung ist insbesondere, dass sie das mit der Investition in einen Netzbetreiber typischerweise verbundene Risiko angemessen widerspiegelt.[538] Nachdem die Kartellbehörden ursprünglich die Notwendigkeit der Berücksichtigung eines Wagniszuschlags verneint hatten,[539] ist seine Berücksichtigung inzwischen weitgehend unstreitig[540] und durch die Aufnahme des Kriteriums der Risikoangepasstheit auch explizit im Gesetz verankert.

Zur Herleitung des Wagniszuschlags lassen sich zwei Begründungsansätze verfolgen. Zum einen kann man versuchen, einzelne Risiken zu identifizieren, die durch eine entsprechend höhere Verzinsung ausgeglichen werden müssen, damit die Anla-

---

537 Vgl. hierzu auch unten unter C.III.1.a).
538 Vgl. *Gerke*, Risikoadjustierte Bestimmung des Kalkulationszinssatzes in der Stromnetzkalkulation, S. 3 f.
539 Kartellbehörden, Bericht der Arbeitsgruppe Netznutzung, S. 36; Bundeskartellamt, Beschluss vom 14.2.2003 (TEAG), ZNER 2003, 145 ff..
540 Vgl. *Sieben/Maltry*, Bestimmung von Netznutzungsentgelten, S. 58 ff.; *Schmidt-Preuß*, Substanzerhaltung und Eigentum, VEnergR 109, 65 ff.; *Stappert*, Netznutzungsentgeltkontrolle, VEnergR 128, S. 256 ff.; *Büdenbender*, RdE 2004, 284, 294.

ge im Vergleich zur Anlage in festverzinslichen Wertpapieren attraktiv bleibt.[541] Der Vorteil dieses Ansatzes besteht darin, dass sich einerseits die Notwendigkeit einer Risikoprämie leicht verdeutlichen lässt, und Faktoren identifiziert werden können, die auf die Höhe der Risikoprämie wirken. Der Nachteil besteht darin, dass die Höhe des Wagniszuschlages auf diese Weise kaum quantifiziert werden kann. Zum anderen kann man zur Ermittlung des Wagniszuschlages eine kapitalmarktorientierte Betrachtung wählen.[542] Diese bietet zwar keinen Erklärungsansatz für die im Einzelnen für den Kapitalgeber bestehenden Risiken, ermöglicht es jedoch die Höhe der von Kapitalgebern am Markt bei Investitionen in einen Netzbetreiber geforderten Risikoprämie zu bestimmen.

aa) Auswirkungen der Risiken auf die Verzinsungserwartung

Im Vergleich zur Anlage von Kapital in festverzinslichen Wertpapieren ergeben sich bei der Investition in ein Unternehmen grundsätzlich zusätzliche Risiken, die gemeinhin auch als allgemeines Unternehmerwagnis bezeichnet werden.[543] Hierunter werden im Einzelnen nicht näher quantifizierbare etwa aus Konjunktureinbrüchen, Nachfrageverschiebungen oder technischem Fortschritt resultierende Risiken verstanden, die entweder nicht einzeln versicherbar sind oder deren Versicherung aus betriebswirtschaftlichen Zweckmäßigkeitsüberlegungen üblicherweise unterbleibt.[544] Aus Sicht des Kapitalgebers wird man hierzu beispielsweise auch Verluste infolge von Missmanagement zählen müssen, da ihn ein vergleichbares Risiko bei der Anlage in festverzinsliche Wertpapiere nicht trifft.

Das zentrale „Risiko" für den Kapitalgeber bei einer Investition in einen Netzbetreiber liegt indes darin, dass er die eigentlich vorgesehene Eigenkapitalverzinsung nicht erreicht, da im Rahmen der Entgeltregulierung die Selbstkosten des Netzbetreibers etwa aufgrund mangelnder Effizienz nicht vollständig anerkannt werden und hierdurch seine reale Rendite sinkt.[545] Wie oben bereits dargestellt[546] ist eine derartige Beschränkung des Ansatzes der tatsächlichen Selbstkosten durch den Vergleich mit den Betriebsführungskosten eines strukturell vergleichbaren effizienten Unternehmens bereits im Gesetz ausdrücklich angelegt.

---

541 Vgl. *Männel*, Bedeutung kalkulationsrelevanter allgemeiner Unternehmerrisiken des Stromverteilungsgeschäfts, S. 18 ff.
542 Vgl. *Gerke*, Risikoadjustierte Bestimmung des Kalkulationszinssatzes in der Stromnetzkalkulation, S. 20 ff.
543 Vgl. *Männel*, Bedeutung kalkulationsrelevanter allgemeiner Unternehmerrisiken des Stromverteilungsgeschäfts, S. 18; *Sieben/Maltry*, Bestimmung von Netznutzungsentgelten, S. 60.
544 PWC, Allgemeines Unternehmerwagnis bei der Kalkulation von Durchleitungsentgelten, S. 5; *Wöhe*, Allgemeine Betriebswirtschaftslehre (22. Aufl.), S. 1093; Institut der Wirtschaftsprüfer, Handbuch für Rechnungslegung, S. 69; vgl. auch Nr. 47 Abs. 2 LSP.
545 Vgl. zu den steigenden Risiken im Rahmen der Anreizregulierung: *Böwing/Franz*, ET 10/2007, 26, 28.
546 Vgl. oben unter B.II.1.d).

Zudem ist zu bedenken, dass durch die Festlegung der kalkulatorischen Eigenkapitalverzinsung im Rahmen der kostenorientierten Entgeltkalkulation nicht die erwartete sondern die maximale Eigenkapitalverzinsung bestimmt wird. Anders ausgedrückt erreicht das Unternehmen die festgeschriebene Höhe der Eigenkapitalverzinsung realiter nur dann, wenn die tatsächlichen Selbstkosten des Unternehmens auch im Übrigen vollständig anerkannt werden. Da jedoch eine erhebliche Wahrscheinlichkeit besteht, dass ein Netzbetreiber – verschuldet oder unverschuldet – nicht stets vollständig den Anforderungen der Entgeltregulierung genügt, wird der Kapitalgeber dieses Risiko bei der Ermittlung der von ihm durchschnittlich erwarteten Rendite berücksichtigen. Beträgt der regulatorisch festgelegte Eigenkapitalzinssatz z. B. 6 % und geht der Eigenkapitalgeber davon aus, dass eine 50 % Wahrscheinlichkeit besteht, dass er aufgrund von nicht anerkannten Selbstkosten nur eine Rendite von 3 % erzielen kann, so beträgt der vom Investor zugrunde gelegte Erwartungswert für die Kapitalverzinsung bei einer Investition in den Netzbetreiber 4,5 %. Liegt dieser Wert nicht über dem Zins für festverzinsliche Wertpapiere, so wird er nicht bereit sein, in den Netzbetrieb zu investieren. Selbst wenn der Erwartungswert jedoch der Verzinsung festverzinslicher Wertpapiere entspricht, wird ein risikoaverser Kapitalgeber eine zusätzliche „Prämie" dafür fordern, das Risiko einzugehen, sich unter Umständen mit einer niedrigeren Rendite begnügen zu müssen.

Festhalten lässt sich insoweit, dass die Ausgestaltung des Regulierungssystems insgesamt erhebliche Auswirkungen darauf hat, welcher Eigenkapitalzins unter Berücksichtigung des bestehenden Risikos als wettbewerbsfähig bezeichnet werden kann. Vereinfacht wird man insoweit sagen können, dass die festgelegte Eigenkapitalverzinsung umso höher ausfallen muss, je strenger die Prüfung der Kosten unter Effizienz- und Vergleichsbetrachtungen erfolgt.[547] Dies gilt in besonderem Maße solange auch besonders effiziente Unternehmen keine Chance haben eine Eigenkapitalverzinsung zu erzielen, die den festgelegten Zinssatz übersteigt.[548]

bb) Kapitalmarktorientierte Betrachtung

Um die Verzinsungserwartungen der aktuellen und potentiellen Eigenkapitalgeber zu bestimmen, wird in der Praxis häufig auf das Capital Asset Pricing Model (CAPM) zurückgegriffen. Es basiert auf den Erkenntnissen der Portfoliotheorie und ermöglicht die Feststellung, welchen Preis die Investoren im Kapitalmarktgleichgewicht für die Übernahme von Risiken fordern.[549]

---

547 Vgl. auch *Böwing/Franz*, ET 10/2007, 26, 28.
548 Im Rahmen der Anreizregulierung kann die Eigenkapitalverzinsung indes höher ausfällt, wenn es dem Unternehmen gelingt Ineffizienzen schneller abzubauen als von der Regulierungsbehörde vorgegeben. Dies ist allerdings nur ein vorübergehender Effekt, da die Möglichkeit wieder entfällt, wenn ein Unternehmen alle Rationalisierungspotentiale ausgeschöpft hat.
549 Vgl. *Wöhe*, Allgemeine Betriebswirtschaftslehre, S. 680; siehe auch Institut der Wirtschaftsprüfer, Handbuch für Rechnungslegung, S. 73; Bundesnetzagentur, Beschluss vom

(1) Inhalt des Capital Asset Pricing Models

Ausgangspunkt ist dabei die Überlegung, dass ein Kapitalgeber das bei der Investition in ein bestimmtes Unternehmen bestehende Gesamtrisiko zu einem gewissen Teil durch Diversifikation seines Portfolios beseitigen kann.[550] Dabei wird der Teil des Risikos, der durch Diversifikation beseitigt werden kann, als unsystematisches Risiko bezeichnet, während das verbleibende Risiko das systematische Risiko darstellt.[551] Folgerichtig geht man vor dem Hintergrund der Prämisse eines perfekten Kapitalmarktes weiter davon aus, dass der Kapitalgeber keine gesonderte Vergütung für das unsystematische Risiko erhält, da es sich letztlich um ein unnötig übernommenes Risiko handelt, das durch entsprechende Diversifikation hätte ausgeglichen werden können. Ein vollständig diversifiziertes Portfolio weist demgegenüber nur ein systematisches Risiko aus. Ein solches vollständig diversifiziertes Portfolio stellt das sog. Marktportfolio dar, das sämtliche am Markt gehandelten risikobehafteten Wertpapiere im Verhältnis ihrer Marktwerte enthält.[552] Die Marktrisikoprämie lässt sich empirisch durch Beobachtung der Verzinsung bzw. der Wertentwicklung des Marktportfolios unter Abzug des risikofreien Zinses ermitteln.[553]

Die von einem Kapitalgeber für ein konkretes Wertpapier innerhalb des Marktportfolios erwartete Rendite hängt unter Berücksichtigung der Portfoliotheorie davon ab, in welcher Weise die Rendite bzw. Wertentwicklung des Wertpapiers mit der des Marktportfolios korreliert. Der sog. Beta-Faktor stellt ein standardisiertes Maß für diese Korrelation dar und ist für das Marktportfolio auf 1 normiert.[554]

Unterstellt man vereinfachend, dass das systematische Risiko allein in dem Risiko allgemeiner Konjunkturschwankungen besteht, so bedeutet ein Beta > 1, dass eine Anlage überproportional stark auf Konjunkturschwankungen reagiert und damit tendenziell zur Erhöhung des Risikos des Marktportfolios beiträgt. Ein Beta < 1 weist hingegen auf einen unterproportionalen Einfluss von Konjunkturschwankungen hin und trägt damit zu einer Reduzierung des systematischen Risikos bei.[555] Dementsprechend liegt die von einem Kapitalgeber für eine bestimmte Anlage erwartete Risikoprämie über der Marktrisikoprämie, wenn diese Anlage ein Beta > 1 aufweist und unter der Marktrisikoprämie, wenn sie ein Beta < 1 aufweist.[556]

07.07.2008, BK4-08-068, Umdruck S. 11 f. (abrufbar unter www.bundesnetzagentur.de, zuletzt abgerufen am 13.08.2008).

550 Vgl. *Wöhe*, Allgemeine Betriebswirtschaftslehre, S. 684; siehe auch Bundesnetzagentur, Beschluss vom 07.07.2008, BK4-08-068, Umdruck S. 13 (abrufbar unter www.bundesnetzagentur.de, zuletzt abgerufen am 13.08.2008).
551 Vgl. *Wöhe*, Allgemeine Betriebswirtschaftslehre, S. 682; *Sieben/Maltry*, Bestimmung von Netznutzungsentgelten, S. 62.
552 *Wöhe*, Allgemeine Betriebswirtschaftslehre, S. 682.
553 Vgl. Bundesnetzagentur, Beschluss vom 07.07.2008, BK4-08-068, Umdruck S. 14 f. (abrufbar unter www.bundesnetzagentur.de, zuletzt abgerufen am 13.08.2008).
554 *Wöhe*, Allgemeine Betriebswirtschaftslehre, S. 685; Institut der Wirtschaftsprüfer, Handbuch für Rechnungslegung, S. 73 f.
555 *Wöhe*, Allgemeine Betriebswirtschaftslehre, S. 685.
556 Vgl. *Sieben/Maltry*, Bestimmung von Netznutzungsentgelten, S. 62.

Da sich das Beta für ein bestimmtes am Kapitalmarkt gehandeltes Wertpapier ebenfalls empirisch ermitteln lässt, kann die von den Kapitalgebern für dieses Wertpapier erwartete Verzinsung rechnerisch quantifiziert werden.[557]

Die zentrale Aussage des Capital Asset Pricing Model lässt sich in folgender Formel zusammenfassen:[558]

$$\mu_i = r_f + (\mu_m - r_f) \cdot \beta_i$$

μ_i : erwartete Rendite für eine konkrete Anlage

r_f : risikofreier Zins

μ_m : erwartete Rendite des Marktportfolios

$$\beta_i = \frac{Cov(r_i; r_m)}{\sigma_m^2} \qquad \beta_m = 1$$

Auch wenn gegen die dem Capital Asset Pricing Model zugrunde liegenden Annahmen teilweise Bedenken geltend gemacht werden, handelt es sich um ein in sich geschlossenes und logisch konsistentes Modell, das geeignet ist die unterschiedlichen Risiken und Ertragserwartungen zu erklären.[559] Praktische Probleme ergeben sich bislang mit Blick auf die Bewertung von Verzinsungserwartungen für Netzbetreiber unter anderem daraus, dass nur vereinzelt börsennotierte reine Netzbetreiber existieren, die zur empirischen Ermittlung der Beta-Faktoren herangezogen werden können.[560]

(2) Geeignetheit zur Bestimmung der kalkulatorischen Eigenkapitalverzinsung?

Die grundsätzliche Eignung des Capital Asset Pricing Model zur Ermittlung der kalkulatorischen Eigenkapitalverzinsung ist weithin anerkannt. Dies gilt sowohl mit Blick auf die Ermittlung der Kapitalkosten bei Unsicherheit im Allgemeinen,[561] als auch für die Bestimmung des Eigenkapitalzinssatzes im Rahmen der kostenorientierten Entgeltregulierung.[562] Mit Blick auf die Netzentgelte wurde dieses Verfahren

---

557 Vgl. zur Ermittlung des Beta-Faktors für Gasnetzbetreiber: *Diedrich*, N&R 2005, 16, 19 ff.
558 Vgl. auch *Schäffner*, ET 12/2006, 46, 47; *Haubold/Glatfeld*, ET 10/2007, 108, 110; *Reiners*, Bemessung kalkulatorischer Kosten, S. 209; *Diedrich*, N&R 2005, 16, 18; *Hern/Haug*, ET 6/2008, 26, 27.
559 In diesem Sinne auch *Wöhe*, Allgemeine Betriebswirtschaftslehre, S. 686.
560 Vgl. *Haubold/Glatfeld*, ET 10/2007, 108, 110, die den Rückgriff auf Energieversorger und ausländische Netzbetreiber vorschlagen und zudem auf Methoden verweisen, die Beta-Faktoren auch für nicht börsennotierte Unternehmen zu ermitteln; siehe auch *Hern/Haug*, ET 6/2008, S. 26, 27.
561 Vgl. *Wöhe*, Allgemeine Betriebswirtschaftslehre, S. 680.
562 Vgl. *Gerke*, Risikoadjustierte Bestimmung des Kalkulationszinssatzes in der Stromnetzkalkulation, S. 16.

bereits in der Vergangenheit angewandt und ist zudem in den Entgeltverordnungen verankert.[563]

Ein bislang in der Literatur – soweit ersichtlich – wenig beachtetes Problem besteht indes darin, dass auf Grundlage des CAPM der Erwartungswert für die Kapitalverzinsung unter Berücksichtigung des Risikos ermittelt wird, durch die Festlegung des Eigenkapitalzinssatzes hingegen – wie oben bereits dargestellt[564] – gerade nicht der Erwartungswert für die Kapitalverzinsung, sondern die maximale Kapitalverzinsung[565] bestimmt wird. Wird folglich der im Rahmen des CAPM ermittelte Zinssatz unmittelbar zur Berechnung der kalkulatorischen Eigenkapitalverzinsung zugrunde gelegt, so wird die von den Kapitalgebern real aufgrund der regulatorischen Rahmenbedingungen erwartete Verzinsung niedriger ausfallen mit der Konsequenz, dass die Anlage für Kapitalgeber nicht ausreichend attraktiv ist, da die erwartete Verzinsung eben nicht dem nach dem CAPM ermittelten Niveau entspricht.

Solange die im Rahmen der Entgeltregulierungsvorschriften festgelegte Eigenkapitalverzinsung den Charakter einer Renditeobergrenze hat, muss dieser Zinssatz daher aus der kapitalmarktorientierten Sicht höher ausfallen als auf Basis des CAPM festgestellt. Die direkte Übernahme des auf Basis des CAPM ermittelten Wertes wäre hingegen dann gerechtfertigt, wenn im Rahmen der Entgeltregulierungsvorschriften der Zins festgelegt würde, den ein Netzbetreiber im Durchschnitt erwarten kann. Eine andere Beurteilung wäre auch dann geboten, wenn die Netzbetreiber etwa im Rahmen der Anreizregulierung die realistische Chance erhalten, jedenfalls vorübergehend deutlich höhere Renditen zu erzielen, wenn sie die Effizienzvorgaben übererfüllen.[566] Da mit der Anreizregulierung jedoch auch die Risiken steigen[567] die vorgesehene Rendite nicht zu erreichen, ist darauf zu achten, dass diese regulatorischen Risiken bei der Ermittlung des Beta-Faktors berücksichtigt werden.[568]

Dies schließt allerdings auch für einen streng kostenorientierten Regulierungsansatz die Anwendung des CAPM nicht aus. Die Festlegung des Eigenkapitalzinssatzes darf nur nicht unmittelbar auf die Ergebnisse des CAPM gestützt werden. Vielmehr muss der Eigenkapitalzinssatz so festgelegt werden, dass die Kapitalgeber als Folge im Durchschnitt eine reale Rendite erwarten können, die dem nach dem

---

563 Vgl. § 7 Abs. 5 Nr. 1 StromNEV und § 7 Abs. 5 Nr. 1 GasNEV, wobei allerdings das CAPM nicht explizit genannt ist; vgl. auch Bundesnetzagentur, Beschluss vom 7.7.2008, BK4-08-068, Umdruck, S. 11 (abrufbar unter www.bundesnetzagentur.de, zuletzt abgerufen am 13.08.2008).
564 Vgl. oben unter B.II.2.b)aa).
565 Vgl. auch *Schäffner*, ET 12/2006, 46, 49.
566 Hieran bestehen allerdings für die Praxis ernsthafte Zweifel, vgl. *Scholz/Jansen*, ET (Special) 11/2006, S. 20 ff.; vgl. auch *Balzer/Schönefuß*, RdE 2006, 213 ff.; *Balzer/Schönefuß*, ET 6/2006, 20 ff.
567 Vgl. *Böwing/Franz*, ET 10/2007, 26.
568 Dies erschwert die Ermittlung des Beta-Faktors deutlich, da sich die regulatorischen Risiken vor der Einführung der Anreizregulierung noch nicht im Markt niedergeschlagen haben. Sinnvoll ist es insoweit auch auf ausländische Netzbetreiber zurückzugreifen, die bereits der Anreizregulierung unterliegen, wobei jedoch die unterschiedliche Ausgestaltung der Anreizregulierung im Auge zu behalten ist; vgl. auch *Böwing/Franz*, ET 10/2007, 26, 30.

CAPM ermittelten Wert entspricht. Die von den Kapitalgebern erwarteten realen Renditen können dabei anhand der Erfahrungen aus den vorausgegangen Regulierungsrunden abgeschätzt werden. Dies setzt freilich eine gewisse Konstanz in der Regulierungspraxis voraus.

c) Das Kriterium der Angemessenheit

Grundsätzlich dürfte davon auszugehen sein, dass eine wettbewerbsfähige und risikoangepasste Verzinsung des eingesetzten Kapitals auch angemessen ist. Im Übrigen ist die Angemessenheit der Verzinsung inhaltlich eng mit der Angemessenheit des Gesamtentgeltes nach § 21 Abs. 1 EnWG verknüpft, da sich bei einer (real) unangemessen Verzinsung auch ein insgesamt unangemessenes Entgelt ergeben wird und umgekehrt ein unangemessenes Entgelt auch zu einer (real) unangemessenen Verzinsung des eingesetzten Kapitals führen wird.[569] Insoweit kann folglich ergänzend auf die obigen Ausführungen zum Begriff der Angemessenheit in § 21 Abs. 1 EnWG verwiesen werden.[570]

Im Folgenden soll daher nur auf einige über die oben bereits dargestellten Gesichtspunkte hinausgehende Aspekte eingegangen werden, die bei der Ermittlung einer angemessenen Eigenkapitalverzinsung von Bedeutung sind.

aa) Vergleich mit ausländischen Märkten

Ein neben der kapitalmarktorientierten Betrachtung und der Identifikation von Einzelrisiken diskutiertes Verfahren zur Bestimmung einer angemessen Eigenkapitalverzinsung besteht darin, die durchschnittliche Verzinsung des Eigenkapitals von Netzbetreiber auf ausländischen Märkten als Referenz heranzuziehen.[571] Ein solches Vorgehen ist methodisch jedoch bedenklich, da in den meisten der zum Vergleich herangezogenen Ländern die Netzentgelte ebenfalls reguliert sind.[572] Es leuchtet insoweit nicht ohne Weiteres ein, weshalb die Übernahme des in einem anderen Land festgelegten Eigenkapitalzinssatzes ein besseres Ergebnis liefern sollte als die Übernahme der in diesem Land angewandten Methode zur Ermittlung des Zinssatzes. Zudem besteht die Gefahr, dass in dem zum Vergleich herangezogenen Land der Zins ebenfalls unter Rückgriff auf ausländische Märkte bestimmt wird. Theoretisch kann es so zu einem Zirkelschluss bzw. einer Auf- oder Abwärtsspirale der Eigenkapitalzinssätze kommen. Ein weiteres eher praktisches Problem besteht darin, überhaupt die durchschnittliche Verzinsung des Eigenkapitals auf ausländischen

---

569 Ähnlich auch *Büdenbender*, Kostenorientierte Regulierung, S. 29.
570 Siehe oben unter B.I.3.
571 Ein solcher Vergleich ist in § 7 Abs. 5 Nr. 2 StromNEV/GasNEV ausdrücklich vorgesehen.
572 Dies ergibt sich mit Blick auf die Länder der Europäischen Union bereits aus den Vorgaben der Beschleunigungsrichtlinien.

Märkten zuverlässig zu bestimmen. Verkürzt wäre es insoweit jedenfalls, allein auf den von der jeweiligen Regulierungsinstanz festgelegten Eigenkapitalzinssatz abzustellen, da die durchschnittlich erzielbare Verzinsung durch die Regulierungsmaßstäbe und die Regulierungspraxis insgesamt beeinflusst wird. Zu berücksichtigen sind zudem unterschiedliche steuerrechtliche Regelungen in den einzelnen Ländern, die einen erheblichen Einfluss auf die reale Nachsteuerrendite haben können. Schließlich ist zu bedenken, dass allein die Feststellung, dass sich in einem bestimmten Land aufgrund der dort geltenden regulatorischen Rahmenbedingungen für die Netzbetreiber ein bestimmter Durchschnittszins ergibt, nichts über die Angemessenheit dieses Zinssatzes aussagt. Insoweit sollte in Hinsicht auf die zum Vergleich herangezogenen Länder jedenfalls sichergestellt sein, dass sich das dortige Regulierungssystem als sachgerecht erwiesen hat und gewährleistet, dass die Kapitalgeber in ausreichendem Umfang bereit sind, in die Energieversorgungsnetze zu investieren um die Qualität der Versorgung dauerhaft zu sichern.[573]

Auch mit Blick auf den Auslandsvergleich ist zudem die oben bereits dargestellte[574] Problematik zu beachten, dass der festgeschriebene Eigenkapitalzinssatz nicht der erwarteten oder erzielten Durchschnittsrendite entspricht. Daher wäre es unangemessen einen auf ausländischen Märkten ermittelten Durchschnittszins ohne Weiteres als (maximal realisierbaren) kalkulatorischen Eigenkapitalzinssatz festzuschreiben, da in der Konsequenz die von den Kapitalgebern erwartete Rendite unter der durchschnittlichen Rendite auf ausländischen Märkten liegen würde.

bb) Investitionsbereitschaft als Indikator für die Angemessenheit der Verzinsung

Vor dem Hintergrund, dass die Höhe einer angemessenen Verzinsung des eingesetzten Kapitals insbesondere an der Bereitschaft von potentiellen Investoren ausgerichtet wird, in den Netzbetrieb zu investieren, liegt es nahe in der tatsächlich feststellbaren Investitionsbereitschaft einen Indikator dafür zu sehen, ob die Eigenkapitalverzinsung angemessen ist oder nicht.[575] Es handelt sich insofern zwar stets um eine ex-post Betrachtung, dies schließt indes nicht aus, dass auch Erkenntnisse für die zukünftige Festlegung des Eigenkapitalzinses gewonnen werden können.

Lässt sich eine besonders hohe Investitionsbereitschaft feststellen, die dazu führt, dass auch Investitionen getätigt werden, die technisch nicht erforderlich und unter Effizienzgesichtspunkten nicht sinnvoll erscheinen, so deutet dies darauf hin, dass der Eigenkapitalzinssatz zu hoch festgelegt wurde. Der Hintergrund hierfür ist, dass

---

573 Kritisch zur Regulierungspolitik in anderen Ländern, VDE, Analyse Stromversorgungsstörungen in den USA/Kanada, London, Schweden/Dänemark und Italien vom 27.11.2003, S. 61 ff., zu beziehen unter www.vde.de.
574 Vgl. oben unter B.II.2.b)aa).
575 Nicht in die Beurteilung der Investitionsbereitschaft dürfen indes solche Investitionen einfließen, die nicht freiwillig, sondern auf der Grundlage ausdrücklicher gesetzlicher Investitionspflichten, etwa nach § 17 Abs. 2a EnWG für den Anschluss von Offshore-Windenergieanlagen, erfolgen.

sich in einem kostenregulierten Umfeld eine wirtschaftlich eigentlich unsinnige Investition, im Sinne des Aufbaus eines sprichwörtlichen „goldenen Netzes" für einen Kapitalgeber dennoch lohnen kann, wenn die sich für ihn in Folge der kalkulatorischen Kostenermittlung ergebene Rendite unter Berücksichtigung des (regulatorischen) Risikos, die erwartete Rendite einer alternativen Anlageform übersteigt. Es besteht in diesem Fall folglich ein Bestreben, so viel Geld wie möglich in den Netzbetrieb zu investieren.[576]

Umgekehrt kann ein starker Rückgang der Investitionen darauf hindeuten, dass die erwartete Eigenkapitalverzinsung nicht ausreichend hoch ist und von den Kapitalgebern daher andere Anlageformen vorgezogen werden. In der Folge könnten die Netzbetreiber etwa bestrebt sein, Anlagen über ihre technische Nutzungsdauer hinaus weiter zu betreiben, auch wenn die hierdurch entstehenden Unterhalts- und Wartungsaufwendungen gegenüber einer Erneuerung der Anlage eigentlich unwirtschaftlich wären. Hintergrund ist hierbei, dass aufwandsgleiche Aufwendungen im Rahmen der kalkulatorischen Entgeltermittlung für den Netzbetreiber grundsätzlich ertragsneutral sind.

In der Praxis dürfte es indes häufig schwierig sein, das gewünschte Investitionsniveau mit hinreichender Sicherheit zu bestimmen, zumal der tatsächliche Investitionsbedarf in vielen Fällen – nicht zuletzt aus historischen Gründen – zyklisch schwankt.[577] Mit Vorbehalten kann insoweit als indirekter Indikator für die Investitionsbereitschaft die Entwicklung der Versorgungsqualität herangezogen werden. Während die sprichwörtlichen „goldenen Netze" regelmäßig mit einer hohen Versorgungsqualität einhergehen, spricht vieles dafür, dass sich eine zu geringe Investitionsbereitschaft mittelfristig negativ auf die Versorgungsqualität auswirkt.

Im Ergebnis sollte folglich bei der Festlegung des Eigenkapitalzinssatzes sorgfältig beobachtet werden, wie sich die zuvor geltenden Zinssätze (bzw. die real erreichbare Rendite) auf die Investitionsbereitschaft und die Versorgungsqualität ausgewirkt haben. In besonderem Maße gilt dies, wenn im Rahmen des Auslandsvergleichs die in anderen Ländern geltenden Eigenkapitalzinssätze übernommen werden sollen.

cc) Die Bedeutung der langfristig erwarteten Entwicklung der Verzinsung

Ebenso wichtig wie der konkret festgelegte Eigenkapitalzinssatz ist für die Investitionsbereitschaft potentieller Kapitalgeber die längerfristige erwartete Entwicklung der Verzinsung. Da die Investitionen in Energieversorgungsnetze häufig einen

---

576 Vgl. zu einem ähnlichen Ansatz auch *Jaras/Lorenz*, IR 2005, 146, 148, die an die Bereitschaft anknüpfen ein Netz zu kaufen bzw. zu verkaufen.
577 Besonders deutlich wird dies mit Blick auf den Investitionsbedarf in den neunen Ländern nach der Wiedervereinigung und den Aufbau der Gasversorgung in den einzelnen Regionen.

Amortisationszeitraum von mehreren Jahrzehnten aufweisen,[578] ist die erwartete langfristige Zinsentwicklung für den Investor von entscheidender Bedeutung.[579] So kann etwa die Erwartung einer deutlichen Absenkung der kalkulatorischen Eigenkapitalverzinsung in der Zukunft, bereits in der Gegenwart zu einer geringen Investitionsbereitschaft führen, selbst wenn die aktuelle Verzinsung ansonsten ausreichend attraktiv erscheint. In der Folge müsste folglich der aktuelle Zinssatz angehoben werden, um die negativen Erwartungen des Kapitalgebers für die Zukunft auszugleichen und so sicherzustellen, dass ausreichend Kapital für den Netzbetrieb zur Verfügung steht.

Dies soll an einem Beispiel verdeutlicht werden: Zugrunde gelegt werden eine Investition von 10.000 € und ein Nutzungszeitraum von 5 Jahren, wovon für die ersten zwei Jahre eine kalkulatorische Eigenkapitalverzinsung von 6,5 % festgeschrieben ist, während der Investor für die sich anschließenden 3 Jahre eine Absenkung der kalkulatorischen Eigenkapitalverzinsung durch die Regulierungsbehörde auf 5 % erwartet. Weiter wird angenommen, dass eine alternative Anlageform mit gleichem Risiko existiert, für die der Investor eine konstante Rendite von 6 % erwartet. Nach Ablauf von 5 Jahren erwartet der Investor folglich bei der alternativen Anlage über einen Betrag von 13.382 € (= 10.000 € * $1,06^5$) verfügen zu können, während dieser Betrag bei der Investition in den Netzbetrieb nur 12.758 € (= 10.000 € * $1,065^2$ * $1,05^3$) beträgt. Trotz eines formal attraktiven Eigenkapitalzinssatzes, der sogar über dem einer Alternativanlage mit gleichem Risiko liegt, wird sich der Investor im Beispielsfall gegen die Investition in den Netzbetrieb entscheiden. Um ihn umzustimmen, müsste die Verzinsung für die ersten zwei Jahre bei ansonsten unveränderten Annahmen auf ca. 7,5 % (= $(13.382 € / 10.000 € / 1,05^3)^{1/2}$) angehoben werden. Der festgelegte Zinssatz von 6,5 % wäre hingegen hinreichend, wenn der Investor für die letzten 3 Jahre eine Verzinsung von mindestens 5,67 % (= $(13.382 € / 10.000 € / 1,065^2)^{1/3}$) erwarten würde.

Da sich die Erwartungen eines Investors – wie oben bereits dargestellt – letztlich auf die reale Rendite und nicht auf die formal festgesetzte Eigenkapitalverzinsung richten, kann man überspitzt formulieren, dass bereits der Ruf nach einer besonders strengen Regulierung zu einer Erhöhung der Netzentgelte oder einer Gefährdung der Versorgungsqualität führen kann. Entgegenwirken kann man unbegründet negativen Erwartungen über die zukünftigen Maßstäbe der Regulierung insbesondere über eine langfristige Festschreibung der Regulierungsbedingungen im Allgemeinen und der Eigenkapitalverzinsung im Besonderen.[580]

Schließlich ist dabei auch zu berücksichtigen, dass ein höheres Maß an Sicherheit hinsichtlich der zukünftigen Regulierungsbedingungen die Unsicherheit für die

---

578 Vgl. zu den betriebsgewöhnlichen Nutzungsdauern der Investitionsgüter Anlage 1 der GasNEV bzw. Anlage 1 der StromNEV.
579 Vgl. auch *Weber/Schober*, ET (Special) 11/2006, 8, 11.
580 Vgl. zu dem Zusammenhang zwischen regulatorischen Rahmenbedingungen und der Marktrisikoprämie auch *Kaldewei/Kutschke/Simons*, ET (Special) 4/2005, 17, 18 ff.

Kapitalgeber reduziert und damit tendenziell auch den von ihnen geforderten Risikozuschlag und in der Konsequenz die Höhe der Netzentgelte.

d) Ausstrahlung auf die Kapitalkosten im Übrigen

Wie bereits mehrfach erwähnt, kann die Festlegung eines angemessenen, wettbewerbsfähigen und risikoangepassten Eigenkapitalzinssatzes nicht isoliert von der Ermittlung der Kapitalkosten im Übrigen betrachtet werden. Vielmehr richtet sich die Bereitschaft der Kapitalgeber in den Netzbetrieb zu investieren, nicht nach einem formal festgelegten Eigenkapitalzinssatz, sondern nach der realen Verzinsung, die sie auf Basis der Vorschriften zur kalkulatorischen Kostenermittlung für das eingesetzte Kapital insgesamt erwarten können. Wie oben bereits im Zusammenhang mit den Erhaltungskonzepten dargestellt,[581] hängt die sachgerechte Festlegung eines Eigenkapitalzinssatzes zudem von dem gewählten Erhaltungskonzept ab und letztlich auch davon, inwieweit steuerlich Effekte durch die Kalkulationsvorschriften im Übrigen bereits ausgeglichen werden.[582]

Im Umkehrschluss folgt daraus, dass die gesetzliche Forderung einer angemessenen, wettbewerbsfähigen und risikoangepassten Verzinsung unmittelbare Folgen für die die Kapitalkosten betreffenden Kalkulationsvorschriften insgesamt hat und dass die Frage, ob die gesetzlichen Anforderungen durch ein konkretes Kalkulationsschema erfüllt werden, stets nur mit Blick auf die die Kapitalkosten betreffenden Regelungen insgesamt beantwortet werden kann.

3. Bedeutung der Anreizorientierung im Rahmen der kostenorientierten Entgeltbildung

Soweit § 21 Abs. 2 EnWG weiter anordnet, dass die Bildung der Entgelte unter Berücksichtigung von Anreizen für eine effiziente Leistungserbringung erfolgen soll, ist fraglich welche Bedeutung der Anreizorientierung im Rahmen der zunächst nach der gesetzlichen Systematik von der eigentlichen Anreizregulierung nach § 21a EnWG zu unterscheidenden primär kostenorientierten Entgeltbildung nach § 21 Abs. 2 EnWG spielen soll.[583]

Betrachtet man die Genese der Vorschrift, so wird deutlich, dass ursprünglich allein § 21 Abs. 2 EnWG die Ausgangsbasis für die Entwicklung einer anreizorientier-

---

581 Vgl. oben unter B.I.3.a)bb)(4)(c)(dd).
582 Vgl. hierzu auch unten unter C.III.1.a).
583 *Büdenbender*, Kostenorientierte Regulierung, S. 28 f. sieht die Anreizorientierung in § 21 Abs. 2 von der Spezialregelung in § 21a verdrängt und misst ihr keine eigenständige Bedeutung zu.

ten Entgeltbildung bilden sollte.[584] Als Reaktion auf die Kritik des Bundesrates, der die Regelung für unzureichend hielt und klarere gesetzliche Regelungen zu einer möglichst kurzfristigen Einführung einer echten Anreizregulierung forderte,[585] wurde von der Bundesregierung die sich ausdrücklich von § 21 Abs. 2 EnWG abgrenzende Vorschrift des § 21a EnWG in das Gesetzgebungsverfahren eingebracht.[586] Für den Zeitraum bis zur Einführung der Anreizregulierung ist durch die ebenfalls erst im Verlauf des Gesetzgebungsverfahrens eingebrachte Regelung des § 23a EnWG eine ex-ante Genehmigung für die Netzentgelte eingeführt worden.[587]

Inhaltlich und zeitlich bleibt damit im Rahmen des § 21 Abs. 2 EnWG nur Raum für Anreize, die ihren Niederschlag unmittelbar in der Höhe der für das jeweilige Jahr genehmigten Entgelte finden können und ihre Wirkung nicht erst dadurch entfalten, dass bestimmte Vorgaben für einen längeren Zeitraum festgeschrieben und insoweit von der realen Kostenentwicklung abgekoppelt werden, wie dies in § 21a EnWG vorgesehen ist.

Der Begriff der effizienten Leistungserbringung bezieht sich auf den gesamten Aufwand, der im Zusammenhang mit dem Betrieb eines Energieleitungsnetzes anfällt. Die effiziente Leistungserbringung schließt daher eine effiziente Betriebsführung ebenso ein wie einen effizienten Einsatz des Kapitals.

Grundsätzlich können zwei Arten von Anreizen unterschieden werden. Zum einen besteht ein Anreiz darin, Eingriffe der Regulierungsbehörden zu vermeiden, die zu Kürzungen der Entgelte führen. Derartige „negative" Anreize, die in der Vermeidung eines Nachteils bestehen, sind grundsätzlich jedem kostenbasierten Regulierungssystem immanent und bedürften keiner ausdrücklichen gesetzlichen Erwähnung. Demgegenüber bestehen „positive" Anreize dann, wenn eine besonders effiziente Leistungserbringung für das Unternehmen zusätzliche Vorteile bietet, die über Anerkennung der Kosten im Rahmen der Regulierung hinausgehen. Die ausdrücklich gesetzliche Verankerung von Anreizen für eine effiziente Leistungserbringung spricht dafür, dass jedenfalls auch positive Anreize gesetzt werden sollen.[588]

Derartige Anreize können etwa darin bestehen, dass einem besonders effizienten Netzbetreiber eine über das normale Maß hinausgehende Eigenkapitalverzinsung zugesprochen wird.[589] Ebenso denkbar wäre grundsätzlich ein absoluter oder relativer Zuschlag auf die kostenorientiert ermittelten Entgelte.

Daneben wird man der Vorschrift im Umkehrschluss auch entnehmen können, dass die konkreten Kalkulationsvorschriften keine Anreize für ineffizientes Verhalten bieten sollen.

---

584 Vgl. § 21 des Regierungsentwurfs, BR-Drs. 613/04, sowie Gegenäußerung der Bundesregierung, BT-Drs. 15/4068, S. 4; vgl. auch *Büdenbender*, Kostenorientierte Regulierung, S. 28; *Koenig/Rasbach*, ET 2004, 702, 703.
585 Stellungnahme des Bundesrates, BT-Drs. 15/3917, S. 83 f.
586 Vgl. Ausschuss für Wirtschaft und Arbeit, Ausschussdrucksache 15(9)1811, S. 13.
587 Vgl. zu dem für und wider einer ex-ante Aufsicht: *Haucap/Kruse*, WuW 2004, 266 ff.
588 Vgl. auch *Büdenbender*, Kostenorientierte Regulierung, S. 35.
589 Vgl. *Koenig/Schellberg*, RdE 2005, 1, 5.

4. Begrenzung durch die Wettbewerbsanalogie

Die Höhe der nach den Maßstäben des § 21 Abs. 2 S. 1 EnWG in die Entgelte einfließenden Kosten ist durch die Regelung in § 21 Abs. 2 S. 2 EnWG in der Weise beschränkt, dass *„Kosten oder Kostenbestandteile, die sich ihrem Umfang nach im Wettbewerb nicht einstellen würden"* nicht berücksichtigt werden dürfen.[590] Durch den Maßstab der Wettbewerbsanalogie soll die Konsistenz zu der vor der EnWG-Novelle im Mittelpunkt stehenden kartellrechtlichen Entgeltkontrolle hergestellt und ausgeschlossen werden, dass sich auf Basis des § 21 Abs. 2 S. 1 EnWG Entgelte ergeben können, die nach der kartellrechtlichen Praxis als missbräuchlich einzustufen wären.[591] Beachtenswert ist dabei indes, dass nicht an die Wettbewerbsanalogie der Entgelte, sondern an die der Kosten angeknüpft wird. Dies mag man vor dem Hintergrund der kartellrechtlichen Debatte um die Kostenkontrolle[592] in der Weise verstehen, dass jedenfalls für den Bereich des § 21 Abs. 2 EnWG eine Kostenkontrolle zugelassen werden sollte. Während die Kostenkontrolle im Rahmen des § 19 Abs. 4 GWB von vielen als grundsätzlich zulässig erartet wird,[593] wird die Kontrolle von Kostenbestandteilen im Kartellrecht – jedenfalls im Rahmen der Missbrauchskontrolle nach §§ 19, 20 GWB – ganz überwiegend für unzulässig erachtet.[594]

Zu untersuchen ist mit Blick auf die Regelung in § 21 Abs. 2 S. 2 EnWG vor diesem Hintergrund insbesondere, inwieweit sich der Wettbewerb als Maßstab für Kosten und Kostenbestandteile eignet. Dabei wird auch auf die besonderen Probleme einzugehen sein, die mit Blick auf die Energieversorgungsnetze als natürliche Monopole bei der Feststellung der Wettbewerbsanalogie von Entgelten oder Kosten bestehen. Zudem ist in diesem Zusammenhang der Begriff der Kostenbestandteile näher zu beleuchten.

a) Wettbewerb als Maßstab für Kosten

Betrachtet man zunächst den Zusammenhang zwischen wirksamem Wettbewerb und den Entgelten, wie der dem klassischen kartellrechtlichen Konzept der Wettbe-

---

590 Vgl. auch OLG Naumburg, Beschluss vom 21.12.2006, RdE 2007, 232, 233, das darauf hinweist, dass die Anwendung dieses Kriteriums nicht die Durchführung des Strukturklassenvergleichs voraussetzt.
591 Vgl. auch *Büdenbender*, Kostenorientierte Regulierung, S. 31.
592 Für die Kostenkontrolle: *Engelsing*, RdE 2003, 249, 253 ff.; *Lutz*, FS Baur, S. 507, 520 ff.; Kritisch: *Möschel*, in Immenga/Mestmäcker § 19 Rn 205; *Stappert*, Netznutzungsentgeltkontrolle, VEnergR 128, S. 199 ff.
593 *Knöpfle*, BB 1974, 862, 864 ff.; *Engelsing*, RdE 2003, 249, 253; Kartellbehörden, Bericht der Arbeitsgruppe Netznutzung, S. 29 ff.; *Bechtold*, GWB § 19 Rn. 81; vgl. OLG Düsseldorf, Beschluss vom 22.4.2002 (Netznutzungsentgelt), WuW/E DE-R 914, 915 f.
594 Vgl. OLG Düsseldorf, Beschluss vom 11.2.2004 (TEAG), RdE 2004, 118 f.; BGH, WuW/E BGH 3009, 3013 f. (Stadtgaspreis Potsdam); BGH, WuW/E BGH 2103, 2105 (Favorit); *Schebstadt*, RdE 2004, 181, 184; *Bechtold*, GWB, § 19, Rn. 80.

werbsanalogie der Entgelte in § 19 Abs. 4 Nr. 2 GWB zugrunde liegt, so besteht dieser darin, dass bei wirksamem Wettbewerb das einzelne Unternehmen keinen unmittelbaren Einfluss auf die Preise hat, sondern diese vielmehr durch Marktprozesse bestimmt werden. Demgegenüber kann ein marktbeherrschendes Unternehmen möglicherweise selbst unmittelbar Einfluss auf die Entgelte nehmen. Insoweit ist es einleuchtend, zur Ausblendung dieses Einflusses an die Preise anzuknüpfen, die sich bei wirksamem Wettbewerb ergeben würden.

Ein vergleichbar enger Zusammenhang zwischen bestehendem Wettbewerb und den Kosten lässt sich demgegenüber nicht belegen. Ein Unternehmen erzielt, auch wenn es über eine Monopolstellung verfügt, den höchsten Gewinn, wenn es möglichst wirtschaftlich arbeitet und die vorhandenen Rationalisierungspotentiale ausschöpft, um die Kosten soweit wie möglich zu senken.[595] Auch kann nicht ohne Weiteres angenommen werden, dass alle Unternehmen bei bestehendem Wettbewerb die gleichen Kosten aufweisen. Ein Zusammenhang besteht insoweit höchstens indirekt, indem man davon ausgehen kann, dass Unternehmen, die bei gleichen Entgelten höhere Kosten aufweisen als ihre Wettbewerber, mittelfristig aus dem Markt ausscheiden. Andererseits ist nicht zu verkennen, dass Unternehmen, die aufgrund ihrer marktbeherrschenden Stellung Einfluss auf die Entgelte nehmen können, damit einem geringeren Kostendruck unterworfen sind und in der Folge häufig höhere Kosten aufweisen, als bei wirksamem Wettbewerb zu erwarten wären.[596] In diesem Fall sind jedoch die höheren Kosten indirekte und zudem keinesfalls zwingende Folge höherer Entgelte. Regelmäßig dürfte daher etwa im Rahmen der kartellrechtlichen Missbrauchsaufsicht, eine Betrachtung der Entgelte der Betrachtung der Kosten vorzuziehen sein.

Fraglich ist allerdings, ob mit Blick auf die besondere Problematik kostenregulierter Preise beispielsweise für Energieversorgungsnetze eine andere Beurteilung geboten ist. Ansatzpunkt hierfür ist, dass im Rahmen der Kostenregulierung individuell höhere Kosten nicht das Ergebnis höherer Entgelte, sondern umgekehrt höhere Entgelte die Folge individuell höherer Kosten sind. Vor diesem Hintergrund erscheint es zunächst folgerichtig, solche Kosten nicht zu berücksichtigen, die letztlich darauf zurückzuführen sind, dass die kostenorientierte Entgeltregulierung potentiell einen Anreiz bieten kann, höhere Kosten zu verursachen, um so höhere Entgelte und damit auch höhere Gewinne zu erzielen.[597]

Mit Blick auf kostenregulierte Entgelte erweist sich der Maßstab der Wettbewerbsanalogie indes bereits deshalb als problematisch, da gerade das Fehlen bzw. die praktische Unmöglichkeit von echtem Wettbewerb zur Einführung der Regulierung geführt hat. Insofern bleibt die Beantwortung der Frage, welche Kosten sich im

---

595 Vgl. zur Ermittlung des Gewinnmaximum im Monopol: *Wöhe*, Allgemeine Betriebswirtschaftslehre, S. 451.
596 Dauerhaft hohe Gewinne als Resultat einer Monopolstellung führen häufig auch dazu, dass die Mitarbeiter höhere Gehälter und Sozialleistungen durchsetzen können, woraus für das Unternehmen – selbst wenn es effizient wirtschaftet – höhere Kosten resultieren.
597 Vgl. auch *Büdenbender*, Kostenorientierte Regulierung, S. 71 f.

Wettbewerb nicht eingestellt hätten stets in gewisser Weise spekulativ. Wie an anderer Stelle bereits dargestellt,[598] stellen Energievorsorgungsnetze regelmäßig natürliche Monopole dar, bei denen die Leistungserbringung durch zwei oder mehr Unternehmen höhere spezifische Kosten verursacht als die Leistungserbringung durch nur ein Unternehmen. Würde man also tatsächlich hypothetischen Wettbewerb unterstellen, so würden sich regelmäßig höhere spezifische Kosten ergeben.[599]

Vor diesem Hintergrund wird man allenfalls annehmen können, dass sich besonders eklatante Ineffizienzen und die hierdurch verursachten Kosten im Wettbewerb aufgrund des stärkeren Kostendrucks nicht eingestellt hätten.[600] Umgekehrt anzunehmen, im Wettbewerb hätten sich grundsätzlich nur vollständig effiziente Kosten eingestellt, wäre indes lebensfern, da auch in Märkten mit wirksamem Wettbewerb bisweilen erhebliche Ineffizienzen festzustellen sind. Entsprechend ist im Kartellrecht anerkannt, dass grundsätzlich der höchste im Wettbewerb auf dem Vergleichsmarkt anzutreffende Preis zum Vergleich heranzuziehen ist.[601]

b) Der Begriff der Kostenbestandteile

Wenn § 21 Abs. 2 S. 2 EnWG den Ansatz von Kosten ausschließt, die sich im Wettbewerb nicht eingestellt hätten, so bezieht sich dieser Ausschluss denknotwendig immer auf einen Teil der entstandenen Gesamtkosten, da auch bei wirksamem Wettbewerb Kosten angefallen wären. Schließt das Gesetz darüber hinaus den Ansatz von Kostenbestandteilen aus, so ist hiermit die gesonderte Betrachtung von Kostenbestandteilen gemeint, die daraufhin untersucht werden können, ob Teile von ihnen bei bestehendem Wettbewerb nicht angefallen wären, ohne insoweit auch die Gesamtkosten zu betrachten.

Im Bereich der kartellrechtlichen Missbrauchsaufsicht ist eine solche isolierte Betrachtung von Entgelt- oder Kostenbestandteilen ganz überwiegend abgelehnt worden, da ein Missbrauchsvorwurf nicht gerechtfertigt wäre, wenn ein besonders hoher Entgelt- oder Kostenbestandteil durch besonders niedrigen Entgelt- oder Kostenbestandteil an anderer Stelle ausgeglichen wird und das Gesamtentgelt einem wettbewerbsanalogen Niveau entspricht.[602]

---

598 Vgl. oben unter B.I.3.a)bb)(4)(b)(dd)(i).
599 Gegen das Konzept des hypothetischen Wettbewerbs mit Blick auf die Energienetze auch *Seicht*, BFuP 1996, 345, 358.
600 Die Regulierungsbehörden neigen hingegen dazu, aus dem Wettbewerbsmaßstab eine allgemeine Effizienzkontrolle abzuleiten – teilweise mit sehr pauschalen und nicht sachgerechten Vergleichen, vgl. zu einem solchen Fall: *Maurer/Haubrich*, ET 11/2007, 60 ff.; vgl. auch *Elspas/Rosin/Burmeister*, RdE 2007, 329, 332, die von den Regulierungsbehörden eine substantiierte Darlegung fordern, dass ein im Wettbewerb stehendes Unternehmen bestimmte Kosten vermieden hätte.
601 Vgl. KG, WuW/E KG 2935, 2940 (BAT Am Biggenkopf Süd); *Bechtold*, GWB, § 19 Rn. 79.
602 Vgl. OLG Düsseldorf, Beschluss vom 11.2.2004 (TEAG), RdE 2004, 118 f.; siehe auch *Stappert* Netznutzungsentgeltkontrolle, VEnergR 128, S. 130 m.w.N.

Eine gesonderte Betrachtung von einzelnen Kostenpositionen wäre indes dann gerechtfertigt, wenn von vornerherein feststehen würde, dass eine überhöhte Kostenposition stets auch zu überhöhten Gesamtkosten führt. Dies setzt indes voraus, dass der untersuchte Ausschnitt aus den Gesamtkosten keine Auswirkungen auf die Kosten im Übrigen hat.[603] Nur in diesem Fall wird es zudem möglich sein einen derartigen Kostenausschnitt – mit den oben bereits beschriebenen grundsätzlichen Einschränkungen[604] – am Wettbewerb zu messen.

Dies kann an einem Beispiel verdeutlicht werden. Würde man etwa die Personalkosten gesondert betrachten, so wäre keine belastbare Aussage dazu möglich, welche Personalkosten sich bei wirksamem Wettbewerb ergeben würden, da als Alternative zum Einsatz von eigenem Personal regelmäßig die Möglichkeit besteht auf Fremdleistungen zurückzugreifen.[605] Auch wenn die Unternehmen unter Wettbewerbsdruck in besonderem Maße bestrebt sein werden, eine insgesamt möglichst effiziente Kombination von Eigen- und Fremdleistungseinsatz zu wählen, wird sich insoweit auch bei effektivem Wettbewerb regelmäßig kein völlig gleichförmiges Verhalten aller Unternehmen beobachten lassen. Vielmehr ist es als typisch für den Wettbewerb anzusehen, dass einzelne Unternehmen immer wieder bestrebt sind, sich beispielsweise durch einen besonders hohen Eigen- oder Fremdleistungsanteil einen Wettbewerbsvorteil zu verschaffen.

Demgegenüber kann etwa die gesonderte Betrachtung von Produktions-, Vertriebs- und Verwaltungskosten grundsätzlich durchaus sinnvoll erscheinen, da diese Kostenteile meist weitgehend unabhängig voneinander sein werden. Ähnliches wird sich etwa für Bereiche feststellen lassen, die in der Unternehmenspraxis als eigenständige Profit-Center organisiert werden, setzt die betriebswirtschaftlich sinnvolle Bildung eines Profit-Centers doch voraus, dass der Bereich eigenständig optimiert werden kann, ohne dass hierbei negative Folgen für die sonstigen Bereiche des Unternehmens drohen.[606]

Unter Kostenbestandteilen im Sinne des § 21 Abs. 2 S. 2 EnWG ist daher mit Blick auf eine an Sinn und Zweck der Vorschrift orientierten Auslegung ein Ausschnitt aus den Gesamtkosten eines Unternehmens zu verstehen, der inhaltlich unabhängig von der Entwicklung der sonstigen Kosten des Unternehmens ist. Regelmäßig keinen eigenständigen Kostenbestandteil bilden vor diesem Hintergrund einzelne Kostenpositionen oder Kostenarten.

Mit Blick auf den Betrieb von Energieversorgungsnetzen liegt es vor diesem Hintergrund etwa nahe, die Kosten des Messwesens als eigenständigen Kostenbestandteil zu betrachten,[607] da die Kosten für den Betrieb der Messeinrichtungen weitge-

---

603 Vgl. auch *Büdenbender*, Kostenorientierte Regulierung, S. 64.
604 Vgl. oben unter B.II.4.a).
605 Vgl. zu den Interdependenzen zwischen verschiedenen Kosten auch *Elspas/Rosin/Burmeister*, RdE 2007, 329, 332.
606 Vgl. Artikel zu „Profit-Center" in: Gabler, Wirtschaftslexikon, 16. Auflage 2004; siehe auch *Schneck*, Lexikon der Betriebswirtschaftslehre, S. 751 f.
607 Diesen Ansatz einer getrennten Betrachtung der Messung hat das Bundeskartellamt – allerdings mit unzutreffender Marktabgrenzung – schon im Verfahren RWE-Net verfolgt, vgl.

hend unabhängig von der Entwicklung der übrigen Kosten sind. Auch in der Praxis erscheint die getrennte Betrachtung dieses Kostenbestandteiles praktikabel, da auf Basis der Entgeltverordnungen ohnehin gesonderte Kostenstellen für den Bereich des Messwesens zu bilden sind,[608] sodass die konkreten Kosten in diesem Bereich auch verhältnismäßig einfach ermittelt werden können. Schließlich bietet sich mit Blick auf das Messwesen der Vergleich mit dem Wettbewerb in besonderer Weise an, da dieser Bereich gemeinhin nicht als natürliches Monopol verstanden wird[609] und durch die Liberalisierung des Messwesens nach § 21b EnWG[610] auch in der Praxis mit der Entwicklung von Wettbewerb zu rechnen ist, sodass hier ausnahmsweise ein echter Vergleich mit dem Wettbewerb in Betracht kommt.

5. Zusammenfassung

Nach den die Entgeltbildung konkretisierenden gesetzlichen Vorgaben in § 21 Abs. 2 EnWG bilden die Kosten des kalkulierenden Unternehmens die Ausgangsbasis für die Ermittlung der Netzentgelte. Dabei können die den „Kosten einer Betriebsführung" entsprechenden aufwandsgleichen Kosten nur insoweit geltend gemacht werden, als sie dem Vergleich mit einem strukturell vergleichbaren effizienten Netzbetreiber standhalten. Die Effizienz ist dabei nicht im Sinne einer absoluten Effizienz zu verstehen. Daneben hat der Netzbetreiber einen Anspruch auf die Berücksichtigung seiner Kapitalkosten einschließlich eines angemessenen Wagniszuschlags. Dabei ist zu beachten, dass durch die Festlegung des Eigenkapitalzinssatzes eine Maximalrendite festgelegt wird, während sich die Investitionsentscheidungen eines Kapitalgebers an der erwarteten Verzinsung orientieren. Dies gilt auch bei Anwendung des Capital Asset Pricing Model. Der Vergleich mit ausländischen Märkten zur Ermittlung angemessener Eigenkapitalzinssätze ist aufgrund der unterschiedlichen Regulierungssysteme nur unter engen Voraussetzungen sinnvoll.

Der in § 21 Abs. 2 EnWG verankerte Ausschluss von Kosten und Kostenbestandteilen, die sich im Wettbewerb nicht eingestellt hätten, ist nur von beschränkter Aussagekraft. Zum einen ist die Betrachtung von Kostenbestandteilen nur in eng umrissenen Bereichen sinnvoll, da häufig starke Interdependenzen zwischen einzelnen Kostenpositionen bestehen, zum anderen ist der Wettbewerb als Maßstab auch insoweit problematisch, als echter Wettbewerb auf Märkten mit natürlichen Monopolen kaum denkbar ist, jedenfalls aber zu höheren Kosten führen würde.

Bundeskartellamt, WuW/E DE-V 750 ff.; vgl. auch OLG Düsseldorf, Beschluss vom 17.12.2003, (RWE-Net), RdE 2004, 75 ff.
608 Vgl. Anlage 2 der StromNEV.
609 So gibt es etwa in dem verwandten Bereich der Wärmemessung bereits von jeher verschiedene im Wettbewerb zueinander stehende Anbieter.
610 Vgl. auch Entwurf eines Gesetzes zur Öffnung des Messwesens bei Strom und Gas für Wettbewerb, BT-Drs. 16/8306.

III. Vergleichsverfahren

Die Vorschriften zur kostenorientierten Entgeltkalkulation in § 21 Abs. 2 EnWG werden gemäß § 21 Abs. 3 und 4 EnWG durch ein Vergleichsverfahren ergänzt und konkretisiert.[611] Die Auslegung dieser Vorschriften wird jedoch dadurch erschwert, dass sich ihr Bedeutungsinhalt im Rahmen des Entgeltregulierungssystems infolge der im Gesetzgebungsverfahren vorgenommenen Änderungen anderer Vorschriften verschoben hat, was sich indes nur zum Teil im Wortlaut der Vorschriften niedergeschlagen hat. Zum vollständigen Verständnis der Normen bietet es sich daher an, zunächst den Verlauf des Gesetzgebungsverfahrens näher zu betrachten.

1. Genese und Gesetzesbegründung

Während der erste Referentenentwurf[612] keine gesetzliche Regelung zu Vergleichsverfahren vorsah, enthielt der 2. Entwurf aus dem Bundeswirtschaftsministerium[613] in § 20a Abs. 3 folgende Regelungen:

„Um zu gewährleisten, dass sich die Entgelte für den Netzzugang an den Kosten einer energiewirtschaftlich rationellen Betriebsführung orientieren, kann die Bundesregulierungsbehörde in regelmäßigen zeitlichen Abständen einen Vergleich der Entgelte für den Netzzugang, der Erlöse oder der Kosten der Betreiber von Energieversorgungsnetzen durchführen (Vergleichsverfahren)."

Die Regelung in Absatz 3 blieb im Regierungsentwurf[614] – dort als § 21 Abs. 3 – nahezu unverändert,[615] wurde jedoch durch folgende Regelung in Absatz 4 ergänzt:

„Die Ergebnisse des Vergleichsverfahrens sind bei der kostenorientierten Entgeltbildung nach Absatz 2 zu berücksichtigen. Ergibt ein Vergleich, dass die Entgelte, Erlöse oder Kosten einzelner Betreiber von Energieversorgungsnetzen für das Netz insgesamt oder für einzelne Netz- oder Umspannebenen die durchschnittlichen Entgelte, Erlöse oder Kosten vergleichbarer Betreiber von Energieversorgungsnetzen überschreiten, wird vermutet, dass sie einer energiewirtschaftlich rationellen Betriebsführung nicht entsprechen."

Die in der Regierungsbegründung zu § 21 EnWG enthaltenen Aussagen zum Vergleichsverfahren erscheinen unklar. Zum einen soll dem Vergleichsmarktkonzept durch den Verweis auf einen effizienten und strukturell vergleichbaren Netzbetreiber in § 21 Abs. 2 Satz 1 EnWG Rechnung getragen werden, zum anderen soll die Regelung in § 21 Abs. 2 Satz 2 EnWG klarstellen, dass das Vergleichsmarktkonzept auch bei der kostenorientierten Entgeltbildung gilt. Das Vergleichsverfah-

---

611 Vgl. *Büdenbender*, RdE 2008, 69, 74; kritisch zu derartigen Vergleichsverfahren unter Berücksichtigung der Erfahrungen aus dem Strukturklassenvergleich der Verbändevereinbarung: *Franz/Schäffner*, emw 2005, 20 ff.
612 Vgl. § 20 des Referentenentwurfs vom 26.02.2004.
613 Vgl. § 20a des Referentenentwurfs mit Stand vom 27.05.2004.
614 Vgl. BR-Drs. 613/04.
615 Nur das Wort „Bundesregulierungsbehörde" wurde durch „Regulierungsbehörde" ersetzt.

153

ren nach § 21 Abs. 3 EnWG wiederum soll ausweislich der Regierungsbegründung das Vergleichsmarktkonzept nach § 30 EnWG und die *„Ergebnisse des Vergleichsverfahrens nach Absatz 3"* sollen das Vergleichsmarktprinzip konkretisieren.[616]

Blickt man auf den Wortlaut des Regierungsentwurfs, wird zunächst deutlich, dass das Vergleichsverfahren zur „Kontrolle" der Einhaltung der Vorgaben einer energiewirtschaftlich rationellen Betriebsführung, die im Regierungsentwurf in § 21 Abs. 2 als Maßstab der Entgeltregulierung enthalten war, dienen sollte.[617] Einer solchen Kontrollfunktion kommt insbesondere in dem zunächst vorgesehenen System der ex-post Kontrolle für die Netznutzungsentgelte besondere Bedeutung zu, um Netzbetreiber zu identifizieren, deren Entgelte ggf. behördlich zu überprüfen sind. So hat der Bundeswirtschaftsminister für die Bundesregierung die Vergleichsbetrachtung aller Netzbetreiber als das wesentliche Instrument für eine effektive Aufsicht über die Netznutzungsentgelte bezeichnet.[618]

Eine besondere Bedeutung kam hierbei insbesondere der Vermutungsregelung in § 21 Abs. 4 S. 2 zu. Durch die Umkehrung der Beweislast sollte die Durchführung von Missbrauchsverfahren erleichtert und deren Effektivität erhöht werden.[619]

Infolge des im Laufe des Gesetzgebungsverfahrens erfolgten Verzichts auf den Maßstab der energiewirtschaftlich rationellen Betriebsführung in § 21 Abs. 2 wurden in den Absätzen 3 und 4 jeweils die Worte „energiewirtschaftlich rationelle Betriebsführung" durch die Begriffe „Betriebsführung nach Absatz 2" ersetzt.[620]

Als Konsequenz aus dem erst kurz vor Abschluss des Gesetzgebungsverfahrens erfolgten Wechsel von der ex-post zur ex-ante Kontrolle über die Netzentgelte, der insbesondere in dem eingefügten § 23a EnWG zum Ausdruck kommt, wurde dem Absatz 3 ein zweiter Satz angefügt, nach dem nur ein Vergleich der Kosten stattfindet, soweit eine kostenorientierte Entgeltbildung erfolgt und die Entgelte genehmigt sind.[621]

2. Vorgaben für die Ausgestaltung des Vergleichsverfahrens

Die gesetzliche Regelung in § 21 Abs. 3 EnWG enthält auf den ersten Blick kaum konkrete materielle Vorgaben für die Durchführung eines Unternehmensvergleichs. Vielmehr wird lediglich angeordnet, dass er sich auf Entgelte, Erlöse oder Kosten stützen kann, wobei durch die Regelung in Satz 2 die Auswahl im Rahmen der kostenorientierten ex-ante Entgeltregulierung zugleich wieder auf die Kosten beschränkt wird. Dies ist konsequent, beruhen doch die Entgelte und in der Folge auch

---

616 BR-Drucks. 613/04, Seite 110 f.
617 Kritisch hierzu *Schulze zur Wiesche*, ET 2004, 708, 709.
618 Stellungnahme des Bundeswirtschaftsministers vor dem Bundesrat, BR Plenarprotokoll 803, Seite 441.
619 Vgl. hierzu Bundeswirtschaftminister *Clement*, BT-Plenarprotokoll, 28.10.2004, 12401.
620 Vgl. Ausschussdrucksache 15(9)1811, sowie BT-Drs. 15/5268.
621 Vgl. BT-Drs. 15/5736.

die Erlöse letztlich auf einer behördlichen Genehmigungsentscheidung, die sich wiederum an den Kosten des Netzbetreibers orientiert.

Als auslegungsbedürftig erweist sich hingegen die gesetzliche Zweckbestimmung des Unternehmensvergleichs. Nach der Vorgabe in § 21 Abs. 3 EnWG soll der Vergleich gewährleisten, *„dass sich die Entgelte für den Netzzugang an den Kosten einer Betriebsführung nach Absatz 2 orientieren"*. Da § 21 Abs. 2 EnWG im Gegensatz zu der Fassung des Regierungsentwurfes keine nähere Charakterisierung der „Betriebsführung" sondern nur der „Kosten einer Betriebsführung" enthält, muss sich der Verweis auf Absatz 2 auf die „Kosten einer Betriebsführung" beziehen. Diese werden in Absatz 2 dahingehend charakterisiert, dass sie denen eines effizienten und strukturell vergleichbaren Netzbetreibers entsprechen müssen. Dies bedeutet, dass durch das Vergleichsverfahren nach § 21 Abs. 3 EnWG sichergestellt werden soll, dass die Entgelte für den Netzzugang dem Niveau entsprechen, das sich ergeben müsste, wenn der in § 21 Abs. 2 EnWG implizite Vergleich der Betriebsführungskosten bei der Entgeltbildung beachtet wurde.

Es handelt sich bei dem Vergleichsverfahren nach § 21 Abs. 3 EnWG folglich nicht um eine direkte Ausgestaltung des in § 21 Abs. 2 S. 1 EnWG vorgesehen impliziten Vergleichs der „Kosten einer Betriebsführung". Dies wird auch dadurch bestätigt, dass sich das Vergleichsverfahren grundsätzlich nicht nur auf Kosten sondern auch auf Entgelte oder Erlöse stützen kann und zudem keine Vorgaben zur Feststellung der Effizienz beinhaltet. Aus ähnlichen Gründen lässt sich das Vergleichsverfahren nach § 21 Abs. 3 EnWG auch nicht als direkte Ausformung des in § 21 Abs. 2 S. 2 EnWG verankerten Maßstabes der Wettbewerbsanalogie von Kosten oder Kostenbestandteilen verstehen, da insoweit ebenfalls kein Vergleich von Entgelten oder Erlösen in Betracht käme und § 21 Abs. 3 EnWG zudem keinen Vergleich von Kostenbestandteilen vorsieht.

Zu beachten ist bei der Auslegung des § 21 Abs. 3 EnWG indes die Regelung in § 30 Abs. 1 S. 2 Nr. 5 EnWG. Nach dieser der kartellrechtlichen Missbrauchsaufsicht nach § 19 Abs. 4 Nr. 2 GWB nachgebildeten Vorschrift, liegt ein Missbrauch vor, wenn ein Netzbetreiber ohne sachlich gerechtfertigten Grund Entgelte fordert, die von denjenigen abweichen, die sich bei wirksamem Wettbewerb mit hoher Wahrscheinlichkeit ergeben würden. Hierbei sollen neben den Verhaltensweisen von Unternehmen auf vergleichbaren Märkten die Ergebnisse des Vergleichsverfahrens nach § 21 berücksichtigt werden.

Das Vergleichsverfahren soll insoweit nach Vorstellung des Gesetzgebers auch dem „Wettbewerbstest" der Entgelte dienen[622] oder jedenfalls diesbezüglich Rückschlüsse zulassen. Hierfür sprechen auch die oben bereits erwähnte Regierungsbegründung und die Tatsache, dass im Verlauf des Gesetzgebungsverfahrens ein enger Zusammenhang des Vergleichsverfahrens mit der ex-post Missbrauchsaufsicht über die Netzentgelte gesehen wurde.[623]

---

622 So auch *Salje*, EnWG, § 21, Rn. 39.
623 Vgl. hierzu Bundeswirtschaftsminister *Clement*, BT-Plenarprotokoll, 28.10.2004, 12401.

Ein Widerspruch zu der sich unmittelbar aus dem Wortlaut des § 21 Abs. 3 EnWG ergebenden Zielsetzung besteht im Ergebnis nicht. Da die Einhaltung der Maßstäbe der Entgeltregulierung gemäß § 21 Abs. 2 EnWG grundsätzlich zu wettbewerbsanalogen Entgelten führen sollte, ergibt es sich letztlich von selbst, dass ein Vergleichsverfahren, das Anhaltspunkte für die Einhaltung der Kalkulationsmaßstäbe aufzeigen soll, zugleich Indizien für die Wettbewerbsanalogie der Entgelte liefert.

Aus den Zielen des Vergleichsverfahrens lässt sich jedenfalls ein grobes Anforderungsprofil an seine konkrete Ausgestaltung im Rahmen der Entgeltverordnungen ableiten. So müssen im Rahmen des Vergleichsverfahrens insbesondere bestehende strukturelle Unterschiede berücksichtigt werden, um überhaupt zu belastbaren Aussagen mit Blick auf die Einhaltung der Maßstäbe des § 21 Abs. 2 EnWG sowie die Wettbewerbsanalogie der Entgelte zu gelangen. Grundsätzlich sind an die Berücksichtigung der strukturellen Unterschiede die gleichen Anforderungen zu stellen, die im Rahmen des kartellrechtlichen Vergleichsmarktkonzeptes gelten.[624] Da das Vergleichsmarktverfahren nach § 21 Abs. 3 EnWG jedoch zunächst nur Indizien liefern soll, wird man auch aus Praktikabilitätsgründen eine gewisse Vergröberung der Betrachtung – etwa durch die Bildung von Strukturklassen – für zulässig halten müssen. Dies darf indes nicht dazu führen, dass bedeutsame Strukturmerkmale ganz ausgeblendet werden und sich damit für eine ganze Gruppe von Unternehmen eine sachlich nicht gerechtfertigte Indizwirkung überhöhter Entgelte ergibt.[625]

Auf die besonderen inhaltlichen Probleme, die sich im Zusammenhang mit einer Vergleichsbetrachtung von Entgelten, Erlösen oder Kosten von Netzbetreibern stellen, wurde bereits an anderer Stelle hingewiesen, sodass auf die dortigen Ausführungen verwiesen werden kann.[626]

3. Einordnung in das System der ex-ante Genehmigung

Wie bereits dargestellt, ist der Vergleich im Rahmen einer kostenorientierten ex-ante Genehmigung der Entgelte gemäß § 21 Abs. 3 S. 2 EnWG auf die Kosten beschränkt. Bei näherer Betrachtung erscheint aber selbst ein Vergleich der Kosten in der in § 21 Abs. 3 EnWG geregelten Weise im Rahmen eines solchen Regulierungssystems inhaltlich höchst fragwürdig.[627] Dies lässt sich bereits an der einfachen Frage festmachen, ob die tatsächlichen bzw. vom Netzbetreiber geltend gemachten Kosten oder die im Rahmen der Entgeltgenehmigung von der Regulierungsbehörde anerkannten bzw. gebilligten Netzkosten verglichen werden sollen.

---

624 Vgl. zum Kartellrecht: *Bechtold*, GWB § 19 Rn. 78; *Möschel* in: Immenga/Mestmäcker, GWB, § 10 Rn. 164; *Haus/Jansen*, ZWeR 2006, 77, 82 ff.
625 Zu den praktischen Problemen mit dem Vergleich: *Böwing/Litpher*, ET (Special) 11/2006, 32, 34.
626 Vgl. oben unter B.I.3.b)aa)(1)(c)(bb).
627 Vgl. auch *Ruge*, IR 2007, 2, 3 f.

Ein Vergleich der tatsächlichen Netzkosten scheidet bereits deshalb aus, da sie keinen unmittelbaren Einfluss auf die Netzentgelte haben. Auch ist einem Netzbetreiber keinerlei Vorwurf zu machen, wenn seine Netzkosten vergleichsweise hoch ausfallen, er sie jedoch entsprechend dem Maßstab des § 21 Abs. 2 EnWG nicht vollständig bei der Entgeltbildung berücksichtigt, sondern sich insoweit an den Betriebsführungskosten eines effizienten strukturell vergleichbaren Netzbetreibers orientiert. Auch für die Wettbewerbsanalogie der Entgelte nach § 30 Abs. 1 S. 2 Nr. 5 EnWG lassen sich aus einem Vergleich der Kosten allenfalls dann Rückschlüsse ziehen, wenn diese Kosten auch in die Entgeltbildung eingeflossen sind.

Ein Vergleich der von der Regulierungsbehörde anerkannten Netzkosten macht indes ebenso wenig Sinn. Diese wirken zwar unmittelbar auf die Höhe der Netzentgelte, werden letztlich jedoch ebenso wie die Entgelte selbst und in der Konsequenz die Erlöse durch die Entscheidung der Regulierungsbehörde determiniert. Folgerichtig hat der Gesetzgeber in § 30 Abs. 1 S. 2 Nr. 5 EnWG festgeschrieben, dass Entgelte, die das genehmigte Niveau nicht überschreiten, als sachlich gerechtfertigt gelten. Da die Regulierungsbehörde zudem im Rahmen der Entgeltgenehmigung grundsätzlich durch geeignete Vergleiche unmittelbar prüfen kann, ob die Kosten der Betriebsführung denen eines effizienten strukturell vergleichbaren Netzbetreibers entsprechen, ist nicht ersichtlich, welche Indizien sich aus einem der Entgeltregulierung nachgeschalteten und zudem vergröbernden Vergleich der – gerade auf der Basis eines Vergleichs anerkannten – Kosten ergeben sollen.

Die geschilderte Problematik verschärft sich noch, wenn man zusätzlich die Regelungen in § 21 Abs. 4 EnWG in den Blick nimmt. Die Vorschrift in Satz 1, wonach die Ergebnisse des Vergleichsverfahrens bei der Bildung der Entgelte berücksichtigt werden sollen, spricht zunächst dafür, dass der Vergleich auf Basis der tatsächlichen Kosten der Netzbetreiber im Vorfeld des eigentlichen Genehmigungsverfahrens durchgeführt werden müsste, da die Entgeltbildung selbst originäre Aufgabe der Netzbetreiber ist, die grundsätzlich vor Einreichung des Genehmigungsantrages abgeschlossen sein muss.[628] Mit Blick auf die Anforderungen an die Entgeltbildung aus § 21 Abs. 2 EnWG erscheint ein – wenn auch vergröbernder – Vergleich nach § 21 Abs. 3 EnWG durchaus sinnvoll, da die Netzbetreiber mangels Kenntnis der Kosten anderer Netzbetreiber ansonsten nur schwer beurteilen können, wann die Kosten ihrer Betriebsführung denen eines effizienten und strukturell vergleichbaren Netzbetreibers entsprechen.

Die Regelung in § 21 Abs. 4 S. 2 EnWG, nach der bei einer im Rahmen des Vergleichsverfahrens festgestellten Überschreitung der durchschnittlichen Entgelte, Erlöse oder Kosten vergleichbarer Netzbetreiber vermutet wird,[629] dass die Entgelte, Erlöse oder Kosten des Netzbetreibers einer Betriebsführung nach Absatz 2 nicht entsprechen, wirft vor dem Hintergrund einer ex-ante Entgeltgenehmigung zusätzli-

---

628 Vgl. insbesondere § 23a Abs. 3 Nr. 1 EnWG.
629 Teilweise wird gefordert, einen ungeschriebenen Erheblichkeitszuschlag zu berücksichtigen. Dem ist vor dem Hintergrund zuzustimmen, dass immer einzelne Netzbetreiber über dem Durchschnitt liegen müssen; vgl. hierzu auch *Stumpf/Gabler*, NJW 2005, 3174, 3178.

che Fragen auf. Da im Rahmen der Genehmigung der Netznutzungsentgelte nach § 23a EnWG ohnehin der Netzbetreiber darlegen muss, dass die von ihm kalkulierten Entgelte den Anforderungen des Gesetzes bzw. der Entgeltverordnungen genügen,[630] erscheint kaum Raum für die Berücksichtigung einer gesetzlichen Vermutung aus dem Vergleichsverfahren.[631] Wollte man insoweit überhaupt einen Einfluss auf die Anforderungen zum Kostennachweis im Rahmen des Genehmigungsverfahrens annehmen, so müsste sich der Vergleich auf die konkret im Rahmen des Entgeltgenehmigungsantrages von den Netzbetreibern geltend gemachten Kosten beziehen. Eine Vermutungswirkung hinsichtlich der letztlich genehmigten Entgelte kommt indes wie dargestellt bereits mit Blick auf § 30 Abs. 1 S. 2 Nr. 5 EnWG nicht in Betracht. Zudem wäre es auch in höchstem Maße widersprüchlich, wenn mit Blick auf behördlich genehmigte Entgelte indiziert wäre, dass diese nicht den Genehmigungsvoraussetzungen entsprechen.

Zu konstatieren ist damit, dass keine der in Betracht kommenden Auslegungsvarianten zu einem vollständig überzeugenden und in jeder Hinsicht widerspruchsfreiem Ergebnis führt. Vor dem Hintergrund, dass eine konsistente Auslegung auch mit Blick auf den – für den Fall der Genehmigungspflicht ausgeschlossenen – Entgelt- und Erlösvergleich erforderlich ist, wird man im Ergebnis das Vergleichsverfahren auf die tatsächlich in die Entgelte eingeflossenen Kosten stützen müssen. Dies entspricht auch der Konzeption, wie sie der Gesetzgeber mit Blick auf die ursprünglich angestrebte ex-post Aufsicht vor Augen hatte, und vermeidet Widersprüche zum Regelungsinhalt des § 30 Abs. 1 S. 2 Nr. 5 EnWG. Eine Indiz- oder Vermutungswirkung kann einem Vergleich, der sich auf die von der Regulierungsbehörde anerkannten Kosten stützt, nach der Natur der Sache indes nicht zukommen. Die Vorschrift in § 21 Abs. 4 S. 2 EnWG ist daher einschränkend so auszulegen, dass die Vermutungswirkung nicht eingreift, wenn die Entgelte genehmigt wurden. Jedenfalls mit Blick auf § 30 Abs. 1 S. 2 Nr. 5 EnWG würde sie in diesem Fall ohnehin bereits nach dem Wortlaut keine Wirkung entfalten.

Im Rahmen der gegenwärtigen Konzeption der Entgeltregulierung verbleibt damit indes letztlich kein Anwendungsbereich für den Erlös- und Entgeltvergleich sowie die Vermutungswirkung. Die kostenorientiert gebildeten Netzentgelte unterliegen der Genehmigungspflicht des § 23a EnWG, soweit die Anreizregulierung noch nicht eingreift. Für die nach einem marktorientierten Verfahren[632] gebildeten Netzentgelte gilt indes nach dem eindeutigen Wortlaut bereits die Regelung in § 21 Abs. 2 EnWG

---

630 Vgl. hierzu insbesondere die Festlegung der Bundesnetzagentur hinsichtlich der Vorgaben für Anträge zur Genehmigung der Netzentgelte, abrufbar unter www.bundesnetzagentur.de (zuletzt aufgerufen am 18.05.2008).
631 Anders *Büdenbender*, Kostenorientierte Regulierung, S. 46 ff., der die Regelungen in § 21 Abs. 3 und 4 als anschließende Konkretisierung des Maßstabes aus § 21 Abs. 2 versteht. Danach kann eine Verstoß gegen den Effizienzmaßstab des § 21 Abs. 2 nur angenommen werden, wenn sich dies aus dem Ergebnis des Vergleichsverfahrens nach § 21 Abs. 3 und 4 EnWG und seiner Konkretisierung in der StromNEV bzw. der GasNEV ergibt.
632 Ein solches ist nur für die überregionalen Gasfernleitungsnetze vorgesehen, vgl. § 3 Abs. 2 GasNEV.

nicht, wodurch das sich auf diese Vorschrift beziehende Vergleichsverfahren nach § 21 Abs. 3 und 4 EnWG ebenfalls nicht zur Anwendung kommen kann. Im Rahmen der Anreizregulierung ist indes zu erwarten, dass das Vergleichsverfahren nach § 21 Abs. 3 und 4 EnWG in der Bedeutung weitestgehend hinter den in § 21a Abs. 5 EnWG geregelten Effizienzvergleich zurücktritt.[633] Da § 21 Abs. 2 EnWG zudem zunächst von § 21a EnWG verdrängt wird, kann das Vergleichsverfahren nach § 21 Abs. 3 und 4 ohnehin nur noch insoweit eine Rolle spielen, als § 21a Abs. 4 EnWG mit Blick auf die Ermittlung der beeinflussbaren Kosten zu Beginn einer Regulierungsperiode auf § 21 Abs. 2 bis 4 EnWG verweist.

Von der teilweise behaupteten erheblichen Bedeutung des Vergleichsverfahrens nach § 21 Abs. 3 EnWG und der Vermutungswirkung nach § 21 Abs. 4 EnWG[634] kann vor diesem Hintergrund keine Rede sein. Vielmehr sind das Vergleichsverfahren und die Vermutungswirkung in ihrer gegenwärtigen gesetzlichen Ausgestaltung letztlich Fremdkörper im System der ex-ante Aufsicht über die Netzentgelte und haben eher informatorischen Charakter für die Netzbetreiber, die Regulierungsbehörde und die Öffentlichkeit, als einen unmittelbaren Einfluss auf die Entgeltregulierung.[635]

4. Zusammenfassung

Die Regelungen zur Ausgestaltung des Vergleichsverfahrens in § 21 Abs. 3 und 4 EnWG erschließen sich nur vor dem Hintergrund der Tatsache, dass im Rahmen des Gesetzgebungsverfahrens zunächst eine ex-post Aufsicht über die Netzentgelte am Maßstab der Kosten einer energiewirtschaftlich rationellen Betriebsführung vorgesehen war. Im Rahmen der ex-ante Aufsicht bilden die Vorschriften und insbesondere die in ihnen enthaltene Vermutungswirkung Fremdkörper, die keinen unmittelbaren Einfluss auf die Entgeltregulierung haben.

---

633 Vgl. hierzu insbesondere §§ 12 bis 14 ARegV.
634 Vgl. *Salje*, EnWG, § 21, Rn. 47; *Stumpf/Gabler*, NJW 2005, 3174, 3178.
635 Der von der Landesregulierungsbehörde Hessen teilweise praktizierte Vergleich einzelner Netzbetreiber mit anderen Netzbetreibern, denen in der selben Genehmigungsrunde bereits eine Genehmigung erteilt wurde, erscheint bereits wegen der letztlich willkürlichen Auswahl des Vergleichsmaßstabes rechtlich zweifelhaft; vgl. *Becker/Boos*, ZNER 2006, 297, 304.

C. Ausgestaltung durch die Entgeltverordnungen

Im Rahmen der im vorherigen Teil behandelten gesetzlichen Vorgaben ist der Verordnungsgeber grundsätzlich frei bei der Ausgestaltung der Kalkulation der Netznutzungsentgelte. Ihm kommt hierbei die Aufgabe zu, die Interessen der Netzbetreiber einerseits und der Netznutzer andererseits in einen Ausgleich zu bringen.

Hinsichtlich der Regelungen der Entgeltverordnungen zur Ermittlung der Netzkosten lassen sich drei Bereiche unterscheiden. Den ersten unter I. zu behandelnden Bereich bilden die grundlegenden Vorschriften zur Basis der Kostenermittlung und zur sach- und periodengerechten Kostenzuordnung. Den zweiten bilden die Regelungen zur Ermittlung der aufwandsgleichen Kosten, wozu neben den Material- und Personalkosten auch die Kosten für die Fremdkapitalzinsen, die dezentrale Einspeisung und die Verlustenergie zählen (hierzu unter II.). Den dritten und zugleich am heftigsten umstrittenen Bereich bilden schließlich die unter III. zu behandelnden Vorschriften zur Ermittlung der kalkulatorischen Kosten.

I. Grundlagen der Kostenermittlung

Die Grundlagen der Kostenermittlung ergeben sich insbesondere aus § 4 StromNEV/GasNEV (im Folgenden gemeinsam als „NEV" bezeichnet, sofern die Regelungen in der zitierten Norm inhaltlich identisch sind) sowie aus § 3 Abs. 1 NEV. Im Mittelpunkt steht hierbei die Frage, auf welcher Basis die Kosten zu ermitteln sind. Hierbei lassen sich drei Themenkomplexe unterscheiden, auf die im Folgenden einzugehen sein wird. Der erste betrifft die Frage nach dem zeitlichen Horizont der Kostenermittlung, also danach, ob bei der Entgeltermittlung von den aktuellen Kosten, den Kosten des Vorjahres oder den für die Zukunft erwarteten Kosten auszugehen ist (hierzu unter 1.). Der zweite betrifft die Frage, auf welcher kostenrechnerischen bzw. buchhalterischen Basis die Kosten ermittelt werden (hierzu unter 2.). Schließlich ist näher auf den in § 4 Abs. 1 NEV enthaltenden impliziten Unternehmensvergleich einzugehen, der den Kostenansatz der Höhe nach begrenzt (hierzu unter 3.).

1. System der periodenversetzten Kostenermittlung

a) Grundsatz: Vorjahreskosten

Im Grundsatz sehen die Entgeltverordnungen vor, dass die Entgelte auf der Basis der Kostendaten des letzten abgeschlossen Geschäftsjahres ermittelt werden. Dies ergibt sich zum einen unmittelbar aus § 3 Abs. 1 S. 5 1. HS StromNEV bzw. § 3 Abs. 1 S. 4 1. HS GasNEV und wird zudem durch die Regelung in § 4 Abs. 2 NEV bestätigt, nach der ausgehend von der Gewinn-und-Verlust-Rechnung für den Netzbereich des letzten abgeschlossenen Geschäftsjahres nach § 10 Abs. 3 EnWG zur Bestimmung der Netzkosten eine kalkulatorische Rechnung zu erstellen ist.

Folge der Anknüpfung an die Kosten des Vorjahres bei der Entgeltermittlung ist, dass mit den Netzentgelten – abgesehen von Mengenschwankungen – Erlöse erzielt werden, die den Kosten einer bereits abgeschlossenen Periode entsprechen. Kostenerhöhungen oder -senkungen schlagen folglich grundsätzlich erst mit entsprechendem Zeitverzug auf die Entgelte durch.[636] Der Umfang des Zeitverzugs ist dabei von verschiedenen Faktoren, wie der Lage des Geschäftsjahres, dem Zeitpunkt der Veröffentlichung neuer Entgelte, der Dauer des Engeltgenehmigungsverfahrens und der Zeit zwischen dem Ende des Geschäftsjahres und der Fertigstellung des buchhalterischen Jahresabschlusses abhängig. Regelmäßig dürfte er indes zwei Jahre betragen, wenn man davon ausgeht, dass das Geschäftsjahr mit dem Kalenderjahr übereinstimmt, die Aufstellung und Prüfung des Jahresabschlusses etwa 3 Monate in Anspruch nimmt und das Entgeltgenehmigungsverfahren nach Einreichung der Unterlagen wie in § 23a EnWG vorgesehen, in 6 Monaten abgeschlossen wird. Die Veröffentlichung der neuen Netzentgelte sollte damit regelmäßig zum Beginn des nächsten Kalenderjahres erfolgen können.[637]

Das Grundschema des zeitlichen Zusammenhanges zwischen den Kosten, der Entgeltkalkulation und den schließlich angewandten Entgelten bzw. erzielten Erlösen, ist in der nachfolgenden Abbildung beispielhaft dargestellt. Solange der Jahresrhythmus der Entgeltkalkulation eingehalten wird und man unterstellt, dass die Entgelte tatsächlich zu Erlösen in Höhe der Kosten führen, auf deren Basis sie berechnet wurden,[638] werden die Kosten des Unternehmens in dem System der periodenversetzten Entgeltkalkulation formal vollständig – wenn auch mit Zeitverzug – berücksichtigt.

---

636 Die zeitliche Verzögerung zwischen der Veränderung der Kosten und der Preise wird auch als regulatorischer Lag bezeichnet; vgl. *Schönefuß*, Privatisierung, Regulierung und Wettbewerbselemente in einem natürlichen Infrastrukturmonopol, S. 180.
637 Im Gassektor ist mit Blick auf das Gaswirtschaftsjahr das Inkrafttreten neuer Bedingungen oder Entgelte zum 1.4. oder zum 1.10 eines Jahres üblich.
638 Zu den in der Praxis durch Mengenschwankungen auftretenden Abweichungen siehe unten unter C.I.1.e).

Abbildung 3:

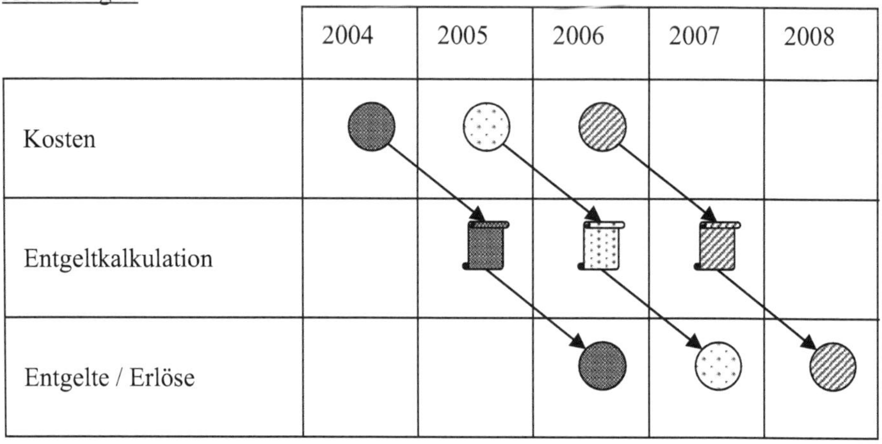

	2004	2005	2006	2007	2008
Kosten	●	○	◐		
Entgeltkalkulation			▣	▣	▣
Entgelte / Erlöse			●	○	◐

b) Modifizierung durch den Ansatz von Plankosten?

Während die ursprünglichen Entwürfe der Entgeltverordnungen durchgängig die Kalkulation auf der Basis der Vorjahresdaten vorsahen, wurde dieser Grundsatz auf Initiative des Bundesrates aufgeweicht, indem § 3 Abs. 1 S. 5 StromNEV bzw. § 3 Abs. 1 S. 4 GasNEV jeweils ein Halbsatz angefügt wurde.[639] Vollständig heißt es nun in diesen Vorschriften:

> „Die Ermittlung der Kosten und der Netzentgelte erfolgt auf Basis der Daten des letzten abgeschlossenen Geschäftsjahres; gesicherte Erkenntnisse über das Planjahr können dabei berücksichtigt werden."

Der sich aus dieser Regelung konkret ergebene Spielraum für den Ansatz von Plankosten ist im Einzelnen umstritten. Dies betrifft zum einen die Frage in welchen Bereichen der Ansatz von Plankosten überhaupt in Betracht kommt. Die Regulierungsbehörde hat insoweit den Ansatz von Plankosten mit Blick auf die Kosten für die dezentrale Einspeisung nach § 5 Abs. 3 StromNEV und für die Verlustenergie nach § 10 Abs. 1 StromNEV vor dem Hintergrund des Wortlautes dieser Vorschriften für von vorneherein ausgeschlossen gehalten.[640] Zum anderen ist näher zu untersuchen, wie der Begriff der „gesicherten Erkenntnisse" auszulegen ist, wann also im

---

639 Vgl. Vermittlungsverfahren zum 2. Gesetz zur Neuregelung des EnWG (BR-Drucksache 248/05), Forderungen der B-Seite nach Änderungen des Gesetzes und der Entwürfe der Netzzugangs- und Netzentgeltverordnungen Strom und Gas, Liste II, „Technische Punkte", Umdruck S. 7.

640 Vgl. Bundesnetzagentur, Schwerpunkte bei der Prüfung der Netzentgeltanträge nach § 23a EnWG, S. 2; diese Position mussten die Regulierungsbehörden auf Basis der höchstrichterlichen Rechtsprechung (BGH, Beschlüsse vom 14.08.2008, KVR 34/07, Tz. 11 ff.; KVR 35/07, Tz. 12 ff.; KVR 36/07, Tz. 5 ff.) inzwischen aufgeben.

konkreten Fall ein Ansatz von Plankosten in Betracht kommt. Die Regulierungsbehörde betrachtet die Regelung zum Ansatz von Plankosten als restriktiv auszulegende Ausnahmevorschrift und will daher die Berücksichtigung gesicherter Erkenntnisse nur ausnahmsweise zulassen.[641] Bevor auf diese Problemfelder näher eingegangen wird, soll zunächst dargestellt werden, weshalb der Ansatz von Plankosten überhaupt aus regulatorischer Sicht sinnvoll ist.

aa) Gründe für den Ansatz von Planwerten

Zunächst sei darauf hingewiesen, dass die Vorschrift in § 3 Abs. 1 NEV die Berücksichtigung gesicherter Erkenntnisse über das Planjahr nicht nur hinsichtlich der Kostendaten, sondern auch hinsichtlich der sonstigen Daten zulässt, die für die Entgeltermittlung relevant sind. Hierbei handelt es sich insbesondere um das Mengengerüst des Absatzes. Mit Blick auf diese Daten ist die Sinnhaftigkeit des Ansatzes von Planwerten ohne Weiteres einleuchtend, da hierdurch eher sichergestellt werden kann, dass die Entgelte im Planjahr tatsächlich zu Erlösen führen, die den zugrunde gelegten Kosten entsprechen. Wie sich zudem an der Vorschrift zur periodenübergreifenden Saldierung zeigt, auf die weiter unten noch im Einzelnen einzugehen sein wird,[642] sollen Abweichungen zwischen den Erlösen und ermittelten Kosten vermieden werden bzw. ausgeglichen werden.

Mit Blick auf die Berücksichtigung von Plankosten bedarf es indes einer differenzierteren Betrachtung, könnte doch auf Basis der obigen Darstellung zunächst der Eindruck entstehen, der Ansatz von Plankosten sei generell unnötig, da die Kosten auch ohne die Berücksichtigung von Planwerten vollständig angesetzt werden können. Diese Annahme stimmt jedoch nur dann, wenn man langfristig nominal konstante Kosten zugrunde legt, die allenfalls kurzfristigen stochastischen Schwankungen unterworfen sind.[643]

(1) Allgemeine Preis- / Kostensteigerung

Geht man hingegen etwa davon aus, dass die nominalen Kosten im Verlauf der Jahre entsprechend der allgemeinen Inflationsrate steigen, so lässt sich zeigen, dass ein Anknüpfen an die Vorjahreskosten systematisch zu einer Kostenunterdeckung führt.

---

641 Vgl. Bundesnetzagentur, Schwerpunkte bei der Prüfung der Netzentgeltanträge nach § 23a EnWG, S. 2; Positionspapier der Regulierungsbehörden des Bundes und der Länder zu Einzelfragen der Kostenkalkulation gemäß Gasnetzentgeltverordnung, S. 18.
642 Vgl. unten unter C.I.1.e).
643 *Missling*, RdE 2008, 7, 8 f. weist außerdem zu Recht darauf hin, dass ein Ausgleich auch dann nicht mehr stattfindet, wenn die Kosten des jeweiligen Jahres die Basis für die Bestimmung der Erlösgrenzen einer Regulierungsperiode bilden.

In der folgenden Tabelle ist dies beispielhaft für eine Inflationsrate von 2 % und Ausgangskosten von 100 Mio. € dargestellt.

Tabelle 14:

Jahr	−1	0	1	2	3	4	5	6
Kosten	100	102	104	106,1	108,2	110,4	112,6	114,9
Erlöse			100	102	104	106,1	108,2	110,4
Delta			−4	−4,1	−4,2	−4,3	−4,4	−4,5

Im Grundsatz ist anzunehmen, dass die jährliche entstehende Kostenunterdeckung letztlich zulasten der tatsächlich erzielbaren Eigenkapitalverzinsung geht. Ein solcher Einfluss wäre jedoch sachlich nicht gerechtfertigt, zumal er die einzelnen Unternehmen in Abhängigkeit von ihrer Eigenkapitalquote, der Höhe des betriebsnotwendigen Kapitals und dessen Verhältnis zu der Höhe der aufwandsgleichen Kosten in unterschiedlich starkem Maße treffen würde. Insbesondere handelt es sich insoweit auch nicht um ein allgemeines unternehmerisches Risiko, das durch den Wagniszuschlag abgegolten wäre, sondern um eine systemimmanente Schwäche des Kalkulationsverfahrens.

Um einen Einfluss auf die Höhe der möglichen Ausschüttungen an die Kapitalgeber zu vermeiden, könnte man auf den Gedanken kommen, der Netzbetreiber könne einen Kredit zur „Zwischenfinanzierung" aufnehmen, da er die gestiegenen Kosten ja jeweils mit 2 Jahren Verzug, bei der Bemessung der Netzentgelte berücksichtigen kann. Wie sich leicht zeigen lässt, führt jedoch auch diese Option auf Dauer nicht zu dem gewünschten Ergebnis. Die folgende Tabelle basiert auf dem obigen Beispiel und legt einen Kreditzins von 5 % zugrunde. Die Kosten in einem Jahr setzen sich dabei jeweils aus der allgemeinen Kostenentwicklung und den zusätzlich angefallenen Fremdkapitalzinsen zusammen. Als neuer Kredit wird jeweils der Betrag aufgenommen, der der Differenz zwischen Kosten und Erlösen entspricht.

Tabelle 15:

Jahr	−1	0	1	2	3	4	5	6
Kosten	100	102	104	106,3	108,7	111,1	113,5	116
Erlöse			100	102	104	106,3	108,7	111,1
Kredit			4	8,4	13,0	17,8	22,6	27,5
Zinsen			0	0,2	0,4	0,7	0,9	1,1
Neuer Kredit			4	4,3	4,7	4,7	4,7	4,9
Delta			0	0	0	0	0	0

Wie man leicht ablesen kann, führt die „Zwischenfinanzierung" zu steigenden Kosten und damit zu höheren Entgelten für die Netznutzer. Das eigentliche Ziel wird dennoch verfehlt, da eine Rückzahlung der Kredite letztlich nicht möglich ist, ohne zum Zeitpunkt der Rückzahlung Einfluss auf die Höhe der möglichen Ausschüttungen zu entfalten. Da die stetig steigende Kreditbelastung jedoch auf Dauer nicht tragbar ist und zudem die Kredite unmittelbar den (Veräußerungs-)Wert des Unternehmens mindern, bleibt festzuhalten, dass sich allein durch die nominelle Kostenentwicklung in Folge der allgemeinen Geldentwertung bei Zugrundelegen der Vorjahreskosten die Eigenkapitalverzinsung in nicht sachgerechter Weise reduziert.

Dem könnte man möglicherweise entgegenhalten, dass die Annahme steigender Kosten unrealistisch sei, da die Netzbetreiber die Effizienz steigern und damit ihre Kosten senken könnten. Dieser Einwand greift indes letztlich nicht, da die Kalkulationsregeln in gleicher Weise für alle Unternehmen gelten, also auch für solche, die bereits effizient arbeiten. Gerade diese würden jedoch durch den Ausschluss von Planansätzen benachteiligt, da bei ihnen im Zuge der Steigerung der Kosten im Rahmen der allgemeinen Inflationsentwicklung mit einer Reduzierung der Eigenkapitalverzinsung zu rechnen ist.

(2) Sondereinflüsse

Während die allgemeine Preissteigerung grundsätzlich alle Netzbetreiber in gleicher Weise trifft, können Kostenentwicklungen in bestimmten Bereichen einzelne Netzbetreiber überproportional treffen und bei konsequentem Festhalten an der Kalkulation auf Basis der Vorjahresdaten zu erheblichen Ergebnisausfällen führen.

Als Beispiel hierfür können etwa die erheblichen Kostensteigerungen durch einen erhöhten Bedarf an Ausgleichsenergie bzw. Reserveleistung infolge des starken Ausbaus der Windenergie dienen. Diese treffen ausschließlich die Übertragungsnetzbetreiber und sind zudem von dauerhafter und nicht nur von vorübergehender Natur, da nicht mit einem Rückgang der Windenergieeinspeisungen zu rechnen ist.

Ein anderes Beispiel könnte etwa der Anschluss eines neuen Großverbrauchers an ein Netz bilden, der zur Folge hat, dass mit dem erhöhten Stromabsatz auch die Netzverluste und damit die Kosten für die Beschaffung der Verlustenergie steigen. Während die zunächst durch die Absatzsteigerung entstehenden höheren Erlöse im Rahmen der periodenübergreifenden Saldierung unter Berücksichtigung von Zinseffekten ausgeglichen werden, verbleibt die Belastung durch die gestiegenen Netzverluste bei dem Netzbetreiber.

Tabelle 16:

Jahr	−1	0	1	2	3	4	5	6
Kosten	100	100	110	110	110	110	110	110
Erlöse			100	100	110	110	110	110
Delta			−10	−10	0	0	0	0

In der vorstehenden Tabelle ist der Effekt durch einen einmaligen Kostensprung dargestellt. Wie sich leicht ablesen lässt, entstehen durch ihn ebenfalls Erlösausfälle, die auch in den Folgejahren nicht wieder ausgeglichen werden.

bb) Anwendungsbereich für den Ansatz von Plankosten

Nach der systematischen Stellung der Regelung zur Berücksichtigung gesicherter Erkenntnisse bei der Ermittlung der Netzentgelte in den „Grundsätzen der Entgeltbestimmung" in § 3 Abs. 1 NEV kommt der Ansatz von Plankosten grundsätzlich in allen Bereichen der Kostenermittlung in Betracht. Fraglich ist allerdings, ob er in einigen Bereichen durch speziellere Regelungen ausgeschlossen wird.

Die Regulierungsbehörde hat dies mit Blick auf die §§ 5 Abs. 3, 10 Abs. 1 StromNEV angenommen.[644] In § 5 Abs. 3 StromNEV heißt es insoweit hinsichtlich der Anlagen zur dezentralen Einspeisung, dass „*die Zahlungen des letzten abgeschlossenen Geschäftsjahres als Kostenpositionen [...] zu berücksichtigen [sind]*" und in § 10 Abs. 1 S. 2 StromNEV mit Blick auf die Kostenpositionen für Netzverluste, dass sich diese „*aus den tatsächlichen Kosten der Beschaffung der entsprechenden Verlustenergie im abgelaufenen Kalenderjahr [ergibt]*".

Darüber hinaus erscheint vor diesem Hintergrund auch der Wortlaut des § 5 Abs. 1 NEV problematisch, wonach die aufwandsgleichen Kostenpositionen „*den nach § 10 Abs. 3 EnWG oder nach § 4 Abs. 3 erstellten Gewinn- und Verlustrechnungen für die Elektrizitätsübertragung und Elektrizitätsverteilung zu entnehmen [sind]*"; da die Gewinn-und-Verlust-Rechnung naturgemäß stets auf dem letzten abgeschlossenen Geschäftsjahr und damit auf rein vergangenheitsbezogenen Daten basiert.

(1) Wortlaut

Bereits mit Blick auf den Wortlaut der Vorschriften, stellt sich indes die Frage, ob sie tatsächlich zwingend als spezielle Ausnahmeregelungen zu verstehen sind, die die Berücksichtigung von Plankosten ausschließen. Zweifel ergeben sich insoweit, da nach der Regelung in § 3 Abs. 1 S. 5 StromNEV bzw. § 3 Abs. 1 S. 4 GasNEV die Berücksichtigung von gesicherten Erkenntnissen gerade nicht im Widerspruch dazu steht, dass die Daten des letzten abgeschlossenen Geschäftsjahres den Ausgangspunkt für die Entgeltkalkulation bilden. Vielmehr stehen die beiden durch das Wort „*dabei*" verbundenen Halbsätze des § 3 Abs. 1 S. 5 StromNEV bzw. § 3 Abs. 1 S. 4 GasNEV nach dem Wortlaut und grammatischer Konstruktion nicht in einem sich gegenseitig ausschließenden Regel-Ausnahmeverhältnis zueinander – der Inhalt des ersten wird vielmehr durch den zweiten Halbsatz näher präzisiert.[645] Der Berücksichtigung von gesicherten Erkenntnissen ist damit nach § 3 Abs. 1 NEV keine

---

644 Vgl. Bundesnetzagentur, Beschluss vom 06.06.2006 (Vattenfall), ZNER 2006, 177; vgl. auch Regulierungsbehörden, Positionspapier Gas, S. 18; jedenfalls mit Blick auf § 10 StromNEV mussten die Regulierungsbehörden auf Basis der höchstrichterlichen Rechtsprechung (BGH, Beschlüsse vom 14.08.2008, KVR 34/07, Tz. 11 ff.; KVR 35/07, Tz. 12 ff.; KVR 36/07, Tz. 5 ff.) diese Position inzwischen aufgeben.

645 Vgl. *Jansen/Sieberg*, ET 4/2007, 67; *Sieberg* in: Bartsch/Röhling/Salje/Scholz, Stromwirtschaft, Kapitel 51, Rn. 11.

Alternative sondern eine Ergänzung zum vorgesehenen Ansatz der Vorjahreskosten. Der Ansatz von Planwerten ist daher stets im Zusammenhang mit den Daten des letzten abgeschlossenen Geschäftsjahres zu sehen und muss auf diesen aufbauen. Damit bilden die Planwerte in keinem Fall den ummittelbaren Ausgangspunkt der Entgeltkalkulation sondern vielmehr die Kosten, die sich unter Fortschreibung der Vorjahresdaten bei Berücksichtigung der gesicherten Erkenntnisse über die Kostenentwicklung für das Planjahr ergeben.

Vor diesen Hintergrund kann man den Wortlaut in den Vorschriften der §§ 5 Abs. 1, Abs. 3, 10 Abs. 1 StromNEV bzw. § 5 Abs. 1 GasNEV durchaus so verstehen, dass lediglich die Ausgangsbasis für die Kostenermittlung näher präzisiert wird, ohne hierbei auszuschließen, dass diese Ausgangsbasis im Sinne der allgemeinen Regelung in § 3 Abs. 1 NEV durch die Berücksichtigung gesicherter Erkenntnisse fortgeschrieben wird.[646] Durch die Regelungen in § 5 Abs. 1 NEV und § 5 Abs. 3 StromNEV wird insofern präzisiert, auf welche Daten des abgeschlossenen Geschäftsjahres abzustellen ist, während § 10 Abs. 1 StromNEV insoweit eine Abweichung von dem allgemeinen Grundsatz beinhaltet, dass nicht auf das letzte Geschäftsjahr sondern auf das letzte Kalenderjahr abgestellt werden soll.

(2) Genese

Wie oben bereits dargestellt wurde die Reglung des § 3 Abs. 1 S. 5 2. Halbsatz StromNEV bzw. § 3 Abs. 1 S. 4 2. Halbsatz GasNEV erst kurz vor Abschluss des Gesetzgebungsverfahrens zum EnWG auf Initiative des Bundesrates in die Verordnung eingefügt.[647] Die Vorschriften der §§ 5 und 10 StromNEV wurden hingegen in diesem Stadium nicht mehr verändert.

Hieraus ergibt sich bereits, dass die Regelungen in § 5 Abs. 1 und 3 sowie in § 10 Abs. 1 StromNEV bzw. § 5 Abs. 1 GasNEV nach ihrer ursprünglichen Intention nicht darauf ausgerichtet waren, den Ansatz von Planwerten auszuschließen.[648] Ei-

---

646 So nun auch mit Blick auf § 10 StromNEV: BGH, Beschlüsse vom 14.08.2008, KVR 34/07, Tz. 16; KVR 35/07, Tz. 17; KVR 36/07, Tz. 10.
647 Vgl. *Jansen/Sieberg*, ET 4/2007, 67, 68.
648 So nun auch mit Blick auf § 10 StromNEV: BGH, Beschlüsse vom 14.08.2008, KVR 34/07, Tz. 18; KVR 35/07, Tz. 19; KVR 36/07, Tz. 12. Ebenso bereits OLG Naumburg, Hinweisbeschluss vom 02.03.2007, ZNER 2007, 66, 67, sowie Beschluss vom 16.04.2007, ZNER 2007, 174 f., das davon ausgeht, dass die Regelung in § 10 lediglich die allgemeine Regelung wiederholt; anders: OLG Koblenz, Beschluss vom 04.05.2007, RdE 2007, 198, 199; OLG Koblenz, Beschluss vom 04.05.2007, ZNER 2007, 182, 183; OLG Frankfurt, Beschluss vom 11.09.2007, ZNER 2007, 341, 346; OLG München, Beschluss vom 22.02.2007, ZNER 2007, 61, 64, das davon ausgeht, dass die Regelung von vornherein als Spezialregelung hinsichtlich des Anknüpfungszeitraums konzipiert war; ebenso OLG Düsseldorf, Beschluss vom 11.07.2007, ZNER 2007, 337, 338; OLG Düsseldorf, Beschluss vom 21.07.2007, ZNER 2006, 258, 260; OLG Bamberg, Beschluss vom 21.02.2007, ZNER 2007, 88 (vollständig abrufbar im Internet unter www.zner.org); OLG Bamberg, Beschluss vom 26.10.2007, IR 2008, 38, 39.

ner solchen Regelung bedurfte es nämlich bei Formulierung dieser Normen nicht, da der entsprechende Grundsatz, dass die Kalkulation auf Basis der Daten des abgeschlossenen Geschäftsjahres erfolgt, bereits in § 3 Abs. 1 Satz 5 StromNEV bzw. § 3 Abs. 1 S. 4 GasNEV normiert war, ohne insoweit Ausnahmen vorzusehen. Der Regelungsgehalt der genannten Normen liegt vielmehr darin, die Kostengrundlage über die allgemeinen Regelungen in § 3 und 4 NEV hinaus näher zu spezifizieren.[649]

Die Bundesländer haben zur Begründung ihrer im Vermittlungsverfahren erhobenen Forderung nach der Aufnahme der Regelung in § 3 Abs. 1 Satz 5 2. Halbsatz StromNEV angeführt, der Verordnungsentwurf stelle bei der Kalkulation der Netzentgelte ausschließlich auf die Daten des abgeschlossenen letzten Geschäftsjahres ab, um Prognosefehler soweit als möglich zu vermeiden; es könnten jedoch bestimmte und nicht unmaßgebliche zukünftige Kostenänderungen – wie etwa eine Erhöhung vorgelagerter Netzkosten oder der gesetzlichen Belastungen nach dem Erneuerbare-Energien-Gesetz (EEG) – bereits zum Zeitpunkt der Kalkulation der Netzentgelte feststehen. Diese sollten berücksichtigt werden können, um Kostensprünge im Folgejahr zu vermeiden.[650]

Die Begründung bestätigt insoweit, dass mit der Einfügung des 2. Halbsatzes in § 3 Abs. 1 S. 5 StromNEV gerade das Ziel verfolgt wurde, im Bereich der aufwandsgleichen Kosten die Berücksichtigung gesicherter Erkenntnisse über das Planjahr zu ermöglichen.

Daneben kann die Entstehungsgeschichte der Vorschriften in § 5 Abs. 3 und § 10 Abs. 1 StromNEV nähere Anhaltspunkte für deren Auslegung liefern. Dabei ist zu berücksichtigen, dass die Kalkulationsvorschriften der Verbändevereinbarung II plus in weiten Teilen als Referenz für die Regelungen in den Entgeltverordnungen dienten. Soweit man das Kalkulationsverfahren der Verbändevereinbarung für sachgerecht hielt, wurde es inhaltlich übernommen, soweit man es für unklar oder korrekturbedürftig hielt, wurde es entsprechend angepasst.

Bei unvoreingenommener Betrachtung vermag zunächst zu verwundern, weshalb die Kosten für die dezentrale Einspeisung in § 5 Abs. 3 StromNEV und die Kosten für die Verlustenergie in § 10 Abs. 1 StromNEV überhaupt einer gesonderten Regelung bedurften. Da in beiden Fällen an die tatsächlich angefallenen Kosten angeknüpft wird, hätte es bei objektiver Betrachtung nahe gelegen, diese ebenso zu behandeln, wie die sonstigen aufwandsgleichen Kosten nach § 5 Abs. 1 NEV, bei denen durch die Bezugnahme auf die Gewinn-und-Verlust-Rechnung ebenfalls auf die angefallenen Kosten abgestellt wird. Schlüssig erklärt werden können die Sonderregelungen indes vor dem Hintergrund der Verbändevereinbarung II plus. Dort war vorgesehen, die Kosten für die dezentrale Einspeisung und die Verlust-Energie

---

649 *Jansen/Sieberg*, ET 4/2007, 67, 68; so nun auch mit Blick auf § 10 StromNEV: BGH, Beschlüsse vom 14.08.2008, KVR 34/07, Tz. 16; KVR 35/07, Tz. 17; KVR 36/07, Tz. 10.
650 Vgl. Vermittlungsverfahren zum 2. Gesetz zur Neuregelung des EnWG (BR-Drucksache 248/05), Forderungen der B-Seite nach Änderungen des Gesetzes und der Entwürfe der Netzzugangs- und Netzentgeltverordnungen Strom und Gas, Liste II, „Technische Punkte", Umdruck S. 7.

nicht unmittelbar auf Basis der (bilanziellen) Kosten zu ermitteln, sondern die Beträge vielmehr aufgrund der energiewirtschaftlichen Daten zu errechnen.[651] Dies war erforderlich, da die Vorschriften zum Unbundling nach dem EnWG 1998 im Bereich der Verteilung keine buchhalterische Trennung zwischen Netz und Vertrieb vorsahen.[652] Die Kosten für die Verlustenergie bildeten vielmehr einen nur rechnerisch abgrenzbaren Teil der Stromeinkaufskosten[653] und die Anlagen zur dezentralen Einspeisung wurden häufig auch von den integrierten Energieversorgungsunternehmen selbst betrieben, sodass eine interne Verrechnung erfolgte, die sich nicht in externen buchhalterisch erfassten Zahlungsströmen niederschlug.[654] Von diesen häufig als intransparent kritisierten Regelungen der Verbändevereinbarung[655] sollte in der StromNEV ausdrücklich abgewichen werden – auch wenn sich die Abweichung materiell eigentlich ohnehin bereits aus den verschärften Unbundling-Bestimmungen in § 10 EnWG sowie den in § 10 StromNZV enthaltenen besonderen Bestimmungen zur Ausschreibung der Verlustenergie und zur Führung eines gesonderten Bilanzkreises ergibt.[656]

Vor dem Hintergrund der Entstehungsgeschichte sind die Normen in § 5 Abs. 3 und § 10 Abs. 1 StromNEV daher als bewusste Abgrenzung von der bisherigen Praxis im Rahmen der Verbändevereinbarung, nicht jedoch als Sondervorschriften zu verstehen, die sich inhaltlich von § 5 Abs. 1 NEV oder den grundlegenden Regelungen in § 3 Abs. 1 NEV absetzten sollen.

(3) Telos

Wie bereits dargestellt, sollte die auf Initiative des Bundesrates erfolgte Ergänzung des § 3 Abs. 1 NEV dem Zweck dienen, feststehende zukünftige Kostenveränderungen unmittelbar berücksichtigen zu können. Dass für die unverzügliche Berücksichtigung insbesondere dauerhafter Kostenveränderungen aus regulatorischer Sicht ein Bedürfnis besteht, wurde oben ebenfalls bereits im Einzelnen erörtert.[657]

Lenkt man den Blick auf die Vorschriften in § 5 Abs. 3 und § 10 Abs. 1 StromNEV, so sind keine sachlichen Gründe erkennbar, gerade im Bereich der Vergütungen für dezentrale Einspeisungen oder hinsichtlich der Verlustenergie, die Berück-

---

651 Vgl. VDN, Kommentarband zur Verbändevereinbarung II plus, S. 30 ff. und Anhang 2.
652 Vgl. § 9 Abs. 2 EnWG 1998.
653 Vgl. auch *Jansen/Sieberg*, ET 4/2007, 67, 68.
654 Vgl. *Missling* in: Danner/Theobald, Energierecht, III EnPrB B 2 § 3, Rn. 69.
655 Vgl. zur Berechnung nach der VV II plus: VDN, Kommentarband zur Verbändevereinbarung II plus, S. 27 f.
656 Vgl. auch *Jansen/Sieberg*, ET 4/2007, 67, 68.
657 Vgl. oben unter C.I.1.b)aa); diese Effekte übersehen das OLG München, Beschluss vom 22.02.2007, ZNER 61, 64, und das OLG Düsseldorf, Beschluss vom 11.07.2007, ZNER 2007, 337, 338, wenn auf den Ausgleich der periodischen Volatilitäten abgestellt wird.

sichtigung gesicherter Erkenntnisse für das Planjahr auszuschließen.[658] Das zentrale Argument, dass grundsätzlich gegen die Berücksichtigung von Plankosten spricht, besteht in der Gefahr, dass die Netzbetreiber zu eigenen Gunsten überhöhte Plankostenansätze wählen, um so zulasten der Netznutzer eine höhere Rendite zu erzielen. Eine insoweit gegenüber anderen Kostenansätzen erhöhte Gefahr einer falschen Prognose besteht indes mit Blick auf §§ 5 Abs. 3, 10 Abs. 1 StromNEV nicht. Eher dürfte das Gegenteil zutreffen. So ist die Höhe der Vergütung für die dezentrale Einspeisung nach § 18 Abs. 2 StromNEV unter anderem von der Höhe der Netzentgelte in der vorgelagerten Spannungsebene abhängig. Steht etwa infolge eines entsprechenden Entgeltgenehmigungsbescheides fest, dass sich die Netzkosten des vorgelagerten Netzbetreibers erhöhen, so besteht erkennbar kein besonderes Risiko einer Fehlprognose hinsichtlich der Entwicklung der Kosten für die dezentrale Einspeisung. Ähnlich verhält es sich im Bereich der Kosten für die Verlustenergie. Hier kann etwa eine Kostenerhöhung als sicher gelten, wenn bereits entsprechende Ergebnisse der Ausschreibung der Verlustenergie vorliegen.[659] Zudem ist zu bedenken, dass die Kostenentwicklung in den beiden angesprochenen Bereichen in besonderer Weise durch gesetzgeberische Maßnahmen beeinflusst werden kann. So steigen etwa in Folge einer Erhöhung von Steuern oder Abgaben auf den Energieverbrauch auch die Kosten für die Verlustenergie. Die Höhe der Vergütungen für dezentrale Einspeisungen wird sogar unmittelbar durch die entsprechenden gesetzlichen Regelungen bestimmt. Gerade die Veränderungen der Kosten des vorgelagerten Netzbetreibers sowie durch den Gesetzgeber verursachte Kostenerhöhungen sind vom Bundesrat als Beispiele für Fälle angeführt worden, in denen eine Berücksichtigung von Planwerten erfolgen sollte.[660]

Schließlich ist zu bedenken, dass der Ansatz von Plankosten in einem System der ex-ante Regulierung vor dem Hintergrund des gesetzgeberischen Ziels überhöhte Netzentgelte zu vermeiden wesentlich unproblematischer ist als vor dem Hintergrund eines Konzeptes der ex-post Aufsicht, das dem ursprünglichen Entwurf der NEV zugrunde lag.[661] Im Rahmen einer ex-post Aufsicht ist die nachträgliche Überprüfung, ob der Ansatz bestimmter Kosten zum Zeitpunkt der Kalkulation gerechtfertigt war, häufig nur schwer möglich. Demgegenüber fällt im Rahmen der ex-ante Aufsicht der Zeitpunkt, zu dem die gesicherten Erkenntnisse vorliegen müssen, mit dem Zeitpunkt der Prüfung zusammen. Zudem kann im Rahmen der ex-ante Aufsicht eine systematische und vollständige Überprüfung der Plansätze erfolgen,

---

658 Vgl. auch *Meyer* in: Bartsch/Röhling/Salje/Scholz, Stromwirtschaft, Kapitel 48, Rn. 24, der den Ansatz von Plankosten für opportun hält um Preissprünge zu vermeiden.
659 Anders OLG Frankfurt, Beschluss vom 11.09.2007, ZNER 2007, 341, 347, das die Ansicht vertritt, gesicherte Erkenntnis über das Planjahr würden im Bereich der Verlustenergie besonders selten vorliegen und daher die Sonderregelung rechtfertigen.
660 Vgl. Vermittlungsverfahren zum 2. Gesetz zur Neuregelung des EnWG (BR-Drucksache 248/05), Forderungen der B-Seite nach Änderungen des Gesetzes und der Entwürfe der Netzzugangs- und Netzentgeltverordnungen Strom und Gas, Liste II, „Technische Punkte", Umdruck S. 7.
661 Vgl. auch *Jansen/Sieberg*, ET 4/2007, 67, 69.

während die ex-post Aufsicht insoweit auf Stichproben beschränkt gewesen wäre. Es ist insoweit konsequent, dass gerade im Zuge der ebenfalls im Vermittlungsverfahren auf Initiative des Bundesrates eingefügten ex-ante Genehmigung auch die Berücksichtigung gesicherter Erkenntnisse über das Planjahr ermöglicht wurde. Gründe für eine Beschränkung auf bestimmte Bereiche ergeben sich hieraus indes nicht. Vielmehr ist etwa im Rahmen der ebenfalls als ex-ante Genehmigung ausgestalteten Tarifpreisaufsicht nach § 12 BTOElt anerkannt, dass die Beurteilung der gesamten Kosten- und Erlöslage realistische Prognosewerte für die Zukunft umfassen muss.[662]

Der Sinn und Zweck der Regelungen spricht damit im Ergebnis ebenfalls dafür, die Berücksichtigung von Planwerten grundsätzlich zuzulassen, sofern entsprechende gesicherte Erkenntnisse vorliegen.[663] Ein Ausschluss im Bereich der Kosten für die dezentrale Einspeisung und der Verlustenergie ist demgegenüber mit Sinn und Zweck der Vorschriften nicht vereinbar.[664]

(4) Vereinbarkeit mit den gesetzlichen Vorgaben

Abschließend ist in diesem Zusammenhang zu untersuchen, ob die Auslegung nach der §§ 5 Abs. 3 und 10 Abs. 1 StromNEV die Berücksichtigung von gesicherten Erkenntnissen in bestimmten Bereichen generell ausschließen, mit den gesetzlichen Vorgaben zur Kalkulation der Entgelte in § 21 EnWG vereinbar ist.[665]

Wie bereits oben dargestellt, kann das ausnahmelose Abstellen auf die Vorjahreskosten zu einer Beeinträchtigung der real erzielbaren Eigenkapitalverzinsung führen. Ob hierdurch die Angemessenheit der Verzinsung des eingesetzten Kapitals gemäß § 21 Abs. 2 EnWG bzw. die Angemessenheit der Entgelte insgesamt gemäß § 21 Abs. 1 EnWG beeinträchtigt wird, lässt sich zwar grundsätzlich nur im konkreten Fall unter Berücksichtigung der tatsächlich eintretenden Einbuße und der verbleibenden Rendite beurteilen, dennoch sind durchaus Fälle denkbar, in denen es zu einer solchen Beeinträchtigung kommen kann.

Der Ausschluss des Ansatzes von Plankosten kann insoweit auch nicht durch die sonstigen gesetzlichen Vorgaben zur Entgeltkalkulation gerechtfertigt werden. Weder lassen Kostenerhöhungen, die sich beispielsweise aus gesetzgeberischen Neure-

---

662 Vgl. *Tegethoff/Büdenbender/Klinger*, Das Recht der öffentlichen Energieversorgung, Kommentar, Bd. 2, § 12 BTOElt, III. B, Rn. 230.
663 Vgl. *Sieberg* in: Bartsch/Röhling/Salje/Scholz, Stromwirtschaft, Kapitel 51, Rn. 14 ff.; anders OLG Koblenz, Beschluss vom 04.05.2007, RdE 2007, 198, 199; OLG Koblenz, Beschluss vom 04.05.2007, ZNER 2007, 182, 183.
664 So im Ergebnis nun auch mit Blick auf § 10 StromNEV: BGH, Beschlüsse vom 14.08.2008, KVR 34/07, Tz. 19; KVR 35/07, Tz. 20; KVR 36/07, Tz. 13.
665 Vgl. hierzu auch *Jansen/Sieberg*, ET 4/2007, 67, 68; Der BGH, Beschlüsse vom 14.08.2008, KVR 34/07, Tz. 19; KVR 35/07, Tz. 20; KVR 36/07, Tz. 13, sieht die Angemessenheit der Entgelte ebenfalls gefährdet, wenn ohne die Berücksichtigung von gesicherten Erkenntnissen von ersichtlich unzutreffenden Kalklationsdaten ausgegangen würde.

gelungen oder aus den Ergebnissen einer öffentlichen Ausschreibung ergeben, als Folge einer bestehenden Ineffizienz verstehen, noch lässt sich eine zeitverzögerte Weitergabe der Kosten unter dem Aspekt der Wettbewerbsanalogie rechtfertigen. Vielmehr ist es auch bei bestehendem wirksamem Wettbewerb durchaus üblich, dass Kostenerhöhungen, die alle Anbieter treffen, unverzüglich an die Abnehmer weitergegeben werden.[666]

(5) Fazit

Der von der Regulierungsbehörde vertretenen Auffassung im Anwendungsbereich des § 5 Abs. 3 und des § 10 Abs. 1 StromNEV sei die Berücksichtigung gesicherter Erkenntnisse über das Planjahr generell ausgeschlossen, kann nicht gefolgt werden. Vielmehr ergibt die Auslegung der einschlägigen Normen, dass der Ansatz von Plankosten grundsätzlich auch in diesen Bereichen zulässig ist.[667]

cc) Begriff der gesicherten Erkenntnisse

Ob in einem konkreten Fall die Berücksichtigung von Planwerten im Rahmen der Entgeltkalkulation in Betracht kommt, hängt davon ab, ob *„gesicherte Erkenntnisse über das Planjahr"* im Sinne des § 3 Abs. 1 Satz 5 2. Halbsatz StromNEV bzw. des § 3 Abs. 1 S. 4 2. Halbsatz GasNEV vorliegen.

(1) Auffassung der Regulierungsbehörden

Die Regulierungsbehörden vertreten die Auffassung, die Regelung in § 3 Abs. 1 S. 5 2. Halbsatz StromNEV bzw. § 3 Abs. 1 S. 4 2. Halbsatz GasNEV habe nach ihrer systematischen Stellung und ihrer Formulierung Ausnahmecharakter.[668] Dementsprechend seien die inhaltlichen Vorgaben restriktiv auszulegen und lägen nicht vor, wenn nur mit einer gewissen Wahrscheinlichkeit bestimmte Kosten eintreten werden. Von gesicherten Erkenntnissen sei vielmehr erst dann auszugehen, wenn *„mit*

---

666 *Missling* in: Danner/Theobald, Energierecht, III EnPrR B 2 § 3, Rn. 28; *Jansen/Sieberg*, ET 4/2007, 67, 69.
667 So für §10 StromNEV auch BGH, Beschlüsse vom 14.08.2008, KVR 34/07, Tz. 11 ff.; KVR 35/07, Tz. 12 ff.; KVR 36/07, Tz. 5 ff.; OLG Naumburg, Hinweisbeschluss vom 02.03.2007, ZNER 2007, 66, 67, sowie Beschluss vom 16.04.2007, ZNER 2007, 174, 175; vgl. auch *Jansen/Sieberg*, ET 4/2007, 67, 69; siehe auch BGH, Pressemeldung 156/2008 vom 14.08.2008.
668 Positionspapier der Regulierungsbehörden des Bundes und der Länder zu Einzelfragen der Kostenkalkulation gemäß Gasnetzentgeltverordnung, S. 18; zustimmend: OLG Naumburg, Beschluss vom 15.06.2007, ZNER 2007, 491, 493.

dem Eintritt des kostenverursachenden Ereignisses und der Entstehung der Kostenlast mit an Sicherheit grenzender Wahrscheinlichkeit zu rechnen ist."[669]

Als weitere Voraussetzung für die Berücksichtigung gesicherter Erkenntnisse als Kalkulationsgrundlage führen die Regulierungsbehörden an, dass die Höhe der zu erwartenden Kosten bereits bestimmt oder mit Sicherheit bestimmbar ist. Als Beispiel für eine hinreichende Bestimmbarkeit wird die prozentuale Steigerung der Gehälter auf der Basis eines bereits getätigten Tarifabschlusses genannt.[670]

(2) Kritik

Die Auslegung durch die Regulierungsbehörden vermag bereits im Ansatz nicht zu überzeugen. Insbesondere ist nicht erkennbar, weshalb die Regelung in § 3 Abs. 1 S. 5 2. Halbsatz StromNEV bzw. in § 3 Abs. 1 S. 4 2. Halbsatz GasNEV aufgrund ihrer systematischen Stellung oder ihrer Formulierung Ausnahmecharakter haben sollte. Richtig dürfte vielmehr sein, dass ihrer Verortung in den Grundsätzen der Entgeltbestimmung systematisch gerade für den generellen Charakter der Regelung spricht. Auch die Stellung innerhalb des 5. Satzes des § 3 Abs. 1 StromNEV spricht nicht für einen Ausnahmecharakter, vielmehr steht der 2. durch Semikolon abgetrennte Halbsatz gleichberechtigt neben dem 1. Halbsatz. Ebenso wenig lässt sich im Ergebnis die Formulierung für die Begründung des Ausnahmecharakters nutzbar machen. Anknüpfungspunkt könnte insofern allenfalls die Tatsache bilden, dass es sich bei der Berücksichtigung von gesicherten Erkenntnissen nicht um eine „Muss-" sondern um eine „Kann"-Vorschrift handelt.[671] Ein solches Verständnis erscheint indes fernliegend, da durch die Formulierung als „Kann"-Vorschrift ersichtlich zum Ausdruck gebracht werden soll, dass die Berücksichtigung gesicherter Erkenntnisse im Ermessen des kalkulierenden Unternehmens liegt. So soll es dem Unternehmen möglich sein, sich auf die Vorjahresdaten zu berufen, wenn es sich beispielsweise nicht in der Lage sieht das Vorliegen gesicherter Erkenntnisse nachzuweisen.[672]

Festzuhalten ist somit, dass die Auslegung des Begriffs der „gesicherten Erkenntnisse" nicht auf einen angeblichen Ausnahmecharakter der Vorschrift gestützt werden kann. Damit bleibt freilich noch näher zu untersuchen, in welcher Weise die Vorschrift konkret auszulegen ist.

---

669 Positionspapier der Regulierungsbehörden des Bundes und der Länder zu Einzelfragen der Kostenkalkulation gemäß Gasnetzentgeltverordnung, S. 18; zustimmend: OLG Naumburg, Beschluss vom 15.06.2007, ZNER 2007, 491, 494.
670 Positionspapier der Regulierungsbehörden des Bundes und der Länder zu Einzelfragen der Kostenkalkulation gemäß Gasnetzentgeltverordnung, S. 18.
671 Es dürfte unstritig sein, dass man nicht von einer Ausnahmevorschrift sprechen könnte, wenn der 2. Halbsatz lauten würde: „gesicherte Erkenntnisse über das Planjahr müssen dabei berücksichtigt werden."
672 Anders OLG Naumburg, Beschluss vom 15.06.2007, ZNER 2007, 491, 493, das hinsichtlich der Berücksichtigung gesicherter Erkenntnisse von einem Ermessensspielraum der Regulierungsbehörde ausgeht.

(3) Auslegung des Begriffs der gesicherten Erkenntnisse

Blickt man zunächst auf den Wortlaut der in Rede stehenden Vorschrift lässt sich aus dem allgemeinen Sprachgebrauch zunächst ableiten, dass durch das Kriterium der „gesicherten Erkenntnisse" ein höheres Maß an Sicherheit gefordert ist, als es bei einer bloßen Prognose oder Einschätzung der Fall wäre, umgekehrt das geforderte Maß an Sicherheit jedoch geringer ist, als es bei „sicherer Kenntnis" erforderlich wäre. [673]

Nach dem Wortsinn ist eine „Erkenntnis" das Ergebnis des eher subjektiven Vorgangs des „Erkennens". Relevante Erkenntnisse über die Kosten des Planjahres dürften damit grundsätzlich dann vorliegen, wenn das kalkulierende Unternehmen „erkannt" hat, dass in bestimmten Bereichen die Kosten von den Vorjahreswerten abweichen werden.[674] Als gesichert kann eine Erkenntnis nach dem Wortsinn dann gelten, wenn sie aus objektiven Fakten schlüssig abgeleitet wurden und für sie ein hohes Maß an Wahrscheinlichkeit spricht.[675]

Der Sinn und Zweck der Einschränkung der Berücksichtigung von Planwerten durch das Tatbestandsmerkmal der „gesicherten Erkenntnisse" besteht darin, das Interesse der Netzbetreiber an der vollständigen Berücksichtigung der anfallenden Kosten und das Interesse der Netznutzer an der Vermeidung überhöhter Entgelte infolge unzutreffender Plansätze in einen sachgerechten Ausgleich zu bringen. Geht man davon aus, dass es Fehler beiden Typs – also zu hohe Entgelte aufgrund zu hoher Plansätze und zu niedrige Entgelte aufgrund ungerechtfertigten Festhaltens an den Vorjahreskosten – gleichermaßen zu vermeiden gilt, könnte einiges dafür sprechen, die Berücksichtigung gesicherter Erkenntnisse dann zuzulassen, wenn für sie eine überwiegende, d. h. 50 % überschreitende, Wahrscheinlichkeit spricht.

In der Praxis wird sich indes häufig weniger die Frage nach dem alles oder nichts, sondern vielmehr die Frage danach stellen, wie hoch eine mit großer Sicherheit erwartete Kostensteigerung ausfällt. Die insoweit von den Regulierungsbehörden vertretene Alles oder Nichts-Position,[676] nach der nicht nur eine an Sicherheit grenzende Wahrscheinlichkeit für die Kostenerhöhung sprechen muss, sondern zugleich auch der Umfang der Kostenerhöhung bestimmt oder mit Sicherheit bestimmbar sein muss, erscheint nicht sachgerecht.[677] Vielmehr wird man häufig jedenfalls einen bestimmten Anteil der Kostenerhöhung als sicher annehmen können, selbst wenn die konkret erwartete Kostenhöhe noch nicht bestimmbar ist. Ein Beispiel hierfür sind etwa laufende Tarifverhandlungen, bei denen die Gewerkschaften eine Lohnerhöhung von 4 % fordern und die Arbeitgeberseite bislang 2 % anbietet. Auch wenn

---

673 Vgl. *Jansen/Sieberg*, ET 4/2007, 67, 70.
674 *Jansen/Sieberg*, ET 4/2007, 67, 70.
675 Vgl. auch OLG Düsseldorf, Beschluss vom 11.07.2007, ZNER 2007, 337, 338; OLG Düsseldorf, Beschluss vom 24.10.2007 (VI 3 Kart 16/07), ZNER 2007, 416, 417.
676 Vgl. Positionspapier der Regulierungsbehörden des Bundes und der Länder zu Einzelfragen der Kostenkalkulation gemäß Gasnetzentgeltverordnung, S. 18.
677 Anders OLG Naumburg, Beschluss vom 15.06.2007, ZNER 2007, 491, 493.

vor Abschluss des Tarifvertrages die Kosten noch nicht konkret bestimmbar sind, wird man mit an Sicherheit grenzender Wahrscheinlichkeit davon ausgehen können, dass die Kostensteigerung mindestens 2 % beträgt. Es ist kein Grund ersichtlich, weshalb nicht wenigstens diese Kostensteigerung als gesicherte Erkenntnis bei der Kalkulation der Entgelte berücksichtigt werden sollte.

Um einen angemessenen Ausgleich der Interessen zu gewährleisten, ist die Berücksichtigung der voraussehbaren zukünftigen Kostenentwicklung insbesondere in Bereichen geboten, in denen auch zukünftig mit weiteren Kostensteigerungen zu rechnen ist.[678] Dies zeigt das oben bereits dargestellte auf der allgemeinen Preissteigerung basierende Beispiel. Würden in solchen Bereichen zu strenge Anforderungen an die gesicherten Erkenntnisse gestellt, würde es zu einer stetigen nicht mit den gesetzlichen Vorgaben zu vereinbarenden Kostenunterdeckung bzw. einer entsprechenden Reduktion der real erzielbaren Eigenkapitalverzinsung kommen.

Um den unberechtigten Ansatz von Kosten auszuschließen, kommt es maßgeblich darauf an, dass die gesicherten Erkenntnisse nicht allein subjektive Erwartungen des betroffenen Netzbetreibers darstellen, sondern durch objektive Fakten belegt und so überprüfbar sind.[679]

(4) Fazit

Mit Blick auf die Kosten liegen gesicherte Erkenntnisse über das Planjahr im Sinne des § 3 Abs. 1 S. 5 2. Halbsatz StromNEV vor, wenn aus objektiven Gründen eine jedenfalls überwiegende Wahrscheinlichkeit dafür spricht, dass sich (mindestens) die angenommene Kostenentwicklung realisiert.[680]

c) Durchbrechung durch die Verteilung außergewöhnlicher Aufwendungen und Erträge?

Weiter ist fraglich, wie in dem System der periodenversetzten Entgeltkalkulation außergewöhnliche Aufwendungen oder Erträge auf die Netzentgelte umzulegen sind. Die Entgeltverordnungen erhalten zu dieser Frage anders als die Verbändevereinbarung II plus keine ausdrückliche Regelung.[681] § 4 Abs. 6 StromNEV bzw. § 4 Abs. 7 GasNEV sieht diesbezüglich nur vor, dass außergewöhnliche Aufwendungen

---

678 Ablehnend hinsichtlich des pauschalen Ansatzes von Plankosten für die Abweichung von synthetischen Lastprofilen, sowie hinsichtlich von Kosten im Zusammenhang mit der Abnahmepflicht für KWK-Strom, OLG Naumburg, Beschluss vom 15.06.2007, ZNER 2007, 491, 495 ff.
679 Ähnlich auch OLG Düsseldorf, Beschluss vom 11.07.2007, ZNER 2007, 337, 338; OLG Düsseldorf, Beschluss vom 24.10.2007 (VI 3 Kart 16/07), ZNER 2007, 416, 417.
680 Ähnlich auch *Sieberg* in: Bartsch/Röhling/Salje/Scholz, Stromwirtschaft, Kapitel 51, Rn. 12.
681 Vgl. Ziffer 1.2 der Anlage 3 zur Verbändevereinbarung II plus.

und Erträge, die die Netzkosten einer Kalkulationsperiode beeinflussen, der Regulierungsbehörde unverzüglich anzuzeigen sind. Ferner enthält § 30 Abs. 2 Nr. 1 NEV eine Festlegungsbefugnis zugunsten der Regulierungsbehörde, mit der diese insbesondere die Verteilung über mehrere Kalkulationsperioden näher regeln kann.

aa) Erforderlichkeit der Verteilung auf mehrere Kalkulationsperioden

Vor diesem Hintergrund liegt es zunächst nahe anzunehmen, dass außergewöhnliche Aufwendungen oder Erträge nicht auf mehrere Jahre verteilt sondern ebenso behandelt werden wie sonstige – gewöhnliche – Aufwendungen und Erträge. Hierfür mag auch die Regelung in § 4 Abs. 6 StromNEV bzw. § 4 Abs. 7 GasNEV sprechen, da Verpflichtung zur unverzüglichen Information der Regulierungsbehörde gerade voraussetzt, dass die Entgelte in einer Periode durch außergewöhnliche Aufwendungen oder Erträge beeinflusst werden. Inhaltlich ist die Informationspflicht indes nicht überzubewerten, da sie ersichtlich ein „Relikt" aus der noch an die ex-post Kontrolle anknüpfende Entwurfsfassung der Entgeltverordnung darstellt. Im System einer ex-ante Genehmigung der Entgelte können außergewöhnliche Aufwendungen und Erträge die Entgelte erst dann beeinflussen, wenn unter Berücksichtigung dieser Kosten eine Entgeltgenehmigung erteilt wurde. In diesem Fall ist die zuständige Regulierungsbehörde indes bereits über die Kosten informiert. Man wird daher allenfalls annehmen können, dass die Netzbetreiber die Regulierungsbehörde im Rahmen der Entgeltgenehmigungsanträge auf den außergewöhnlichen Charakter einzelner Aufwands- oder Ertragspositionen hinweisen müssen.

Andererseits sprechen auch gewichtige Gründe dafür anzunehmen, dass außergewöhnliche Aufwendungen und Erträge in Durchbrechung des Systems der periodenversetzten Entgeltermittlung grundsätzlich auf mehrere Perioden zu verteilen sind. So hat das Bundeskartellamt im TEAG-Verfahren den Vorwurf missbräuchlich überhöhter Entgelte unter anderem darauf gestützt, dass die TEAG außergewöhnliche Aufwendung für die Schließung von Kundenzentren nur über eine Periode von 3 und nicht über einen Zeitraum von 18 Jahren verteilt hat.[682] Hieraus wird man schließen dürfen, dass die Kartellbehörden den vollständigen Ansatz des entstandenen Aufwandes in nur einer Kalkulationsperiode erst recht als missbräuchlich eingestuft hätten. Auch wenn Rückschlüsse auf die Wettbewerbsanalogie von Kosten oder Entgelten, wie bereits dargestellt,[683] stets mit besonderen Problemen verbunden sind, wird man annehmen können, dass sich bei bestehendem Wettbewerb außergewöhnliche Aufwendungen oder Erträge, die in einer konkreten Kalkulationsperiode nur einzelne Anbieter treffen, nicht unmittelbar in den Entgelten niederschlagen.[684] Dies bedeutet indes nicht, dass außergewöhnliche Aufwendungen oder Erträge völ-

---

682 Vgl. Bundeskartellamt, Beschluss vom 14.2.2003 (TEAG), ZNER 2003, 145.
683 Vgl. oben unter B.II.4.a).
684 Bei wirksamem Wettbewerb hätte der einzelne Anbieter insoweit keine Möglichkeit den Marktpreis unmittelbar zu beeinflussen.

lig unberücksichtigt bleiben. Vielmehr wird man insoweit annehmen können, dass sich die durchschnittlich anfallenden außergewöhnlichen Aufwendungen und Erträge im Marktpreis widerspiegeln. Hierfür spricht auch, dass außergewöhnlicher und gewöhnlicher Aufwand jedenfalls im gewissen Rahmen austauschbar sind. So könnte etwa ein Unternehmen alle 5 Jahre die komplette Softwareausstattung aller Mitarbeiter erneuern, wodurch dann jeweils ein außergewöhnlicher Aufwand für die erforderlichen Schulungen entsteht, während ein anderes Unternehmen jährlich Teile der Software erneuert, und so über die Jahre hinweg gleichmäßige Aufwendungen für Schulungen zu verbuchen sind, die daher gewöhnliche Aufwendungen darstellen. Gleiches gilt auch für die Erträge. So kann etwa ein Unternehmen eine Beteiligung verkaufen und hierdurch einen außergewöhnlichen Ertrag erzielen,[685] während ein anderes Unternehmen seine Beteiligungen nicht veräußert und durch sie jährliche (gewöhnliche) Erträge erwirtschaftet.

Durch die volle Berücksichtigung der außergewöhnlichen Aufwendungen und Erträge in einem Jahr würden zudem für die Netznutzer nicht nachvollziehbare Sprünge in der Entgelthöhe verursachen, die grundsätzlich vermieden werden sollten.[686] Zudem würden hierdurch die Ergebnisse des in § 21 Abs. 3 EnWG angelegten Vergleichsverfahrens verfälscht. Bedenkt man schließlich, dass die Ergebnisse der außergewöhnlichen Aufwendungen ihrer Natur nach – wie etwa in obigem Beispiel – den Netznutzern über mehrere Perioden zugutekommen können, so erschiene eine Verbuchung in nur einem Jahr unangemessen, da hierdurch letztlich die aktuellen Netznutzer die zukünftigen subventionieren würden.

Es ist daher auf Grundlage der allgemeinen gesetzlichen Anforderungen an die Kalkulation der Netzentgelte trotz des Fehlens einer ausdrücklichen Regelung davon auszugehen, dass außergewöhnliche Aufwendungen und Erträge jedenfalls dann über mehrere Kalkulationsperioden zu verteilen sind, wenn sie sich spürbar auf die Höhe der Netzentgelte auswirken und zu Entgeltsprüngen führen würden.

bb) Zeitspanne für die Verteilung

Folgt man der hier vertretenen Auffassung, dass außergewöhnliche Aufwendungen und Erträge grundsätzlich auf mehrere Perioden zu verteilen sind, so stellt sich die Frage, wie und auf wie viele Jahre eine solche Verteilung erfolgen soll.

Bei einer eher theoretischen an dem Begriff der Wettbewerbsanalogie ausgerichteten Betrachtung lässt sich abstrakt kein allgemein verbindlicher Zeitraum bestimmen. Denkbar wäre es insoweit etwa daran anzuknüpfen, für welchen Zeitraum die außergewöhnlichen Aufwendungen einen Nutzen bringen bzw. gewöhnlichen Auf-

---

685 Sofern der Verkaufserlöse den Buchwert übersteigt.
686 Die Bundesländer haben etwa im Zusammenhang mit der Einführung der Regelung zur Berücksichtigung gesicherter Erkenntnisse als Ziel die Vermeidung von Kostensprüngen genannt; vgl. Forderungen der B-Seite nach Änderungen des Gesetzes und der Entwürfe der Netzzugangs- und Netzentgeltverordnungen Strom und Gas, 31.05.2005, Liste II, Ziffer 2.3.

wand ersetzen. Im obigen Beispiel würde dieser Zeitraum für die Softwareschulungen 5 Jahre betragen. Demgegenüber müssten die außerordentlichen Erträge aus dem Beteiligungsverkauf, bei denen es sich um einen echten Einmal-Effekt handelt, unter dem Aspekt der Wettbewerbsanalogie auf einen deutlich längeren Zeitraum verteilt werden. Bei der Wahl eines längeren Zeitraumes würde sich allerdings das Problem stellen, dass die Zinseffekte immer stärker in den Vordergrund treten und im Rahmen einer sachgerechten Verteilung der Aufwendungen oder Erträge berücksichtigt werden müssen. Hierzu fehlt es indes an einer entsprechenden gesetzlichen Regelung.

Im Ergebnis ist daher davon auszugehen, dass die außergewöhnlichen Aufwendungen und Erträge zwar auf mehrere Jahre zu verteilen sind, die Zahl der Jahre indes verhältnismäßig gering sein muss, damit Zinseffekte vernachlässigt werden können, ohne hierdurch zu unsachgerechten Ergebnissen und in der Folge ggf. zu unangemessen Entgelten zu gelangen. Die bereits der Verbändevereinbarung II plus zugrunde liegende Zeitspanne von 3 bis 5 Jahren[687] erscheint vor diesem Hintergrund durchaus sachgerecht.

cc) Festlegungsbefugnis der Regulierungsbehörde

Die in § 30 Abs. 2 Nr. 1 NEV verankerte Festlegungsbefugnis gibt der Regulierungsbehörde die Möglichkeit, die Verteilung außergewöhnlicher Aufwendungen und Erträge näher zu regeln. Der Wortlaut dieser Ermächtigung ist indes in verschiedenerlei Hinsicht unglücklich. So heißt es zunächst die Regulierungsbehörde könne Festlegungen *„zur Gewährleistung der Zulässigkeit außerordentlicher Aufwendungen und Erträge"* treffen. Die generelle „Zulässigkeit" außerordentlicher Aufwendungen und Erträge kann indes nicht in Zweifel stehen, wie bereits die obigen Ausführungen zeigen.[688] Einer gesonderten Festlegung zur „Gewährleistung der Zulässigkeit" bedarf es folglich nicht. Denkbar erscheinen allerdings Festlegungen, durch die sichergestellt wird, dass außerordentliche Aufwendungen oder Erträge nicht zu Verfälschungen des Unternehmensvergleichs führen und hierdurch mittelbar die Berücksichtigung von außerordentlichen Aufwendungen beschnitten wird.

Weiter ermöglicht § 30 Abs. 2 Nr. 1 StromNEV Festlegungen der Regulierungsbehörde „zur Gewährleistung [..] einer sachgerechten Verteilung dieser außerordentlichen Aufwendungen und Erträge auf mehrere Kalkulationsperioden nach § 4 Abs. 6, falls diese Aufwendungen und Erträge die Kosten der nächsten Kalkulationsperiode spürbar beeinflussen würden". Den Verweis auf § 4 Abs. 6 wird man dabei als Redaktionsversehen ansehen müssen, da diese Vorschrift wie oben bereits dargestellt zwar außerordentliche Aufwendungen und Erträge betrifft, diesbezüglich jedoch lediglich eine Informationspflicht statuiert und nicht die Verteilung auf mehrere Perioden regelt. Bei der Festlegung einer sachgerechten Verteilung wird die Re-

---

687 Vgl. Ziffer 1.2 der Anlage 3 zur Verbändevereinbarung II plus.
688 Vgl. oben unter C.I.1.c)bb).

gulierungsbehörde zu beachten haben, dass jedenfalls dann, wenn eine Verteilung über einen längeren Zeitraum vorgesehen wird, eine Regelung erforderlich wird, die Zinseffekte in angemessener Weise berücksichtigt.

dd) Exkurs: Bedeutung im Rahmen der Anreizregulierung

Besondere Bedeutung gewinnt die sachgerechte Verteilung der außergewöhnlichen Aufwendungen und Erträge über mehrere Jahre im Rahmen der Anreizregulierung nach § 21a EnWG. Diese Bedeutung ergibt sich daraus, dass im Rahmen der Anreizregulierung die Obergrenzen für die Entgelte oder Erlöse zum Beginn der Regulierungsperiode für ihre gesamte Dauer festgesetzt werden sollen. Hierzu werden gemäß § 21a Abs. 4 S. 4 EnWG zum Beginn der Regulierungsperiode die Kosten ermittelt und gemäß § 21a Abs. 5 EnWG ein Effizienzvergleich durchgeführt. Damit haben die für ein Jahr festgestellten Kosten und die für dieses Jahr ermittelte Effizienz erheblichen Einfluss auf die Entgelte und Erlöse mehrerer Jahre. Außergewöhnliche Aufwendungen und Erträge, die nicht sachgerecht über mehrere Jahre verteilt werden, würden die Ergebnisse der Anreizregulierung erheblich verfälschen. So könnte ein Unternehmen etwa bestrebt sein, außerordentliche Aufwendungen in dem für die Kostenermittlung relevanten Jahr zu verbuchen, um damit auch für die folgenden Jahre höhere Erlöse erzielen zu dürfen. Umgekehrt ist es theoretisch ebenso denkbar, dass ein Unternehmen versucht in dem entscheidenden Jahr außerordentliche Erlöse zu erzielen, um als effizient eingestuft zu werden und mit geringeren individuellen Effizienzvorgaben belegt zu werden. In jedem Fall droht eine Verfälschung des Effizienzvergleichs mit der Folge, dass unter Umständen die Effizienzvorgaben für alle Netzbetreiber in unsachgerechter Weise festgelegt werden.

d) Durchbrechung durch den Zyklus der Entgeltgenehmigung?

Das System der periodenversetzten Entgeltkalkulation gewährleistet nur dann eine vollständige Berücksichtigung der angefallenen Kosten, wenn die Anpassungen der Entgelte ebenfalls im Jahreszyklus erfolgen. Die Problematik lässt sich etwa an der ersten Runde der Entgeltgenehmigungen nach Inkrafttreten des novellierten EnWG verdeutlichen. So waren die Netzbetreiber im Elektrizitätsbereich § 118 Abs. 1b EnWG verpflichtet, erstmals im Oktober 2005 einen Antrag auf Genehmigung der Netzentgelte zu stellen. Das letzte zum Zeitpunkt der Kalkulation abgeschlossene Geschäftsjahr war daher – soweit Geschäftsjahr und Kalenderjahr zusammenfallen – das Jahr 2004. Tatsächlich erteilt wurde die überwiegende Zahl der Genehmigungen in der zweiten Jahreshälfte 2006 mit einer Befristung bis zum 31.12.2007.[689] Die für die zweite Runde der Entgeltgenehmigung erfolgende Kalkulation im Sommer 2007 basiert dann auf dem Jahresabschluss des Jahres 2006, mit der Folge, dass das Jahr 2005 bei der Kalkulation „übersprungen" wurde.

Hieraus ergibt sich zum einen die Frage, ob das „Überspringen" eines Jahres durch eine für mehr als ein Jahr erteilte Genehmigung sachgerecht ist und zum anderen, ob nicht bereits bei Erteilung der Genehmigung im Sommer 2006 auf das Basisjahr 2005 als letztes abgeschlossenes Geschäftsjahr hätte abgestellt werden müssen.

Die erste Frage lässt sich verhältnismäßig einfach beantworten, wenn man berücksichtigt, dass die Netzbetreiber es in der Hand haben, unabhängig von der behördlich vorgesehenen Befristung der Genehmigung jederzeit einen neuen Entgeltgenehmigungsantrag zu stellen. Sind also im Jahr 2005 Kostenerhöhungen eingetreten, die höhere Netzentgelte rechtfertigen würden, so werden die Netzbetreiber durch die Laufzeit einer erteilten Entgeltgenehmigung nicht daran gehindert, die Genehmigung erhöhter Entgelte zu beantragen. Überhöhte Entgelte, die den gesetzlich abgesteckten Rahmen überschreiten, drohen angesichts der moderaten Verlängerung des Genehmigungszeitraumes jedenfalls dann nicht, wenn außerordentliche Aufwendungen angemessen über mehrere Jahre verteilt wurden.

Bei der Frage nach dem für die Entgeltgenehmigung relevanten Basisjahr sind verschiedene Aspekte zu unterscheiden. Zum einen besteht aus regulatorischer Sicht das Bedürfnis an möglichst aktuelle Daten anzuknüpfen. Dies lässt sich etwa an der oben bereits mit Blick auf die Berücksichtigung von Plankosten dargestellten Problematik festmachen, dass bei veralteten Kostendaten die Gefahr besteht, die reale erzielbare Eigenkapitalverzinsung unangemessen zu beschneiden.[690] Der Gesetzgeber hat zudem an verschiedenen Stellen deutlich gemacht, dass auf möglichst aktuelle Daten abgestellt werden sollte. Dies zeigt sich nicht nur an der Möglichkeit Plankosten zu berücksichtigen sondern etwa auch daran, dass der Gesetzgeber in § 23a Abs. 4 S. 1 EnWG einen Widerrufsvorbehalt für die erteilten Genehmigungen angeordnet hat.

Mit Blick auf das Genehmigungsverfahren ist indes zu beachten, dass die Kalkulation der Entgelte ausschließlich dem Netzbetreiber selbst obliegt, und dieser gemäß § 23a Abs. 2 S. 1 EnWG einen Anspruch auf Genehmigung hat, wenn die Entgelte den Vorgaben des Gesetzes und der Entgeltverordnung entsprechen. Da somit die Aufgabe der Regulierungsbehörde nicht in der Kalkulation der Entgelte sondern in der Überprüfung einer vom Netzbetreiber durchgeführten Kalkulation liegt, sich das Basisjahr aber nach dem Zeitpunkt der Kalkulation richtet, kommt es für die Genehmigungsentscheidung auf das Basisjahr zum Zeitpunkt der Antragsstellung und nicht zum Zeitpunkt der Genehmigung an.[691] Im Übrigen wurde darauf hinge-

---

689 Vgl. die Übersicht über die Entscheidungen der 8. Beschlusskammer, abrufbar im Internet unter www.bundesnetzagentur.de (zuletzt abgerufen am 11.08.2008).
690 Vgl. oben unter C.I.1.b)aa).
691 Etwas anderes müsste systematisch im Rahmen der Anreizregulierung gemäß § 21a EnWG gelten. Da dort keine Genehmigung sondern eine Festlegung der Erlösobergrenzen vorgese-

wiesen, dass es für die Durchführung des Genehmigungsverfahrens unpraktikabel wäre, wenn dem Genehmigungsantrag im Zeitraum bis zur Entscheidung die Grundlage entzogen würde.[692]

Das regulatorische Bedürfnis an möglichst aktuelle Daten anzuknüpfen und die verfahrensrechtlichen Anforderungen an die Entgeltgenehmigung stehen dennoch letztlich nicht in einem unauflösbaren Widerspruch zueinander. Vielmehr steht den Netzbetreibern die Möglichkeit offen, jederzeit auf der Basis aktueller Daten die Entgelte neu zu kalkulieren und der Regulierungsbehörde zur Genehmigung vorzulegen. Dies gilt grundsätzlich auch dann, wenn bereits ein Genehmigungsverfahren anhängig ist. Der ursprünglich gestellte Antrag kann entweder aufrechterhalten werden, um den Zeitraum bis zur Entscheidung über den neuen Antrag abzudecken, oder vom Netzbetreiber zurückgenommen werden. Letzteres bietet sich insbesondere an, wenn sich die Entscheidung über den zuerst gestellten Antrag so verzögert, dass er zeitlich vom zweiten Antrag überholt wird. Vonseiten der Regulierungsbehörden kann durch eine geeignete Befristung der erteilten Genehmigung ebenfalls Einfluss auf den Zyklus der Entgeltgenehmigungen genommen werden, um sicherzustellen, dass die Kalkulation stets auf der Basis möglichst aktueller Zahlen erfolgt.

e) Durchbrechung durch die periodenübergreifende Saldierung?

Schließlich ist näher zu untersuchen, wie die Vorschrift zur periodenübergreifenden Saldierung in § 11 StromNEV bzw. § 10 GasNEV in das System der periodenversetzten Entgeltermittlung einzuordnen ist. Daneben sind die Auswirkungen beim Übergang zur Anreizregulierung und die Probleme zu erörtern, die sich ergeben, wenn der Genehmigungszeitraum nicht einem Jahr entspricht.

aa) Inhalt der periodenübergreifenden Saldierung

Im Rahmen der periodenübergreifenden Saldierung ist zunächst die Differenz zwischen den in einer Kalkulationsperiode aus Netzentgelten erzielten Erlösen und den für diese Kalkulationsperiode gemäß den §§ 4 bis 11 StromNEV bzw. §§ 4 bis 10 GasNEV zugrunde gelegten Netzkosten zu ermitteln. Wurden folglich etwa für die Kalkulationsperiode 2006 die Netzkosten des Jahres 2004 zugrunde gelegt, so sind

---

hen ist, müsste sich die Behörde eigentlich auf die Zahlen des zum Zeitpunkt der Behördenentscheidung relevanten Basisjahres stützen. Nach § 6 ARegV soll die Kostenprüfung jedoch im vorletzten Jahr vor Beginn der Regulierungsperiode erfolgen.
692 Vgl. OLG Düsseldorf, Beschluss vom 21.07.2006 (Vattenfall), Umdruck S. 10 = ZNER 2006, 258 ff.

die Erlöse im Jahr 2006 mit den Kosten des Jahres 2004[693] abzugleichen. Durch den Ausgleich einer gegebenenfalls aufgetretenen Differenz wird zunächst das System der periodenversetzten Entgeltermittlung gegen Mengenschwankungen abgesichert. Es wird folglich sichergestellt, dass sich die Kosten tatsächlich wie beabsichtigt in den Erlösen widerspiegeln. Zugleich werden hierdurch auch mögliche Fehler bei der Entgeltermittlung auf Basis der Netzkosten ausgeglichen. Letztlich dürfte die Vorschrift auch zu einer gewissen Entlastung der Regulierungsbehörden mit Blick auf die Kontrolle der konkreten Berechnung der Netzentgelte auf Basis der ermittelten Kosten beitragen. Eine Nachkalkulation der Kosten findet im Rahmen der periodenübergreifenden Saldierung demgegenüber nicht statt, ebenso wenig eine nachträgliche Prüfung oder Korrektur der bei der Kalkulation berücksichtigten Plankosten.

Weiter sieht § 11 StromNEV bzw. § 10 GasNEV vor, dass die festgestellten Differenzen zwischen den Erlösen und den der Kalkulation zugrunde liegenden Netzkosten verteilt über die drei folgenden Kalkulationsperioden kostenerhöhend bzw. kostenmindernd in Ansatz gebracht werden können. Dabei ist der durchschnittliche gebundene Differenzbetrag mit einem angemessen Zinssatz zu verzinsen. Zur Gewährleistung der Angemessenheit des Zinssatzes kann die Regulierungsbehörde gemäß § 30 Abs. 2 Nr. 4 NEV entsprechende Festlegungen treffen.

Da die Erlöse einer Kalkulationsperiode erst nach deren Abschluss feststehen, die Entgelte für die sich daran anschließende Kalkulationsperiode aufgrund des Genehmigungserfordernisses nach § 23a EnWG jedoch bereits 6 Monate zuvor kalkuliert werden müssen, kann die kostenerhöhende bzw. kostenmindernde Berücksichtigung der Differenz jeweils erst mit einem „Vorlauf" von einer Kalkulationsperiode beginnen. Berücksichtigt man, dass die Übergangsvorschrift in § 32 Abs. 4 NEV bestimmt, dass die Regelungen zur periodenübergreifenden Saldierung nicht mehr anzuwenden sind, sobald die Entgelte im Wege der Anreizregulierung nach § 21a EnWG bestimmt werden, verbleibt für die Anwendung des § 11 StromNEV bzw. § 10 GasNEV in der Praxis letztlich kein Raum, wenn vor der Einführung der Anreizregulierung nur zwei Entgeltgenehmigungsrunden durchgeführt werden.[694]

bb) Exkurs: Übergang zur Anreizregulierung

Zu bedenken ist allerdings, dass im Rahmen der Anreizregulierung ein dem System der periodenübergreifenden Saldierung im Ansatz nicht unähnliches Regulierungskonto zum Ausgleich von Erlösschwankungen infolge von Mengenabweichungen eingeführt werden sollte.[695] Vor diesem Hintergrund lag es nahe, durch eine entsprechende Übergangsvorschrift die sich aus der periodenübergreifenden Saldierung für

---

693 Es findet also kein Vergleich der tatsächlichen Kosten mit den Erlösen eines Jahres statt, sondern ein Vergleich der Erlöse mit den auf Basis der Daten eines weiter zurückliegenden Zeitraumes ermittelten kalkulatorischen Kosten; vgl. auch *Steurer*, IR 2005, 271, 272.
694 Vgl. *Steurer*, IR 2005, 271, 274.
695 Vgl. zum Regulierungskonto auch: *Schober/Weißenfels*, ET 11/2006, 63 ff.

die Zeit vor der Einführung der Anreizregulierung ergebenen Differenzen im Rahmen der Ermittlung der Erlösobergrenzen für die erste Regulierungsperiode zu berücksichtigen,[696] wie dies schließlich auch in § 34 Abs. 1 ARegV geschehen ist.

Die Übergangsregelung bei der Einführung der Anreizregulierung wird man im Übrigen nicht nur für begrüßenswert sondern vor dem Hintergrund der gesetzlichen Anforderungen an die Netzentgeltkalkulation für erforderlich halten müssen. Dies ergibt sich aus der Überlegung, dass man zu sachgerechten Ergebnissen bei der Entgeltkalkulation nur gelangt, wenn man entweder die Erlösschwankungen infolge von Mengenabweichungen konsequent ausgleicht, oder auf einen solchen Ausgleich ebenso konsequent verzichtet. Erfolgt ein Ausgleich, so wird normativ sichergestellt, dass die Erlöse letztlich den zugrunde gelegten Kosten entsprechen und die regulatorisch vorgesehene Eigenkapitalverzinsung – wenn auch ggf. mit Zeitverzug – auch real erreicht wird. Verzichtet man hingegen auf eine Saldierung, nimmt man damit bewusst Erlösschwankungen und damit auch Schwankungen der realen Eigenkapitalverzinsung hin, die sich jedoch über die Jahre hinweg stochastisch ausgleichen sollten. Wird indes in einem System, das grundsätzlich den Ausgleich von mengenbedingten Erlösschwankungen vorsieht, der Ausgleich für eine oder wenige Kalkulationsperioden ausgesetzt, so besteht die Gefahr, dass infolge von Mengenschwankungen in diesem Zeitraum keine angemessene Kapitalverzinsung erzielt werden kann. Ein stochastischer Ausgleich über mehrere Perioden findet in diesem Fall ebenfalls nicht statt, da für die Folgejahre die Saldierung wieder vorgesehen ist. Da die Mengenschwankungen insbesondere im Bereich der Gasverteilung aufgrund der starken Temperaturabhängigkeit des Gasverbrauches ganz erheblich sein können, kann es zu einem deutlichen – später nicht ausgeglichenen – Ausschlag der real erzielbaren Eigenkapitalverzinsung nach oben oder unten kommen. Problematisch ist dies vor allem auch vor dem Hintergrund, dass den Netzbetreibern durch den erheblichen Vorlauf des Entgeltgenehmigungsverfahrens nach § 23a EnWG zugleich die Möglichkeit genommen ist, kurzfristig durch Entgeltanpassungen auf Mengenabweichungen zu reagieren. Lässt man die Differenzen einzelner Jahre dennoch unberücksichtigt, so müsste das hierdurch entstehende zusätzliche Risiko jedenfalls bei der Bemessung des Wagniszuschlages berücksichtigt werden, um dem gesetzlichen Erfordernis einer risikoangepassten Verzinsung gerecht zu werden.

cc) Abweichung vom Jahresrhythmus

Besondere Probleme bei der Anwendung der periodenübergreifenden Saldierung stellten sich, wenn der Genehmigungszeitraum nicht einer Kalkulationsperiode entspricht, die sich gemäß § 2 Nr. 5 StromNEV bzw. § 2 Nr. 2 GasNEV nach dem Geschäftsjahr des Netzbetreibers richtet. Insofern lassen sich verschiedene Konstellationen unterscheiden.

---

696 Vgl. *Scholz/Jansen*, ET (Special), 11/2006, S. 20.

Im ersten Fall entspricht der Genehmigungszeitraum einem Jahr, das jedoch nicht mit dem Geschäftsjahr des Netzbetreibers übereinstimmt. Zwar müssten in diesem Fall – abgesehen von Mengenabweichungen – die Erlöse in dem betreffenden Jahr den Kosten entsprechen, die der Kalkulation im Rahmen des Genehmigungsverfahrens zugrunde gelegt wurden, formal handelt es sich indes nicht um die Erlöse einer Kalkulationsperiode im Sinne eines Geschäftsjahres. Die Anknüpfung an ein Geschäftsjahr kann dabei indes nicht als Redaktionsversehen angesehen werden, da es durchaus sinnvoll erscheint an das Geschäftsjahr anzuknüpfen, da nur in Bezug hierauf die tatsächlichen Erlöse aus dem Jahresabschluss entnommen werden können.

Knüpft man für die periodenübergreifende Saldierung in dieser Konstellation jedoch die Erlöse eines Geschäftsjahres an, so stellt sich die Frage, welche Kosten mit Blick auf diesen Zeitraum zugrunde gelegt wurden. Dies lässt sich dann jedoch nicht eindeutig beantworten, da für das Geschäftsjahr infolge des abweichenden Entgeltgenehmigungszeitraums verschiedene Basisjahre für die Kalkulation der Entgelte relevant waren. Läuft das Geschäftsjahr etwa vom 01.07. eines Jahres bis zum 30.06. des folgenden Kalenderjahres und entspricht der Genehmigungszyklus jeweils einem Kalenderjahr, so liegen der ersten Hälfte des Geschäftsjahres die Kosten eines Basisjahres und der zweiten Hälfte des Geschäftsjahres die Kosten des zweiten Basisjahres zugrunde.

Rechnerisch würde es in dieser Konstellation auf den ersten Blick nahe liegen, die Kosten der Basisjahre zu mitteln bzw. entsprechend dem jeweiligen zeitlichen Anteil ihres Einflusses auf die anzuwendenden Entgelte in dem betroffenen Geschäftsjahr zu berücksichtigen. Bei näherer Betrachtung kann ein solches Vorgehen indes – jedenfalls theoretisch – zu unsachgerechten Ergebnissen führen, wenn die Absatzmengen innerhalb eines Jahres saisonalen Schwankungen unterliegen. Die Problematik kann an einem einfachen Beispiel verdeutlicht werden. Ausgegangen wird dabei von einem Betreiber eines Gasversorgungsnetzes, dessen Geschäftsjahr am 01.10. eines Kalenderjahres beginnt, während die Genehmigung der Netzentgelte jährlich zum 01.04. erfolgt. Weiter wird – bewusst überzeichnend – angenommen, dass ¾ des Gasabsatzes auf das Winterhalbjahr entfallen und ¼ auf das Sommerhalbjahr und dass sich dies auch entsprechend auf die Verteilung der Erlöse auswirkt,[697] insgesamt jedoch stets die bei der Entgeltbildung zugrunde gelegte Absatzmenge erreicht wird. Mit Blick auf die Kosten wird vom Geschäftsjahr 00/01 zum Geschäftsjahr 01/02 von einer einmaligen Steigerung von 100 auf 108 Mio. € ausgegangen.

---

697 In der Praxis wird er unterschiedliche Gasabsatz in den Halbjahren meist in deutlich geringerem Maße auf die Netzentgelterlöse durchschlagen, da für die Kleinkunden monatlich gleiche Abschlagszahlungen erhoben werden und im Übrigen die Kapazitäten in erheblichem Umfang auf Jahresbasis vermarktet werden woraus ebenfalls monatlich gleichmäßige Erlöse resultieren.

Tabelle 17:

Halbjahr:	Winter 00/01	Sommer 01	Winter 01/02	Sommer 02	Winter 02/03	Sommer 03	Winter 03/04
Kosten GJ:	100 Mio.		108 Mio.		108 Mio.		
Gemittelte K.:		104 Mio.		108 Mio.			
Erlöse:				100 Mio.		108 Mio.	
Erlöse Halbj.:				25 Mio.	75 Mio.	27 Mio.	81 Mio.
Erlöse GJ:					102 Mio.		
Differenz:					2 Mio.		

Wie sich der Tabelle leicht entnehmen lässt, spiegeln sich die Kosten eines Geschäftsjahres mit entsprechendem Zeitverzug in den genehmigten Entgelten und damit den Erlösen des Netzbetreibers wider. Für die Kalkulationsperiode bzw. das Geschäftsjahr 02/03 ergeben sich reale Erlöse von 102 Mio. Euro. Dieser Kalkulationsperiode liegen mit Blick auf das Winterhalbjahr 02/03 die Kosten des Geschäftsjahres 00/01 und mit Blick auf das Sommerhalbjahr 03 die Kosten des Geschäftsjahres 01/02 zugrunde. Mittelt man die Kosten der Basisgeschäftsjahre, so ergibt sich ein Betrag von 104 Mio. Im Rahmen der periodenübergreifenden Saldierung ergibt sich also eine Differenz bzw. ein Fehlbetrag von 2 Mio. €, der die Netzkosten der Folgeperiode erhöht und damit letztlich erneut einen – wenn auch geringeren – Fehlbetrag auslöst. Zu diesem Differenzbetrag kommt es, obwohl die Kalkulation entsprechend den Vorschriften der NEV erfolgt ist und obwohl keine Mengenabweichung vorliegt. Eine Kostensenkung hätte im Beispielsfall im Übrigen den gegenteiligen Effekt, würde also wegen (vermeintlich) zu hohen Erlösen zu weiteren Entgeltsenkungen in der Folgeperiode führen.

Auch wenn die Bedeutung der dargestellten Problematik angesichts einer weitgehend gleichmäßigen Verteilung der Erlöse über das Jahr gering sein dürfte, erscheint es vorzugswürdig, den Entgeltgenehmigungsrhythmus an den jeweiligen Geschäftsjahren auszurichten. Hierzu haben sowohl die Netzbetreiber durch das Stellen entsprechender Anträge als auch die Regulierungsbehörden durch entsprechende Befristung der erteilten Genehmigungen die Möglichkeit. Letztlich dürfte dies auch der Intention des Gesetzgebers entsprochen haben, wenn er den Begriff Kalkulationsperiode mit dem Geschäftsjahr des jeweiligen Netzbetreibers gleich gesetzt hat.

Vergleichbare Probleme mit Blick auf die periodenübergreifende Saldierung ergeben sich, wenn der Genehmigungszeitraum nicht einem Jahr entspricht, sondern die Genehmigung für einen längeren oder kürzeren Zeitraum erteilt wurde. In diesem Fall wird es ebenfalls regelmäßig dazu kommen, dass bei dem Abgleich der Erlöse eines Geschäftsjahres die Kosten aus verschiedenen Basisjahren heranzuziehen sind, woraus sich die dargestellten Probleme ergeben können.

dd) Beginn der zeitlichen Geltung

Fraglich ist weiter, ab welchem Zeitpunkt die Erlöse erstmals in die periodenübergreifende Saldierung nach § 11 StromNEV bzw. § 10 GasNEV einbezogen werden können. In Betracht gezogen wurden insoweit der 01.01.2005, als der Beginn des Geschäftsjahres, in dessen Verlauf das EnWG in Kraft getreten ist, der 29.07.2005 als der Zeitpunkt, zu dem die Entgeltverordnungen in Kraft getreten sind, der 01.01.2006 als Beginn des ersten Geschäftsjahres nach in Kraft treten des novellierten Energierechts und der Zeitpunkt der erstmaligen Erteilung einer Entgeltgenehmigung, d. h. frühestens der 01.05.2006.[698]

Zur Beantwortung der Frage nach dem Beginn der zeitlichen Geltung ist vom Wortlaut des § 11 StromNEV bzw. § 10 GasNEV auszugehen. Zunächst knüpft § 11 Nr. 1 StromNEV bzw. § 10 Nr. 1 GasNEV an die in einer Kalkulationsperiode aus Netzentgelten erzielten Erlöse an. Da die Kalkulationsperiode nach § 2 Nr. 5 StromNEV bzw. § 2 Nr. 2 GasNEV dem Geschäftsjahr des Netzbetreibers entspricht, kann der Vergleich sich auch stets nur auf ein solches richten. Insoweit kann der Vergleich damit stets nur für ein Geschäftsjahr insgesamt erfolgen und folglich auch nur am Anfang eines Geschäftsjahres beginnen. Diese bereits aus dem Wortlaut ableitbare Auslegung ist auch vor dem Hintergrund von Sinn und Zweck der Vorschrift geboten, da nur durch die Anknüpfung an das vollständige Geschäftsjahr sichergestellt ist, dass sich die Erlöse dem geprüften Jahresabschluss entnehmen lassen. Geht man von dem Regelfall aus, dass das Geschäftsjahr dem Kalenderjahr entspricht, so kommt folglich nur der 01.01. eines Jahres als Beginn der zeitlichen Geltung in Betracht.

Betrachtet man weiter die Regelung in § 11 Nr. 2 StromNEV bzw. § 10 Nr. 2 GasNEV, so hat der Vergleich mit den nach §§ 4 bis 11 StromNEV bzw. §§ 4 bis 10 GasNEV für die betreffende Kalkulationsperiode zugrunde gelegten Netzkosten zu erfolgen. Die zeitliche Geltung kann damit erst ab dem Zeitpunkt beginnen, ab dem der Kalkulation überhaupt Netzkosten nach den §§ 4 bis 11 StromNEV bzw. §§ 4 bis 10 GasNEV zugrunde gelegt wurden. Damit richtet sich die Frage darauf, ab wann die Kalkulationsvorschriften der NEV für die Ermittlung Netzentgelte zu beachten waren. Der BGH hat mit Blick auf die Zulässigkeit der Mehrerlösabschöpfung, bei der letztlich die gleiche Frage im Raum stand, festgestellt, dass es den Netzbetreibern in Folge der in § 118 Abs. 1b EnWG enthaltenen Übergangsvorschrift gestattet war, die vor in Kraft treten des novellierten EnWG geforderten Entgelte bis zur Entscheidung über den Entgeltgenehmigungsantrag beizubehalten.[699] Anders als dies noch das OLG Düsseldorf in der Vorinstanz mit guten Gründen angenommen hat,[700] ergibt sich hieraus nach Ansicht des BGH allerdings nicht, dass

---

698 Vgl. *Steurer*, IR 2005, 271, 273.
699 Vgl. BGH, Beschluss vom 14.08.2008, KVR 39/07, Tz. 11; BGH, Beschluss vom 14.08.2008, KVR 27/07, Tz. 32.
700 Vgl. OLG Düsseldorf, Beschluss vom 21.07.2006 (Vattenfall), Umdruck S. 28 = ZNER 2006, 258 ff.

die Netzbetreiber die zuvor geforderten Entgelte endgültig behalten dürfen.[701] Vielmehr hat der BGH die von der Bundesnetzagentur angeordnete Mehrerlös-Auflage unter entsprechender Anwendung des § 9 StromNEV grundsätzlich gebilligt.[702] Da trotz der Möglichkeit einer kostenmindernden Berücksichtigung der Mehrerlöse als „sonstige Erlöse" i.S.d. § 9 StromNEV in einer späteren Genehmigungsperiode, die Beibehaltung der zuvor geforderten Entgelte zulässig war, ist mit Blick auf § 11 Nr. 2 StromNEV bzw. § 10 Nr. 2 GasNEV davon auszugehen, dass die Entgelte erst ab dem Zeitpunkt der erteilten Genehmigung auf der NEV beruhen.

Für das Geschäftsjahr 2006 beruhen die Netzkosten indes nur teilweise auf §§ 4 bis 11 StromNEV bzw. §§ 4 bis 10 GasNEV. Daher kommen die Erlöse dieses Geschäftsjahres für den Vergleich im Rahmen der periodenübergreifenden Saldierung nicht in Betracht. Teilweise wurde zwar vorgeschlagen ergänzend auf die Verbändevereinbarungen als Kostengrundlagen abzustellen.[703] Dies ist indes weder mit dem Wortlaut des § 11 Nr. 2 StromNEV bzw. § 10 Nr. 2 GasNEV vereinbar, noch eine praktikable Option, da hierzu letztlich im Rahmen der periodenübergreifenden Saldierung die Kostengrundlage auf Basis der Verbändevereinbarung nachträglich gesondert untersucht werden müsste, während ansonsten im Rahmen der Saldierung stets an bereits vorhandene Daten angeknüpft werden kann.

Eine periodenübergreifende Saldierung kommt damit grundsätzlich erstmals für das Geschäftsjahr 2007 in Betracht.[704] Mit Blick auf den in der ersten Genehmigungsrunde meist etwa 1½ Jahre betragenen Genehmigungszeitraum bleibt folglich das erste ½ Jahr im Rahmen einer späteren Saldierung nach § 11 StromNEV bzw. § 10 GasNEV unberücksichtigt.

f) Zusammenfassung

Die Systematik der NEV an die Vorjahreskosten anzuknüpfen führt in verschiedenen typischen Konstellationen zu Einnahmeausfällen der Netzbetreiber. Dem kann und muss vor dem Hintergrund des höherrangigen Rechts durch die Berücksichtigung von Plankosten entgegengewirkt werden. Entgegen der Auffassung der Regulierungsbehörden ist der Ansatz von Planwerten auch mit Blick auf die Kosten für Verlustenergie und die Zahlungen an dezentrale Einspeiser zulässig und geboten. Vor dem Hintergrund von Wortlaut und Sinn und Zweck der Regelung liegen gesicherte Erkenntnisse über das Planjahr dann vor, wenn aus objektiven Gründen eine überwiegende Wahrscheinlichkeit dafür spricht, dass sich (mindestens) die ange-

---

701 Vgl. BGH, Beschluss vom 14.08.2008, KVR 39/07, Tz. 12 ff.
702 BGH, Beschluss vom 14.08.2008, KVR 39/07, Tz. 22; vgl. *Ruge*, N&R 2008, 211, 213 f.
703 Vgl. *Steurer*, IR 2005, 271, 273.
704 Ausnahmen sind denkbar, wenn das Geschäftsjahr nicht dem Kalenderjahr entspricht, oder wenn der Netzbetreiber bereits vor der erteilten Entgeltgenehmigung freiwillig auf Entgelte umgestellt hat, die auf Basis der Entgeltverordnung ermittelt wurden. Wurde die Entgeltgenehmigung erstmals im Laufe des Jahres 2007 erteilt, kommt eine Saldierung erstmals auf Basis des Geschäftsjahres 2008 in Betracht.

nommene Kostenentwicklung realisiert. Eine exakte Kenntnis über die genaue Kostenhöhe ist damit nicht Voraussetzung für die Berücksichtigung von Plankosten.

Die Verteilung von außergewöhnlichen Aufwendungen und Erträgen ist zulässig und insbesondere mit Blick auf die zukünftige Anreizregulierung, in der eine vollständige Kostenprüfung nur alle 5 Jahre erfolgt, auch geboten, um Verzerrungen der ermittelten Erlösobergrenzen durch Einmaleffekte zu vermeiden. Die in § 11 StromNEV bzw. § 10 GasNEV vorgesehene periodenübergreifende Saldierung zum Ausgleich von Mengeneffekten kann erstmals mit Blick auf das Geschäftsjahr 2007 zur Anwendung kommen.

2. Basis der Kostenermittlung

Mit Blick auf die inhaltliche Basis für die Kostenermittlung sind drei Bereiche näher zu untersuchen. Auszugehen ist dabei zunächst von der Regelung in § 4 Abs. 2 NEV, nach der die Kosten auf Grundlage der Gewinn-und-Verlust-Rechnung für den Netzbereich nach § 10 Abs. 3 EnWG ermittelt werden. Anschließend ist die Sonderregelung in § 4 Abs. 3 NEV zur Überbrückung des Zeitraums bis zur erstmaligen Erstellung eines Unbundling-Abschlusses näher zu betrachten. Schließlich ist auf die Vorschrift des § 4 Abs. 5 NEV einzugehen, die den Fall regelt, dass ein Netzbetreiber Teile seiner Anlagen lediglich gepachtet hat, und bei ihm damit anstelle entsprechender Kapitalkosten unmittelbar nur die Kosten für die Pachtentgelte anfallen.

a) Unbundling-Abschluss nach § 10 Abs. 3 EnWG

Nach § 4 Abs. 2 StromNEV ist ausgehend von der Gewinn-und-Verlust-Rechnung für die Elektrizitätsübertragung und Elektrizitätsverteilung des letzten abgeschlossenen Geschäftsjahres nach § 10 Abs. 3 EnWG zur Ermittlung der Netzkosten eine kalkulatorische Rechnung zu erstellen. Entsprechendes gilt nach § 4 Abs. 2 GasNEV für den Gassektor ausgehend von der Gewinn-und-Verlust-Rechnung für die „Gasversorgung". Bei dem Begriff der „Gasversorgung" dürfte es sich indes um ein Redaktionsversehen handeln. Gemeint sind, wie sich aus dem Bezug auf § 10 Abs. 3 EnWG und die Parallele zur StromNEV ergibt, die Gasfernleitung und die Gasverteilung.[705]

Durch die Anknüpfung an den Unbundling-Abschluss soll sichergestellt werden, dass in die Kalkulation der Netzentgelte nur solche Kosten einfließen, die dem jeweiligen Netzbereich auch tatsächlich zuzuordnen sind. Nach § 10 Abs. 3 S. 1

---

705 Der Begriff der „Versorgung" würde nach § 3 Nr. 36 EnWG auch die Belieferung von Kunden umfassen, deren Kosten jedoch durch das buchhalterische Unbundling gerade von den Netzkosten abgegrenzt werden sollen.

EnWG haben Unternehmen, die im Sinne von § 3 Nr. 38 EnWG zu einem vertikal integrierten Energieversorgungsunternehmen verbunden sind, getrennte Konten u. a. für die genannten Netzbereiche zu führen, wie dies erforderlich wäre, wenn diese Tätigkeiten von rechtlich selbständigen Unternehmen ausgeführt würden. Die Zuordnung der Aktiva und Passiva sowie der Aufwendungen und Erträge richtet sich folglich zunächst nach allgemeinen handelsrechtlichen Grundsätzen. § 10 Abs. 3 S. 4 EnWG ordnet dabei ergänzend an, dass die Zuordnung durch eine sachgerechte und für Dritte nachvollziehbare Schlüsselung der Konten zu erfolgen hat, soweit eine direkte Zuordnung zu den einzelnen Tätigkeiten nicht möglich oder mit unvertretbarem Aufwand verbunden wäre.

aa) Die Schlüsselung von Konten

Vor dem Hintergrund dieser gesetzlichen Regelung stellt sich die Frage, wie die Zuordnung zu den für die einzelnen Tätigkeiten gebildeten Konten konkret erfolgen soll, wann eine Schlüsselung eines Kontos in Betracht kommt und unter welchen Voraussetzungen eine solche Schlüsselung als sachgerecht bewertet werden kann.

Zunächst lassen sich die Konten im handelsrechtlichen Sinn in Bestands- und Erfolgskonten unterteilen, wobei die Bestandskonten weiter nach Aktiv- und Passivkonten und die Erfolgskonten nach Aufwands- und Ertragskonten unterteilt werden können.[706] Da für die Netzkostenermittlung die Aufwandskonten von besonderer Bedeutung sind, soll der Blick zunächst auf diese gerichtet werden. Unterschieden werden hierbei üblicherweise zunächst Materialaufwand, Personalaufwand, Abschreibungen auf Anlagevermögen und sonstige betriebliche Aufwendungen.[707] Im Rahmen der individuellen Kontenpläne der einzelnen Unternehmen erfolgt innerhalb dieser Gruppen regelmäßig eine nähere Differenzierung der Aufwandsarten. So werden etwa im Bereich des Personalaufwandes häufig getrennte Konten für Löhne, Gehälter und soziale Abgaben geführt.[708]

Aus dieser buchhalterischen Systematik ergibt sich, dass sich die Probleme bei der Zuordnung etwa von Aufwendungen zu einer bestimmten Tätigkeit nicht an einzelnen Konten festmachen lassen. Betrachtet man etwa den Bereich des Personalaufwandes, so wird sich ein ganz erheblicher Teil der Mitarbeiter mit vertretbarem Aufwand einem der Tätigkeitsbereiche zuordnen lassen, womit auch der entsprechende Aufwand in dem Konto des jeweiligen Bereiches verbucht werden kann. Bei einzelnen Mitarbeitern – beispielsweise der Geschäftsführung – wird indes eine direkte Zuordnung zu einem der Tätigkeitsbereiche nicht oder nur mit unvertretbarem Aufwand möglich sein. Hier stellt sich die Frage, wie weiter zu verfahren ist. Die eine Möglichkeit bestünde darin, auf die Führung von gesonderten Konten für

---

706 *Wöhe*, Allgemeine Betriebswirtschaftslehre, S. 70 f.
707 Vgl. § 275 Abs. 2 HGB.
708 Vgl. Vereinfachter Industriekontenrahmen, Übersicht bei *Wöhe*, Bilanzierung und Bilanzpolitik, S. 85.

189

den Personalaufwand von vorneherein zu verzichten, da sich diese nicht eindeutig den einzelnen Tätigkeitsbereichen zuordnen lassen, und stattdessen eine Schlüsselung des spartenübergreifenden (regulären) Personalaufwandskontos vorzunehmen. Die andere Alternative bestünde darin, die gesonderten Konten weiterhin zu führen und ihnen nur die nicht direkt zuzuordnenden Aufwendungen zuzuschlüsseln. Hierbei stellt sich allerdings die Frage, ob ein solches Vorgehen mit § 10 Abs. 3 EnWG vereinbar ist, da weder ein besonderes Konto für nicht zuzuordnenden Aufwand noch eine Schlüsselung von Teilen eines Kontos vorgesehen ist.

Ungeachtet des konkreten Vorgehens stellt sich in beiden Fällen die Frage, wie eine sachgerechte Schlüsselung erfolgen kann.[709] Allein die nach handelsrechtlichen Vorgaben erfolgte getrennte Buchführung für die einzelnen Tätigkeitsbereiche liefert hierfür nur verhältnismäßig wenige Anhaltspunkte. Da in der Buchführung lediglich die Art des Aufwandes erfasst wird, ist letztlich nicht zu erkennen, weshalb bestimmte Aufwendungen keinem der Tätigkeitsbereiche eindeutig zugeordnet werden konnten. So können nicht zugeordnete Personalaufwendungen den Aufwand für die Geschäftsführung ebenso umfassen wie die für das Call-Center, das etwa nur für Netz und Vertrieb nicht jedoch für andere Sparten des Unternehmens tätig ist. Eine Schlüsselung, die allein auf diese Buchführungsdaten aufbaut, wird sich daher beispielsweise an Größen wie dem Anteil des jeweiligen Tätigkeitsbereiches am direkt zuordnenbaren Aufwand, am Umsatz oder am Anlagevermögen orientieren müssen. Ob die Schlüsselung sachgerecht ist, wird sich dabei nur am konkreten Einzelfall beurteilen lassen.[710] Hierbei wird man die verwendeten Schlüssel auch in der Gesamtschau betrachten müssen, da sich die durch einen Schlüssel auftretenden Verzerrungen unter Umständen in sachgerechter Weise ausgleichen können, wenn der Schlüssel auf verschiedene Konten einheitlich angewandt wird.

Eine andere Möglichkeit sachgerechte Schlüssel zu ermitteln könnte darin bestehen, zunächst an die unternehmensinterne Kostenstellenrechnung anzuknüpfen. Neben den Kostenstellen, die unmittelbar bestimmten Tätigkeitsbereichen zuzuordnen sind, können für die Kostenstellen der gemeinsamen Bereiche jeweils gesonderte Schlüssel ermittelt werden, mit deren Hilfe die Kosten der jeweiligen Kostenstelle den einzelnen Tätigkeitsbereichen zugeordnet werden können. Da die Kostenstellen sachbezogen sind, erscheint es diesbezüglich eher möglich, sachnahe Schlüssel zu finden. So wäre es beispielsweise denkbar, den Gesamtaufwand für den Vorstand nach der Zahl der den einzelnen Tätigkeitsbereichen zuzuordnenden Vorstandsvorlagen zu schlüsseln. Um schließlich die vom Gesetz geforderten sachgerechten Schlüssel für die einzelnen Konten zu ermitteln, müsste der Anteil ermittelt werden, der mit Blick auf die jeweilige Aufwandsart über die gemeinsamen Kostenstellen den Tätigkeitsbereichen zugeordnet wurde. Der letztlich verwendete Schlüssel setzt

---

709 Zur Frage der Schlüsselung von Personalkosten in einem konkreten Fall: OLG Naumburg, Beschluss vom 15.06.2007, ZNER 2007, 491 ff.
710 Vgl. OLG Naumburg, Beschluss vom 31.07.2007, ZNER 2007, 502 zur Frage der Zuordnung von Entflechtungskosten; OLG Naumburg, Beschluss vom 15.06.2007, ZNER 2007, 491 ff. zur Frage der Zuordnung von Personalkosten.

sich in diesem Fall also aus der gewichteten Kombination verschiedener anderer Schlüssel zusammen. Es spricht einiges dafür, dass sich auf diese Weise letztlich eine genauere Zuordnung zu den einzelnen Tätigkeiten erreichen lässt. Vom Gesetz gefordert ist ein solches Verfahren indes nicht, da es eine gesetzlich für das Gesamtunternehmen nicht vorgeschriebene detaillierte Kostenstellenrechnung voraussetzt. Inhaltlich mag man sich zudem fragen, weshalb der Umweg über eine getrennte Buchführung nach handelsrechtlichen Maßstäben und eine Schlüsselung von Konten erforderlich ist, wenn die Zuordnung exakter über die interne Kostenstellenrechnung erfolgen kann.

bb) Konzerninterne Leistungsverrechnung

Das Problem der sachgerechten Zuordnung von Aufwendungen und Erträgen stellt sich in etwas anderer Form, auch wenn der Netzbetreiber gemäß § 7 EnWG rechtlich entflochten ist. In diesem Fall muss zwar der Netzbetreiber bereits aus handelsrechtlichen Gründen eigene Bücher führen, sodass es einer Schlüsselung von Konten bei dem Netzbetreiber grundsätzlich nicht mehr bedarf, an deren Stelle treten jedoch in der Regel zahlreiche konzerninterne Leistungsbeziehungen, durch die letztlich die Kostenzuordnung bestimmt wird. Die Art der Leistungsbeziehungen hängt dabei vor allem von der konkreten Umsetzung des rechtlichen und organisatorischen Unbundling in dem jeweiligen Unternehmen ab. So ist es beispielsweise möglich eine schlanke Netzgesellschaft zu bilden, die nur die gesetzlich zwingend vorgesehenen Aufgaben selbst wahrnimmt und sich im Übrigen der Leistungen der Muttergesellschaft bedient, während es umgekehrt auch in Betracht kommt, die Netzgesellschaft breit aufzustellen, indem sie auch Aufgaben für andere Bereiche des Unternehmens übernimmt. Wie sich leicht ableiten lässt, droht im ersten Fall bei zu hohen Verrechnungspreisen und im zweiten Fall bei zu niedrigen Verrechnungspreisen ein Ausweis von zu hohen Netzkosten.

Die Bestimmung fairer bzw. sachgerechter Verrechnungspreise ist indes kein spezifisch energierechtliches Problem, sondern stellt sich in gleicher Weise im Handels- und Steuerrecht, da eine unsachgerechte Festlegung der Verrechnungspreise die Höhe der auf die einzelnen Gesellschaften entfallenden Gewinne erheblich beeinflussen kann. Besondere Bedeutung haben sie bei internationalen Konzernverbünden, da durch die Gestaltung der Verrechnungspreise Einfluss darauf genommen werden kann, in welchem Land die Gewinne zu versteuern sind. Bei der Bemessung des Verrechnungspreises ist der Grundsatz des Fremdvergleichs (Prinzip des „Dealing at arm's length") zu beachten,[711] d. h., der Preis ist grundsätzlich so festzulegen, wie er sich bei einer Transaktion zwischen unabhängigen Marktteilnehmern ergeben würde.

---

711 *Ditz*, DB 2004, 1949; *Kaminski/Strunk*, BB 2005, 2379; *Fey*, BeStLex, Verrechnungspreise, Rn. 8 ff.

Zur Ermittlung angemessener Verrechnungspreise kommen verschiedene Methoden in Betracht.[712] Zu nennen sind insbesondere die Preisvergleichsmethode, die Wiederverkaufspreismethode und die Kostenaufschlagsmethode. Bei der Preisvergleichsmethode wird zwischen direktem und indirektem Fremdvergleich unterschieden. Ein direkter Fremdvergleich setzt voraus, dass Gegenstand und Bedingungen der zum Vergleich herangezogenen Geschäfte gleich sind, während es für einen indirekten Fremdvergleich ausreicht, wenn die Geschäfte so ähnlich sind, dass eine Vergleichbarkeit durch Herausrechnen bestehender Unterschiede hergestellt werden kann.[713] Bei der Wiederverkaufspreismethode wird von dem Absatzpreis eines Produktes am Markt ausgegangen und durch Abzug der Vertriebskosten und einer Marge der angemessene Verrechnungspreis für den Bezugspreis berechnet.[714] Bei der Kostenaufschlagsmethode bilden die um einen betriebs- oder branchenüblichen Gewinnzuschlag erhöhten Kosten den Verrechnungspreis.[715]

Während die Wiederverkaufspreismethode mit Blick auf die Bestimmung von Verrechnungspreisen zwischen Erzeugung und Vertrieb grundsätzlich zur Anwendung kommen könnte, scheidet sie mit Blick auf den Netzbetrieb regelmäßig aus, da sie voraussetzt, dass ein intern bezogenes Vorprodukt lediglich weitervermarktet wird. Die Preisvergleichsmethode kann indes mit Blick auf die Leistungsbeziehungen mit dem Netzbetreiber zur Anwendung kommen, soweit es sich um marktgängige Leistungen handelt. Dies wird man beispielsweise bei dem Bezug von Call-Center Dienstleistungen oder von Verlustenergie[716] annehmen können. In vielen Bereichen, insbesondere bei konzerninternen Dienstleistungen, wird indes die Kostenaufschlagsmethode zur Anwendung kommen müssen.

Mit der Kostenaufschlagsmethode verlagert sich die Frage nach den für die Ermittlung der Netzentgelte relevanten Kosten zunächst auf die Vorfrage, welche Kosten für bestimmte Vorleistungen anzusetzen sind.

Hierbei liegt der Gedanke nahe, für die Ermittlung der Vorleistungskosten auf die Prinzipien der Entgeltverordnungen abzustellen. Grundlage für ein solches Vorgehen bildet wiederum die Vorschrift des § 10 Abs. 3 EnWG, da sie grundsätzlich alle Gesellschaften des vertikal integrierten Energieversorgungsunternehmens verpflichtet, für die einzelnen Tätigkeitsbereiche eine gesonderte Rechnungslegung durchzuführen. Erbringt folglich die Muttergesellschaft eines Netzbetreibers Leistungen für diesen, so sind diese nach dem Wortlaut des § 10 Abs. 3 EnWG in einem getrennten Konto für diesen Tätigkeitsbereich bei der Muttergesellschaft zu verbuchen. Die damit grundsätzlich auch bei der Muttergesellschaft vorhandene gesonderte Rech-

---

712 Vgl. *Fey*, BeStLex, Verrechnungspreise, Rn. 14 ff; *Wöhe*, Allgemeine Betriebswirtschaftslehre, S. 218 ff.
713 *Fey*, BeStLex, Verrechnungspreise, Rn. 17.
714 *Fey*, BeStLex, Verrechnungspreise, Rn. 19.
715 *Fey*, BeStLex, Verrechnungspreise, Rn. 21.
716 Nach § 10 StromNZV ist die Verlustenergie u. U. im Wege der Ausschreibung zu beschaffen. In diesem Fall ergibt sich durch die Ausschreibung ein Marktpreis, so dass es der Heranziehung eines Vergleichspreises auch dann nicht bedarf, wenn ein konzernverbundenes Unternehmen die Ausschreibung gewinnt.

nungslegung für den Netzbereich kann damit zum Ausgangspunkt für eine Kostenermittlung auf Basis der Entgeltverordnung genommen werden. Dies setzt freilich voraus, dass zunächst bei der Muttergesellschaft die typischerweise erforderliche Schlüsselung der Konten sachgerecht erfolgt ist. Die hierzu oben bereits für den Fall eines integrierten Unternehmens beschriebene Problematik der Kontenschlüsselung[717] wird sich dabei häufig noch verstärken, da der Anteil der direkt zuzuordnenden Kosten, der als Ausgangspunkt für die Verteilung der übrigen Kosten dienen könnte, etwa in einer Shared-Services-Gesellschaft relativ gering sein dürfte.

Weiter müssten zur Berechnung des Verrechnungspreises die kalkulatorischen Kosten einschließlich der kalkulatorischen Eigenkapitalverzinsung auf Basis der jeweils einschlägigen Entgeltverordnung ermittelt werden. Die Berücksichtigung der Eigenkapitalverzinsung bei der Kostenermittlung ist erforderlich, da sich mit der Aufgabenverteilung auf verschiedene Gesellschaften regelmäßig auch das betriebsnotwendige Eigenkapital entsprechend verteilt.[718] Würde man die Eigenkapitalverzinsung bei der Ermittlung der Verrechnungspreise nicht berücksichtigen, so käme es mit Blick auf die insgesamt von den Konzernunternehmen für den Netzbetrieb erbrachte Leistung zu einer unangemessen niedrigen Eigenkapitalverzinsung, da ein Teil des erforderlichen Eigenkapitals bei der Verzinsung nicht berücksichtigt würde.

Bei der Ermittlung der Verrechnungspreise auf Basis der Entgeltverordnungen ergibt sich indes das Problem, dass nur die Gesamtkosten der von der jeweiligen Konzerngesellschaft in einem Tätigkeitsfeld im Sinne des § 10 Abs. 3 EnWG erbrachten Leistungen festgestellt werden können und sich damit auch nur ein Gesamtverrechnungspreis bestimmen lässt. Wird die Gesellschaft indes für mehrere konzernverbundene Netzbetreiber tätig, so ist auf diese Weise keine unmittelbare Bestimmung der Verrechnungspreise gegenüber den einzelnen Netzgesellschaften möglich. Ähnliches gilt, wenn marktgängige Teile der Leistung durch gesonderte Verrechnungspreise abgerechnet werden sollen.

Schließlich wird man sich fragen müssen, ob die Kostenermittlung auf Basis der Entgeltverordnungen dem Fremdvergleichsprinzip überhaupt in jedem Fall gerecht wird. Dieses erfordert, dass die Entgelte nach der Kostenaufschlagsmethode so ermittelt würden, wie dies auch bei einem Angebot der entsprechenden Leistung gegenüber Dritten erfolgen würde.[719] Würden jedoch beispielsweise Wartungs- und Ausbauarbeiten an einem Energieversorgungsnetz Dritten gegenüber angeboten, so würden die Preise in der Praxis nicht auf Basis der Regelung der Entgeltverordnungen kalkuliert. Ebenso wenig werden sich die Gewinnerwartungen bei dem Betrieb eines Call-Centers danach unterscheiden, ob man für einen Strom- oder Gasnetz-

---

717 Vgl. oben unter C.I.2.a)aa).
718 Werden etwa die Wartungsarbeiten am Netz durch die Muttergesellschaft durchgeführt und besitzt diese auch die hierfür notwendigen Fahrzeuge, so reduziert sich das im Vergleich zur Erbringung der Wartungsarbeiten in Eigenleistung bei dem Netzbetreiber erforderliche betriebsnotwendige Kapital und in der Folge auch die kalkulatorische Eigenkapitalverzinsung in dem Maße wie sie bei der Muttergesellschaft bei der Kalkulation des Verrechnungspreises zusätzlich anfällt.
719 *Fey*, BeStLex, Verrechnungspreise, Rn. 21.

betreiber tatig wird.[720] Dies wäre jedoch die Konsequenz aus der Anwendung der jeweils einschlägigen Entgeltverordnung.

Der Gesetzgeber hat hinsichtlich der Frage der konzerninternen Leistungsbeziehungen und ihren Auswirkungen auf die Netzentgeltkalkulation lediglich mit Blick auf die Überlassung von betriebsnotwendigen Anlagegütern in § 4 Abs. 5 StromNEV eine Sondervorschrift geschaffen, auf die weiter unten noch im Einzelnen einzugehen sein wird.[721] Da die Fragen der Ausgestaltung des rechtlichen Unbundling und die daraus folgenden Leistungsbeziehungen zwischen den Unternehmen bereits auf der Basis der Binnenmarktrichtlinien und später im Rahmen des Gesetzgebungsverfahrens intensiv diskutiert wurden,[722] wird man davon ausgehen müssen, dass er bewusst auf eine weitergehende Regelung verzichtet hat, und folglich die allgemeinen handelsrechtlichen Grundsätze zur Anwendung kommen sollen, sodass eine analoge Anwendung des § 4 Abs. 5 StromNEV nicht in Betracht kommt.

Im Ergebnis dürfte eine differenzierte Betrachtung geboten sein. Wird ein Gesamtpaket an Leistungen von dem Netzbetreiber bei einer Konzerngesellschaft bezogen, dass nach Art und Umfang erhebliche Teile der mit Blick auf den Netzbetrieb typischerweise anfallenden Aufgaben umfasst, so erscheint es sachgerecht für dieses Gesamtpaket einen Verrechnungspreis nach der Kostenaufschlagsmethode zu bestimmen, wobei für die Ermittlung der Kosten die Regelung der Entgeltverordnungen entsprechende Anwendung finden sollten. Werden indes von einer Konzerngesellschaft an den Netzbetreiber abgrenzbare Einzelleistungen erbracht, so sind für diese Verrechnungspreise nach der Preisvergleichsmethode anzusetzen, sofern die Leistungen marktgängig sind. Sie die Einzelleistungen nicht marktgängig, so kann die Kostenaufschlagsmethode zur Anwendung kommen, wobei das anzuwendende Verfahren zur Kostenkalkulation von der Art der jeweils erbrachten Leistung abhängig ist und dem entsprechen muss, was für vergleichbare am Markt angebotene Leistungen üblich und betriebswirtschaftlich sachgerecht ist.

b) Sonderfälle: Kostenermittlung ohne Unbundling-Abschluss

Eine besondere Regelung sieht § 4 Abs. 3 NEV für die Fälle vor, in denen kein Unbundling-Abschluss im Sinne des § 10 Abs. 3 EnWG zur Verfügung steht, auf dessen Basis die Kalkulation der Netzentgelte erfolgen könnte. § 4 Abs. 3 S. 1 NEV regelt dabei in Form einer Übergangsvorschrift die Überbrückung des Zeitraumes bis erstmals ein nach § 10 Abs. 3 EnWG erstellter Unbundlung-Abschluss vorliegt,

---

720 Dies wäre aber die Konsequenz, wenn man die in der StromNEV und der GasNEV festgelegten unterschiedlichen Eigenkapitalzinssätze berücksichtigen würde.
721 Vgl. unten unter C.I.2.c).
722 Vgl. etwa VKU, Stellungnahmen zum Entwurf eines Gesetzes zur Neufassung des Energiewirtschaftsrechts, 15.03.2004, S. 3 ff.; siehe zu den Vorgaben des europäischen Rechts auch *Scholz* in: Bartsch/Röhling/Salje/Scholz, Stromwirtschaft, Kapitel 7, Rn. 5 ff.; *Eder* in: Danner/Theobald, Energierecht, I EnWG B 1 § 6, Rn. 1 ff.

während § 4 Abs. 3 S. 2 NEV den Fall erfasst, dass eine getrennte Buchführung nicht erforderlich ist, da der Netzbetreiber nicht zu einem vertikal integrierten Energieversorgungsunternehmen gehört. Da sich die jeweils angeordnete Rechtsfolge nicht unterscheidet, können beide Fälle im Weiteren gemeinsam betrachtet werden.

Bei Fehlen eines Unbundling-Abschlusses ist der Ermittlung der Netzkosten bzw. der Entgeltbildung eine auf den entsprechenden Netzbereich beschränkte und „*nach handelsrechtlichen Grundsätzen ermittelte Gewinn-und-Verlust-Rechnung des letzten abgeschlossenen Geschäftsjahres*" zugrunde zu legen. Dabei muss man freilich die „handelsrechtlichen Grundsätze" so verstehen, dass sie nicht die unmittelbare Ableitung der Gewinn-und-Verlust-Rechnung aus den geführten Konten voraussetzen, da gerade Fälle geregelt sind, in denen eine getrennte Kontenführung nicht erforderlich ist. Der wesentliche Unterschied zu den Vorschriften zum buchhalterischen Unbundling ist vielmehr gerade darin zu sehen, dass die Gewinn-und-Verlust-Rechnung des jeweiligen Tätigkeitsbereichs im Falle des § 4 Abs. 3 NEV durch eine geeignete Überleitungsrechnung nachträglich aus dem handelsrechtlichen Jahresabschluss abgeleitet werden kann.

Soweit bereits nach den Unbundling-Vorschriften des EnWG 1998 ein die Bereiche Netz und Vertrieb umfassender Abschluss für die Stromverteilung vorliegt, so kann der Netzbetreiber die Gewinn-und-Verlust-Rechnung für das Verteilernetz entweder aus diesem Abschluss oder aus dem normalen handelsrechtlichen Jahresabschluss des Gesamtunternehmens ableiten.

aa) Regelungsinhalt des § 4 Abs. 4 NEV

Fraglich ist, welche Vorgaben sich hinsichtlich der Bildung der Gewinn-und-Verlust-Rechnung für den Netzbereich aus der Vorschrift des § 4 Abs. 4 NEV ergeben. Dort heißt es zunächst in Satz 1, dass Einzelkosten des Netzes dem Netz direkt zuzuordnen sind. Weiter sollen nach Satz 2 Kosten des Netzes, die sich nicht oder nur mit unvertretbar hohem Aufwand als Einzelkosten direkt zurechnen lassen, als Gemeinkosten über eine verursachungsgerechte Schlüsselung zugeordnet werden. Zunächst vermag insoweit zu verwundern, weshalb an Kosten angeknüpft wird, wo es doch bei der Bildung einer gesonderten Gewinn-und-Verlust-Rechnung für den Netzbereich zunächst um die Zuordnung von Aufwendungen und Erträgen geht. Nachvollziehbar wird dies jedoch, wenn man sich verdeutlicht, dass eine nachträgliche Zuordnung der Aufwendungen und Erträge zu den einzelnen Bereichen eines Unternehmens ohne eine getrennte Buchführung nur über die interne Kostenrechnung des Unternehmens erfolgen kann. § 4 Abs. 4 NEV setzt daher implizit voraus, dass für die Überleitung von der Gewinn-und-Verlust-Rechnung des Unternehmens auf die nach § 4 Abs. 3 NEV geforderte Gewinn-und-Verlust-Rechnung des Netzbereichs an die Kostenstellenrechnung des Unternehmens angeknüpft wird. Während die direkt zuzuordnenden Kosten bzw. Kostenstellen regelmäßig keine Probleme aufwerfen, bieten sich bei der Zuordnung der Gemeinkosten durch die Wahl der zur

Anwendung kommenden Schlüssel grundsätzlich Gestaltungsmöglichkeiten für die Unternehmen.[723] Da sich das in § 4 Abs. 4 NEV verankerte Erfordernis sachgerechter Schlüssel auch aus den handelsrechtlichen Grundsätzen ableiten ließe, auf die in § 4 Abs. 3 NEV Bezug genommen wird, liegt der eigentliche Regelungsgehalt der Vorschrift in der Verpflichtung zur vollständigen Dokumentation[724] und in der Beschränkung des Rechts die Schlüssel zu verändern.

bb) Zuordnung der Bilanzpositionen

Während die Erstellung einer auf den Netzbereich beschränkten Gewinn-und-Verlust-Rechnung durch § 4 Abs. 3 und 4 NEV explizit geregelt ist, fehlt eine entsprechende Regelung hinsichtlich der Zuordnung der Bilanzpositionen. Dies mag insofern verwundern als der Unbundling-Abschluss nach § 10 Abs. 3 EnWG auch die Erstellung gesonderter Bilanzen für die jeweiligen Tätigkeitsfelder erfordert und die Vorschriften zur Ermittlung der kalkulatorischen Eigenkapitalverzinsung ausdrücklich auf bestimmte Bilanzpositionen Bezug nehmen.[725]

(1) Beurteilung auf Basis der NEV in ihrer ursprünglichen Fassung

(a) Position der Regulierungsbehörden

Die Regulierungsbehörden stützen sich mit Blick auf die Zuordnung des Finanzanlage- und des Umlaufvermögens auf eine recht allgemeine an § 4 Abs. 1 NEV und § 21 Abs. 2 EnWG anknüpfende Argumentation, wonach *„bilanzielle Kosten des Netzbetriebs nur insoweit anzusetzen [sind], als sie den Kosten eines effizienten und strukturell vergleichbaren Netzbetreibers entsprechen."*[726] Weiter heißt es, dass *„Voraussetzung für die Anerkennung kalkulatorischer Abschreibung und kalkulatorischer Zinsen ist, dass das geltend gemachte Anlage- und Umlaufvermögen betriebsnotwendig ist (§§ 6, 7 GasNEV)."*[727] Hieraus wird sodann abgeleitet, dass die Netzbetreiber nachzuweisen hätten, dass das geltend gemachte Finanzanlagevermögen für den Netzbetrieb notwendig ist. Zudem müsse das geltend gemachte Umlaufvermögen in einem angemessen Verhältnis zum Netzbetrieb stehen.

---

723 Den Gestaltungsspielraum der Unternehmen bestätigt ausdrücklich OLG Naumburg, Beschluss vom 15.06.2007, ZNER 2007, 491, 492; zu der Frage der Zuordnung von Entflechtungskosten: OLG Naumburg, Beschluss vom 31.07.2007, ZNER 2007, 502.
724 Vgl. auch OLG Naumburg, Beschluss vom 15.06.2007, ZNER 2007, 491, 492.
725 Vgl. § 7 Abs. 1 Nr. 4 sowie Abs. 2 StromNEV.
726 Positionspapier der Regulierungsbehörden des Bundes und der Länder zu Einzelfragen der Kostenkalkulation gemäß Gasnetzentgeltverordnung, S. 12.
727 Positionspapier der Regulierungsbehörden des Bundes und der Länder zu Einzelfragen der Kostenkalkulation gemäß Gasnetzentgeltverordnung, S. 12.

(b) Kritik

Die Position der Regulierungsbehörden stößt in verschiedenerlei Hinsicht auf Bedenken. Dies betrifft zunächst den Verweis auf die Vorschriften der §§ 6, 7 NEV 2005. § 6 NEV regelt die Ermittlung der kalkulatorischen Abschreibung und knüpft gerade nicht an Bilanzpositionen an, sondern ersetzt diese durch eine entsprechende kalkulatorische Kostenposition. In der Tat erlaubt § 6 NEV nur den Ansatz von kalkulatorischen Abschreibungen für betriebsnotwendige Anlagegüter. Hiervon werden indes ersichtlich nur Sach- jedoch keine Finanzanlagen erfasst, da die Finanzanlagen keinem kalkulatorischen Wertverzehr unterliegen. Mit Blick auf die Finanzanlagen und das Umlaufvermögen ist der Verweis auf § 6 NEV daher unergiebig.

§ 7 NEV 2005 ist mit Blick auf das Finanzanlage- und Umlaufvermögen zwar einschlägig, es erscheint jedoch bereits vor dem Hintergrund des Wortlautes höchst fraglich, ob die Vorschrift den von den Regulierungsbehörden behaupteten Regelungsgehalt hat. Nach § 7 Abs. 1 S. 2 NEV 2005 ergibt sich das betriebsnotwendige Eigenkapital *„aus der Summe der 1. kalkulatorischen Restwerte des Sachanlagevermögens der betriebsnotwenigen Altanlagen [..] und 4. Bilanzwerte der Finanzanlagen und Bilanzwerte des Umlaufvermögens unter Abzug des Steueranteils der Sonderposten mit Rücklageanteil und unter Abzug des Abzugskapitals und des verzinslichen Fremdkapitals."* Während bei der Ermittlung des betriebsnotwendigen Eigenkapitals folglich der Ansatz der Restwerte des Sachanlagevermögens ausdrücklich auf betriebsnotwendige Anlageteile beschränkt ist, wird hinsichtlich der Finanzanlagen und des Umlaufvermögens ebenso eindeutig an die Bilanzwerte angeknüpft.[728] Der Bilanzwert kann jedoch bereits rein sachlogisch nicht auf bestimmte Teile des Finanzanlage- oder Umlaufvermögens beschränkt sein, da in der Bilanz stets alle Vermögensgegenstände erfasst werden müssen, unabhängig davon ob sie „betriebsnotwendig" sind.[729]

Auch inhaltlich ist die vom Verordnungsgeber getroffene Differenzierung durchaus nachvollziehbar, da sich die Betriebsnotwendigkeit von Sachanlagevermögen verhältnismäßig einfach beurteilen lässt, während das Kriterium mit Blick auf die Bewertung von Finanz- und Umlaufvermögen allenfalls sehr eingeschränkt geeignet erscheint. So wird in vielen Fällen kaum feststellbar oder nachweisbar sein, ob eine bestimmte Finanzanlage mit Blick auf zukünftige Investitionen „notwendig" ist oder ob zum Zeitpunkt der Investition eine erhöhte Kreditaufnahme oder eine Eigenkapi-

---

728 Vgl. auch *Missling*, RdE 2008, 7, 11; anders OLG Stuttgart, Beschluss vom 05.04.2007, ZNER 2007, 194, 200, das die fehlende Begrenzung auf das betriebsnotwendige Umlaufvermögen für ein Redaktionsversehen hält, sowie OLG Frankfurt, Beschluss vom 11.09.2007, ZNER 2007, 341, 343f., das ein Darlehn an einen Gesellschafter aber als betriebsnotwendig einordnet; vgl. auch *Uwer/Zimmer*, RdE 2009, 109, 113 f.
729 Vgl. auch OLG Düsseldorf, Beschluss vom 24.10.2007 (VI 3 Kart 16/07), ZNER 2007, 416, 418.

talerhöhung zur Finanzierung in Betracht kommen.[730] Ein Redaktionsversehen erscheint insoweit nicht wahrscheinlich.[731]

Ungeachtet der Tatsache, dass angesichts des eindeutigen Wortlautes eine abweichende an Sinn und Zweck orientierte Auslegung ohnehin nicht in Betracht kommen dürfte, lässt sich auch aus Sinn und Zweck nicht eindeutig ein Ergebnis in dem von den Regulierungsbehörden behaupteten Sinne ableiten.[732] Zwar besteht einerseits die durchaus beachtenswerte Problematik, dass die Eigenkapitalgeber bestrebt sein könnten, möglichst viel Eigenkapital in Form von Finanzanlagen oder Umlaufvermögen in den Netzbetreiber zu stecken, um so von einer entsprechenden kalkulatorischen Eigenkapitalverzinsung zu profitieren. Andererseits ist zu bedenken, dass sich aus den Finanzanlagen regelmäßig Erträge ergeben, die gemäß § 9 NEV kostenmindernd zu berücksichtigen sind. Ebenso kann der Barmittelbestand des Umlaufvermögens etwa die Kosten für Kontokorrentkredite reduzieren. Zudem würde durch eine zu restriktive Handhabe die Gefahr erhöht, dass freie Mittel weitestgehend aus dem Unternehmen abgezogen und anschließend für erforderliche Investitionen nicht zur Verfügung stehen.[733] Schließlich bestünde die Gefahr, dass durch eine einseitige Begrenzung des Finanzanlage- oder Umlaufvermögens die Höhe des betriebsnotwendigen Eigenkapitals falsch ermittelt würde, wenn die Finanzanlagen- bzw. das Umlaufvermögen teilweise mit Fremdmitteln finanziert wurden, der Ansatz des in Abzug zu bringenden verzinslichen Fremdkapitals jedoch nicht entsprechend angepasst wird.[734] Ausschlaggebend gegen eine Begrenzung auf das betriebsnotwendige Finanzanlage- und Umlaufvermögen in § 7 NEV 2005 dürfte insoweit sprechen, dass eine isolierte Regelung im Rahmen der kalkulatorischen Eigenkapitalverzinsung nicht sachgerecht wäre. Sie könnte dazu führen, dass Finanzanlagen bei der kalkulatorischen Eigenkapitalverzinsung nicht berücksichtigt würden, die Erträge aus diesen Finanzanlagen aber dennoch im Rahmen anderer Vorschriften kostenmindernd angesetzt würden. Ähnliche Effekte könnten sich etwa hinsichtlich der Kosten für Fremdkapitalzinsen erheben.

Der von den Regulierungsbehörden hinsichtlich der bilanziellen Kosten angeführte Verweis auf § 4 Abs. 1 NEV bzw. § 21 Abs. 2 EnWG führt ebenfalls nicht weiter,

---

730 Vgl. auch *Becker/Boos*, ZNER 2006, 297, 301 f., die unter Bezugnahme auf die Rechtsprechung im Telekommunikationssektor davon ausgehen, dass den Netzbetreibern insoweit ein Beurteilungsspielraum zustehen müsse.
731 Etwas anderes dürfte mit Blick auf die gegen Ende des Gesetzgebungsverfahrens eingefügte Regelung des § 7 Abs. 1 S. 2 Nr. 3 NEV 2005 hinsichtlich des Sachanlagevermögens für Neuanlagen gelten. Hier scheint es mit Blick auf die Regelungen in § 7 Abs. 1 S. 2 Nr. 1 und 2 sowie in § 6 Abs. 1 NEV 2005 nahe liegend von einem Redaktionsversehen auszugehen und insoweit nur die Restwerte der betriebsnotwendigen Neuanlagen zu berücksichtigen.
732 Anders OLG Bamberg, Beschluss vom 26.10.2007, IR 2008, 38, 39, unter Bezugnahme auf den mutmaßlichen Willen des Verordnungsgebers, das hinsichtlich der Betriebsnotwendigkeit allerdings eine Beurteilungsspielraum des Netzbetreibers anerkennt.
733 Vgl. *Becker/Boos*, ZNER 2006, 297, 302.
734 Vgl. auch *Missling*, RdE 2008, 7, 12; das OLG Düsseldorf, Beschluss vom 24.10.2007 (VI 3 Kart 16/07), ZNER 2007, 416, 419, will entsprechende bilanzielle Überlegung scheinbar für die kalkulatorische Berechnung ausblenden.

da es sich bei dem Finanzanlage- und Umlaufvermögen nicht um bilanzielle Kosten sondern um Vermögenspositionen bzw. Aktiva der Bilanz handelt.[735]

Im Ergebnis ist daher die Argumentation der Regulierungsbehörde insgesamt nicht haltbar.

(c) Lösungsansatz

Eine sachgerechte Lösung des Problems muss auf der Ebene der Zuordnung der Bilanzpositionen zu den einzelnen Tätigkeiten erfolgen. Die Frage lässt sich inhaltlich nicht von der im Gesetz angeordneten Zuordnung der Aufwands- und Ertragspositionen trennen. So können sachlogisch Erträge aus Finanzanlagen nur dann (anteilig) dem Netz zugeordnet werden, wenn auch die entsprechenden Finanzanlagen (anteilig) dem Netz zugeordnet werden. Das in § 4 Abs. 4 NEV verankerte Erfordernis der sachgerechten Schlüsselung der Kosten strahlt insoweit auch auf die Zuordnung der Aktiva und Passiva der Bilanz aus. Da die Gewinn-und-Verlust-Rechnung und die Bilanz stets zueinander passen müssen,[736] und in § 7 NEV 2005 ausdrücklich auf Bilanzpositionen abgestellt wird, wird man zur Füllung der bestehenden Regelungslücke hinsichtlich der Erstellung einer Sparten-Bilanz für den Fall, dass kein Unbundling-Abschluss nach § 10 Abs. 3 EnWG vorliegt, § 4 Abs. 3 NEV ergänzend so auszulegen haben, dass eine solche ebenfalls nach handelsrechtlichen Grundsätzen zu bilden ist.

Bei der Zuordnung der Bilanzpositionen kann es indes nicht entscheidend auf das Kriterium der Betriebsnotwendigkeit angekommen. So dürfte unstreitig sein, dass ein zum Netz zählendes Sachanlagegut auch dann dem Tätigkeitsbereich des Netzbetriebs zuzurechnen ist, wenn es nicht betriebsnotwendig ist. Vielmehr ist die Sachgerechtigkeit nach allgemeinen handelsrechtlichen Kriterien zu beurteilen, wie sie auch im Rahmen des buchhalterischen Unbundling nach § 10 Abs. 3 EnWG Anwendung finden müssen.

Dabei ist nicht von der Hand zu weisen, dass insbesondere die Zuordnung von allgemeinen Bilanzpositionen wie den Finanzanlagen und dem Umlaufvermögen unter Umständen besondere Probleme aufwerfen kann, da diese Positionen nicht klar einem speziellen Sachzweck zugeordnet werden können, sodass man sie häufig den verschiedenen Tätigkeitsbereichen wird zuschlüsseln müssen. Dieses Problem besteht jedoch in ähnlicher Weise im Rahmen der getrennten Kontoführung nach § 10 Abs. 3 EnWG und dürfte sich erst infolge des rechtlichen Unbundlings auflösen.

---

735 Das OLG Düsseldorf, Beschluss vom 24.10.2007 (VI 3 Kart 16/07), ZNER 2007, 416, 418 scheint eine Anwendung der Normen für möglich zu halten, argumentiert anschließend aber im wesentlichen auf der Basis der Eigenkapitalverzinsung deren Kostenbestandteil das ggf. überhöhte Umlaufvermögen sei.
736 Dies ergibt sich bereits daraus, dass das Saldo der Gewinn- und Verlustrechnung der Veränderung der Bilanzposition des Eigenkapitals entsprechen muss.

Entsprechend dem Wortlaut des § 7 NEV 2005 sind bei der Ermittlung des betriebsnotwendigen Eigenkapitals, das als Grundlage für die Ermittlung der Eigenkapitalverzinsung dient, mit Blick auf das Finanzanlage- und Umlaufvermögen sowie die sonstigen relevanten Bilanzpositionen die Wertansätze aus der Tätigkeits-Bilanz zu übernehmen.

Die oben bereits beschriebene Gefahr,[737] dass die Eigenkapitalgeber bestrebt sein könnten überflüssiges Kapital in Form von Anlage- oder Umlaufvermögen in den Betrieb des Netzes zu investieren, um diesbezüglich von der kalkulatorischen Eigenkapitalverzinsung zu profitieren, erscheint bei näherer Betrachtung zudem deutlich geringer als auf den ersten Blick. Der Grund hierfür liegt in der sich aus §§ 6, 7 NEV ergebenen Begrenzung der Eigenkapitalquote. Durch höhere Bilanzwerte des Finanzanlage- und Umlaufvermögens steigt die nach § 6 Abs. 2 S. 3 NEV zu ermittelnde Eigenkapitalquote. Überschreitet sie 40 %, so wird das überschießende Eigenkapital gemäß § 7 Abs. 1 S. 3 NEV 2005 nur wie Fremdkapital verzinst, d. h., der für den Eigenkapitalgeber möglicherweise attraktiv erscheinende kalkulatorische Eigenkapitalzinssatz einschließlich des Wagniszuschlags findet gerade keine Anwendung. Liegt die Eigenkapitalquote indes unter 40 %, so wird die Zufuhr von zusätzlichem Eigenkapital hingegen grundsätzlich wünschenswert erscheinen, um die zukünftige Finanzierung des Netzbetriebs zu gewährleisten.[738]

Als zusätzliche regulatorische Kontrollinstanz kann schließlich die Gesamtbetrachtung der Kosten hinsichtlich ihrer Wettbewerbsanalogie im Sinne von § 21 Abs. 2 S. 2 EnWG fungieren.[739] Eine Einzelbetrachtung etwa mit Blick auf die Höhe der kalkulatorischen Eigenkapitalverzinsung erscheint demgegenüber nicht sachgerecht, da dies dazu führen könnte, dass die kalkulatorische Eigenkapitalverzinsung infolge eines besonders hohen Finanzanlagevermögens beschnitten würde, obwohl durch diese Finanzanlagen Erträge erwirtschaftet werden, die die auf sie entfallende kalkulatorische Eigenkapitalverzinsung übertreffen, sodass die in Rede stehenden Finanzanlagen insgesamt netzkostenmindernd wirken.[740]

---

737 Vgl. oben unter C.I.2.b)bb)(1)(bb).
738 Hierfür spricht jedenfalls, dass der Verordnungsgeber die Eigenkapitalquote auf 40% (und nicht einen niedrigeren Wert) begrenzt hat; vgl. auch § 14 Abs. 2 ARegV, wo eine Eigenkapitalquote von 40% unterstellt wird.
739 So auch OLG Düsseldorf, Beschluss vom 24.10.2007 (VI 3 Kart 16/07), ZNER 2007, 416, 418.
740 In dem OLG Düsseldorf, Beschluss vom 24.10.2007 (VI 3 Kart 16/07), ZNER 2007, 416, 418 f., war ein entsprechender Ausgleich nicht zu erwarten, da sich bei dem Kürzungsbetrag um unverzinslich gehaltenes Umlaufvermögen handelte.

(2) Änderung durch die Novellierung der NEV im Oktober 2007

Durch Änderung der Netzentgeltverordnungen Strom und Gas im Oktober 2007[741] ist nunmehr in § 7 Abs. 1 S. 2 Nr. 4 NEV der Ansatz der Finanzanlagen und des Umlaufvermögens ausdrücklich an deren Betriebsnotwendigkeit gekoppelt.[742] Dies ändert indes nichts daran, dass die Frage der Berücksichtigung des Umlaufvermögens und der Finanzanlagen regelmäßig bereits auf der Ebene der sachgerechten Zuordnung der Bilanzpositionen zum Netzbetrieb zu klären ist.[743]

c) Sonderregelung in § 4 Abs. 5 StromNEV

Eine besondere Regelung sieht § 4 Abs. 5 NEV mit Blick auf solche Kosten oder Kostenbestandteile vor, die *„aufgrund einer Überlassung betriebsnotwendiger Anlagegüter"* anfallen. Diese sollen nur in der Höhe anerkannt werden, *„wie sie anfielen, wenn der Betreiber Eigentümer der Anlagen wäre."* Hintergrund der Regelung ist, dass im Rahmen der rechtlichen Entflechtung gemäß § 7 Abs. 1 EnWG das Eigentum an den Netzanlagen vielfach bei der Konzernmutter verbleibt und diese die Netze an eine Tochtergesellschaft verpachtet, die das Netz betreibt. Aufbauend auf der Gewinn-und-Verlust-Rechnung des Netzbetreibers würden in diesem Fall die zwischen den Konzerngesellschaften vereinbarten Pachtentgelte aufwandsgleiche Kosten darstellen. Damit würden die Vorschriften zur kalkulatorischen Ermittlung der Kapitalkosten weitgehend leer laufen oder könnten allenfalls im Rahmen Bemessung bzw. Überprüfung des konzerninternen Verrechnungspreises zur Anwendung kommen.

aa) Ermittlung der hypothetischen Kosten des Netzbetreibers

Da der Ansatz der Kosten nach § 4 Abs. 5 NEV auf den Betrag begrenzt ist, der anfiele, wenn der Netzbetreiber Eigentümer der Anlagen wäre, stellt sich zunächst die Frage, wie diese hypothetischen Kosten bei unterstelltem Eigentum des Netzbetreibers konkret zu ermitteln sind.

---

741 Verordnung zum Erlass und zu Änderung von Rechtsvorschriften auf dem Gebiet der Energieregulierung vom 29. Oktober 2007 (BGBl. I S. 2529).
742 Vgl. auch *Missling*, RdE 2008, 7, 12.
743 Ebenso unberührt bleibt die Frage, ob die jeweils von der Regulierungsbehörde hergeleitete Kappungsgrenze sachgerecht ist; vgl. *Missling*, RdE 2008, 7, 12.

(1) Kalkulatorische Kostenpositionen

Im Ansatz erscheint die hypothetische Zuordnung der kalkulatorischen Abschreibungen zunächst unproblematisch, da sie auf der kalkulatorischen Anlagenbuchhaltung basieren, die von einer Übertragung des Eigentums an den Anlagen nicht berührt wird. Bei näherer Betrachtung ergibt sich hiervon jedoch eine Ausnahme mit Blick auf die Berechnung der kalkulatorischen Abschreibungsbeträge für Altanlagen im Sinne des § 6 Abs. 1 S. 3 NEV. Bei diesen ist gemäß § 6 Abs. 2 NEV in Abhängigkeit von der Eigenkapitalquote zwischen dem eigen- und fremdfinanzierten Anteil der Anlagegüter zu unterscheiden. Die Berechnung der Eigenkapitalquote nach § 6 Abs. 2 S. 3 NEV knüpft an das betriebsnotwendige Eigenkapital an, dessen Ermittlung in § 7 Abs. 1 S. 2 NEV geregelt ist. Hierbei kommt es indes nicht allein auf Positionen aus der kalkulatorischen Anlagenbuchhaltung sondern auch auf Bilanzansätze des Unternehmens an, wie oben bereits im Zusammenhang mit der Zuordnung der Bilanzansätze erläutert.[744] Es stellt sich also die Frage, welche Werte diesbezüglich anzusetzen sind, wenn man hypothetisch unterstellt, dass der Netzbetreiber Eigentümer der Anlagen geworden ist.[745] Die gleiche Frage stellt sich mit Blick auf die Ermittlung der kalkulatorischen Eigenkapitalverzinsung nach § 7 NEV, bei der die Höhe des betriebsnotwendigen Eigenkapitals eine noch zentralere Rolle spielt.

Zunächst könnte man sich auf den Standpunkt stellen, dass an die entsprechenden Bilanzpositionen des Netzbetreibers anzuknüpfen ist, da § 4 Abs. 5 NEV nur unterstellt, dass das Eigentum an den Anlagen bei dem Netzbetreiber liegt. Eine solche Betrachtung wäre indes ersichtlich nicht sachgerecht. Zum einen würde sie dazu führen, dass die Eigenkapitalquote zu hoch ausgewiesen würde, da die zur Finanzierung der Netzanlagen eingesetzten Fremdmittel bei dem Eigentümer der Netzanlagen bilanziert würden und so bei der kalkulatorischen Ermittlung der Eigenkapitalquote unberücksichtigt blieben. Zum anderen würden Teile des Eigenkapitals, die etwa in Form von Finanzanlagen bei dem Eigentümer des Netzes verbucht werden, aber dem Netz zuzuordnen sind, unberücksichtigt bleiben. Eine Verbuchung der zum Netz zu rechnenden Finanzanlagen bei dem Netzeigentümer ist durchaus sachgerecht, da im Pachtmodell regelmäßig der Eigentümer verpflichtet sein wird, entsprechend den Vorgaben des Netzbetreibers neue Netzanlagen zu errichten oder bestehende zu erneuern bzw. die Errichtung oder Erneuerung von Netzanlagen zu finanzieren, und er dazu entsprechende Rücklagen benötigt.

Als Alternative käme in Betracht eine hypothetische Übertragung des Eigentums an den Netzanlagen in einer Form zu unterstellen, wie sie auch real bei einer Ausgliederung des Netzbetriebs einschließlich des Eigentums an den Anlagen anzutreffen wäre. Dies würde insbesondere eine Übertragung der zur Finanzierung des Netzes eingegangenen Verbindlichkeiten und der dem Netzbetrieb zuzuordnenden Fi-

---

744 Vgl. oben unter C.I.2.b)bb)(1)(b).
745 Angesprochen wird dieses Problem auch von *Sieberg* in: Bartsch/Röhling/Salje/Scholz, Stromwirtschaft, Kapitel 51, Rn. 28.

nanzanlagen umfassen. Dieser Ansatz würde zwar grundsätzlich der gesetzgeberischen Intention entgegenkommen, sicherzustellen, dass in Folge der Pachtlösung keine höheren Entgelte anfallen als bei einer tatsächlich erfolgten Übertragung des Eigentums auf den Netzbetreiber, erscheint jedoch aus verschiedenen Gründen ebenfalls nicht praktikabel. Zum einen bestehen in der Praxis verschiedene Gestaltungsmöglichkeiten zur Übertragung des Eigentums auf den Netzbetreiber, sodass es näherer Vorgaben bedürfte, welche Aktiva und Passiva im Einzelnen in welcher Weise als hypothetisch übertragen anzusehen sind. Zum anderen lässt sich auf diese Weise nicht ohne Weiteres die zulässige Höhe der Pachtentgelte selbst ermitteln, sondern nur die (kalkulatorischen) Gesamtkosten, die bei einer Übertragung des Eigentums bei Netzbetreibern anfallen würden. Zudem wäre letztlich die Höhe der anzuerkennenden Kosten auch von der Wirtschaftsweise des Pächters in Bereichen abhängig, die in keinem unmittelbaren Zusammenhang mit dem Pachtgegenstand steht.[746] Dies würde es – insbesondere zwischen unabhängigen Unternehmen – nahezu unmöglich machen, einen Pachtzins vertraglich so festzulegen, dass er den im Rahmen der Netzentgeltkalkulation berücksichtigungsfähigen Kosten entspricht.

Schließlich kommt in Betracht, an die sich bei dem Verpächter bei unterstellter Anwendung der NEV ergebenden (kalkulatorischen) Kosten anzuknüpfen. Hierzu sind aufseiten des Verpächters die der Verpachtung des Netzes zuzurechnenden Bilanzpositionen abzugrenzen und bei der Ermittlung der kalkulatorischen Abschreibungen und der kalkulatorischen Eigenkapitalverzinsung zu berücksichtigen. Durch eine solche Verfahrensweise kann ein Betrag ermittelt werden, an dem unmittelbar der vereinbarte Pachtzins gemessen werden kann. Dem gesetzgeberischen Ziel, der NEV hinsichtlich der kalkulatorischen Kosten des Sachanlagevermögens auch dann (faktische) Geltung zu verschaffen, wenn die Anlagengüter dem Netzbetreiber im Wege der Pacht überlassen werden, wird ebenfalls genüge getan. Ein Widerspruch zum Wortlaut des § 4 Abs. 5 NEV besteht im Ergebnis ebenfalls nicht, da sich der Verweis auf die Kosten, die anfielen, wenn der Betreiber Eigentümer der Anlagen wäre, unter Berücksichtigung von Sinn und Zweck der Regelung auch so verstehen lässt, dass hiermit lediglich auf die Anwendung der einschlägigen Regelung der NEV verwiesen wird, da sich die Kosten, die anfielen, wenn der Netzbetreiber Eigentümer der Anlagen wäre, (unmittelbar) nach diesen Vorschriften bestimmen würden.

Im Ergebnis ist daher zur Begrenzung der aufwandsgleichen Kosten für die Pachtentgelte eine hypothetische Kalkulation der beim Verpächter im Zusammenhang mit dem Pachtgegenstand anfallenden Kosten nach Maßgabe der NEV durchzuführen. Dies entspricht letztlich dem Ansatz, der oben bereits im Zusammenhang mit der Bestimmung konzerninterner Verrechnungspreise auf Basis der Kostenaufschlagsmethode unter Anwendung der NEV diskutiert wurde.[747] Mit Blick auf die

---

746 So könnte etwa Misswirtschaft auf Seiten des Pächters zur Reduktion der Eigenkapitalquote führen, mit der Folge, dass die an den Verpächter zu entrichtenden Pachtentgelte sinken müssten.
747 Vgl. oben unter C.I.2.a)bb).

erforderliche Abgrenzung der Bilanzpositionen bei dem Verpächter kann auf die obigen Ausführungen zu der entsprechenden Problematik bei den Netzbetreibern verwiesen werden.[748]

(2) Sonstige Kosten und Erlöse

Neben den kalkulatorischen Kostenpositionen können grundsätzlich auch andere Kosten und Erlöse in die Pachtentgelte einfließen. Wie oben bereits dargestellt, kann es durchaus sachgerecht sein, dem Netz aufseiten des Verpächters Teile des Finanzanlagevermögens zuzuordnen.[749] In diesem Fall müssen selbstverständlich die aus diesen Finanzanlagen resultierenden Erlöse bei einer Kalkulation auf Basis der NEV kostenmindernd berücksichtigt werden. Wurden die Netzanlagen aufseiten des Eigentümers teilweise mit Fremdmitteln finanziert, so müssen die angefallenen Zinsen als Kosten berücksichtigt werden. Im Ergebnis sind daher bei der hypothetischen Berechnung der Kosten auf Basis der NEV auch die im Zusammenhang mit dem Pachtgegenstand stehenden Positionen der Gewinn-und-Verlust-Rechnung abzugrenzen und zu berücksichtigen.

bb) Nachweis der Kosten

Die Regelung in § 4 Abs. 5 NEV sieht weiter vor, dass der Netzbetreiber die erforderlichen Nachweise führen muss. Entsprechend den obigen Ausführungen setzt dies vor allem die Dokumentation einer hypothetischen Kalkulation auf Basis der NEV voraus. Diese wird regelmäßig nur der Verpächter durchführen können, da nur er über die entsprechenden Daten verfügt.

Während diese Anforderungen in neu abgeschlossenen Pachtverträgen in der Weise berücksichtigt werden können, dass der Verpächter eine entsprechende Kalkulation erstellt und die erforderlichen Daten dem Pächter übermittelt, damit dieser die Nachweise gegenüber der zuständigen Regulierungsbehörde erbringen kann, werden Pachtverträge, die vor der Novellierung des Energiewirtschaftsrechts abgeschlossen wurden, eine entsprechende Verpflichtung in aller Regel nicht enthalten. Sofern es sich bei dem Verpächter um eine konzernfremde Gesellschaft handelt, wird dieser meist nicht ohne Weiteres bereit sein, dem Pächter die von ihm benötigten Informationen zur Verfügung zu stellen. Eine gesetzliche Verpflichtung besteht insoweit ebenfalls nicht, da sich § 4 Abs. 5 NEV nur an den Netzbetreiber richtet, der die Pachtentgelte als Kosten geltend machen möchte. Zu denken wäre allenfalls an eine vertragliche Nebenpflicht des Verpächters gegenüber dem Pächter aus Treu und Glauben, die jedoch vielfach bereits aufgrund des legitimen Interesses des Ver-

---

748 Vgl. oben unter C.I.2.b)bb).
749 Vgl. oben unter C.I.2.b)bb)(1)(b).

pächters an der Geheimhaltung der Daten oder aufgrund des dem Verpächter nicht ohne Ausgleich zumutbaren Aufwandes, ausscheiden dürfte.

Mit Blick auf Pachtverträge, die vor dem Inkrafttreten der NEV abgeschlossen wurden, ist § 4 Abs. 5 S. 2 NEV vor dem Hintergrund, dass von einem Unternehmen nichts Unmögliches verlangt werden kann, einschränkend so auszulegen, dass die Nachweise nur soweit zu führen sind, wie der Netzbetreiber über die entsprechenden Daten verfügt. Soweit die Nachweispflicht des Netzbetreibers nicht besteht, greift etwa im Rahmen des Entgeltgenehmigungsverfahrens der Amtsermittlungsgrundsatz ein. Die zuständige Regulierungsbehörde wird, sofern sie es für den Nachweis für erforderlich hält, unmittelbar entsprechende Auskünfte von dem Verpächter einholen müssen. Da dieser gesetzlich nicht zur Führung einer kalkulatorischen Anlagenbuchhaltung im Sinne der NEV verpflichtet ist, wird man hinsichtlich der Kontrolldichte gewisse Einschränkungen in Kauf zu nehmen haben. Diese erscheinen jedoch vor dem Hintergrund durchaus vertretbar, dass keine Anhaltspunkte dafür ersichtlich sind, dass zwischen unabhängigen Unternehmen vor der kalkulatorischen Abtrennung des Netzbetriebes bewusst überhöhte Pachtentgelte vereinbart wurden.

3. Begrenzung des Kostenansatzes durch Unternehmensvergleich

Nach § 4 Abs. 1 NEV sind „bilanzielle und kalkulatorische Kosten [..] nur insoweit anzusetzen, als sie den Kosten eines effizienten und strukturell vergleichbaren Netzbetreibers entsprechen". Diese, ersichtlich an § 21 Abs. 2 EnWG angelehnte Regelung, wirft in verschiedenerlei Hinsicht Fragen auf. Mit Blick auf die Anforderungen an den zum Vergleich herangezogenen „effizienten und strukturell vergleichbaren Netzbetreiber" kann auf die Ausführungen zu § 21 Abs. 2 EnWG sowie zum europäischen Recht verwiesen werden.[750] Näher zu untersuchen ist, wie der von § 21 Abs. 2 EnWG jedenfalls nach dem Wortlaut abweichenden Anknüpfungspunkt der bilanziellen und kalkulatorischen Kosten zu verstehen ist. Dabei sind zwei Problemkreise zu unterscheiden. Zum einen stellt sich die Frage, ob der Vergleich sich auf die bilanziellen und kalkulatorischen Kosten insgesamt richtet oder auf einzelne bilanzielle und kalkulatorische Kostenpositionen. Zum anderen ist zu untersuchen, ob die Einbeziehung der kalkulatorischen Kostenpositionen mit den Vorgaben des Gesetzes vereinbar ist. Schließlich stellt sich die Frage, in welchem Verhältnis der die Berücksichtigung von Kosten beschränkende Vergleich in § 4 Abs. 1 NEV zu dem Vergleichsverfahren nach §§ 22 ff. StromNEV bzw. §§ 21 ff. GasNEV steht.[751]

---

750 Vgl. oben unter B.I.3.a)bb)(1)(b)(bb) und B.II.1.d).
751 Vgl. zu den Bedenken gegen einen Vergleich kalkulatorischer Kostenpositionen in einem konkreten Fall: OLG Naumburg, Hinweisbeschluss vom 02.03.2007, ZNER 2007, 66, 67 f., sowie Beschluss vom 16.04.2007, ZNER 2007, 174, 176ff. Die Kritik des Gerichts richtete sich einerseits auf das pauschale Vergleichsverfahren ohne hinreichende Berücksichtigung der strukturellen Unterschiede und andererseits auf die Hochrechnung des Befundes in einzelnen Bereichen auf das gesamte Anlagevermögen.

Zuvor ist indes darauf hinzuweisen, dass der in § 4 Abs. 1 NEV verwendete Begriff der „bilanziellen Kosten" unglücklich gewählt ist, da in der Bilanz keine Kosten ausgewiesen werden. Der Begriff der „Kosten", ist der internen Rechnungslegung zuzuordnen.[752] In der externen Rechnungslegung spricht man hingegen von Aufwand, der jedoch nicht in der Bilanz, sondern in der Gewinn-und-Verlust-Rechnung verbucht wird.[753] Da der Gesetzgeber mit dem Begriff der „bilanziellen Kosten" ersichtlich die unmittelbar aus der externen Rechnungslegung abgeleiteten Kosten erfassen wollte, ist der Begriff im Sinne von „aufwandsgleichen Kosten" zu verstehen.[754]

a) Einzel- oder Gesamtvergleich der Kosten

aa) Auslegung des § 4 Abs. 1 NEV

Betrachtet man mit Blick auf die Frage, ob § 4 Abs. 1 NEV nur an einen Gesamtvergleich der Kosten mit einem anderen Unternehmen anknüpft oder ob auch ein Vergleich einzelner Kostenpositionen verschiedener Unternehmen erfolgen soll, zunächst den Wortlaut der Vorschrift, so ergibt sich kein eindeutiges Ergebnis. Vielmehr kann die Regelung einerseits so verstanden werden, dass sie auf einen Vergleich der bilanzielle und kalkulatorische Kosten umfassenden Gesamtkosten abstellt, anderseits aber auch so, dass sowohl die bilanziellen Kosten als auch die kalkulatorischen Kosten jeweils den (entsprechenden) Kosten des Vergleichsunternehmens entsprechen müssen. Allein vor dem Hintergrund des Wortlautes wird man indes zu der zweiten Alternative tendieren müssen, da diese vom Wortlaut ebenfalls gedeckt ist und einen Vergleich aller Kosten im Sinne der ersten Alternative nicht ausschließt. Gestützt wird dies durch die Verwendung des Begriffs der „Kosten" in den weiteren Absätzen des § 4 NEV. Dort werden als „Kosten" jeweils einzelne Kosten(positionen) im Sinne der Kosten einer Kostenart bezeichnet, während für die Gesamtkosten des Netzes der Begriff der „Netzkosten" verwendet wird.[755] Für die Betrachtung der einzelnen Kostenarten spricht außerdem die Überschrift „*Kostenartenrechnung*" des Abschnitt 1 im Teil 2 der Verordnung dessen erste Regelung § 4 NEV ist.

In der Begründung der StromNEV heißt es, § 4 Abs. 1 regele, „dass bei der Ermittlung der zulässigen und damit entgeltrelevanten Netzkosten nach § 21 Abs. 2 des Energiewirtschaftsgesetzes nur solche bilanziellen (aufwandsgleichen) und kalkulatorischen Kosten des Netzbetriebs zulässig sind, die denen eines effizienten und

---

752 *Wöhe*, Allgemeine Betriebswirtschaftslehre, S. 921.
753 *Wöhe*, Allgemeine Betriebswirtschaftslehre, S. 797.
754 In der Verordnungsbegründung werden die bilanziellen Kosten folgerichtig durch einen Klammerzusatz als aufwandsgleich definiert, BR-Drucks 245/05, S. 32.
755 Vgl. § 4 Abs. 2 und 3 StromNEV.

strukturell vergleichbaren Netzbetreibers entsprechen."[756] Mit Blick auf die zu untersuchende Frage ist diese Aussage indes insoweit ambivalent, als sie einerseits deutlich an einzelne Kosten(positionen) anknüpft, andererseits aber auf § 21 Abs. 2 EnWG verweist, wo sich der Vergleich auf die Kosten der Betriebsführung insgesamt richtet. Weiter verweist die Begründung darauf, dass sich aus dem Maßstab des § 21 Abs. 2 S. 2 EnWG ergebe, „dass bei der Netzkostenermittlung im Einzelnen alle aufwandsgleichen und kalkulatorischen Kosten oder Kostenbestandteile, die sich ihrem Umfang nach im Wettbewerb nicht einstellen würden, grundsätzlich nicht berücksichtigungsfähig sind."[757] Hierdurch wird indes nicht der Regelungsgehalt des § 4 Abs. 1 NEV erläutert sondern lediglich (informatorisch) ein Verweis auf eine andere in dem Zusammenhang relevante Vorschrift gegeben. Dennoch wird durch den Verweis deutlich, dass es dem Verordnungsgeber gerade um die Kontrolle bzw. Begrenzung einzelner Kostenansätze ging.

Sinn und Zweck der Regelung liegen danach darin, den Ansatz der einzelnen Kosten(positionen) so zu begrenzen, dass die ermittelten Netzkosten insgesamt den Anforderungen des § 21 Abs. 2 EnWG genügen. Fraglich erscheint jedoch, ob dieses Ziel überhaupt durch den Vergleich von einzelnen Kostenpositionen mit den entsprechenden Kosten anderer Unternehmen erreicht werden kann. Auf die grundsätzliche Problematik der Interdependenzen zwischen einzelnen Kostenpositionen, die einen Vergleich von Einzelkosten entgegenstehen, wurde schon an anderer Stelle hingewiesen.[758] Hier soll diesbezüglich zunächst ein einfaches Beispiel aufgegriffen werden. Dazu wird vereinfachend unterstellt, dass für die Netzkosten nur zwei Kostenpositionen relevant sind und dass ein Netzbetreiber A insoweit Kosten von 40 bzw. 60 Mio. € aufweist, während bei Netzbetreiber B die entsprechenden Kosten 55 bzw. 45 Mio. € betragen. Weiter wird unterstellt, dass sich die Netzgebiete und die Kundenstruktur beider Netzbetreiber nicht unterscheiden und beide Netzbetreiber absolut effizient arbeiten und folglich eine Reduzierung der Gesamtkosten unter 100 Mio. € nicht möglich ist. Würde man nun bei der Ermittlung der zulässigen Netzkosten jeweils die einzelnen Kostenpositionen nur insoweit berücksichtigen, wie sie den korrespondierenden Kosten des Vergleichsunternehmens entsprechen, so würden sich für beide Netzbetreiber zulässige Gesamtkosten von nur jeweils 85 Mio. € ergeben. Die so ermittelten Netzentgelte wären ersichtlich unangemessen niedrig, da sie tatsächliche und objektiv unvermeidbare Kosten von 100 Mio. € nicht decken würden. Die unterschiedliche Höhe der Einzelkosten trotz gleicher Effizienz ist auf die (ggf. beschränkte) Substituierbarkeit der Einzelkosten zurückzuführen.

---

756 BR-Drucks. 245/05, S. 32.
757 BR-Drucks. 245/05, S. 32.
758 Siehe oben unter B.II.4.b); vgl. zu den Interdependenzen zwischen verschiedenen Kosten auch *Elspas/Rosin/Burmeister*, RdE 2007, 329, 332.

bb) Einschränkung des Vergleichs von Einzelkosten durch eine gesetzeskonforme Auslegung

Um trotz des Vergleichs von Einzelkosten zu sachgerechten und mit dem Gesetz zu vereinbarenden Ergebnissen zu kommen, ist § 4 Abs. 1 NEV zunächst so auszulegen, dass zum Vergleich die höchsten Kosten heranzuziehen sind, die von einem effizienten Netzbetreiber mit Blick auf die jeweilige Position ausgewiesen werden. Eine solche Auslegung dürfte zudem ohnehin bereits vor dem Hintergrund des Wortlautes geboten sein.[759] Mit Blick auf den Beispielsfall würde sie dazu führen, dass beide Unternehmen Netzkosten in Höhe von 100 Mio. € ansetzen dürften.[760]

Diese Beschränkung allein ist indes nicht ausreichend. Dies zeigt sich, wenn man das obige Beispiel in der Weise modifiziert, dass Netzbetreiber B für die zweite Position Kosten von 50 Mio. € aufweist, womit seine Gesamtkosten 105 Mio. € betragen und er nicht mehr als absolut effizient gelten kann. Führt man nun einen Vergleich der Einzelkosten nach den beschriebenen Regeln durch, so ergäben sich für Netzbetreiber B zulässige Kosten von 90 Mio. €. Dieser Betrag wäre jedoch ebenfalls unangemessen niedrig. Um derartige nicht gesetzeskonforme Ergebnisse zu vermeiden, muss die Vorschrift ergänzend so ausgelegt werden, dass die für ein Unternehmen infolge des Einzelkostenvergleichs insgesamt ermittelten Netzkosten, die Kosten eines effizienten Netzbetreibers nicht unterschreiten dürfen. Hierdurch wird zwar das Gesamtergebnis, nicht jedoch das Ergebnis für die einzelnen Kostenpositionen korrigiert, sodass der Aussagegehalt der Feststellungen hinsichtlich der Einzelkosten beschränkt bleibt.

Unter diesen Umständen ist nicht ohne Weiteres zu erkennen, welchen praktischen Vorteil ein Vergleich der Einzelkosten bietet, da zunächst zur Ermittlung effizienter Unternehmen und zur Kontrolle der beabsichtigten Kostenkürzungen ein Vergleich der Gesamtkosten mit allen strukturell vergleichbaren Netzbetreibern[761] erforderlich ist.

Eine andere Beurteilung ist freilich dann geboten, wenn einzelne Kostenpositionen keine Interdependenzen mit anderen Kosten aufweisen. In diesem Fall kann ein isolierter Vergleich durchaus sachgerecht sein und ein Verstoß gegen die gesetzlichen Vorgaben ist nicht ersichtlich. Mit Blick auf die aufwandsgleichen und kalkulatorischen Kosten des Netzes werden derartige Positionen jedoch allenfalls in Ausnahmefällen bestehen. So können etwa Personal- und Material bzw. Fremdleistungskosten in einem Substitutionsverhältnis stehen,[762] ebenso die aufwandsgleichen Personal- und Materialkosten zu den kalkulatorischen Abschreibungen und der kal-

---

759 Vgl. hierzu zu der entsprechenden Formulierung im europäischen Recht oben unter B.I.3.a)bb)(1)(b)(bb).
760 Da beide Unternehmen effizient sind, würden sie hinsichtlich der höheren Kostenposition mit sich selbst verglichen.
761 Vgl. zu der Anforderung an einen Vergleich des gesamten Betriebsaufwandes: *Maurer/Haubrich*, ET 11/2007, 60 ff., die sich kritisch mit dem Vorgehen der Regulierungsbehörden auseinandersetzen.
762 Vgl. hierzu oben unter B.II.4.b).

kulatorischen Eigenkapitalverzinsung.[763] Auch zwischen den Kosten für die Verlustenergie und den kalkulatorischen Kapitalkosten kann ein Zusammenhang bestehen.[764] Gleiches gilt für die Fremdkapitalzinsen.[765]

Festzuhalten ist damit, dass die Vorschrift des § 4 Abs. 1 NEV zwar grundsätzlich den Vergleich einzelner Kostenpositionen – im Sinne von Gesamtkosten einer Kostenart – ermöglicht, die Regelung jedoch gesetzeskonform so auszulegen ist, dass die regelmäßig bestehenden Interdependenzen zwischen den verschiedenen Kostenpositionen berücksichtigt werden.

b) Einbeziehung der kalkulatorischen Kosten in den Vergleich

Neben den soeben diskutierten Interdependenzen zwischen den einzelnen Kostenpositionen ergibt sich mit Blick auf den Vergleich der Kapitalkosten ein weiteres Problem daraus, dass sich nach den für die Ermittlung der kalkulatorischen Kapitalkosten einschlägigen Vorschriften nicht in jedem Fall für das effizienteste Unternehmen auch die vergleichsweise geringsten Kapitalkosten ergeben. Die Problematik wurde bereits in anderem Zusammenhang ausführlich dargestellt, sodass auf die dortigen Ausführungen verwiesen werden kann.[766] Evident wird sie etwa dann, wenn man die nach §§ 6, 7 NEV ermittelten Kapitalkosten eines älteren größtenteils abgeschriebenen Netzes mit denen eines jüngeren Netzes vergleicht.

Da sich aus der unbeschränkten Anwendung des § 4 Abs. 1 NEV daher nicht mit dem Gesetz in Einklang zu bringende Ergebnisse ergeben können, ist die Vorschrift gesetzeskonform so auszulegen, dass hinsichtlich der Kapitalkosten nur solche Netzbetreiber als strukturell vergleichbar gelten, deren Netze – neben den sonstigen Anforderungen an die strukturelle Vergleichbarkeit – auch eine vergleichbare Altersstruktur aufweisen.

c) Abgrenzung zum Strukturklassenvergleich

Fraglich ist, ob im Rahmen des Vergleichs nach § 4 Abs. 1 NEV auf die Ergebnisse des Strukturklassenvergleichs nach den §§ 22 bis 24 StromNEV bzw. §§ 21 bis 23

---

763 So kann etwa eine älteres Netz oder ein höherer Freileitungsanteil zu höheren Personal- und Material- bzw. Fremdleistungskosten aber zu niedrigeren Kapitalkosten führen.
764 So kann etwa eine Überbrückung längerer Strecken in einer niedrigeren Spannungsebene die Kapitalkosten reduzieren aber im Gegenzug zu höheren Netzverlusten führen.
765 Die Höhe der Fremdkapitalzinsen wird regelmäßig auch von der Eigenkapitalquote und damit mit der Höhe der kalkulatorischen Eigenkapitalverzinsung zusammenhängen; vgl. *Thommen/Achleitner*, Allgemeine Betriebswirtschaftslehre, S. 584 f.
766 Siehe oben unter B.I.3.b)aa)(1)(c)(bb).

GasNEV zurückgegriffen werden kann,[767] soweit dort ebenfalls ein Vergleich der Kosten erfolgt.

Zunächst ergibt sich allerdings ein wesentlicher Unterschied dadurch, dass im Rahmen des Vergleichs in § 4 Abs. 1 NEV mit den oben dargestellten Einschränkungen, die einzelnen aufwandsgleichen und kalkulatorischen Kostenpositionen verglichen werden, während der Strukturklassenvergleich gemäß § 23 Abs. 1 Nr. 3 StromNEV an die Kosten der einzelnen Netzebenen anknüpft. Anders als im Rahmen des § 4 Abs. 1 NEV wird folglich nicht an Kostenarten, sondern an Kostenstellen angeknüpft. Dies wird durch den ausdrücklichen Verweis in § 24 Abs. 4 Nr. 1 StromNEV auf die Kostenstellen nach § 13 StromNEV bestätigt. Die einzelnen Kostenstellen beinhalten jedoch jeweils Teile der den verschiedenen Kostenarten zuzurechnenden Kosten. Für einen Vergleich der einzelnen aufwandsgleichen und kalkulatorischen Kostenpositionen im Sinne des § 4 Abs. 1 NEV scheidet ein Rückgriff auf die Ergebnisse des Strukturklassenvergleichs damit von vorneherein aus.

Soweit im Rahmen des § 4 Abs. 1 NEV ein Vergleich der Gesamtkosten erfolgt, erscheint es insoweit eher möglich, an den Strukturklassenvergleich anzuknüpfen. Gegen eine pauschale Übernahme der Ergebnisse sprechen indes auch hier gewichtige Gründe. Zum einen baut der Strukturklassenvergleich auf der Kostenstellenrechnung nach § 13 StromNEV auf, auf die die nach § 4 StromNEV ermittelten Netzkosten gemäß §§ 12, 13 StromNEV zu verteilen sind. Systematisch setzt folglich die Tatsache, dass die Kosten in den Strukturklassenvergleich eingeflossen sind bereits voraus, dass sie nach § 4 NEV überhaupt ansatzfähig sind. Hinzu kommt, dass im Rahmen der §§ 22 ff. StromNEV der Vergleich mit allen anderen Netzbetreibern erfolgt, während nach § 4 Abs. 1 NEV der Vergleich auf effiziente Netzbetreiber beschränkt ist. Schließlich kann aus der Einteilung in eine bestimmte Strukturklasse nach § 24 StromNEV nicht geschlossen werden, dass alle dort enthaltenen Netzbetreiber strukturell vergleichbar im Sinne des § 4 Abs. 1 NEV sind. Jedenfalls erfordert der Vergleich in § 4 Abs. 1 NEV jedoch einen Ausgleich der verbleibenden strukturellen Unterschiede, um Schlüsse aus dem Vergleich hinsichtlich der Anerkennungsfähigkeit von Kosten ziehen zu können.

Während der Vergleich in § 4 Abs. 1 NEV unmittelbare Auswirkungen auf die Berücksichtigungsfähigkeit der Kosten und damit auch auf die Frage hat, ob die ermittelten Entgelte den Anforderungen des Gesetzes genügen, stellt der Strukturklassenvergleich ein bewusst vereinfachendes und vergröberndes Verfahren dar, durch das lediglich Indizien hinsichtlich der Gesetzeskonformität der Entgelte gewonnen werden sollen.[768]

Im Ergebnis ist damit festzuhalten, dass für den Vergleich im Rahmen des § 4 Abs. 1 NEV ein Rückgriff auf die Ergebnisse des Strukturklassenvergleichs grundsätzlich ausscheidet. Dies hindert die Regulierungsbehörde freilich nicht daran, im Rahmen der Entgeltgenehmigung und der Kontrolle der Kosten am Maßstab des § 4

---

[767] Vgl. zum Strukturklassenvergleich auch *Büchner/Nick*, ET 2004, 816 ff.; *Lutz/Stadler*, ZNER 2004, 225 ff.; *Müller-Kirchenbauer/Thomale*, IR 2004, 148, 150.
[768] Vgl. hierzu auch oben unter B.III.

Abs. 1 NEV solche Netzbetreiber besonders intensiv zu prüfen, die im letzten durchgeführten Strukturklassenvergleich besonders schlecht abgeschnitten haben.

4. Zusammenfassung

Im Rahmen des durch den Ansatz von Plankosten und die Verteilung von außergewöhnlichen Aufwendungen und Erträgen modifizierten Systems der periodenversetzten Kostenermittlung ist zunächst von den sich aus dem Unbundling-Abschluss nach § 10 Abs. 3 EnWG ergebenen Daten auszugehen. Eine besondere Bedeutung erlangt hierbei die sachgerechte Zuordnung von Kosten im Rahmen der konzerninternen Leistungsverrechnung. Anwendung finden können hierbei insbesondere die aus dem Steuerrecht bekannten Kostenaufschlags- und Preisvergleichsmethoden. Soweit ein Unbundling-Abschluss für das Basisjahr noch nicht besteht, stellt sich insbesondere die Frage nach der sachgerechten Zuordnung des Finanzanlage- und Umlaufvermögens. Sofern eine ordnungsgemäße Zuordnung erfolgt, bedarf es einer weiteren Begrenzung mit Blick auf die „Betriebsnotwendigkeit" im Rahmen der Ermittlung der Eigenkapitalverzinsung nicht.

Die in § 4 Abs. 1 NEV verankerte Begrenzung des Kostenansatzes durch einen Unternehmensvergleich ist nur mit Blick auf solche Kostenpositionen zulässig, die keine Interdependenzen mit anderen Kostenpositionen aufweisen. Mit Blick auf den Vergleich von Kapitalkosten ist außerdem zu berücksichtigen, dass nur solche Unternehmen zum Vergleich herangezogen werden dürfen, deren Netze eine vergleichbare Altersstruktur aufweisen.

II. Aufwandsgleiche Kosten

Die erste Kategorie der in die Netzentgeltkalkulation einfließenden Kosten stellen die aufwandsgleichen Kosten dar. Inhaltlich zählen hierzu etwa die Personal-, Material- und Fremdleistungskosten, die im Zusammenhang mit dem Netzbetrieb anfallen. Systematisch ebenfalls zu den aufwandsgleichen Kosten zählen die tatsächlich angefallenen Fremdkapitalzinsen sowie – im Elektrizitätsbereich – die Kosten für die Vergütung dezentraler Einspeisungen und die Kosten für die Beschaffung der Verlustenergie. Im Bereich der Gasnetze zählen hierzu ferner die nach § 4 Abs. 6 GasNEV ansatzfähigen Kosten für die vertraglich vereinbarten Lastflusszusagen nach § 6 Abs. 1 S. 2 Nr. 1 GasNZV.

Spiegelbildlich zu den aufwandsgleichen Kosten sind bestimmte Erlöse kostenmindernd zu berücksichtigen. Da diese wie die aufwandsgleichen Kosten ebenfalls der netzbezogenen Gewinn-und-Verlust-Rechnung entnommen werden, können sie gemeinsam mit ihnen behandelt werden. Man könnte insoweit von negativen aufwandsgleichen Kosten oder von ertragsgleichen Erlösen sprechen.

1. Aufwandsgleiche Kosten nach § 5 Abs. 1 NEV

Gemäß § 5 Abs. 1 NEV sind aufwandsgleiche Kostenpositionen der nach § 10 Abs. 3 EnWG oder § 4 Abs. 3 NEV erstellten Gewinn-und-Verlust-Rechnung für den Netzbereich zu entnehmen und nach Maßgabe des § 4 Abs. 1 NEV bei der Bestimmung der Netzkosten zu berücksichtigen. Für die Frage, ob bestimmte aufwandsgleiche Kosten in die Netzentgelte einfließen, kommt es damit letztlich ausschließlich auf die allgemeinen Regelungen an, auf die oben bereits im Einzelnen eingegangen wurde.[769] Im Folgenden ist daher nur beispielhaft auf einige besondere Problembereiche einzugehen, die in den Entgeltgenehmigungsverfahren praktische Bedeutung erlangt haben, da sie einen Prüfungsschwerpunkt der Regulierungsbehörde bildeten.

a) Materialaufwand, sonstige betriebliche Aufwendungen, außerordentliche Aufwendungen

Der Materialaufwand umfasst gemäß § 275 Abs. 2 Nr. 5 HGB die Aufwendungen für Roh-, Hilfs- und Betriebsstoffe und für bezogene Waren sowie Aufwendungen für bezogene Leistungen. Die sonstigen betrieblichen Aufwendungen (§ 275 Abs. 2 Nr. 8 HGB) sowie die außerordentlichen Aufwendungen (§ 275 Abs. 2 Nr. 16 HGB) sind ebenfalls in der Gewinn-und-Verlust-Rechnung als gesonderte Positionen aufgeführt.

aa) Position der Bundesnetzagentur

Die Bundesnetzagentur hat diese Kostenpositionen nach eigener Aussage zunächst auf ihre „Sachgerechtigkeit" hin geprüft[770] und ergänzend mit Blick auf die Zulässigkeit des Ansatzes von Plankosten. Weiter führt die Bundesnetzagentur aus, dass diese Kosten auf ihre „Angemessenheit" hin geprüft wurden und dabei nur die Kosten anerkannt wurden, die als „betriebsnotwendig" anzusehen sind.[771] Dabei bleibt allerdings unklar, ob sich die Prüfung der Angemessenheit und Betriebsnotwendigkeit nur auf die Plankosten oder auf die unmittelbar der Gewinn-und-Verlust-Rechnung entnommenen Kostenpositionen erstreckt. Auch eine nähere Erläuterung, welcher Vorschrift die Maßstäbe im Einzelnen entnommen wurden, findet sich nicht. Den Prüfungsschwerpunkten vorangestellt weist die Regulierungsbehörde jedoch einleitend darauf hin, dass aufgrund der Vielzahl der zu erteilenden Geneh-

---

769 Vgl. zu § 10 Abs. 3 EnWG oben unter C.I.2.a), zu § 4 Abs. 3 StromNEV oben unter C.I.2.b) und zu § 4 Abs. 1 StromNEV oben unter C.I.3.
770 Vgl. Bundesnetzagentur, Beschluss vom 06.06.2006 (Vattenfall), Umdruck S. 5 = ZNER 2006, 177 ff.
771 Vgl. Bundesnetzagentur, Beschluss vom 06.06.2006 (Vattenfall), S. 5 = ZNER 2006, 177 ff.

migungen eine *„vollständige Prüfung in der Weise, dass bereits jetzt nur abschließend festgestellt ‚effiziente Kosten' der Genehmigung zugrunde liegen,[..] nicht durchgeführt werden [konnte]"*.[772]

bb) Kritik

Geboten erscheint zunächst eine nähere Differenzierung der einzelnen Prüfungsschritte und der hierbei jeweils anzuwendenden Maßstäbe. Im ersten Schritt ist die Zuordnung der Kosten zum Netz zu untersuchen. Hierbei kommt es entsprechend den Maßstäben des § 4 Abs. 3 und 4 NEV auf die Sachgerechtigkeit bzw. Verursachungsgerechtigkeit der Kostenzuordnung an. Auf die Sachgerechtigkeit, Angemessenheit oder Betriebsnotwendigkeit der Kosten selbst kommt es hierbei hingegen letztlich nicht an.

Eine Begrenzung des Ansatzes der dem Netz zugeordneten aufwandsgleichen Kosten erfolgt vielmehr über § 4 Abs. 1 NEV. Eine Prüfung anhand der von der Regulierungsbehörde gebrauchten wohlklingenden Begriffe der „Sachgerechtigkeit", „Angemessenheit" oder „Betriebsnotwendigkeit" ist dort indes nicht vorgesehen. Auch die übergeordneten gesetzlichen Vorschriften verwenden diese Begriffe nicht bzw. nicht mit Bezug auf die Kosten.[773] Berücksichtigt man die der Erläuterung der Prüfungsschwerpunkte vorangestellte einleitende Bemerkung der Bundesnetzagentur, so könnte die Prüfung der Sachgerechtigkeit, Angemessenheit und Betriebsnotwendigkeit als abgeschwächte Form einer Effizienzkontrolle erscheinen. Allerdings findet sich der insoweit von der Regulierungsbehörde unterstellte Maßstab, nach dem nur effiziente Kosten berücksichtigungsfähig sind, in dieser Form ebenfalls weder im Gesetz noch in der Verordnung. Vielmehr kommt es nicht auf eine theoretische Effizienz sondern darauf an, ob ein anderer real existierender effizienter und strukturell vergleichbarer Netzbetreiber ebenfalls entsprechende Kosten aufweist oder nicht.[774] Zudem sind bei einem Vergleich wie oben dargestellt die Interdependenzen zwischen den einzelnen Kostenpositionen zu beachten.[775] Auch aus der Regelung in § 21 Abs. 2 S. 2 EnWG, nach der Kosten und Kostenbestandteile nicht berücksichtigt werden dürfen, die sich ihrem Umfang nach im Wettbewerb nicht eingestellt hätten, kann der Maßstab der Effizienz ebenfalls nicht abgeleitet werden.[776]

Im Ergebnis eignen sich die von der Bundesnetzagentur angewandten Maßstäbe allenfalls dafür, Indizien dafür zu gewinnen, ob die Kosten sachgerecht dem Netz zugeordnet und entsprechend der gesetzlichen Maßstäbe bei der Entgeltermittlung

---

772 Vgl. Bundesnetzagentur, Beschluss vom 06.06.2006 (Vattenfall), S. 3 = ZNER 2006, 177 ff.
773 Der Begriff der Angemessenheit wird in § 21 Abs. 1 EnWG hinsichtlich der Entgelte und in § 21 Abs. 2 EnWG hinsichtlich der Verzinsung des eingesetzten Kapitals verwendet.
774 Vgl. oben unter B.II.1.d).
775 Vgl. oben unter B.II.4.b) sowie unter C.I.3.
776 Vgl. oben unter B.II.4.

berücksichtigt werden können. Eine abschließende Bewertung des Vorgehens der Bundesnetzagentur ist insoweit allerdings nicht möglich, da die veröffentlichten Entscheidungen keine konkreten Kostenpositionen benennen, die von der Bundesnetzagentur nicht anerkannt wurden. Folglich kann das tatsächliche Vorgehen auch nicht nachvollzogen und bewertet werden.

b) Gemeinkosten

Einen weiteren Prüfungsschwerpunkt in der ersten Entgeltgenehmigungsrunde bildete die Zuordnung der Gemeinkosten. Auch der Verordnungsgeber hat der sachgerechten Zuordnung der Gemeinkosten besondere Bedeutung zugemessen. Dies zeigt sich neben den Anforderungen an die Dokumentation der verwendeten Schlüssel in § 4 Abs. 4 NEV auch an dem explizit in § 25 StromNEV bzw. § 24 GasNEV verankerten Vergleichsverfahren, zur Feststellung des Anteils der Gemeinkosten an den Gesamtkosten des Netzes.

aa) Position der Bundesnetzagentur

Die Bundesnetzagentur sieht in einem vergleichsweise hohen Anteil der Gemeinkosten an den Gesamtkosten des Netzes ein Indiz für überhöhte Gemeinkostenansätze.[777] Zum Vergleich hat sie insoweit die Gemeinkostenansätze aller im Rahmen der Entgeltgenehmigung geprüften Netzbetreiber herangezogen. Als jedenfalls nicht mehr anerkennungsfähig bezeichnet die Bundesnetzagentur einen Verwaltungsgemeinkostenanteil, der das arithmetische Mittel der Verwaltungsgemeinkostenanteile aller zu prüfenden Netzbetreiber überschreitet, *„da dies mit hoher Wahrscheinlichkeit dafür spricht, dass es sich bei den in Ansatz zu bringenden Verwaltungsgemeinkosten nicht um die Kosten eines effizienten, strukturell vergleichbaren Netzbetreibers (§ 4 Abs. 1 StromNEV) handelt."*[778] Weiter sieht die Regulierungsbehörde es nicht mehr als *„sachgerecht"* an, wenn die über allgemeine Hilfskostenstellen und die Verwaltungshilfskostenstellen geltend gemachten Kosten in der Summe mehr als ein Drittel der Gesamtkosten des Netzes ausmachen.[779]

---

777 Vgl. Bundesnetzagentur, Beschluss vom 06.06.2006 (Vattenfall), Umdruck S. 5 = ZNER 2006, 177 ff.
778 Vgl. Bundesnetzagentur, Beschluss vom 06.06.2006 (Vattenfall), Umdruck S. 6 = ZNER 2006, 177 ff.
779 Vgl. Bundesnetzagentur, Beschluss vom 06.06.2006 (Vattenfall), Umdruck S. 6 = ZNER 2006, 177 ff.

bb) Kritik

Zunächst ist auch hier eine Differenzierung zwischen den einzelnen von der Verordnung vorgegeben Prüfungsschritten geboten. Nach § 4 Abs. 4 S. 2 NEV ist zum einen eine verursachungsgerechte Zuordnung der Gemeinkosten sicherzustellen. Zeigt sich bei einem Unternehmen im Rahmen eines Vergleichs ein vergleichsweise hoher Anteil an Gemeinkosten, so könnte eine der möglichen Ursachen darin liegen, dass in dem Ansatz auch Kosten enthalten sind, die den Tätigkeitsbereichen unmittelbar hätten zugeordnet werden können und daher zu Unrecht als Gemeinkosten behandelt wurden. Zu bedenken ist allerdings, dass sich § 4 Abs. 4 S. 2 NEV letztlich wohl keine allgemeingültigen Maßstäbe entnehmen lassen, wann Kosten als Gemeinkosten einzuordnen sind, da sie sich nicht oder nur mit unvertretbarem Aufwand als Einzelkosten zurechnen lassen. Grund hierfür ist, dass die Entgeltverordnung an dieser Stelle keine näheren Vorgaben für die unternehmensintern zu verwendenden Kostenstellen macht. Dementsprechend muss die Zuordnung anhand der unternehmensindividuell vorhandenen Kostenstellen erfolgen, und damit wird man letztlich auch die Frage, wann eine direkte Zuordnung mit vertretbarem Aufwand möglich ist, unternehmensindividuell beurteilen müssen. Schon aus diesem Grund kann sich der Anteil der als Gemeinkosten ausgewiesenen Kosten unterscheiden, worin folglich ebenfalls eine Ursache für die unterschiedlich hohen Gemeinkostenanteile liegen kann.

Ein anderer Grund für einen vergleichsweise hohen Gemeinkostenanteil kann in einer unsachgerechten Schlüsselung der Kosten liegen, die dazu führt, dass dem Netz ein überproportionaler Anteil an den Gemeinkosten zugeordnet wird. Hier wäre insoweit bei der Prüfung der verwendeten Schlüssel einzugreifen.

Schließlich kommt selbstverständlich auch die von der Regulierungsbehörde vor allem ins Auge gefasste Ursache in Betracht, dass die Gemeinkosten zwar sachgerecht zugeordnet wurden, jedoch in ihrer Höhe die Kosten anderer Netzbetreiber übersteigen. In diesem Fall kann grundsätzlich § 4 Abs. 1 NEV als Kontrollmaßstab eingreifen.

Auch wenn man eine sachgerechte Zuordnung zum Netz unterstellt, erscheint fraglich, ob – wie von der Regulierungsbehörde behauptet – davon ausgegangen werden kann, dass bei einer Überschreitung des arithmetischen Mittels der Verwaltungsgemeinkostenanteile aller Netzbetreiber eine hohe Wahrscheinlichkeit für einen Verstoß gegen § 4 Abs. 1 NEV spricht. Die Bedenken ergeben sich zum einen daraus, dass die Verwaltungsgemeinkosten weder eine eigene Kostenart noch einen sachlich eigenständigen Kostenblock bilden. Betrachtet man folglich allein die Verwaltungsgemeinkosten bleibt unberücksichtigt, dass ein Netzbetreiber, der besonders niedrige Verwaltungsgemeinkosten ausweist, unter Umständen besonders viele mit der Verwaltung im Zusammenhang stehende Kosten unmittelbar dem Netz zugeordnet hat. Hohe Verwaltungsgemeinkosten können folglich nicht mit hohen Verwaltungskosten gleichgesetzt werden. Selbst wenn man aber die Verwaltungskosten insgesamt betrachtet – wofür es freilich an der Vorgabe einer verbindlichen

Kostenstellenrechnung und geeigneten Kontrollmechanismen der Kostenstellenzuordnung fehlen dürfte – ließen sich aus einem solchen Vergleich angesichts der bestehenden Interdependenzen mit anderen Kosten kaum unmittelbare Schlüsse ziehen. Lässt ein Netzbetreiber etwa sämtliche Wartungsarbeiten am Netz von einem externen Dienstleister erbringen, so benötigt er weniger eigenes Personal, Gerätschaften usw., sodass auch geringere Verwaltungskosten anfallen werden. Die Verwaltungskosten fallen inhaltlich dann bei dem Dienstleister an, der sie bei der Kalkulation seiner Preise berücksichtigt. Sie sind also letztlich wieder vom Netzbetreiber zu tragen, tauchen dort aber nicht als Verwaltungs- sondern als Fremdleistungskosten auf. Dass die Verwaltungskosten bei dem Netzbetreiber gesunken sind, muss damit keinesfalls bedeuten, dass er hierdurch effizienter arbeitet.

Daneben stößt auch der Ansatz der Bundesnetzagentur auf Bedenken auf die Kostenanteile abzustellen. Hierdurch werden implizit Unternehmen benachteiligt, die im Übrigen besonders effizient sind und besonders niedrige Kosten aufweisen, während Unternehmen, die in allen Bereichen gleichermaßen ineffizient sind, durch das Prüfraster fallen. Auch die Verordnung sieht in § 4 Abs. 1 NEV nicht den Vergleich von Kostenanteilen sondern von Kosten vor. Vorgesehen ist der Vergleich des Anteils der Gemeinkosten an den (gesamten) Kosten gemäß § 4 Abs. 1 NEV hingegen in § 25 StromNEV bzw. § 24 GasNEV. Dieser Vergleich dient indes der Prüfung der Sachgerechtigkeit der Kostenzuordnung und nicht der Kostenhöhe, wie sich aus § 25 S. 2 StromNEV bzw. § 24 S. 2 GasNEV, mit dem Verweis auf die zur Anwendung gebrachten Schlüssel, eindeutig ergibt.

Soweit die Regulierungsbehörde es nicht als sachgerecht ansieht, wenn die über allgemeine Hilfskostenstellen und die Verwaltungshilfskostenstellen geltend gemachten Kosten in der Summe mehr als ein Drittel der Gesamtkosten des Netzes ausmachen, so bleibt offen, ob hiermit die Zuordnung oder die Höhe der Kosten aufgegriffen werden soll. Soweit die Kontrolle der Kostenzuordnung gemeint ist, erscheint eine solche Aufgreifschwelle – die hier nicht mit Blick auf die konkrete Höhe beurteilt werden kann – grundsätzlich vertretbar, zumal regelmäßig eine direkte Zuordnung der Kosten anzustreben ist. Eine Ausschlussgrenze kann es demgegenüber im Rahmen der Kostenzuordnung nicht geben. Vielmehr ist im jeweiligen Einzelfall zu beurteilen, ob eine direkte Zuordnung tatsächlich unmöglich oder unzumutbar ist und ob die Verteilung verursachungsgerecht mit Hilfe sachgerechter Schlüssel erfolgt ist.

Im Ergebnis ergeben sich aus den von der Regulierungsbehörde angesetzten Schwellenwerten allenfalls Anhaltspunkte für die der Sachgerechtigkeit der Kostenzuordnung. Pauschale Begrenzung des Kostenansatzes mit Blick auf die Regelung in § 4 Abs. 1 NEV sind indes weder sachlich gerechtfertigt noch mit den Vorgaben der Verordnung vereinbar.

c) Personalzusatzkosten

Die Personalzusatzkosten bilden üblicherweise einen Teil der Gemeinkosten. Die Bundesnetzagentur behandelt sie daher im Rahmen des Prüfungsschwerpunktes der Gemeinkosten.[780] Dies schließt selbstverständlich nicht aus, dass Personalzusatzkosten, die für Mitarbeiter anfallen, die dem Netz zugeordnet sind, auch unmittelbar dem Netz zugeordnet werden.

aa) Position der Bundesnetzagentur

Nach Auffassung der Bundesnetzagentur sind Personalzusatzkosten anerkennungsfähig, wenn sie zu den Personalkosten in einem *„angemessenen Verhältnis"* stehen. Als unverhältnismäßig ist der Personalzusatzkostenanteil nach Auffassung der Regulierungsbehörde dann anzusehen, wenn er 25 % der Personalkosten übersteigt. In diesem Fall bedarf es nach Ansicht der Bundesnetzagentur einer besonderen Begründung, warum ein höherer Anteil noch mit einer *„effizienten Betriebsführung"* in Einklang steht.[781]

Die Regulierungsbehörde begründet ihre Ansicht damit, dass „ein effizienter und strukturell vergleichbarer Netzbetreiber [..] sich unter Wettbewerbsgesichtspunkten an den allgemein üblichen Personalzusatzkosten orientieren [würde]".[782] Den konkreten Schwellenwert hat die Bundesnetzagentur auf Basis der gesetzlichen Lohnnebenkosten für Arbeitnehmer unterhalb der Beitragsmessungsgrenze von Renten- und Krankenversicherung ermittelt und dabei das errechnete Ergebnis von 21,2 – 23,3 % zugunsten der Netzbetreiber aufgerundet.[783]

bb) Kritik

Festzuhalten ist zunächst, dass es der Bundesnetzagentur bei der Kontrolle der Personalzusatzkosten ersichtlich nicht um die Frage der sachgerechten Zuordnung sondern um die Bewertung deren relativer Höhe geht. Dies ist nicht weiter verwunderlich, dürfte doch die sachgerechte Zuordnung von Personalzusatzkosten in der Regel verhältnismäßig wenige Probleme bereiten, wenn bereits eine sachgerechte Zuordnung der Personalkosten selbst erfolgt ist.

---

780 Vgl. Bundesnetzagentur, Beschluss vom 06.06.2006 (Vattenfall), Umdruck S. 6 = ZNER 2006, 177 ff.
781 Vgl. Bundesnetzagentur, Beschluss vom 06.06.2006 (Vattenfall), Umdruck S. 6 = ZNER 2006, 177 ff.
782 Vgl. Bundesnetzagentur, Beschluss vom 06.06.2006 (Vattenfall), Umdruck S. 6 = ZNER 2006, 177 ff.
783 Vgl. Bundesnetzagentur, Beschluss vom 06.06.2006 (Vattenfall), Umdruck S. 6 f. = ZNER 2006, 177 ff.

Formal fällt auf, dass die Bundesnetzagentur auch hier durchaus klangvolle Kriterien wie *„angemessenes Verhältnis"* oder *„effiziente Betriebsführung"* ins Feld führt, ohne dass diese Kriterien einen unmittelbaren Bezug zum Gesetz oder der Verordnung aufweisen. Der Verweis darauf, woran sich ein effizienter und strukturell vergleichbarer Netzbetreiber unter Wettbewerbsgesichtspunkten nach Ansicht der Regulierungsbehörde orientieren würde, knüpft zwar an einzelne Begrifflichkeiten des § 21 Abs. 2 EnWG an, die Schlussfolgerung der Bundesnetzagentur lässt sich aus dieser Vorschrift indes ebenfalls nicht ableiten. Statt die angesetzten Kosten an den Maßstäben der einschlägigen Vorschriften zu messen, stellt die Regulierungsbehörde zunächst Mutmaßungen über das Verhalten eines modellhaft gedachten effizienten und strukturell vergleichbaren Netzbetreibers an.

Inhaltlich sind die Schlüsse der Regulierungsbehörde ebenfalls nicht überzeugend. Für die Wettbewerbsfähigkeit eines Unternehmens auf dem jeweiligen Absatzmarkt sind grundsätzlich nur die Gesamtkosten relevant. Um möglichst niedrige Gesamtkosten zu erreichen, wird ein Unternehmen grundsätzlich bemüht sein, in allen Bereichen überflüssige Kosten zu vermeiden. Dabei ist allerdings zu beachten, dass dies nicht zu Einsparungen führen darf, die an anderer Stelle zusätzliche Kosten verursachen, die die Einsparungen übersteigen. Umgekehrt sind zusätzliche Ausgaben in einzelnen Bereichen mit Blick auf die Höhe der Gesamtkosten durchaus wünschenswert, wenn durch sie an anderer Stelle Einsparungen erzielt werden können, die die zusätzlichen Ausgaben übersteigen. Das prozentuale Verhältnis zwischen einzelnen Kostenarten ist hingegen mit Blick auf die durch die Gesamtkosten determinierte Wettbewerbsfähigkeit des Unternehmens grundsätzlich irrelevant.[784]

Ein Unternehmen wird sich mit Blick auf seine Wettbewerbsfähigkeit auf dem Absatzmarkt also mitnichten an den „üblichen" Personalzusatzkosten orientieren. Vielmehr wird ein solches Unternehmen ohne weiteres höhere Personalzusatzkosten, die etwa im Rahmen von Umstrukturierungen, Vorruhestandsregelungen und Ähnlichem entstehen, in Kauf nehmen, wenn hierdurch die Personal- und in der Folge die Gesamtkosten reduziert werden können. Von Interesse ist in diesem Fall allein, ob die Einsparungen im Bereich der Personalkosten die zusätzlichen Personalzusatzkosten überkompensieren oder nicht. Die Veränderung des Verhältnisses von Personal- zu Personalzusatzkosten bedarf hierbei grundsätzlich keinerlei Beachtung.

Weiter ist zu berücksichtigen, dass Personal- und Personalzusatzkosten in gewissem Umfang in einem Substitutionsverhältnis stehen. So steigen etwa durch eine Erhöhung des Gehaltes die Personalkosten, während durch eine verbesserte (betriebliche) Altersvorsorge die Personalzusatzkosten steigen. Solange die entstehenden Gesamtkosten gleich sind, sind die Alternativen mit Blick auf die Wettbewerbsfähigkeit auf dem Absatzmarkt gleichwertig. Die Entscheidung zwischen den genannten Alternativen wird man daher regelmäßig mit Blick auf den Personalmarkt tref-

---

784 Anteile bestimmter Kosten werden hingegen in der Praxis häufiger betrachtet, um die zukünftige Entwicklung des Unternehmens einschätzen zu können (Anteil an Investitionen, Anteil an Entwicklungskosten usw.).

fen, d. h. den Markt auf dem das Unternehmen als Nachfrager von Arbeitskraft auftritt. Entscheidend ist dabei abstrakt gesprochen mit welcher der hinsichtlich der Gesamtkosten gleichwertigen Alternativen eher neue qualifizierte Mitarbeiter gewonnen, bzw. vorhandene Mitarbeiter gehalten und motiviert werden können.

Unter Wettbewerbsgesichtspunkten auf dem Arbeitskräftemarkt wird daher in der Tat häufig zu beobachten sein, dass sich der Anteil, der etwa durch Leistungen der betrieblichen Altersvorsorge verursachten Personalzusatzkosten, an dem orientieren wird, was für die Branche üblich ist. Eine wesentliche Rolle spielen hierbei auch die Tarifverträge und die insoweit in verschiedenen Branchen sehr unterschiedlich starke Betonung der sozialen Absicherung. Letztlich lässt sich auch nur so erklären, dass der Anteil der Personalzusatzkosten in einzelnen Branchen sowie in Ost- und Westdeutschland sehr unterschiedlich hoch ausfällt.[785] Dies schließt allerdings nicht aus, dass die einzelnen Unternehmen einer Branche sich bewusst von dem absetzen, was etwa an Versorgungsleistungen als branchenüblich gilt, um sich hierdurch einen Wettbewerbsvorsprung auf dem Arbeitskräftemarkt zu verschaffen.

Im Ergebnis ist damit festzuhalten, dass bereits der Ansatz der Bundesnetzagentur verfehlt ist, nach dem bei wirksamem Wettbewerb auf den Absatzmärkten mit einem vergleichsweise niedrigen Personalzusatzkostenanteil in Höhe der gesetzlichen Abgaben zu rechnen ist. Richtig ist vielmehr, dass gerade der Anteil der Personalzusatzkosten erheblich durch den Arbeitskräftemarkt beeinflusst wird. Hier stehen die Netzbetreiber aber ebenso im Wettbewerb wie alle anderen Unternehmen. Hinzu kommt, dass gerade in Branchen, in denen intensiver Wettbewerb herrscht, mit erhöhtem Restrukturierungsbedarf zu rechnen ist, durch den sich im Zweifel der Anteil der Personalzusatzkosten an den Personalkosten erhöht.

Dass das Übergehen gesetzlicher Maßstäbe zugunsten oberflächlicher Überlegungen zur Effizienz zu widersprüchlichen Ergebnissen führt, zeigt sich auch an der konkreten Bemessung der Aufgreifschwelle durch die Bundesnetzagentur. Nach dem gesetzlichen Maßstab in § 21 Abs. 2 S. 2 EnWG, nach dem Kosten oder Kostenbestandteile nicht berücksichtigt werden dürfen, die sich im Wettbewerb nicht eingestellt hätten, wäre es naheliegend gewesen – wenn man denn den Personalzusatzkostenanteil überhaupt isoliert betrachten will – zum Vergleich Märkte mit wirksamem Wettbewerb heranzuziehen. Dies gilt insbesondere vor dem Hintergrund, dass bereits – auch mit Blick auf die politische Diskussion um die Lohnnebenkosten – verschiedene Untersuchungen über die Personalzusatzkosten in den unterschiedlichen Branchen existieren.[786] Hierbei hätte sich gezeigt, dass etwa Personalzusatzkosten von 30 % auch in Branchen üblich sind, die von wirksamem Wettbewerb geprägt sind.[787] Die von der Bundesnetzagentur scheinbar unterstellte Annahme,

---

785 Vgl. *Schröder*, Personalzusatzkosten in der deutschen Wirtschaft, Mai 2006, abrufbar unter www.iwkoeln.de (zuletzt abgerufen am 14.08.2008).
786 Vgl. *Schröder*, Personalzusatzkosten in der deutschen Wirtschaft, Mai 2006, abrufbar unter www.iwkoeln.de (zuletzt abgerufen am 14.08.2008).
787 Vgl. für die Metall und Elektroindustrie: Effektive Personal und Personalzusatzkosten in der M+E-Industrie seit 1978, abrufbar unter www.gesamtmetall.de (zuletzt abgerufen am 18.5.2008).

dass sich bei wirksamem Wettbewerb Personalzusatzkosten von höchstens 25 % einstellen würden, muss damit auch empirisch als widerlegt gelten. Die unterschiedliche durchschnittliche Höhe der Personalzusatzkosten in verschiedenen Branchen, die gleichermaßen im Wettbewerb stehen, bestätigt zudem, dass der Personalzusatzkostenanteil kein geeigneter Indikator für die Effizienz eines Unternehmens ist. Ansonsten müssten ganze Branchen – auch solche die als Motor der Volkswirtschaft im internationalen Wettbewerb gelten – als ineffizient angesehen werden.

Nur der Vollständigkeit halber sei darauf hingewiesen, dass die Regulierungsbehörde bei der Ermittlung der Schwellenwerte für die Personalzusatzkosten – auf Basis der gesetzlich angeordneten Beiträge und Abgaben – die Beiträge zur Berufsgenossenschaft übersehen hat.

2. Fremdkapitalzinsen nach § 5 Abs. 2 NEV

Nach § 5 Abs. 2 NEV sind die Fremdkapitalzinsen in ihrer tatsächlichen Höhe einzustellen, höchstens jedoch in der Höhe kapitalmarktüblicher Zinsen für vergleichbare Kreditaufnahmen. Es stellt sich daher vor allem die Frage, wie die Höhe der kapitalmarktüblichen Zinsen zu bestimmen ist.

a) Position der Bundesnetzagentur

Die Bundesnetzagentur vertritt die Ansicht, ihr stünde mit Blick auf die Höhe des kapitalmarktüblichen Zinssatzes für vergleichbare Kreditaufnahme ein Beurteilungsspielraum zu.[788] Als kapitalmarktüblichen Zinssatz sieht sie insoweit den auf die letzten zehn Kalenderjahre bezogenen Durchschnitt der Umlaufrendite festverzinslicher Wertpapiere inländischer Emittenten an.[789] Hierbei kann sie sich auf einen entsprechenden Hinweis in der Verordnungsbegründung stützen.[790] Angesichts des geringen unternehmerischen Risikos ist nach Ansicht der Regulierungsbehörde als Umlaufrendite die durchschnittliche Rendite aller im Umlauf befindlichen festverzinslichen Inhaberschuldverschreibungen (Anleihen) mit einer vereinbarten Laufzeit von mehr als vier Jahren anzusehen, sofern ihre mittlere Restlaufzeit mehr als drei Jahre beträgt.[791] Bezogen auf das Basisjahr 2004 hat die Bundesnetzagentur auf dieser Grundlage einen Zinssatz von 4,8 % ermittelt.

---

788 Vgl. Bundesnetzagentur, Beschluss vom 06.06.2006, BK 8-05/019 (Vattenfall), Umdruck S. 14. = ZNER 2006, 177 ff.; allgemein zum Beurteilungsspielraum der Regulierungsbehörde: *Gussone*, ZNER 2007, 266 ff.
789 Regulierungsbehörden, Positionspapier Strom, S. 14.
790 BR-Drucks. 245/05 S. 33.
791 Regulierungsbehörden, Positionspapier Strom, S. 14.

b) Kritik

Fraglich ist, ob der pauschale Ansatz der Regulierungsbehörden zur Begrenzung der angesetzten Fremdkapitalverzinsung mit der Verordnung vereinbar ist. Bedenken ergeben sich insoweit bereits aus dem Wortlaut, da dort explizit an die kapitalmarktüblichen Zinsen für *„vergleichbare Kreditaufnahmen"* angeknüpft wird. In die aufwandsgleiche Kostenposition der Fremdkapitalzinsen werden jedoch regelmäßig die Zinsen für verschiedene Formen der Fremdmittelbeschaffung einfließen. Hierzu können Anleihen ebenso zählen wie beispielsweise Hypothekendarlehen, kurz- oder langfristige Bankdarlehen oder Kontokorrentkredite.[792] Es erscheint vor diesem Hintergrund verkürzt, den Vergleich auf eine einzelne Form der Fremdmittelbeschaffung zu beschränken. Vielmehr ist bereits nach dem Wortlaut der Vorschrift, die von „vergleichbaren Kreditaufnahmen" im Plural spricht, davon auszugehen, dass die Kapitalmarktüblichkeit jeweils mit Blick auf die konkrete Form der Fremdmittelbeschaffung zu beurteilen ist.

Zwar wird ein im Wettbewerb stehendes Unternehmen stets bemüht sein, die jeweils günstigste Form der Fremdfinanzierung zu wählen, hieraus kann jedoch nicht der Schluss gezogen werden, dass nur eine einzelne Form der Fremdfinanzierung Anwendung findet. Vielmehr sind bei der Wahl der Fremdfinanzierungsform u. a. die Höhe und Dauer des Fremdmittelbedarfs sowie die zur Verfügung stehenden Sicherheiten zu berücksichtigen.[793] Auch auf Märkten mit wirksamem Wettbewerb kommen daher verschiedene Fremdfinanzierungsformen zur Anwendung.

Selbst wenn man jedoch nur die Fremdfinanzierung durch Anleihen oder vergleichbare Finanzierungsformen betrachtet, erscheint das Ermittlungskonzept der Bundesnetzagentur zur Beurteilung der Kapitalmarktüblichkeit fragwürdig. Dies gilt zum einen hinsichtlich der Durchschnittsbildung über die letzten 10 Jahre. Entscheidend für die von einem Emittenten für eine Anleihe zu entrichtende Verzinsung ist das Zinsniveau zum Zeitpunkt der Emission der Anleihe. Die Kapitalmarktüblichkeit ist daher grundsätzlich an dem Zinsniveau zum Zeitpunkt der Fremdkapitalaufnahme und nicht an langjährigen Durchschnittszinsen zu messen.[794] Dies schließt nicht aus, zunächst auf Basis des Durchschnittszinses eine Aufgreifschwelle festzulegen, bei deren Überschreitung die Kapitalmarktüblichkeit näher zu untersuchen ist.[795] An einen langjährigen Durchschnittszinssatz ist außerdem dann anzuknüpfen, wenn es auf die Beurteilung der Kapitalmarktüblichkeit einer hypothetischen Fremdfinanzierung ankommt, wie dies bei der Bemessung der Verzinsung des die

---

792 Ausführlich zu den verschiedenen Formen der Fremdfinanzierung: *Schwinn*, Betriebswirtschaftslehre, S. 949 ff.; *Wöhe*, Allgemeine Betriebswirtschaftslehre, S. 594 ff.
793 Vgl. *Wöhe*, Allgemeine Betriebswirtschaftslehre, S. 595.
794 So auch *Becker/Boos*, ZNER 2006, 297, 302; *Theobald/Zenke* in: Schneider/Theobald, EnWR, § 16 Rn. 162; anders OLG Frankfurt, Beschluss vom 11.09.2007, ZNER 2007, 341, 346.
795 Der BGH, Beschluss vom 14.08.2008 (KVR 34/07), Tz. 68, stellt insoweit klar, dass der 10-Jahres-Durchschnitt nur Ausgangspunkt der Auslegung sein kann; vgl. auch BGH, Beschluss vom 14.08.2008 (KVR 36/07), Tz. 67; BGH, Beschluss vom 14.08.2008 (KVR 42/07), Tz. 55

zulässige Eigenkapitalquote übersteigenden Eigenkapitals nach § 7 Abs. 1 S. 3 NEV 2005 bzw. § 7 Abs. 1 S. 5 NEV der Fall ist.[796]

Weitere Bedenken ergeben sich daraus, dass die Regulierungsbehörden auf die durchschnittliche Rendite aller im Umlauf befindlicher festverzinslicher Wertpapiere inländischer Emittenten abstellen. Der Anleihenmarkt in Deutschland ist – anders als in anderen Ländern – in erheblichem Maße von weitestgehend risikolosen Anleihen insbesondere der öffentlichen Hand geprägt,[797] während der Anteil der Unternehmensanleihen bzw. Industrieobligationen sehr gering ist. Von dem Gesamtumlauf festverzinslicher Wertpapiere, der Ende 2006 gut 3 Billionen Euro betrug, entfielen auf sie nur knapp 100 Milliarden Euro, was einem Anteil von etwa 3 % entspricht.[798] Der Durchschnitt aller festverzinslichen Wertpapiere entspricht damit letztlich weitestgehend dem Durchschnitt aller risikolosen festverzinslichen Wertpapiere. Selbst wenn man das Risiko bei Netzbetreibern als relativ gering einstuft erscheint fraglich, ob sie tatsächlich erfolgreich Anleihen emittieren könnten, deren Zinsniveau das von Anleihen der öffentlichen Hand nicht übertrifft. Jedenfalls hätte es insoweit einer näheren Untersuchung der Risikobewertung von Netzbetreibern auf dem Kapitalmarkt bedurft.[799]

Schließlich ist zu bedenken, dass die Finanzierungskosten stets in erheblichem Maße von der konkreten Risikobewertung mit Blick auf das betroffene Unternehmen abhängig sind, wie sie etwa in externen Ratings ihren Niederschlag finden.[800] Ein wichtiger Faktor ist hierbei unter anderem die Eigenkapitalausstattung des Unternehmens. Je höher folglich der Fremdkapitalanteil ausfällt, umso höher wird im Zweifel auch der kapitalmarktübliche Fremdkapitalzinssatz ausfallen.[801]

Dass die pauschalen Ansätze der Regulierungsbehörde letztlich nicht tragfähig sind, zeigt sich auch daran, dass der zugelassene Fremdkapitalzins dem Zinssatz entspricht, der nach § 7 Abs. 4 S. 1 NEV die Ausgangsbasis für die Ermittlung des Eigenkapitalzinssatzes bildet.[802] Da bei der Ermittlung des Eigenkapitalzinssatzes zusätzlich ein Wagniszuschlag zu berücksichtigen ist, läge der Eigenkapitalzinssatz damit in jedem Fall über dem Fremdkapitalzinssatz. Dass dies nicht der Kapitalmarktüblichkeit entsprechen kann, lässt sich leicht nachweisen. Die Auffassung der Bundesnetzagentur würde dazu führen, dass ein Netzbetreiber die geringsten Kosten ausweisen und am effizientesten erscheinen würde, wenn dessen Fremdkapitalquote bei 100 % liegen würde. Könnte sich ein Netzbetreiber tatsächlich in einer solchen

---

796 Vgl. hierzu auch unten unter C.III.4.b).
797 Vgl. auch *Becker/Boos*, ZNER, 2006, 297, 302; *Grote/Müller*, ET 5/2008, 27, 31
798 Vgl. Zinsreihen der Bundesbank zum Umlauf inländischer Inhaberschuldverschreibungen, abrufbar im Internet unter www.bundesbank.de.
799 Ähnlich aufh BGH, Beschluss vom 14.08.2008 (KVR 34/2008), Tz. 76.
800 Vgl. auch *Becker/Boos*, ZNER 2006, 297, 302 f., die an die jedenfalls nach der Größe des jeweiligen Netzbetreibers differenzieren möchten; BGH, Beschluss vom 14.08.2008 (KVR 34/07), Tz. 76.
801 *Thommen/Achleitner*, Allgemeine Betriebswirtschaftslehre, S. 584 f.
802 Der BGH, Beschluss vom 14.08.2008 (KVR 34/07), Tz. 76, möchte insoweit die Bildung sachgerecht abgegrenzter Risikoklassen zulassen.

Weise finanzieren, so kann der Fremdkapitalzinssatz ersichtlich nicht unter dem sonst für das Eigenkapital angesetzten Zinssatz liegen, da der Fremdkapitalgeber (mindestens) demselben Risiko ausgesetzt wäre, das sonst der Eigenkapitalgeber zu tragen hätte, da keine Haftungsmasse in Form von Eigenkapital mehr vorhanden wäre. Tatsächlich würde der Fremdkapitalzinssatz bei einer solchen Finanzierung allerdings noch deutlich höher ausfallen, da der Fremdkapitalgeber zwar die vollen Risiken tragen würde, von den Chancen der Geschäftsentwicklung jedoch nicht profitieren könnte. Zudem hat ein Fremdkapitalgeber im Gegensatz zu einem Eigenkapitalgeber grundsätzlich keinen unmittelbaren Einfluss auf die Führung des Unternehmens, woraus sich ebenfalls ein erhöhter „Risikoaufschlag" ergeben wird. [803]

Schließlich ist auch nicht zu erkennen, weshalb der Regulierungsbehörde mit Blick auf die Anwendung des § 5 Abs. 2 NEV ein Beurteilungsspielraum zustehen sollte.[804] Vielmehr haben die Netzbetreiber gemäß § 23a Abs. 2 S. 1 EnWG einen Anspruch auf Genehmigung der Entgelte, wenn sie den Anforderungen des Gesetzes und der Verordnung genügen. Die Frage der Kapitalmarktüblichkeit kann in einem gerichtlichen Verfahren, ggf. unter Rückgriff auf Sachverständige, ohne Weiteres überprüft werden.[805] Es handelt sich insoweit erkennbar nicht um einen höchstpersönlichen Akt wertender Erkenntnis, wie er etwa bei einer Prüfungsentscheidung oder einer beamtenrechtlichen Beurteilung vorliegt, der es rechtfertigen könnte, den Rechtsschutz gegenüber der Entscheidung der Regulierungsbehörde einzuschränken.[806]

Im Ergebnis ist daher die pauschale Betrachtung der Kapitalmarktüblichkeit durch die Regulierungsbehörde abzulehnen.[807] Die Kapitalmarktüblichkeit ist mit

---

803 Für die Berücksichtigung des Risikos auch OLG Koblenz, Beschluss vom 04.05.2007, RdE 2007, 198, 204; OLG Koblenz, Beschluss vom 04.05.2007, ZNER 2007, 182, 189; gegen die Berücksichtigung: OLG Frankfurt, Beschluss vom 11.09.2007, ZNER 2007, 341, 346; OLG Bamberg, Beschluss vom 21.02.2007, ZNER 2007, 88 (vollständig abrufbar im Internet unter www.zner.org); OLG Düsseldorf, Beschluss vom 24.10.2007 (VI 3 Kart 16/07), ZNER 2007, 416, 418; OLG Düsseldorf, Beschluss vom 26.09.2007, ZNER 2007, 509, 510 f.

804 Gegen eine Beurteilungsspielraum auch *Becker/Boos*, ZNER 2006, 297, 303; *Ruge*, IR 2007, 2 f.; vgl. auch allgemein zum Beurteilungsspielraum der Behörde: *Büdenbender*, ET (Special) 4/2005, 35 ff.; *Röhling* in: Ehricke. Entwicklungstendenzen des Energierechts, VEnergR 131, 129 ff.

805 So nun auch BGH, Beschluss vom 14.08.2008, (KVR 34/07), Tz. 65; *Schlack/Boos*, ZNER 2008, 323, 325; *Weyer*, N&R 2009, 17, 22; *Spiekermann/Schellberg*, N&R 2008, 202, 203.

806 Vgl. *Ruge*, IR 2007, 2, 3; so auch OLG Düsseldorf, Beschluss vom 21.07.2006 (Vattenfall), ZNER 2006, 258, 262; das OLG Koblenz, Beschluss vom 04.05.2007, RdE 2007, 198, 204 lehnt einen Beurteilungsspielraum hinsichtlich der Kapitalmarktüblichkeit ausdrücklich ab und gesteht ihn lediglich mit Blick auf die „vergleichbare Kreditaufnahme" in den Fällen zu, in denen nach § 7 Abs. 1 S. 3 NEV die Verzinsung von Eigenkapital nominal wie Fremdkapital erfolgen soll; ebenso OLG Koblenz, Beschluss vom 04.05.2007, ZNER 2007, 182, 190; nun auch BGH, Beschluss vom 14.08.2008 (KVR 34/07), Tz. 64.

807 So auch OLG Koblenz, Beschluss vom 04.05.2007, RdE 2007, 198, 204 und OLG Kobelenz, Beschluss vom 04.05.2007, ZNER 2007, 182, 189f.; einige Gerichte haben sich mit der inhaltlichen Ermittlung des von der Regulierungsbehörde zugelassenen Fremdkapitalzinssatzes eher kursorisch unter Verweis auf die Regierungsbegründung auseinandergesetzt; vgl. OLG

Blick auf die konkrete Fremdfinanzierung durch den jeweiligen Netzbetreiber zu beurteilen.[808] Auf die Frage, welcher Zinssatz mit Blick auf die Verzinsung des die zulässige Eigenkapitalquote überschießenden Eigenkapitals anzuwenden ist, ist weiter unten im Zusammenhang mit den kalkulatorischen Kostenpositionen einzugehen.[809]

3. Zahlungen an dezentrale Einspeiser nach § 5 Abs. 3 StromNEV

Gemäß § 5 Abs. 3 StromNEV sind Zahlungen, die der Netzbetreiber nach § 18 StromNEV an Betreiber dezentraler Erzeugungsanlagen entrichtet als Kostenposition bei der Bestimmung der Netzkosten zu berücksichtigen.[810] Abzustellen ist insoweit nach dem Wortlaut der Regelung auf die Zahlungen des letzten abgeschlossenen Geschäftsjahres.

Fraglich ist zunächst, welchen eigenständigen Regelungsgehalt diese Vorschrift hat. Die Zahlungen an Betreiber dezentraler Erzeugungsanlagen werden regelmäßig als Aufwand in der Gewinn-und-Verlust-Rechnung des Netzbetriebs zu verbuchen sein. Daher würden sie auf Basis des letzten abgeschlossenen Geschäftsjahres auch ohne eine gesonderte Regelung als aufwandsgleiche Kosten gemäß § 5 Abs. 1 StromNEV bei der Netzentgeltkalkulation berücksichtigt. Bei formaler Betrachtung ergibt sich allerdings insoweit ein Unterschied, als der Begriff der Zahlungen im buchhalterischen Sinne an den tatsächlichen Zahlungsstrom anknüpft, während der Aufwand bereits mit der Verpflichtung zur Zahlung entsteht.[811] So kann etwa durch die gegen Ende eines Geschäftsjahres tatsächlich erfolgende dezentrale Einspeisung Aufwand entstehen, der erst im Rahmen der Abrechnung im nächsten Geschäftsjahr zahlungswirksam wird. Allerdings erscheint – nicht zuletzt mit Blick auf die Überschrift des § 5 StromNEV – fragwürdig, ob der Begriff der „Zahlungen" hier tatsächlich in diesem buchhalterischen Sinne zu verstehen ist, zumal kein Grund ersichtlich ist, weshalb entgegen den Prinzipien der periodengerechten Zuordnung an Zahlungsströme angeknüpft werden sollte. Auch die Bundesnetzagentur scheint insoweit davon auszugehen, dass an die Aufwendungen und nicht an die Zahlungen

---

München, Beschluss vom 22.02.2007, ZNER 2007, 62, 63 f.; OLG Düsseldorf, Beschluss vom 11.07.2007, ZNER 2007, 337, 340; ausführlicher und auf das vergleichsweise geringe Risiko im Basisjahr – vor Beginn der Regulierung – abstellend: OLG Naumburg, ZNER 2007, 174, 180f.; ähnlich OLG Frankfurt, Beschluss vom 11.09.2007, ZNER 2007, 341, 34; auf den mutmaßlichen Willen des Verordnungsgebers abstellend: OLG Düsseldorf, Beschluss vom 24.10.2007 (VI 3 Kart 16/07), ZNER 2007, 416, 418; sowie OLG Düsseldorf, Beschluss vom 26.09.2007, ZNER 2007, 509, 510f; vgl. auch OLG Bamberg, Beschluss vom 26.10.2007, IR 2008, 38, 39.

808 Vgl. auch *Becker/Boos*, ZNER 2006, 297, 303.
809 Vgl. unten unter C.III.4.b).
810 Kritisch zum wirtschaftlich/technischen Hintergrund der Regelung: *Fritz/Linke/Haber*, ET 2005, 798 ff.
811 Vgl. *Wöhe*, Bilanzierung und Bilanzpolitik, S. 15 ff.

anzuknüpfen ist.[812] Dem ist zuzustimmen, zumal der Verordnungsgeber an anderen Stellen ebenfalls nicht die betriebswirtschaftlich exakte Terminologie verwendet hat.[813]

Nach Ansicht der Regulierungsbehörde besteht der Regelungsgehalt der Vorschrift indes darin, dass sie den Ansatz von Plankosten ausschließt.[814] Wie oben bereits dargestellt, überzeugt diese Auslegung indes nicht.[815] Letztlich ist die Vorschrift daher ohne eigenständigen Regelungsgehalt und dient nur der Klarstellung, dass die in § 18 StromNEV geregelten Vergütungen an Betreiber dezentraler Erzeugungsanlagen als Kosten zu berücksichtigen sind und damit für den Netzbetreiber ergebnisneutral bleiben. Wie oben ebenfalls bereits dargestellt, erklärt sich diese explizite Klarstellung insbesondere vor dem Hintergrund der korrespondierenden Regelung in der Verbändevereinbarung.[816]

Nimmt man entgegen der hier vertretenen Auffassung an, dass der Vorschrift eigenständiger materieller Regelungsgehalt zukommt, der – entweder durch das Anknüpfen an Zahlungsströme oder den Ausschluss von Plankosten – von der Regelung in § 5 Abs. 1 StromNEV abweicht, so stellt sich weiter die Frage nach dem Anwendungsbereich. § 5 Abs. 3 StromNEV knüpft insoweit an die Zahlungen an Betreiber dezentraler Erzeugungsanlagen nach § 18 StromNEV an. § 18 StromNEV regelt indes nur die Entgelte für dezentrale Einspeisungen, die nicht unter die Sonderregelungen des EEG und des § 4 Abs. 3 S. 1 KWKG fallen. Vergütungen nach diesen Spezialvorschriften sind folglich unabhängig vom Regelungsinhalt des § 5 Abs. 3 StromNEV als aufwandsgleiche Kosten gemäß § 5 Abs. 1 StromNEV zu behandeln.

4. Kosten für Verlustenergie nach § 10 Abs. 1 StromNEV

Die Vorschrift in § 10 StromNEV regelt die Behandlung von Netzverlusten. Danach können die Kosten für die Beschaffung der physikalisch bedingten Netzverluste als Kosten in Ansatz gebracht werden, wobei sich die Kostenposition aus den tatsächlichen Kosten der Beschaffung der entsprechenden Verlustenergie im abgelaufenen Kalenderjahr ergibt.

Ähnlich wie soeben mit Blick auf § 5 Abs. 3 StromNEV dargestellt, stellt sich auch mit Blick auf die Regelung in § 10 Abs. 1 StromNEV die Frage nach dem eigenständigen Regelungsinhalt, da die Aufwendungen für die Beschaffung der Verlustenergie grundsätzlich in der Gewinn-und-Verlust-Rechnung des Netzbetriebs

---

812 So werden in dem Erhebungsbogen der Bundesnetzagentur für die Entgeltgenehmigung (abrufbar unter www.bundesnetzagentur.de) unter Punkt 1.1.1.2 die Aufwendungen für dezentrale Einspeisungen abgefragt.
813 Vgl. etwa oben unter C.I.3. zum Begriff der „bilanziellen Kosten".
814 Vgl. Bundesnetzagentur, Beschluss vom 06.06.2006, BK 8-05/019 (Vattenfall), Umdruck S. 4 = ZNER 2006, 177 ff.
815 Vgl. oben unter C.I.1.b)bb).
816 Vgl. oben unter C.I.1.b)bb)(2).

zu verbuchen sind und daher ohnehin gemäß § 5 Abs. 1 StromNEV als aufwandsgleiche Kosten in die Entgeltkalkulation einfließen würden.

Die Regulierungsbehörde sieht den eigenständigen Regelungsgehalt insbesondere darin, dass durch den Verweis auf das letzte Kalenderjahr die Berücksichtigung gesicherter Erkenntnisse über das Planjahr ausgeschlossen wird.[817] Wie im Zusammenhang mit dem Ansatz von Plankosten bereits dargestellt, vermag diese Ansicht nicht zu überzeugen.[818]

a) Ausschluss des Vergleichs nach § 4 Abs. 1 StromNEV

Der eigenständige Regelungsinhalt des § 10 Abs. 1 StromNEV könnte indes darin zu sehen sein, dass die Anwendung des § 4 Abs. 1 StromNEV ausgeschlossen wird. Danach sind bilanzielle und kalkulatorische Kosten nur insoweit anzusetzen, als sie denen eines effizienten und strukturell vergleichbaren Netzbetreibers entsprechen. Mit Blick auf den Wortlaut des § 10 Abs. 1 StromNEV stellt sich die Frage, ob die Kosten für die Verlustenergie bilanzielle oder kalkulatorische Kosten darstellen. Dagegen spricht jedenfalls, dass die Regelung an das Kalenderjahr und nicht an das Geschäftsjahr anknüpft, wodurch – jedenfalls wenn das Geschäftsjahr von dem Kalenderjahr abweicht – ausgeschlossen ist, dass die Kosten der Bilanz bzw. der Gewinn-und-Verlust-Rechnung entnommen werden können. Als kalkulatorische Kostenposition können die Kosten für die Verlustenergie indes ebenfalls nicht eingeordnet werden, da § 10 Abs. 1 ausdrücklich an die „tatsächlichen" Kosten anknüpft und damit eine rein kalkulatorische Ermittlung ausdrücklich ausschließen wollte.[819] Für die Stellung der Verlustenergie als „besondere" Kostenposition spricht zudem die systematische Stellung innerhalb der Verordnung. Während § 5 StromNEV die aufwandsgleichen Kosten regelt, betreffen die nachfolgenden §§ 6 bis 8 StromNEV die kalkulatorischen Kosten, während durch die sich anschließende Regelung in § 9 StromNEV, die die kostenmindernden Erlöse und Erträge betrifft, eine Zäsur hinsichtlich der von § 4 Abs. 1 StromNEV erfassten Kostenpositionen erfolgt. Auch inhaltlich erscheint eine derartige Sonderregelung für Netzverluste vor dem Hintergrund durchaus konsequent, dass die Verlustenergie gemäß § 10 StromNZV grundsätzlich im Wege der Ausschreibung zu beschaffen ist, womit der erzielte Preis letztlich außerhalb des Einflussbereiches des Netzbetreibers liegt und insoweit auch ein Vergleich mit anderen Netzbetreibern nicht sinnvoll erscheint.

---

817 Vgl. Bundesnetzagentur, Beschluss vom 06.06.2006, BK 8-05/019 (Vattenfall), Umdruck S. 4 = ZNER 2006, 177 ff.; so auch OLG München, Beschluss vom 22.02.2007, ZNER 2007, 61, 64; das OLG Frankfurt, Beschluss vom 11.09.2007, ZNER 2007, 341, 347, stellt fest, dass zur Ermittlung des abgelaufenen Kalenderjahres an den Zeitpunkt der Antragstellung anzuknüpfen ist.
818 Vgl. oben unter C.I.1.b)bb); vgl. auch BGH, Beschluss vom 14.08.2008 (KVR 35/07) Tz. 12 ff.; sowie BGH, Beschluss vom 14.08.2008 (KVR 36/07), Tz. 5 ff. und BGH, Beschluss vom 14.08.2008 (KVR 34/07), Tz. 11 ff.
819 Vgl. hierzu auch oben unter C.I.1.b)bb)(2).

Die Regulierungsbehörde geht indes ohne Weiteres davon aus, dass § 4 Abs. 1 StromNEV auf die Kosten für die Verlustenergie anwendbar ist.[820] Dies mag zwar jedenfalls solange durchaus wünschenswert erscheinen, wie die der Kalkulation zugrunde liegenden Kosten für die Verlustenergie noch nicht in einem marktorientierten Verfahren ermittelt wurden, ist jedoch mit der Verordnung nicht vereinbar. Bestätigt wird dies auch durch die Regelung in § 4 Abs. 2 StromNEV, in der in Satz 2 ausdrücklich aufgeführt ist, welche Netzkosten unter Beachtung des Absatzes 1 zu berücksichtigen sind. Die Berücksichtigung der Netzverluste wird demgegenüber abweichend in Satz 3 allein mit Bezug auf § 10 StromNEV angeordnet.

Die Kontrolle der Verlustenergiekosten kann daher nicht auf Grundlage des § 4 Abs. 1 StromNEV erfolgen. Grundsätzlich anwendbar bleibt indes hinsichtlich der Einzelkosten für die Verlustenergie die gesetzliche Regelung in § 21 Abs. 2 S. 2 EnWG.[821]

b) Vergleich der Kosten durch die Regulierungsbehörde

Neben der Frage der Rechtsgrundlage wirft der Vergleich der Kosten für die Verlustenergie durch die Bundesnetzagentur auch inhaltliche Fragen auf. Hierbei sind zunächst die beiden Bereiche – Mengen und Preise – zu unterscheiden, auf die sich der Vergleich der Bundesnetzagentur bezieht.

aa) Mengen

Zum einen vergleicht die Bundesnetzagentur den prozentualen Anteil der Netzverluste am Absatz in den einzelnen Spannungsebenen. Hierzu hat sie etwa für die Höchstspannungsnetze die durchschnittlichen Verluste auf Basis der hierzu von den vier Übertragungsnetzbetreibern veröffentlichten Zahlen ermittelt.[822] Liegen die prozentualen Netzverluste über dem Durchschnitt, so hält die Regulierungsbehörde die hierdurch verursachten Mehrkosten nicht für ansetzbar, da sie nicht einem effizienten und strukturell vergleichbaren Netzbetreiber entsprechen.[823]

Unabhängig von der oben behandelten Frage, ob dieser Maßstab aus § 4 Abs. 1 StromNEV auf die Netzverluste anwendbar ist,[824] ist zweifelhaft, ob ein allein auf den Verlustenergieanteil gerichteter Vergleich überhaupt belastbare Schlüsse hin-

---

820 Vgl. Bundesnetzagentur, Beschluss vom 06.06.2006 (Vattenfall), Umdruck S. 5 = ZNER 2006, 177 ff.
821 Vgl. auch OLG Frankfurt, Beschluss vom 11.09.2007, ZNER 2007, 341, 348.
822 Vgl. Bundesnetzagentur, Beschluss vom 06.06.2006 (Vattenfall), Umdruck S. 17 = ZNER 2006, 177 ff..
823 Vgl. Bundesnetzagentur, Beschluss vom 06.06.2006 (Vattenfall), Umdruck S. 17 = ZNER 2006, 177 ff..
824 Vgl. oben unter C.II.4.a).

sichtlich der Effizienz zulässt. Bedenken ergeben sich insoweit in verschiedener Hinsicht. Zum einen ist bereits die Ermittlung der Netzverluste mit Unsicherheiten behaftet. Gemäß § 10 Abs. 1 StromNEV wird von dem Begriff der „Verlustenergie" nur die zum Ausgleich physikalisch bedingter Netzverluste benötigte Energie erfasst. Häufig werden jedoch auch der nicht gesonderte gemessene Betriebsverbrauch der Netzanlagen und beispielsweise die Verluste durch Stromdiebstahl als Netzverluste behandelt, da eine Abgrenzung von den echten physikalischen Netzverlusten allenfalls rechnerisch erfolgen kann. Selbst wenn man jedoch eine einheitliche Ermittlung der Netzverluste unterstellt, ist die unterschiedliche Struktur der Netzgebiete bei einem Vergleich der Netzbetreiber zu berücksichtigen. So kann etwa die durchschnittliche Entfernung zwischen Einspeisung und Ausspeisung Einfluss auf die Höhe der Netzverluste haben.[825] Schließlich ergeben sich aber auch dann Bedenken gegen einen isolierten Vergleich der Verlustenergiemengen, wenn der unterschiedlich hohe Verlustenergieanteil tatsächlich auf die unterschiedliche technische Effizienz der Netze zurückzuführen ist. Grund hierfür ist, dass technische Maßnahmen, die eine Reduzierung der Netzverluste bewirken, regelmäßig zu einer Erhöhung anderer Kostenpositionen, insbesondere der Kapitalkosten, führen werden.[826] Ein im Wettbewerb stehendes Unternehmen wäre jedoch nicht bestrebt ohne Rücksicht auf die verursachten Folgekosten möglichst geringe Netzverluste anzustreben.

bb) Preise

Weiter hat die Bundesnetzagentur gestützt auf § 4 Abs. 1 StromNEV einen Vergleich der Beschaffungskosten für Verlustenergie in Euro/MWh durchgeführt und dabei die Beschaffungskosten ab einem gewissen Schwellenwert als ineffizient eingestuft.[827] Auch dieser Ansatz stößt auf Bedenken. Diese ergeben sich daraus, dass die Netzbetreiber die Preise für die Beschaffung der Verlustenergie nicht selbst zu verantworten haben, sondern die Verlustenergie einkaufen müssen, und der Preis hierbei durch den Markt bestimmt wird. Der Einkauf zum Marktpreis hat indes nicht zur Folge, dass die Preise bei allen Netzbetreibern gleich sein müssen. Relevant ist in diesem Zusammenhang vielmehr der Zeitpunkt des Einkaufes bzw. die zu diesem Zeitpunkt bestehenden Markterwartungen über die zukünftige Preisentwicklung. Welcher Zeitpunkt für die Beschaffung der Verlustenergie optimal gewesen wäre, lässt sich damit stets nur rückblickend feststellen. Dementsprechend wird man auch nicht feststellen können, dass sich ein bestimmter Preis, der sich aus einem rückwirkend betrachtet ungünstigen Beschaffungszeitpunkt ergibt, im Wettbewerb nicht eingestellt hätte. Zum Vergleich mag man etwa Fluggesellschaften heranziehen, die

---

825 Dies scheint auch die Bundesnetzagentur im Grundsatz anzuerkennen, vgl. Beschluss vom 06.06.2006 (Vattenfall), Umdruck S. 18 = ZNER 2006, 177 ff.
826 Vgl. auch *Elspas/Rosin/Burmeister*, RdE 2007, 329, 333.
827 Bundesnetzagentur, Beschluss vom 06.06.2006 (Vattenfall), Umdruck S. 5 = ZNER 2006, 177 ff.

– obwohl sie im Wettbewerb stehen – aufgrund unterschiedlicher Beschaffungszeitpunkte sehr unterschiedliche Kosten für Kerosin aufweisen können.[828]

Die eigentliche Problematik hinsichtlich der Preise für die Beschaffung der Verlustenergie liegt darin, dass die Beschaffung in der Vergangenheit häufig konzernintern erfolgt ist. Vor diesem Hintergrund ist die Kontrolle durch die Regulierungsbehörden im Prinzip durchaus gerechtfertigt. Allerdings darf sie systematisch nicht bei der „Effizienz" der Kosten für die Verlustenergie nach § 4 Abs. 1 StromNEV aussetzen, sondern muss bereits im Rahmen der Kostenzuordnung stattfinden. Hält der intern vereinbarte Verrechnungspreis nicht dem Fremdvergleich stand, so sind die Kosten dem Netz erst gar nicht zuzuordnen.[829] Eine auf dieser Ebene erfolgende regulatorische Kontrolle würde auch nicht wie der Ansatz der Bundesnetzagentur gegen die Regelung des § 10 Abs. 1 StromNEV verstoßen.

c) Ergebnis

Das Vorgehen der Regulierungsbehörde zur Überprüfung der Kosten für die Verlustenergie ist in dieser Form nicht mit dem StromNEV vereinbar. Die Überprüfung der für die Verlustenergie angesetzten Preise muss bei konzerninterner Beschaffung im Rahmen der Kostenzuordnung mit Blick auf den Grundsatz des Fremdvergleichs erfolgen. Ein isolierter Vergleich der Verlustenergiemengen ist demgegenüber weder sachgerecht noch besteht für ihn eine rechtliche Grundlage.

5. Zusammenfassung

Im Rahmen der Prüfung der aufwandsgleichen Kosten, die gemäß § 5 Abs. 1 NEV in die Ermittlung der Netzkosten einfließen, haben die Regulierungsbehörden insbesondere mit Blick auf den Materialaufwand, die Gemeinkosten und die Personalkosten Prüfverfahren angewandt, die bei näherer Betrachtung methodisch nicht haltbar sind und gegen die Vorgaben des Gesetzes und der Entgeltverordnungen verstoßen. Ebenfalls abzulehnen ist die von den Regulierungsbehörden vorgenommene pauschale Bewertung der Höhe der Fremdkapitalzinsen im Rahmen des § 5 Abs. 2 NEV. Vielmehr ist die Kapitalmarktüblichkeit vor dem Hintergrund der konkreten Finanzierungsstruktur des jeweiligen Netzbetreibers und den vorhandenen Sicherheiten zu bewerten. Die Überprüfung der für die Beschaffung von Verlustenergie angesetzten Preise müsste, anderes als von der Regulierungsbehörde angenommen, bei einer konzerninternen Beschaffung methodisch korrekt bereits im Rahmen der Kostenzuordnung mit Blick auf die Anforderungen an den Fremdvergleich erfolgen.

---

828 Vgl. Der Spiegel, vom 14.07.2008, S. 62.
829 Vgl. hierzu oben unter C.I.2.a)bb).

III. Kalkulatorische Kosten

Neben den aufwandsgleichen Kosten bilden die kalkulatorischen Kosten die zweite Kostenkategorie im Rahmen der Entgeltkalkulation. Anders als die aufwandsgleichen Kosten werden die kalkulatorischen Kosten nicht unmittelbar der Gewinn-und-Verlust-Rechnung entnommen, sondern rechnerisch ermittelt. Unterscheiden lassen sich mit Blick auf die kalkulatorischen Kosten insoweit Anders- und Zusatzkosten.[830] Anderskosten stellen dabei solche Kosten dar, die zwar grundsätzlich auch in der Gewinn-und-Verlust-Rechnung enthalten sind, dort für handels- bzw. steuerrechtliche Zwecke jedoch anders ermittelt werden. Hierzu zählen insbesondere die kalkulatorischen Abschreibungen. Kalkulatorische Zusatzkosten umfassen hingegen Kostenpositionen, die in der Gewinn-und-Verlust-Rechnung nicht – bzw. nur als Saldo – ausgewiesen sind. Hierzu zählt insbesondere die kalkulatorische Eigenkapitalverzinsung.[831]

Inhaltlich soll durch die kalkulatorischen Kostenpositionen insbesondere die Verzinsung bzw. Rückführung des eingesetzten Eigenkapitals sowie die Rückführung des eingesetzten Fremdkapitals gesichert werden. Die Zinsen für das tatsächlich eingesetzte Fremdkapital werden im Rahmen der Entgeltverordnung hingegen – wie bereits dargestellt – als aufwandsgleiche Kosten erfasst.[832]

Bevor näher auf die einzelnen Regelungen zur Ermittlung der kalkulatorischen Kostenpositionen eingegangen wird, sollen zunächst die diesen Vorschriften zugrunde liegenden Kapitalerhaltungskonzepte näher untersucht werden. Da die einzelnen kalkulatorischen Kostenpositionen nur in ihrem Zusammenspiel den Kapitalerhalt und eine den gesetzlichen Anforderungen entsprechende angemessene Verzinsung des eingesetzten Kapitals sicherstellen können, ist das Verständnis der Kapitalerhaltungskonzepte grundlegend für eine sachgerechte und gesetzeskonforme Auslegung der Einzelvorschriften.

1. Erhaltungskonzepte

Im Rahmen des Gesetzgebungsverfahrens war lange Zeit umstritten, ob dem Nettosubstanz- oder dem Realkapitalerhaltungskonzept der Vorzug gegeben werden sollte.[833] Der schließlich gefundene Kompromiss sieht die Anwendung des Nettosubstanzerhaltungskonzeptes für die vor dem 01.01.2006 errichteten Anlagen (Altanlagen) und des Realkapitalerhaltungskonzeptes für die nach dem 01.01.2006

---

830 *Wöhe*, Allgemeine Betriebswirtschaftslehre, S. 697.
831 *Wöhe*, Allgemeine Betriebswirtschaftslehre, S. 697.
832 Vgl. oben unter C.II.2.
833 Vgl. Stellungnahme des Bundesrates, BT-Drs. 15/3917, S. 84 und Gegenäußerung der Bundesregierung, BT-Drs. 15/4068, S. 5; vgl. auch *Bausch/Rufin*, ZUR 2005, 471, 474; *Becker*, ZNER 2004, 325, 327.

errichteten Anlagen (Neuanlagen) vor.[834] Vor diesem Hintergrund ist neben der konsistenten Umsetzung der jeweiligen Erhaltungskonzepte in ihrem jeweiligen Anwendungsbereich[835] auch zu untersuchen, ob die vom Verordnungsgeber gewählte Kombination der Konzepte zu konsistenten Ergebnissen führt.[836]

Zuvor ist jedoch zu untersuchen, welche allgemeinen Anforderungen sich aus steuerrechtlichen Aspekten an eine konsistente Kalkulation der Netzentgelte auf Basis der Erhaltungskonzepte ergeben.

a) Gewährleistung der steuerrechtlichen Neutralität

Grundsätzlich wird ein Kapitalgeber seine Investitionsentscheidung an der für ihn erzielbaren Nachsteuerrendite ausrichten.[837] Für die Beurteilung der Frage, ob die gesetzlichen Anforderungen an eine angemessene, wettbewerbsfähige und risikoangepasste Verzinsung eingehalten sind, muss daher für den Vergleich mit anderen Anlageformen grundsätzlich eine Nachsteuerbetrachtung angestellt werden.[838] Verzichtet werden kann hierauf indes dann, wenn die zum Vergleich herangezogene Anlageform in gleicher Weise besteuert wird wie die Investition in den Netzbetrieb. Auch in diesem Fall muss allerdings sichergestellt sein, dass auf der „Ebene", auf der die zum Vergleich herangezogene Rendite ermittelt wurde, auch im Rahmen des Netzbetriebes eine entsprechende Rendite erreicht wird.

Um sicherzustellen, dass auf einer bestimmten „Ebene" eine bestimmte Rendite erreicht wird, ist in vielen Fällen eine Kombination verschiedener Kalkulationselemente erforderlich. Wird eine bestimmte wirtschaftliche Aktivität beispielsweise einfach mit einem höheren Ertragssteuersatz besteuert, als die zum Vergleich herangezogene Anlage, so kann dies über die Festlegung eines entsprechend höheren kalkulatorischen Eigenkapitalzinssatzes ausgeglichen werden. Ergeben sich die Unterschiede aber beispielsweise aus einer unterschiedlichen steuerlichen Bemessungsgrundlage, so wird ein konsistenter Ausgleich regelmäßig nicht über eine einfache Anpassung des kalkulatorischen Eigenkapitalzinssatzes möglich sein. Vielmehr ist in diesem Fall die Berücksichtigung einer zusätzlichen kalkulatorischen Kosten- bzw. Erlösposition erforderlich.

---

834 Vgl. *Büdenbender*, DVBl. 2006, 197, 202; *Kühne/Brodowski*, NVwZ 2005, 849, 852.
835 Vgl. hierzu unten unter C.III.1.b) für die Nettosubstanzerhaltung und unter C.III.1.c) für die Realkapitalerhaltung.
836 Vgl. hierzu unten unter C.III.1.d).
837 Vgl. Bundesnetzagentur, Beschluss vom 07.07.2008, BK4-08-068, Umdruck S. 7 (abrufbar unter www.bundesnetzagentur.de, zuletzt abgerufen am 13.08.2008)
838 Vgl. auch *Schäffner*, ET 12/2006, 46, 48 ff.

aa) Vergleich mit einer Wertpapieranlage

Unabhängig von dem jeweils zur Anwendung kommenden Kapitalerhaltungskonzept, wird der kalkulatorische Eigenkapitalzinssatz gemäß § 7 Abs. 4 NEV auf der Grundlage des durchschnittlichen Zinssatzes für festverzinsliche Wertpapiere ermittelt, der um einen Risikozuschlag erhöht wird.[839] Vor diesem Hintergrund ist es naheliegend, diese Rendite als Referenz für die Rendite zu betrachten, die durch den Netzbetrieb erreicht werden muss.

Da der vom Gesetzgeber herangezogene Vergleichszins der Rendite einer Anlage in festverzinslichen Wertpapieren vor der Einkommenssteuer entspricht, muss sich auch bei einer Investition in den Netzbetrieb für den Kapitalgeber eine Rendite vor der entsprechenden Steuerbelastung in gleicher Höhe ergeben. Während sich die Einkommensteuerbelastung mit Blick auf die festverzinslichen Wertpapiere jedoch einfach nach dem jeweiligen Einkommenssteuersatz richtet, findet auf die Besteuerungen von Ausschüttungen bzw. Dividenden aus Unternehmensbeteiligungen das Halbeinkünfteverfahren Anwendung, wonach nur die Hälfte des ausgeschütteten Betrages mit dem jeweiligen Einkommenssteuersatz versteuert wird. Hinzu kommt allerdings aufseiten des Unternehmens die Körperschaftssteuer, sodass sich insgesamt ein Steuersatz ergibt, der dem ungefähr entspricht, der bei einer Anlage in festverzinslichen Wertpapieren anfällt. In der folgenden Tabelle ist dies beispielhaft für einen individuellen Einkommenssteuersatz von 42 % dargestellt. Insoweit kann man davon ausgehen, dass die Rendite vor der Körperschaftssteuer der auf Basis der festverzinslichen Wertpapiere ermittelten Vergleichsrendite ungefähr entsprechen muss.

Tabelle 18 (Besteuerung nach dem Halbeinkünfteverfahren):

	Kapitalgesellschaft	Wertpapieranlage
Gewinn nach GewSt. bzw. Zinsertrag	100 €	100 €
Körperschaftssteuer 25 %	- 25 €	-
Solidaritätszuschlag auf KöSt 5,5 %	- 1,38 €	-
Dividende	73,62 €	-
50 % davon (Halbeinkünfteverfahren)	36,81 €	-
Einkommensteuer 42 %	- 15,45 €	- 42 €
Solidaritätszuschlag auf ESt 5,5 %	- 0,85 €	- 2,31 €
Nettoertrag	57,31 €	55,69 €

---

839 Vgl. zur erstmaligen Festlegung des Eigenkapitalzinssatzes durch die Bundesnetzagentur: Beschluss vom 07.07.2008, BK4-08-068, abrufbar unter www.bundesnetzagentur.de (zuletzt abgerufen am 10.08.2008).

Auf eine genauere Untersuchung der steuerrechtlichen Zusammenhänge soll hier bewusst verzichtet werden,[840] zumal die Ergebnisse angesichts der häufigen Änderungen des Steuerrechts eine sehr geringe Halbwertszeit aufweisen würden.

Eine deutliche Veränderung der Beurteilung könnte sich indes bei der Einführung einer Abgeltungssteuer für Kapitalerträge ergeben, nach der sämtliche Kapitalerträge mit einem einheitlichen Steuersatz von beispielsweise 25 % belegt werden.[841] In der folgenden tabellarischen Darstellung wurde außerdem die im Rahmen der Unternehmenssteuerreform vorgesehene Absenkung der Körperschaftssteuer auf 15 % unterstellt.

Tabelle 19 (Besteuerung nach der Unternehmenssteuerreform):

	Kapitalgesellschaft	Wertpapieranlage
Gewinn nach GewSt. bzw. Zinsertrag	100 €	100 €
Körperschaftssteuer 15 %	- 15 €	-
Solidaritätszuschlag auf KöSt 5,5 %	- 0,82 €	-
Dividende	84,18 €	-
Abgeltungssteuer 25 %	- 21,04 €	- 25 €
Solidaritätszuschlag auf AbgSt. 5,5 %	- 1,16 €	- 1,37 €
Nettoertrag	61,98 €	73,63 €

Wie sich leicht ablesen lässt, würde in diesem Fall eine gleiche Vorsteuerrendite zu einer sehr unterschiedlich hohen Nachsteuerrendite führen. Um zu sachgerechten Ergebnissen zu gelangen, müsste durch die Kalkulationsvorschriften sichergestellt sein, dass die Rendite nach der Körperschaftssteuer der Vergleichsrendite für die Wertpapieranlage entspricht.[842] Am einfachsten wäre dies durch eine Berücksichtigung der Körperschaftssteuer als zusätzliche Kostenposition zu erreichen. Alternativ könnte zum Ausgleich der Belastung durch die Körperschaftssteuer ein ca. 19 %-Aufschlag[843] auf den Wertpapier-Vergleichszins erfolgen.[844] Der kalkulatorische Eigenkapitalzinssatz müsste dann beispielsweise 7,7 % betragen, um eine mit einem Wertpapierzins von 6,5 % vergleichbare Nachsteuerrendite zu erreichen.

---

840 Vgl. hierzu auf Basis der Unternehmenssteuerreform 2001, *Männel*, ET 2005, 556 ff., der zu Recht auf zahlreiche Aspekte hinweist, die bei einer derartig vereinfachten Betrachtung nicht ausreichend berücksichtigt werden.
841 Vgl. auch *Haubold/Glatfeld*, ET 10/2007, 108, 109 f.
842 Vgl. auch Bundesnetzagentur, Beschluss vom 07.07.2008, BK4-08-068, Umdruck S. 44 (abrufbar unter www.bundesnetzagentur.de, zuletzt abgerufen am 13.08.2008)
843 Als Resultat einer entsprechenden „Im-Hundert-Kalkulation".
844 Vgl. zur Berücksichtigung der Körperschaftssteuer auch *Haubold/Glatfeld*, ET 10/2007, 108, 110 ff.; *Böwing/Franz*, ET 10/2007, 26, 30 f.

bb) Vergleich mit anderen Unternehmen

Als Alternative zu dem in der Verordnung angelegten Vergleich mit der durchschnittlichen Wertpapierrendite käme auch ein unmittelbarer Vergleich mit den durchschnittlichen Renditen anderer Unternehmen mit vergleichbarem Risiko in Betracht. Der Vorteil eines solchen Ansatzes würde zum einen darin bestehen, dass der Vergleich kaum durch steuerrechtliche Effekte verfälscht werden könnte und zum anderen darin, dass keine Differenzierung zwischen einem risikolosen Zins und einem Wagniszuschlag erforderlich wäre. Voraussetzung wäre allerdings, dass eine ausreichend große Zahl von nicht renditeregulierten Vergleichsunternehmen zur Verfügung steht, bei denen man mit hinreichender Sicherheit davon ausgehen kann, dass sie aus Sicht der Kapitalanleger ein vergleichbares Risiko aufweisen.

cc) Neutralisierung der Gewerbesteuer

Unabhängig von der für den Eigenkapitalzinssatz herangezogenen Vergleichsgröße, muss der Einfluss der Gewerbesteuer neutralisiert werden. Bei einem Vergleich mit den Zinsen einer Wertpapieranlage erschließt sich dies unmittelbar, da für die Zinseneinkünfte keine Gewerbesteuer anfällt. Bei einem Vergleich zwischen verschiedenen Unternehmen könnte zwar grundsätzlich auch die Rendite vor der Gewerbesteuer verglichen werden, der Vergleich würde in diesem Fall jedoch durch die von den Gemeinden festgelegten unterschiedlichen Hebesätze verfälscht. Auch in diesem Fall muss daher die Gewerbesteuer neutralisiert und die Rendite nach der Gewerbesteuer betrachtet werden.

Die Gewerbesteuer könnte zwar grundsätzlich auch durch eine entsprechend höhere Festlegung des kalkulatorischen Eigenkapitalzinssatzes berücksichtigt werden, dies hätte jedoch den Nachteil, dass der Zinssatz in Anbetracht der unterschiedlichen Hebesätze jeweils unternehmensindividuell festgesetzt werden müsste. Sinnvoller ist es daher, die Gewerbesteuer als Kostenposition im Rahmen der Netzentgeltkalkulation zu berücksichtigen,[845] wie dies auch in § 8 NEV angelegt ist. Auf die konkrete Form der Berücksichtigung der Gewerbesteuer wird weiter unten noch im Einzelnen einzugehen sein.[846]

---

845 Der Kostencharakter der Gewerbesteuer weitestgehend anerkannt; vgl. *Sieben/Maltry*, Bestimmung von Netznutzungsentgelten, S. 67 f.; *Stappert*, Netznutzungsentgeltkontrolle, VEnergR 128, S. 242 ff. m.w.N.
846 Siehe unten unter C.III.5.

dd) Neutralisierung der Steuern auf den Scheingewinn

Eine weitere Ursache dafür, dass der festgesetzte kalkulatorische Eigenkapitalzins auch bei grundsätzlich gleichem Steuersatz nicht stets zu derselben Nachsteuerrendite führt wie die zum Vergleich herangezogene Anlageform, liegt darin, dass die kalkulatorischen Gewinne nicht mit den handels- bzw. steuerrechtlichen Gewinnen übereinstimmen.

Unterschiede ergeben sich zum einen aus dem System der periodenversetzten Entgeltermittlung, das zur Folge hat, dass die Erlöse eines Jahres mit den Kosten einschließlich der kalkulatorischen Eigenkapitalverzinsung des in der Vergangenheit liegenden Basisjahres korrespondieren, während sich im Rahmen des Steuerrechts der Gewinn grundsätzlich aus der Differenz zwischen Aufwand und Ertrag eines Jahres ergibt. Die hierdurch eintretenden Schwankungen der realen Rendite sind indes kein spezifisch steuerrechtliches Problem sondern betreffen ebenso sonstige Kostenschwankungen. Die Problematik wurde zudem bereits im Zusammenhang mit dem Ansatz von Plankosten erörtert, sodass an dieser Stelle auf weitere Ausführungen verzichtet werden kann.[847]

Weitere Unterschiede ergeben sich indes daraus, dass die kalkulatorischen Abschreibungen regelmäßig nicht den handelsrechtlichen Abschreibungen entsprechen. Dies hat zur Folge, dass der als steuerrechtliche Bemessungsgrundlage ermittelte Gewinn über der kalkulatorischen Eigenkapitalverzinsung liegen kann – wenn die kalkulatorischen Abschreibungen die handelsrechtlichen Abschreibungen übertreffen (Scheingewinn) – oder unter ihr – wenn die handelsrechtlichen Abschreibungen die kalkulatorischen Abschreibungen übertreffen (Scheinverlust). Die auf den Scheingewinn zusätzlich anfallenden Steuern bzw. die bei einem Scheinverlust ersparten Steuern verringern bzw. erhöhen die real erzielbare Nachsteuerrendite gegenüber der als Referenz herangezogenen alternativen Anlageform. Grundsätzlich ist daher zu fordern, dass die durch Scheingewinne bzw. Scheinverluste zusätzlich anfallenden bzw. ersparten Steuern als Kosten bzw. Erlöse bei der Kalkulation der Netzentgelte berücksichtigt werden.[848] Hiervon abgesehen werden könnte indes insbesondere dann, wenn davon auszugehen ist, dass sich die Effekte durch Scheingewinne und Scheinverluste im Verlaufe der Zeit ausgleichen. Ob dies zu erwarten ist, hängt indes von dem zugrunde liegenden Erhaltungskonzept ab und ist daher in diesem Rahmen näher zu untersuchen.[849]

---

847 Vgl. oben unter C.I.1.
848 Vgl. *Stappert*, Netznutzungsentgeltkontrolle, VEnergR 128, S. 261 f. m.w.N.
849 Vgl. zur Nettosubstanzerhaltung sogleich unter C.III.1.b) und zur Realkapitalerhaltung unten unter C.III.1.c).

b) Nettosubstanzerhaltung

Die grundlegenden Prinzipien der Nettosubstanzerhaltung wurden oben bereits ausführlich dargestellt, sodass hier an diese Ausführungen angeknüpft werden kann.[850] Den Vorschriften zur Ermittlung der kalkulatorischen Kosten liegt – soweit sie sich für die Altanlagen auf das Nettosubstanzerhaltungskonzept stützten[851] – das klassische Kalkulationsverfahren zugrunde, bei dem die kalkulatorischen Abschreibungen und das betriebsnotwendige Vermögen als Basis der kalkulatorischen Eigenkapitalverzinsung unter Rückgriff auf die Tagesneuwerte ermittelt werden und im Gegenzug die Verzinsung des eingesetzten Kapitals zum Realzinssatz erfolgt.

Über diese bereits dargestellten Zusammenhänge hinaus ist im Folgenden näher zu untersuchen, welche Anforderungen an eine konsistente Kalkulation der Netzentgelte auf Basis der Nettosubstanzerhaltung sich aus dargestellten Anforderungen der steuerrechtlichen Neutralität ergeben. Inhaltlich betrifft dies vor allem die Frage nach der Berücksichtigung der Steuern auf den Scheingewinn.

aa) Berücksichtigung der Körperschaftssteuer auf den Scheingewinn?

Nach dem in den Netzentgeltverordnungen verankerten Verfahren zur Gewährleistung der Nettosubstanzerhaltung werden die kalkulatorischen Abschreibungen auf Basis der Tagesneuwerte ermittelt. Demgegenüber werden die Abschreibungen im Handels- und Steuerrecht grundsätzlich auf Basis der Anschaffungs- bzw. Herstellungskosten ermittelt. Geht man von gleichen Abschreibungszeiträumen und im Zeitverlauf steigenden Preisen aus, so liegen die kalkulatorischen Abschreibungen stets über den handels- bzw. steuerrechtlichen Abschreibungen. In der Folge liegt auch der die steuerrechtliche Bemessungsgrundlage bildende Gewinn grundsätzlich über dem kalkulatorischen Gewinn in Form der kalkulatorischen Eigenkapitalverzinsung. In der folgenden Tabelle ist dies beispielhaft dargestellt für eine Anlage mit Anschaffungskosten von 10.000 €, eine Nutzungsdauer von 40 Jahren, eine jährliche Preissteigerung von 3 % und einen kalkulatorischen Eigenkapitalrealzinssatz von 6,5 %.[852]

---

850 Vgl. oben unter B.I.3.b)bb)(4)(c)(aa).
851 Vgl. *Büdenbender*, DVBl. 2006, 197, 203.
852 Vgl. auch die Darstellung in Tabelle 8.

Tabelle 20:

Jahr	TNW	Abschr. (TNW)	Abschr. (AK/HK)	Schein-gewinn	Realzins = kalk. Gew.	Kapital-kosten	Steuerl. Gewinn
0	10.000						
1	10.300	258	250	8	412	669	420
2	10.609	265	250	15	414	679	439
3	10.927	273	250	23	415	688	438
...	...	...	...	...	...	...	...
40	32.620	816	250	566	33	848	599

Durch die zusätzliche Ertragssteuerbelastung, die auf den Scheingewinn entfällt, reduziert sich der kalkulatorische Gewinn. In der Betriebswirtschaftslehre ist vor diesem Hintergrund anerkannt, dass die Ertragsteuern auf den Scheingewinn im Rahmen der Nettosubstanzerhaltung zusätzlich als Kostenposition zu berücksichtigen sind.[853]

Hierbei ist jedoch zu bedenken, dass sich diese betriebswirtschaftlichen Aussagen zunächst auf die Nettosubstanzerhaltung als Instrument der Ausschüttungspolitik[854] beziehen. Im Rahmen der Ausschüttungspolitik auf Basis der Substanzerhaltung soll verhindert werden, dass Beträge als Gewinne ausgeschüttet werden, die für den Substanzerhalt erforderlich sind. Der kalkulatorische Gewinn stellt dabei eine Residualgröße dar, bei deren Ermittlung sichergestellt sein muss, dass keine Beträge einfließen, die für den Substanzerhalt erforderlich sind. Würden die Steuern auf den Scheingewinn bei der Ermittlung des kalkulatorischen Gewinns nicht berücksichtigt so würden zu hohe Beträge ausgeschüttet mit der Folge, dass der Substanzerhalt nicht sichergestellt wäre, da aus den im Unternehmen verbleibenden und eigentlich dem Substanzerhalt dienenden Beträgen die Ertragssteuern auf den Scheingewinn entrichtet werden müssten.[855]

Fraglich ist jedoch, ob die Ertragssteuern auf den Scheingewinn auch im Rahmen der kalkulatorischen Entgeltbildung zu berücksichtigen sind. Hierfür könnte zunächst sprechen, dass ohne die Berücksichtigung der Steuern auf den Scheingewinn die real erzielbare Eigenkapitalverzinsung niedriger ausfällt als die kalkulatorisch ermittelte Eigenkapitalverzinsung. Hieraus wird man indes nicht ohne Weiteres folgern können, dass die Rendite damit im Vergleich zur Rendite eines festverzinslichen Wertpapiers zu gering ausfällt. Vielmehr ist zu berücksichtigen, dass die Verzinsung festverzinslicher Wertpapiere grundsätzlich vollständig der Ertragsbesteuerung unterliegt und zwar auch insoweit wie die Zinsen lediglich einen Inflationsaus-

---

853 Vgl. *Sieben/Maltry*, Bestimmung von Netznutzungsentgelten, S, 68 ff.; *dies.* BFuP 2002, 402, 413; *Bönner*, ZfE 1992, 229, 244 ff.; *Seicht*, Moderne Kosten- und Leistungsrechnung, S. 550; *ders.* BFuP 1996, 345, 356; *Reif*, Preiskalkulation, S. 150; *Busse von Colbe*, FS Laßmann, 299, 307; *Stappert*, Netznutzungsentgeltkontrolle, VEnergR 128, S. 261 m.w.N.; *Männel*, ET 2005, 556, 560.
854 Vgl. hierzu oben unter B.I.3.a)bb)(4)(c).
855 Vgl. *Stappert*, Netznutzungsentgeltkontrolle, VEnergR 128, S. 261 ff.

gleich ermöglichen. Durch die Berücksichtigung der Steuern auf den Scheingewinn als Kostenposition im Rahmen der Entgeltermittlung würden die dem Inflationsausgleich[856] dienenden höheren Tagesneuwertabschreibungen jedoch kalkulatorisch von der Ertragssteuerbelastung befreit. Zwar ließe sich insoweit einwenden, dass dem bereits dadurch Rechnung getragen wird, dass die kalkulatorische Eigenkapitalverzinsung auf Basis des Realzinses errechnet wird – durchgreifend ist dieser Einwand indes nicht, da bei der Ermittlung des Realzinses Steuereffekte ebenfalls nicht berücksichtigt werden, die dazu führen können, dass ein deutlich höherer Anteil des Nominalzinses benötigt wird, um den Inflationsausgleich sicherzustellen.

Vor diesem Hintergrund kann davon ausgegangen werden, dass die Nicht-Berücksichtigung der Körperschaftssteuer auf den Scheingewinn nicht per se zu einer im Vergleich zu einer Wertpapieranlage zu geringen Nachsteuerrendite führt.

Allerdings kann die Nachsteuerrendite insbesondere dann merklich unter die Rendite einer Wertpapieranlage sinken, wenn die anlagenspezifische Preissteigerung die allgemeine Inflationsrate deutlich übersteigt. Die Ursache hierfür liegt vereinfacht betrachtet darin, dass eine hohe anlagenspezifische Preissteigerung einen hohen Scheingewinn zur Folge hat und hierdurch erhebliche steuerliche Belastungen entstehen, während bei der zum Vergleich herangezogenen Wertpapieranlage aufgrund der vergleichsweise geringen Inflationsrate auch die steuerbedingte „Verteuerung" des Inflationsausgleichs vergleichsweise gering ausfällt. Dieser Effekt kann durch die Berücksichtigung der Steuern auf den Scheingewinn abgemildert aber nicht in jedem Fall völlig eliminiert werden, da Inflationsausgleich nur zu einem Teil über die Abschreibungen auf Tagesneuwertbasis, zum anderen aber auch über die erhöhte Verzinsungsbasis im Rahmen der kalkulatorischen Eigenkapitalverzinsung erfolgt, wo die erhöhte steuerliche Belastung des zur Substanzerhaltung benötigen Kapitals auch durch die Berücksichtigung der Steuern auf den Scheingewinn nicht ausgeglichen wird.[857]

Da umgekehrt jedoch die Nachsteuerrendite auch über die Rendite festverzinslicher Wertpapiere steigen kann, insbesondere wenn die allgemeine Inflationsrate die anlagenspezifische Preissteigerung übertrifft, wird man einen Verzicht auf die Berücksichtigung der Körperschaftssteuer auf den Scheingewinn im Rahmen der Nettosubstanzerhaltung im Grundsatz mit dem gesetzlichen Gebot eine angemessene, wettbewerbsfähige und risikoangepasste Verzinsung zu gewähren, für vereinbar halten müssen.[858]

---

856 Bei genauerer Betrachtung erfolgt der Inflationsausgleich nur zum Teil über die Abschreibung auf die Tagesneuwerte. Im Übrigen wird der Inflationsausgleich dadurch sichergestellt, dass die Eigenkapitalverzinsung auf Basis der Tagesneuwerte ermittelt wird.
857 Man könnte insoweit sagen, dass der tatsächliche Scheingewinn höher ist als die als Scheingewinn ausgewiesene Differenz zwischen kalkulatorischer und handels- bzw. steuerrechtlicher Abschreibung.
858 Dies würde allerdings dann nicht mehr gelten, wenn davon auszugehen wäre, dass die anlagenspezifische Preissteigerung die allgemeine Inflationsrate dauerhaft deutlich übersteigt.

bb) Berücksichtigung der Gewerbesteuer auf den Scheingewinn?

Eine andere Beurteilung ist allerdings mit Blick auf die auf den Scheingewinn entfallende Gewerbesteuer geboten. Da die Gewerbesteuer wie oben bereits dargestellt[859] grundsätzlich kalkulatorisch zu eliminieren ist, muss dies erst recht für die auf den Scheingewinn entfallende Gewerbesteuer gelten. Im Rahmen der Nettosubstanzerhaltung ist dies von besonderer Bedeutung da wie oben aufgezeigt regelmäßig mit dem Entstehen eines Scheingewinns zu rechnen ist.

c) Realkapitalerhaltung

Die Grundprinzipien der Realkapitalerhaltung wurden oben ebenfalls bereits ausführlich dargestellt, sodass hier auf die dortigen Aufführungen verwiesen werden kann.[860] Näher zu untersuchen ist auch hier, ob die Steuern auf den Scheingewinn als Kostenposition zu berücksichtigen sind.

aa) Berücksichtigung der Körperschaftssteuern auf den Scheingewinn?

Da im Rahmen der Realkapitalerhaltung die Abschreibungen grundsätzlich auf der Basis der Anschaffungs- und Herstellungskosten ermittelt werden, ergibt sich anders als im Rahmen der Nettosubstanzerhaltung kein grundsätzlicher Unterschied zur handels- bzw. steuerrechtlichen Verfahrensweise. Unterschiede zwischen den kalkulatorischen und den steuerrechtlichen Abschreibungen können jedoch insbesondere aufgrund einer unterschiedlichen Abschreibungsdauer bestehen. Da die steuerrechtliche Abschreibungsdauer in den meisten Fällen am unteren Rande der zulässigen kalkulatorischen Abschreibungsdauer liegt, werden die steuerrechtlichen Abschreibungen die kalkulatorischen in den ersten Nutzungsjahren zunächst übertreffen, während in den letzten Jahren des kalkulatorischen Nutzungszeitraumes das Anlagegut steuerrechtlich bereits vollständig abgeschrieben ist und nur noch kalkulatorische Abschreibungen anfallen. Zunächst erhöht sich daher die Nachsteuerrendite für den Kapitalgeber durch die höheren steuerrechtlichen Abschreibungen leicht, während sie am Ende der Nutzungsdauer entsprechend abnimmt. Dieser Effekt ließe sich zwar durch die Berücksichtigung der Steuern auf den Scheingewinn als Kostenbzw. Erlösposition ausgleichen, eine zwingende Notwendigkeit hierfür ist indes nicht zu erkennen, da über die Gesamtnutzungsdauer der Anlage ohnehin ein Ausgleich stattfindet. In einem realen Netz werden sich die Effekte zudem bereits aufgrund des unterschiedlichen Alters der Anlagegüter schon mit Blick auf ein Jahr weitgehend ausgleichen.

---

859 Vgl. oben unter C.III.1.a)cc).
860 Vgl. oben unter B.I.3.a)bb)(4)(c)(bb)(ii).

Gegen eine Berücksichtigung der Ertragssteuern auf den Scheingewinn als Kosten- bzw. Erlösposition im Rahmen der Realkapitalerhaltung spricht zudem, dass sich Unterschiede zwischen der handelsrechtlichen Abschreibung einerseits und der kalkulatorischen Abschreibung andererseits auch aus Faktoren ergeben können, die bei der Ermittlung der kalkulatorischen Kosten des Netzes grundsätzlich unbeachtet bleiben sollten. Dies gilt etwa für handelsrechtliche Wertkorrekturen, die im Zuge der Veräußerung von Netzanlagen entstehen können.

Im Ergebnis sprechen daher die besseren Gründe dafür, die Körperschaftssteuern auf den Scheingewinn im Rahmen der Kalkulation auf Basis der Realkapitalerhaltung nicht als Kosten- bzw. Erlösposition zu berücksichtigen.

bb) Berücksichtigung der Gewerbesteuern auf den Scheingewinn?

Mit Blick auf die Berücksichtigung der Gewerbesteuern auf den Scheingewinn ist eine differenzierte Betrachtung erforderlich. Zum einen würde zwar auch hier regelmäßig über die Zeit ein Ausgleich erfolgen, andererseits erscheint es systematisch vorzugswürdig, die gesamte kalkulationsrelevante Gewerbesteuer zu neutralisieren und hiervon die Gewerbesteuer auf den Scheingewinn nicht auszunehmen. Für eine Berücksichtigung spricht auch, dass in diesem Fall bei der Ermittlung der Gewerbesteuer als Kostenposition keine Differenzierung nach dem zugrunde liegenden Erhaltungskonzept erfolgen muss.

d) Kombination der Konzepte in den Entgeltverordnungen

Angesichts der von dem Verordnungsgeber vorgesehenen Kombination bzw. parallelen Anwendung der Nettosubstanzerhaltung für Altanlagen und der Realkapitalerhaltung für Neuanlagen, ist im Folgenden näher zu untersuchen, ob auch die Kombination der Konzepte zu konsistenten Ergebnissen bzw. angemessenen Netzentgelten im Sinne des Gesetzes führt.

aa) Vorübergehende Erhöhung der Kapitalkosten

Bei näherer Betrachtung lässt sich aus dem an anderer Stelle bereits dargestellten[861] typischen Verlauf der Kapitalkosten für die Nettosubstanzerhaltung einerseits und die Realkapitalerhaltung andererseits unschwer ableiten, dass die vom Verordnungsgeber getroffene Unterscheidung zwischen Alt- und Neuanlagen unweigerlich für einige Jahre zu einer Erhöhung der insgesamt anfallenden Kapitalkosten führen muss. Dies ergibt sich daraus, dass die Realkapitalerhaltung – abhängig von den

---

861 Vgl. oben unter B.I.3.a)bb)(4)(c)(cc).

konkreten Parametern wie Zinsen und Inflation – bei einer Nutzungsdauer von 40 Jahren in den ersten 10 bis 15 Jahren nach Anschaffung einer Anlage zu höheren Kapitalkosten führt als die Nettosubstanzerhaltung. Dieser Effekt gleicht sich normalerweise durch das unterschiedliche Alter der Anlagen aus, sodass im perfekt eingeschwungenen Zustand mit weitgehend konstanten Kapitalkosten zu rechen wäre. Mit Blick auf die Regelung in den Entgeltverordnungen findet jedoch genau dieser Ausgleich zunächst nicht statt, da nur neue Anlagen der Realkapitalerhaltung unterliegen, während die Kapitalkosten für die Altanlagen auf Basis der Nettosubstanzerhaltung kalkuliert werden, bei der sich für ältere Anlagen vergleichsweise hohe Kapitalkosten ergeben.

In der folgenden – nicht maßstabsgerechten – Grafik ist dieser Effekt beispielhaft dargestellt. Dabei wurde ein perfekt eingeschwungener Zustand, eine Nutzungsdauer der Anlagen von 10 Jahren, eine Inflationsrate von 3 % und eine Nominalverzinsung von 7,12 % unterstellt. Der Anstieg der Kapitalkosten im Rahmen der Nettosubstanzerhaltung bzw. der Realkapitalerhaltung folgt dabei der Inflationsrate. Für die Kombination beider Modelle wurde wie in den Entgeltverordnungen unterstellt, dass ab dem Jahr 1 angeschaffte Anlagen der Realkapitalerhaltung unterfallen, während die Kapitalkosten der Altanlagen auf Basis der Nettosubstanzerhaltung berechnet wurden. Wie sich an der Grafik ablesen lässt, entsprechen die Kapitalkosten der „Kombination" daher im Jahre 0 denen der Nettosubstanzerhaltung und im Jahre 10, nachdem alle Altanlagen ersetzt wurden, der Realkapitalerhaltung.

Abbildung 4:

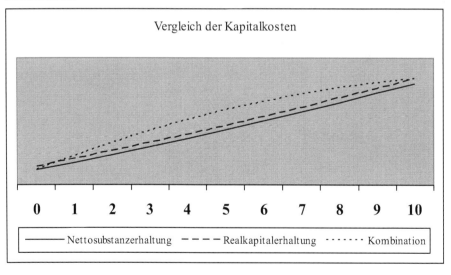

Der in der Grafik zur Verdeutlichung nicht maßstabsgerecht dargestellte Effekt kann zu einer vorübergehenden Erhöhung der Kapitalkosten im niedrigen bis mittleren einstelligen Prozentbereich führen. Die konkreten Auswirkungen für einen Netzbetreiber hängen allerdings erheblich von der jeweiligen Altersstruktur seiner Netzanlagen ab.

Verfehlt wäre es allerdings anzunehmen, dass die vorübergehende Erhöhung der Kapitalkosten zu einer überhöhten Rendite aufseiten der Netzbetreiber führt. Vielmehr wird durch den in der Verordnung vorgesehenen Übergang sichergestellt, dass sich für alle Anlagegüter über ihre jeweilige Laufzeit eine angemessene Rendite auf Basis der Nettosubstanzerhaltung bzw. der Realkapitalerhaltung ergibt. Den zunächst höheren Einnahmen aufseiten der Netzbetreiber steht ein entsprechend sinkender Ertragswert der Bestandsanlagen gegenüber, der sich etwa im Falle eines Verkaufs der Netzanlagen in einem geringeren Verkaufspreis niederschlägt.

In der nachfolgenden Grafik ist dieser Zusammenhang dargestellt. Ausgangspunkt ist hierbei wieder der obige Beispielsfall des perfekt eingeschwungenen Zustandes und eine Nutzungsdauer aller Anlagen von 10 Jahren bei einer Inflationsrate von 3 %. Der Ertragswert wurde jeweils auf Basis der Summe der aus den Bestandsanlagen bis zum Ende ihrer Nutzungsdauer erwarteten Einnahmen berechnet. Wie sich der ebenfalls nicht maßstabsgetreuen Abbildung entnehmen lässt, führt das in den Entgeltverordnungen vorgesehene Kalkulationsverfahren dazu, dass der Ertragswert der Netzanlagen von dem höheren Niveau der Nettosubstanzerhaltung auf das niedrigere Niveau der Realkapitalerhaltung absinkt.

Abbildung 5:

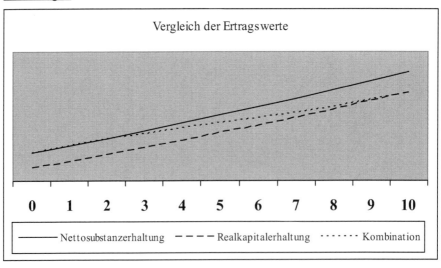

Im Ergebnis ist damit festzuhalten, dass der Übergang von der Nettosubstanzerhaltung zur Realkapitalerhaltung von dem Verordnungsgeber insoweit sachgerecht ausgestaltet wurde und der gesetzlichen Vorgabe, eine angemessene Verzinsung des eingesetzten Kapitals zu gewährleisten, gerecht wird.

bb) Exkurs: Folgen für die Anreizregulierung

Die mit der Reduktion der Ertragswerte durch die Umstellung des Erhaltungskonzeptes korrespondierende vorübergehende Erhöhung der Kapitalkosten muss auch im Rahmen der Anreizregulierung berücksichtigt werden.

Geht man insoweit zunächst von einem idealtypischen Modellfall aus, in dem die tatsächliche Nutzungsdauer der Netzanlagen exakt mit der kalkulatorischen Nutzungsdauer übereinstimmt, das Netz in perfekt eingeschwungenem Zustand ist, d. h. jährlich in gleichem Umfang Ersatzinvestitionen vorgenommen werden müssen, und außerdem keinerlei Ineffizienzen vorliegen, reicht es bei der Festlegung von Erlösobergrenzen nicht aus, lediglich Kostensteigerungen in Höhe der Inflationsrate zu unterstellen. Vielmehr würde die Versorgungssicherheit gefährdet, bzw. gegen das gesetzliche Gebot angemessener Entgelte nach § 21 Abs. 1 EnWG verstoßen, wenn unvermeidliche und systemimmanente kalkulatorische Kostensteigerungen aufgrund erforderlicher Ersatzinvestitionen bei der Entgeltbildung unberücksichtigt blieben.

Letztlich wird durch den Übergang von der Nettosubstanzerhaltung zur Realkapitalerhaltung das im Rahmen der Anreizregulierung bei Einbeziehung der Kapitalkosten in die Effizienzvorgaben ohnehin bestehende Problem verschärft, dass die Kapitalkosten durch Neuinvestitionen erhöht werden und dadurch gesetzte Erlösobergrenzen möglicherweise nicht mehr eingehalten werden können.[862]

Es besteht insoweit die Gefahr, dass der Übergang von der Nettosubstanzerhaltung auf die Realkapitalerhaltung im Ergebnis nicht wie vom Verordnungsgeber angestrebt zu einer Erhöhung der Investitionsbereitschaft aufgrund der kurzfristigeren Mittelrückflüsse führt, sondern sich die Investitionsbereitschaft im Gegenteil reduziert, da die zunächst höheren Kapitalkosten von Neuanlagen dazu führen könnten, dass die für die Regulierungsperiode vorgegebene Erlösobergrenze verfehlt würde, mit der Folge, dass die Rendite für den Netzbetreiber entsprechend sinkt.

2. Kalkulatorische Abschreibungen

Die in § 6 NEV geregelten kalkulatorischen Abschreibungen bilden ein wesentliches Element im Rahmen der kalkulatorischen Kostenermittlung. Im Rahmen der Realkapitalerhaltung stellen sie den nominalen Kapitalerhalt sicher, d. h. den Rückfluss des nominal in eine Anlage investierten Kapitals. Im Rahmen der Nettosubstanzer-

---

[862] Vgl. *Scholz/Jansen*, ET (Special) 11/2006, 20 f.

haltung wird durch die kalkulatorische Abschreibung neben dem Rückfluss des nominal investierten Kapitals auch ein Teil des Inflationsausgleichs sichergestellt.[863]

Der Themenkomplex der kalkulatorischen Abschreibungen lässt sich in drei Bereiche unterteilen. Zum einen ist zu untersuchen, wie die Ausgangsbasis für die Abschreibungen zu ermitteln ist, zum anderen, welcher Abschreibungszeitraum anzuwenden ist. Schließlich ist die konkrete Ermittlung der kalkulatorischen Abschreibungsbeträge näher zu betrachten.

a) Ermittlung der Ausgangsbasis

Bei der Ermittlung der Ausgangsbasis für die kalkulatorischen Abschreibungen ist zunächst zwischen den Neuanlagen zu unterscheiden, deren Abschreibung im Rahmen der Realkapitalerhaltung ausschließlich auf Basis der Anschaffungs- und Herstellungskosten erfolgt, und den Altanlagen, für die im Rahmen der Nettosubstanzerhaltung die Abschreibungen für den eigenfinanzierten Anteil auf Basis der Tagesneuwerte und für den fremdfinanzierten Anteil auf Basis der Anschaffungs- und Herstellungskosten ermittelt werden. Da jedoch auch die Tagesneuwerte gemäß § 6 Abs. 3 S. 2 NEV grundsätzlich auf Basis der historischen Anschaffungs- und Herstellungskosten mit Hilfe entsprechender Indizes errechnet werden, ist die Ermittlung der Anschaffungs- und Herstellungskosten für alle Anlagegüter von grundlegender Bedeutung.

aa) Historische Anschaffungs- und Herstellungskosten

Die NEV definiert in § 6 Abs. 2 Nr. 2 die historischen Anschaffungs- und Herstellungskosten als die im Zeitpunkt der Errichtung der Anlage erstmalig aktivierten Anschaffungs- und Herstellungskosten.

Durch den Verweis auf die „aktivierten" Anschaffungs- und Herstellungskosten wird zunächst klargestellt, dass der Umfang der Kostenpositionen, die in die Anschaffungs- und Herstellungskosten einfließen können, durch die handelsrechtlichen Regelungen, insbesondere durch § 255 HGB, bestimmt wird. Während die Ermittlung der Anschaffungs- und Herstellungskosten für neue errichtete Anlagen damit kein Problem bereitet, da die Ansätze ohne Weiteres von der handelsrechtlichen in die kalkulatorische Anlagenbuchhaltung übernommen werden können, ergeben sich für Altanlagen in verschiedenen Konstellationen Probleme bei der Ermittlung der historischen Anschaffungs- und Herstellungskosten, auf die im Folgenden näher eingegangen werden soll.

---

863 Vgl. oben unter B.I.3.a)bb)(4)(c)(cc)(ii).

(1) Bewertung im Fall des Netzverkaufs

Die offensichtlichsten Probleme bei der Anwendung der in der Verordnung vorgesehenen Regelung entstehen in dem Fall, dass ein Netz bzw. einzelne Anlagen des Netzes nicht von dem aktuellen Netzbetreiber bzw. -eigentümer selbst errichtet wurden, sondern von einem anderen Unternehmen übernommen wurden. Es stellen sich insoweit vor allem zwei Fragen, nämlich zum einen, ob der Ansatz der historischen Anschaffungs- und Herstellungskosten sachgerecht ist, wenn der aktuelle Netzeigentümer diese zum (höheren) Sachzeitwert übernommen hat, und zum anderen, wie zu verfahren ist, wenn die tatsächlichen historischen Anschaffungs- und Herstellungskosten des ursprünglichen Netzeigentümers dem Netzbetreiber unbekannt sind.

(a) Angemessenheit der Begrenzung auf die historischen Anschaffungs- und Herstellungskosten

Zunächst lässt sich festhalten, dass sich die Frage nach dem sachgerechten Anknüpfungspunkt für die Ermittlung der Anschaffungs- und Herstellungskosten im Rahmen einer Veräußerung des Netzes letztlich nur mit Blick auf den fremdfinanzierten Teil des Anlagevermögens stellt. Soweit die Abschreibungen hingegen mit Blick auf den eigenfinanzierten Teil der Anlagen auf Basis der Tagesneuwerte erfolgen, ergibt sich zwischen dem Ansatz der historischen Anschaffungs- und Herstellungskosten zum Zeitpunkt der Errichtung der Anlage und dem Ansatz des Sachzeitwertes zum Zeitpunkt der Übernahme des Netzes für die Kalkulation der Netzentgelte grundsätzlich kein Unterschied, wenn die zur Berechnung des Tagesneuwertes herangezogenen Indexreihen die Wertentwicklung exakt wiedergeben.

Hinsichtlich des fremdfinanzierten Teils des Anlagevermögens ergeben sich indes erhebliche Unterschiede zwischen den Ansatzpunkten. Als Beispiel soll von einer Anlage ausgegangen werden, deren Anschaffungs- und Herstellungskosten zum Zeitpunkt ihrer Errichtung 10.000 € betragen haben, die eine kalkulatorische Nutzungsdauer von 40 Jahren aufweist und nach 20 Jahren zum Sachzeitwert veräußert wird. Weiter wird angenommen, dass die anlagenspezifische jährliche Preissteigerung 3 % beträgt und der Erwerber die Anlage zu 100 % aus Fremdmitteln finanziert. Der Tagesneuwert der Anlage beträgt nach 20 Jahren ca. 18.000 €, sodass sich ein Sachzeitwert von ca. 9.000 € ergibt. Würde man diesen Betrag als Anschaffungs- und Herstellungskosten aufseiten des Erwerbers zugrunde legen, so könnte er aus den Mitteln, die ihm im Rahmen der Abschreibung über die verbleibende Nutzungsdauer von 20 Jahren zufließen, den aufgenommenen Kredit vollständig zurückführen. Berechnet man die Abschreibungen hingegen auf Basis der ursprünglich bei der Errichtung der Anlage angefallenen Anschaffungs- und Herstellungskosten, so ergeben sich für die Restnutzungsdauer lediglich kalkulatorische Abschreibungen von 5.000 €, sodass ein Verlust von 4.000 € verbleibt bzw. der Kredit nicht vollständig zurückgeführt werden kann.

(aa) Position der Regulierungsbehörden

Die Bundesnetzagentur vertritt die Ansicht, dass streng nach dem Wortlaut des § 6 Abs. 2 Nr. 2 NEV stets an die historischen Anschaffungs- und Herstellungskosten zum Zeitpunkt der Errichtung der Anlage anzuknüpfen ist.[864] Wie sich der weiteren Argumentation der Regulierungsbehörde entnehmen lässt, erkennt sie zwar grundsätzlich das dargestellte Problem möglicher Verluste, hält jedoch einen Verstoß gegen höherrangiges Recht, insbesondere gegen § 21 Abs. 2 EnWG für ausgeschlossen.[865]

Die Bundesnetzagentur verfolgt insoweit verschiedene Argumentationsstränge. Zum einen betrachtet sie es als unerheblich, dass es im Rahmen der Netzkäufe zivilrechtlich zulässig sein kann, den Kaufpreis auf Basis des Sachzeitwertes zu ermitteln, soweit dieser wirtschaftlich angemessen ist und den Ertragswert nicht wesentlich übersteigt, da der Käufer die Möglichkeit gehabt hätte auf der Übernahme des Netzes zu den auch im Rahmen der BTOElt angesetzten Anschaffungs- und Herstellungskosten zu bestehen. Ferner hätte er auch auf der Bestimmung eines angemessenen Kaufpreises nach § 315 BGB bestehen können. Wenn diese Möglichkeiten nicht wahrgenommen worden seien, handele es sich jedenfalls nicht um Kosten effizienter Leistungsbereitstellung im Sinne des § 21 Abs. 2 EnWG i. V. m. § 4 NEV.[866]

Weiter führt die Regulierungsbehörde aus, dass keine nachträgliche Entwertung des Kapitals erfolge, sondern die „Nichtanerkennbarkeit der Kosten eines Netzkaufes auf Basis von Sachzeitwerten Folge eines durch EnWG und StromNEV eingeleiteten Paradigmenwechsels bei der Kalkulation von Netzentgelten" sei. Zwar sei das eingesetzte Kapital nach § 21 Abs. 2 S. 1 EnWG angemessen zu verzinsen, jedoch dürften „Kosten und Kostenbestandteile gemäß § 21 Abs. 2 S. 2 EnWG, die sich ihrem Umfang nach in einem solchen Wettbewerb, wie er dem Gesetzes- und Verordnungsgeber vorschwebte, nicht einstellen würden, bei der kostenorientierten Entgeltbildung nicht berücksichtigt werden".[867] Das Anerkennen des Kaufpreises auf Sachzeitwertbasis würde außerdem gegen die grundlegende in § 6 Abs. 6 NEV verankerte Prämisse verstoßen, dass der kalkulatorische Restwert eines Anlagegutes nach Ablauf des ursprünglich angesetzten Abschreibungszeitraums Null beträgt.

---

864 Bundesnetzagentur, Beschluss vom 06.06.2006 (Vattenfall), Umdruck Seite 7 = ZNER 2006, 177 ff.
865 So auch OLG Koblenz, Beschluss vom 04.05.2007 (W 621/06 Kart), ZNER 2007, 193 f.
866 Bundesnetzagentur, Beschluss vom 06.06.2006 (Vattenfall), Umdruck Seite 7 = ZNER 2006, 177 ff.
867 Bundesnetzagentur, Beschluss vom 06.06.2006 (Vattenfall), Umdruck Seite 7 = ZNER 2006, 177 ff.

Schließlich solle – wie auch § 6 Abs. 7 NEV zeige – die mehrfache Refinanzierung des Anlagevermögens durch die Netzentgelte verhindert werden.

(bb) Kritik

Die erste Argumentationslinie der Bundesnetzagentur, die an § 21 Abs. 2 S. 1 EnWG i. V. m. § 4 Abs. 1 NEV anknüpft, vermag nicht zu überzeugen. Zunächst verkennt sie in grober Weise den Inhalt der von ihr selbst angeführten Urteile des BGH im Fall Kaufering[868] und der OLG Düsseldorf im Fall Stadtwerke Lippstadt.[869] Insbesondere ergibt sich aus beiden Urteilen eindeutig, dass der Käufer des Netzes regelmäßig nicht die Möglichkeit hat, auf der Übernahme des Netzes zu den Anschaffungs- und Herstellungskosten bzw. dem Anschaffungskostenrestwert zu bestehen. Der BGH hat in der Entscheidung Kaufering ausdrücklich festgestellt, dass eine Endschaftsklausel, die eine Veräußerung zum Sachzeitwert vorsieht, wirksam sein kann, wenn der Ertragswert nicht wesentlich überschritten wird. Ist die Klausel jedoch wirksam, hat der Käufer aber gerade keine Möglichkeit auf der Übernahme zu einem anderen Preis zu bestehen. Selbst wenn aber wie im vom OLG Düsseldorf behandelten Fall die Endschaftsklausel nicht eingreift und keine vertragliche Einigung erzielt wird, wird der Übernahmepreis nicht nach dem Anschaffungskostenrestwert ermittelt. Vielmehr hat das OLG Düsseldorf den Ansatz dieses Preises sogar ausdrücklich mit dem Argument ausgeschlossen, dem Veräußerer könne eine Gewinnerzielung nicht verwehrt werden.

Auch die weitere Argumentation des OLG Düsseldorf ist für die vorliegende Fragestellung von besonderem Interesse. So nimmt das Oberlandesgericht an, der angemessene Kaufpreis könne auf Basis des objektiven (Substanz-) Wertes ermittelt werden. Der objektive Wert entspricht dabei nach dem Verständnis des Gerichts „*im Grundsatz den ersparten Aufwendungen, die einem anderen Netzbetreiber [...] entstanden wären, wenn anstelle der Übernahme der bestehenden [... zum Zeitpunkt der Übernahme] gleichartige (identische) Anlagen errichtet worden wären.*" Auch wenn dieser Ansatz differenzierter ist, als die meist eher formale Betrachtung des Sachzeitwertes, ähnelt der Ansatz dem Sachzeitwert doch eher als dem Anschaffungskostenrestwert. Dies zeigt sich nicht zuletzt daran, dass das Gericht ausdrücklich feststellt, dass der objektive Wert auf Basis der Tagesneuwerte zu ermitteln ist.[870]

Besondere Bedeutung kommt in diesem Zusammenhang darüber hinaus dem Ertragswert zu, da die Preisvorstellungen eines Käufers nach wirtschaftlicher Erfahrung am betriebswirtschaftlichen Nutzen und den Ertragserwartungen ausgerichtet

---

868 BGH, Urteil vom 16.11.1999, BGHZ 143, 129.
869 OLG Düsseldorf, 16.06.2004 (Stadtwerke Lippstadt), VI-U (Kart) 36/96, (abrufbar unter www.justiz.nrw.de) = ZNER 2004, 291 ff.
870 OLG Düsseldorf, 16.06.2004 (Stadtwerke Lippstadt), VI-U (Kart) 36/96, Seite 13 (abrufbar unter www.justiz.nrw.de).

sind.[871] Beide Gerichte sehen insoweit in dem Ertragswert eine Grenze für den Kaufpreis, wenn der Sachzeitwert bzw. der objektive Wert den Ertragswert deutlich übersteigt. Zudem lässt sich insbesondere der Entscheidung des OLG Düsseldorf eine Tendenz entnehmen, zur Bestimmung eines angemessenen Kaufpreises an den Ertragswert anzuknüpfen, wenn keine besonderen vertraglichen oder aus dem mutmaßlichen Willen der Parteien abgeleiteten Argumente für eine substanzbezogene Preisermittlung sprechen.

Im Ergebnis ist daher davon auszugehen, dass ein Käufer von Netzanlagen regelmäßig nicht einen Kaufpreis in Höhe der Anschaffungsrestwerte, sondern allenfalls einen Kaufpreis in Höhe des Ertragswertes hätte durchsetzen können.[872]

Der Ertragswert wird auf Basis einer betriebswirtschaftlichen Erfolgsprognose ermittelt.[873] Dabei sind auch die Genehmigungspraxis der zuständigen Aufsichtsbehörden, das Alter, der technische Stand und Erhaltungszustand der Anlagen sowie der Stand der tarifkalkulatorischen Abschreibungen in Betracht zu ziehen.[874] Die tarifkalkulatorischen Abschreibungen bilden dabei aber keineswegs – wie die Regulierungsbehörde zu unterstellen scheint – den ausschlaggebenden Gesichtspunkt. Dies zeigt sich auch in dem konkreten vom OLG Düsseldorf entschiedenen Fall, wo der ermittelte Ertragswert merklich über dem festgestellten – auf Tagesneuwerten basierenden – objektiven Wert der Netzanlagen lag.[875] Dass der pauschale Verweis der Regulierungsbehörden auf die BTOElt fehlgeht, zeigt sich schon daran, dass die BTOElt selbst überhaupt keine konkreten Regelungen zur Kalkulation enthält, und die einzelnen Bundesländer im Rahmen der Tarifpreiskontrolle verschiedene Verfahren angewandt haben, die sich zudem im Zeitverlauf verändert haben.[876] Hinzu kommt, dass die abstrakt niedergelegte Verfahrensweise letztlich keine ausschlaggebende Bedeutung für die Bestimmung des Ertragswertes hat, sondern es vielmehr auf die Erwartungen an die tatsächliche Genehmigungspraxis ankommt, die in den einzelnen Bundesländern stark divergiert. Schließlich ist zu beachten, dass der Tarifpreisgenehmigung ohnehin hinsichtlich der von ihr nicht erfassten Sonderkunden keine Bedeutung für die Ertragswertermittlung zukommt.

Abgesehen davon, dass § 21 Abs. 2 S.1 EnWG nicht wie von der Bundesnetzagentur angenommen den Maßstab „effizienter Leistungsbereitstellung" enthält, kann einem Netzbetreiber kein ineffizientes Handeln vorgeworfen werden, wenn er ein Netz zum objektiv festgestellten Ertragswert oder einem ggf. leicht höheren Sachzeitwert oder objektiven (Substanz-) Wert übernommen hat.

---

871 OLG Düsseldorf, 16.06.2004 (Stadtwerke Lippstadt), Umdruck Seite 10 (abrufbar unter www.justiz.nrw.de); BGH, WPR 2000,182, 191 (Endschaftsbestimmung).
872 Vgl. auch *Becker/Boos*, ZNER 2006, 297, 301.
873 Vgl. zum Ertragswertverfahren auch *Wöhe*, Allgemeine Betriebswirtschaftslehre, S. 576.
874 OLG Düsseldorf, 16.06.2004 (Stadtwerke Lippstadt), Seite 11 (abrufbar unter www.justiz.nrw.de).
875 OLG Düsseldorf, 16.06.2004 (Stadtwerke Lippstadt), Seite 12 (abrufbar unter www.justiz.nrw.de).
876 Vgl. *Gabriel/Haupt/Pfaffenberger*, Vergleich der Arbeitsanleitungen nach § 12 BTOElt mit dem Kalkultionsleitfaden nach Anlage 3 der Verbändevereinbarung II+, Seite 18 ff.

Die zweite Argumentationslinie der Bundesnetzagentur ist letztlich nicht mehr als ein reiner Zirkelschluss, da sie versucht die Vereinbarkeit der Verordnung mit dem Gesetz mit der bloßen Existenz der Regelungen in der Rechtsverordnung zu begründen. Anknüpfungspunkt ist zunächst § 21 Abs. 2 S. 2 EnWG, wonach Kosten oder Kostenbestandteile, die sich ihrem Umfang nach im Wettbewerb nicht eingestellt hätten, nicht berücksichtigt werden dürfen. Die Frage, welche Kosten sich im Wettbewerb einstellen, kann dabei ersichtlich nicht – auch nicht über den Umweg über die Frage danach, welcher Wettbewerb dem Gesetz- und Verordnungsgeber „vorschwebte" – beantwortet werden, indem man darauf abstellt, welche Kosten nach der Entgeltverordnung angesetzt werden können. Vielmehr ist entsprechend dem kartellrechtlichen Maßstab der Wettbewerbsanalogie zu fragen, welche Kosten sich bei wirksamem Wettbewerb eingestellt hätten.

Auch wenn die Beantwortung dieser Frage – wie an anderer Stelle bereits dargestellt[877] – häufig erhebliche Probleme bereitet, lässt sich für die vorliegende Frage feststellen, dass sich der Veräußerungspreis auch auf Märkten mit wirksamem Wettbewerb regelmäßig am Ertragswert bzw. insbesondere beim Verkauf einzelner Anlagen am objektiven Substanzwert orientiert. Bestätigt wird dies auch durch die zitierten Entscheidungen des BGH und des OLG Düsseldorf, da der Ertragswert gerade unter Rückgriff auf die nicht auf die Energiewirtschaft beschränkte Rechtsprechung für veräußerungsbedingte Unternehmensbewertungen als Maßstab herangezogen wird.[878] Demgegenüber kann es als ausgeschlossen gelten, dass Anlagen oder ganze Unternehmen bei wirksamem Wettbewerb zum Anlagenkostenrestwert veräußert werden.[879] Dies ergibt sich bereits daraus, dass in diesem Fall für den Veräußerer regelmäßig die Fortführung des Unternehmens vorteilhafter wäre, da er in diesem Fall Gewinne in Höhe des Ertragswertes realisieren könnte.

Im Ergebnis ist damit festzuhalten, dass der Ansatz von Sachzeitwerten bzw. dem objektiven Substanzwert als Kaufpreis jedenfalls dann nicht gegen § 21 Abs. 2 S. 2 EnWG verstößt, wenn der Ertragswert nicht wesentlich überschritten wurde.

Auch der Verweis der Bundesnetzagentur auf die Regelung in § 6 Abs. 6 und Abs. 7 NEV führt unabhängig von der Frage, wie diese Vorschriften konkret auszulegen sind, nicht weiter, da durch die Entgeltverordnungen ein „Paradigmenwechsel" nur insoweit eingeleitet werden kann, als er mit höherrangigem Gesetzes-, Verfassungs- und Europarecht vereinbar ist.

---

877 Vgl. oben unter B.II.4.
878 OLG Düsseldorf, 16.06.2004 (Stadtwerke Lippstadt), Seite 10 (abrufbar unter www.justiz.nrw.de); BGH, WPR 2000, 182, 191 (Endschaftsbestimmung).
879 So auch das OLG Düsseldorf, 16.06.2004 (Stadtwerke Lippstadt), Seite 10 (abrufbar unter www.justiz.nrw.de) mit dem Hinweis dass auch bei der Veräußerung gebrauchter Wirtschaftsgüter regelmäßig ein Gewinn erzielt werden kann.

(cc) Gesetzeskonforme Auslegung der Entgeltverordnung

Mit den Vorgaben des Gesetzes eine angemessene, wettbewerbsfähige und risikoangepasste Verzinsung des eingesetzten Kapitals zu gewährleisten ist es nicht vereinbar, wenn diese den Netzbetreibern verwehrt wird, die ihre Netzanlagen in der Vergangenheit zu einem angemessenen – den Ertragswert jedenfalls nicht deutlich überschreitenden Preis – erworben haben.[880] Vor diesem Hintergrund ist näher zu untersuchen, ob die Vorschriften in § 6 NEV in einer Weise ausgelegt werden können, die den Vorgaben des Gesetzes entspricht.[881]

(i) § 6 Abs. 2 Nr. 2 NEV

Die Definition der historischen Anschaffungs- und Herstellungskosten stellt auf die *„im Zeitpunkt ihrer Errichtung erstmalig aktivierten Anschaffungs- und Herstellungskosten ab"*. Zunächst liegt es vom Wortlaut nahe – wie auch von der Regulierungsbehörde angenommen – unter dem Zeitpunkt der Errichtung den Zeitpunkt des Baus bzw. der erstmaligen Inbetriebnahme der Anlage zu verstehen. Allerdings stößt ein allzu enges Verständnis des Begriffs der „Errichtung" bereits insoweit an Grenzen, als unstrittig im Rahmen der Kalkulation der Abschreibungen bzw. der kalkulatorischen Eigenkapitalverzinsung auch die Anschaffungs- und Herstellungskosten solcher Gegenstände des Anlagevermögens zu berücksichtigen sind, bei denen man nur schwerlich von „Errichtung" sprechen kann. Dies gilt etwa für Fahrzeuge, Werkzeuge, Software und Grundstücke. Relevant ist insoweit – auch mit Blick auf die handelsrechtliche Aktivierung – allein der Zeitpunkt der Anschaffung.

Eine vergleichbare Problematik ergibt sich, wenn an einer Anlage grundlegende Verbesserungs- und Modernisierungsmaßnahmen durchgeführt werden, die nach § 255 HGB als Anschaffungs- und Herstellungskosten aktivierungsfähig sind. Auch in diesem Fall müssen die Kosten im Rahmen der Kalkulation berücksichtigt werden, obwohl sich die Kosten nicht auf den Zeitpunkt der erstmaligen Inbetriebnahme der Anlage beziehen. Würde man die Berücksichtigung derartiger Kosten ausschließen, würden die Netzbetreiber faktisch dazu gezwungen Netzanlagen komplett auszutauschen, auch wenn eine Modernisierung wirtschaftlich sinnvoller wäre.

Der Zeitpunkt der „Errichtung" ist daher weiter im Sinne des Zeitpunktes der Anschaffung oder Herstellung zu verstehen. Mit Blick auf die erstmalige Aktivierung

---

880 Das Problem sieht auch der BGH, Beschluss vom 14.08.2008, KVR 35/07, Tz. 53, hält aber allenfalls eine nachträgliche Korrektur nach § 21 Abs. 2 EnWG für möglich, wenn im konkreten Fall eine besondere Härte besteht. Anders OLG Düsseldorf, Beschluss vom 11.07.2007, ZNER 2007, 337, 341, das die Begrenzung auf die historischen Anschaffungskosten für unbedenklich hält, da mit derartigen regulativen Eingriffen zugunsten des Gemeinwohl hätte gerechnet werden müssen; vlg. auch OLG Koblenz, Beschluss vom 04.05.2007 (W 621/06 Kart), ZNER 2007, 193 f.
881 Vgl. auch *Becker/Boos*, ZNER 2006, 297, 301, die eine Korrektur insbesondere vor dem Hintergrund des verfassungsrechtlichen Rückwirkungsverbots für erforderlich halten.

kann es dabei im Ergebnis nur auf den Zeitpunkt der erstmaligen Aktivierung bei dem aktuellen Netzeigentümer ankommen.[882] Dies zeigt sich etwa, wenn ein Netzbetreiber ein Verwaltungsgebäude am Immobilienmarkt erwirbt. Es ist insoweit kein vernünftiges Argument erkennbar, weshalb ein solches Gebäude mit den bei dem ehemaligen Eigentümer zum Zeitpunkt des Baus aktivierten Anschaffungs- und Herstellungskosten in die kalkulatorische Rechnung einfließen sollte. Da nicht davon auszugehen ist, dass ein Netzbetreiber ein Verwaltungsgebäude auf Basis des Anschaffungskostenrestwertes erwerben kann, würde bei diesem Verständnis auch hier der faktische Zwang zur ggf. unwirtschaftlichen Neuerrichtung des Gebäudes entstehen.

Im Ergebnis wird man daher die Vorschrift des § 6 Abs. 2 Nr. 2 NEV so auszulegen haben, dass die historischen Anschaffungs- und Herstellungskosten, die im Zeitpunkt der Anschaffung oder Herstellung durch den jetzigen Netzeigentümer handelsrechtlich aktivierten Kosten darstellen.[883] Dabei wird man den Begriff des Netzeigentümers allerdings nicht auf die konkrete juristische Person beschränken müssen, sondern insoweit auf das vertikal integrierte Energieversorgungsunternehmen im Sinne des § 3 Nr. 38 EnWG abstellen können. Wird die Vorschrift in diesem Sinne ausgelegt, so ist sie auch mit den gesetzlichen Vorgaben an eine angemessene Verzinsung des eingesetzten Kapitals vereinbar.

(ii) § 6 Abs. 6 S. 1 NEV

Die Regelung in § 6 Abs. 6 S. 1 NEV sieht vor, dass der kalkulatorische Restwert eines Anlagegutes nach Ablauf des ursprünglich angesetzten Abschreibungszeitraumes Null beträgt. Diese Vorschrift steht indes nicht in Widerspruch zu einer Auslegung des § 6 Abs. 2 Nr. 2 NEV in dem oben dargestellten Sinne. Vielmehr dürfte es insoweit gleichgültig sein, ob man unter dem ursprünglich angesetzten Abschreibungszeitraum den Zeitraum versteht, den der aktuelle Netzeigentümer bei der Anschaffung angesetzt hat, oder ob man an den Zeitraum anknüpft, den der frühere Eigentümer angesetzt hat, da sich die technisch-wirtschaftliche und damit kalkulatorische Nutzungsdauer durch einen Verkauf nicht erhöht. Wird beispielsweise eine Anlage mit einer Nutzungsdauer von 40 Jahren nach 25 veräußert, so beträgt die technisch-wirtschaftliche Nutzungsdauer bei dem Neueigentümer noch 15 Jahre. Der kalkulatorische Restwert beträgt damit zum gleichen Zeitpunkt – nach 15 Jahren gerechnet von dem Erwerb oder nach 40 Jahren gerechnet von der erstmaligen Inbetriebnahme – Null.

Die Frage, wie mit Anlagegütern umzugehen ist, die erst nach Ablauf ihrer technisch-wirtschaftlichen Nutzungsdauer erworben wurden, ist im Rahmen der Frage

---

882 Ähnlich im Ergebnis *Becker/Boos*, ZNER 2006, 297, 301, unter Rückgriff auf verfassungsrechtliche Erwägungen.
883 Ähnlich im Ergebnis: *Becker/Boos*, ZNER 2006, 297, 301; anders OLG Düsseldorf, Beschluss vom 11.07.2007, ZNER 2007, 337, 341.

nach der Bemessungsgrundlage für die kalkulatorische Eigenkapitalverzinsung näher zu untersuchen, da sich die Fragestellung nicht grundsätzlich von der Situation unterscheidet, in der ein Unternehmen ein Anlagegut über die technisch-wirtschaftliche Nutzungsdauer hinaus weiter verwendet.[884]

(iii) § 6 Abs. 7 NEV

Die zu § 6 Abs. 2 Nr. 2 NEV gefundene gesetzeskonforme Auslegung steht auch nicht im Widerspruch zum Wortlaut der Regelung in § 6 Abs. 7 NEV, nach der das Verbot der Abschreibung unter Null ungeachtet der Änderung von Eigentumsverhältnissen oder der Begründung von Schuldverhältnissen gilt. Eine Abschreibung unter Null würde nur stattfinden, wenn nach Ablauf der technisch-wirtschaftlichen Nutzungsdauer, d. h. wenn der Restwert entsprechend der Regelung in § 6 Abs. 6 S. 1 NEV Null beträgt, weitere Abschreibungen erfolgen würden.

Das Verständnis der Regulierungsbehörden,[885] für das sich auch eine Stütze in der Verordnungsbegründung findet,[886] geht hingegen davon aus, dass durch die Regelung die „mehrfache Refinanzierung" des Anlagevermögens verhindert werden soll. Damit die Reglung in § 6 Abs. 7 NEV eine Wirkung in dieser Weise entfaltet, müsste man annehmen, dass ein Verstoß gegen das Verbot der Abschreibung unter Null dann vorliegt, wenn die Summe der in der Vergangenheit seit Inbetriebnahme des Anlagegutes angesetzten Abschreibungsbeträge die bei der Inbetriebnahme aktivierten Kosten übersteigt. Ähnlich argumentiert auch der BGH, der bei einer Änderung der Kalkulationsgrundlage stets das Verbot der Abschreibung unter Null verletzt sieht.[887]

Gegen ein solches Verständnis spricht bereits, dass es mit Blick auf die Tagesneuwertabschreibung für den eigenfinanzierten Teil der Altanlagen zu ersichtlich unsinnigen Ergebnissen führen würde, da bei der in der Verordnung vorgesehenen nicht aufholenden Abschreibung auf den Tagesneuwert die Summe der Abschreibungsbeträge über die kalkulatorische Nutzungsdauer grundsätzlich weder dem Tagesneuwert zum Zeitpunkt der Anschaffung der Anlage noch dem Tagesneuwert zum Zeitpunkt des Ablaufs der kalkulatorischen Nutzungsdauer entsprechen kann.[888] Zudem knüpft der in der Verordnung verwendete Begriff der „Abschreibung unter Null" unmittelbar an eine betriebswirtschaftliche Verfahrensweise bei der kalkulatorischen Kostenermittlung an, bei der die kalkulatorischen Abschreibungen über den eigentlichen kalkulatorischen Nutzungszeitraum hinaus fortgesetzt werden, um entweder die weiter steigenden Wiederbeschaffungskosten auszuglei-

---

884 Vgl. unten unter C.III.3.a)bb)(3).
885 Bundesnetzagentur, Entscheidung vom 06.06.2006 (Vattenfall), Umdruck S. 7 = ZNER 2006, 177 ff.
886 Vgl. BR-Drucks 245/05 S. 35.
887 BGH, Beschluss vom 14.08.2008, KVR 35/07, Tz. 47f.
888 Vgl. *Ehricke*, ZNER 2008, 112, 114.

chen oder um zu vermeiden, unnötig niedrige Angebotspreise zu kalkulieren.[889] Beispiel für Letzteres ist etwa ein Bauunternehmer, der für den Einsatz eines Baggers regelmäßig auch dann kalkulatorische Kosten ansetzt, wenn der Bagger bereits vollständig abgeschrieben ist. Kommt es hingegen im Laufe der Nutzungsdauer – gleich aus welchen Gründen – zu einer Erhöhung der kalkulatorischen Restwerte, so spricht man in diesem Zusammenhang nicht von einer Abschreibung unter Null.

Das Verständnis der Regulierungsbehörden würde zudem – ebenso wie ihre Auslegung des § 6 Abs. 2 Nr. 2 NEV – gegen höherrangiges Recht verstoßen. Das auch verfassungsrechtlich verankerte Gebot, dem Netzbetreiber die Möglichkeit zu gewähren, eine angemessene Verzinsung des eingesetzten Kapitals zu erreichen, kann nicht unter Verweis darauf verwehrt werden, dass es hierdurch zu einer „mehrfachen Refinanzierung" des Anlagevermögens käme. Bei dem in den Blick zu nehmenden konkreten Eigentümer findet eine derartige „mehrfache Refinanzierung" nämlich gerade nicht statt. Vielmehr würde ihm selbst die „einfache" Refinanzierung eines zu einem objektiv angemessenen Preis erworbenen Vermögensgegenstandes verwehrt. Für die Gewährleistung einer gesetzes- und verfassungskonformen Kapitalverzinsung ist es indes unerheblich, inwieweit der vorherige Eigentümer den Anlagegegenstand „refinanziert" hat. So wäre die entschädigungslose Enteignung eines zum Verkehrswert gekauften Gebäudes auch nicht deshalb rechtmäßig, weil der Vorbesitzer das Gebäude bereits vollständig abgeschrieben bzw. „refinanziert" hatte.[890]

Auch mit den in § 1 EnWG verankerten Zielen des Energiewirtschaftsrechts ist die von der Bundesnetzagentur vertretene Auslegung nicht in Einklang zu bringen. Insbesondere wird durch sie die Versorgungssicherheit gefährdet, da die bei dem ehemaligen Eigentümer verbleibenden Mittel nicht zur Aufrechterhaltung der Versorgungssicherheit beitragen, dem aktuellen Eigentümer aber mit Verweis auf die Einnahmen des ehemaligen Eigentümers die zur Refinanzierung der Anlagen erforderlichen Einnahmen verwehrt werden.

Die Vermeidung einer (nominalen) „mehrfachen Refinanzierung" beim Übergang von Netzanlagen an einen neuen – nicht konzernverbundenen – Eigentümer kann daher in gesetzes- und verfassungskonformer Weise nur für die Zukunft erreicht werden. Hierzu bedarf es auch keiner weitergehenden Regelung, da sich der für den Verkauf in der Zukunft relevante Ertragswert des Netzes ohnehin an den einschlägigen Vorschriften des EnWG und der Entgeltverordnung orientiert, sodass sich für die Zukunft als angemessener Kaufpreis ein Betrag ergibt, den der neue Eigentümer auch refinanzieren kann.

---

889 Vgl. *Wöhe*, Allgemeine Betriebswirtschaftslehre (22. Aufl.), S. 1088.
890 Der BGH, Beschluss vom 14.08.2008, KVR 35/07, Tz. 52, sieht Art 14 GG nicht verletzt, da zukünftige Gewinnerwartungen nicht vom Schutzbereich umfasst seien. Diese Ansicht vermag nicht zu überzeugen, da bereits die Verpflichtung das Netz fremdnützlich zur Verfügung zu stellen, in den Schutzbereich des Art. 14 GG eingreift und nur dann gerechtfertigt ist, wenn ein angemessener finanzieller Ausgleich erfolgt. Dieser ist aber – unabhängig von möglichen Gewinnerwartungen – nicht gegeben, wenn die Refinanzierung des zu einem angemessenen Preis erworbenen Netzes nicht möglich ist.

Schließlich würde die hier vertretene Auslegung auch nicht zu einer unangemessenen oder das Gebot der Preisgünstigkeit verletzenden Belastung der Netznutzer führen. Dies ergibt sich daraus, dass die Kapitalkosten auch bei Übernahme eines Netzes zum Sachzeitwert oder zum objektiven (Substanz-) Wert nicht höher ausfallen, als wenn ein identisches Netz zum Zeitpunkt des Netzübergangs errichtet worden wäre.

(b) Unbekannte Höhe der aktivierten Kosten bei Errichtung der Anlage

Wenn man entgegen der hier vertretenen Ansicht, der Auslegung der Regulierungsbehörden folgt, nach der es stets auf die Anschaffungs- und Herstellungskosten ankommt, die im Zeitpunkt der erstmaligen Inbetriebnahme der Anlage bei dem damaligen Eigentümer aktiviert wurden, stellt sich die Frage, wie zu verfahren ist, wenn diese nicht mehr ermittelt werden können. Dieser Fall ist in der Praxis angesichts der langen kalkulatorischen Nutzungsdauern von bis zu 70 Jahren nicht ungewöhnlich, zumal weder Vorschriften bestanden, die zu einer derartig langfristigen Aufbewahrung von Geschäftsunterlagen verpflichtet hätten, noch davon ausgegangen werden kann, dass derartige Unterlagen bei einem Verkauf von Netzanlagen zwingend auf den neuen Eigentümer übergehen.[891]

Als Lösungsansatz käme zum einen in Betracht, die Vorschrift für die neuen Länder in § 6 Abs. 3 S. 3 NEV analog anzuwenden und die ursprünglichen Anschaffungs- und Herstellungskosten im Wege der Rückrechnung über entsprechende Preisindizes auf Basis aktueller üblicher Anschaffungs- und Herstellungskosten zu ermitteln.[892] Alternativ könnten in diesem Fall als Näherungswert die Anschaffungs- und Herstellungskosten angesetzt werden, die erstmalig bei dem aktuellen Netzeigentümer bilanziert wurden.

Letztlich zeigt sich an der dargestellten Problematik, dass der von der Regulierungsbehörde vertretene Ansatz zur Ermittlung der historischen Anschaffungs- und Herstellungskosten nicht nur mit dem Gesetz nicht zu vereinbaren ist, sondern zugleich auch in der Praxis zu wenig konsistenten Ergebnissen führt, mit der Folge, dass mitunter Unternehmen benachteiligt werden, die (zufällig) über die von der Regulierungsbehörde gewünschten Unterlagen noch verfügen.

(2) Bewertung von Altanlagen in den neuen Bundesländern

Die Vorschrift des § 6 Abs. 3 S. 3 NEV enthält eine besondere Regelung für die Ermittlung der Anschaffungs- und Herstellungskosten für Anlagegüter, deren Er-

---

891 Vgl. auch *Becker/Boos*, ZNER 2006, 297, 300.
892 So auch geschehen in dem vom OLG Düsseldorf, Beschluss vom 11.07.2007, ZNER 2007, 337, 339, entschiedenen Fall; vgl. *Becker/Boos*, ZNER 2006, 297, 300.

richtung zeitlich vor der erstmaligen Bewertung in Deutscher Mark liegt. In diesem Fall kann eine Rückrechnung der Anschaffungs- und Herstellungskosten auf Basis zeitnaher üblicher Anschaffungs- und Herstellungskosten erfolgen.

Hiervon zu unterscheiden und im Rahmen der Bestimmung der kalkulatorischen Nutzungsdauer zu untersuchen[893] ist die Frage, welche Nutzungsdauern für Altanlagen aus der DDR-Zeit anzusetzen sind.

bb) Tagesneuwerte

Gemäß § 6 Abs. 3 S. 1 NEV ist der Tagesneuwert der unter der Berücksichtigung der technischen Entwicklung maßgebliche Anschaffungswert zum jeweiligen Bewertungszeitpunkt. Die Ermittlung der Tagesneuwerte erfolgt dabei allerdings nach § 6 Abs. 3 S. 2 NEV grundsätzlich nicht auf der Basis von Angebotspreisen, sondern unter Rückgriff auf anlagenspezifische oder anlagegruppenspezifische Preisindizes.

(1) Auswahl der zu verwendenden Preisindizes

Nach den Vorgaben in der Entgeltverordnung müssen die zur Anwendung kommenden Preisindizes auf den Indexreihen des Statistischen Bundesamtes, Fachserie 16 und 17, beruhen. Eine unmittelbare Anwendung der Reihen des Statistischen Bundesamtes ist unstreitig nicht möglich, da sie nicht unmittelbar auf das Sachanlagevermögen von Netzbetreibern zugeschnitten sind.[894] So sind weder für einzelne Anlagegüter noch für die in der Anlage 1 zur Netzentgeltverordnung genannten Anlagegruppen offizielle Preisindexreihen verfügbar. Vielmehr ist jeweils zu entscheiden, welche der offiziellen Reihen mit welcher Gewichtung in einen Index einfließen, um die einzelnen Anlagegruppen abzubilden.[895] Hinzu kommt, dass viele der Reihen des Statistischen Bundesamtes nicht weit genug in die Vergangenheit zurückreichen, um die kalkulatorische Nutzungsdauer der Anlagen vollständig abzubilden.[896]

---

893 Vgl. unten unter C.III.2.b)cc).
894 Bundesnetzagentur, Entscheidung vom 06.06.2006 (Vattenfall), Umdruck S. 8 = ZNER 2006, 177 ff.
895 Vgl. OLG Düsseldorf, Beschluss vom 24.10.2007 (VI 3 Kart 16/07), ZNER 2007, 416, 418, das verlangt, dass der Netzbetreiber nachweist, dass die von ihm verwendeten Indexreihen den Anforderungen der Verordnung genügen, auch wenn die Regulierungsbehörde selbst über keine entsprechenden Indexreihen verfügt.
896 Bundesnetzagentur, Entscheidung vom 29.08.2006 (EON Thüringer Energie AG), S. 9 f.

(a) Position der Regulierungsbehörden

Die Regulierungsbehörden haben in der ersten Genehmigungsrunde zwar formal verschiedene Preisindizes zulassen, soweit erläutert bzw. nachgewiesen wurde, dass diese auf den Fachserien 16 und 17 des Statistischen Bundesamtes beruhen.[897] Die von den meisten Netzbetreibern zugrunde gelegten WIBERA-Indizes wurden von den Regulierungsbehörden allerdings als Referenz betrachtet und Tagesneuwerte maximal bis zu ihrer Höhe zugelassen, obwohl die Regulierungsbehörden gleichzeitig hervorheben, dass eine abschließende Prüfung der Richtigkeit der WIBERA-Indizes nicht möglich war.[898]

Im Einzelnen wurde hierbei so vorgegangen, dass zunächst festgestellt wurde, welche WIBERA-Indexreihen für die einzelnen Anlagegruppen gemäß Anlage 1 der Entgeltverordnung zur Anwendung kommen können. Sofern mehrere der sehr viel differenzierteren Indexreihen in Betracht kamen, wurde ein Mittelwert aus diesen Reihen gebildet. Durch den so ermittelten Referenzwert wurde die Höhe des Tagesneuwertansatzes für die einzelnen Anlagegruppen der Höhe nach beschränkt.[899]

(b) Kritik

Die Vorgehensweise der Regulierungsbehörde stößt in verschiedenerlei Hinsicht auf Bedenken. Zum einen betrifft dies die Mittelwertbildung der einzelnen für eine Anlagegruppe in Betracht kommenden WIBERA-Indexreihen, da hierbei die Gewichtung der Anlagegüter innerhalb der jeweiligen Anlagengruppe außer Acht gelassen wird. Die Bundesnetzagentur rechtfertigt ihr Vorgehen gegen dieses Argument damit, dass die gebildeten Referenzreihen allein als Obergrenze der höchstzulässigen Indizierung dienen.[900] Hierbei übersieht die Regulierungsbehörde indes, dass die Mittelwertbildung gerade dann nicht sachgerecht ist, wenn sie zur Ermittlung einer Obergrenze dient. Würde sie bei der originären Ermittlung der Tagesneuwerte zur Anwendung kommen, so wäre zu erwarten, dass sich positive und negative Effekte der Mittelwertbildung über die verschiedenen Anlagengruppen hinweg ausgleichen, mit der Folge, dass sich insgesamt ein belastbarer Wert für den Vermögensbestand auf Tagesneuwertbasis ergibt. Dieser mag zwar weniger exakt sein als bei einer Gewichtung der Anlagegüter in jeder Anlagegruppe, würde jedoch keine systematische Verzerrung in die eine oder andere Richtung aufweisen. Wird hingegen die

---

897 Das OLG Düsseldorf, Beschluss vom 26.09.2007, ZNER 2007, 509, stellt an den Nachweis sehr strenge Anforderungen.
898 Bundesnetzagentur, Entscheidung vom 06.06.2006 (Vattenfall), Umdruck S. 8 = ZNER 2006, 177 ff.
899 Bundesnetzagentur, Entscheidung vom 29.08.2006 (EON Thüringer Energie AG), Umdruck S. 11f.
900 Bundesnetzagentur, Entscheidung vom 29.08.2006 (EON Thüringer Energie AG), Umdruck S. 12.

formal genauere Ermittlung unter Einbeziehung der Gewichtung anschließend für jede einzelne Anlagegruppe der Höhe nach auf den Mittelwert beschränkt, so ergibt sich beinahe zwangsläufig ein zu niedriger Wert für den Vermögensbestand auf Tagesneuwertbasis, weil die Begrenzung immer nur dann eingreift, wenn sich auf Basis der exakteren Berechnungsmethode ein höherer Wert ergibt, während ein niedrigerer Wert unverändert bleibt.[901]

Weiter begründet die Bundesnetzagentur ihr Vorgehen damit, dass der vorläufige Stand wissenschaftlicher Untersuchungen dafür sprechen würde, dass die WIBERA-Indexreihen zugunsten der Netzbetreiber die Preisentwicklung überzeichnen. Sie beruft sich hierbei allein auf ein – soweit ersichtlich – unveröffentlichtes Gutachten von *Prof. H. W. Brachinger* aus dem Jahre 2006.[902] Selbst wenn der Befund zutreffen sollte, würde er kein methodisches falsches Vorgehen im Rahmen der Entgeltkontrolle rechtfertigen.

Eine mit der Mittelwertbildung vergleichbare Problematik ergibt sich daraus, dass die Regulierungsbehörde die WIBERA-Indexreihen zur Ermittlung der Obergrenzen verwendet. Unterstellt man, dass sowohl die WIBERA-Indexreihen als auch die von einem Netzbetreiber tatsächlich verwendeten Indexreihen sachgerecht ermittelt wurden und keine systematischen Fehler in die eine oder andere Richtung aufweisen, werden sich angesichts der zu treffenden Annahmen bei der Erstellung der Indexreihen in einzelnen Bereichen dennoch zwangsläufig Abweichungen ergeben. Die für die einzelnen Anlagegruppen erfolgende Kappung führt daher auch hier dazu, dass sich für Netzbetreiber die bei ihrer Kalkulation nicht von den WIBERA-Indexreihen ausgegangen sind, systematisch zu niedrige Tagesneuwertansätze ergeben.[903]

Im Ergebnis führt das Vorgehen der Regulierungsbehörden dazu, dass die Netzbetreiber faktisch gezwungen werden, die WIBERA-Indexreihen zu verwenden und mit Blick auf die einzelnen Anlagegruppen Mittelwerte in der von den Regulierungsbehörden praktizierten Weise zu bilden, um unsachgerechte Kürzungen der Tagesneuwertansätze zu vermeiden. Dies ist indes vor dem Hintergrund der in § 6 Abs. 3 NEV eingeräumten Wahlfreiheit[904] und der impliziten Kritik der Bundesnetzagentur an den WIBERA-Indexreihen nicht akzeptabel.[905]

---

901 Dies übersieht das OLG Düsseldorf, Beschluss vom 21.07.2006, ZNER 2006, 258, 261, wenn es meint die Antragstellerin müsse sich an ihren eigenen niedrigeren Ansätzen in einzelnen Bereichen festhalten lassen.
902 Bundesnetzagentur, Entscheidung vom 29.08.2006 (E.ON Thüringer Energie AG), Umdruck S. 12, Fn. 2.
903 Das OLG Düsseldorf, Beschluss vom 24.10.2007 (VI 3 Kart 16/07), ZNER 2007, 416, 418, spricht die Problematik der Mittelwertbildung zwar kurz an, geht auf sie aber nicht näher ein, da es nach Ansicht des Gerichts an dem Nachweis fehlt, dass der Netzbetreiber Indexreihen verwendet hat, die den Vorgaben der Verordnung entsprechen; ausführlich zu den Anforderungen an den Nachweis: OLG Düsseldorf, Beschluss vom 26.09.2006, ZNER 2007, 509.
904 Vgl. *Röhling* in: Ehricke, Entwicklungstendenzen des Energierechts, VEnergR 131, 129, 131.
905 Anders OLG Frankfurt, Beschluss vom 11.09.2007, ZNER 2007, 341, 342, dass von einem Wahlrecht der Behörde ausgeht darüber zu befinden, ob die Werte anlagenspezifisch oder anlagengruppenspezifisch bestimmt werden. Dies überzeugt nicht, da die Kalkulation nach der

(c) Festlegungsbefugnis der Regulierungsbehörden

Da sich die dargestellte Kritik letztlich nur gegen die Methodik der Entgeltkontrolle, nicht jedoch gegen das grundsätzliche Vorgehen der Regulierungsbehörde bei der Ermittlung der Tagesneuwerte richtet, kann die Problematik durch eine Festlegung hinsichtlich der zu verwendenden Preisindizes durch die Regulierungsbehörde gemäß § 30 Abs. 2 Nr. 2 NEV gelöst werden. Eine entsprechende Festlegung ist inzwischen erfolgt.[906] Dies vermeidet auch die etwas paradoxe in der ersten Genehmigungsrunde anzutreffende Situation, dass die Regulierungsbehörde einerseits betont die Unternehmen müssten die Vereinbarkeit der zur Anwendung gebrachten Preisindizes mit § 6 Abs. 3 NEV nachweisen, sie andererseits aber selbst bei den am häufigsten verwendeten Indexreihen der WIBERA zu keiner abschließenden Bewertung gelangen konnte.[907]

(2) Bewertung von Altanlagen in den neuen Bundesländern

Für die Ermittlung der Tagesneuwerte hat die oben im Zusammenhang mit den Anschaffungs- und Herstellungskosten behandelte Regelung des § 6 Abs. 3 S. 3 NEV zur Folge, dass die Tagesneuwerte für die zur DDR-Zeit errichteten Anlagen unmittelbar auf der Basis zeitnaher üblicher Anschaffungs- und Herstellungskosten ermittelt werden können. Formal erfolgt zwar zunächst eine Rückrechnung auf die Anschaffungskosten, inhaltlich darf sich die Höhe der Kosten durch die zweifache Anwendung der Preisindizes indes nicht verändern.

b) Abschreibungsdauer

Neben der Ermittlung der Ausgangsbasis der kalkulatorischen Abschreibung kommt der Festlegung der Abschreibungsdauer zentrale Bedeutung zu. § 6 Abs. 5 NEV sieht insoweit vor, dass die Abschreibungen jährlich auf Grundlage der jeweiligen betriebsgewöhnlichen Nutzungsdauern nach Anlage 1 der Verordnung vorzunehmen sind.

Die in der Anlage festgelegten Nutzungsdauern sehen für die meisten Anlagengruppen eine Zeitspanne vor, innerhalb der die betriebsgewöhnliche Nutzungsdauer vom Netzbetreiber festgelegt werden kann. Diese einmal angesetzte Nutzungsdauer soll gemäß § 6 Abs. 5 S. 2 NEV grundsätzlich für die Restdauer der kalkulatorischen

---

Systematik des EnWG und der NEV vom Netzbetreiber durchzuführen ist und genehmigt werden muss, wenn die Vorschriften eingehalten wurden.

906 Vgl. Bundesnetzagentur, Verfügung Nr. 62/2007, Amtsblatt der Bundesnetzagentur, 21/2007, 4064 ff.

907 Bundesnetzagentur, Entscheidung vom 06.06.2006 (Vattenfall), Umdruck S. 8 = ZNER 2006, 177 ff.

Abschreibung unverändert bleiben. Besondere Probleme bereitet die Bestimmung der anzusetzenden Nutzungsdauer insbesondere im Rahmen der Übergangsvorschrift zur Restwertermittlung in § 32 Abs. 3 NEV. Fraglich ist außerdem, welche Restnutzungsdauern für Altanlagen aus der DDR-Zeit anzusetzen sind.

aa) Restwertermittlung im Elektrizitätssektor nach § 32 Abs. 3 StromNEV

Die Übergangsregelung in § 32 Abs. 3 StromNEV sieht vor, dass die Restwerte des Sachanlagevermögens im Rahmen der erstmaligen Ermittlung der Netzentgelte festzustellen und anlagenscharf zu dokumentieren sind.[908] Die Restwertermittlung erfolgt dabei grundsätzlich auf Basis der nach § 6 StromNEV anzusetzenden Ausgangsbeträge für die Abschreibung.[909] Eine von den allgemeinen Grundsätzen abweichende Regelung enthält die Übergangsvorschrift nur hinsichtlich der bei der Restwertermittlung zugrunde zu legenden Nutzungsdauer.[910]

(1) Tatsächliche Nutzungsdauern nach § 32 Abs. 3 S. 2 StromNEV

Grundsätzlich sind bei der Dokumentation der Restwerte gemäß § 32 Abs. 3 S. 2 StromNEV die seit der Inbetriebnahme der Sachanlagegüter *„der kalkulatorischen Abschreibung tatsächlich zu Grunde gelegten Nutzungsdauern heranzuziehen."* Diese Regelung verlangt für sich betrachtet in vielen Fällen Unmögliches.[911] Dies ergibt sich zum einen daraus, dass häufig die notwendigen Unterlagen aus der Vergangenheit nicht mehr vollständig vorhanden sind, zumal auch keine Verpflichtung bestand, derartige Unterlagen über den nun relevanten Zeitraum von bis zu 70 Jahren aufzubewahren.[912] Zum anderen unterstellt die Vorschrift, dass überhaupt kalkulatorische Abschreibungen vorgenommen wurden.[913] Dies ist jedoch keineswegs zwingend. Vielmehr ist es zum einen denkbar, dass die Entgelte nicht kostenorientiert, sondern etwa im Wege von Vergleichsbetrachtungen gebildet wurden, oder – in der ehemaligen DDR – ohne Rücksicht auf die Kosten (staatlich) festgesetzt wur-

---

908 Vgl. *Hummel/Ochsenfahrt*, IR 2006, 74, die darauf hinweisen, dass durch die Norm keine Verpflichtung zur Vorlage der Dokumentation bei den Regulierungsbehörden geschaffen wurde.
909 Vgl. *Salje*, RdE 2006, 253, 255.
910 Vgl. OLG Düsseldorf, Beschluss vom 10.08.2007, WuW/E DE-R 2153, 2155ff.; *Salje*, RdE 2006, 253, 255.
911 So auch *Salje*, RdE 2006, 253, 254; *Hummel/Ochsenfahrt*, IR 2006, 74, 76; *Becker/Boos*, ZNER 2006, 297, 300.
912 Vgl. OLG Koblenz, Beschluss vom 04.05.2007, RdE 2007, 198, 201; OLG Koblenz, Beschluss vom 04.05.2007, ZNER 2007, 182, 185.
913 Die Darlegung bilanzieller Abschreibungen genügt demgegenüber nicht, vgl. OLG Düsseldorf, Beschluss vom 24.10.2007 (VI 3 Kart 16/07), ZNER 2007, 416, 417; OLG Düsseldorf, Beschluss vom 26.09.2007, ZNER 2007, 509, 510.

den. Selbst wenn jedoch eine kostenorientierte Entgeltbildung erfolgte, können anstelle von kalkulatorischen Abschreibungen auch andere Verfahren wie etwa eine Annuitätenrechnung zur Anwendung gekommen sein. Schließlich ist zu berücksichtigen, dass die kalkulatorischen Abschreibungen betriebswirtschaftlich vor allem ein Instrument der internen Erfolgsrechnung sind.[914] Insoweit ist es durchaus denkbar, dass die angesetzten Nutzungsdauern im Laufe der Zeit an die tatsächliche oder übliche Nutzungsdauer angepasst wurden, ohne dass dies zwangsläufig – etwa durch veränderte Preise – nach außen getreten sein müsste.

Die Vorschrift des § 32 Abs. 3 S. 2 StromNEV wird daher erst in Verbindung mit den Vermutungsregelungen in den Sätzen 3 und 4 praktikabel. Ein unmittelbarer Nachweis der tatsächlich angesetzten kalkulatorischen Nutzungsdauern wird demgegenüber in der Praxis in den meisten Fällen nur für die nähere Vergangenheit möglich sein. Seit der Liberalisierung der Energiemärkte im Jahr 1998 sind insoweit grundsätzlich die Nutzungsdauern relevant, die im Rahmen der Netzentgeltkalkulation angesetzt wurden. Ggf. abweichende Nutzungsdauern im Rahmen der Tarifgenehmigung müssen demgegenüber unberücksichtigt bleiben, da auch für die interne kalkulatorische Verrechnung der Netzkosten die auf Basis der Verbändevereinbarungen ermittelten Netzentgelte zur Anwendung kommen mussten.[915] Dies ergab sich unmittelbar aus § 6 EnWG 1998. Die teilweise abweichenden kalkulatorischen Abschreibungen im Rahmen der Tarifpreisgenehmigung stellten daher ein Vertriebsrisiko dar und wirkten sich allein auf die erzielbare Vertriebsmarge nicht aber auf den Netzbetrieb aus.

Für weiter zurückliegende Zeiträume wird sich der Nachweis – selbst wenn man die Anforderungen hieran nicht allzu hoch legt – meist nur noch für bestimmte Anlagenteile erbringen lassen, für die etwa bei ihrer Errichtung eine gesonderte Investitions- bzw. Amortisationsrechnung aufgestellt wurde. Als Nachweis für die tatsächlich angesetzte kalkulatorische Nutzungsdauer kann ferner eine unter Umständen vorhandene gesonderte kalkulatorische Kostenrechnung zur Ermittlung der an die Anteilseigner auszuschüttenden Beträge dienen. Daneben kann, soweit die Anlagen auch der Tarifkundenversorgung dienten, selbstverständlich auch an die Unterlagen zur Tarifpreisgenehmigung angeknüpft werden.[916] Hierbei wird sich indes regelmäßig kein Unterschied zur Anwendung der Vermutungsregelung in Satz 3 ergeben.

---

914 Vgl. *Ehrmann*, Kostenrechnung, S. 49.
915 Vgl. auch *Ehricke*, RdE 2007, 97, 104, der den Vorrang der Verbändevereinbarungen allerdings nur hinsichtlich der Sondervertragskunden eindeutig feststellt.
916 Vgl. auch *Ehricke*, RdE 2007, 97, 102 f., der erwägt, dass die Erteilung einer Erstreckungsgenehmigung als Nachweis dafür angesehen werden könne, dass die Nutzungsdauern des vorgelagerten Stromlieferanten angesetzt wurden.

(2) Vermutung auf Basis der Tarifpreisgenehmigung nach § 32 Abs. 3 S. 3 StromNEV

Die Regelung in § 32 Abs. 3 S. 3 StromNEV sieht vor, dass soweit vor dem Inkrafttreten der StromNEV bei der Stromtarifbildung nach der BTOElt *„Kosten des Elektrizitätsversorgungsnetzes zu berücksichtigen waren und von Dritten gefordert wurden"*, vermutet wird, dass die nach den Verwaltungsvorschriften der Länder jeweils zulässigen Nutzungsdauern der Ermittlung der Kosten zugrunde gelegt worden sind.

Vom Wortlaut ist die Regelung insoweit verunglückt, als von Dritten grundsätzlich keine „Kosten" sondern nur Entgelte gefordert werden. Dass insoweit auf Basis der BTOElt ermittelte kostenbasierte Preise gemeint sind, ergibt sich jedoch spätestens unter Rückgriff auf § 32 Abs. 3 S. 4 StromNEV in dem zur Abgrenzung von Satz 3 davon gesprochen wird, dass *„keine kostenbasierten Preise im Sinne des Satzes 3 gefordert werden"*.

Ein weiteres Problem ergibt sich auf Basis des Wortlautes daraus, dass von Verwaltungsvorschriften der Länder gesprochen wird, solche in vielen Fällen jedoch formal nicht erlassen wurden.[917] Die Regulierungsbehörde vertritt insoweit die Ansicht, dass der Begriff der „Verwaltungsvorschrift" weit auszulegen sei und beispielsweise auch die in anderen Bundesländern zur Vereinheitlichung der Verwaltungspraxis angewandten Arbeitsanleitungen umfasse. Dem ist vor dem Hintergrund von Sinn und Zweck der Vorschrift jedenfalls dann zuzustimmen, wenn die Verwaltungspraxis in dem jeweiligen Bundesland in einer mit dem Erlass einer Verwaltungsvorschrift vergleichbaren Weise vereinheitlicht und formalisiert war.[918]

Umstritten ist daneben insbesondere der sachliche und zeitliche Anwendungsbereich der Vermutungsregelung. Sachlich ist zunächst fraglich, welche Anlagegüter von der Vermutungswirkung überhaupt erfasst werden können und ob diese vollständig oder nur hinsichtlich des Anteils erfasst werden, der auf die Tarifkundenversorgung entfällt. Zeitlich ist fraglich, ob die Vermutung nur für den Zeitraum greift, in der die BTOElt[919] tatsächlich Anwendung gefunden hat. Letztlich lassen sich diese Fragen alle an der Auslegung des Begriffs „soweit" festmachen.[920]

---

917 Vgl. *Salje*, RdE 2006, 253, 255.
918 Vgl. OLG Düsseldorf, Beschluss vom 24.10.2007, VI Kart 27/07, ZNER 2008, 170; ähnlich nun auch BGH, Beschlüsse vom 14.08.2008, KVR 27/07, Tz. 25 f.; KVR 34/07, Tz. 36 f.; KVR 35/07, Tz. 37 f.; KVR 36/07, Tz. 34 f.; KVR 42/07, Tz. 21 f.; anders *Hummel/Ochsenfahrt*, IR 2006, 74, 75, die den formalen Erlass einer Verwaltungsvorschrift voraussetzen; ebenso *Theobald/Zenke* in: Schneider/Theobald, EnWR, § 16 Rn. 128 f.
919 Vgl. *Hummel/Ochenfahrt*, IR 2006, 74, 75, die aufgrund des Wortlautes nur an die letzte BTOElt von 1990 und nicht an deren Vorgängerregelung anknüpfen wollen; anders aber BGH, Beschlüsse vom 14.08.2008, KVR 27/07, Tz. 15; KVR 34/07, Tz. 28; KVR 35/07, Tz. 29; KVR 36/07, Tz. 23; KVR 42/07, Tz. 11.
920 Vgl. auch *Theobald/Zenke* in: Schneider/Theobald, EnWR, § 16 Rn. 131 f.

(a) Position der Regulierungsbehörden

Die Regulierungsbehörden vertreten die Ansicht, dass der Begriff „soweit" sich auf den Umstand des „Ob" bezieht. Wenn folglich die BTOElt Anwendung gefunden hat, greife auch die Vermutung, dass die zulässigen Nutzungsdauern zugrunde gelegt worden seien. Ein Verständnis, nach dem unterschiedliche Restlaufzeiten bzw. Restwerte für Tarif- und Sondervertragskunden anzusetzen seien, lehnen die Regulierungsbehörden ab, da in diesem Fall offenbliebe, welche Restwerte für Sondervertragskunden gelten. Ebenso lehnen sie eine Beschränkung im zeitlichen Sinne ab, da diese sprachlich mit einem „solange" zum Ausdruck gebracht worden wäre und außerdem ebenfalls offenbliebe, welche Nutzungsdauern in den anderen Zeiträumen anzusetzen wären.[921]

Schließlich geht die Bundesnetzagentur davon aus, dass es unbeachtlich sei, ob ein grundsätzlich der Tarifpreisaufsicht unterliegendes Unternehmen tatsächlich einer Preisaufsicht unterzogen wurde, oder die Tarife anderer Unternehmen auf sich angewandt hat. Auch sei es im Rahmen der Tarifpreisgenehmigung niemals streitig gewesen, dass die entsprechend der zulässigen Nutzungsdauer angesetzten Abschreibungen auch preiswirksam werden sollten.[922]

(b) Kritik

Die Position der Regulierungsbehörde vermag nur teilweise zu überzeugen. Richtig ist zunächst, dass eine anteilige Trennung von Tarif- und Sonderkundenversorgung kaum möglich ist, da eine Vermutung hinsichtlich der Nutzungsdauer aufgestellt wird und diese für ein Anlagegut grundsätzlich nur einheitlich bestimmt werden kann.[923] Auch ein Verständnis, nach dem die Vermutung des § 32 Abs. 3 S. 3 StromNEV grundsätzlich keine Anwendung auf Anlagegüter findet, die nicht ausschließlich der Tarifkundenversorgung dienen, wäre mit Sinn und Zweck der Regelung ersichtlich nicht vereinbar, da für sie im Ergebnis kaum noch ein Anwendungsbereich für die Vermutungsregelung verbliebe.[924]

Keine Anwendung finden kann die Vermutung indes bereits nach dem Wortlaut für solche Anlagegüter, die ausschließlich der Versorgung von Sonderkunden dienen, da insoweit keine kostenbasierten Entgelte nach Maßgabe der BTOElt gefordert

---

921 Bundesnetzagentur, Entscheidung vom 06.06.2006 (Vattenfall), Umdruck S. 10f. = ZNER 2006, 177 ff.
922 Bundesnetzagentur, Entscheidung vom 06.06.2006 (Vattenfall), Umdruck S. 11 = ZNER 2006, 177 ff.
923 *Salje*, RdE 2006, 253, 255, hält die Vermutung deshalb regelmäßig für unabwendbar.
924 Vgl. OLG Stuttgart, Beschluss vom 05.04.2007, ZNER 2007, 194, 197; so nun auch BGH, Beschlüsse vom 14.08.2008, KVR 27/07, Tz. 18; KVR 34/07 Tz. 30; KVR 35/07, Tz. 31; KVR 36/07, Tz. 26; KVR 42/07, Tz. 14.

wurden.[925] Dies betrifft beispielsweise – aber keinesfalls ausschließlich – singulär genutzte Betriebsmittel im Sinne des § 19 Abs. 3 StromNEV.[926] Entgegen der Ansicht der Regulierungsbehörde bliebe in diesem Fall keineswegs offen, welche Nutzungsdauer anzusetzen ist, vielmehr greift hinsichtlich dieser Anlagegüter die Vermutung des § 32 Abs. 3 S. 4 StromNEV.[927]

Ebenfalls nicht überzeugend sind die Argumente, mit denen die Regulierungsbehörden eine zeitliche Beschränkung ablehnen. Zum einen wäre die alleinige Verwendung des Begriffs „solange" nicht in Betracht gekommen, da hierdurch die inhaltliche Abgrenzung ausgeschlossen worden wäre, zum anderen wäre zwar eine Formulierung wie „soweit und solange" grundsätzlich möglich, aber wenig elegant und nicht erforderlich, da das „soweit" sprachlich auch ein „solange" umfasst.[928] Unzutreffend ist auch das Argument, dass offenbliebe, welche Nutzungsdauern in den anderen Zeiträumen anzusetzen sind, da insoweit wiederum die Vermutungsregelung in Satz 4 greifen würde.[929] Die Argumentation der Regulierungsbehörde wirkt auch vor dem Hintergrund widersprüchlich, dass sie für den Zeitraum, in dem die Tarifpreisgenehmigung Anwendung gefunden hat, die Vorschrift selbst im Sinne eines „solange" versteht, da die im Zeitverlauf veränderten Regelungen der Tarifpreisaufsicht jeweils hinsichtlich ihres Anwendungszeitraums bei der Restwertermittlung berücksichtigt werden sollen.[930]

Ein über den zeitlichen und inhaltlichen Geltungsbereich der Tarifpreisgenehmigung hinausgehender Anwendungsbereich der Vermutung in § 32 Abs. 3 S. 3 StromNEV ist auch vor dem Hintergrund von Sinn und Zweck der Vorschrift nicht geboten. Vielmehr ist davon auszugehen, dass der Verordnungsgeber grundsätzlich eine kalkulatorische Abschreibung auf Basis der betriebsgewöhnlichen Nutzungsdauern nach Anlage 1 der Verordnung für betriebswirtschaftlich sachgerecht gehalten hat. Daher ist anzunehmen, dass entsprechende betriebsgewöhnliche Nutzungsdauern zur Anwendung gekommen sind, bzw. die Preisbildung im Ergebnis der hypothetischen Anwendung dieser Nutzungsdauern entsprochen hat, wenn nicht durch Rechtsvorschriften der Ansatz einer anderen Nutzungsdauer vorgeschrieben war. Hierfür spricht auch, dass die Vermutung in Satz 4 an die betriebsgewöhnlichen Nutzungsdauern anknüpft. Die im Rahmen der Verwaltungsvorschriften zur BTOElt

---

925 Vgl. *Salje*, RdE 2006, 253, 255; die Argumentation von *Ehricke*, RdE 2007, 97, 103f., die daran anknüpft, dass der Netzbetreiber aufgrund der Vertragfreiheit im Sonderkundenbereich selbst die Risiken dafür tragen musste, seine Kosten voll umzulegen, führt hier nicht weiter, da sie keinen Rückschluss darauf erlaubt, dass die Nutzungsdauern der BTOElt angesetzt wurden.
926 Neben den singulären Betriebsmitteln umfasst dies auch solche Anlagen, die ausschließlich zur Versorgung mehrerer Sondervertragskunden dienen.
927 Vgl. auch OLG Koblenz, Beschluss vom 04.05.2007, RdE 2007, 198, 200; OLG Koblenz, Beschluss vom 04.05.2007, ZNER 2007, 182, 185.
928 So im Ergebnis auch *Hummel/Ochsenfahrt*, IR 2006, 74, 76.
929 Vgl. *Hummel/Ochsenfahrt*, IR 2006, 74, 77; OLG Stuttgart, Beschluss vom 05.04.2007, ZNER 2007, 194, 197, differenziert hinsichtlich der Zeiträume.
930 Bundesnetzagentur, Entscheidung vom 06.06.2006 (Vattenfall), Umdruck S. 9f. = ZNER 2006, 177 ff.

zulässigen Nutzungsdauern sind daher nur für den Zeitraum bei der Restwertdokumentation zugrunde zu legen, für den sie Anwendungen gefunden haben.

Fraglich bleibt damit noch, wie in den Fällen zu verfahren ist, in denen die BTOElt zwar grundsätzlich Anwendung gefunden hat, eine tatsächliche Tarifpreisgenehmigung auf Basis der Kosten jedoch nicht erfolgt ist, oder die Genehmigung letztlich im „Verhandlungswege" erteilt wurde, sodass unklar bleibt, ob und in welchem Umfang die kalkulatorischen Abschreibungen in die genehmigten Tarife eingeflossen sind.

Man wird insoweit zu differenzieren haben. Soweit in der Praxis eine klar kostenorientierte Entgeltgenehmigung erfolgt ist, bei der für den objektiven Beobachter[931] eindeutig erkennbar war, dass die zulässigen kalkulatorischen Abschreibungen auch voll preiswirksam werden sollten, ist davon auszugehen, dass die Vermutung des § 32 Abs. 3 S. 3 StromNEV grundsätzlich greifen kann, auch wenn in Einzelfragen über die Entgelthöhe verhandelt wurde. Soweit allerdings in der Praxis eine kostenorientierte Tarifentgeltgenehmigung bei einzelnen Unternehmen nicht erfolgt ist, und diese vielmehr die Tarife anderer Unternehmen übernommen haben, oder zwar kostenorientierte Genehmigungsanträge eingereicht wurden, die tatsächliche Genehmigungspraxis sich jedoch vor allem an Vergleichsbetrachtungen, allgemeinen verbraucherpolitischen Erwägungen oder Ähnlichem orientierte, sodass für einen objektiven Beobachter nicht erkennbar war, ob die kalkulatorischen Kosten preiswirksam geworden sind, ist die Anwendung des § 32 Abs. 3 S. 3 StromNEV ausgeschlossen.[932] In diesen Fällen ist nämlich letztlich nicht davon auszugehen, dass die formal in Verwaltungsvorschriften oder Arbeitsanleitungen niedergelegten zulässigen Nutzungsdauern für die tatsächliche Preisfindung von ausschlaggebender Bedeutung waren.[933] In diesen Fällen ist daher, entsprechend der Vermutungsregelung in Satz 4, eine betriebswirtschaftlich sachgerechte Kalkulation unter Ansatz der betriebsgewöhnlichen Nutzungsdauern zu unterstellen.[934]

Die nunmehr auch vom BGH vertretene Gegenauffassung[935] nach der die Vermutung auch dann zur Anwendung kommen soll, wenn die Kosten des Elektrizitätsversorgungsnetzes tatsächlich bei der Tarifbildung nicht berücksichtigt wurden, vermag

---

931 *Ehricke*, RdE 2007, 97, 101, schlägt vor hierzu insbesondere an die Begründungen der Genehmigungsentscheidungen auf Basis der BTOElt anzuknüpfen.
932 So im Ergebnis auch OLG Koblenz, Beschluss vom 04.05.2007, RdE 2007, 198, 201 f., OLG Koblenz, Beschluss vom 04.05.2007, ZNER 2007, 182, 186, sowie OLG Frankfurt, Beschluss vom 11.09.2007, ZNER 2007, 341f.; vgl. auch *Hummel/Ochsenfahrt*, IR 2006, 74, 75; *Ehricke*, RdE 2007, 97, 102 ff.; *Missling*, RdE 2008, 7, 10; *Theobald/Zenke* in: Schneider/Theobald, EnWR, § 16 Rn. 126 f.
933 Anders OLG Stuttgart, Beschluss vom 05.04.2007, ZNER 2007, 194, 197f., für den Fall der Erstreckungsgenehmigung mit dem eher formalistischen Argument, dass es sich bei der Erstreckungsgenehmigung auch um eine kostenbasierte Genehmigung nach der BTOElt gehandelt habe.
934 So auch OLG Koblenz, Beschluss vom 04.05.2007, RdE 2007, 198, 202; OLG Koblenz, Beschluss vom 04.05.2007, ZNER 2007, 182, 187.
935 BGH, Beschlüsse vom 14.08.2008, KVR 27/07, Tz. 20 ff.; KVR 34/07, Tz. 33 ff.; KVR 35/07, Tz. 33 ff.; KVR 36/07, Tz. 28 ff.; KVR 42/07, Tz. 16 ff.

nicht zu überzeugen, da in diesen Fällen gerade nicht davon ausgegangen werden kann, dass die Netznutzer bereits Entgelte auf Grundlage einer bestimmten kalkulatorischen Nutzungsdauer bezahlt haben. Anders als der BGH argumentiert,[936] ist in diesen Fällen auch unerheblich, welche innerbetrieblichen Kalkulationsansätze die betroffenen Netzbetreiber insoweit möglicherweise verfolgt haben, da diese aufgrund des Genehmigungserfordernisses für die Höhe der Netzentgelte nicht unmittelbar relevant waren.

Greift die Vermutung zwar, enthält die insoweit relevante Verwaltungsvorschrift oder Arbeitsanleitung aber keine verbindlichen Vorgaben für die Nutzungsdauer, sondern nur Unter- und Obergrenzen, so muss der konkrete Ansatz dem jeweiligen Netzbetreiber überlassen bleiben,[937] der sich insoweit hinsichtlich der gewählten zulässigen Nutzungsdauer auf die Vermutung berufen kann, sofern nicht der Ansatz einer bestimmten Nutzungsdauer nach Maßgabe des Satzes 2 nachgewiesen werden kann.[938]

(3) Vermutung auf Basis der minimalen betriebsgewöhnlichen Nutzungsdauer nach § 32 Abs. 3 S. 4 StromNEV

Die Vermutung in § 32 Abs. 3 S. 4 StromNEV, dass der kalkulatorischen Abschreibung die unteren Werte der in Anlage 1 zur Entgeltverordnung genannten Spannen zugrunde gelegt worden sind, kann stets dann greifen, wenn die Voraussetzungen für die Vermutungsregelung nach § 32 Abs. 3 S. 3 StromNEV nicht vorliegen.[939] Eine andere Auslegung verbietet sich bereits deshalb, da in diesem Fall Lücken entstehen könnten, in denen keine der Vermutungen eingreift, mit der Folge, dass die Regelung von den Netzbetreibern einen mitunter objektiv unmöglichen Nachweis verlangen würde.

Der in der Vorschrift enthaltene Verweis auf die Möglichkeit des Netzbetreibers etwas anderes nachzuweisen ist letztlich deklaratorischer Natur, da im Fall einer

---

936 BGH, Beschlüsse vom 14.08.2008, KVR 27/07, Tz. 22; KVR 34/07, Tz. 34.; KVR 35/07, Tz. 35; KVR 36/07, Tz. 31; KVR 42/07, Tz. 18.
937 Unklar ist insoweit die Entscheidung des BGH, Beschluss vom 14.08.2008, KVR 27/07, Tz. 27. Dort hatte der Netzbetreiber offensichtlich keine Nutzungsdauer benannt, so dass die Regulierungsbehörde mit Billigung des BGH selbst eine entsprechende Annahme treffen konnte. Da grundsätzlich jedoch nicht den Regulierungsbehörden sondern den Netzbetreibern originär die Aufgabe der Entgeltkalkulation zukommt, kann daraus wohl nicht abgeleitet werden, dass nach Auffassung des BGH den Behörden grundsätzlich das Recht zustehen soll, den Inhalt der Vermutung bei einem bestehenden Wahlrecht selbst festzulegen.
938 Anders OLG Stuttgart, Beschluss vom 05.04.2007, ZNER 2007, 194, 199, das die Vermutung aus Satz 4 entsprechend anwenden will, mit der Folge, dass stets der Ansatz der kürzesten Nutzungsdauern vermutet wird.
939 Vgl. OLG Stuttgart, Beschluss vom 05.04.2007, ZNER 2007, 194, 196; *Salje*, RdE 2006, 253, 257; *Hummel/Ochsenfahrt*, IR 2006, 74, 77 f.; *Ehricke*, RdE 2007, 97, 98; *Theobald/Zenke* in: Schneider/Theobald, EnWR, § 16 Rn. 136 f.

nach Satz 2 nachgewiesenen anderen tatsächlichen kalkulatorischen Nutzungsdauer ohnehin kein Raum für die Anwendung der Vermutungsregelung bleibt.

(4) Zwischenergebnis

Zusammenfassend lässt sich festhalten, dass für den Zeitraum, in dem Netzentgelte auf Basis der Verbändevereinbarung kalkuliert wurden, regelmäßig der Nachweis der tatsächlich angesetzten kalkulatorischen Nutzungsdauern nach § 32 Abs. 3 S. 2 StromNEV möglich sein sollte. Für die davor liegenden Zeiträume wird für die Anlagegüter, die jedenfalls auch der Tarifkundenversorgung dienen, in vielen Fällen die Vermutung nach § 32 Abs. 3 S. 3 StromNEV eingreifen.[940] Für Anlagegüter, die ausschließlich der Versorgung von Sondervertragskunden dienen, und für den Zeitraum vor Inkrafttreten der BTOElt bzw. der auf ihr basierenden Verwaltungsvorschriften und Arbeitsanleitungen kommt hingegen die Vermutung des § 32 Abs. 3 S. 4 StromNEV zur Anwendung.

(5) Vereinbarkeit mit höherrangigem Recht

Weiter ist zu untersuchen, ob die Übergangsregelung in § 32 Abs. 3 StromNEV und dabei insbesondere die Vermutungsregelung in Satz 3 mit höherrangigem Recht vereinbar ist.[941] Bedenken mit Blick auf das Gebot auf der Angemessenheit der Kapitalverzinsung ergeben sich vor allem daraus, dass das vom Verordnungsgeber angestrebte Ziel, mehr Gerechtigkeit im Hinblick auf die in der Vergangenheit bereits für die Netze vereinnahmten Entgelte zu schaffen, bei näherer Betrachtung verfehlt wird.

Das Kernproblem besteht insoweit darin, dass der Verordnungsgeber seine Aufmerksamkeit allein auf die Höhe der kalkulatorischen Abschreibungen gerichtet hat, dabei jedoch nicht hinreichend berücksichtigt wurde, welche Auswirkungen die kalkulatorische Nutzungsdauer bzw. der verbleibende Restwert auf die Ermittlung der kalkulatorischen Eigenkapitalverzinsung hat. Die Prämisse des Verordnungsgebers bestand erkennbar darin, dass derjenige, der in der Vergangenheit kürzere Nutzungsdauern angesetzt hat, aufgrund der höheren Abschreibungen auch höhere Entgelte vereinnahmt hat und daher für die Zukunft der bereits geringere Restwert zum Ausgangspunkt der weiteren kalkulatorischen Kostenermittlung gemacht werden müsste, um eine doppelte Belastung der Netzkunden zu vermeiden.[942] Die Bundesnetzagentur teilt diese Prämisse offensichtlich – anders ließe sich ihre Argumentati-

---

940 So auch OLG Stuttgart, Beschluss vom 05.04.2007, ZNER 2007, 194, 199; anders: *Hummel/Ochsenfahrt*, IR 2006, 74, 76, die von einem sehr geringen Anwendungsbereich ausgehen.
941 Zweifelnd insoweit auch *Hummel/Ochsenfahrt*, IR 2006, 74.
942 Vgl. auch *Ehricke*, RdE 2007, 97, 98.

on zur Anwendung der Vermutungsregelung auf Fälle, in denen wegen der Anwendung von Vergleichspreisen faktisch keine kostenorientierte Entgeltbildung erfolgt ist, nicht nachvollziehen.[943]

Im Folgenden ist vor diesem Hintergrund näher zu untersuchen, wie sich eine gegenüber der betriebsgewöhnlichen bzw. tatsächlichen Nutzungsdauer reduzierte kalkulatorische Nutzungsdauer im System der Nettosubstanzerhaltung und der Realkapitalerhaltung auswirkt.

(a) Auswirkungen kurzer Nutzungsdauern im Rahmen der Nettosubstanzerhaltung

Um die Auswirkungen einer vergleichsweise kurzen kalkulatorischen Nutzungsdauer zu untersuchen, soll als Beispiel von einem Netz im perfekt eingeschwungenen Zustand ausgegangen werden, das über 10 (gleichartige) Anlagen verfügt, die eine tatsächliche (betriebsgewöhnliche) Nutzungsdauer von 10 Jahren aufweisen, und von denen jedes Jahr eine ersetzt wird. Als kalkulatorische Nutzungsdauer wurden als Referenz zunächst ebenfalls 10 Jahre angesetzt, als Inflationsrate 3 %, und als Realzins für die Eigenkapitalverzinsung 4 %. Vereinfachend wurde angenommen, dass die Finanzierung zu 100 % aus Eigenmitteln erfolgte.

---

[943] Bundesnetzagentur, Entscheidung vom 06.06.2006 (Vattenfall), Umdruck S. 9 f. = ZNER 2006, 177 ff.

Tabelle 21:

TNW	Kapitalkosten pro Anlage (Nettosubstanzerhaltung)										Summe
	1	2	3	4	5	6	7	8	9	10	
10.000	1.400										X
10.300	1.401	1.442									X
10.609	1.400	1.443	1.485								X
10.927	1.399	1.442	1.486	1.530							X
11.255	1.396	1.441	1.486	1.531	1.576						X
11.593	1.391	1.437	1.484	1.530	1.577	1.623					X
11.941	1.385	1.433	1.481	1.528	1.576	1.624	1.672				X
12.299	1.377	1.427	1.476	1.525	1.574	1.623	1.673	1.722			X
12.668	1.368	1.419	1.469	1.520	1.571	1.621	1.672	1.723	1.773		X
13.048	1.357	1.409	1.461	1.514	1.566	1.618	1.670	1.722	1.774	1.827	15.918
13.439	1.881	1.398	1.451	1.505	1.559	1.613	1.666	1.720	1.774	1.828	16.396
13.842	1.883	1.938	1.440	1.495	1.550	1.606	1.661	1.716	1.772	1.827	16.888
14.258	1.882	1.939	1.996	1.483	1.540	1.597	1.654	1.711	1.768	1.825	17.394
14.685	1.880	1.938	1.997	2.056	1.527	1.586	1.645	1.703	1.762	1.821	17.916
15.126	1.876	1.936	1.997	2.057	2.118	1.573	1.634	1.694	1.755	1.815	18.454
15.580	1.870	1.932	1.994	2.057	2.119	2.181	1.620	1.683	1.745	1.807	19.007
16.047	1.861	1.926	1.990	2.054	2.118	2.182	2.247	1.669	1.733	1.797	19.577
16.528	1.851	1.917	1.983	2.050	2.116	2.182	2.248	2.314	1.719	1.785	20.165
17.024	1.839	1.907	1.975	2.043	2.111	2.179	2.247	2.315	2.383	1.771	20.770
17.535	1.824	1.894	1.964	2.034	2.104	2.174	2.244	2.315	2.385	2.455	21.393

Die grau hinterlegten Felder markieren jeweils den Zeitpunkt der Neuanschaffung einer Anlage. Die ersten Jahre – bis zur Erreichung des eingeschwungenen Zustandes – sind nur dargestellt, um die angesetzten Zahlenwerte leichter nachvollziehen zu können. Die insoweit leeren Felder sind selbstverständlich nicht wirklich leer, da die Netze bereits seit Jahrzehnten im mehr oder weniger eingeschwungenen Zustand existieren.

Zum Vergleich wird im Folgenden die Situation unter den gleichen Prämissen dargestellt, mit dem Unterschied, dass nunmehr eine kalkulatorische Nutzungsdauer von 7 Jahren zugrunde gelegt wird.

Tabelle 22:

TNW	Kapitalkosten pro Anlage (Nettosubstanzerhaltung)										Summe
	1	2	3	4	5	6	7	8	9	10	
10.000	1.829										X
10.300	1.825	1.883									X
10.609	1.819	1.879	1.940								X
10.927	1.811	1.873	1.936	1.998							X
11.255	1.801	1.865	1.929	1.994	2.058						X
11.593	1.789	1.855	1.921	1.987	2.054	2.120					X
11.941	1.774	1.842	1.910	1.979	2.047	2.115	2.183				X
12.299	0	1.827	1.898	1.968	2.038	2.108	2.179	2.249			X
12.668	0	0	1.882	1.954	2.027	2.099	2.172	2.244	2.316		X
13.048	0	0	0	1.939	2.013	2.088	2.162	2.237	2.311	2.386	15.135
13.439	2.457	0	0	0	1.997	2.073	2.150	2.227	2.304	2.381	15.589
13.842	2.452	2.531	0	0	0	2.057	2.136	2.215	2.294	2.373	16.057
14.258	2.444	2.526	2.607	0	0	0	2.118	2.200	2.281	2.363	16.539
14.685	2.434	2.517	2.601	2.685	0	0	0	2.182	2.266	2.350	17.035
15.126	2.420	2.507	2.593	2.679	2.766	0	0	0	2.247	2.334	17.546
15.580	2.404	2.493	2.582	2.671	2.760	2.849	0	0	0	2.315	18.072
16.047	2.384	2.476	2.568	2.659	2.751	2.843	2.934	0	0	0	18.615
16.528	0	2.456	2.550	2.645	2.739	2.833	2.928	3.022	0	0	19.173
17.024	0	0	2.529	2.627	2.724	2.821	2.918	3.016	3.113	0	19.748
17.535	0	0	0	2.605	2.705	2.806	2.906	3.006	3.106	3.206	20.341

Wie sich leicht im Vergleich zur vorherigen Tabelle ablesen lässt, fällt die Summe der den Netznutzer in Rechnung gestellten Kapitalkosten bei Annahme einer kürzeren kalkulatorischen Nutzungsdauer im Rahmen der Nettosubstanzerhaltung geringer aus, als wenn die tatsächlichen (betriebsgewöhnlichen) Nutzungsdauern angesetzt worden wären.

Die Prämisse des Verordnungsgebers und der Regulierungsbehörden, dass eine kürzere kalkulatorische Nutzungsdauer zu einem höheren Amortisationsgrad geführt hat, ist daher jedenfalls für den Fall, dass die Kalkulation tagesneuwertbasiert erfolgt ist, ersichtlich unzutreffend.

Vielmehr wird man konstatieren müssen, dass die Kalkulation auf Tagesneuwertbasis systematisch zu geringe Kapitalkosten ergibt, wenn die kalkulatorische Nutzungsdauer nicht der tatsächlichen bzw. betriebsgewöhnlichen Nutzungsdauer entspricht.

(b) Auswirkungen kurzer Nutzungsdauern im Rahmen der Realkapitalerhaltung

Ebenso wie mit Blick auf die Nettosubstanzerhaltung, ist die Auswirkung einer gegenüber der betriebsgewöhnlichen Nutzungsdauer verkürzten kalkulatorischen Nutzungsdauer näher zu untersuchen. Hierbei wird der gleiche Ausgangsfall zugrunde gelegt. Dabei ergibt sich aus der Inflationsrate und dem Realzins ein für die Realkapitalerhaltung relevanter Nominalzins von 7,12 %. Zunächst soll wiederum als Referenz der Fall betrachtet werden, in dem die kalkulatorische Nutzungsdauer der tatsächlichen (betriebsgewöhnlichen) entspricht.

Tabelle 23:

TNW	Kapitalkosten pro Anlage (Realkapitalerhaltung)										Summe
	1	2	3	4	5	6	7	8	9	10	
10.000	1.712										X
10.300	1.641	1.763									X
10.609	1.570	1.690	1.816								X
10.927	1.498	1.617	1.741	1.871							X
11.255	1.427	1.543	1.665	1.793	1.927						X
11.593	1.356	1.470	1.590	1.715	1.847	1.985					X
11.941	1.285	1.397	1.514	1.637	1.767	1.902	2.044				X
12.299	1.214	1.323	1.439	1.560	1.686	1.820	1.959	2.106			X
12.668	1.142	1.250	1.363	1.482	1.606	1.737	1.874	2.018	2.169		X
13.048	1.071	1.177	1.288	1.404	1.526	1.655	1.789	1.930	2.079	2.234	16.152
13.439	2.301	1.103	1.212	1.326	1.446	1.572	1.704	1.843	1.988	2.141	16.636
13.842	2.205	2.370	1.136	1.248	1.366	1.489	1.619	1.755	1.898	2.048	17.136
14.258	2.109	2.271	2.441	1.171	1.286	1.407	1.534	1.668	1.808	1.955	17.650
14.685	2.014	2.173	2.339	2.514	1.206	1.324	1.449	1.580	1.718	1.862	18.179
15.126	1.918	2.074	2.238	2.410	2.590	1.242	1.364	1.493	1.628	1.769	18.724
15.580	1.822	1.976	2.136	2.305	2.482	2.667	1.279	1.405	1.537	1.676	19.286
16.047	1.727	1.877	2.035	2.200	2.374	2.556	2.747	1.317	1.447	1.583	19.865
16.528	1.631	1.778	1.933	2.096	2.266	2.445	2.633	2.830	1.357	1.491	20.461
17.024	1.535	1.680	1.832	1.991	2.159	2.334	2.519	2.712	2.915	1.398	21.075
17.535	1.440	1.581	1.730	1.887	2.051	2.224	2.404	2.594	2.793	3.002	21.707

Die Tagesneuwerte wurden nur als Referenz für die jeweiligen Anschaffungskosten in die Tabelle aufgenommen. Die Abschreibung und die Ermittlung der Ausgangsbasis für die kalkulatorische Abschreibung erfolgten, wie im Rahmen der Realkapitalerhaltung vorgesehen, auf Basis der Anschaffungskosten.

In der folgenden Tabelle ist die Höhe der Kapitalkosten bei sonst gleichen Annahmen unter der Bedingung dargestellt, dass die kalkulatorische Nutzungsdauer nur 7 Jahre beträgt.

Tabelle 24:

TNW	Realkapitalerhaltung										Summe
	1	2	3	4	5	6	7	8	9	10	
10.000	2.141										X
10.300	2.039	2.205									X
10.609	1.937	2.100	2.271								X
10.927	1.835	1.995	2.163	2.339							X
11.255	1.734	1.890	2.055	2.228	2.409						X
11.593	1.632	1.786	1.947	2.117	2.295	2.482					X
11.941	1.530	1.681	1.839	2.006	2.180	2.364	2.556				X
12.299	0	1.576	1.731	1.894	2.066	2.246	2.435	2.633			X
12.668	0	0	1.623	1.783	1.951	2.128	2.313	2.508	2.712		X
13.048	0	0	0	1.672	1.837	2.010	2.192	2.382	2.583	2.793	15.469
13.439	2.877	0	0	0	1.722	1.892	2.070	2.257	2.454	2.660	15.933
13.842	2.740	2.963	0	0	0	1.774	1.949	2.132	2.325	2.528	16.411
14.258	2.603	2.822	3.052	0	0	0	1.827	2.007	2.196	2.395	16.903
14.685	2.467	2.681	2.907	3.144	0	0	0	1.882	2.067	2.262	17.410
15.126	2.330	2.541	2.762	2.994	3.238	0	0	0	1.939	2.129	17.932
15.580	2.193	2.400	2.617	2.845	3.084	3.335	0	0	0	1.997	18.470
16.047	2.057	2.259	2.472	2.695	2.930	3.176	3.435	0	0	0	19.024
16.528	0	2.118	2.327	2.546	2.776	3.018	3.272	3.538	0	0	19.595
17.024	0	0	2.182	2.397	2.622	2.860	3.109	3.370	3.644	0	20.183
17.535	0	0	0	2.247	2.469	2.701	2.945	3.202	3.471	3.754	20.789

Wie sich den beiden vorstehenden Tabellen entnehmen lässt, führt auch bei Anwendung der Realkapitalerhaltung eine gegenüber der tatsächlichen Nutzungsdauer verkürzte kalkulatorische Nutzungsdauer zu tendenziell geringeren Kapitalkosten.

Als Ergebnis festhalten lässt sich daher zunächst, dass allein aus der Tatsache, dass in der Vergangenheit eine kürzere als die betriebsgewöhnliche kalkulatorische Nutzungsdauer angesetzt wurde, nicht geschlossen werden kann, dass dies zu höheren Entgelten[944] oder einer schnelleren Amortisation der Anlagen geführt hat. Im Gegenteil ist vielmehr davon auszugehen, dass vergleichsweise kurze kalkulatorische Nutzungsdauern tendenziell zu niedrigen Kapitalkosten geführt haben. Dies gilt grundsätzlich unabhängig von dem zur Anwendung gekommenen Erhaltungskon-

---

944 So jedoch *Ehricke*, RdE 2007, 97, 99.

zept. Die konkrete Höhe der im Rahmen der Tarifpreisgenehmigung angesetzten Kapitalkosten hängt selbstverständlich von zahlreichen weiteren Parametern, wie etwa dem jeweils zur Anwendung gekommenen Eigenkapitalzinssatz, und der Regelungen zur Berücksichtigung von Steuern ab. Vor diesem Hintergrund ist ohne nähere Untersuchung auch keine Aussage dazu möglich, ob die Verpflichtung zum Ansatz kurzer Nutzungsdauern im Rahmen der Tarifgenehmigung zu unangemessen niedrigen Entgelten geführt hat.

(c) Kalkulatorische Konsequenzen des Eingreifens der Vermutungswirkung

Weiter ist zu untersuchen, welche Konsequenzen das Eingreifen der Vermutungsregelung für die zukünftige Kalkulation der Entgelte hat, insbesondere ob sich durch ihr Eingreifen eine Entgelthöhe ergeben kann, die mit höherrangigem Recht nicht vereinbar ist.

Zunächst ist als Referenzfall die Situation zu untersuchen, in der kalkulatorische und betriebsgewöhnliche Nutzungsdauern auch in der Vergangenheit übereingestimmt haben. Die Eckdaten bleiben dabei gegenüber den obigen Beispielsfällen unverändert. Allerdings wurde entsprechend den Regelungen in der Entgeltverordnung angenommen, dass die Kapitalkosten für die Altanlagen auf Basis der Nettosubstanzerhaltung ermittelt werden, dabei jedoch eine Begrenzung der Eigenkapitalquote auf 40 % Anwendung findet. Die in der Tabelle ausgewiesenen Kapitalkosten für die Altanlagen sind daher als „Mischwert" aus 40 % tagesneuwertbasierter und 60 % anschaffungskostenbasierter Kalkulation gebildet.

Für die Neuanlagen (ab der 2. Zeile der Tabelle) wurde entsprechend der Regelung in der StromNEV eine vollständig anschaffungskostenbasierte Kalkulation gewählt. Die Ansätze stimmen insoweit mit denen in Tabelle 22 überein.

Tabelle 25:

TNW	Kapitalkosten pro Jahr (entspr. StromNEV)										Summe
	1	2	3	4	5	6	7	8	9	10	
13.048	1.186	1.270	1.357	1.448	1.542	1.640	1.742	1.847	1.957	2.071	16.058
13.439	2.301	1.221	1.308	1.398	1.491	1.588	1.689	1.794	1.903	2.016	16.708
13.842	2.205	2.370	1.258	1.347	1.440	1.536	1.636	1.740	1.848	1.960	17.338
14.258	2.109	2.271	2.441	1.295	1.387	1.483	1.582	1.685	1.792	1.903	17.949
14.685	2.014	2.173	2.339	2.514	1.334	1.429	1.527	1.629	1.736	1.846	18.541
15.126	1.918	2.074	2.238	2.410	2.590	1.374	1.472	1.573	1.678	1.788	19.115
15.580	1.822	1.976	2.136	2.305	2.482	2.667	1.416	1.516	1.620	1.729	19.669
16.047	1.727	1.877	2.035	2.200	2.374	2.556	2.747	1.458	1.562	1.669	20.205
16.528	1.631	1.778	1.933	2.096	2.266	2.445	2.633	2.830	1.502	1.608	20.723
17.024	1.535	1.680	1.832	1.991	2.159	2.334	2.519	2.712	2.915	1.547	21.224
17.535	1.440	1.581	1.730	1.887	2.051	2.224	2.404	2.594	2.793	3.002	21.707

In der folgenden Tabelle wird nun der Fall dargestellt, dass für die Altanlagen die Vermutungsregelung eingreift und eine geringere kalkulatorische Nutzungsdauer anzusetzen ist.

Tabelle 26:

TNW	Kapitalkosten pro Jahr (entspr. StromNEV)										Summe
	1	2	3	4	5	6	7	8	9	10	
13.048	0	0	0	1.779	1.907	2.041	2.180	2.324	2.474	2.630	15.335
13.439	2.301	0	0	0	1.832	1.965	2.102	2.245	2.394	2.548	15.387
13.842	2.205	2.370	0	0	0	1.887	2.023	2.165	2.313	2.466	15.429
14.258	2.109	2.271	2.441	0	0	0	1.944	2.084	2.230	2.382	15.462
14.685	2.014	2.173	2.339	2.514	0	0	0	2.002	2.147	2.297	15.486
15.126	1.918	2.074	2.238	2.410	2.590	0	0	0	2.062	2.211	15.502
15.580	1.822	1.976	2.136	2.305	2.482	2.667	0	0	0	2.124	15.512
16.047	1.727	1.877	2.035	2.200	2.374	2.556	2.747	0	0	0	15.517
16.528	1.631	1.778	1.933	2.096	2.266	2.445	2.633	2.830	0	0	17.613
17.024	1.535	1.680	1.832	1.991	2.159	2.334	2.519	2.712	2.915	0	19.677
17.535	1.440	1.581	1.730	1.887	2.051	2.224	2.404	2.594	2.793	3.002	21.707

Wie sich der Tabelle entnehmen lässt, führt die Anwendung der Vermutungsregelung des § 32 Abs. 3 S. 3 StromNEV vor allem zu zwei Effekten. Zum einen kommt es zu einer sehr unsteten Entwicklung der Kapitalkosten, die zunächst trotz einer angenommenen Inflationsrate von 3 % nahezu konstant bleiben, um dann innerhalb weniger Jahre um gut 25 % anzusteigen. Zum anderen ergibt sich aus dem Vergleich mit der Tabelle 25, dass in einzelnen Jahren um knapp 25 % geringere Kapitalkosten ausgewiesen werden. Über den gesamten betrachteten Zeitraum beträgt die Differenz nominal immer noch gut 10 %.

Auch wenn von der Möglichkeit Gebrauch gemacht wird, entsprechend § 6 Abs. 6 StromNEV die Abschreibungsdauer zu verändern, verändert sich die Situation nicht grundlegend, wie der nachfolgenden Tabelle entnommen werden kann. Der Verlauf der Abschreibungen ist dann zwar weniger unstet, dafür ergeben sich zu Beginn um gut 30 % niedrigere kalkulatorische Kosten. Über den betrachteten Zeitraum beträgt die Differenz weiterhin etwa 10 %.

Tabelle 27:

TNW	Kapitalkosten pro Jahr (entspr. StromNEV)										Summe
	1	2	3	4	5	6	7	8	9	10	
13.048	0	0	0	482	832	1.120	1.375	1.614	1.844	2.071	9.338
13.439	2.301	0	0	464	803	1.083	1.333	1.566	1.792	2.016	11.358
13.842	2.205	2.370	0	446	774	1.046	1.289	1.518	1.740	1.960	13.348
14.258	2.109	2.271	2.441	428	744	1.008	1.246	1.469	1.687	1.903	15.308
14.685	2.014	2.173	2.339	2.514	714	970	1.201	1.420	1.633	1.846	16.825
15.126	1.918	2.074	2.238	2.410	2.590	932	1.156	1.370	1.579	1.788	18.053
15.580	1.822	1.976	2.136	2.305	2.482	2.667	1.111	1.319	1.524	1.729	19.071
16.047	1.727	1.877	2.035	2.200	2.374	2.556	2.747	1.268	1.468	1.669	19.921
16.528	1.631	1.778	1.933	2.096	2.266	2.445	2.633	2.830	1.411	1.608	20.633
17.024	1.535	1.680	1.832	1.991	2.159	2.334	2.519	2.712	2.915	1.547	21.224
17.535	1.440	1.581	1.730	1.887	2.051	2.224	2.404	2.594	2.793	3.002	21.707

Die festgestellten Ergebnisse lassen sich grafisch besonders gut verdeutlichen. In der folgenden Abbildung werden insoweit vier Fälle unterschieden. Kam in der Vergangenheit bereits die betriebsgewöhnliche Nutzungsdauer zur Anwendung, so führt der Übergang zur StromNEV zu keinerlei Friktionen. Der vorübergehende leichte Anstieg der Kapitalkosten ist auf den oben bereits dargestellten Effekt des Übergangs zur Realkapitalerhaltung zurückzuführen.[945] Im zweiten Fall wird angenommen, dass in der Vergangenheit vergleichsweise kurze kalkulatorische Nutzungsdauern angesetzt wurden. Diese haben bereits in der Vergangenheit zu tendenziell (zu) geringen Kapitalkosten geführt. Das Eingreifen der Übergangsregelung und der Zwang die Kalkulation auf Basis dieser Nutzungsdauern fortzusetzen, zugleich jedoch für die neuen Anlagen mit betriebsgewöhnlichen Nutzungsdauern zu kalkulieren, führen zu unsteten und zu niedrigen Kapitalkosten. Gleiches gilt im dritten Fall, wenn die auf Basis der kurzen Nutzungsdauern noch vorhandenen

---

945 Vgl. oben unter C.III.1.d)aa).

Restwerte herangezogen werden, um auf ihrer Grundlage die Abschreibungsdauer nach § 6 Abs. 6 StromNEV so zu verändern, dass die betriebsgewöhnliche Nutzungsdauer erreicht wird. Als Letztes ist schließlich der Fall dargestellt, in dem ohne Rücksicht auf die frühere Nutzungsdauer und die vorhandenen Restwerte, für alle Anlagegüter die betriebsgewöhnliche Nutzungsdauer angesetzt wird.

Abbildung 6:

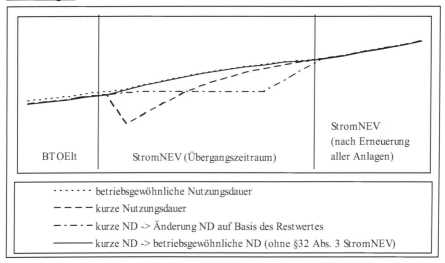

Wie sich leicht ablesen lässt, kann ein sachgerechter Übergang von einer kurzen zu der längeren betriebsgewöhnlichen Nutzungsdauer am besten erreicht werden, indem die bisherigen Abschreibungen und vorhandenen Restwerte schlicht außer Acht gelassen werden und unterstellt wird, die Abschreibung wäre auch in der Vergangenheit zu betriebsgewöhnlichen Nutzungsdauern erfolgt. Die Übergangsregelung in § 32 Abs. 3 StromNEV beseitigt daher kein Gerechtigkeitsproblem sondern im Gegenteil schafft sie erst eines, dass ohne ihre Existenz nicht bestünde. Netzbetreiber, die in der Vergangenheit im Rahmen der BTOElt kürzere Nutzungsdauern ansetzen mussten, werden ohne sachlichen Grund massiv benachteiligt.[946] Damit wird entgegen der Annahme des Gesetzgebers auch kein in der Vergangenheit bestehender Vorteil kompensiert, sondern vielmehr ein tendenziell bereits in der Vergangenheit bestehender Nachteil erheblich verschärft.

---

946 Anders *Ehricke*, RdE 2007, 97, 100, der die Vermutungsregel für wirtschaftlich angemessen hält.

(d) Schussfolgerung für die Anwendung der Übergangsregelung in § 32 Abs. 3 StromNEV

Die dargestellten Konsequenzen der Anwendung der Übergangsregelung in § 32 Abs. 3 StromNEV lassen nur den Schluss zu, dass sie gegen höherrangiges Recht verstößt, da bei ihrer Anwendung ersichtlich betriebswirtschaftlich sachwidrige Ergebnisse erzielt werden, mit der Folge, dass dem im Gesetz verankerten Gebot einer angemessenen Verzinsung des eingesetzten Kapitals nicht genüge getan wird.[947] Da die Anwendung der Vermutungsregelung zudem dazu führt, dass Unternehmen, die in der Vergangenheit auf Basis der BTOElt kurze Nutzungsdauern ansetzen mussten, ohne sachlichen Grund erheblich benachteiligt werden, liegt auch ein Verstoß gegen das verfassungsrechtliche Gleichbehandlungsgebot nahe.

Bevor jedoch von der Nichtigkeit der Norm ausgegangen werden kann, ist zunächst zu untersuchen, ob sie in einer gesetzes- und verfassungskonformen Weise ausgelegt werden kann.

Bei näherer Betrachtung bietet der Wortlaut der einschlägigen Vorschriften hierfür einen gewissen Spielraum. § 32 Abs. 3 StromNEV regelt unmittelbar nur die Ermittlung und Dokumentation der Restwerte im Zuge des ersten Genehmigungsantrages. Nur hierfür sind die in der Vergangenheit tatsächlich zur Anwendung gekommenen Nutzungsdauern bzw. die ggf. eingreifenden Vermutungen von Bedeutung. Die einschlägige Regelung zur Ermittlung der kalkulatorischen Abschreibungen, in § 6 StromNEV knüpft demgegenüber zunächst überhaupt nicht an den Restwert an. Vielmehr wird der Abschreibungsbetrag allein auf Basis der Anschaffungskosten bzw. der Tagesneuwerte und der zur Anwendung kommenden Nutzungsdauer ermittelt. Dass die Nutzungsdauer derjenigen entsprechen muss, die zur Restwertermittlung nach § 32 Abs. 3 StromNEV herangezogen wird, ist jedenfalls nach dem Wortlaut nicht zwingend, zumal die Nutzungsdauer selbst von dem Dokumentationserfordernis in § 32 Abs. 3 S. 1 StromNEV auch nicht erfasst wird. Die Regelung in § 6 StromNEV zur Ermittlung der kalkulatorischen Abschreibungen kann daher ohne Weiteres gesetzes- und verfassungskonform in der Weise ausgelegt werden, dass die nach § 32 Abs. 3 StromNEV dokumentierten Restwerte und die in der Vergangenheit zur Anwendung gekommenen Nutzungsdauern für die Ermittlung der kalkulatorischen Abschreibungen keine Rolle spielen. Gestützt wird eine solche Auslegung überdies durch den Wortlaut des § 6 Abs. 5 StromNEV, nach dem die Abschreibung auf Basis der „betriebsgewöhnlichen" Nutzungsdauer nach Anlage 1 der Verordnung vorzunehmen ist und eine in Ansatz gebrachte „betriebsgewöhnliche" Nutzungsdauer für die Restdauer der Abschreibung grundsätzlich unverändert zu lassen ist. Eine „betriebsgewöhnliche" Nutzungsdauer ist jedoch gerade keine kürzere steuerliche Nutzungsdauer, die ggf. im Rahmen der BTOElt Anwendung gefunden hat. Die Regelung in § 6 Abs. 6 StromNEV erfasst nach ihrem Sinn und

---

947 Anders *Ehricke*, RdE 2007, 97, 105.

Zweck nur Fälle, bei denen eine Veränderung der „betriebsgewöhnlichen" Nutzungsdauer erfolgt.

Die Vorschrift zur Ermittlung der kalkulatorischen Abschreibungen in § 7 StromNEV knüpft zwar an Restwerte an, bezieht sich hierbei jedoch nicht auf die Regelung in § 32 Abs. 3 StromNEV, sondern auf kalkulatorische Restwerte, die grundsätzlich auf Grundlage der Eckdaten der kalkulatorischen Abschreibung nach § 6 StromNEV, d. h. nach Gesamtnutzungsdauer, bereits verstrichener Nutzungsdauer und Anschaffungskosten bzw. Tagesneuwerten zu ermitteln sind. Dies ergibt sich bereits daraus, dass die kalkulatorischen Restwerte jedes Jahr ermittelt werden müssen, die Dokumentationspflicht nach § 32 Abs. 3 StromNEV jedoch nur bei der erstmaligen Kalkulation besteht.

Dass durch diese Auslegung die Bedeutung des § 32 Abs. 3 StromNEV insgesamt und nicht nur der Vermutungswirkung in § 32 Abs. 3 S. 3 StromNEV ausgeschlossen wird, ist konsequent und mit Blick auf das höherrangige Recht auch geboten, da wie dargestellt, gerade auch die Berücksichtigung einer tatsächlich geringeren kalkulatorischen Nutzungsdauer in der Vergangenheit zu unangemessen niedrigen Entgelten für die Zukunft führen würde.

(6) Ergebnis

Im Ergebnis ist damit festzuhalten, dass die Vorschriften zur kalkulatorischen Kostenermittlung in einer gesetzes- und verfassungskonformen Weise am Wortlaut orientiert so auszulegen sind, dass die nach § 32 Abs. 3 StromNEV dokumentierten Restwerte keinen unmittelbaren Einfluss auf die Ermittlung der kalkulatorischen Kosten haben.

Letztlich wird durch eine solche Auslegung dem Ziel des Verordnungsgebers auch am besten entsprochen, da es diesem ersichtlich darum ging, Ungerechtigkeiten bei der Umstellung von kürzeren Nutzungsdauern auf betriebsgewöhnliche zu vermeiden, die er jedoch tatsächlich durch eine unzureichende Berücksichtigung der kalkulatorischen Zusammenhänge durch die Übergangsvorschrift erst geschaffen hat. Der Irrtum des Verordnungsgebers ist insoweit wohl nicht zuletzt auf den erheblichen Zeitdruck zurückzuführen, mit dem die Vorschrift kurz vor Abschluss des Gesetzgebungsverfahrens zum EnWG, in die Verordnung eingefügt wurde.[948]

---

948 Zum besonderen Zeitdruck am Ende des Gesetzgebungsverfahrens: *Büdenbender*, ET 2005, 642, 647; vgl. zu dem im Gegenzug gestrichenen Abgleich in § 6 Abs. 5 StromNEV-E: *Holznagel/Göge/Rosengarten*, RdE 2005, 192 ff.; *Schmidt-Preuß*, N&R 2005, 51 ff.

bb) Restwertermittlung im Gassektor nach § 32 Abs. 3 GasNEV

Im Grundsatz entspricht das Verfahren zur Dokumentation der Restwerte in § 32 Abs. 3 GasNEV dem entsprechenden Verfahren im Stromsektor. Insoweit kann auf die obigen Ausführungen verwiesen werden. Der wesentliche Unterschied besteht darin, dass in der Vergangenheit keine mit der BTOElt vergleichbare Preisaufsicht stattgefunden hat. Die Vermutungsregelung hinsichtlich der Nutzungsdauer ist daher nicht zweistufig sondern nur einstufig aufgebaut.

Da wie ebenfalls für den Stromsektor bereits dargestellt, mit dem Nachweis der tatsächlichen kalkulatorischen Nutzungsdauer von dem Unternehmen unter Umständen etwas objektiv Unmögliches verlangt wird, muss die Vermutungsregelung so ausgelegt werden, dass von ihr alle Fälle erfasst werden, in denen der Nachweis nicht möglich ist. Nach dem Wortlaut werden von § 32 Abs. 3 S. 3 GasNEV allerdings nur Fälle erfasst, in denen keine kostenbasierten Preise gefordert worden sind. Dies ist auf die Übernahme der Formulierung aus der StromNEV zurückzuführen, bei der nur der Verweis auf die Vermutung zugunsten der Nutzungsdauern der BTOElt gestrichen wurde.[949] Nach Sinn und Zweck müssen aber auch die Fälle erfasst werden, in denen zwar eine kostenbasierte Preisbildung erfolgt ist, die angesetzten Nutzungsdauern aber nicht mehr im einzelnen nachgewiesen werden können.[950]

Schließlich ist, entsprechend der obigen Darstellung zum Elektrizitätssektor auch die GasNEV gesetzes- und verfassungskonform in einer Weise auszulegen, nach der die dokumentierten Restwerte nicht in die kalkulatorische Kostenermittlung einfließen. Letztlich besteht die oben ausführlich geschilderte Problematik[951] auch für den Gassektor, wenn dort – ausnahmsweise – in der Vergangenheit kalkulatorische Preise auf der Basis verhältnismäßig kurzer Nutzungsdauern ermittelt wurden.

cc) Abschreibungsdauer für Altanlagen in den neuen Bundesländern

Mit Blick auf die Altanlagen aus der DDR-Zeit vertritt die Bundesnetzagentur die Ansicht, dass deren Nutzungsdauer gegenüber den in der Anlage 1 der NEV enthaltenen Spannen für die betriebsgewöhnliche Nutzungsdauer zu kürzen sei. Diese wurden jedenfalls dann angenommen, wenn der Netzbetreiber selbst einen Wertabschlag gegenüber dem Wiederbeschaffungswert vorgenommen hat.[952] Sie vertritt

---

949 Dort heißt es in §32 Abs. 3 S. 3 StromNEV insoweit „kostenbasierte Preise im Sinne des Satzes 3".
950 Das OLG Düsseldorf, Beschluss vom 26.09.2007, ZNER 2007, 509, 510, hält es jedenfalls für zulässig, ohne weitere Feststellungen davon auszugehen, dass keine kostenbasierte Entgeltbildung erfolgt ist, da eine solche in der Gaswirtschaft nicht üblich gewesen sein; ähnlich OLG Düsseldorf, Beschluss vom 24.10.2007 (VI 3 Kart 16/07), ZNER 2007, 416, 417.
951 Vgl. oben unter C.III.2.b)aa)(5).
952 Bundesnetzagentur, Entscheidung vom 06.06.2006 (Vattenfall), Umdruck S. 19 = ZNER 2006, 177 ff.

insoweit die Ansicht, dass sich ein Wertabschlag auch in einer kürzeren Nutzungsdauer niederschlagen müsse und dass der Ansatz der allgemein üblichen Nutzungsdauern nach Anlage 1 der NEV nicht sachgerecht sei.[953]

Das OLG Düsseldorf hat sich dieser Ansicht der Regulierungsbehörden angeschlossen und ausgeführt, dass eine Kombination aus einem substanziellen Wertabschlag und einer verminderten Nutzungsdauer sachgerecht erscheint.[954] Festgemacht hat das OLG Düsseldorf dies unter anderem daran, dass die Netzbetreiberin selbst wegen unterlassener Instandhaltung Wertabschläge gemacht hat und das Unterbleiben der Instandhaltung den Schluss auf eine kürzere Nutzungsdauer erlaube. Dass § 6 Abs. 5 NEV für den Fall keine besondere Regelung vorsieht, ist nach Ansicht des Gerichts unschädlich.[955]

Im Grundsatz ist der Ansicht der Bundesnetzagentur zuzustimmen. Auf Basis der kalkulatorischen Kostenermittlung gelangt man dann zu den richtigen bzw. besten Ergebnissen, wenn die kalkulatorische Nutzungsdauer der tatsächlichen möglichst exakt entspricht. Ist daher die tatsächlich erwartete Nutzungsdauer für die DDR-Altanlagen deutlich geringer als die in Anlage 1 zur NEV ausgewiesene betriebsgewöhnliche Nutzungsdauer, dann ist es sachgerecht, die geringere Nutzungsdauer zugrunde zu legen. Ob dies konkret jeweils der Fall ist, ist Tatsachenfrage. Ein Wertabschlag auf das Anlagevermögen kann häufig mit einer verringerten erwarteten Nutzungsdauer einhergehen, muss dies aber nicht. Denkbar ist auch, dass er etwa vorgenommen wurde, um einer höheren Wartungsintensität, einer höheren Störungsanfälligkeit, der Verursachung höherer Verluste oder sonstigen Umständen Rechnung zu tragen, die den Wert der Anlage bestimmen aber nicht zwangsläufig Einfluss auf ihre Nutzungsdauer haben müssen.

Die Frage nach der konkret anzusetzenden Nutzungsdauer dürfte daher regelmäßig empirisch zu lösen sein. Entscheidend ist somit, nach welchem Nutzungszeitraum vorhandene Anlagen tatsächlich ersetzt werden. Dies kann insbesondere auf Basis einer Untersuchung der Erneuerungsinvestitionen der letzten Jahre festgestellt werden. Daneben lassen sich auch unmittelbar aus der kalkulatorischen Rechnung Indizien gewinnen. Fallen bei einer Verkürzung der Nutzungsdauer zahlreiche Anlagen aus der kalkulatorischen Rechnung, so war die Verkürzung nicht sachgerecht, da die Anlagen tatsächlich regelmäßig länger in Betrieb sind als bei der Festlegung der verkürzten Nutzungsdauer angenommen.

dd) Änderung der kalkulatorischen Nutzungsdauer

Über das Sonderthema der Altanlagen aus der DDR-Zeit hinaus ist weiter zu untersuchen, unter welchen Umständen die Nutzungsdauern für Anlagen in der Zukunft

---

953 Bundesnetzagentur, Entscheidung vom 06.06.2006 (Vattenfall), Umdruck S. 19 = ZNER 2006, 177 ff.
954 OLG Düsseldorf, Beschluss vom 21.07.2007 (Vattenfall), Umdruck S. 15f.
955 OLG Düsseldorf, Beschluss vom 21.07.2007 (Vattenfall), Umdruck S. 16.

verändert werden können, wenn für sie im konkreten Fall mit einer abweichenden Nutzungsdauer zu rechnen ist. Die Regelungen in der Entgeltverordnung scheinen insoweit widersprüchlich, da einerseits § 6 Abs. 5 S. 2 NEV vorschreibt, dass die für eine Anlage in Ansatz gebrachte betriebsgewöhnliche Nutzungsdauer für die Restdauer ihrer kalkulatorischen Abschreibungen unverändert zu lassen ist, andererseits § 6 Abs. 6 S. 3 f. NEV aber explizit Regeln für den Fall einer Veränderung der angesetzten Abschreibungsdauer vorsieht.

Den Anwendungsbereich beider Vorschriften wird man vor dem Hintergrund ihrer jeweiligen spezifischen Zielrichtung voneinander abgrenzen müssen. Da grundsätzlich die kalkulatorische Nutzungsdauer der tatsächlichen bzw. betriebsgewöhnlichen möglichst nahe kommen sollte, andererseits die subjektiven Erwartungen der Unternehmen an die tatsächliche Nutzungsdauer einer gewissen Objektivierung bedürfen, hat der Verordnungsgeber die anzusetzenden betriebsgewöhnlichen Nutzungsdauern – teilweise als Zeitspannen, teilweise als konkrete Werte – in der Anlage 1 der NEV vorgegeben. Die dort festgelegten Nutzungsdauern können aber selbstverständlich nur die reguläre Nutzungsdauer ohne Sondereinflüsse wiedergeben. § 6 Abs. 5 S. 2 NEV zielt vor diesem Hintergrund darauf ab, eine allgemeine ohne konkreten Anlass vorgenommene Änderung der kalkulatorischen Nutzungsdauer zu verhindern.

Von den Vorgaben hinsichtlich der betriebsgewöhnlichen Nutzungsdauer nicht erfasst werden können demgegenüber besondere Umstände, die Einfluss auf die Nutzungsdauer einzelner Anlagen haben. Da es kalkulatorisch ersichtlich nicht sachgerecht sein kann, Anlagen, die aufgrund besonderer Umstände eine von der betriebsgewöhnlichen Nutzungsdauer deutlich abweichende individuell erwartete Nutzungsdauer aufweisen, weiterhin auf Basis der betriebsgewöhnlichen Nutzungsdauer abzuschreiben, sieht § 6 Abs. 6 S. 3 f. NEV eine Regelung zur Änderung der Abschreibungsdauer vor.

Auch die Regulierungsbehörde hat – wie der oben dargestellte Fall der Altanlagen in den neuen Bundesländern zeigt – der Berücksichtigung besonderer Umstände, die für eine kürzere Nutzungsdauer sprechen, Vorrang vor dem Ansatz der allgemeinen betriebsgewöhnlichen Nutzungsdauern eingeräumt.

Eine Verkürzung der Nutzungsdauer kommt daher beispielsweise in Betracht, wenn aufgrund von Materialfehlern mit einer geringeren Nutzungsdauer von bestimmten Anlagen zu rechnen ist, oder wenn etwa bereits feststeht, dass bestimmte Anlagenteile zu einem bestimmten Zeitpunkt zurückgebaut werden müssen oder nicht mehr benötigt werden. Umgekehrt kommt eine Verlängerung der Abschreibungsdauer über das betriebsgewöhnliche Maß beispielsweise in Betracht, wenn die erwartete Nutzungsdauer durch Modernisierungs- oder Sanierungsarbeiten deutlich erhöht wurde.

Nicht erfasst wird von § 6 Abs. 6 NEV demgegenüber eine generelle Umstellung der Abschreibungsdauer. Eine solche ist vielmehr zum einen gemäß § 6 Abs. 5 S. 2 NEV ausgeschlossen, zum anderen wäre in diesem Fall die Anwendung der in § 6

Abs. 6 NEV vorgesehenen Regelungen auch nicht sachgerecht, wie sich aus der oben behandelten Problematik der Restwertermittlung im Zuge der Übergangsvorschrift des § 32 Abs. 3 StromNEV unschwer ableiten lässt.[956] Sollten daher in Zukunft Erkenntnisse darüber gewonnen werden, dass die in Anlage 1 der NEV niedergelegten Nutzungsdauern nicht mit der tatsächlichen betriebsgewöhnlichen Nutzungsdauer übereinstimmen, so wäre es entsprechend den obigen Ausführungen sachgerecht, eine mögliche Änderung der Nutzungsdauern in Anlage 1 der NEV für alle Anlagegüter ohne Rücksicht auf bestehende Restwerte wirksam werden zu lassen.

ee) Behandlung von Grundstücken

Grundstücke weisen keine beschränkte Nutzungsdauer auf. Die in der Anlage 1 der StromNEV – anders als in der Anlage 1 zur GasNEV – ausgewiesene Nutzungsdauer von 0 Jahren stellt ersichtlich ein Redaktionsversehen dar. Die Nutzungsdauer ist vielmehr grundsätzlich unendlich. Bei einer unendlichen Nutzungsdauer beträgt die jährliche Abschreibung bereits mathematisch 0. Dies ist auch inhaltlich sachgerecht, da Grundstücke regelmäßig keinem Wertverzehr unterliegen sondern sich im Gegenteil häufig eine Wertsteigerung einstellt, die – handelsrechtlich – zu stillen Reserven führt.[957]
Vor diesem Hintergrund ist auch der Ansicht der Regulierungsbehörde beizupflichten, dass Grundstücksanteile in abschreibungsfähigen Positionen wie etwa Bauten nicht enthalten sein dürfen und daher dort ggf. entsprechend zu kürzen sind.[958] In der Folge dürfen sie selbstverständlich mit Blick auf die Eigenkapitalverzinsung nicht unberücksichtigt bleiben sondern müssen der Position Grundstücke zuordnet werden.[959]
Inhaltlich in Betracht zu ziehen wäre eine Abschreibung eines bebauten Grundstückes gemeinsam mit dem Gebäude allenfalls dann, wenn die Bebauung des Grundstücks tatsächlich objektiv erwarten lässt, dass der Wert des Grundstückes etwa aufgrund erforderlicher Abbruchkosten oder erwarteter Altlasten nach Ablauf der Nutzungsdauer des Bauwerkes Null beträgt. Da dies jedoch kaum mit der notwendigen Sicherheit vorhersehbar sein dürfte, erscheint es vorzugswürdig entsprechende Kosten im Falle eines Verkaufs, als Verluste aus Anlageabgängen zu verbuchen. Bleibt das Grundstück hingegen im Eigentum des Netzbetreibers, müssten die ggf. erforderlichen Abbruch- oder Sanierungskosten als aufwandsgleiche Kosten berücksichtigt werden.

---

956 Vgl. oben unter C.III.2.b)aa)(5).
957 So auch die Regulierungsbehörden, Positionspapier Strom, S. 17.
958 Regulierungsbehörden, Positionspapier Strom, S. 17.
959 Anderenfalls würde der Grundstücksanteil der Bauten bei der Eigenkapitalverzinsung nur zum Anteil des jeweiligen Restwertes des Bauwerkes berücksichtigt.

c) Ermittlung der Abschreibungsbeträge

Bei der Ermittlung der konkreten Abschreibungsbeträge ist zwischen den vor dem 01.01.2006 aktivierten Altanlagen und den ab dem 01.01.2006 aktivierten Neuanlagen zu unterscheiden. Mit Blick auf erstere erfolgt die Ermittlung der kalkulatorischen Abschreibungen nach Maßgabe der Nettosubstanzerhaltung, mit Blick auf letztere nach Maßgabe der Realkapitalerhaltung.

aa) Abschreibungen auf Altanlagen

Bei den Abschreibungen auf Altanlagen ist entsprechend dem System der Nettosubstanzerhaltung gemäß § 6 Abs. 2 NEV zwischen dem eigenfinanzierten Anteil der Altanlagen, die auf Basis der Tagesneuwerte abgeschrieben werden, und dem fremdfinanzierten Anteil der Altanlagen zu unterscheiden, die auf Basis der Anschaffungs- und Herstellungskosten abgeschrieben werden.

(1) Tagesneuwertbasierte Abschreibung

Die tagesneuwertbasierten Abschreibungen werden durch die Division des jeweils für die Anlage ermittelten Tagesneuwertes durch die kalkulatorische Nutzungsdauer ermittelt. Entsprechend dem System der Nettosubstanzerhaltung findet keine aufholende Abschreibung auf den Wiederbeschaffungswert statt, mit der Folge, dass die summierten Abschreibungsbeträge zum Ende der Nutzungsdauer nicht dem Tagesneuwert am Ende der Nutzungsdauer entsprechen sondern regelmäßig deutlich hinter ihm zurückbleiben.

Dementsprechend kommt auch dem Begriff des „Restwertes" im Rahmen der tagesneuwertbasierten Abschreibung eine andere Bedeutung zu, als im Rahmen einer anschaffungskostenbasierten Abschreibung. So kann der Restwert – anders als der Begriff vermuten lässt – im Rahmen der tagesneuwertbasierten Abschreibung weder durch Subtraktion der bisherigen Abschreibung vom Tagesneuwert ermittelt werden, noch gibt der Restwert Auskunft über die Höhe der für die Zukunft noch ausstehenden Abschreibungsbeträge. Der kalkulatorische Restwert wird vielmehr ermittelt, indem man den Tagesneuwert durch die kalkulatorische Nutzungsdauer teilt und das Ergebnis mit der noch verbleibenden Nutzungsdauer multipliziert.

Im Rahmen der Regelung in § 6 Abs. 6 S. 3 f. NEV, nach der bei einer Veränderung der ursprünglich angesetzten Abschreibungsdauer der Restwert des Wirtschaftsgutes zum Zeitpunkt der Umstellung der Abschreibungsdauer die Grundlage für die weiteren Abschreibungen bildet, wirft dies die Frage auf, wie diese Vorschrift im Verhältnis zu § 6 Abs. 3 S. 2 NEV zu verstehen ist, nach der der Tagesneuwert auf Basis der Anschaffungs- und Herstellungskosten zu ermitteln ist. Um zu sachgerechten Ergebnissen im Rahmen der Nettosubstanzerhaltung zu gelangen und der Regelung des § 6 Abs. 6 NEV auch hinsichtlich der Tagesneuwertabschreibung Rechnung zu tragen, wird man § 6 Abs. 3 S. 2 NEV in der Weise zu verstehen haben, dass der bei der Veränderung der Abschreibungsdauer ermittelte kalkulatorische Restwert auf Tagesneuwertbasis die Anschaffungs- und Herstellungskosten im Sinne des § 6 Abs. 3 S. 2 NEV darstellt, auf deren Grundlage sodann die weitere Indizierung erfolgt. Keine unmittelbare Anwendung finden kann insoweit nach Sinn und Zweck die Regelung in § 6 Abs. 6 S. 5 NEV, wonach sich der neue Abschreibungsbetrag aus der Division des Restwertes durch die Restabschreibungsdauer ergibt, da hierbei die erforderliche Weiterindizierung in den Folgejahren unterbliebe.

Eine alternative Berechnungsform für die Abschreibungen auf Tagesneuwertbasis besteht darin, den auf Basis der Anschaffungs- und Herstellungskosten ermittelten Abschreibungsbetrag entsprechend der Wertentwicklung seit dem Anschaffungsjahr auf Grundlage der entsprechenden Preisindizes zu indizieren. Dies weicht zwar vom Wortlaut der Regelung in § 6 Abs. 3 NEV ab, wonach nicht der Abschreibungsbetrag, sondern die Anschaffungs- und Herstellungskosten auf die Tagesneuwertbasis umzurechnen sind, führt jedoch zu rechnerisch identischen Ergebnissen und erleichtert die Berechnung bei ggf. mehrfachem Wechsel der Abschreibungsdauer nach § 6 Abs. 6 NEV. Die für die Ermittlung des betriebsnotwendigen Vermögens benötigten Restwerte auf Tagesneuwertbasis lassen sich entsprechend unmittelbar durch eine Indizierung der auf Basis der Anschaffungs- und Herstellungskosten ausgewiesenen Restwerte ermitteln.

(2) Abschreibung auf Basis der Anschaffungs- und Herstellungskosten

Im Rahmen der Abschreibung auf Basis der Anschaffungs- und Herstellungskosten errechnen sich die kalkulatorischen Abschreibungsbeträge, indem die Anschaffungs- und Herstellungskosten durch die kalkulatorische Nutzungsdauer dividiert werden. Der kalkulatorische Restwert ermittelt sich aus der Höhe der Anschaffungs- und Herstellungskosten, unter Abzug der bereits in der Vergangenheit erfolgten Abschreibungen. Aus ihm lässt sich zugleich die Höhe der in der Zukunft noch ausstehenden kalkulatorischen Abschreibungsbeträge ablesen.

Besondere Probleme bei der Ermittlung der kalkulatorischen Abschreibungsbeträge auf Basis der Anschaffungs- und Herstellungskosten sind nicht erkennbar. Dies gilt auch für die Anwendung des § 6 Abs. 6 NEV.

(3) Berücksichtigung der Eigenkapitalquote

Nach der Regelung in § 6 Abs. 2 NEV sind für die Altanlagen die Abschreibungen auf Basis der Tagesneuwerte in Höhe der Eigenkapitalquote zu berücksichtigen, während die Abschreibungen auf Basis der Anschaffungs- und Herstellungskosten in Höhe der Fremdkapitalquote in die Ermittlung der insgesamt anzusetzenden kalkulatorischen Kosten für die Abschreibung einfließen.

Da die in § 6 Abs. 2 S. 3 f. NEV enthaltenen Regelungen zur Ermittlung der Eigenkapitalquote die Kenntnis des betriebsnotwendigen Eigenkapitals voraussetzen, bei dessen Ermittlung nach § 7 Abs. 1 NEV wiederum an die Eigenkapitalquote angeknüpft wird, werden die sich hieraus gegebenen Probleme im Anschluss in einem gesonderten Abschnitt behandelt,[960] zumal der Ermittlung des betriebsnotwendigen Eigenkapitals und der Eigenkapitalquote auch zentrale Bedeutung bei der Ermittlung der kalkulatorischen Eigenkapitalverzinsung zukommt.

bb) Abschreibungen auf Neuanlagen

Die Abschreibungen auf Neuanlagen, die ab dem 01.01.2006 aktiviert wurden, erfolgen auf Grundlage der Anschaffungs- und Herstellungskosten und damit im Grundsatz ebenso wie die Abschreibungen für den fremdfinanzierten Teil der Altanlagen. Insoweit bedurfte es in der Verordnung über die knappe Vorschrift des § 6 Abs. 4 NEV hinaus, die die Anwendung der linearen Abschreibungsmethode auf Basis der Anschaffungs- und Herstellungskosten anordnet, auch keiner besonderen Regelung hinsichtlich der Ermittlung der kalkulatorischen Abschreibungen für Neuanlagen.

d) Zusammenfassung

Soweit die Abschreibung auf Basis der Anschaffungs- und Herstellungskosten erfolgt, sind diese mit Blick auf das konkrete Unternehmen zu ermitteln. Im Fall einer Netzübernahme von einem konzernfremden Unternehmen bildet daher der Kaufpreis den Ausgangspunkt für die weiteren kalkulatorischen Abschreibungen. Die von der Regulierungsbehörde vertretene gegenteilige Auffassung kann zu unangemessen niedrigen Netzentgelten führen und ist daher mit den Vorgaben des Gesetzes nicht vereinbar.

Die Regelung zur erstmaligen Ermittlung der Restwerte in § 32 NEV verfehlt das von ihr verfolgte Ziel, einen gerechten Übergang in das neue Regulierungsregime zu schaffen und eine Doppelbelastung von Netznutzern zu vermeiden. Vielmehr führt gerade die Anwendung der Vorschrift zu unsachgerechten Ergebnissen. Die Regelung in § 32 NEV ist daher in gesetzes- und verfassungskonformer Weise so auszulegen, dass die dokumentierten Restwerte keinen unmittelbaren Einfluss auf die Ermittlung der kalkulatorischen Kosten haben.

Die nachträgliche Änderung der kalkulatorischen Nutzungsdauer für einzelne Anlagen ist zulässig, wenn es hierfür einen sachlichen Grund gibt. Der für die Altanla-

---

960 Siehe unten unter C.III.3.

gen in den neuen Bundesländern vorgenommene Wertabschlag ist - entgegen der Auffassung der Regulierungsbehörden - jedoch kein zwingendes Argument dafür, auch von einer geringeren kalkulatorischen Nutzungsdauer auszugehen.

3. Betriebsnotwendiges Eigenkapital und Eigenkapitalquote

In besonderem Maße umstritten war angesichts des ursprünglichen[961] Wortlautes der einschlägigen Regelungen die Ermittlung des betriebsnotwendigen Vermögens, des betriebsnotwendigen Eigenkapitals und der Eigenkapitalquote sowie ihre kalkulatorische Begrenzung auf 40 % gemäß § 6 Abs. 2 S. 4 NEV. Bedeutung kommt der Ermittlung des betriebsnotwendigen Eigenkapitals und der Eigenkapitalquote bei der Ermittlung der kalkulatorischen Eigenkapitalverzinsung[962] sowie der kalkulatorischen Abschreibungen zu.[963]

Auch wenn der Verordnungsgeber die Vorschrift des § 7 Abs. 1 NEV inzwischen so verändert hat, dass das von der Regulierungsbehörde angewandte Berechnungsschema nun normativ angeordnet ist, bleibt es lohnend, zunächst einen Blick auf die Rechtslage auf Basis der ursprünglichen Fassung der NEV zu werfen. Zum einen stehen insoweit noch gerichtliche Entscheidungen aus, die sich auf den Zeitraum vor der Änderung der NEV beziehen, zum anderen lassen sich aus dem Meinungsstreit auch Erkenntnisse hinsichtlich des vor dem Hintergrund der gesetzlichen Anforderungen an eine angemessene Eigenkapitalverzinsung sachlich gebotenen Berechnungsschemas gewinnen. Im Folgenden wird daher zunächst umfassend auf die Rechtslage auf Basis der NEV 2005 eingegangen. Anschließend werden die Abweichungen erörtert, die sich durch die Änderungen im Oktober 2007 ergeben haben.

a) Rechtslage auf Basis der NEV 2005

Ausgangspunkt des Meinungsstreites bildet hierbei die Regelung in § 6 Abs. 2 S. 3 NEV, nach der sich die Eigenkapitalquote rechnerisch als „Quotient aus dem betriebsnotwendigen Eigenkapital und den kalkulatorisch ermittelten Restwerten des betriebsnotwendigen Vermögens zu historischen Anschaffungs- und Herstellungskosten" ergibt. § 7 Abs. 1 S. 2 NEV 2005 enthält wiederum eine Regelung zur Ermittlung des betriebsnotwendigen Eigenkapitals. Danach ergibt sich das betriebsnotwendige Eigenkapital „*unter Berücksichtigung der Eigenkapitalquote nach § 6 Abs. 2 aus der Summe der 1. kalkulatorischen Restwerte des Sachanlagevermögens der betriebsnotwendigen Altanlagen bewertet zu historischen Anschaffungs- und*

---

961 Die Vorschrift des § 7 NEV wurde durch Artikel 2 der Verordnung zum Erlass und zu Änderung von Rechtsvorschriften auf dem Gebiet der Energieregulierung vom 29. Oktober 2007 geändert (BGBl. I S. 2529).
962 Siehe unten unter C.III.4.
963 Siehe hierzu oben unter C.III.2.c)

Herstellungskosten und multipliziert mit der Fremdkapitalquote, 2. kalkulatorischen Restwerte des Sachanlagevermögens der betriebsnotwendigen Altanlagen bewertet zu Tagesneuwerten und multipliziert mit der Eigenkapitalquote [...]." Die Ermittlung des betriebsnotwendigen Eigenkapitals setzt also nach dem Wortlaut die Kenntnis der Eigen- und der Fremdkapitalquote voraus, deren Ermittlung jedoch ihrerseits die Kenntnis des betriebsnotwendigen Eigenkapitals voraussetzt.

aa) Auflösung des Zirkelschlusses und Berechnung der Eigenkapitalquote

Zunächst ist zu untersuchen, wie der scheinbare Zirkelschluss in den Vorschriften der § 6 Abs. 2 S. 3 und § 7 Abs. 1 S. 2 NEV 2005 aufzulösen ist.

(1) Wortlautgetreue mathematische Lösung

Bei näherer Betrachtung ergibt sich bereits nach dem Wortlaut der Vorschriften kein unauflösbarer Zirkelschluss. Vielmehr werden drei mathematische Gleichungen mit drei Unbekannten nämlich der Eigenkapitalquote, der Fremdkapitalquote und der Höhe des betriebsnotwendigen Eigenkapitals beschrieben. Derartige Gleichungen lassen sich indes mathematisch ohne Weiteres auflösen.

Aus § 6 Abs. 2 S. 3 StromNEV folgt:

$$EKQ = \frac{BNEK}{RW_{AK/HK}}$$

EKQ: Eigenkapitalquote
BNEK: betriebsnotwendiges Eigenkapital
$RW_{AK/HK}$: Restwerte des betriebsnotwendigen Vermögens zu Anschaffungskosten

Aus § 6 Abs. 2 S. 5 NEV ergibt sich:

$$FKQ = 100\% - EKQ$$

FKQ: Fremdkapitalquote

Aus § 7 Abs. 1 S. 2 NEV 2005 folgt weiter:

$$BNEK = RWA_{AK/HK} * FKQ + RWA_{TNW} * EKQ + RWN_{AK/HK} + FA_{BW} + UV_{BW} - SP - AK - FK$$

$RWA_{AK/HK}$: Restwerte Altanlagen auf Basis der Anschaffungskosten
RWA_{TNW}: Restwerte Altanlagen auf Basis des Tagesneuwertes
$RWN_{AK/HK}$: Restwerte Neuanlagen auf Basis der Anschaffungskosten
FA_{BW}: Bilanzwerte Finanzanlagen
UV_{BW}: Bilanzwerte Umlaufvermögen
SP: Steuerposten mit Rücklagenanteil
AK: Abzugskapital
FK: verzinsliches Fremdkapital

Der Restwert des betriebsnotwendigen Anlagevermögens auf Basis der Anschaffungskosten lässt sich auch wie folgt schreiben:

$$RW_{AK/HK} = RWA_{AK/HK} + RWN_{AK/HK} + FA_{BW} + UV_{BW}$$

Löst man die erste Gleichung nach BNEK auf und setzt sie ebenso wie die zweite Gleichung in die Dritte ein und löst diese dann nach EKQ auf, so erhält man nach Einsetzen der vierten Gleichung:

$$EKQ = \frac{RWA_{AK/HK} + RWN_{AK/HK} + FA_{BW} + UV_{BW} - SP - AK - FK}{2 * RWA_{AK/HK} + RWN_{AK/HK} + FA_{BW} + UV_{BW} - RWA_{TNW}}$$

Da die rechte Seite der Gleichung keine Unbekannten enthält, lässt sich die Eigenkapitalquote eindeutig errechnen. Übersteigt die Eigenkapitalquote 40 %, so ist sie gemäß § 6 Abs. 2 S. 4 NEV auf diesen Wert zu begrenzen.

Wurde die Eigenkapitalquote berechnet, kann – unter Berücksichtigung ihrer Begrenzung auf 40 % – auch die Fremdkapitalquote und das betriebsnotwendige Eigenkapital ohne Weiteres ermittelt werden.

(2) Beschränkung auf Anschaffungs- und Herstellungskosten

Eine andere Möglichkeit zur Auflösung des Zirkelschlusses besteht darin, für die Ermittlung der Eigenkapitalquote nach § 6 Abs. 2 S. 3 NEV nicht an das betriebsnotwendige Eigenkapital im Sinne von § 7 Abs. 1 S. 2 NEV 2005 anzuknüpfen, sondern das betriebsnotwendige Eigenkapital zur Bestimmung der Eigenkapitalquote allein auf Basis der Anschaffungs- und Herstellungskosten zu berechnen.

In der obigen Notation berechnet sich die Eigenkapitalquote dann wie folgt:

$$EKQ = \frac{RWA_{AK/HK} + RWN_{AK/HK} + FA_{BW} + UV_{BW} - SP - AK - FK}{RWA_{AK/HK} + RNW_{AK/HK} + FA_{BW} + UV_{BW}}$$

Diese Variante wird – zumindest im ersten Ansatz – auch von den Regulierungsbehörden vertreten[964] und entspricht auch der Praxis im Rahmen der Verbändevereinbarung II plus, bei der sich das Problem in ähnlicher Weise stellte.[965]

(3) Bewertung der Auslegungsvarianten

Für beide Auslegungsvarianten lassen sich verschiedene Argumente ins Feld führen. Für die erste Lösung spricht zunächst, dass sie sich eng am Wortlaut orientiert und es nicht erforderlich macht, einen zweiten Begriff des betriebsnotwendigen Eigenkapitals zu definieren, der sich von dem Verständnis in § 7 Abs. 1 S. 2 NEV 2005 unterscheidet. Auch für die auf die Anschaffungs- und Herstellungskosten gestützte Auslegungsvariante lässt sich jedoch mit dem Wortlaut argumentieren, wenn man

---

964 Regulierungsbehörden, Positionspapier Strom, Seite 12.
965 Vgl. Ziffer 3.3 der Anlage 3 zur Verbändevereinbarung II plus.

die Ansicht vertritt, dass sich die Formulierung „*zu historischen Anschaffungs- und Herstellungskosten*" in § 6 Abs. 3 S. 3 NEV nicht nur auf die kalkulatorisch ermittelten Restwerte des betriebsnotwendigen Vermögens sondern auch auf das betriebsnotwendige Eigenkapital bezieht.

Für die zweite Auslegungsvariante könnte ferner sprechen, dass sie sich stärker an den handelsrechtlichen Gegebenheiten orientiert, die der Verordnungsgeber im Zweifel vor Augen hatte, als er eine Begrenzung der Eigenkapitalquote auf 40 % vorgesehen hat.[966]

Vor dem Hintergrund von Sinn und Zweck der Regelung im Kontext der kalkulatorischen Kostenermittlung muss letztlich ausschlaggebend sein, welche der Auslegungsvarianten zu betriebswirtschaftlich belastbaren und inhaltlich sachgerechten Ergebnissen führt.

Als erste Anforderung wird man insoweit festhalten müssen, dass die Eigenkapitalquote 100 % nicht übersteigen darf. Betriebswirtschaftlich kann es nach allgemeinen Bilanzierungsgrundsätzen eine Eigenkapitalquote über 100 % nicht geben.[967] Auch mit der Verordnung wäre eine Berechnungsmethode, bei der sich eine Eigenkapitalquote über 100 % ergeben kann, nicht vereinbar, da sich in diesem Fall nach § 6 Abs. 2 S. 5 NEV eine negative Fremdkapitalquote ergeben müsste. Wie sich leicht nachvollziehen lässt, kann sich bei der ersten Berechnungsmethode eine Eigenkapitalquote über 100 % ergeben. Nimmt man beispielsweise an, dass die Bilanzwerte des Umlauf- und Finanzanlagevermögens, sowie die Sonderposten mit Rücklageanteil, das Abzugskapital und das verzinsliche Fremdkapital jeweils Null betragen und noch keine Neuanlagen aktiviert wurden, so ergibt sich eine Eigenkapitalquote über 100% sobald der Restwert der Altanlagen auf Tagesneuwertbasis den Restwert der Altanlagen auf Anschaffungskostenbasis überschreitet, was regelmäßig der Fall sein dürfte. Demgegenüber kann sich in der zweiten Auslegungsvariante keine Eigenkapitalquote über 100 % ergeben, da – wie sich der Formel leicht entnehmen lässt – der Zähler nicht größer als der Nenner werden kann.

Eine weitere Anforderung besteht darin, dass die Eigenkapitalquote nicht unter Null sinken darf. Ein Unternehmen mit einer negativen Eigenkapitalquote müsste Insolvenz anmelden. Außerdem würde sich bei einer negativen Eigenkapitalquote nach § 6 Abs. 2 S. 5 NEV eine Fremdkapitalquote von über 100 % ergeben. Betrachtet man als Beispiel wiederum einen Fall, in dem die Bilanzwerte für das Umlauf- und Finanzanlagevermögen Null betragen und noch keine Neuanlagen aktiviert wurden, so ergibt sich bei der ersten Auslegungsvariante stets dann eine negative Eigenkapitalquote, wenn die Restwerte der Altanlagen auf Tagesneuwertbasis mehr als doppelt so hoch sind wie die Restwerte auf Basis der Anschaffungskosten – selbst dann, wenn überhaupt kein Fremdkapital eingesetzt wurde. In der zweiten Auslegungsvariante kann dieser Fall – sofern keine Insolvenz im handelsrechtlichen Sinne vorliegt – indes nicht auftreten.

---

[966] Da im Handelsrecht grundsätzlich an die Anschaffungs- und Herstellungskosten angeknüpft wird, ermittelt sich dort auch die Eigenkapitalquote auf dieser Basis.
[967] In diesem Fall müsste die Passivseite der Bilanz die Aktivseite übersteigen.

Schließlich führt die erste Auslegungsvariante in verschiedenen Fällen zu ersichtlich unsinnigen Ergebnissen, insbesondere wenn der Nenner gegen Null konvergiert. Beträgt der Nenner Null, lässt sich zudem die Eigenkapitalquote nicht berechnen.

(4) Ergebnis

Die Eigenkapitalquote ist auf Basis eines allein nach Anschaffungs- und Herstellungskosten ermittelten betriebsnotwendigen Eigenkapitals zu berechnen.[968] Ein anderes Verständnis der Regelung in § 6 Abs. 2 S. 3 NEV würde zu unsachgerechten Ergebnissen führen und wäre mit Sinn und Zweck der Vorschrift nicht vereinbar.

bb) Berechnung des betriebsnotwendigen Eigenkapitals nach § 7 Abs. 1 S. 2 NEV 2005

Die Berechnung des betriebsnotwendigen Eigenkapitals (BNEK) richtet sich nach § 7 Abs. 1 S. 2 NEV 2005. Aus dieser Vorschrift ergibt sich folgende, oben bereits dargestellte[969] Formel:

$$BNEK = RWA_{AK/HK} * FKQ + RWA_{TNW} * EKQ + RWN_{AK/HK} + FA_{BW} + UV_{BW} - SP - AK - FK$$

Als Abzugskapital (AK) ist gemäß § 7 Abs. 2 NEV das zinslos zur Verfügung stehende Kapital zu behandeln. Bei seiner Ermittlung ist jeweils der Mittelwert aus dem Jahresanfangs- und dem Jahresendbestand der einzelnen relevanten Positionen[970] zu berücksichtigen.

Die Ermittlung des betriebsnotwendigen Eigenkapitals erfolgt unter Berücksichtigung der Eigenkapitalquote nach § 6 Abs. 2 NEV.[971] Daraus ergibt sich, dass die – wie oben dargestellt[972] auf Basis der Anschaffungs- und Herstellungskosten ermittelte – Eigenkapitalquote (EKQ) bzw. Fremdkapitalquote (FKQ) bei der Ermittlung des betriebsnotwendigen Eigenkapitals anzusetzen ist. Die Eigenkapitalquote kann dabei aufgrund ihrer kalkulatorischen Beschränkung nach § 6 Abs. 2 NEV höchstens

---

968 So auch *Meyer* in: Bartsch/Röhling/Salje/Scholz, Stromwirtschaft, Kapitel 48, Rn. 64.
969 Vgl. oben unter C.III.3.a)aa)(1).
970 Im Einzelnen: Rückstellungen, erhaltene Vorauszahlungen und Anzahlungen von Kunden, unverzinsliche Verbindlichkeiten aus Lieferung und Leistung, erhaltene Baukostenzuschüsse einschließlich passivierter Leistungen der Anschlussnehmer zur Erstattung von Netzanschlusskosten, sonstige Verbindlichkeiten, soweit die Mittel dem Netzbetreiber zinslos zur Verfügung stehen.
971 So nun auch ausdrücklich: BGH, Beschlüsse vom 14.08.2008, KVR 39/07, Tz. 49; KVR 34/07, Tz. 47; KVR 35/07, Tz. 58; KVR 36/07, Tz. 46; KVR 42/07, Tz. 34.
972 Vgl. oben unter C.III.3.a)aa).

40 % betragen, mit der Folge, dass die Fremdkapitalquote mindestens 60 % beträgt.[973]

(1) Wertansatz für das Finanzanlage- und Umlaufvermögen

Die sich in der Praxis bei der Ermittlung des betriebsnotwendigen Eigenkapitals stellenden Probleme im Zusammenhang mit der Ermittlung der Ansätze für die Finanzanlagen und das Umlaufvermögen wurden bereits an anderer Stelle behandelt.[974] Die dortigen Ausführungen gelten entsprechend für die aus der Passiv-Seite der Bilanz abgeleiteten Positionen, also für die Sonderposten mit Rücklagenanteil (SP), das Abzugskapital (AK) und das verzinsliche Fremdkapital (FK). Inhaltlich lässt sich die sachgerechte Zuordnung der Bilanzpositionen auf der Aktiv- und der Passiv-Seite der Bilanz ohnehin regelmäßig nicht voneinander trennen.[975] Wurden beispielsweise Teile des Finanzanlagevermögens mit Krediten finanziert, so geht mit der Zuordnung des Finanzanlagevermögens zum Netzbetrieb auch die entsprechende Zuordnung des verzinslichen Fremdkapitals einher.

(2) Wertansatz für Grundstücke

Die Regulierungsbehörden vertreten die Ansicht, dass Grundstücke in die Verzinsungsbasis nur auf Grundlage der Anschaffungs- und Herstellungskosten eingehen dürfen und nicht mit Tagesneuwerten.[976] Eine andere Handhabung stünde mit dem Prinzip der Nettosubstanzerhaltung nicht in Einklang, wonach ein Unternehmen als erhalten gelte, wenn die betriebsnotwendigen Anlagegüter am Ende ihrer Nutzungsdauer wiederbeschafft werden können. Da Grundstücke jedoch nicht wiederbeschafft werden müssten und sie keiner Abnutzung unterliegen, sei nur eine Verzinsung der Grundstücke auf Basis der Anschaffungskosten anzusetzen.[977]

Die Ansicht der Regulierungsbehörden erscheint mit Blick auf die „reine Lehre" der Nettosubstanzerhaltung zunächst zutreffend, solange davon ausgegangen werden kann, dass das betreffende Grundstück niemals durch ein anderes ersetzt werden muss.[978] Wird hingegen ein Ersatz des Grundstücks erforderlich, zeigt sich, dass die Anwendung des Realzinses auf die Anschaffungs- und Herstellungskosten nicht ausreicht, um den Substanzerhalt sicherzustellen. Die Regulierungsbehörden argumentieren insoweit, dass durch die Wertentwicklung bei Grundstücken regelmäßig stille Reserven entstehen, die gewährleisten, dass aus dem Verkaufserlös eines vor-

---

973 So auch Regulierungsbehörden, Positionspapier Strom, S. 13.
974 Vgl. oben unter C I.2.b)bb).
975 Vgl. *Füllbier*, ET 1/2009, 150 ff.
976 Vgl. Regulierungsbehörden, Positionspapier Gas, S. 11 = ZNER, 2006, 125 ff.
977 Vgl. Regulierungsbehörden, Positionspapier Gas, S. 11 = ZNER, 2006, 125 ff.
978 So auch OLG Frankfurt, Beschluss vom 11.09.2007, ZNER 2007, 341, 343.

handenen Grundstücks ohne Zuführung von zusätzlichem Kapital ein gleichwertiges Grundstück wiederbeschafft werden kann.[979] Diese Argumentation ist allerdings nur vordergründig richtig. Die Regulierungsbehörden übersehen, dass im Falle eines Verkaufs, die aufgedeckten stillen Reserven nicht dem Eigenkapitalgeber sondern den Netznutzern zugutekommen, da die Erträge aus Anlageabgängen gemäß § 9 NEV bei der Entgeltkalkulation kostenmindernd zu berücksichtigen sind.[980] Um anschließend ein neues gleichwertiges Grundstück zu kaufen, ist mithin die Zuführung von neuem Eigenkapital erforderlich.

Der Eigenkapitalgeber partizipiert folglich nicht an dem Inflationsausgleich durch die Bildung stiller Reserven. Daher ist im Rahmen der Nettosubstanzerhaltung eine Verzinsung auf Basis der Tagesneuwerte vorzusehen, um die Wiederbeschaffung zu gewährleisten. Anderenfalls käme faktisch für Grundstücke die allseits abgelehnte Nominalkapitalerhaltung zur Anwendung.[981]

Für eine Gewährung eines Inflationsausgleichs spricht auch, dass neu angeschaffte Grundstücke, die der für Neuanlagen geltenden Realkapitalerhaltung unterfallen, zum Nominalzins verzinst werden.[982] Schließlich ist zu bedenken, dass auch der Wortlaut der Vorschrift in § 7 Abs. 1 S. 2 NEV 2005 für die Ansicht der Regulierungsbehörde, nach der für Grundstücke eine Sonderregelung gelten soll, keinen Raum lässt.[983]

Im Ergebnis ist daher die von den Regulierungsbehörden propagierte Sonderbehandlung für Grundstücke abzulehnen.[984] Sie sind im Rahmen der Ermittlung des betriebsnotwendigen Eigenkapitals ebenso zu behandeln, wie andere Teile des Sachanlagevermögens. Mithin ist eine Tagesneuwertindizierung der Restwerte vorzunehmen.[985]

(3) Berücksichtigung von Anhaltewerten?

Weiter ist zu untersuchen, ob im Rahmen der Ermittlung des betriebsnotwendigen Eigenkapitals für Gegenstände des Anlagevermögens, die ihre kalkulatorische Nutzungsdauer bereits überschritten haben, Anhaltewerte berücksichtigt werden können. Hierfür könnte sprechen, dass auch vollständig abgeschriebene Anlagegüter tatsächlich häufig noch einen wirtschaftlichen Restwert aufweisen, der als im Unter-

---

979 Vgl. Regulierungsbehörden, Positionspapier Gas, S. 11 = ZNER, 2006, 125 ff.
980 So im Ergebnis auch *Lange*, IR 2008, 28, 32.
981 Für den Ansatz von Tagesneuwerten auch *Reif*, Preiskalkulation, S. 200 f., mit Verweis auf die Opportunitätskosten durch den Verzicht auf die Aufdeckung der stillen Reserven.
982 So auch *Lange*, IR 2008, 28, 33.
983 Vgl. OLG Düsseldorf, Beschluss vom 11.07.2007, ZNER 2007, 337, 339.
984 So im Ergebnis auch *Sieberg* in: Bartsch/Röhling/Salje/Scholz, Stromwirtschaft, Kapitel 51, Rn. 60.
985 So im Ergebnis auch OLG Düsseldorf, Beschluss vom 11.07.2007, ZNER 2007, 337, 339; anders noch OLG Düsseldorf, Beschluss vom 21.07.2006 (Vattenfall), ZNER 2006, 258, 262; vgl. auch *Lange*, IR 2008, 28, 33.

nehmen gebundenes Vermögen verzinst werden sollte.[986] Gegen die Berücksichtigung von Anhaltewerten spricht indes, dass das eingesetzte Kapital bereits vollständig an den Kapitalgeber zurückgeflossen ist und die insoweit bestehenden stillen Reserven nicht mit Eigenkapital hinterlegt sind.[987] Sie sind für den Eigentümer zudem „wertlos", da mögliche Erträge aus Anlageabgängen bei dem Verkauf derartiger Anlagegüter gemäß § 9 NEV kostenmindernd bei der Kalkulation der Netzentgelte berücksichtigt würden. Auch mit dem Wortlaut der Verordnung ist eine Berücksichtigung von Anhaltewerten nach Ablauf der kalkulatorischen Nutzungsdauer aufgrund der Regelung in § 7 Abs. 1 S. 2 NEV 2005 i. V. m. § 6 Abs. 6 S. 1 NEV nicht vereinbar.[988]

(4) Berücksichtigung von Anlagen im Bau?

Die Regulierungsbehörden haben die Berücksichtigung von Anlagen im Bau und den insoweit geleisteten Anzahlungen bei der Bemessung des betriebsnotwendigen Eigenkapitals mit dem Argument abgelehnt, diese Anlagen stünden den Netznutzern noch nicht zur Verfügung und das insoweit gebundene Kapital dürfte daher bei der Bemessung der Eigenkapitalverzinsung nicht berücksichtigt werden. Dies vermag bereits deshalb nicht zu überzeugen, da das Finanzanlage- und Umlaufvermögen, das jedenfalls teilweise ebenfalls der Finanzierung zukünftiger Netzanlagen dient, unmittelbar in die Bemessung des betriebsnotwendigen Eigenkapitals einfließt. Es kommt insoweit nicht darauf an, ob ein Vermögensbestandteil den Netznutzern bereits direkt zur Verfügung steht.[989] Die getätigten Investitionen in Anlagen, die den Netznutzern demnächst zur Verfügung stehen, und die für solche Anlagen geleisteten Anzahlungen sind daher bei der Ermittlung des betriebsnotwendigen Eigenkapitals zu berücksichtigen.[990]

cc) Ermittlung des die zugelassene Eigenkapitalquote übersteigenden Eigenkapitalanteils

Nach § 7 Abs. 1 S. 3 NEV 2005 ist der die zugelassene Eigenkapitalquote übersteigende Anteil des Eigenkapitals nominal wie Fremdkapital zu verzinsen. Hierdurch wird zunächst die Frage aufgeworfen, wie der die zugelassene Eigenkapitalquote übersteigende Anteil des Eigenkapitals zu ermitteln ist.

---

986 Ein weiteres Argument wird teilweise darin gesehen, dass so ein Kostensprung zum Zeitpunkt der Ersatzbeschaffung vermieden werde und dies den Betriebsvergleich erleichtere; vgl. *Reif*, Preiskalkulation, S. 182 f. m.w.N.
987 Vgl. auch *Reif*, Preiskalkulation, S. 183.
988 Vgl. auch BGH, Beschluss vom 14.08.2008, KVR 42/07, Tz. 61 ff.
989 Vgl. auch BGH, Beschluss vom 14.08.2008, KVR 39/07, Tz. 40.
990 Vgl. auch BGH, Beschluss vom 14.08.2008, KVR 39/07, Tz. 38 ff.

(1) Meinungsstand

(a) Position der Regulierungsbehörden

Der Ansatz der Regulierungsbehörden besteht zunächst darin, eine von der oben dargestellten Berechnungsweise der Eigenkapitalquote in § 6 Abs. 2 NEV, abweichende zweite Eigenkapitalquote auf Basis des § 7 Abs. 1 S. 2 NEV 2005 wie folgt zu berechnen:

$$EKQ_2 = \frac{BNEK}{BNV}$$

Das betriebsnotwendige Vermögen (BNV) soll dabei in Anlehnung an § 7 Abs. 1 S. 2 NEV 2005 unter anteiliger Berücksichtigung der Restwerte der Altanlagen auf Tagesneuwertbasis ermittelt werden.

$$BNV = RWA_{TNW} * EKQ + RWA_{AK/HK} * FKQ + RWN_{AK/HK} + FA_{BW} + UV_{BW}$$

Die so berechnete zweite Eigenkapitalquote (EKQ$_2$) soll nach Ansicht der Regulierungsbehörden ebenfalls höchstens 40 % betragen dürfen.[991]

Sofern die zweite Eigenkapitalquote (EKQ$_2$) 40 % übersteigt, soll der die zugelassene Eigenkapitalquote übersteigende Anteil des Eigenkapitals in zwei Schritten ermittelt werden.[992] Zunächst wird das zugelassene Eigenkapital nach folgender Formel ermittelt:

$$BNEK_{zulässigerAnteil} = BNV * 0,4$$

Der zugelassene Anteil des betriebsnotwendigen Eigenkapitals beträgt damit 40 % des auf Grundlage des § 7 Abs. 1 S. 2 NEV 2005 berechneten betriebsnotwendigen Vermögens. Der übrige, den zulässigen Anteil überschreitende Teil des betriebsnotwendigen Eigenkapitals ermittelt sich folglich aus der Differenz zwischen dem gesamten betriebsnotwendigen Eigenkapital und dem zulässigen Anteil des betriebsnotwendigen Eigenkapitals.

$$BNEK_{übersteigenderAnteil} = BNEK - BNEK_{zulässigerAnteil} = BNEK - (BNV * 0,4)$$

Übersteigt die zweite Eigenkapitalquote (EKQ$_2$) 40 % hingegen nicht, so gibt es nach Ansicht der Regulierungsbehörden keinen die zugelassene Eigenkapitalquote übersteigenden Anteil des betriebsnotwendigen Eigenkapitals.[993]

(b) Implizite Begrenzung der Eigenkapitalquote nach § 7 Abs. 1 NEV 2005

Die Gegenauffassung lehnt bereits die von den Regulierungsbehörden propagierte Ermittlung einer zweiten Eigenkapitalquote in Anlehnung an § 7 Abs. 1 S. 2 NEV 2005 ab. Stattdessen wird auf die in § 6 Abs. 2 NEV definierte Eigenkapitalquote

---

[991] Regulierungsbehörden, Positionspapier Strom, S. 13.
[992] Regulierungsbehörden, Positionspapier Strom, S. 14.
[993] Regulierungsbehörden, Positionspapier Strom, S. 14.

und ihre Begrenzung auf 40 % abgestellt, die im Rahmen des § 7 Abs. 1. S. 2 NEV 2005 berücksichtigt wird.

Der zulässige Anteil des betriebsnotwendigen Eigenkapitals ergibt sich dabei unmittelbar aus der oben bereits dargestellten[994] Berechnung des betriebsnotwendigen Eigenkapitals nach § 7 Abs. 1 S. 2 NEV 2005, sofern hierbei die in die Berechnung einfließende Eigenkapitalquote auf 40 % begrenzt wurde.

Der die zulässige Eigenkapitalquote überschreitende Anteil des betriebsnotwendigen Eigenkapitals wird demgegenüber ermittelt, indem man das betriebsnotwendige Eigenkapital nach § 7 Abs. 1 S. 2 NEV 2005 auf Basis der realen Eigenkapitalquote – d. h. ohne Begrenzung auf 40 % – berechnet und hiervon den zulässigen Anteil des betriebsnotwendigen Eigenkapitals abzieht. Es gilt somit:

$$BNEK_{übersteigenderAnteil} = BNEK_{ohneBegrenzungEKQ} - BNEK$$

Liegt die tatsächliche Eigenkapitalquote im Sinne des § 6 Abs. 2 NEV unter 40 %, so ergibt sich ohne Weiteres für den die zulässige Eigenkapitalquote übersteigenden Anteil des betriebsnotwendigen Eigenkapitals ein Betrag von Null, da in diesem Fall das betriebsnotwendige Eigenkapital ohne Begrenzung der Eigenkapitalquote dem mit Begrenzung entspricht.

(c) Mathematische Lösung

Ein soweit ersichtlich anderweitig noch nicht diskutierter Ansatz besteht darin, ähnlich wie von den Regulierungsbehörden vorgesehen, im Rahmen des § 7 Abs. 1 NEV 2005 eine – von der rein anschaffungsbasierten Ermittlung nach § 6 Abs. 2 NEV abweichende – zweite Eigenkapitalquote zu berechnen und diese ebenfalls auf 40 % zu begrenzen. Dabei würde jedoch – anders als von den Regulierungsbehörden angenommen – im Rahmen des § 7 Abs. 1 NEV 2005 konsequent nur diese zweite Eigenkapitalquote zur Anwendung kommen. Diese zweite Eigenkapitalquote (EKQ_2) berechnet sich dann wie folgt:

$$EKQ_2 = \frac{RWA_{AK/HK} * FKQ_2 + RWA_{TNW} * EKQ_2 + RWN_{AK/HK} + FA_{BW} + UV_{BW} - SP - AK - FK}{RWA_{AK/HK} * FKQ_2 + RWA_{TNW} * EKQ_2 + RWN_{AK/HK} + FA_{BW} + UV_{BW}}$$

Weiter gilt:

$$FKQ_2 = 100\% - EKQ_2$$

Durch Einsetzen und einfache Umformung der Gleichung erhält man:

$$EKQ_2^2 + EKQ_2 * \frac{2 * RWA_{AK/HK} + RWN_{AK/HK} + FA_{BW} + UV_{BW} - RWA_{TNW}}{RWA_{TNW} + RWA_{AK/HK}} +$$

$$\frac{-RWA_{AK/HK} - RWN_{AK/HK} - FA_{BW} - UV_{BW} + SP + AK + FK}{RWA_{TNW} - RWA_{AK/HK}}$$

Setzt man nun den ersten Bruch gleich p und den zweiten gleich q, lässt sich die Gleichung nach der pq-Formel auflösen:

---

994 Vgl. oben unter C.III.3.a)bb).

$$EKQ_{2(1/2)} = -\frac{p}{2} \pm \sqrt{\left(\frac{p}{2}\right)^2 - q}$$

Rechnerisch ergeben sich zwei Lösungen, von denen eine jedoch wegen der Nebenbedingungen, dass die Eigenkapitalquote positiv sein und zwischen 0 und 100 Prozent betragen muss, ausscheidet.

Beträgt die so ermittelte Eigenkapitalquote (EKQ2) über 40 %, so ermittelt sich der zulässige Anteil wie folgt:

$$BNEK_{zulässigerAnteil} = BNV * 0,4$$

Der die zulässige Eigenkapitalquote übersteigende Anteil ermittelt sich dann gemäß folgender Formel:

$$BNEK_{übersteigenderAnteil} = BNEK_{realeEKQ2} - BNEK_{zulässigerAnteil}$$

Das betriebsnotwendige Eigenkapital unter Anwendung der tatsächlichen – d. h. nicht auf 40 % beschränkten Eigenkapitalquote – ($BNEK_{realeEKQ2}$) berechnet sich wie folgt:

$$BNEK_{realeEKQ2} = \frac{RWA_{AK/HK} * FKQ_2 + RWA_{TNW} * EKQ_2 + RWN_{AK/HK} + FA_{BW} + UV_{BW} - SP - AK - FK}{RWA_{AK/HK} * FKQ_2 + RWA_{TNW} * EKQ_2 + RWN_{AK/HK} + FA_{BW} + UV_{BW}}$$

Übersteigt die ermittelte Eigenkapitalquote (EKQ_2) 40 % nicht, so ist der zulässige Anteil des betriebsnotwendigen Eigenkapitals unmittelbar aus dem Wert für das betriebsnotwendige Eigenkapital mit der realen Eigenkapitalquote ($BNEK_{realeEKQ2}$) abzulesen.

(d) Erhaltungskonzeptkonforme Lösung

Ein weiterer – soweit ersichtlich ebenfalls anderweitig noch nicht diskutierter – Ansatz besteht darin, den die zulässige Eigenkapitalquote übersteigenden Anteil des betriebsnotwendigen Eigenkapitals vor dem Hintergrund der zur Anwendung kommenden Erhaltungskonzepte zu ermitteln.

Ausgangspunkt ist hierbei die Überlegung, dass nach § 6 Abs. 2 NEV die kalkulatorische Abschreibung der Altanlagen für den auf maximal 40 % begrenzten eigenkapitalfinanzierten Anteil auf Basis der Tagesneuwerte zu berechnen ist. Im Rahmen des Konzepts der Nettosubstanzerhaltung muss die Abschreibung auf Tagesneuwertbasis mit einer Realverzinsung des ebenfalls auf Tagesneuwertbasis berechneten Eigenkapitals einhergehen. In Höhe der – auf 40 % begrenzten – Eigenkapitalquote ist daher das betriebsnotwendige Eigenkapital auf Tagesneuwertbasis zu ermitteln. Demgegenüber werden die kalkulatorischen Abschreibungen der Altanlagen für den fremdfinanzierten bzw. den die maximale Eigenkapitalquote übersteigenden Anteil auf Basis der Anschaffungs- und Herstellungskosten ermittelt. Nach dem Konzept der Nettosubstanzerhaltung ist für diesen Anteil der nominale Fremdkapitalzins anzusetzen. Dieser Anteil ist daher im Rahmen der Kapitalverzinsung – soweit er nicht ohnehin auf den fremdfinanzierten Anteil entfällt – dem die zulässige Eigenkapitalquote übersteigenden und wie Fremdkapital zu verzinsenden Anteil zuzurechnen.

Die übrigen Positionen des betriebsnotwendigen Vermögens sind jeweils in Höhe der auf 40 % begrenzten Eigenkapitalquote nach § 6 Abs. 2 NEV zu dem die zulässige Eigenkapitalquote nicht übersteigenden Anteil des betriebsnotwendigen Eigenkapitals zu rechnen.

Hieraus ergibt sich für den die zulässige Eigenkapitalquote nicht übersteigenden Anteil des betriebsnotwendigen Eigenkapitals:

$$BNEK_{zulässigerAnteil} = EKQ * (RWA_{TNW} + RWN_{AK/HK} + FA_{BW} + UV_{BW})$$

Als Eigenkapitalquote (EKQ) ist dabei der nach § 6 Abs. 2 NEV auf Basis der Anschaffungs- und Herstellungskosten ermittelte und auf maximal 40 % begrenzte Wert anzusetzen.

Der die zulässige Eigenkapitalquote übersteigende Anteil wird dann wie folgt ermittelt:

$$BNEK_{übersteigenderAnteil} = BNEK - BNEK_{zulässigerAnteil}$$

Eine alternative, vom Ergebnis identische Notation, die den Zusammenhang mit den Erhaltungskonzepten deutlicher macht, lautet wie folgt:

$$BNEK_{übersteigenderAnteil} = EKQ_{übersteigenderAnteil} * (RWA_{AK/HK} + RWN_{AK/HK} + FA_{BW} + UV_{BW})$$

Die den zulässigen Anteil übersteigende Eigenkapitalquote ($EKQ_{übersteigenderAnteil}$) ist dabei die nach § 6 Abs. 2 S. 3 NEV ermittelte reale Eigenkapitalquote unter Abzug der – maximal 40 % betragenden – kalkulatorischen Eigenkapitalquote.

(2) Entscheidung des Meinungsstreits

Die unterschiedlichen Positionen haben erhebliche Auswirkungen auf die Ermittlung der kalkulatorischen Eigenkapitalverzinsung. Dies gilt nicht nur für die Ermittlung des die zulässige Eigenkapitalquote überschreitenden Anteils des betriebsnotwendigen Eigenkapitals, das gemäß § 7 Abs. 1 S. 3 NEV 2005 wie Fremdkapital zu verzinsen ist. Vielmehr bewirkt die von den Regulierungsbehörden vertretene Begrenzung durch eine zweite, in Anlehnung an § 7 Abs. 1 S. 2 NEV 2005 ermittelte Eigenkapitalquote, dass das nach § 7 Abs. 1 S. 2 NEV 2005 entsprechend den oben dargestellten und von den Regulierungsbehörden geteilten Grundsätzen ermittelte betriebsnotwendige Eigenkapital nicht unmittelbar den Ausgangspunkt für die kalkulatorische Eigenkapitalverzinsung bildet, sondern insoweit auf einen zulässigen Anteil beschränkt wird. Gleiches gilt im Ansatz für die erhaltungskonzeptkonforme Lösung. Die Positionen sind vor diesem Hintergrund umfassend auf ihre Vereinbarkeit dem Wortlaut, dem Sinn und Zweck bzw. der Kalkulationssystematik und dem höherrangigen Recht zu untersuchen.

(a) Keine Entscheidung des Meinungsstreits durch den Beschluss vom 21.07.2006

Das OLG Düsseldorf hat sich im Rahmen des einstweiligen Rechtsschutzes gegen die Netzentgeltgenehmigung Vattenfall Europe Transmission GmbH zu dem dargestellten Meinungsstreit geäußert und ihn scheinbar im Sinne der Regulierungsbehörden entschieden.[995] Die Ausführungen des Gerichts deuten indes darauf hin, dass es das Vorgehen der Regulierungsbehörden bei der Quotierung nicht im Ganzen erfasst hat, oder – wofür nach der Argumentation des Gerichts vieles spricht – dass die Antragstellerin in dem Verfahren Positionen vertreten hat, die nicht dem hier wiedergegebenen Streitstand entsprechen und so wohl auch nicht vertretbar sind.

Das OLG Düsseldorf führt insoweit zunächst aus, dass die Bundesnetzagentur annehme, *„dass bei der Berechnung des betriebsnotwendigen Eigenkapitals die Eigenkapitalquote auf 40 % begrenzt sei"* und dass die Antragstellerin beanstande, *„dass dies zu einer doppelten 40%-Quotierung des betriebsnotwendigen Eigenkapitals"* führt und sie die *„tatsächliche Eigenkapitalquote herangezogen wissen"* wolle.[996]

Im Rahmen des hier diskutierten Streitstandes ist es indessen völlig unstreitig, dass auch im Rahmen der kalkulatorischen Eigenkapitalverzinsung die Begrenzung der Eigenkapitalquote nach § 6 Abs. 2 NEV auf 40 % zu berücksichtigen und nicht auf die tatsächliche Eigenkapitalquote abzustellen ist. Der Begriff der „doppelten 40 %-Quotierung", bezieht sich im Rahmen des hier dargestellten Meinungsstreites folglich auch nicht darauf, dass die Quotierung einmal im Rahmen der kalkulatorischen Abschreibungen und einmal im Rahmen der kalkulatorischen Eigenkapitalverzinsung berücksichtigt wird, sondern darauf, dass nach der Auffassung der Regulierungsbehörden eine doppelte 40 %-Quotierung der Eigenkapitalquote im Rahmen der Ermittlung des betriebsnotwendigen Eigenkapitals nach § 7 Abs. 1 S. 2 NEV 2005 erfolgt, in dem zunächst die Eigenkapitalquote – einschließlich ihrer Begrenzung auf 40 % aus § 6 Abs. 2 NEV – im Rahmen der Ermittlung des betriebsnotwendigen Eigenkapitals zur Anwendung gebracht wird und anschließend eine weitere 40 %-Quotierung auf der Basis einer nun abweichend von § 6 Abs. 2 NEV berechneten Eigenkapitalquote erfolgt.

Ausgehend von dem Ausgangspunkt des OLG Düsseldorf ist die weitere Argumentation des Gerichts folgerichtig. So führt das OLG aus, dass sich die Regulierungsbehörden zu Recht auf die in § 7 Abs. 1 S. 2 NEV 2005 enthaltene Verweisung auf die Eigenkapitalquote nach § 6 Abs. 2 NEV stützen. Diese uneingeschränkte Verweisung spricht nach Ansicht des Gerichts dafür, *„die in § 6 Abs. 2 S. 4 StromNEV vorgeschriebene Kappung auf 40 % auf den Anwendungsbereich des § 7 StromNEV zu erstrecken."* Dem ist im Grundsatz ohne Weiteres zuzustimmen, findet doch nach allen hier diskutierten Ansichten eine Begrenzung der Eigenkapital-

---

995 OLG Düsseldorf, Beschluss vom 21.07.2006 (Vattenfall), Umdruck S. 17 = ZNER 2006, 258 ff.
996 OLG Düsseldorf, Beschluss vom 21.07.2006 (Vattenfall), Umdruck S. 17 = ZNER 2006, 258 ff.

quote auf 40 % bei der Ermittlung des betriebsnotwendigen Eigenkapitals nach § 7 Abs. 1 S. 2 NEV 2005 Berücksichtigung.

Weiter heißt es in der Entscheidung des OLG Düsseldorf wörtlich:[997]

> „Auch der Wortlaut des § 6 Abs. 2 S. 4 StromNEV wonach die Quotierung für die Berechnung der Netzentgelte zu gelten hat, deutet darauf hin, dass die Quote nicht nur für die Berechnung der kalkulatorischen Abschreibungen gelten soll. Dass es in § 7 Abs. 1 S. 3 StromNEV heißt, der die ‚zugelassene Eigenkapitalquote' übersteigende Anteil des Eigenkapitals sei wie Fremdkapital zu verzinsen, während in Satz 2 Nr. 2 der Vorschrift derselben Vorschrift das Wort ‚zugelassene' fehlt, spricht nicht durchgreifend für die Ansicht der Antragsstellerin. Der Unterschied kann redaktionelle Gründe haben, z. B. weil der Verordnungsgeber in § 7 Abs. 1 S. 3 StromNEV die Worte ‚Eigenkapitalquote nach § 6 Abs. 2' nicht noch einmal wiederholen wollte. Die Bezugnahme in § 7 Abs. 1 S. 2 StromNEV auf § 6 Abs. 2 StromNEV ist jedenfalls umfassend und insoweit eindeutig."

Auch diese Ausführungen tragen zu der Entscheidung des hier diskutierten Meinungsstreits nicht unmittelbar bei, da nach beiden hier dargestellten Ansichten, die Quotierung auch bei der Ermittlung des betriebsnotwendigen Eigenkapitals und damit im Rahmen der Berechnung der kalkulatorischen Eigenkapitalverzinsung zu berücksichtigen ist. Insofern ist nach beiden Ansichten § 7 Abs. 1 S. 2 Nr. 2 NEV 2005 so zu verstehen, dass auf die nach § 6 Abs. 2 NEV „zugelassene" Eigenkapitalquote abgestellt wird.

Im unmittelbaren Anschluss heißt es in der Entscheidung des OLG Düsseldorf weiter:[998]

> „Damit wird entgegen der Ansicht der Antragsstellerin das System der Nettosubstanzerhaltung nicht unterwandert. Der Restwert der Altanlagen wird vollständig erfasst, nur wird er je nach Eigen- und Fremdkapitalanteil unterschiedlich bewertet."

Diese abschließenden Ausführungen des OLG Düsseldorf bestätigen, dass sich das Gericht inhaltlich nicht mit dem – gemeinhin unter dem Begriff der doppelten 40%-Quotierung – diskutierten und hier zu untersuchenden Meinungsstreit beschäftigt hat, sondern allein mit der Frage, ob im Rahmen des § 7 Abs. 1 S. 2 Nr. 1–2 NEV 2005 bei der Ermittlung des betriebsnotwendigen Eigenkapitals hinsichtlich der Restwerte der Altanlagen die tatsächliche oder die auf maximal 40 % begrenzte Eigenkapitalquote zu berücksichtigen ist. Dass mit Blick auf die Restwerte der Altanlagen die 40 %-Grenze im Zuge einer konsistenten Kalkulation berücksichtigt werden muss, ist – abgesehen von der anscheinend von der Antragsstellerin vor dem OLG Düsseldorf vertretenen Position – weitestgehend unstreitig.

Im Ergebnis ist der Entscheidung des OLG Düsseldorf zur Ermittlung des betriebsnotwendigen Eigenkapitals damit grundsätzlich zuzustimmen – sie betrifft indes nicht den hier zu entscheidenden Meinungsstreit.

---

997 OLG Düsseldorf, Beschluss vom 21.07.2006 (Vattenfall), Umdruck S. 17 = ZNER 2006, 258 ff.

998 OLG Düsseldorf, Beschluss vom 21.07.2006 (Vattenfall), Umdruck S. 17 = ZNER 2006, 258 ff.

(b) Weitere Entscheidungen der Oberlandesgerichte und des BGH

Die Entscheidungen anderer Oberlandesgerichte divergieren und stützen teilweise die Ansicht der Regulierungsbehörden[999] und teilweise die Gegenauffassung,[1000] die von einer impliziten Begrenzung der Eigenkapitalquote ausgeht. Das OLG Düsseldorf hat im Hauptsacheverfahren Vattenfall sowie in einer weiteren Entscheidung die Auffassung der Regulierungsbehörden ausdrücklich bestätigt, wenn auch mit einer von dem Verfahren im einstweiligen Rechtsschutz abweichenden Begründung.[1001]

Der BGH hat nunmehr in mehreren Beschlüssen vom 14.08.2008[1002] die gegen die Berechnungsmethodik der Regulierungsbehörden gerichteten Rechtsbeschwerden mit inhaltlich recht knapper Begründung[1003] zurückgewiesen.

Anknüpfungspunkt für diese Entscheidungen bilden neben dem Wortlaut und der Systematik vor allem der Sinn und Zweck der Vorschriften und die Vereinbarkeit mit höherrangigem Recht. Auf die insoweit entscheidenden Argumente wird im Verlauf der weiteren Diskussion eingegangen.

(c) Wortlaut

Bei der Analyse des Wortlautes sind verschiedene Aspekte in den Blick zu nehmen.

(aa) Begriff des „betriebsnotwendigen Eigenkapitals" als Basis für die Eigenkapitalverzinsung

Die erste insoweit entscheidende Frage ist, ob nach dem Wortlaut das nach § 7 Abs. 1 S. 2 NEV 2005 ermittelte betriebsnotwendige Eigenkapital den „zulässigen" Anteil des betriebsnotwendigen Eigenkapitals darstellt. Hierfür spricht zunächst, dass

---

999 OLG Koblenz, Beschluss vom 04.05.2007, RdE 2007, 198, 202f.; OLG Koblenz, Beschluss vom 04.05.2007, ZNER 2007, 182, 189; OLG Frankfurt, Beschluss vom 11.09.2007, ZNER 2007, 341, 345; OLG Bamberg, Beschluss vom 26.10.2007, IR 2008, 38, 39.
1000 OLG Naumburg, Beschluss vom 16.04.2007, ZNER 2007, 174, 179f; OLG Naumburg, Beschluss vom 20.08.2007, ZNER 2007, 499 f., mit ausführlicher Begründung.
1001 OLG Düsseldorf, Beschluss vom 09.05.2007, RdE 2007, 193, 195ff. = ZNER 2007, 205ff. = WuW/E DE-R 2000 ff.; OLG Düsseldorf, Beschluss vom 11.07.2007, ZNER 2007, 337, 339; OLG Düsseldorf, Beschluss vom 24.10.2007 (VI 3 Kart 16/07), ZNER 2007, 416, 419; OLG Düsseldorf, Beschluss vom 26.09.2007, ZNER 2007, 509, 510, wo das Gericht kurz auf die Kritik in der Literatur eingeht.
1002 BGH, Beschlüsse vom 14.08.2008, KVR 34/07, Tz. 42 ff.; KVR 35/07, Tz 50 ff.; KVR 36/07, Tz. 41 ff.; KVR 39/07, Tz. 45 ff.; KVR 42/07, Tz. 29 ff.
1003 Die Begründung des BGH stützt ich in erster Linie auf den – keinesfalls eindeutigen – Wortlaut. Die Ausführungen zum Sinn und Zweck der Norm unter Berücksichtigung der Erhaltungskonzepte sind sehr knapp und vermögen inhaltlich nicht zu überzeugen.

das betriebsnotwendige Eigenkapital nach § 7 Abs. 1 S. 2 NEV 2005 bereits „*unter Berücksichtigung der Eigenkapitalquote nach § 6 Abs. 2*" zu ermitteln ist und daher die Begrenzung der Eigenkapitalquote auf 40 % im Rahmen des § 7 Abs. 1 S. 2 Nr. 1–2 NEV 2005 zu beachten ist. Entscheidend spricht für diese Sicht weiter, dass die Regelungen in § 7 Abs. 3 und 4 NEV 2005 hinsichtlich der Berechnung der Eigenkapitalverzinsung unmittelbar an das in § 7 Abs. 2 S. 2 NEV 2005 definierte „*betriebsnotwendige Eigenkapital*" anknüpfen und nicht etwa an einen „*die zugelassene Eigenkapitalquote nicht übersteigenden Anteil des betriebsnotwendigen Eigenkapitals*". Eine solche Formulierung wäre indes in Anlehnung an § 7 Abs. 2 S. 3 NEV 2005 zu erwarten gewesen, wenn man unterstellt, dass das betriebsnotwendige Eigenkapital im Sinne des § 7 Abs. 2 S. 2 NEV 2005 ggf. auch einen „unzulässigen Anteil" enthält.[1004]

Der Wortlaut der Vorschrift spricht insoweit für die zweite der oben dargestellten Auslegungsvarianten, die an die implizite Begrenzung der Eigenkapitalquote durch die Berechnungsmethodik des § 7 Abs. 1 S. 2 NEV 2005 anknüpft, da sich bei dieser Variante das der kalkulatorischen Eigenkapitalverzinsung zugrunde zu legende betriebsnotwendige Eigenkapital unmittelbar nach § 7 Abs. 1 S. 2 NEV 2005 berechnet.[1005]

Auch die mathematische Lösung stellt letztlich eine implizite Begrenzung in § 7 Abs. 1 S. 2 NEV 2005 dar, die dazu führt, dass das betriebsnotwendige Eigenkapital eine nach § 7 Abs. 1 S. 2 NEV 2005 – abweichend von § 6 Abs. 2 NEV – ermittelte Eigenkapitalquote von 40 % nicht übersteigt. Um zu dieser Lösung zu gelangen müsste man freilich die Formulierung „*unter Berücksichtigung der Eigenkapitalquote nach § 6 Abs. 2*" als begrenzten Verweis auf § 6 Abs. 2 NEV verstehen, der sich nicht auf die dort in Satz 3 geregelte Ermittlung der Eigenkapitalquote, sondern allein auf ihre Beschränkung nach Satz 4 bezieht. Für eine solche Beschränkung des Verweises, der in § 7 Abs. 2 S. 1 NEV 2005 die Anwendung einer anderen Ermittlungsmethodik für die Eigenkapitalquote erlauben würde, gibt es indes keinen Anhaltspunkt. Auch das OLG Düsseldorf geht in der Vattenfall-Entscheidung insoweit von einer uneingeschränkten Verweisung auf § 6 Abs. 2 NEV aus.[1006]

Der Ansatz der Regulierungsbehörden geht hingegen ebenso wie die erhaltungskonzeptkonforme Lösung davon aus, dass das nach § 7 Abs. 1 S. 2 NEV 2005 ermittelte betriebsnotwendige Eigenkapital nicht unmittelbar die Grundlage für die Ermittlung der Eigenkapitalverzinsung bildet. Vielmehr wird dieses – bei Überschreiten der (zweiten) Eigenkapitalquote – nach § 7 Abs. 1 S. 3 NEV 2005 in einen zulässigen und einen übersteigenden Anteil aufgeteilt. Damit bildet folglich – entge-

---

1004 Das OLG Koblenz, Beschluss vom 04.05.2007, RdE 2007, 198, 203, hält dieses Argument indes nicht für durchgreifend, da es hierfür auch redaktionelle Gründe gegen könnte; ebenso OLG Koblenz, Beschluss vom 04.05.2007, ZNER 2007, 182, 188.
1005 So im Ergebnis auch OLG Naumburg, Beschluss vom 16.04.2007, ZNER 2007, 174, 179; a.A.: OLG Düsseldorf, Beschluss vom 09.05.2007, RdE 193, 195f. = ZNER 2007, 205ff. = WuW/E DE-R 2000 ff.
1006 OLG Düsseldorf, Beschluss vom 21.07.2006, Vattenfall, Umdruck S. 17 = ZNER 2006, 258 ff.

gen dem Wortlaut des § 7 Abs. 3 und 4 NEV nicht das *„betriebsnotwendige Eigenkapital"* sondern nur ein Teil davon die Basis für die Eigenkapitalverzinsung.

(bb) Der die zugelassene Eigenkapitalquote übersteigende Anteil des Eigenkapitals

Nach § 7 Abs. 1 S. 3 NEV 2005 ist der *„die zugelassene Eigenkapitalquote übersteigende Anteil des Eigenkapitals"* nominal wie Fremdkapital zu verzinsen. Da – weitestgehend unstreitig – im Rahmen des § 7 Abs. 1 S. 2 NEV 2005 bei der Ermittlung des betriebsnotwendigen Eigenkapitals im Rahmen der Nr. 1 und 2 die Begrenzung auf eine maximale Eigenkapitalquote zu berücksichtigen ist, liegt es nach dem Wortlaut nahe, dass durch die Regelung in Satz 3 der Anteil des Eigenkapitals erfasst werden soll, der durch die Begrenzung von § 7 Abs. 1 S. 2 NEV 2005 nicht erfasst wird.[1007] Hierfür spricht auch, dass in § 7 Abs. 1 S. 3 NEV 2005 von *„Anteil des Eigenkapitals"* und nicht von *„Anteil des betriebsnotwendigen Eigenkapitals"* gesprochen wird.[1008] Der Wortlaut spricht daher auch unter diesem Aspekt für die zweite Auslegungsvariante, die von einer impliziten Begrenzung der Eigenkapitalquote in § 7 Abs. 1 S. 2 NEV 2005 ausgeht.

Die mathematische Lösung ist ebenfalls mit dem Wortlaut vereinbar, wenn man den Begriff der „zugelassenen Eigenkapitalquote" nur auf die 40 %-Grenze, nicht jedoch auf die Ermittlungsmethodik nach § 6 Abs. 2 NEV bezieht. Da auch bei dieser Lösung die Begrenzung der Eigenkapitalquote implizit in § 7 Abs. 1 S. 2 NEV 2005 erfolgt, würde durch die Regelung in Satz 3 der überschießende Teil des Eigenkapitals erfasst, der sich ergeben würde, wenn die Ermittlung des betriebsnotwendigen Eigenkapitals ohne Begrenzung auf eine bestimmte Eigenkapitalquote erfolgen würde.

Die Ansicht der Regulierungsbehörden setzt demgegenüber ein anderes Verständnis des die zugelassene Eigenkapitalquote übersteigenden Anteils des Eigenkapitals voraus. Anknüpfungspunkt der Regulierungsbehörden ist nicht der aufgrund der impliziten Begrenzung in § 7 Abs. 1 S. 2 NEV 2005 nicht erfasste Anteil des Eigenkapitals. Vielmehr gehen die Regulierungsbehörden davon aus, dass zunächst auf Basis einer *„zugelassenen Eigenkapitalquote"* das nach § 7 Abs. 1 S. 2 NEV 2005 ermittelte betriebsnotwendige Eigenkapital in einen diese Quote übersteigenden Anteil und im Umkehrschluss auch in einen diese Quote nicht übersteigenden Anteil aufzuteilen ist. Der Wortlaut spricht indes bereits deshalb gegen diese Auffassung, weil nach dem Verständnis der Regulierungsbehörden von einem *„Anteil*

[1007] So im Ergebnis auch OLG Naumburg, Hinweisbeschluss vom 02.03.2007, ZNER 2007, 66, 68 f.; Beschluss vom 16.04.2007, ZNER 2007, 174, 179 ff.; sowie OLG Naumburg, Beschluss vom 20.08.2007, ZNER 2007, 499.
[1008] Dies übersieht der BGH, wenn er ohne Weiteres davon ausgeht, dass der Begriff des „Eigenkapitals" § 7 Abs. 1 Satz 3 StromNEV auf das in § 7 Abs. 1 Satz 2 StromNEV definierte „betriebsnotwendige Eigenkapital" Bezug nimmt; vgl. BGH, Beschlüsse vom 14.08.2008, KVR 34/07, Tz. 48; KVR 35/07, Tz. 59; KVR 36/07, Tz. 47; KVR 39/07, Tz. 50; KVR 42/07, Tz. 35.

des betriebsnotwendigen Eigenkapitals" hätte gesprochen werden müssen. Auch ein Redaktionsversehen oder eine redaktionelle Ungenauigkeit scheint an dieser Stelle sehr unwahrscheinlich, da der Verordnungsgeber ansonsten konsequent den Begriff des *„betriebsnotwendigen Eigenkapitals"* verwendet hat, wenn an die Regelung in § 7 Abs. 1 S. 2 NEV 2005 angeknüpft werden sollte.[1009]

Noch schwerer wiegt allerdings ein anderer Aspekt. Die Ansicht der Regulierungsbehörde setzt nämlich weiter voraus, dass der Verweis auf die *„zugelassene Eigenkapitalquote"* sich nur auf die in § 6 Abs. 2 NEV normierte 40%-Grenze, nicht jedoch auf die dort niedergelegte Ermittlungsmethodik bezieht.[1010] Es greift somit grundsätzlich der gleiche Einwand, der gegen die mathematische Lösung spricht. Mit Blick auf den Lösungsansatz der Regulierungsbehörde verschärft sich dieser Einwand indes dadurch, dass zugleich auch noch angenommen werden müsste, dass das Verständnis der Eigenkapitalquote von dem in § 7 Abs. 1 S. 2 NEV 2005 abweicht. Insbesondere ergibt sich aus dem Wortlaut keinerlei Stütze dafür, dass im Rahmen des § 7 Abs. 1 S. 3 NEV 2005 die Eigenkapitalquote nach dem von den Regulierungsbehörden vorgesehen Verfahren berechnet werden sollte.[1011] Auch aus dem Wortsinn des Begriffs der „Eigenkapitalquote" lässt sich dies nicht ableiten, da die Eigenkapitalquote gemeinhin auf Basis der bilanziellen Werte oder – bei kalkulatorischer Betrachtung – auf Basis der Anschaffungs- und Herstellungskosten ermittelt wird. Keinesfalls wird sie jedoch auf der Grundlage eines kalkulatorisch ermittelten Vermögens berechnet, bei dessen Ermittlung eine andere – nämlich eine an Anschaffungs- und Herstellungskosten orientierte – Eigenkapitalquote eingeflossen ist. Auch das OLG Düsseldorf scheint in der Vattenfall-Entscheidung im einstweiligen Rechtsschutz noch davon ausgegangen zu sein, dass mit dem Begriff der Eigenkapitalquote in § 7 Abs. 1 S. 3 NEV 2005 die *„Eigenkapitalquote nach § 6 Abs. 2"* gemeint ist[1012] und nicht eine inhaltlich ganz anders ermittelte. Auch die Begründung des BGH in seinen Beschlüssen vom 14.08.2008 lässt nicht erkennen, dass der BGH sich mit der Problematik auseinandergesetzt hat.[1013]

Die erhaltungskonzeptorientierte Lösung ist den gegen die Ansicht der Regulierungsbehörden vorgebrachten Einwänden insoweit ebenfalls ausgesetzt, wie sie sich auf den *„Anteil des Eigenkapitals"* beziehen. Mit Blick auf die „zugelassene Eigen-

---

1009 Vgl. insb. § 7 Abs. 3 und 4 StromNEV.
1010 Hierauf geht der BGH in seinen Beschlüssen vom 14.08.2008 überhaupt nicht ein; vgl. BGH, Beschlüsse vom 14.08.2008, KVR 34/07, Tz. 42 ff.; KVR 35/07, Tz 50 ff.; KVR 36/07, Tz. 41 ff.; KVR 39/07, Tz. 45 ff.; KVR 42/07, Tz. 29 ff.
1011 Auch hierauf geht der BGH in den Beschlüssen vom 14.08.2008 (KVR 34/07, Tz. 42 ff.; KVR 35/07, Tz 50 ff.; KVR 36/07, Tz. 41 ff.; KVR 39/07, Tz. 45 ff.; KVR 42/07, Tz. 29 ff.) nicht ein – er argumentiert mit dem Wortlaut zwar gegen die in den Rechtsbeschwerden geltend gemachte Auffassung, geht aber ohne weiteres davon aus, dass die von den Regulierungsbehörden vertretene Berechnung mit dem Wortlaut unproblematisch vereinbar ist – genau dies ist aber gerade nicht der Fall.
1012 OLG Düsseldorf, Beschluss vom 21.07.2006 (Vattenfall), Umdruck S. 17 = ZNER 2006, 258 ff.
1013 Vgl. BGH, Beschlüsse vom 14.08.2008, KVR 34/07, Tz. 42 ff.; KVR 35/07, Tz 50 ff.; KVR 36/07, Tz. 41 ff.; KVR 39/07, Tz. 45 ff.; KVR 42/07, Tz. 29 ff.

kapitalquote" wird demgegenüber konsequent an die auf Anschaffungs- und Herstellungskostenbasis gemäß § 6 Abs. 2 NEV ermittelte Eigenkapitalquote angeknüpft. Allerdings ergibt sich ein möglicher Einwand daraus, dass der zulässige Anteil des betriebsnotwendigen Eigenkapitals nicht in Form eines Prozentwertes des betriebsnotwendigen Eigenkapitals ausgedrückt wird, sondern sich auch aus der Summe einzelner Positionen ergibt. Zudem fehlt auch hier ein unmittelbarer Anknüpfungspunkt im Wortlaut zur Begründung der anzuwendenden Rechenmethodik.

(d) Sinn und Zweck unter Berücksichtigung der Erhaltungskonzeptionen

Der Sinn und Zweck der Vorschriften zur Ermittlung des betriebsnotwendigen Eigenkapitals besteht darin eine sachgerechte Grundlage für die Ermittlung der kalkulatorischen Eigenkapitalverzinsung zu schaffen, um den gesetzlichen Anforderungen an eine angemessene, risikoangepasste und wettbewerbsgerechte Verzinsung des eingesetzten Kapitals gerecht zu werden.[1014] Voraussetzung dafür ist eine betriebswirtschaftliche konsistente Kalkulation.[1015]

(aa) Ermittlung der Eigenkapitalquote

Die Ermittlung der Eigenkapitalquote unter anteiliger Berücksichtigung der Tagesneuwerte führt unter der Annahme, dass der Restwert auf Tagesneuwertbasis über dem Restwert auf Anschaffungskostenbasis liegt, stets zu einem höheren Wert als ihre Ermittlung auf Basis der Anschaffungs- und Herstellungskosten. Dies gilt für die Berechnungsmethodik der Regulierungsbehörden ebenso wie für den mathematischen Lösungsansatz.

Für eine solche Form der Berechnung der Eigenkapitalquote ist keinerlei betriebswirtschaftliche Rechtfertigung ersichtlich.[1016] Im Gegenteil lässt sich leicht

---

1014 Vgl. BR-Drucks. 245/05, S. 35; das OLG Naumburg, Beschluss vom 20.08.2007, ZNER 2007, 499, 500, weist ausdrücklich darauf hin, dass die Verpflichtung eine angemessene Verzinsung zu gewährleisten letztlich auf eine grundgesetzlich geschützte Rechtsposition des Netzbetreibers zurückgehe und daher nicht dem Ziel der Kostensenkung untergeordnet werden könne.
1015 Diesen gemeinsamen Nenner verlassen allerdings einige Entscheidungen. So vertritt etwa das OLG Düsseldorf, Beschluss vom 09.05.2007, RdE 2007, 193, 196, die Ansicht, die Nichtverzinsung von Teilen des Eigenkapitals füge sich in die Zielsetzungen des EnWG ein; ebenso OLG Frankfurt, Beschluss vom 11.09.2007, ZNER 2007, 341, 345. Dies überzeugt nicht wenn man berücksichtigt, dass alternativ eingesetztes Fremdkapital auch verzinst werden müsste.
1016 Vor diesem Hintergrund sind auch die Ausführung des BGH (Beschlüsse vom 14.08.2008, KVR 34/07, Tz. 54 f.; KVR 35/07, Tz 65 f.; KVR 36/07, Tz. 53 f.; KVR 39/07, Tz. 56 f.; KVR 42/07, Tz. 41 f.) zum Ziel der Verordnungsgebers eine Begrenzung der Eigenkapitalquote auf 40 % zu erreichen, wie sie sich bei funktionierendem Wettbewerb einstellen würde, unverständlich. Die Berücksichtigung der Begrenzung auf 40 % ist unstrittig – nicht aber die

zeigen, dass eine solche Berechnungsmethodik zu ersichtlich unsachgerechten Ergebnissen führt. So ergibt sich etwa bei einem Ersatz von Altanlagen durch Neuanlagen trotz gleichen Buchwertes und gleichen Fremd- und Eigenkapitaleinsatzes eine geringere Eigenkapitalquote. Mit anderen Worten steigt mit dem Anteil der Neuanlagen auch der Anteil des tatsächlich eingesetzten Eigenkapitals, das auf Grundlage des Eigenkapitalzinssatzes und nicht auf Basis des Fremdkapitalzinssatzes verzinst wird.

Die Berücksichtigung von Restwerten auf Tagesneuwertbasis bei der Ermittlung der Eigenkapitalquote ist auch deshalb nicht sachgerecht, da eine Fremdkapitalfinanzierung regelmäßig nicht auf Basis der Restwerte auf Tagesneuwertbasis erfolgen kann, sondern der Kreditgeber als Sicherheit allenfalls den Restwert auf Anschaffungskostenbasis akzeptiert. Um durch tatsächliche Fremdmittelaufnahme zu erreichen, dass die nach der Methode der Bundesnetzagentur ermittelte Eigenkapitalquote nicht überschritten wird, müsste zudem die bilanzielle Eigenkapitalquote weit unter 40 % – schätzungsweise im Bereich von 15–25 %, unter Umständen jedoch auch noch darunter[1017] – liegen.[1018]

(bb) Konsistente Kalkulation im Rahmen der Nettosubstanzerhaltung

Eine konsistente Kalkulation im Rahmen der Nettosubstanzerhaltung erfordert, dass der eigenfinanzierte Anteil des Anlagevermögens auf Basis der Tagesneuwerte abgeschrieben wird, und die Verzinsung des Eigenkapitals insoweit auf Grundlage der Restwerte des Anlagevermögens auf Tagesneuwertbasis zum Realzins erfolgt.

Zur Prüfung der Konsistenz der verschiedenen Kalkulationsansätze soll zunächst von einem Anlagegut mit Anschaffungskosten von 400 Euro und einer kalkulatorischen Nutzungsdauer von 40 Jahren ausgegangen werden, das zu 40 % aus Eigenmitteln finanziert wurde. Nach dem Ablauf von 30 Jahren wird von einem Restwert auf Tagesneuwertbasis von 200 Euro ausgegangen, der Restwert auf Anschaffungskostenbasis beträgt 100 Euro. Die Eigenkapitalquote ist im Zeitverlauf unverändert geblieben. In der folgenden Tabelle sind die Werte zusammengefasst.

Berechnungsmethodik der Regulierungsbehörden. Diese entspricht jedoch den betriebswirtschaftlichen Grundsätzen gerade nicht und ist daher auch nicht geeignet, die Verhältnisse bei funktionierendem Wettbewerb nachzubilden.

1017 Eine besonders niedrigere bilanzielle Eigenkapitalquote kann sich insbesondere dann ergeben, wenn das Anlagevermögen handelsrechtlich deutlich schneller oder nicht linear abgeschrieben wurde.

1018 Vgl. auch *Kaldewei/Albers/Hübner*, ET 4/2008, 50, 53, die in einem Beispielsfall zu dem Ergebnis kommen, dass die bilanzielle Eigenkapitalquote 13% betragen muss, um eine kalkulatorische Eigenkapitalquote von 40% zu erreichen.

Tabelle 28:

Jahr	Restwert TNW	Restwert AK/HK	Reales EK	Reales FK	Kalk. EK
0	400	400	160	240	160
...	...	...	...	...	...
30	200	100	40	60	80

Legt man diese Werte der Ermittlung des betriebsnotwendigen Vermögens zugrunde und nimmt dabei für die sonstigen Elemente[1019] einen Betrag von 0 an, so ergibt sich für das Jahr 0 auf Basis aller Ansätze[1020] ein betriebsnotwendiges (zulässiges) Eigenkapital von 160, das mit dem (realen) Eigenkapitalzinssatz zu verzinsen ist, und ein die zugelassene Eigenkapitalquote übersteigender Anteil des Eigenkapitals von 0.

Betrachtet man hingegen das Jahr 30, so ergibt sich auf Basis des Ansatzes der Regulierungsbehörden ebenso wie auf Basis des mathematischen Ansatzes nur ein zulässiges betriebsnotwendiges Eigenkapital von 56, während die anderen Lösungsansätze den kalkulatorisch korrekten Wert von 80 ergeben. Der Betrag des die zulässige Eigenkapitalquote übersteigenden Anteils beträgt auf Basis des Ansatzes der Regulierungsbehörden 24 und auf Basis des mathematischen Ansatzes 47, nach den beiden anderen Ansätzen jeweils 0.

Der Lösungsansatz der Regulierungsbehörden führt mithin dazu, dass entgegen dem Konzept der Nettosubstanzerhaltung der eigenfinanzierte Anteil nicht in der ursprünglichen – der Obergrenze von 40 % entsprechenden – Höhe aufrecht erhalten werden kann, da das Eigenkapital nicht entsprechend verzinst wird.[1021] Für den mathematischen Ansatz gilt dies grundsätzlich ebenso – allerdings erfolgt hier eine Kompensation durch einen entsprechend höheren Wert für den übersteigenden Anteil des Eigenkapitals, der den geringeren Zinssatz häufig ausgleichen oder gar überkompensieren wird.

Als konsistent erweisen sich mit Blick auf den hier zunächst betrachteten Idealfall, in dem die tatsächliche Eigenkapitalquote der vom Verordnungsgeber vorgege-

---

1019 D. h. die Restwerte der Neuanlagen, das Umlauf- und Finanzanlagevermögen, die Steuerposten mit Rücklagenanteil und das Abzugskapital.
1020 Der mathematische Ansatz ist formal nicht für den Fall definiert, dass die Restwerte auf Tagesneuwertbasis den Restwerten auf Anschaffungskostenbasis exakt entsprechen. Es würde sich eine Division durch Null ergeben. Das sich dennoch prinzipiell die richtigen Werte ergeben lässt sich leicht nachvollziehen, wenn man den Restwert auf Tagesneuwertbasis minimal z.B. um 0,1 erhöht.
1021 Dies übersieht etwa das OLG Koblenz, Beschluss vom 04.05.2007, RdE 2007, 198, 203 und OLG Koblenz, Beschluss vom 04.05.2007, ZNER 2007, 182, 189, wenn das Gericht darauf abstellt, dass Eigenkapitalquoten über 40% vermieden bzw. sanktioniert werden sollen. Der BGH, Beschlüsse vom 14.08.2008, KVR 34/07, Tz. 56; KVR 35/07, Tz 67; KVR 36/07, Tz. 55; KVR 39/07, Tz. 58; KVR 42/07, Tz. 43, geht zu Unrecht davon aus, dass die „Verzinsungslücke" allein durch die unterschiedliche Bewertung des betriebsnotwendigen Vermögens zu historischen Anschaffungs- und Herstellungskosten einerseits und zu Tagesneuwerten andererseits entsteht.

benen Grenze entspricht, allein der Ansatz der impliziten Begrenzung und die erhaltungskonzeptkonforme Lösung.

Weiter ist der Fall einer sehr geringen realen Eigenkapitalquote zu untersuchen, bei der auch die – wie dargestellt stets höher ausfallende – nach Maßgabe der Regulierungsbehörden berechnete zweite Eigenkapitalquote die Grenze von 40 % nicht übersteigt. Hierzu wird das obige Beispiel so modifiziert, dass die reale Eigenkapitalquote nur 20 % beträgt.

Tabelle 29:

Jahr	Restwert TNW	Restwert AK/HK	Reales EK	Reales FK	Kalk. EK
0	400	400	80	320	80
...	...	...	...	...	...
30	200	100	20	80	40

In diesem Fall ergeben sich nach allen Lösungsansätzen mit Ausnahme des mathematischen Ansatzes, nicht nur für das Jahr 0 sondern auch für das Jahr 30 die sachgerechten Werte, d. h., das (zulässige) betriebsnotwendige Eigenkapital beträgt 40 und das die zulässige Eigenkapitalquote übersteigende Eigenkapital beträgt 0.

Schließlich ist der Fall zu betrachten, in dem die Eigenkapitalquote deutlich über dem Grenzwert von 40 % liegt. Das entsprechend modifizierte Beispiel, bei dem die Eigenkapitalquote nun 80 % beträgt, ist in der folgenden Tabelle dargestellt.

Tabelle 30:

Jahr	Restwert TNW	Restwert AK/HK	Reales EK	Reales FK	Kalk. EK
0	400	400	320	80	320
...	...	...	...	...	...
30	200	100	80	20	160

Im Jahr 0 beträgt das (zulässige) betriebsnotwendige Eigenkapital in diesem Fall nach dem Ansatz der Regulierungsbehörden ebenso wie nach der erhaltungskonzeptkonformen Lösung und der mathematischen Lösung 160. Das die zulässige Eigenkapitalquote übersteigende Eigenkapital beträgt nach diesen drei Berechnungsmethoden ebenfalls 160. Nach dem Ansatz, der von einer impliziten Begrenzung ausgeht, ergeben sich ein betriebsnotwendiges Eigenkapital von 320 und ein übersteigender Anteil von 0.[1022]

Im Jahr 30 ergibt sich demgegenüber auf Grundlage der Auffassung der Regulierungsbehörden ein zulässiges betriebsnotwendiges Eigenkapital von 56 und ein die

---

[1022] Der Wert von 0 für den übersteigenden Anteil ergibt sich, da im Jahr 0 der Tagesneuwert den Anschaffungskosten entspricht, und daher die Begrenzung der Eigenkapitalquote im Eingut-Modellfall im Rahmen des § 7 Abs. 1 S. 2 NEV 2005 keine Auswirkung auf die Höhe des betriebsnotwendigen Eigenkapitals hat.

zulässige Eigenkapitalquote übersteigender Anteil des Eigenkapitals von 64. Demgegenüber ergeben sich nach der erhaltungskonzeptkonformen Lösung ein zulässiges betriebsnotwendiges Eigenkapital von 80 und ein übersteigender Anteil von 40 und nach dem Ansatz der impliziten Begrenzung errechnen sich ein betriebsnotwendiges Eigenkapital von 120 und ein übersteigender Anteil von 40. Auf Basis des mathematischen Ansatzes ergeben sich ein zulässiges betriebsnotwendiges Eigenkapital von 56 und ein übersteigender Anteil von 113.

Während sich leicht ablesen lässt, dass sowohl die Position der Regulierungsbehörden als auch der mathematische Ansatz nicht zu sachgerechten Ergebnissen führen, da das ermittelte (zulässige) betriebsnotwendige Eigenkapital, das auf Basis des (realen) Eigenkapitalzinssatzes verzinst wird, niedriger ist, als es selbst bei einer realen Eigenkapitalquote von 40 % sein müsste.

Mit Blick auf die erhaltungskonzeptkonforme Lösung und den Ansatz der impliziten Begrenzung der Eigenkapitalquote bedarf es indes einer differenzierteren Betrachtung. Nach beiden Ansätzen ergibt sich ein geringeres zulässiges betriebsnotwendiges Eigenkapital als Basis für die (reale) Eigenkapitalverzinsung, als es erforderlich wäre, um die Eigenkapitalquote von 80 % aufrecht zu erhalten. Insoweit geht von beiden Ansätzen ein über die Beschränkung der kalkulatorischen Abschreibungen auf den Anschaffungs- und Herstellungskosten hinausgehender Anreiz von der Ermittlung der kalkulatorischen Eigenkapitalverzinsung aus, die Eigenkapitalquote auf 40 % zu senken. Wie hoch der Anreiz bzw. der Druck die Eigenkapitalquote zu senken ausfallen soll, ist letztlich auch eine rechtspolitische Frage, sodass nicht eindeutig zu entscheiden ist, welche Lösung „richtiger" ist. Die erhaltungskonzeptkonforme Lösung ist insoweit allerdings besonders konsequent, als nach ihr der Netzbetreiber mit einer höheren Eigenkapitalquote so behandelt wird, als betrage sie nur 40 % und sich damit die insgesamt ermittelten kalkulatorischen Kosten eines Netzbetreibers mit einer Eigenkapitalquote von 100% nicht von denen unterscheiden, die sich certeris paribus bei einem Netzbetreiber mit einer Eigenkapitalquote von 40 % ergeben. Andererseits ist jedoch zu bedenken, dass nach § 21 Abs. 2 EnWG eine angemessene, risikoangepasste und wettbewerbsfähige Verzinsung des eingesetzten Kapitals geboten ist und sich aus dieser Vorschrift nicht ohne Weiteres ableiten lässt, dass eine angemessene Verzinsung des eingesetzten Kapitals nur dann zu gewährleisten ist, wenn der Eigenkapitalanteil maximal 40 % beträgt. Zudem mag der Verordnungsgeber berücksichtigt haben, dass eine Absenkung des Eigenkapitalanteils möglichst über einen längeren Zeitraum erfolgen sollte, um dem Netzbetrieb nicht kurzfristig zu viel Liquidität zu entziehen.

(cc) Übergang auf die Realkapitalerhaltung

Hinsichtlich der langfristig erfolgenden Umstellung auf das System der Realkapitalerhaltung ist weiter zu untersuchen, welche Konsequenzen sich diesbezüglich aus den verschiedenen Lösungsansätzen ergeben. Hierzu wird davon ausgegangen, dass alle Altanlagen durch Neuanlagen ersetzt wurden, d. h. die Restwerte der Altanlagen sowohl auf Anschaffungs- und Herstellungskostenbasis als auch auf Basis der Tagesneuwerte 0 betragen.

In diesem Fall führen alle vier dargestellten Lösungsansätze zu identischen sachgerechten Ergebnissen, solange die Eigenkapitalquote 40 % oder weniger beträgt. Grund hierfür ist, dass sich die von den Regulierungsbehörden berechnete zweite Eigenkapitalquote nicht von der nach § 6 Abs. 2 StromNEV unterscheidet, wenn keine Restwerte auf Tagesneuwertbasis in die Berechnung einfließen.

Beträgt die Eigenkapitalquote mehr als 40 % so ergeben sich auf Basis der Position der Regulierungsbehörden, der erhaltungskonzeptkonformen und der mathematischen Lösung ebenfalls identische Beträge für das (zulässige) betriebsnotwendige Eigenkapital, die denen bei einer Eigenkapitalquote von 40 % entsprechen. Auf Basis des Ansatzes der impliziten Begrenzung des Eigenkapitals ergibt sich demgegenüber ein höherer Wert, der dem realen Eigenkapitaleinsatz entspricht. Dieses Ergebnis leuchtet unmittelbar ein, wenn man berücksichtigt, dass die implizite Begrenzung des betriebsnotwendigen Eigenkapitals nur durch die anteilige Berücksichtigung der Restwerte der Altanlagen auf Tagesneuwert- bzw. auf Anschaffungskostenbasis erfolgt. Fließen daher nur noch Neuanlagen in die Berechnung ein, ist die Eigenkapitalquote nach dieser Auffassung nicht begrenzt.

Abgesehen von der Frage, ob diesem erst in ferner Zukunft voll wirksamen Aspekt angesichts der zu erwartenden Halbwertszeit der Vorschrift bei der Auslegung überhaupt eine größere Bedeutung zugemessen werden sollte, erscheint fraglich, ob der Verordnungsgeber einer Begrenzung der Eigenkapitalquote nur im Rahmen der Kalkulation nach der Nettosubstanzerhaltung oder auch darüber hinaus angestrebt hat. Für ersteres könnte insbesondere sprechen, dass der Verordnungsgeber die Regelung zur Begrenzung der Eigenkapitalquote auf 40 % in § 6 Abs. 2 NEV verankert hat, einer Vorschrift, die sich nur auf die Altanlagen bezieht. Auch inhaltlich wurde eine Begrenzung der Eigenkapitalquote hauptsächlich im Zusammenhang mit der Nettosubstanzerhaltung, kaum jedoch im Zusammenhang mit der Realkapitalerhaltung gefordert.[1023] Vor dem Hintergrund des Verlaufs des Gesetzgebungsverfahrens zum EnWG, in dessen Rahmen erst zu einem sehr späten Zeitpunkt die gesonderten auf der Realkapitalerhaltung basierenden Regelungen für die Neuanlagen aufgenommen wurden, wird man letztlich annehmen müssen, dass der Verordnungsgeber die ohnehin nicht unmittelbar relevante Problematik der Begrenzung der Eigenkapitalquote hinsichtlich der Neuanlagen nicht beachtet hat.

1023 So sehen etwa die auf der Realkapitalerhaltung aufbauenden LSP keine Begrenzung der Eigenkapitalquote vor.

(e) Vereinbarkeit mit höherrangigem Recht

Bedenken hinsichtlich der Vereinbarkeit mit höherrangigem Recht wirft allein die Position der Regulierungsbehörden auf.[1024] Wie bereits dargestellt, ergibt sich auf ihrer Grundlage regelmäßig ein zulässiges betriebsnotwendiges Eigenkapital, das nicht ausreicht, um in Zusammenschau mit dem anzuwendenden realen Eigenkapitalzinssatz und der kalkulatorischen Abschreibung auf Tagesneuwertbasis den Nettosubstanzerhalt zu sichern und eine angemessene Verzinsung des eingesetzten Kapitals zu ermöglichen.

In dem oben dargestellten Beispielsfall mit einer realen Eigenkapitalquote von 40 % ergibt sich durch die inhaltlich nicht tragfähige Berechnungsmethodik der Regulierungsbehörden unter der Annahme eines Eigenkapitalzinssatzes von 6,5 % und eines Fremdkapitalzinssatzes von 4,8 % eine – ungerechtfertigte – Verringerung der Eigenkapitalverzinsung um ca. 8 %, was wirtschaftlich gleichbedeutend mit einer Absenkung des Eigenkapitalzinssatzes von 6,5 % auf 6 % ist.

Wie stark die Auswirkungen im jeweils konkreten Einzelfall sind, hängt von verschiedenen Faktoren, insbesondere der tatsächlichen Eigenkapitalquote und dem Verhältnis der Restwerte auf Tagesneuwertbasis zu den Restwerten auf Anschaffungskostenbasis ab. Es liegt jedoch nahe, dass jedenfalls in einzelnen Fällen durch die Anwendung der Berechnungssystematik der Regulierungsbehörden eine angemessene Verzinsung des eingesetzten Kapitals im Sinne des § 21 Abs. 2 StromNEV nicht erreicht wird.[1025]

Die anderen Lösungsansätze werfen hinsichtlich der Vereinbarkeit mit höherrangigem Recht keine Bedenken auf. Der mathematische Ansatz führt zwar ebenso wie die Position der Regulierungsbehörden regelmäßig zu der Ermittlung eines zu geringen zulässigen Anteils des betriebsnotwendigen Eigenkapitals, gleicht dies jedoch durch einen entsprechend höheren Ansatz für das übersteigende Eigenkapital aus, sodass sich im Ergebnis keine unangemessen geringe Eigenkapitalverzinsung ergibt.

(3) Ergebnis

Die Position der Regulierungsbehörden ist abzulehnen.[1026] Sie ist weder mit dem Wortlaut noch dem Sinn und Zweck der Vorschriften und der Kalkulationssystema-

---

1024 So im Ergebnis auch OLG Naumburg, Beschluss vom 20.08.2007, ZNER 2007, 499, 500.
1025 Hiervon geht auch das OLG Naumburg, Beschluss vom 16.04.2007, ZNER 2007, 174, 179f., aus; ebenso mit ausführlicher Begründung OLG Naumburg, Beschluss vom 20.08.2007, ZNER 2007, 499, 500; a.A. OLG Düsseldorf, Beschluss vom 09.05.2007, RdE 2007, 193, 196f. = ZNER 2007, 205ff. = WuW/E DE-R 2000 ff.; der BGH (Beschlüsse vom 14.08.2008, KVR 34/07, Tz. 42 ff.; KVR 35/07, Tz 50 ff.; KVR 36/07, Tz. 41 ff.; KVR 39/07, Tz. 45 ff.; KVR 42/07, Tz. 29 ff.) geht auf die Frage nicht ein und prüft nur die Vereinbarkeit mit Europa- und Verfassungsrecht; vgl. auch *Spiekermann/Schellberg*, N&R 2008, 202, 203.
1026 So auch OLG Naumburg, Hinweisbeschluss vom 02.03.2007, ZNER 2007, 66, 68 f., sowie Beschluss vom 16.04.2007, ZNER 2007, 174, 179ff; die Rechtsauffassung nochmals aus-

tik nach der Nettosubstanzerhaltung zu vereinbaren. Bei ihrer Anwendung besteht zudem die konkrete Gefahr, dass Entgelte ermittelt werden, die den Anforderungen des höherrangigen Rechts nicht genügen.

Vor dem Hintergrund des Wortlautes und nach Sinn und Zweck der Vorschrift ebenfalls abzulehnen ist die mathematische Lösung. Sie basiert ebenso wie die Position der Regulierungsbehörde auf dem betriebswirtschaftlich nicht haltbaren Ansatz die (zweite) Eigenkapitalquote unter teilweisem Rückgriff auf Tagesneuwerte zu berechnen.

Zu betriebswirtschaftlich und kalkulatorisch richtigen Ergebnissen führt demgegenüber die erhaltungskonzeptkonforme Lösung. Ob die durch diese Methodik auch im Rahmen der Realkapitalerhaltung Wirkung entfaltende Begrenzung der Eigenkapitalquote auf 40 % der Zielsetzung des Verordnungsgebers entspricht, ist allerdings unklar. Entscheidend gegen die erhaltungskonzeptkonforme Lösung spricht indes der Wortlaut der einschlägigen Vorschriften, der letztlich auch für diesen Ansatz keinen konkreten Anknüpfungspunkt bietet.

Der Wortlaut spricht demgegenüber eindeutig für den Ansatz der impliziten Begrenzung der Eigenkapitalquote. Auch nach dem Sinn und Zweck der Vorschriften und vor dem Hintergrund der Erhaltungskonzepte spricht kein Argument letztlich durchgreifend gegen diesen Ansatz.

Im Ergebnis ergibt sich daher das (zulässige) betriebsnotwendige Eigenkapital, das die Basis für die Berechnung der kalkulatorischen Eigenkapitalverzinsung nach § 7 Abs. 3 und 4 NEV bildet, allein auf Grundlage des § 7 Abs. 1 S. 2 NEV 2005. Der die zulässige Eigenkapitalquote übersteigende Anteil des Eigenkapitals gemäß § 7 Abs. 1 S. 3 NEV 2005 ist zu berechnen, indem die Rechnung nach § 7 Abs. 1 S. 2 NEV 2005 mit der tatsächlichen Eigenkapitalquote durchgeführt wird und von dem Ergebnis das (zulässige) betriebsnotwendige Eigenkapital abgezogen wird, das die Basis der Eigenkapitalverzinsung nach § 7 Abs. 3 und 4 NEV bildet.

b) Rechtslage nach Änderung der NEV im Oktober 2007

Im Zuge der Verabschiedung der Anreizregulierungsverordnung wurden im Oktober 2007 auch die Netzentgeltverordnungen Strom und Gas geändert.[1027] Neben einigen kleineren Anpassungen, die unmittelbar mit dem Übergang zur Anreizregulierung

---

drücklich bestätigend: OLG Naumburg, Beschluss vom 20.08.2007, ZNER 2007, 499 f.; *Theobald/Zenke* in: Schneider/Theobald, EnWR, § 16 Rn. 152 ff.; die Position der Regulierungsbehörde bestätigend: BGH, Beschlüsse vom 14.08.2008, KVR 34/07, Tz. 42 ff.; KVR 35/07, Tz 50 ff.; KVR 36/07, Tz. 41 ff.; KVR 39/07, Tz. 45 ff.; KVR 42/07, Tz. 29 ff. sowie Pressemeldung 156/2008 vom 14.08.2008.

1027 Verordnung zum Erlass und zu Änderung von Rechtsvorschriften auf dem Gebiet der Energieregulierung vom 29. Oktober 2007 (BGBl. I S. 2529).

im Zusammenhang stehen,[1028] wurde als Reaktion auf die divergierende Rechtsprechung und den anhaltenden Meinungsstreit um die richtige Berechnung der kalkulatorischen Eigenkapitalverzinsung bzw. des betriebsnotwendigen Eigenkapitals und der Eigenkapitalquote, § 7 Abs. 1 NEV geändert. Abweichungen zu der alten Rechtslage ergeben sich in den nachfolgend dargestellten Bereichen.

aa) Berechnung des betriebsnotwendigen Eigenkapitals

Mit Blick auf die Berechnung des betriebsnotwendigen Eigenkapitals ist nun in § 7 Abs. 1 S. 4 NEV klargestellt, dass jeweils der Mittelwert aus Jahresanfangs- und Jahresendbestand anzusetzen ist. Dies entspricht der Regelung, die bereits zuvor für das Abzugskapital nach § 7 Abs. 2 NEV galt.

Entgegen der ursprünglichen Regelung ist nunmehr in § 7 Abs. 1 S. 2 Nr. 4 NEV auch der Ansatz der Finanzanlagen und des Umlaufvermögens ausdrücklich an deren Betriebsnotwendigkeit gekoppelt.[1029] Wie bereits dargestellt ändert dies nichts daran, dass die Frage der Berücksichtigung des Umlaufvermögens und der Finanzanlagen regelmäßig bereits auf der Ebene der sachgerechten Zuordnung der Bilanzpositionen zum Netzbetrieb zu behandeln ist.[1030] Jedenfalls ist es nicht sachgerecht, bestimmte Finanzanlagen von der Ermittlung der kalkulatorischen Eigenkapitalverzinsung auszuschließen, die aus ihnen resultierenden Erträge aber im Rahmen des § 9 NEV netzkostenmindernd zu berücksichtigen.

Schließlich wurde durch § 7 Abs. 1 S. 3 NEV der Wertansatz von Grundstücken auf die Anschaffungskosten begrenzt. Die Begründung verweist insoweit darauf, dass für Grundstücke keine Indexreihen verfügbar seien und ihr Wert nur individuell bestimmt werden könne.[1031] Insofern erleichtert die Neuregelung die Berechnung. Zu kritisieren ist allerdings, dass damit, wie oben dargestellt,[1032] Altgrundstücke systematisch schlechter behandelt werden als solche, die nach dem 01.01.2006 erworben wurden. Eine angemessene Verzinsung des in den Altgrundstücken gebundenen Eigenkapitals ist mangels Berücksichtigung des inflationsbedingten Werteverzehrs nicht gewährleistet.[1033]

1028 Vgl. § 7 Abs. 6 NEV; § 32 Abs. 5 StromNEV; 32 Abs. 6 GasNEV; außerdem wurden einige redaktionelle Fehler in der GasNEV berichtigt und eine Festlegungsbefugnis mit Blick auf die bislang nicht geregelte Kosten- und Entgeltwälzung im Gasbereich aufgenommen.
1029 Vgl. auch *Missling*, RdE 2008, 7, 12; OLG Bamberg, Beschluss vom 26.10.2007, IR 2008, 38, 39, das im Rahmen der Argumentation bereits auf die Neuregelung Bezug nimmt.
1030 Vgl. oben unter C.I.2.b)bb).
1031 Vgl. BR-Drs. 417/07, S. 21; kritisch zu dieser Begründung: *Lange*, IR 2008, 28, 29 ff.
1032 Vgl. oben unter C.III.3.a)bb)(2).
1033 So auch *Lange*, IR 2008, 28, 34.

bb) Ermittlung des die zugelassene Eigenkapitalquote übersteigenden Eigenkapitalanteils

Der oben ausführlich dargestellte Meinungsstreit um die Frage, wie der die zugelassene Eigenkapitalquote übersteigende Eigenkapitalanteil zu ermitteln ist, wurde durch die Neuregelung in § 7 Abs. 1 NEV zugunsten der Kalkulationssystematik der Regulierungsbehörden entschieden.

So sehr die Klarstellung angesichts des zuvor unklaren Wortlautes zu begrüßen ist, so sehr ist sie inhaltlich zu kritisieren. Wie oben aufgezeigt, führt das Verfahren methodisch nicht zu einem sachgerechten Ergebnis.[1034] Zudem ist die Vereinbarkeit der Regelung mit höherrangigem Recht zweifelhaft.[1035]

c) Zusammenfassung

Zusammenfassend lässt sich festhalten, dass die Eigenkapitalquote auf Basis des nach Anschaffungs- und Herstellungskosten ermittelten betriebsnotwendigen Eigenkapitals zu berechnen ist. Mit Blick auf das Finanzanlage- und Umlaufvermögen sind dabei die sachgerecht dem Netz zugeordneten Positionen zu berücksichtigen. Auf Basis des § 7 Abs. 1 NEV 2005 kommt entgegen der Auffassung der Regulierungsbehörden weder eine Begrenzung der Bilanzpositionen mit Blick auf ihrer Betriebsnotwendigkeit, noch eine Sonderbehandlung für Grundstücke in Betracht.

Das von den Regulierungsbehörden angewandte Berechnungsschema zur Ermittlung der Basis für die Eigenkapitalverzinsung, das eine doppelte Begrenzung der Eigenkapitalquote beinhaltet, führt nicht zu sachgerechten Ergebnissen und ist mit der NEV 2005 nicht vereinbar. Vielmehr ist vor dem Hintergrund des Wortlautes der Norm von einer impliziten Begrenzung der Eigenkapitalquote nach § 7 Abs. 1 NEV auszugehen, wenngleich die dargestellte erhaltungskonzeptkonforme Lösung betriebswirtschaftlich am überzeugendsten ist. Die Übernahme des inhaltlich verfehlten Kalkulationsschemas der Regulierungsbehörden durch den Verordnungsgeber kollidiert mit den gesetzlichen Vorgaben für eine angemessene Kapitalverzinsung.

4. Eigenkapitalverzinsung

Neben der kalkulatorischen Abschreibung bildet die kalkulatorische Eigenkapitalverzinsung das zweite zentrale Element im Rahmen der Ermittlung der Kapitalkosten. Zentrale Grundlage für die kalkulatorische Eigenkapitalverzinsung bildet die

---

1034 Vgl. oben insbesondere unter C.III.3.a)cc)(2)(d)(bb).
1035 Vgl. oben unter C.III.3.a)cc)(2)(e); vgl. auch *Missling*, RdE 2008, 7, 14; *Sieberg* in: Bartsch/Röhling/Salje/Scholz, Stromwirtschaft, Kapitel 51, Rn. 72.

Ermittlung des betriebsnotwendigen Eigenkapitals, die bereits im letzten Abschnitt behandelt wurde. Im Mittelpunkt der folgenden Ausführung steht daher die Frage nach dem anzuwendenden Eigenkapitalzinssatz.

a) Verzinsung des betriebsnotwendigen Eigenkapitals

Nach den Regelungen in § 7 Abs. 3 NEV ist das betriebsnotwendige Eigenkapital in einen auf Altanlagen und einen auf die Neuanlagen entfallenden Anteil aufzuteilen. Die Verzinsung des auf die Altanlagen entfallenden Anteils erfolgt nach § 7 Abs. 4 NEV auf der Basis eines Realzinses, während für den auf die Neuanlagen entfallenden Anteil ein Nominalzins zur Anwendung kommt. Der Realzins betrug gemäß § 7 Abs. 6 S. 2 StromNEV – bis zur erstmaligen anderweitigen Festlegung durch die Regulierungsbehörden[1036] mit Wirkung zum 01.01.2009 – 6,5 % und der Nominalzins 7,91 % und gemäß § 7 Abs. 6 S. 2 GasNEV 7,8 % bzw. 9,21 %.

aa) Ermittlung des auf Alt- und Neuanlagen entfallenden Anteils

Nach § 7 Abs. 3 S. 2 NEV ermittelt sich der auf die Neuanlagen entfallende Anteil nach dem Anteil des Restwertes der Neuanlagen an der Summe der nach § 7 Abs. 1 S. 2 NEV ermittelten Restwerte der Alt- und Neuanlagen. Folgerichtig ermittelt sich nach § 7 Abs. 3 S. 3 NEV der auf die Altanlagen entfallende Anteil nach dem Anteil der Restwerte der Altanlagen nach § 7 Abs. 1 S. 2 Nr. 1 bis 2 NEV an der Summe der Restwerte der Alt- und Neuanlagen nach § 7 Abs. 1 S. 2 Nr. 1 bis 3 NEV. Allein mit Blick auf die Aufteilung des betriebsnotwendigen Eigenkapitals auf Alt- und Neuanlagen erscheint diese Regelung zunächst sachgerecht.

bb) Inkonsistente Zuordnung des Umlaufvermögens und der Finanzanlagen

Die dargestellte Aufteilung des betriebsnotwendigen Eigenkapitals entlang des auf die Alt- bzw. Neuanlagen entfallenden Anteils am Anlagevermögen führt indes dazu, dass auch die Zuordnung des Umlaufvermögens und der Finanzanlagen entsprechend der Anteile der Alt- und Neuanlagen erfolgt. Beträgt der Anteil der Altanlagen folglich zunächst 100 %, so wird auch der auf das Umlaufvermögen und die Finanzanlagen entfallende Eigenkapitalanteil zum Realzins verzinst. Steigt im Laufe der Zeit der Anteil der Neuanlagen und erreicht schließlich 100 %, so wird der auf

---

1036 Eine erstmalige Festlegung mit Wirkung zum 01.01.2009 erfolgte durch die Bundesnetzagentur mit Beschluss vom 07.07.2008, BK4-08-068 (abrufbar unter www.bundesnetzagentur.de). Dort wurde der Eigenkapitalzinssatz für Neuanlagen auf 9,29% und für Altanlagen auf 7,56% festgesetzt (einheitlich für Strom und Gas).

das Umlaufvermögen und die Finanzanlagen entfallende Anteil des Eigenkapitals zum Nominalzins verzinst.

Sachgerecht ist indes allein die Verzinsung zum Nominalzins, da in Bezug auf die Finanzanlagen und das Umlaufvermögen kein Inflationsausgleich über die Berücksichtigung von Tagesneuwerten erfolgt. Einer diesem Umstand Rechnung tragenden korrigierenden Auslegung steht indes der eindeutige Wortlaut des § 7 Abs. 3 NEV entgegen. Damit verbleibt – neben der gebotenen Korrektur durch den Verordnungsgeber[1037] – nur die Möglichkeit, den mit Blick auf das Umlaufvermögen und die Finanzanlagen drohenden inflationsbedingten Werteverzehr als Wagnis aufzufassen und daher im Rahmen der Bemessung des Wagniszuschlages nach § 7 Abs. 5 NEV zu berücksichtigen.

b) Verzinsung des die zugelassene Eigenkapitalquote übersteigenden Anteils des Eigenkapitals

Die Ermittlung des die zugelassene Eigenkapitalquote übersteigenden Anteils des Eigenkapitals wurde ebenfalls im letzten Abschnitt bereits ausführlich behandelt. Zu untersuchen bleibt hier demnach nur, wie der anzuwendende Zinssatz zu ermitteln ist. § 7 Abs. 1 S. 3 NEV 2005 bzw. § 7 Abs. 1 S. 5 NEV sieht insoweit eine nominale Verzinsung *„wie Fremdkapital"* vor.

aa) Position der Regulierungsbehörden

Die Regulierungsbehörden verstehen die Formulierung *„wie Fremdkapital"* in § 7 Abs. 1 S. 3 NEV 2005 bzw. § 7 Abs. 1 S. 5 NEV als Verweis auf die Regelung in § 5 Abs. 2 NEV, nach der Fremdkapitalzinsen in ihrer tatsächlichen Höhe zu berücksichtigen sind, soweit sie kapitalmarktübliche Zinsen für vergleichbare Kreditaufnahmen nicht überschreiten.[1038] Demzufolge soll für den übersteigenden Anteil des Eigenkapitals grundsätzlich der (durchschnittliche) Zinssatz zur Anwendung kommen, den das Unternehmen für die tatsächliche Fremdmittelaufnahme aufbringen muss. Eine Obergrenze sieht die Regulierungsbehörde insoweit in der Durchschnittsrendite festverzinslicher Wertpapiere über die letzten 10 Jahre, die für die erste Genehmigungsperiode mit 4,8 % ermittelt wurde.

1037 Die Regelung in § 7 Abs. 3 StromNEV könnte zudem auch wesentlich einfacher gestaltet werden, indem lediglich festgeschrieben wird das auf den sich aus § 7 Abs. 1 S. 2 Nr. 2 StromNEV ergebenden Betrag der Realzins und auf das übrige betriebsnotwendige Eigenkapital der Nominalzins angewandt wird.
1038 Regulierungsbehörden, Positionspapier Strom, S. 14.

bb) Kritik

Zu der Ermittlung der Fremdkapitalzinsen nach § 5 Abs. 2 NEV und der von den Regulierungsbehörden angenommenen Obergrenze wurde oben bereits Stellung bezogen, sodass zunächst auf die dortigen Ausführungen verwiesen werden kann.[1039]

Mit Blick auf die Verzinsung des übersteigenden Eigenkapitals erscheint es jedoch überdies fragwürdig, ob die Formulierung „wie Fremdkapital" überhaupt in dem Sinne zu verstehen ist, dass an den durchschnittlichen tatsächlichen Fremdkapitalzinssatz angeknüpft werden soll. Inhaltlich ergeben sich insoweit insbesondere Bedenken, wenn die bilanzielle Eigenkapitalquote sehr hoch ist und daher nur in geringem Umfang Fremdmittel aufgenommen wurden.

Besonders deutlich zeigt sich diese Problematik an den häufig innerhalb von Unternehmensverbünden anzutreffenden Cash-Pools, die dem konzerninternen Liquiditätsausgleich dienen. Da es sich hierbei nicht zuletzt um ein Instrument der internen Unternehmenssteuerung handelt, kann nicht davon ausgegangen werden, dass der zur Anwendung kommende Zinssatz in jedem Fall einem realistischen Fremdkapitalzins entspricht. Vielmehr kann es betriebswirtschaftlich durchaus Sinn machen, wenn eine Konzerngesellschaft einer anderen über den Cash-Pool Kredite zu einem Zins einräumt, der unter dem Zinssatz liegt, den die Gesellschaft durch anderweitige Anlage der Mittel erzielen könnte. Ein Grund hierfür liegt darin, dass die Gesellschaft, die den Kredit erhält, auf eine teure externe Kreditaufnahme verzichten kann, und der hierdurch entstehende Vorteil typischerweise in Form einer höheren Eigenkapitalverzinsung an den Konzern zurückfließt. Ein weiterer Grund für einen besonders niedrig festgelegten Zins im Rahmen des Cash-Pools kann darin liegen, dass die Konzerngesellschaften über erhebliche Liquiditätsreserven verfügen und ein Anreiz dafür geboten werden soll, dass diese Mittel von den am Cash-Pool beteiligten Gesellschaften unternehmerisch eingesetzt werden. Auch hier erfolgt die Kompensation für den Konzern letztlich durch eine höhere Eigenkapitalverzinsung. Diese kompensatorischen Effekte bleiben indes aus, wenn der besonders geringere Fremdkapitalzinssatz kalkulatorisch zu einer Senkung der Entgelte führt. Ein niedriger Zinssatz im Rahmen des Cash-Pools würde damit als Quersubventionierung zugunsten des Netzbetriebs wirken. Dies mag im Rahmen der kurzfristigen Sicherstellung der Liquidität eine untergeordnete Rolle spielen, insbesondere wenn der Saldo aus Zufuhr und Entnahme aus dem Cash-Pool gering ausfällt. Es wäre jedoch betriebswirtschaftlich widersinnig, wenn andere Konzerngesellschaften dem Netzbetreiber über das Cash-Pooling längerfristig Kredite zu einem besonders niedrigen Zins in einer Höhe einräumen würden, die erforderlich wäre, um die Eigenkapitalquote auf das vom Verordnungsgeber gewünschte Maß zurückzuführen. Vielmehr wird man annehmen müssen, dass die durchschnittliche Rendite festverzinslicher risikoloser Wertpapiere insoweit eine Untergrenze für den anzuwendenden Zinssatz bildet, da

---

1039 Vgl. oben unter C.II.2.

andere Konzerngesellschaften stets die Möglichkeit hätten, in solche zu investieren und dies aus Konzernsicht bei einem niedrigeren Zinssatz vorzugswürdig wäre.

Zudem ist zu berücksichtigen, dass der sich bei der Aufnahme von Fremdkapital ergebene Zinssatz vor allem von dem Risiko und damit auch von dem als Sicherheit zur Verfügung stehenden Eigenkapital abhängt.[1040] Der durchschnittliche Fremdkapitalzinssatz, der sich etwa bei einer Eigenkapitalquote von 90 % ergibt, lässt daher allenfalls begrenzt auf den Fremdkapitalzins schließen, der sich bei einer deutlich niedrigeren Eigenkapitalquote ergeben würde.

Auch vom Wortlaut muss die Formulierung *„wie Fremdkapital"* in § 7 Abs. 1 S. 5 NEV keineswegs in dem von den Regulierungsbehörden angenommen Sinne verstanden werden. Vielmehr lässt sie sich ebenso gut so verstehen, dass der Zinssatz zur Anwendung kommen soll, der sich bei einem entsprechenden Einsatz von Fremdkapital (hypothetisch) ergeben würde. Dabei ist zu untersuchen, welche Art der Fremdkapitalfinanzierung zur Aufbringung der erforderlichen Mittel in Betracht käme, und wie hoch die kapitalmarktübliche Verzinsung für eine solche Art der Fremdkapitalfinanzierung wäre.

Auch vor dem Hintergrund von Sinn und Zweck der Regelung ist eine solche Auslegung geboten. Die Begrenzung der Eigenkapitalquote dient dem Ziel einer Überkapitalisierung der Netzbetreiber entgegenzuwirken und die hierdurch entstehenden höheren Kapitalkosten zu vermeiden. Es gibt jedoch keinen sachlichen Grund dafür, die Netznutzer besser zu stellen, wenn statt Fremdkapital tatsächlich Eigenkapital zum Einsatz kommt und im Gegenzug die Netzbetreiber durch einen unangemessen niedrigen Fremdkapitalzinssatz für den Einsatz von Eigenkapital zu bestrafen. Dies gilt insbesondere vor dem Hintergrund, dass der Einsatz von Eigenkapital vor dem Hintergrund der Ziele des Energiewirtschaftsrechts – auch über die festgelegte Eigenkapitalquote hinaus – jedenfalls dann unbeschränkt wünschenswert ist, wenn sich hierdurch keine höheren Kosten für die Netznutzer ergeben, als sie bei einer entsprechenden Fremdfinanzierung anfallen würden.

Zudem werden auf diesem Wege Inkonsistenzen vermieden, die sich nach der Position der Regulierungsbehörden zwangsläufig ergeben. So muss die Regulierungsbehörde etwa in dem Fall, dass tatsächlich überhaupt kein Fremdkapital eingesetzt wurde, zur Bestimmung des Fremdkapitalzinssatzes an die von ihr ermittelten kapitalmarktüblichen Werte anknüpfen. Wurde von einem Unternehmen beispielsweise im Rahmen eines Cash-Pools in geringem Umfang Fremdkapital zu einem sehr geringen (internen) Zinssatz in Anspruch genommen, so würde sich für dieses Unternehmen eine erheblich niedrigere Verzinsung des übersteigenden Eigenkapitals ergeben, ohne dass hierfür ein sachlicher Grund bestünde.

Im Ergebnis ist die Position der Regulierungsbehörden daher abzulehnen. Als Fremdkapitalzins im Rahmen des § 7 Abs. 1 S. 3 NEV 2005 bzw. § 7 Abs. 1 S. 5 NEV ist der nominale Zins anzusetzen, der sich ergeben würde, wenn bilanziell im Austausch für Eigenkapital die Menge an Fremdkapital aufgenommen würde, die erforderlich wäre um die vorgegebene kalkulatorische Eigenkapitalquote von 40%

1040 *Thommen/Achleitner*, Allgemeine Betriebswirtschaftslehre, S. 584 f.

zu erreichen. Hierbei ist auch zu berücksichtigen, dass die bilanzielle Eigenkapitalquote in diesem Fall häufig unter 40 % liegen wird, da das Anlagevermögen handelsrechtlich schneller abgeschrieben wird als kalkulatorisch.[1041]

c) Festlegung des Eigenkapitalzinssatzes durch die Regulierungsbehörde

Nach § 7 Abs. 6 NEV entscheidet die Regulierungsbehörde vor Beginn einer Regulierungsperiode[1042] im Wege der Festlegung gemäß § 29 Abs. 1 EnWG nach Maßgabe der Regelungen in § 7 Abs. 4 und 5 NEV über die für Alt- und Neuanlagen anzuwendenden Eigenkapitalzinssätze nach § 21 Abs. 2 EnWG. Erstmalig erfolgte die Entscheidung mit Wirkung zum 01. Januar 2009.[1043]

Die grundsätzlichen Fragen, die sich mit Blick auf die Festlegung eines angemessenen, risikoangepassten und wettbewerbsfähigen Eigenkapitalzinssatzes stellen, wurden oben im Zusammenhang mit den gesetzlichen Vorgaben bereits ausführlich behandelt, sodass an dieser Stelle auf die dortigen Ausführungen verwiesen werden kann.[1044]

Die Höhe des Wagniszuschlags bzw. eines angemessenen Eigenkapitalzinssatzes hängt maßgeblich von den regulatorischen Risiken ab, die sich aus der Anreizregulierung ergeben.[1045] Berücksichtigt man die bereits zur Zeit der Verbändevereinbarung durchgeführten wissenschaftlichen Untersuchungen sowie die Tatsache, dass der Verordnungsgeber zunächst eine Eigenkapitalverzinsung von real 6,5 % (Strom) bzw. 7,8 % (Gas) für sachgerecht gehalten hat, und bedenkt weiter, dass sich im Zuge der Einführung der Anreizregulierung das regulatorische Risiko merklich erhöhen dürfte[1046] und sich außerdem der steuerliche Vergleich zur Wertpapierrendite durch die Einführung der Abgeltungssteuer zugunsten der Wertpapieranlage verschiebt, spricht vieles dafür, dass ein festzulegender angemessener Eigenkapitalzinssatz im Sinne des § 21 Abs. 2 EnWG – vor Steuern – jedenfalls dann über dem ursprünglich normierten Zinssatz liegen muss, wenn sich die durchschnittliche Wertpapierrendite nach § 7 Abs. 4 NEV nicht merklich verringert.[1047]

1041 Vgl. *Kaldewei/Albers/Hübner*, ET 4/2008, 50 ff.
1042 Ursprünglich war eine Entscheidung alle zwei Jahre vorgesehen, vgl. § 7 Abs. 6 NEV 2005.
1043 Vgl. Bundesnetzagentur, Beschluss vom 07.07.2008, BK4-08-068; siehe auch Bundesnetzagentur, Konsultation zum Entwurf des Beschlusses zur Festlegung der Eigenkapitalzinssätze, BK4-08-068 (abrufbar unter www.bundesnetzagentur.de).
1044 Vgl. oben unter B.II.2. sowie unter B.I.3.a)bb)(4)(c)(dd).
1045 Vgl. *Böwing/Franz*, ET 10/2007, 26, 28, die zu Recht darauf hinweisen, dass es für die Bewertung der Risiken auch auf die konkrete Umsetzung der Regulierung durch die Regulierungsbehörden ankommt.
1046 So auch *Böwing/Franz*, ET 10/2007, 26; *Hern/Haug*, ET 6/2008, 26 f.
1047 *Böwing/Franz*, ET 10/2007, 26, 27, plädieren aus praktischen Erwägungen vor dem Hintergrund eines gesunkenen Referenzzinses für eine vorläufige Beibehaltung der in der NEV festgelegten Zinssätze.

Die in der ursprünglichen Fassung des § 7 Abs. 6 NEV vorgesehene Festlegung der Eigenkapitalzinssätze nach Ertragssteuern ist inzwischen wieder aufgehoben worden. Es bleibt somit dabei, dass die Zinssätze der Systematik der NEV folgend, vor Ertragssteuern festzusetzen sind. Dies bedeutet, dass ein auf Basis des Capital Asset Pricing Modell ermittelter Netto-Zinssatz auf das Niveau vor Ertragssteuern umzurechnen ist.[1048] Die Bundesnetzagentur hat auf dieser Basis für die erste Regulierungsperiode einen einheitlichen Eigenkapitalzinssatz für Neuanlagen in Höhe von 9,29 % und für Altanlagen von 7,56 % festgelegt.[1049]

5. Kalkulatorische Gewerbesteuer

Nach § 8 NEV ist die Gewerbesteuer im Rahmen der Netzentgeltkalkulation zu berücksichtigen. Wörtlich heißt es insoweit, dass „die dem Netzbetrieb sachgerecht zuzuordnende Gewerbesteuer als kalkulatorische Kostenposition in Ansatz gebracht werden [kann]."

a) Beschränkung auf die tatsächlich gezahlte Gewerbesteuer?

Zunächst haben die Regulierungsbehörden die Auffassung vertreten, der Ansatz der kalkulatorischen Gewerbesteuer sei der Höhe nach auf den Betrag beschränkt, der sich aus der sachgerechten Zuordnung der tatsächlich gezahlten Gewerbesteuer zum Netzbetrieb ergibt.[1050] Dies sollte auch gelten, wenn etwa in Folge einer steuerlichen Organschaft keine oder geringere Steuerzahlungen dem Netzbetrieb zurechenbar sind. Nach Auffassung der Regulierungsbehörden sollte hierdurch eine doppelte Begünstigung verhindert werden – vermiedene Steuerbelastungen und damit Netzkostenminderungen sollten nicht netzkostenerhöhend in Ansatz gebracht werden. Weiter haben die Regulierungsbehörden damit argumentiert, dass die Berücksichtigung der Gewerbesteuer mit Blick auf die an die Wertpapierrendite angelehnte Eigenkapitalverzinsung nicht geboten sei, wenn aufgrund der bestehenden steuerlichen Organschaft die entsprechenden Steuern tatsächlich nicht gezahlt wurden.[1051] Abschließend haben sich die Regulierungsbehörden auch auf den Wortlaut berufen, nach dem es sich bei der *„sachgerecht zuzuordnenden Gewerbesteuer"* nur um die tatsächlichen Gewerbesteuerzahlungen handeln könne.[1052]

1048 Vgl. Bundesnetzagentur, Beschluss vom 07.07.2008, BK4-08-068, S. 43 f. (abrufbar unter www.bundesnetzagentur.de).
1049 Vgl. Bundesnetzagentur, Beschluss vom 07.07.2008, BK4-08-068, S. 1 (abrufbar unter www.bundesnetzagentur.de).
1050 Regulierungsbehörden, Positionspapier Strom, S. 15.
1051 Regulierungsbehörden, Positionspapier Strom, S. 15 f.
1052 Regulierungsbehörden, Positionspapier Strom, S. 16.

Von dieser Position sind die Regulierungsbehörden indes noch vor Erteilung der ersten Entgeltgenehmigungen abgerückt.[1053] Von einer doppelten Begünstigung der Netzbetreiber kann ersichtlich nicht die Rede sein, setzt doch die Reduktion der Steuerlast in Folge der steuerrechtlichen Organschaft voraus, dass an anderer Stelle innerhalb des Konzerns Verluste entstanden sind.[1054] Es wäre indes schlechterdings nicht nachvollziehbar, weshalb die Netzentgelte sinken sollten, wenn andere Konzerngesellschaften Verluste machen. Auch bei bestehendem wirksamem Wettbewerb käme wohl kaum ein Unternehmen auf den Gedanken, die Entgelte in den Unternehmensbereichen, in denen Gewinne erwirtschaftet werden, deshalb zu senken, weil in anderen Sparten Verluste zu verbuchen waren. Konsequenz der Auffassung wäre zudem, dass die Unternehmen den steuerlichen Querverbund mit dem Netzbetrieb aufheben würden, damit die Verlustverrechnung nur innerhalb der nicht regulierten Geschäftsbereiche erfolgt, und so ihrem eigentlichen Zweck – nämlich der Möglichkeit ohne Steuerbelastung Verluste in anderen Konzerngesellschaften zu decken – gerecht werden kann. Der Wortlaut spricht zudem ebenfalls gegen diese Auffassung, da durch den Begriff *„kalkulatorische Gewerbesteuer"* klargestellt wird, dass es nicht auf die sachgerecht zugeordnete aufwandsgleiche, d. h. der Bilanz entnommenen, Gewerbesteuer ankommt.[1055]

Im Ergebnis erfolgt daher keine Beschränkung auf die tatsächlich gezahlte Gewerbesteuer. Selbst wenn man von den tatsächlichen Steuerzahlungen ausgehen wollte, wäre die *„sachgerechte Zuordnung"* nicht im Sinne einer gleichmäßigen Aufteilung zu verstehen.[1056] Vielmehr müssten den einzelnen Gesellschaften entsprechend ihrem jeweiligen Gewinn oder Verlust eine positive bzw. negative Steuerlast zugeordnet werden. Das Ergebnis würde dann (weitgehend) der kalkulatorischen Ermittlung der Gewerbesteuer entsprechen.

b) Berechnung der kalkulatorischen Gewerbesteuer

Inzwischen gehen auch die Regulierungsbehörden davon aus, dass die Gewerbesteuer rein kalkulatorisch ohne Begrenzung auf die tatsächlich geleisteten Steuerzahlungen zu ermitteln ist.

1053 Die „neue" Auffassung der Regulierungsbehörden findet sich zuerst in einem Schreiben des Sächsischen Staatsministeriums für Wirtschaft und Arbeit, dass Anfang Mai 2006 verschiedene Unternehmen aufgefordert hat, § 8 StromNEV wortgetreu anzuwenden und die Gewerbesteuer kalkulatorisch zu berechnen. Kurz darauf wird sie auch von der Bundesnetzagentur in der Entscheidung vom 06.06.2006 (Vattenfall), S. 14f. = ZNER 2006, 177 ff. und im Positionspapier Gas, S. 16f. = ZNER, 2006, 125 ff. bekräftigt; vgl. auch *Benn/Tiemann*, ET (Special) 11/2006, 4, 5.
1054 Vgl. auch *Böck/Missling*, IR 2006, 98, 102.
1055 Vgl. auch OLG Bamberg, Beschluss vom 26.10.2007, IR 2008, 38, 39, das ausdrücklich feststellt, dass es allein auf die kalkulatorisch berechnete Gewerbesteuer ankommt.
1056 So auch *Böck/Missling*, IR 2006, 98 ff.

aa) Berücksichtigung der auf den Scheingewinn entfallenden Gewerbesteuern

Im Rahmen der Berechnung der kalkulatorischen Gewerbesteuer stellt sich jedoch die Frage, ob die auf den Scheingewinn entfallenden Gewerbesteuern zu berücksichtigen sind.

(1) Position der Regulierungsbehörden

Die Regulierungsbehörden lehnen eine Berücksichtigung der auf den Scheingewinn entfallenden Gewerbesteuer ab.[1057] Nach ihrer Auffassung ist die kalkulatorische Gewerbesteuer daher allein auf Grundlage der nach § 7 NEV ermittelten kalkulatorischen Eigenkapitalverzinsung (EKZ) zu berechnen. Ohne Berücksichtigung der Abzugsfähigkeit der Gewerbesteuer von sich selbst nach § 8 S. 2 StromNEV errechnet sich die kalkulatorische Gewerbesteuer (GSt) damit wie folgt:[1058]

$$GSt_{vor\,\S 8 S.2} = EKZ_{nach\,\S 7} * Gewerbesteuermessbetrag * Hebesatz_{in\%}$$

Zur Begründung führen die Regulierungsbehörden aus, dass im Abschreibungsverlauf den Scheingewinnen zu Beginn der Anlagennutzung Scheinverluste gegenüber gestanden haben. Derartige Scheinverluste bewirken regelmäßig eine Steuerentlastung, diese sei jedoch in der Vergangenheit nicht kostenmindernd berücksichtigt worden. Deshalb sei es folgerichtig nun auch Scheingewinne nicht kostenerhöhend zu berücksichtigen, zumal bei der Bewertung der Kostenentlastung in der Vergangenheit auch Zinseffekte zu beachten seien.[1059]

(2) Kritik

Die Argumentation der Regulierungsbehörden geht in zwei entscheidenden Punkten fehl. Zum einen gleichen sich Scheingewinn und Scheinverluste bei Anwendung der Nettosubstanzerhaltung nicht aus, da die Nettosubstanzerhaltung systematisch zu höheren Abschreibungen führt, da ein Teil des Inflationsausgleichs nicht über die Eigenkapitalverzinsung sondern über die Abschreibungen auf Tagesneuwertbasis erfolgt. Dies wurde oben bereits ausführlich dargestellt, sodass auf diese Ausführungen verwiesen werden kann.[1060] Zum anderen treten auch die von der Regulierungsbehörde behaupteten Zinseffekte nicht auf. In einem typischen Netz mit gemischter Altersstruktur ist nämlich damit zu rechnen, dass sich in Summe bei Anwendung der

---

[1057] Regulierungsbehörden, Positionspapier Gas, S. 16 = ZNER, 2006, 125 ff.; anders hingegen: Sächsisches Staatsministerium für Wirtschaft und Arbeit in einem Schreiben an verschiedene Netzbetreiber vom 02.05.2006.
[1058] Vgl. auch Schreiben der Regierung von Oberfranken an verschiedene Netzbetreiber vom 21.07.2006.
[1059] Regulierungsbehörden, Positionspapier Gas, S. 16f. = ZNER, 2006, 125 ff.
[1060] Vgl. oben unter C.III.1.b).

Nettosubstanzerhaltung in jedem Jahr höhere kalkulatorische als handelsrechtliche Abschreibungen ergeben. Die ggf. höheren handelsrechtlichen Abschreibungen für neue Anlagen werden also unmittelbar durch die entsprechend höheren kalkulatorischen Abschreibungen für ältere Anlagen ausgeglichen. Auch in der Vergangenheit ist der Scheingewinn jedoch stets mit Blick auf den gesamten Anlagenbestand ermittelt worden, was damit die Berücksichtigung des Scheinverlustes bei einzelnen Anlagen einschließt.

Entgegen der Ansicht der Regulierungsbehörden ist daher der Scheingewinn bei der Ermittlung der kalkulatorischen Gewerbesteuer zu berücksichtigen.[1061] Seine Vernachlässigung führt dazu, dass der Teil des Inflationsausgleichs, der durch die höheren kalkulatorischen Abschreibungen sichergestellt werden soll, mit der Gewerbesteuer belastet wird. Dies ist jedoch nicht sachgerecht, da eine zum Vergleich herangezogene Wertpapieranlage, bei der der Inflationsausgleich durch den höheren Nominalzins gewährt wird, nicht mit der Gewerbesteuer belastet wird.[1062]

(3) Beschlüsse des BGH vom 14.08.2008

Der BGH hat nunmehr in verschiedenen Beschlüssen vom 14.08.2008 die Berücksichtigung der Scheingewinne bei der Ermittlung der kalkulatorischen Gewerbesteuer abgelehnt.[1063] Er stützt sich dabei auf eine am Wortlaut, der Systematik und der Entstehungsgeschichte des § 8 StromNEV orientierte Auslegung. Diese Argumentation vermag indes nicht zu überzeugen. Zum einen kann dem Wortlaut des § 8 StromNEV gerade nicht entnommen werden, dass die Berechnung allein an die kalkulatorisch ermittelte Eigenkapitalverzinsung anknüpfen soll. Ebenso wenig spricht die Tatsache, dass die Gewerbesteuer kalkulatorisch zu berechnen ist dagegen, den Scheingewinn zu berücksichtigen. Vielmehr sind – wie oben bereits dargestellt[1064] – gerade bei einer kalkulatorischen Ermittlung der Gewerbesteuer die Scheingewinne zu berücksichtigen, um eine konsistente und erhaltungskonzeptkonforme Kostenermittlung sicherzustellen. Insoweit überzeugt auch die Argumentation des BGH mit einer „kalkulatorischen Welt", die funktionierende Wettbewerbsbe-

---

1061 So auch *Sieberg* in: Bartsch/Röhling/Salje/Scholz, Stromwirtschaft, Kapitel 51, Rn. 76 ff.; anders OLG Koblenz, Beschluss vom 04.05.2007, ZNER 2007, 182, 191, das unzutreffend von einem Ausgleich zwischen Scheingewinnen und Scheinverlusten ausgeht; sowie OLG Bamberg, Beschluss vom 21.02.2007, ZNER 2007, 88 (vollständig abrufbar im Internet unter www.zner.org); OLG Bamberg, Beschluss vom 26.10.2007, IR 2008, 38, 39.
1062 Die Gerichte setzen sich bislang mit den systematischen Anforderungen an eine konsistente Kalkulation zur Gewährleistung angemessener Netzentgelte nicht ausreichend auseinander und verweisen lediglich darauf, dass die Einbeziehung dem Wortlaut nicht unmittelbar zu entnehmen ist; vgl. OLG Düsseldorf, Beschluss vom 21.07.2006, ZNER 2006, 258, 262; OLG München, Beschluss vom 22.02.2007, ZNER 2007, 62, 62.
1063 BGH, Beschlüsse vom 14.08.2008, KVR 34/07, Tz. 83 ff.; KVR 39/07, Tz. 68 ff.; KVR 42/07, Tz. 71 ff.
1064 Vgl. oben unter C.III.1.b).

dingungen simulieren solle und in der bilanzielle Abschreibungen keine Bedeutung hätten, nicht. Schließlich kann auch aus der Entstehungsgeschichte nicht abgeleitet werden, dass die Berücksichtigung der Scheingewinne ausgeschlossen wäre, da die im ersten Entwurf der StromNEV vorgeschlagene Formulierung einen ganz anderen Regelungsgehalt hatte, indem sie auch die Berücksichtigung der Körperschaftssteuern auf den Scheingewinn ermöglichte.

bb) Berücksichtigung der steuerlichen Hinzurechnungen und Kürzungen

Neben Frage nach der Berücksichtigung des Scheingewinns ist auch umstritten, ob die in §§ 8 und 9 GewStG vorgesehenen Hinzurechnungen und Kürzungen bei der Ermittlung der kalkulatorischen Gewerbesteuer zu berücksichtigen sind. Die Regulierungsbehörden lehnen eine Berücksichtigung überwiegend[1065] mit dem Argument ab, dass eine solche in § 8 NEV nicht vorgesehen wäre. Die Gegenauffassung lässt die Berücksichtigung zu, da sich die kalkulatorische Ermittlung gerade an den steuerrechtlichen Regelungen orientieren müsse, wie auch der entsprechende Verweis auf die Abzugsfähigkeit der Gewerbesteuer von sich selbst in § 8 S. 2 NEV zeige.[1066]

Der Gegenauffassung ist zuzustimmen. Durch die kalkulatorische Ermittlung der Gewerbesteuer sollen die für die Netzbetreiber durch die Gewerbesteuer – im Fall des Querverbundes hypothetisch – entstehende Belastung ausgeglichen werden.[1067] Dies kann nur gewährleistet werden, wenn im Rahmen der kalkulatorischen Berechnung auch die steuerrechtlich beachtlichen Hinzurechnungen und Kürzungen berücksichtigt werden.[1068] Besonders deutlich wird dies mit Blick auf die hälftige Hinzurechnung der Dauerschuldzinsen nach § 8 Nr. 1 GewStG. Durch sie verteuern sich für die Netzbetreiber die Fremdkapitalkosten über den zu entrichtenden Nominalzins hinaus um ca. 10 %.[1069] Ohne die Berücksichtigung bei der kalkulatorischen Ermittlung der Gewerbesteuer würde der zur Erzielung einer angemessenen Eigen-

---

1065 Die Praxis ist insoweit nicht ganz einheitlich. Teilweise werden jedenfalls die halben Dauerschuldzinsen als Hinzurechnung anerkannt; vgl. Schreiben des Sächsischen Staatsministeriums für Wirtschaft und Arbeit vom 02.05.2006 an verschiedene Netzbetreiber; vgl. auch *Becker/Boos*, ZNER 2006, 297, 303; gegen die Berücksichtigung von steuerrechtlichen Hinzurechnungen auch OLG Bamberg, Beschluss vom 26.10.2007, IR 2008, 38, 39; vgl. auch *Wendt/Boos*, ZNER 2007, 369, 376.
1066 OLG Naumburg, Beschluss vom 20.08.2007, ZNER 2007, 499, 501; *Missling*, RdE 2008, 7, 14.
1067 So auch OLG Naumburg, Beschluss vom 20.08.2007, ZNER 2007, 499, 501, das auf die erforderliche Konsistenz im Rahmen der Nettosubstanzerhaltung hinweist.
1068 Ähnlich auch *Missling*, RdE 2008, 7, 14.
1069 Bei einer Gewerbesteuermesszahl von 5% und einem Hebesatz von 400%; vgl. auch *Reif*, Preiskalkulation, S. 188.

kapitalverzinsung eigentlich erforderliche Einsatz von Fremdkapital[1070] die erzielbare Eigenkapitalverzinsung wiederum deutlich reduzieren.[1071]

cc) Abzugsfähigkeit der Gewerbesteuer von sich selbst

Nach § 8 S. 2 NEV ist bei der Ermittlung der kalkulatorischen Gewerbesteuer die Abzugsfähigkeit der Gewerbesteuer bei sich selbst zu berücksichtigen.[1072] Zur rechnerischen Ermittlung wenden die Regulierungsbehörden folgende Formel an:

$$GSt = EKZ_{nach\,\S\,7} * \frac{Gewerbesteuermessbetrag * Hebesatz}{1 + Gewerbesteuermessbetrag * Hebesatz}$$

Hierbei handelt es sich um eine Formel, die normalerweise im Steuerrecht zur Anwendung kommt, um die Höhe der zu entrichtenden Gewerbesteuer zu ermitteln.[1073] Hintergrund dieser Berechnung ist, dass die Gewerbesteuer zwar auf den Gewinn zu entrichten ist, ihre Entrichtung selbst jedoch eine den Gewinn – und damit ihre eigene Bemessungsgrundlage – reduzierende Betriebsausgabe darstellt.

In der vorliegenden Konstellation ist diese Berechnung indes weder sachgerecht noch zielführend, da nicht die zu entrichtende Steuer auf der Basis eines bestimmten Gewerbeertrages ermittelt werden soll, sondern eine kalkulatorische Kostenposition, durch deren Ansatz die Belastung durch die Gewerbesteuer ausgeglichen bzw. neutralisiert werden kann. Dies ist erforderlich, um die Systematik der Entgeltkalkulation und insbesondere der Ableitung des Eigenkapitalzinssatzes aufrecht zu erhalten. Zudem wird auf diese Weise vermieden, dass die Rendite der Netzbetreiber von ihrem jeweiligen lokalen Gewerbesteuerhebesatz abhängig ist.

Die Berechnung der kalkulatorischen Gewerbesteuer muss folglich neben der Abzugsfähigkeit der Gewerbesteuer von sich selbst auch berücksichtigen, dass der zu versteuernde Gewerbeertrag dadurch steigt, dass die kalkulatorische Gewerbesteuer als Kostenposition angesetzt werden kann.[1074] Rechnerisch muss man somit von folgendem Ansatz ausgehen:

1070 Da wie dargestellt, nach der bisherigen Praxis bei einer höheren Eigenkapitalquote Teile des Eigenkapitals nicht verzinst werden, sind die Netzbetreiber faktisch gezwungen, den Eigenkapitaleinsatz zugunsten von Fremdkapital zu reduzieren, um überhaupt eine Chance zu haben, eine angemessene Eigenkapitalverzinsung zu erreichen.
1071 Entspricht der Einsatz von verzinslichem Fremdkapital dem Eigenkapitaleinsatz, ist damit zu rechnen, dass sich die tatsächliche Eigenkapitalverzinsung durch diesen Effekt um ca. 0,5 Prozentpunkte reduziert.
1072 Vgl. zur Berechnung auch *Sieberg* in: Bartsch/Röhling/Salje/Scholz, Stromwirtschaft, Kapitel 51, Rn. 81 f.
1073 *Reiners*, Bemessung kalkulatorischer Kosten, S.281; *König/Zeidler*, DStR 1996, 1098, 1099.
1074 Anders OLG Bamberg, Beschluss vom 21.02.2007, ZNER 2007, 88 (vollständig abrufbar im Internet unter www.zner.org), das hierfür in § 8 S. 2 NEV keine Veranlassung sieht. In der Tat wird man die Frage auch eher bei einer sachgerechten kalkulatorischen Ermittlung der Gewerbesteuer im Rahmen des § 8 S. 1 NEV verorten müssen; vgl. auch OLG Düsseldorf,

$$GSt = (EKZ + GSt) * \frac{Gewerbesteuermessbetrag * Hebesatz}{1 + Gewerbesteuermessbetrag * Hebesatz}$$

Mit anderen Worten entspricht die kalkulatorische Gewerbesteuer dem Betrag, der sich als kalkulatorische Steuerlast ergibt, wobei einerseits zu berücksichtigen ist, dass der Gewerbeertrag durch sie selbst und die Eigenkapitalverzinsung repräsentiert wird, und andererseits, dass die Gewerbesteuer von sich selbst abzugsfähig ist. Löst man diese Gleichung auf, so ergibt sich:

$$GSt = EKZ * \frac{\left(\dfrac{Gewerbestermessbetrag * Hebesatz}{1 + Gewerbesteuermessbetrag * Hebesatz}\right)}{1 - \left(\dfrac{Gewerbesteuermessbetrag * Hebesatz}{1 + Gewerbesteuermessbetrag * Hebesatz}\right)}$$

Dieser Term lässt sich weiter vereinfachen zu:

$$GSt = EKZ * Gewerbesteuermessbetrag * Hebesatz$$

Da der Term dem entspricht, den die Regulierungsbehörden als Ausgangspunkt vor der Berücksichtigung der Abzugsfähigkeit der Gewerbesteuer von sich selbst zugrunde legen, könnte der Eindruck entstehen, die Abzugsfähigkeit sei letztlich entgegen dem Wortlaut des § 8 S. 2 NEV doch nicht berücksichtigt worden.[1075] Dies ist indes ein Trugschluss, der darauf zurückzuführen ist, dass der Ansatz der Regulierungsbehörde bereits im Rahmen des § 8 S. 1 NEV unzutreffend ist, da er bei der kalkulatorischen Ermittlung der Gewerbesteuer nicht berücksichtigt, dass auf den als kalkulatorische Kosten für die Gewerbesteuer anerkannten Betrag selbst Gewerbesteuern zu entrichten sind. Der richtige Ansatz unter Vernachlässigung der Abzugsfähigkeit der Gewerbesteuer von sich selbst müsste daher lauten:

$$GSt_{vor\,§8\,S.2} = \left(EKZ + GSt_{vor\,§8\,S.2}\right) * Gewerbesteuermessbetrag * Hebesatz_{in\%}$$

Löst man diesen Term nun auf, ergibt sich:

$$GSt_{vor\,§8\,S.2} = EKZ * \frac{Gewerbesteuermessbetrag * Hebesatz}{1 - \left(Gewerbesteuermessbetrag * Hebesatz\right)}$$

Es zeigt sich also, dass gerade die Anwendung der aufgelöst sehr einfach erscheinenden Formel die Abzugsfähigkeit der Gewerbesteuer von sich selbst berücksichtigt. Der Berechnungsmethodik der Regulierungsbehörden ist demgegenüber bereits im Ansatz verfehlt.

Beschluss vom 24.10.2007 (VI 3 Kart 16/07), ZNER 2007, 416, 419; OLG Düsseldorf, Beschluss vom 26.09.2007, ZNER 2007, 509, 511.

1075 Diesem Irrtum sind die Gerichte teilweise scheinbar ebenfalls erlegen; vgl. OLG Düsseldorf, Beschluss vom 09.05.2007, RdE 2007, 193, 197 = ZNER 2007, 205ff. = WuW/E DE-R 2000 ff.; OLG Düsseldorf, Beschluss vom 11.07.2007, ZNER 2007, 337, 340; BGH, Beschlüsse vom 14.08.2008, KVR 34/07, Tz. 80; KVR 35/07, Tz. 79; KVR 36/07, Tz. 84; KVR 39/07, Tz. 65; KVR 42/07, Tz. 68.

c) Beschränkung auf die kalkulatorische Gewerbesteuer?

Schließlich stellt sich die Frage, ob die im Rahmen der Entgeltermittlung anzusetzende Gewerbesteuer auf den nach § 8 NEV kalkulatorisch ermittelten Wert begrenzt ist oder ob der Netzbetreiber alternativ auch höhere tatsächliche Gewerbesteuerzahlungen als aufwandsgleiche Kosten nach § 5 Abs. 1 NEV in Ansatz bringen darf. Die Regulierungsbehörden vertreten insoweit die Auffassung, dass mit der Regelung des § 8 NEV über die Anerkennung der kalkulatorischen Kosten der Gewerbesteuer zugleich die Berücksichtigung dieser Kosten als aufwandsgleiche Kosten der Betriebsführung ausgeschlossen worden ist.[1076] Die Gegenauffassung sieht in § 8 NEV ebenso wie in den §§ 6 und 7 NEV Sonderregelungen, die einer Besserstellung der Netzbetreiber dienen, jedoch nicht den Ansatz der tatsächlich angefallenen Kosten beschränken sollen.[1077]

Für ein Wahlrecht des Netzbetreibers spricht zunächst der Wortlaut des § 8 Abs. 1 NEV nach dem ein kalkulatorischer Ansatz der Gewerbesteuer erfolgen *„kann"*. Auch spricht einiges dafür, dass § 8 NEV eine Besser- und keine Schlechterstellung der Netzbetreiber gegenüber dem Ansatz der tatsächlichen Gewerbesteuer bewirken sollte.[1078] Anders als teilweise behauptet,[1079] hätte daher § 8 NEV auch nicht nur deklaratorische Wirkung, wenn man alternativ auch den Ansatz der tatsächlichen Gewerbesteuer zulässt. Zudem ist es mit Sinn und Zweck der Entgeltkalkulation nicht vereinbar, wenn tatsächliche angefallene, unvermeidbare Kosten nicht in Ansatz gebracht werden können.[1080]

Die Problematik ist letztlich darauf zurückzuführen, dass bei der Berechnung der kalkulatorischen Gewerbesteuer der Scheingewinn bzw. -verlust nicht berücksichtigt wird und sie – wie gezeigt – auch im Übrigen fehlerhaft ist. Anderenfalls dürfte eine Situation, in der die sachgerecht zugeordnete, tatsächliche gezahlte Gewerbesteuer die kalkulatorische übersteigt, nicht auftreten.

d) Ergebnis

Die kalkulatorische Gewerbesteuer gemäß § 8 NEV ist auf kalkulatorischer Basis zu ermitteln. Es findet keine Begrenzung auf die anteilig vom Netzbetrieb getragene

---

1076 So die Landesregulierungsbehörde Sachsen-Anhalt in dem Verfahren vor dem OLG Naumburg, vgl. Beschluss vom 16.04.2007, ZNER 2007, 174, 181; im Ergebnis nun auch BGH, Beschlüsse vom 14.08.2008, KVR 35/07, Tz. 73 ff.; KVR 36/07, Tz. 79 ff.
1077 OLG Naumburg, Beschluss vom 16.04.2007, ZNER 2007, 174, 181.
1078 Für die Regelung in den §§ 6 und 7 StromNEV trifft dies entgegen der Ansicht der OLG Naumburg, Beschluss vom 16.04.2007, ZNER 2007, 174, 181, indes nicht zu; anders: BGH, Beschlüsse vom 14.08.2008, KVR 35/07, Tz. 73 ff.; KVR 36/07, Tz. 79 ff., der auch mit Blick auf § 8 StromNEV keine Anhaltspunkte für eine Besserstellung der Netzbetreiber sieht.
1079 OLG Koblenz, Beschluss vom 04.05.2007, RdE 2007, 198, 205; ähnlich auch BGH, Beschlüsse vom 14.08.2008, KVR 35/07, Tz. 75; KVR 36/07, Tz. 80.
1080 OLG Naumburg, Beschluss vom 16.04.2007, ZNER 2007, 174, 181.

tatsächliche Gewerbesteuerzahlung statt. Entgegen der Auffassung der Regulierungsbehörden muss für eine sachgerechte Kalkulation indes zwingend die auf den Scheingewinn entfallende Gewerbesteuer berücksichtigt werden. Auch wenn man den Scheingewinn nicht berücksichtigt, ist der Kalkulationsansatz der Regulierungsbehörden nicht sachgerecht.

6. Zusammenfassung

Zusammenfassend kann festgehalten werden, dass die Auslegung der Vorschriften zur Ermittlung der kalkulatorischen Kosten durch die Regulierungsbehörden an zahlreichen Punkten nicht zu überzeugen vermag. Dies gilt insbesondere mit Blick auf die Ermittlung der kalkulatorischen Eigenkapitalverzinsung und der kalkulatorischen Gewerbesteuer. In der Gesamtschau mit weiteren inhaltlich fragwürdigen Kürzungspositionen bei der Ermittlung der kalkulatorischen Abschreibungen und der verunglückten Regelung zur erstmaligen Ermittlung der kalkulatorischen Restwerte in § 32 NEV kann die eigentlich vorgesehene, den Anforderungen des § 21 Abs. 2 EnWG entsprechende, Eigenkapitalverzinsung nicht erreicht werden.

D. Zusammenfassung und Ausblick

I. Zusammenfassung in Thesen

1. Gesetzliche Vorgaben

Die wesentlichen Ergebnisse hinsichtlich der gesetzlichen Vorgaben für die Bildung der Netzzugangsentgelte lassen sich in Thesenform wie folgt zusammenfassen:

1. Aus dem europäischen Recht lassen sich keine Vorgaben ableiten, die den nationalen Gesetzgeber bei der Ausgestaltung der Vorschriften zur Ermittlung der Netzentgelte mit Blick auf die Obergrenzen zulässiger Netzzugangsentgelte wesentlich einschränken.

2. Das Europarecht stellt vielmehr relative Grenzen auf, die sich in dem Diskriminierungsverbot und dem Vergleich mit einem effizienten und strukturell vergleichbaren Netzbetreiber widerspiegeln.

3. Aus den kartellrechtlichen Verfolgungskonzepten, insbesondere der Subtraktionsmethode und der Kostenkontrolle, lässt sich ebenfalls keine von der Ausgestaltung des Regulierungsverfahrens unabhängige Obergrenze angemessener Netzentgelte ableiten.

4. Mit Blick auf die im EnWG verankerten Zielvorgaben der Preisgünstigkeit können Netzzugangsentgelte dann nicht mehr als angemessen bezeichnet werden, wenn in erheblichem Umfang die Umlage solcher Aufwendungen erfolgt, die weder erforderlich noch vor dem Hintergrund der weiteren Zielvorgaben des Gesetzes sinnvoll sind. Gleiches gilt, wenn die den Netzbetreibern zugestandenen Gewinne dauerhaft und deutlich das Maß übersteigen, das erforderlich ist, um eine ausreichende Investitionsbereitschaft sicherzustellen.

5. Auf Basis der europarechtlichen Vorgaben haben die Netzbetreiber Anspruch, aufwandsgleiche Kosten auf die Netzentgelte umlegen zu können, soweit sie denen eines solchen Netzbetreibers entsprechen, bei dem aufgrund der strukturellen Gegebenheiten grundsätzlich mit aufwandsgleichen Kosten in ähnlicher Höhe zu rechnen wäre, und bezogen auf den kein überflüssiger Aufwand erkennbar ist.

6. Außerdem müssen die Netzzugangsentgelte eine Kapitalrendite gewährleisten, die unter Berücksichtigung der Langfristigkeit der Investition und dem mit ihr verbundenen Risiko hinreichend attraktiv ist, um die notwendigen Investitionen in die Netze sicherzustellen.

7. Aus dem Verfassungsrecht lässt sich ebenfalls eine Untergrenze angemessener Netzentgelte ableiten. Diese wird dann durchbrochen, wenn der Substanzerhalt nicht gewährleistet ist und das Unternehmen nicht mehr aus eigener Kraft bestehen und seine gesetzlichen Pflichten erfüllen kann.

8. Vor dem Hintergrund der energiewirtschaftlichen Ziele müssen angemessene Netzentgelte so bemessen sein, dass sie die Aufrechterhaltung des in der Vergangenheit erreichten Niveaus an Versorgungssicherheit ermöglichen.

9. Bei Übernahme der im Kartellrecht entwickelten Wertungen bilden die in einem bestimmten Netzgebiet mit Rücksicht auf die objektiven Gegebenheiten für einen Netzbetreiber unter Ausschöpfung bestehender Rationalisierungspotentiale anfallenden Selbstkosten eine Untergrenze für angemessene Netzentgelte.

10. Die Grenzkosten eignen sich nicht zur Bestimmung einer Untergrenze angemessener Entgelte. Vielmehr muss ein angemessenes Netzentgelt, aufgrund des für natürliche Monopole kennzeichnenden Grenzkostenverlaufs, stets oberhalb der langfristigen Grenzkosten liegen.

11. Das Konzept der Bruttosubstanzerhaltung ist zur Bestimmung einer Untergrenze angemessener Netzentgelte abzulehnen. Der Substanzerhalt kann auch auf Basis der Nettosubstanzerhaltung und damit regelmäßig bei geringeren Entgelten sichergestellt werden. Ausgangspunkt ist hierbei die reproduktive bzw. absolute Substanzerhaltung.

12. Das System der Realkapitalerhaltung ist im Gegensatz zur Nominalkapitalerhaltung grundsätzlich ebenfalls geeignet eine Untergrenze für die Angemessenheit der Netzentgelte zu bilden.

13. Das Konzept der Nettosubstanzerhaltung ist aufgrund der gleichmäßigeren Verteilung der Kosten, der exakteren Abbildung der verfassungsrechtlichen Anforderungen und dem tendenziell höheren Grad an Versorgungssicherheit dem Realkapitalerhaltungskonzept grundsätzlich vorzuziehen.

14. Die bislang im Rahmen der Nettosubstanzerhaltung praktizierten Kalkulationsverfahren stellen bei einer Abweichung der anlagenspezifischen von der allgemeinen Inflationsrate nicht sicher, dass exakt die eigentlich vorgesehene Realverzinsung erreicht wird.

15. Durch ein alternatives Kalkulationsverfahren lässt sich die angestrebte Rendite in vielen Fällen exakter abbilden und eine gleichmäßigere Verteilung der Kapitalkosten erreichen.

16. Die Kapitalrendite muss das Risiko ausreichend abbilden. Geht man bei der Bemessung des Eigenkapitalzinssatzes von der Rendite festverzinslicher Wertpapiere aus, ist zusätzlich ein Wagniszuschlag zu berücksichtigen. Der Höhe eines angemessenen Wagniszuschlages ist maßgeblich von den aus dem regulatorischen Rechtsrahmen für einen Investor folgenden Risiken abhängig.

17. Mit Hilfe der kartellrechtlichen Vergleichsmarktverfahren können angemessene Netzentgelte nicht ermittelt werden. Dies gilt jedenfalls dann, wenn für die Unternehmen kalkulatorische Vorgaben zur Ermittlung ihrer Entgelte bestehen. Dies gilt auch für die im Rahmen der kartellrechtlichen Netzentgeltkontrolle teilweise angewandten Erlösvergleiche.

18. Die kartellrechtliche Kostenkontrolle weist zwar bei flächendeckender Anwendung eine erhebliche Ähnlichkeit zu der Regulierung der Netzentgelte auf. Sie hat jedoch den Nachteil, dass die erforderlichen Wertungsentscheidungen zu einzelnen Kalkulationsansätzen nur implizit getroffen werden und letztlich keine Verbind-

lichkeit aufweisen, da die Missbräuchlichkeit allenfalls mit Blick auf die Gesamtkosten festgestellt werden kann.

19. Als regulatorische Verfahren zur Bestimmung angemessener Netzentgelte kommen insbesondere die Rate-of-Return-Regulation und die Price- bzw. Revenue-Cap Verfahren in Betracht. Letztere beinhalten allerdings das Risiko, durch fehlerhaft ermittelte Effizienzvorgaben die Untergrenze angemessener Netzentgelte zu durchbrechen.

20. Wohlfahrtsökonomische Ansätze wie die Preis-Grenzkosten-Regel und das Konzept der Ramsey-Preise eignen sich aufgrund der Besonderheiten der Netzmärkte nicht zur Bestimmung angemessener Entgelte.

21. Nach den gesetzlichen Vorgaben bilden die tatsächlichen Kosten des kalkulierenden Unternehmens die Ausgangsbasis für die Ermittlung der Netzentgelte.

22. Die „Kosten einer Betriebsführung" in § 21 Abs. 2 EnWG umfassen die aufwandsgleichen Kosten des Netzbetriebs, nicht jedoch die (kalkulatorischen) Kapitalkosten.

23. Der in § 21 Abs. 2 EnWG angelegte Vergleich mit anderen Netzbetreibern ist durch das Erfordernis der strukturellen Vergleichbarkeit und der Effizienz des Vergleichsunternehmens eingeschränkt. Die Effizienz ist dabei nicht im Sinne einer absoluten sondern im Sinne einer relativen Effizienz zu verstehen.

24. Um den Anforderungen an eine wettbewerbsfähige Kapitalrendite gerecht zu werden, muss bei einem Vergleich zu einer Wertpapieranlage nicht nur das höhere Risiko sondern auch die in vielen Fällen geringere Flexibilität einer Investition in einen Netzbetreiber berücksichtigt werden.

25. Das Kriterium der Risikoangepasstheit setzt die Berücksichtigung eines sachgerechten Wagniszuschlags voraus.

26. Bei der Ermittlung des Wagniszuschlags ist zu berücksichtigen, dass durch die regulatorische Festlegung eines Eigenkapitalzinssatzes nicht die erwartete Durchschnittsrendite sondern die Maximalrendite festgelegt wird. Die Investitionsentscheidung des Kapitalgebers orientiert sich indes nicht an der Maximalrendite sondern an der erwarteten Rendite und der Risikoeinschätzung hinsichtlich der Abweichung von diesem Erwartungswert nach oben oder unten.

27. Bei der Anwendung des Capital Asset Pricing Model ist dieser Effekt zu berücksichtigen. Eine einfache Übernahme des nach dem CAPM ermittelten Risikozuschlags zur Festlegung des Eigenkapitalzinssatzes führt folglich zu einer nicht wettbewerbsfähigen Verzinsung.

28. Der Rückgriff auf den Vergleich mit ausländischen Märkten zur Bestimmung angemessener Eigenkapitalzinsen ist nur unter engen Voraussetzungen sinnvoll. Zum einen unterscheiden sich die jeweiligen Regulierungs- und Steuersysteme deutlich. Zum anderen besteht die Gefahr, dass letztlich die Festlegungen ausländischer Regulierungsbehörden übernommen werden, ohne deren Sachgerechtigkeit zu prüfen.

29. Ein Indikator für die Angemessenheit der Kapitalverzinsung ist das tatsächliche Investitionsverhalten der Netzbetreiber.

30. Der im Gesetz angelegte Ausschluss von Kosten und Kostenbestandteile, die sich im Wettbewerb nicht eingestellt hätten, ist von beschränkter Aussagekraft, da echter Wettbewerb auf Märkten mit natürlichen Monopolen nicht denkbar ist bzw. zu höheren Kosten führen würde.

31. Eine isolierte Betrachtung von Kostenbestandteilen ist aufgrund der Interdependenzen zwischen den Einzelkosten nur in eng umrissenen Bereichen sinnvoll.

32. Das in § 21 Abs. 3 und 4 EnWG angelegte Vergleichsverfahren und die daran gekoppelte Vermutungswirkung sind in ihrer gegenwärtigen gesetzlichen Ausgestaltung Fremdkörper im System der ex-ante Aufsicht über die Netzentgelte und haben eher informatorischen Charakter für die Netzbetreiber, die Regulierungsbehörde und die Öffentlichkeit, als einen unmittelbaren Einfluss auf die Entgeltregulierung.

2. Ausgestaltung durch die Entgeltverordnungen

Mit Blick auf die Entgeltverordnungen und ihre Auslegung durch die Regulierungsbehörden und Gerichte lassen sich die wesentlichen Ergebnisse thesenartig wie folgt zusammenfassen:

33. Der Ansatz der Vorjahreskosten führt in verschiedenen typischen Situationen systematisch zu nicht gerechtfertigten Einnahmeausfällen der Netzbetreiber. Um dies zu vermeiden, sind so weit wie möglich Plankosten zu berücksichtigen.

34. Entgegen der Auffassung der Regulierungsbehörden ist der Ansatz von Planwerten auch mit Blick auf die Kosten für Verlustenergie und die Zahlungen an dezentrale Einspeiser zulässig.

35. Gesicherte Erkenntnisse über das Planjahr liegen vor, wenn aus objektiven Gründen eine überwiegende Wahrscheinlichkeit dafür spricht, dass sich (mindestens) die angenommene Kostenentwicklung realisiert.

36. Eine Verteilung außergewöhnlicher Aufwendungen und Erträge über mehre Kalkulationsperioden ist zulässig und insbesondere mit Blick auf die Anreizregulierung auch geboten.

37. Eine periodenübergreifende Saldierung kommt erstmals für das Geschäftsjahr 2007 in Betracht. Besondere Probleme ergeben sich, wenn der Genehmigungszeitraum nicht einer Kalkulationsperiode entspricht.

38. Um die sachgerechte Zuordnung von Kosten im Rahmen der konzerninternen Leistungsverrechnung sicherzustellen, kommt insbesondere die Anwendung der Kostenaufschlagsmethode und der Preisvergleichsmethode in Betracht.

39. Die Frage nach der Berücksichtigungsfähigkeit des Finanzanlage- und Umlaufvermögens ist im Rahmen der sachgerechten Zuordnung bzw. Schlüsselung der Bilanzpositionen zu lösen.

40. Zur Begrenzung der aufwandsgleichen Kosten für Pachtentgelte ist eine Kalkulation der beim Verpächter im Zusammenhang mit dem Pachtgegenstand anfallenden Kosten nach Maßgabe der NEV durchzuführen.

41. Ein Vergleich einzelner Kostenpositionen im Rahmen des § 4 Abs. 1 NEV ist nur zulässig, soweit diese Kostenpositionen keine Interdependenzen zu anderen Kostenpositionen aufweisen.

42. Mit Blick auf die Kapitalkosten sind nur solche Netzbetreiber als vergleichbar im Sinne des § 4 Abs. 1 NEV einzuordnen, deren Netze eine vergleichbare Altersstruktur aufweisen.

43. Die von den Regulierungsbehörden angewandten Prüfverfahren mit Blick auf den Materialaufwand, die Gemeinkosten und die Personalzusatzkosten sind methodisch fragwürdig und stehen nicht im Einklang mit den Vorgaben der Verordnung.

44. Die pauschale Bewertung der Kapitalmarktüblichkeit der Fremdkapitalzinsen durch die Regulierungsbehörden ist abzulehnen. Die Kapitalmarktüblichkeit ist mit Blick auf die konkrete Fremdfinanzierung durch den jeweiligen Netzbetreiber zu beurteilen.

45. Die Kontrolle der Verlustenergiekosten kann nicht auf Grundlage des § 4 Abs. 1 StromNEV erfolgen. Anwendbar ist insoweit allerdings die gesetzliche Regelung in § 21 Abs. 2 S. 2 EnWG.

46. Methodisch sind die Ansätze der Regulierungsbehörde zum Vergleich der Kosten für die Verlustenergie abzulehnen. Die Überprüfung der für die Verlustenergie angesetzten Preise muss bei konzerninterner Beschaffung im Rahmen der Kostenzuordnung mit Blick auf den Fremdvergleich erfolgen.

47. Eine konsistente Kalkulation auf Basis der von den NEV verfolgten Erhaltungskonzepten muss die steuerrechtliche Neutralität gegenüber der zur Festlegung der Eigenkapitalverzinsung herangezogenen Vergleichsrendite sicherstellen.

48. Steuerrechtliche Veränderungen, insbesondere die Einführung einer Abgeltungssteuer, machen eine Neujustierung des auf dem Vergleich zu einer Wertpapieranlage beruhenden Eigenkapitalzinssatzes erforderlich.

49. Die Nichtberücksichtigung der Körperschaftssteuern auf den Scheingewinn ist mit den verfolgten Erhaltungskonzepten vereinbar.

50. Berücksichtigt werden muss allerdings die Gewerbesteuer einschließlich des auf den Scheingewinn entfallenden Steueranteils.

51. Der vom Verordnungsgeber gewählte Übergang von der Nettosubstanz- zur Realkapitalerhaltung wurde grundsätzlich sachgerecht ausgestaltet. Er führt zu einer vorübergehenden Erhöhung der Kapitalkosten und zu einem Absinken der Ertragswerte.

52. Problematisch ist die vorübergehende Erhöhung der Kapitalkosten vor allem im Rahmen der Anreizregulierung, da sie mit den Effizienzvorgaben kollidiert, die eine Senkung der Kapitalkosten erfordern.

53. Sofern das Netz in der Vergangenheit von einem anderen Unternehmen gekauft wurde, bildet entgegen der Auffassung der Regulierungsbehörden der Kaufpreis den Ausgangspunkt für die weiteren Abschreibungen, sofern dieser dem Sachzeitwert entspricht und den Ertragswert allenfalls geringfügig überschritten hat. Die Vorschriften der NEV sind gesetzeskonform entsprechend auszulegen, um die Angemessenheit der kalkulierten Netzentgelte sicherzustellen.

54. Sind die historischen Anschaffungskosten nicht mehr ermittelbar, kann die für die neuen Länder geltende Sonderregelung entsprechend angewandt werden.

55. Die Kontrolle der Tagesneuwertindexierung durch die Regulierungsbehörden in der ersten Genehmigungsrunde war nicht sachgerecht und inkonsistent.

56. Die Regelung der erstmaligen Ermittlung der Restwerte in § 32 NEV ist gesetzes- und verfassungskonformer Weise so auszulegen, dass die dokumentierten Restwerte keinen unmittelbaren Einfluss auf die Ermittlung der kalkulatorischen Kosten haben. Das vom Verordnungsgeber angestrebte Ziel, Ungerechtigkeiten bei der Umstellung von kürzeren Nutzungsdauern auf betriebsgewöhnliche zu vermeiden wird durch die Regelung nicht erreicht.

57. Allein der für Altanlagen in den neuen Bundesländern vorgenommene Wertabschlag ist kein zwingendes Argument dafür auch von geringeren Nutzungsdauern auszugehen.

58. Eine nachträgliche Änderung der kalkulatorischen Nutzungsdauer für einzelne Anlagen ist zulässig, wenn es hierfür im Einzelfall sachliche Gründe gibt.

59. Die Eigenkapitalquote ist auf Basis eines allein nach Anschaffungs- und Herstellungskosten ermittelten betriebsnotwendigen Eigenkapitals zu berechnen.

60. Mit Blick auf das Finanzanlage- und Umlaufvermögen sind die sachgerecht dem Netz zugeordneten Bilanzwerte anzusetzen. Auf die Betriebsnotwendigkeit dieser Positionen kam es im Rahmen des § 7 Abs. 1 NEV 2005 nicht an.

61. Eine Sonderbehandlung für Grundstücke schied auf Basis des § 7 Abs. 1 NEV 2005 aus. Sie waren im Rahmen der Ermittlung des betriebsnotwendigen Eigenkapitals ebenso zu behandeln wie sonstige Teile des Sachanlagevermögens.

62. Der Ansatz von Anhaltewerten für solche Teile des Sachanlagevermögens, die die kalkulatorische Nutzungsdauer bereits überschritten haben, ist nicht zulässig.

63. Die Ermittlung des die zugelassene Eigenkapitalquote übersteigenden Eigenkapitals durch die Regulierungsbehörden ist weder sachgerecht noch mit den Vorschriften der NEV 2005 vereinbar.

64. Die Übernahme des inhaltlich verfehlten Kalkulationsschemas durch den Verordnungsgeber kollidiert mit der gesetzlich und europarechtlich zu gewährleistenden angemessenen Kapitalverzinsung.

65. Die Eigenkapitalverzinsung für Finanzanlagen und das Umlaufvermögen erfolgt in nicht sachgerechter Weise teilweise nur zum Real- und nicht zum Nominalzins.

66. Als Fremdkapitalzins für den Teil des Eigenkapitals, der die zugelassene Eigenkapitalquote übersteigt, ist entgegen der Auffassung der Regulierungsbehörden der nominale Zins anzusetzen, der sich auf dem Kapitalmarkt ergeben würde, wenn bilanziell im Austausch für Eigenkapital die Menge an Fremdkapital aufgenommen würde, die erforderlich wäre um die vorgegebene kalkulatorische Eigenkapitalquote von 40% zu erreichen.

67. Die anzusetzende kalkulatorische Gewerbesteuer ist nicht auf die tatsächlich gezahlte Gewerbesteuer begrenzt. Bei der Ermittlung der kalkulatorischen Gewerbesteuer sind der Scheingewinn und die gewerbesteuerlichen Hinzurechnungen und Kürzungen zu berücksichtigen.

68. Das von der Regulierungsbehörde angewandte Berechnungsverfahren zur Berücksichtigung der Abzugsfähigkeit der Gewerbesteuer von sich selbst ist sachlich unrichtig.

II. Ausblick

Versucht man die Ergebnisse der Untersuchung in einem Satz zu konzentrieren, so lässt sich sagen, dass einem Unternehmen bzw. einem Eigenkapitalgeber vor dem Hintergrund der regulatorischen Rahmenbedingungen und ihrer Anwendung durch die Regulierungsbehörden nicht empfohlen werden kann, Kapital in neue Netzanlagen zu investieren.

Die in der Verordnung bislang festgeschriebene Eigenkapitalverzinsung stellt eine Maximalrendite dar, die mit Blick auf Neuanlagen auch bei ansonsten idealen Bedingungen faktisch – u. a. aufgrund der nicht sachgerechten Berechnung der kalkulatorischen Gewerbesteuer – nicht erreicht werden kann. Hinzu kommt, dass aufgrund inhaltlich fragwürdiger Prüfungsansätze in zahlreichen Bereichen nicht realistisch damit gerechnet werden kann, dass die aufwandsgleichen Kosten vollständig anerkannt werden. Entsprechende Kürzungen führen ebenfalls zu einer Senkung der Kapitalrendite. Von besonderer Bedeutung ist in diesem Zusammenhang auch die von den Regulierungsbehörden zu niedrig angesetzte Grenze für die anzuerkennenden Fremdkapitalzinsen.

Eine umfassende Korrektur der Auslegung der Entgeltverordnungen durch die Gerichte kann auf Basis der bisherigen Entscheidung jedenfalls nicht mit so hoher Wahrscheinlichkeit erwartet werden, dass diese eine andere Verzinsungserwartung für zukünftige Investitionen rechtfertigen würde. Im Gegenteil muss im Zweifel damit gerechnet werden, dass der Gesetz- und Verordnungsgeber eine betriebswirtschaftlich sachwidrige, aber zu einer Senkung der Netzentgelte führende Auslegung in der Verordnung festschreibt, wie dies im Zusammenhang mit der Änderung des § 7 Abs. 1 NEV im Oktober 2007 geschehen ist.

Da die kostenorientierte Entgeltbildung auf Basis der NEV nur den Ausgangspunkt für die Bemessung zukünftiger Entgeltobergrenzen im Rahmen der Anreizregulierung bildet, ist mit einer weiteren Reduzierung der effektiven Kapitalrendite zu rechnen. Dies gilt keinesfalls nur wenn die Ineffizienz des Netzes festgestellt wird, sondern ergibt sich bereits aus anderen Faktoren, wie etwa dem Zeitverzug zwischen dem Kapitaleinsatz und der erstmaligen Berücksichtigung der korrespondierenden Kapitalkosten.

Berücksichtigt man außerdem, dass das gegenwärtige Kalkulationsschema der NEV zu systematischen Verwerfungen im Rahmen mit der Anreizregulierung führt, da der Abbau technischer Ineffizienzen häufig zu einer Steigerung der Kapitalkosten auf Basis der NEV und nicht zu einer von der ARegV vorausgesetzten Senkung führt, erscheint ohnehin eine grundlegende Novellierung der NEV mit Blick auf die Ermittlung der Kapitalkosten geboten.

Die wesentlichen Eckpunkte einer solchen Neuregelung sollten darin bestehen, die Höhe der Kapitalkosten von dem Alter der Anlagen und der Fremd- bzw. Eigenkapitalquote abzukoppeln. Dies kann etwa durch eine tagesneuwertorientierte Annuitätenrechnung und die Festlegung eines einheitlichen Kalkulations- bzw. Kapitalzinses erfolgen.

Durch die Abkopplung vom Alter und den in der Vergangenheit erfolgten Abschreibungen wird einerseits erreicht, dass Maßnahmen, die zur Steigerung der technischen Effizienz führen, nicht mit einer Erhöhung der kalkulatorischen Kapitalkosten einhergehen und die Netzbetreiber so die realistische Chance haben, den Effizienzvorgaben der Anreizregulierung gerecht zu werden. Andererseits bestünde auch kein Anreiz mehr, Anlagen nur deswegen zu ersetzen, weil sie die kalkulatorische Lebensdauer überschritten haben und damit für den Netzbetreiber bislang wirtschaftlich wertlos sind. Dem möglicherweise entstehenden Anreiz, Altanlagen trotz einer eigentlich bestehenden Notwendigkeit nicht zu ersetzen, kann durch entsprechende Qualitätsvorgaben im Rahmen der Anreizregulierung wirksam begegnet werden.

Durch die Festlegung eines einheitlichen Kapitalzinses werden zum einen die Probleme vermieden, die aus den Interdependenzen zwischen der Eigen- und der Fremdkapitalquote und den jeweils erforderlichen Wagniszuschlägen resultieren. Zum anderen ist es auch ordnungspolitisch weit überzeugender, es den Unternehmen selbst zu überlassen, die für sie optimalen Anteile des Eigen- und Fremdkapitaleinsatzes zu bestimmen und nicht den Versuch zu unternehmen, durch regulatorische Vorgaben eine bestimmte Eigenkapitalquote zu zementieren.

Literaturverzeichnis

Badura, Peter, Netzzugang oder Mitwirkungsrecht Dritter bei der Energieversorgung mit Gas?, DVBl 2004, 1189 ff.

Badura, Peter / Kern, Werner, Maßstab und Grenzen der Preisaufsicht nach §12a der Bundestarifordnung Elektrizität (BTOElt), 1983, zitiert: Badura/Kern, Maßstab und Grenzen der Preisaufsicht

Balzer, Miriam / Schönefuß, Stephan, Erste rechtliche Bewertung des Endberichts der Bundesnetzagentur zur Anreizregulierung nach §112a EnWG, RdE 2006, 213 ff.

Balzer, Miriam / Schönefuß, Stephan, Rechtliche Bewertung der Vorschläge der Bundesnetzagentur zur Einführung der Anreizregulierung, ET 6/2007, 20 ff.

Bartsch, Michael / Röhling, Andreas / Salje, Peter / Scholz, Ulrich (Hrsg.), Stromwirtschaft - Ein Praxishandbuch, 1. Auflage 2002, zitiert: Bearbeiter in: Bartsch/Röhling/Salje/Scholz, Stromwirtschaft (1. Auflage)

Bartsch, Michael / Röhling, Andreas / Salje, Peter / Scholz, Ulrich (Hrsg.), Stromwirtschaft - Ein Praxishandbuch, 2. Auflage 2008, zitiert: Bearbeiter in: Bartsch/Röhling/Salje/Scholz, Stromwirtschaft

Bauer, Christof / Bier, Christoph / Weber, Wolfgang, Nettosubstanzerhaltung vs. Realkapitalerhaltung im regulierten Umfeld, ET Special 4/2005, 12 ff.

Baur, Jürgen F., Die Beschleunigungsrichtlinien - Auswirkungen auf das deutsche Energierecht, ET 2003, 670 ff.

Baur, Jürgen F., Der Regulator, Befugnisse, Kontrollen - Einige Überlegungen zum künftigen Regulierungsrecht, ZNER 2004, 318 ff.

Baur, Jürgen F., Zur künftigen Rolle der Kartellbehörden in der Energiewirtschaft, RdE 2004, 277 ff.

Baur, Jürgen F. / Henk-Merten, Katrin, Kartellbehördlich Preisaufsicht über den Netzzugang, 2002, zitiert: Baur/Henk-Merten, Preisaufsicht, VEnergR 104

Baur, Jürgen F. / Henk-Merten, Katrin, Preisaufsicht über Netznutzungsentgelte, RdE 2002, 193 ff.

Baur, Jürgen F. / Lückenbach, Andreas, Fortschreitende Regulierung der Energiewirtschaft, 2002, zitiert: Baur/Lückenbach, Fortschreitende Regulierung, VEnergR 105

Bausch, Camilla, Entflechtungsregeln im Stromsektor: Die Vorgaben des Gesetzentwurfes zum Energiewirtschaftsrecht, ZNER 2004, 332 ff.

Bausch, Camilla / Rufin, Julia, Ein neues Energierecht - ein weiterer Schritt zur Liberalisierung, ZUR 2005, 471 ff.

Bechtold, Rainer, GWB, 4. Auflage 2006, zitiert: Bechtold, GWB

Becker, Carsten / Zapfe, Charlotte, Energiekartellrechtsanwendung in Zeiten der Regulierung, ZWeR 2007, 419 ff.

Becker, Lutz, Entgeltregulierung im TKG unter besonderer Berücksichtigung kartellrechtlicher Preiskontrollinstrumentarien, K&R 1999, 112 ff.

Becker, Peter, Zu den Aussichten des Energiewirtschaftsgesetzes nach der Anhörung im Wirtschaftsausschuss, ZNER 2004, 325 ff.

Becker, Peter, Wer ist der Gesetzgeber im Energiewirtschaftsrecht?, ZNER 2005, 108 ff.

Recker, Peter / Boos, Philipp, Stromnetzentgeltprüfungen durch die Regulierungsbehörden, ZNER 2006, 297 ff.

Becker, Peter / Riedel, Martin, Europarechtliche Mindestvorgaben für die Regulierung und die Schaffung nationaler Regulierungsbehörden mit Überlegungen zu einer möglichen Umsetzung in nationales Recht, ZNER 2003, 170 ff.

Beckers, Volker / Engelbertz, Klaus / Spitzer, Heiko / Edelmann, Thomas, Zielgerichtete Segmentierung des Anlagenparks, ET 2002, 380 ff.

Beckers, Volker / Sieben, Günter, Zur Frage der Unternehmenserhaltung von EVU, ET 2003, 208 ff.

Benn, Burkhardt / Tiemann, Carmen, Ein Jahr Netzregulierung aus der Sicht der Landesregulierungsbehörde Sachsen-Anhalt, ET Special 11/2006, 4 ff.

Bobzin, Gudrun, Dynamische Modelle zur Theorie der Regulierung, 2002, zitiert: Bobzin, Theorie der Regulierung

Böck, Rudolf / Missling, Stefan, Die Berücksichtigung der Gewerbesteuer in der Netzentgeltkalkulation nach § 8 NEV, IR 2006, 98 ff.

Boesche, Katharina Vera / Wolf, Maik, Das Ende der "kleinen Netze"?, ZNER 2008, 123 ff.

Böge, Ulf, Die leitungsgebundene Energiewirtschaft zwischen klassischer Wettbewerbsaufsicht und Regulierung, in: Festschrift für Jürgen Baur, 2002, S. 399 ff., zitiert: Böge, FS Baur, 399

Böge, Ulf, Kartellrechtliche Aufsicht über die Netzmonopole im leitungsgebundenen Energiebereich, ET 2003, 652 ff.

Böge, Ulf / Lange, Markus, Die zukünftige Energiemarkt-Regulierung im Lichte der Erfahrungen und der europarechtlichen Vorgaben, WuW 2003, 870 ff.

Bönner, Udo, Die Kalkulation administrierter Preise unter dem Aspekt der Substanzerhaltung, ZfE 1992, 229 ff.

Böwing, Andreas / Franz, Oliver, Die kalkulatorische Eigenkapitalverzinsung in der Anreizregulierung, ET 10/2007, S. 26 ff.

Böwing, Andreas / Litpher, Markus, Ein Jahr Regulierung - erste Erfahrungen aus Sicht der Netzbetreiber, ET Special 11/2006, 32 ff.

Böwing, Andreas / Nissen, Joachim, Die Energierechtsnovelle - ein schlüssiges Konzept zur Kontrolle von Netznutzungsentgelten, ET 2004, 712 ff.

Brattig, Boris / Kahle, Christian, Die Entwicklung des Energierechts 2003 bis 2004, NVwZ 2005, 642 ff.

Breithecker, Volker / Jendrian, Lars, Abschätzung des Nutzungsentgeltniveaus von Verteilernetzbetreibern, ET 2003, 212 f.

Breuer, Rüdiger, Umsetzung von EG-Richtlinien im neuen Energiewirtschaftsrecht, NVwZ 2004, 520 ff.

Britz, Gabriele / Herzmann, Karsten, Individuelle Netzentgelte für Großverbraucher? Zur rechtlichen Zulässigkeit von Netzentgeltrabatten, IR 2005, 98 ff.

Büchner, Jens / Nick, Wolfgang, Strukturklassen zum sachgerechten Vergleich von Verteilernetzbetreibern, ET 2004, 816 ff.

Büdenbender, Ulrich, Kostenorientierte Regulierung von Netzentgelten, 2007, zitiert: Büdenbender, Kostenorientierte Regulierung

Büdenbender, Ulrich, EnWG - Kommentar zum Energiewirtschaftsgesetz, 2003, zitiert: Büdenbender, EnWG

Büdenbender, Ulrich, Die Kontrolle von Durchleitungsentgelten in der leitungsgebundenen Energiewirtschaft, ZIP 2000, 2225 ff.

Büdenbender, Ulrich, Die Ausgestaltung des Regulierungskonzeptes für die Elektrizitäts- und Gaswirtschaft, RdE 2004, 284 ff.

Büdenbender, Ulrich, Entgeltregulierung: Rechtsschutz gegen regulierungsbehördliche Entscheidungen, ET Special 4/2005, 35 ff.

Büdenbender, Ulrich, Das deutsche Energierecht nach der Energierechtsreform 2005, ET 2005, 642 ff.

Büdenbender, Ulrich, Das System der Netzentgeltregulierung in der Elektrizitäts- und Gaswirtschaft, DVBl 2006, 197 ff.

Büdenbender, Ulrich, Die Korrekturfaktoren des § 21 Abs. 2-4 EnWG für die kostenbasierte Netzentgeltregulierung, RdE 2008, 69 ff.

Büdenbender, Ulrich / Rosin, Peter, Gesetzentwurf für eine Umsetzung der Beschleunigungsrichtlinien Strom und Gas in eine EnWG-Novelle 2004, ET 2003, 746 ff.

Bullinger, Martin, Regulierung als modernes Instrument zur Ordnung liberalisierter Wirtschaftszweige, DVBl. 2003, 1355 ff.

Busse von Colbe, Walther, Kalkulatorische Abschreibungen und Substanzerhalt, in: Festschrift für Gert Laßmann, 1990, S. 299 ff., zitiert: Busse von Colbe, FS Laßmann, S. 299

Busse von Colbe, Walther / Pellens, Bernhard, Lexikon des Rechnungswesens, 4. Auflage 2004, zitiert: Busse von Colbe/Pellens, Lexikon des Rechnungswesens

Corsten, Hans, Lexikon der Betriebswirtschaftslehre, 3. Auflage 1995, zitiert: Corsten, Lexikon der Betriebswirtschafslehre

Danner, Wolfgang / Theobald, Christian (Hrsg.), Energierecht, 58. Ergänzungslieferung Februar 2008, zitiert: Bearbeiter in: Danner/Theobald, Energierecht

De Wyl, Christian / Neveling, Stafanie, Regulierung der Zugangsbedingungen zu den Strom- und Gasmärkten, ZNER 2003, 182 ff.

Dederer, Hans-Georg, Rückwirkung von Netzentgeltgenehmigungen zwecks "Mehrerlösabschöpfung"?, NVwZ 2008, 149 ff.

Diedrich, Ralf, Die Eigenkapitalkosten von Gasnetzbetreibern, N&R 2005, 16 ff.

Ditz, Xaver, Fremdvergleichskonforme Ermittlung eines Umlageschlüssels bei Konzernumlagen, DB 2004, 1949 ff.

Ehricke, Ulrich, Die Regulierungsbehörde für Strom und Gas, 2004, zitiert: Ehricke, Die Regulierungsbehörde, VEnergR 113

Ehricke, Ulrich (Hrsg.), Entwicklungstendenzen des Energierechts nach dem Inkrafttreten des EnWG, 2007, zitiert: Bearbeiter in: Ehricke, Entwicklungstendenzen des Energierechts, VEnergR 131

Ehricke, Ulrich, Vermerke der Kommission zur Umsetzung von Richtlinien, EuZW 2004, 359 ff.

Ehricke, Ulrich, Zur kartellrechtlichen Bestimmung von Netznutzungsentgelten eines kommunalen Elektrizitätsversorgungsunternehmens, N&R 2006, 10 ff.

Ehricke, Ulrich, Gesetzliche Vorgaben für eine Rechtsverordnung zur Einführung der Anreizregulierung, ET Special 11/2006, 13 ff.

Ehricke, Ulrich, Zum Verhältnis der Anwendbarkeit der Vermutung in den Regelungen des §32 Abs. 3 Satz 3 und Satz 4 StromNEV, RdE 2007, 97 ff.

Ehricke, Ulrich, Zu Problemen des Verbots der Abschreibung unter Null gem. § 6 Abs. 2 S. 2 StromNEV, ZNER 2008, 112 ff.

Ehrmann, Harald, Kostenrechnung, 2. Auflage 1997, zitiert: Ehrmann, Kostenrechnung

Elspas, Maximilian Emanuel / Rosin, Peter / Burmeister, Thomas, Netzentgelte zwischen Kostenorientierung und Anreizregulierung, RdE 2007, 329 ff.

Enaux, Christoph / König, Michael, Missbrauchs- und Sanktionsnormen in der GWB-Novelle, dem TKG und dem Entwurf zum EnWG, N&R 2005, 2 ff.

Ende, Lothar / Kaiser, Jan, Die Verbändevereinbarung Strom II im Spannungsfeld zwischen TEAG-Beschluss des Bundeskartellamtes und der EnWG-Novelle, ZNER 2003, 118 ff.

Engel, Christoph, Verhandelter Netzzugang, 2002, zitiert: Engel, Verhandelter Netzzugang

Engelsing, Felix, Konzepte der Preismissbrauchsaufsicht im Energiesektor, ZNER 2003, 111 ff.

Engelsing, Felix, Kostenkontrolle und Erlösvergleich bei Netzentgelten, RdE 2003, 249 ff.

Füllbier, Rolf Uwe, Aktiv- und Passivseite einer Bilanz als zwei Seiten einer Medaille, ET 1/2009, S. 150 ff.

Frank, Torsten / Ziller, Gereon, Zur Rechtsnatur des energierechtlichen Anspruchs auf Zugang zu Gasversorgungsnetzen und des Gasdurchleitungsvertrages, RdE 2002, 91 ff.

Franke, Peter, Zur Tarifgenehmigung auf liberalisierten Strommärkten, ZNER 2003, 195 ff.

Franz, Oliver / Schäffner, Daniel, Deutsche Stromnetzentgelte Ende 2004, emw 2005, 20 ff.

Fritsch, Michael / Wein, Thomas / Ewers, Hans-Jürgen, Marktversagen und Wirtschaftspolitik, 2. Auflage 1996, zitiert: Fritsch/Wein/Ewers, Marktversagen und Wirtschaftspolitik

Fritz, Wolfgang / Linke, Christian / Haber, Alfons, Vermiedene Netzausbaukosten durch Zubau dezentraler Erzeugung, ET 2005, 798 ff.

Fritz, Wolfgang / Lüdorf, Karsten / Haubrich, Hans-Jürgen, Einfluss von Strukturgrößen auf Mittel- und Niederspannungsnetzkosten, ET 2002, 385 ff.

Gabriel, Jürgen / Haupt, Ulrike / Pfaffenberger, Wolfgang, Vergleich der Arbeitsanleitungen nach § 12 BTOELT mit dem Kalkulationsleitfaden nach Anlage 3 der Verbändevereinbarung II+, Gutachten, 2002, zitiert: Gabriel/Haupt/Pfaffenberger, Vergleich der Arbeitsanleitungen nach § 12 BTOELT mit dem Kalkulationsleitfaden nach Anlage 3 der Verbändevereinbarung II+

Geppert, Martin / Ruhle, Ernst-Olav, Durchleitungsentgelte von Stadtnetzbetreibern im Blickfeld der Regulierung, N&R 2005, 13 ff.

Gerke, Wolfgang, Gutachten zur risikoadjustierten Bestimmung des Kalkulationszinssatzes in der Stromnetzkalkulation, Gutachten, 2003, zitiert: Gerke, Risikoadjustierte Bestimmung des Kalkulationszinssatzes

Gerstner, Stephan, Preiskontrolle beim Infrastrukturzugang, WuW 2002, 131 ff.

Grote, Michael / Müller, Christoph, Anmerkungen zum Fremdkapitalzinssatz in der Regulierungspraxis der Bundesnetzagentur, ET 5/2008, 27 ff.

Gussone, Peter, Beurteilungsspielräume bei der Regulierung der Netzentgelte - Grenzen für die gerichtliche Kontrolle?, ZNER 2007, 266 ff.

Hardes, Heinz-Dieter / Uhly, Alexandra, Grundzüge der Volkswirtschaftslehre, 9. Auflage 2007, zitiert: Hardes/Uhly, Volkswirtschaftslehre

Härle, Philipp / Sürig, Carsten, Die Regulierung der deutschen Netznutzungsentgelte in europäischer Perspektive, ET 2004, 506 ff.

Haubold, Sebastian / Glatfeld, Markus, Ansatz der Körperschaftssteuer im Rahmen der Netzentgeltkalkulation, ET 10/2007, 108 ff.

Haucap, Justus / Kruse, Jörn, Ex-Ante-Regulierung oder Ex-Post-Aufsicht für netzgebundene Industrien, WuW 2004, 266 ff.

Haus, Florian C. / Jansen, Guido, Zum Preismissbrauch marktbeherrschender Unternehmen nach dem Urteil der Bundesgerichtshofs im Fall Stadtwerke Mainz, ZWeR 2006, 77 ff.

Henk-Merten, Katrin, Die Kosten-Preis-Schere im Kartellrecht, 2004, zitiert: Henk-Merten, Kosten-Preis-Schere

Hern, Richard / Haug, Tomas, Die kalkulatorische Eigenkapitalzinssätze für Strom- und Gasnetze in Deutschland, ET 6/2008, 26 ff.

Hohmann, Harald, Geregelter Netzzugang und Unbundling: notwendig und verhältnismäßig?, ET 2003, 337 ff.

Holzherr, Christian / Kofluk, Michael, Wertorientierte Führung von regulierten Stromnetzgesellschaften, ET 2004, 718 ff.

Holznagel, Bernd / Göge, Marc-Stefan / Rosengarten, Volker, Zur verfassungsrechtlichen Zulässigkeit des Abgleichs gemäß § 6 Abs. 5 StromNEV-E, RdE 2005, 192 ff.

Hummel, Konrad / Ochsenfahrt, Volker, Die Ermittlung der kalkulatorischen Restwerte nach §32 III StromNEV, IR 2006, 74 ff.

Immenga, Ulrich / Mestmäcker, Ernst-Joachim (Hrsg.), Wettbewerbsrecht GWB, 4. Auflage 2007, zitiert: Bearbeiter, in: Immenga/Mestmäcker, GWB

Immenga, Ulrich / Mestmäcker, Ernst-Joachim (Hrsg.), Wettbewerbsrecht EG/Teil 1, 4. Auflage 2007, zitiert: Bearbeiter, in: Immenga/Mestmäcker, EG-Wettbewerbsrecht

Institut der Wirtschaftsprüfer in Deutschland e.V., (Hrsg.), Wirtschaftsprüfer-Handbuch 2002, 12. Auflage 2002, zitiert: Institut der Wirtschaftsprüfer, Handbuch für Rechnungslegung

Jansen, Guido / Sieberg, Christoph, Der Ansatz von Plankosten im Rahmen der Kalkulation der Netzentgelte, ET 4/2007, 67 ff.

Jaras, Lorenz / Obermair, Gustav M., Marktgemäße Netznutzungsentgelte statt Nettosubstanzerhaltung, IR 2005, 146 ff.

Kaldewei, Reinold / Albers, Heike / Hübner, Kay, Die 40 Prozent-EK-Quote - Netzbetreiber in der Eigenkapital-Falle?, ET 4/2008, 50 ff.

Kaldewei, Reinold / Kutschke, Georg / Simons, Dirk, Nettosubstanzerhaltung - ein ausgewogenes Kalkulationsmodell, ET Special 4/2005, 17 ff.

Kaliski, Burton S. (Hrsg.), Encyclopedia of Business and Finance, 2001, zitiert: Bearbeiter in: Kaliski, Encyclopedia of Business and Finance

Kaminski, Bert / Strunk, Günter, Analyse der aktuellen Rechtsprechung des BFH zur Verrechnungspreisbestimmung, BB 2005, 2379 ff.

Klaue, Siegfried, Einige Bemerkungen zur Höhe der Netzzugangsentgelte, ZNER 2000, 271 ff.

Klaue, Siegfried, Liberalisierung und/oder Regulierung in der Energiewirtschaft, BB 2002, 162 ff.

Kleinlein, Kornelius / von Hammerstein, Christian, Nachzahlungsklauseln im Telekommunikations- und Energierecht, N&R 2007, 7 ff.

Knieps, Günter, Entgeltregulierung aus der Perspektive des disaggregierten Regulierungsansatzes, N&R 2004, 7 ff.

Koenig, Christian / Rasbach, Winfried, Grundkoordinaten der energiewirtschaftlichen Netznutzungsentgeltregulierung, IR 2004, 26 ff.

Koenig, Christian / Rasbach, Winfried, Methodenregulierung in der Energiewirtschaft, ET 2004, 702 ff.

Koenig, Christian / Rasbach, Winfried / Schreiber, Kristina, Substanzhaltende Entgeltregulierung im Gassektor, N&R 2005, 56 ff.

Koenig, Christian / Schellberg, Margret, Elektrizitätswirtschaftliche Methodenregulierung - ein Entwurf der Netzentgeltverordnung Strom auf dem Prüfstand, RdE 2005, 1 ff.

König, Wolfgang / Zeidler, Gernot W., Die Behandlung von Steuern bei der Unternehmensbewertung, DStR 1996, 1098 ff.

Kriete, Thomas / Werner, Thomas, Missbräuchliche Ausnutzung der Netzverfügungsgewalt auf dem Strommarkt, WuW 2003, 1173 ff.

Kricte, Thomas / Werner, Thomas, Die Auswirkungen der neuen Strombinnenmarkt-Richtlinie auf das Unbundling in der Rechnungslegung, WuW 2004, 1272 ff.

Kühling, Jürgen, Sektorspezifische Regulierung in den Netzwirtschaften, 2004, zitiert: Kühling, Sektorspezifische Regulierung

Kühling, Jürgen, Eckpunkte der Entgeltregulierung in einem künftigen Energiewirtschaftgesetz, N&R 2004, 12 ff.

Kühling, Jürgen / el-Barudi, Stefan, Das runderneuerte Energiewirtschaftsgesetz, DVBl 2005, 1470 ff.

Kühne, Gunther, Gerichtliche Entgeltkontrolle im Energierecht, NJW 2006, 654 ff.

Kühne, Gunther / Brodowski, Christian, Das neue Energiewirtschaftsrecht nach der Reform 2005, NVwZ 2005, 849 ff.

Kutschke, Georg / Mölder, Gerhard / Nissen, Joachim / Weißenfels, Robert, Anreizregulierung für den Zugang zu den deutschen Stromnetzen?, ET 2004, 139 ff.

Lange, Heiko, Bewertung von Grundstücken bei der Ermittlung der kalkulatorischen Eigenkapitalverzinsung gemäß Strom- und Gasnetzentgeltverordnung, IR 2008, 28 ff.

Langen, Eugen / Bunte, Hermann-Josef (Hrsg.), Kommentar zum deutschen und europäischen Kartellrecht, 10. Auflage 2006, zitiert: Bearbeiter in: Langen/Bunte, GWB

Langen, Eugen / Bunte, Hermann-Josef (Hrsg.), Kommentar zum deutschen und europäischen Kartellrecht, 10. Auflage 2006, zitiert: Bearbeiter in: Langen/Bunte, Europäisches Kartellrecht

Laubenstein, Wiegand, Erste Erfahrungen des Oberlandesgerichts Düsseldorf mit der Netzregulierung, ET Special 11/2006, 24 ff.

Lecheler, Helmut / Germelmann, Friedrich, Verfahrensrechtliche Bindungen der Bundesnetzagentur im Genehmigungsverfahren nach § 23a EnWG, WuW 2007, 6 ff.

Lecheler, Helmut / Gundel, Jörg, Die Beschleunigungs-Rechtsakte für den Binnenmarkt Strom und Gas, EuZW 2003, 621 ff.

Lohmann, Matthias, Anreizregulierung als hoheitlich vermittelter Wettbewerb, 2007, zitiert: Lohmann, Anreizregulierung, VEnergR 129

Lutz, Helmut, Angemessenheit von Nutzungsentgelten für Stromnetze nach § 19 Abs. 4 Nr. 4 GWB und Kosten des Netzbetriebs, in: Festschrift für Jürgen Baur, 2002, S. 507 ff., zitiert: Lutz, FS Baur, 507

Lutz, Helmut / Stadler, Ulrike, Gruppenbildung als Voraussetzung für ein funktionsfähiges Regulierungsmodell der Verteilernetze, ZNER 2004, 225 ff.

Männel, Wolfgang, Gutachten zur Bedeutung kalkulationsrelevanter allgemeiner Unternehmerrisiken des Stromverteilungsgeschäfts, Gutachten, 2003, zitiert: Männel, Bedeutung kalkulationsrelevanter allgemeiner Unternehmerrisiken des Stromverteilungsgeschäfts

Männel, Wolfgang, Risikoorientierte Kalkulation von Netznutzungsentgelten in der Stromverteilungswirtschaft, ET 2004, 256 ff.

Männel, Wolfgang, Körperschaftsteuer in der Netzentgeltkalkulation, ET 2005, 556 ff.

Maurer, Christoph / Haubrich, Hans-Jürgen, Kennzahlenbasierte Effizienzbewertung bei der kostenbasierten Genehmigung von Netzentgelten, ET 11/2007, 60 ff.

Missling, Stefan, Zwei Jahre Entgeltregulierung nach dem EnWG 2006, RdE 2008, 7 ff.

Mombaur, Peter M. / Balke, Joachim, EU-Binnenmarkt für Strom und Gas: Ursprung und wirklicher Inhalt des jetzt verabschiedeten neuen Gemeinschaftsrechts, RdE 2003, 161 ff.

Müller-Kirchenbauer, Joachim / Thomale, Hans-Christoph, Der Entwurf der Netzentgeltverordnung Strom vom April 2004, IR 2004, 148 ff.

Papanikolau, Nikolaos / Wagner, Ralf / Höhn, Valentin, Auswirkungen der Netzentgeltverordnung Strom auf die Erlöse der Netzbetreiber, emw 2005, 72 ff.

Papier, Hans-Jürgen, Verfassungsfragen der Durchleitung, in: Festschrift für Jürgen Baur, 2002, S. 209 ff., zitiert: Papier, FS Baur, 209

Pfaffenberger, Wolfgang / Haupt, Ulrike / Kinnunen, Kaisa, Anwendung der Vergleichsmarktanalyse auf die Netzentgelte in der Stromwirtschaft, ET 2002, 374 ff.

Pindyck, Robert S. / Rubinfeld, Daniel L., Mikroökonomie (Orginaltitel: Microeconomics), 6. Auflage 2005, zitiert: Pindyck/Rubinfeld, Mikroökonomie

Pohlmann, Mario, Kartellrechtliche Missbrauchsaufsicht über die Durchleitungsentgelte, in: Festschrift für Jürgen Baur, 2002, S. 535 ff., zitiert: Pohlmann, FS Baur, 535

Pohlmann, Mario, Kammergericht Berlin zum Preismißbrauch der Lufthansa - Auswirkungen auf Energieversorgungsunternehmen?, ET 1998, 536 ff.

Pohlmann, Mario / Cambas, Francesca D., Kartellrechtliche Überprüfbarkeit von Netznutzungsentgelten am Beispiel der TEAG-Entscheidung, ET 2003, 7 ff.

Reif, Thomas, Preiskalkulation privater Wasserversorgungsunternehmen, 2002, zitiert: Reif, Preiskalkulation

Reiners, Frank, Bemessung kalkulatorischer Abschreibungen, Zinsen und Gewinne vor dem Hintergrund des Unternehmenserhaltungszieles, 2000, zitiert: Reiners, Bemessung kalkulatorischer Kosten

Richmann, Alfred, Dynamische Anreizregulierung für Strom- und Erdgasnetzbetreiber, ET 2004, 134 ff.

Rosin, Peter / Krause, Markus, Vorgaben der Beschleunigungsrichtlinie Elektrizität an eine exante-Regulierung, ET Special 9/2003, 17 ff.

Ruge, Reinhard, Ausgewählte Rechtsfragen der Genehmigung von Netznutzungsentgelten im Strombereich, IR 2007, 2 ff.

Ruge, Reinhard, Die neue Anreizregulierungsverordnung (ARegV) - Systemwechsel bei der Regulierung der Netzentgelte im Energiebereich, DVBl 2008, 956 ff.

Ruge, Reinhard, Anmerkungen zu den Beschlüssen des BGH vom 14. August 2008 – Az. KVR 42/07, KVR 39/07, KVR 36/07, KVR 35/07 und KVR 27/07, N&R 2008, 211 ff.

Ruhle, Ernst-Olav / Heger, Heiko, Spielräume und offene Punkte bei der Regelung zu Durchleitungsentgelten in der EnWG-Novelle, WuW 2004, 484 ff.

Sachs, Michael (Hrsg.), Grundgesetz Kommentar, 4. Auflage 2007, zitiert: Bearbeiter in: Sachs, GG

Säcker, Franz Jürgen (Hrsg.), Reform des Energierechts, 2003, zitiert: Bearbeiter, in: Säcker, Reform des Energierechts

Säcker, Franz Jürgen (Hrsg.), Berliner Kommentar zum Energierecht, 2004, zitiert: Bearbeiter, in: BerlK-EnR

Säcker, Franz Jürgen, Die Genehmigung von Entgelten für Zugangsleistungen nach der Konzeption des Regierungsentwurfs zum TKG (TKG-E) - ein Leitbild für die Regulierung der Energieversorgungsnetze?, ZNER 2003, 214 ff.

Säcker, Franz Jürgen, Ex-Ante-Methodenregulierung und Ex-Post-Beschwerderecht, RdE 2003, 300 ff.

Säcker, Franz Jürgen, Freiheit durch Wettbewerb, Wettbewerb durch Regulierung, ZNER 2004, 98 ff.

Säcker, Franz Jürgen / Boesche, Katharina Vera, Der Gesetzesbeschluss des Deutschen Bundestages zum Energiewirtschaftsgesetz vom 28. Juni 2002 - ein Beitrag zur "Verhexung des Denkens durch die Mittel unserer Sprache"?, ZNER 2002, 183 ff.

Salje, Peter, Energiewirtschaftsgesetz, 2006, zitiert: Salje, EnWG

Salje, Peter, Bindung der Kartellbehörden nach Implementierung der VV II plus im Rahmen der EnWG-Novelle, ET 2003, 413 ff.

Salje, Peter, Die Kalkulation von Netznutzungsentgelten seit dem 1.1.2004, ET 2004, 109 ff.

Salje, Peter, Die Abschreibung von Netzanlagen im Übergang zwischen Tarifgenehmigung und Netzentgeltgenehmigung, RdE 2006, 253 ff.

Samuelson, Paul A. / Nordhaus, William D., Volkswirtschaftslehre (Orginaltitel: Economics), 2005, zitiert: Samuelson/Nordhaus, Volkswirtschaftslehre

Sauerland, Thomas, Sind die Vorschriften des Energiewirtschaftsgesetzes über die Entgeltregulierung drittschützend?, RdE 2007, 153 ff.

Schäffner, Daniel, Bestimmung des Eigenkapitalzinssatzes für eine Anreizregulierung des Energiesektors, ET 12/2006, 46 ff.

Schebstadt, Arnd, Die Aufsicht über Netznutzungsentgelte zwischen Kartellrecht und sektorspezifischer Regulierung, RdE 2004, 181 ff.

Schebstadt, Arnd, Vorverständnis und Methodenwahl in der Missbrauchsaufsicht, WuW 2005, 1009 ff.

Schebstadt, Arnd, Anmerkung zu BGH: Gerichtliche Billigkeitskontrolle des Entgelts für Stromdurchleitung - Stromnetznutzungsentgelt, MMR 2006, 157 f.

Schlack, Ulrich / Boos, Philipp, Netzentgeltprüfungen durch die Regulierungsbehörden – Rechtsprechung des Bundesgerichtshofes, ZNER 2008, 323 ff.

Schmidt-Preuß, Matthias, Substanzerhaltung und Eigentum - Verfassungsrechtliche Anforderungen an die Bestimmung von Netznutzungsentgelten im Stromsektor, 2003, zitiert: Schmidt-Preuß, Substanzerhaltung und Eigentum, VEnergR 109

Schmidt-Preuß, Matthias, Verfassungskonflikt um Durchleitung, RdE 1996, 1 ff.

Schmidt-Preuß, Matthias, Selbstregulative Verantwortung oder staatliche Steuerung - Zur Verrechtlichung der Verbändevereinbarung, ZNER 2002, 262 ff.

Schmidt-Preuß, Matthias, Der verfassungsrechtliche Schutz der Unternehmenssubstanz, ET 2003, 758 ff.

Schmidt-Preuß, Matthias, Netz, Preis und Regulierung im Energiesektor - die aktuellen Entwürfe für das Energiewirtschaftsgesetz 2004 und die Netzentgelt-Verordnung Strom, N&R 2004, 90 ff.

Schmidt-Preuß, Matthias, Regulierung im neuen "Energiepaket": "Philosophie" und Netznutzungsentgelte, IR 2004, 146 ff.

Schmidt-Preuß, Matthias, Kalkulation und Investition in der Entgeltregulierung, N&R 2005, 51 ff.

Schmidt-Preuß, Matthias, Der Wandel der Energiewirtschaft vor dem Hintergrund der europäischen Eigentumsordnung, EuR 2006, 463 ff.

Schneck, Ottmar, Lexikon der Betriebswirtschaftslehre, 7. Auflage 2007, zitiert: Schneck, Lexikon der Betriebswirtschaftslehre

Schneider, Jens-Peter, Liberalisierung der Stromwirtschaft durch regulative Marktorganisation, 1999, zitiert: Schneider, Liberalisierung der Stromwirtschaft

Schneider, Jens-Peter / Prater, Janine, Das europäische Reformpacket zum Energiebinnenmarkt, IR 2004, 5 ff.

Schneider, Jens-Peter / Theobald, Christian (Hrsg.), Handbuch zum Recht der Energiewirtschaft, 1. Auflage 2003, zitiert: Bearbeiter, in: Schneider/Theobald, Handbuch zum Recht der Energiewirtschaft (1. Auflage)

Schneider, Jens-Peter / Theobald, Christian (Hrsg.), Recht der Energiewirtschaft, 2. Auflage 2008, zitiert: Bearbeiter in: Schneider/Theobald, EnWR

Schober, Dominik / Weißenfels, Robert, Sachgerechte Verzinsung von Erlösabweichungen im Regulierungskonto, ET 11/2006, 63 ff.

Scholtka, Boris, Das neue Energiewirtschaftsgesetz, NJW 2005, 2421

Scholz, Ulrich / Jansen, Guido, Anreizregulierung - Vereinbarkeit des Verordnungsvorschlags der Bundesnetzagentur mit dem Energiewirtschaftsgesetz, ET Special 11/2006, 20 ff.

Schönefuß, Stephan, Privatisierung, Regulierung und Wettbewerbselemente in einem natürlichen Infrastrukturmonopol, 2005, zitiert: Schönefuß, Privatisierung, Regulierung und Wettbewerbselemente in einem natürlichen Infrastrukturmonopol

Schöneich, Michael, Wertobjekt Infrastruktur - Einige rechtspolitische Anmerkungen, IR 2004, 122 f.

Schulze zur Wiesche, J., Eckpfeiler der Regulierung von Netznutzungsentgelten, ET 2004, 708 ff.

Schütz, Raimund / Tüngler, Stefan, Die geplante Novelle des EU-Energierechts - Inhalt und Umsetzungsbedarf, RdE 2003, 98 ff.

Schwinn, Rolf, Betriebswirtschaftslehre, 2. Auflage 1996, zitiert: Schwinn, Betriebswirtschaftslehre

Seicht, Gerhard, Moderne Kosten- und Leistungsrechnung, 11. Auflage 2001, zitiert: Seicht, Moderne Kosten- und Leistungsrechnung

Seicht, Gerhard, Zur Tageswertorientierung administrierter Preise (speziell in der Energiewirtschaft), BFuP 1996, 345 ff.

Sieben, Günter / Maltry, Helmut, Netznutzungsentgelte für elektrische Energie, VDEW, 2002, zitiert: Sieben/Maltry, Bestimmung von Netznutzungsentgelten

Sieben, Günter / Maltry, Helmut, Zur Bemessung kalkulatorischer Abschreibungen und kalkulatorischer Zinsen bei der kostenbasierten Preisermittlung von Unternehmen der öffentlichen Energieversorgung, BFuP 2002, 402 ff.

Sieben, Günther / Maltry, Helmut, Kostenbasierte Kalkulation von Netznutzungsentgelten am Beispiel der Stromindustrie, DB 2003, 729 ff.

Spiekermann, Kristin / Schellberg, Margret, Anmerkungen zum Beschluss des BGH vom 14. August 2008 – Az. KVR 42/07, N&R 2008, 202 f.

Spreer, Frithjof, Regulierung des Netzzugangs bei Strom und Gas: Die Ländersicht, ZNER 2003, 190 ff.

Staebe, Erik, Zur Novelle des Energiewirtschaftsgesetzes (EnWG), DVBl 2004, 853 ff.

Stappert, Holger, Netznutzungsentgeltkontrolle, 2007, zitiert: Stappert, Netznutzungsentgeltkontrolle, VEnergR 128

Stefaniak, Torsten, Der Wettbewerb in der Energiewirtschaft zwischen staatlicher Regulierung und selbstregulierter Verantwortung, 2008, zitiert: Stefaniak, Wettbewerb der Energiewirtschaft, VEnergR 134

Steurer, Marcus, Die Methodik der periodenübergreifenden Saldierung der neuen Netzentgeltverordnung - Schon jetzt ein zahnloser Tiger?, IR 2005, 271 ff.

Stumpf, Cordula / Gabler, Andreas, Netzzugang, Netznutzungsentgelte und Regulierung in Energienetzen nach der Energierechtsnovelle, NJW 2005, 3174 ff.

Tegethoff, Wilm / Büdenbender, Ulrich / Klinger, Heinz, Das Recht der öffentlichen Energieversorgung, Kommentar, Band 2, 1994, zitiert: Tegethoff/Büdenbender/Klinger, Das Recht der öffentlichen Energieversorgung Kommentar Bd. 2

Tettinger, Peter J. / Pielow, Joh.-Christian, Zum neuen Regulator für den Netzzugang in der Energiewirtschaft aus Sicht des öffentlichen Rechts, RdE 2003, 289 ff.

Theobald, Christian, Der künftige, regulierte Netzzugang - EnWG, NZEltV und NEEltV, IR 2004, 123 ff.

Theobald, Christian / Hummel, Konrad, Entgeltregulierung im künftigen Energiewirtschaftsrecht, ZNER 2003, 176 ff.

Theobald, Christian / Hummel, Konrad, Entgeltregulierung in Netzwirtschaften, N&R 2004, 2 ff.

Theobald, Christian / Schiebold, Daniel, Aktuelle Entwicklungen des Energierechts, VerwArch 2003, 157 ff.

Thomale, Hans-Christoph, Die angemessene Entgeltkalkulation für die Nutzung von Stromnetzen, IR 2004, 76 ff.

Thommen, Jean-Paul / Achleitner, Ann-Kristin, Allgemeine Betriebswirtschaftslehre, 5. Auflage 2006, zitiert: Thommen/Achleitner, Allgemeine Betriebswirtschaftslehre

Tschentscher, Sebastian, Festlegung von Stromnetzentgelten in Deutschland und Österreich: Eine vergleichende Untersuchung der bei den behördlichen Verfahren auftretenen Rechtsfragen, 2009, zitiert: Tschentscher, VEnergR 142

Uwer, Dirk / Zimmer, Daniel, Der Netzerwerb aus Investorensicht: Zur Bedeutung der Regelungen zur kalkulatorischen Abschreibung und Eigenkapitalverzinsung nach StromNEV, GasNEV und ARegV für die Investitionsentscheidungen, RdE 2009, 109 ff.

Vaal, Jürgen, Gutachten zur Bedeutung und Problematik der Substanzerhaltung und Eigenkapitalverzinsung bei der Kalkulation von Netznutzungsentgelten, 2003, zitiert: Vaal, Substanzerhaltung

Varian, Hal R., Grundzüge der Mikroökonomik (Orginaltitel: Intermediate Microeconomics - A Modern Approach), 7. Auflage 2007, zitiert: Varian, Mikroökonomik

von Danwitz, Thomas, Was ist eigentlich Regulierung?, DÖV 2004, 977 ff.

Vossiek, Peter / Ketzler, Thomas, Ergänzung der Verbändevereinbarung als Beitrag für eine schlanke Regulierungsinstanz, ew 2004, 30 ff.

Wagner, Ralf / Papanikolau, Nikolaos, Nettosubstanzerhaltung versus Realkapitalerhaltung, emw 2004, 64 ff.

Weber, Christoph / Schober, Dominik, Auswirkungen der Anreizregulierung auf Betrieb, Investitionen und Rentabilität von Strom- und Gasnetzen, ET Special 11/2006, 8 ff.

Wendt, Eva / Boos, Philipp, Stromnetzentgeltprüfungen durch die Regulierungsbehörden, ZNER 2007, 369 ff.

Weyer, Hartmut, Das Energiewirtschaftsrecht im Jahr 2007, N&R 2008, 13 ff.

Weyer, Hartmut, Das Energiewirtschaftsrecht im Jahr 2008, N&R 2009, 17 ff.

Wissmann, Martin, Zugangs- und Entgeltregulierung im Telekommunikationssektor - ein Modell für die Energiewirtschaft?, ET Special 9/2003, 25 ff.

Wöhe, Günter, Bilanzierung und Bilanzpolitik, 9. Auflage 1997, zitiert: Wöhe, Bilanzierung

Wöhe, Günter, Einführung in die Allgemeine Betriebswirtschaftslehre, 22. Auflage 2005, zitiert: Wöhe, Allgemeine Betriebswirtschaftslehre (22. Aufl.)

Wöhe, Günter, Einführung in die Allgemeine Betriebswirtschaftslehre, 23. Auflage 2008, zitiert: Wöhe, Allgemeine Betriebswirtschaftslehre

Wolffram, Peter / Haubrich, Hans-Jürgen, Zur Objektivierung kostenrelevanter Strukturgrößen für Hochspannungsnetze, ET 2002, 388 ff.

Zenke, Ines / Thomale, Hans-Christoph, Die Kalkulation von Netznutzungsentgelten Strom sowie Mess- und Verrechnungspreisen, WuW 2005, 28 ff.

Zimmermann, Gebhard, Die kalkulatorischen Kosten bei der Kalkulation von Netznutzungsentgelten, Gutachten im Auftrag des Bundeskartellamtes 2003, zitiert: Zimmermann, Die kalkulatorischen Kosten bei der Kalkulation von Netznutzungsentgelten

Zimmermann, Gebhard, Zur Substanzerhaltung in Unternehmen unter Preisaufsicht, ZögU 1989, 498 ff.